上海物流年鉴 2025

Shanghai Logistics Yearbook 2025

上海现代服务业联合会　编著

上海社会科学院出版社
SHANGHAI ACADEMY OF SOCIAL SCIENCES PRESS

图书在版编目（CIP）数据

上海物流年鉴 . 2025 / 上海现代服务业联合会编著 .

上海 ： 上海社会科学院出版社，2025. -- ISBN 978-7

-5520-4775-2

Ⅰ . F259.275.1-54

中国国家版本馆 CIP 数据核字第 2025NG3604 号

上海物流年鉴 2025

编　　著—上海现代服务业联合会
责任编辑—董汉玲
封面设计—白焕耀
出版发行—上海社会科学院出版社
　　　　　上海顺昌路 622 号　　邮编　200025
　　　　　电话总机　021-63315947　　销售热线　021-53063725
　　　　　https://cbs.sass.org.cn　　E-mail: sassp@sassp.cn
印　　刷—上海普顺印刷包装有限公司
开　　本—890 毫米 ×1240 毫米　　1/16
印　　张—23.25
插　　页—4
字　　数—653 千
版　　次—2025 年 6 月第 1 版
　　　　　2025 年 6 月第 1 次印刷
书　　号—978-7-5520-4775-2/F · 815
定　　价—399.00 元

《上海物流年鉴》编辑委员会

《上海现代服务业发展报告》编辑委员会 & 编辑部

地址 & 电话：1. 上海浦东新区滨江大道 2525 弄 5 号 A 栋（上海现代服务业联合会办公楼内）

邮编：200120   电话：50151866（总机）   传真：50151827

2. 北海路 8 号福申大厦 1001 室（上海现代服务业促进中心办公区内）

邮编：200001   电话：23292214，23292224   传真：23292238

前　言

2024年，是全面贯彻落实党的二十大精神的关键之年，是物流行业深入实施"十四五"规划的攻坚之年。习近平总书记提出，物流是实体经济的"筋络"，连接生产和消费、内贸和外贸。中共中央办公厅、国务院办公厅印发的《有效降低全社会物流成本行动方案》，进一步提升了现代物流、采购与供应链的战略地位。

一是社会物流总额增速稳中有升：2024年全国社会物流总额360.6万亿元，按可比价格计算，同比增长5.8%，增速比上年提高0.6个百分点。物流运行总体平稳、稳中有进，物流需求有所回暖。从构成看，农产品物流总额5.5万亿元，按可比价格计算，同比增长4.0%；工业品物流总额318.4万亿元，增长5.8%；进口货物物流总额18.4万亿元，增长3.9 %；再生资源物流总额4.4万亿元，增长15.7%；单位与居民物品物流总额13.9万亿元，增长6.7%。

二是社会物流总费用与GDP的比率稳步下降：2024年社会物流总费用19万亿元，同比增长4.1%。社会物流总费用与GDP的比率为14.1%，同比上年回落0.3个百分点。从构成看，运输费用10.3万亿元，增长5.0%；保管费用6.4万亿元，增长3.8%；管理费用2.3万亿元，增长1.3%。

三是物流业总收入增速回升：2024年物流业总收入13.8万亿元，同比增长4.9%，增速比上年提高1个百分点。

2024年上海经济运行稳中有进，发展质量稳步提升。但也要看到，当前国际环境错综复杂，全市经济回升向好基础仍需不断巩固，结构转型升级仍需加快推进。上海正以高端物流服务为核心，加快物流与供应链业向高效率、高增值、低消耗转变，从追求规模速度增长向追求质量效益提升的转变，以做优行业存量、推动提质增效的要求，使物流服务不断向供应链两端延伸，逐渐与制造业建立深度融合，信息化、智能化、平台化、一体化、自动化成为了该行业发展的必然趋势，使上海成为全国物流与供应链行业发展的引领示范高地，初步具有全球物流资源配置功能的国际物流枢纽城市和全球供应链管理中心之一。

今年的年鉴编辑工作在全体编辑人员的共同努力下，按计划完成了《上海物流年鉴2025》的编辑工作，我谨代表上海现代服务业联合会，向多年来支持和参与年鉴编辑工作的人员和单位表示衷心感谢，同时向 2025 版上海物流年鉴的发行出版表示祝贺。

《上海物流年鉴》是由上海现代服务业联合会负责编撰的物流工具书。自 2011 年创办至今已有 14 年了。《上海物流年鉴》的编纂工作一直得到了相关行业协会、专家学者和知名企业的鼎力支持，具有真实性、资料性、实用性。今年出版的《上海物流年鉴 2025》，是年鉴创办以来的第十四本，它以翔实的信息和准确的数据客观真实地反映上海物流业发展的情况，可为社会各界尤其是物流企业了解上海物流业发展现状和动态、分析物流业发展趋势提供了重要的参考依据，是一本具有一定参考和借鉴作用的物流业界的参考书。

徐建平

2025 年 5 月 6 日

目 录

第三篇　物流统计

第四篇　产业物流

第六篇　长三角物流

第七篇　物流装备、标准、技术和信息化

第八篇 物流金融与保险

第九篇 物流综合

第一篇　物流政策

一、2024 年国务院暨各部委局物流政策文件选编

（一）2024 年物流政策辑要

中国物流与采购联合会（简称中物联）发布 2024 年 1—2 月政策合辑

国家政策：

降本增效

《2024 年国务院政府工作报告》：明确提出实施降低物流成本行动

数字物流

国务院常务会议通过《关于促进即时配送行业高质量发展的指导意见》

国家数据局、中央网信办等 17 部门联合发布《"数据要素×"三年行动计划（2024—2026 年）》

财务部：《关于印发〈关于加强数据资产管理的指导意见〉的通知》

绿色物流

中共中央　国务院：《关于全面推进美丽中国建设的意见》

保税物流

中共中央办公厅　国务院办公厅：《浦东新区综合改革试点实施方案（2023—2027 年）》

财务部等 3 部门：《关于横琴粤澳深度合作区货物有关进出口税收政策的通知》

农村物流

中共中央　国务院：《关于学习运用"千村示范、万村整治"工程经验有力有效推进乡村全面振兴的意见》

交通运输部等 9 部门：《关于加快推进农村客货邮融合发展的指导意见》

农业农村部：《关于落实中共中央　国务院关于学习运用"千村示范、万村整治"工程经验有力有效推进乡村全面振兴工作部署的实施意见》

快递物流

交通运输部：《快递市场管理办法（中华人民共和国交通运输部令 2023 年第 22 号）》

交通运输部：《关于修改〈邮政普遍服务监督管理办法〉的决定》（中华人民共和国交通运输部令 2023 年第 23 号）

国家邮政局：《邮政快递业安全生产重大事故隐患大排查大整治行动方案》

地方政策：

山东省政府：《关于印发 2024 年"促进经济巩固向好、加快绿色低碳高质量发展"政策清单（第一批）的通知》

海南省交通运输厅：《海南省发展和改革委员会关于减半计收货物港务费的通知》

湖南省交通运输厅：《湖南省水路运输市场信用管理办法（试行）》

辽宁省人民政府：《关于印发〈辽宁省推动经济稳中求进若干政策举措〉的通知》

辽宁省交通运输厅：《关于印发〈辽宁省道路运输经营信誉监督考核办法〉的通知》

江苏省交通运输厅等9部门和单位：《江苏省加快推进多式联运"一单制""一箱制"发展实施方案》

江苏省交通运输厅：《江苏省交通运输基础数据库建设技术指南》

厦门海事局等3部门：《厦门港集装箱式锂电池储能系统海上安全运输指南》

山西省邮政管理局：《山西省邮政快递业安全生产治本攻坚三年行动实施方案（2024—2026年）》

中物联发布2024年3月政策辑要

国家政策：

降本增效

习近平主持召开中央财经委员会第四次会议强调：有效降低全社会物流成本

物流装备

国务院：《推动大规模设备更新和消费品以旧换新行动方案》

工业和信息化部等4部门：《关于印发〈通用航空装备创新应用实施方案（2024—2030年）〉的通知》

国际物流

海关总署：开展2024年促进跨境贸易便利化专项行动

农村物流

商务部等9部门：《关于推动农村电商高质量发展的实施意见》

国家邮政局办公室等4部门：《关于公布农村电商与快递协同发展示范创建名单的通知》

基础设施

国家发展改革委：《关于印发〈水运中央预算内投资专项管理办法〉的通知》

物流标准

国家市场监督管理总局等18部门：《贯彻实施〈国家标准化发展纲要〉行动计划（2024—2025年）》

绿色物流

国家发展改革委等6部门：《关于支持内蒙古绿色低碳高质量发展若干政策措施的通知》

地方政策：

北京市交通委员会：《2024年北京市交通综合治理行动计划》

安徽省人民政府办公厅：《皖北绿色食品产业集群建设实施方案》

安徽省交通运输厅等14部门：《促进网络货运行业高质量发展的若干措施》

江西省人民政府办公厅：《关于印发江西省"快递进村"三年行动计划（2024—2026年）的通知》

山东省交通运输厅等3部门：《关于推动农村客货邮融合发展扩面提质的通知》

重庆市人民政府办公厅：《关于印发〈重庆市优化营商环境专项行动方案（2024—2027年）〉的通知》

中物联发布2024年4月政策辑要

国家政策：

降低物流成本

李强主持召开国务院常务会议 研究有效降低全社会物流成本有关工作等

设备更新和以旧换新

工业和信息化部等 7 部门：《关于印发推动工业领域设备更新实施方案的通知》

商务部等 14 部门：《关于印发〈推动消费品以旧换新行动方案〉的通知》

市场监管总局等 7 部门：《关于印发〈以标准提升牵引设备更新和消费品以旧换新行动方案〉的通知》

商贸物流

财政部办公厅 商务部办公厅：《关于支持建设现代商贸流通体系试点城市的通知》

商务部：《〈数字商务三年行动计划（2024—2026 年）〉的通知》

物流技术

交通运输部：《关于公布第二批智能交通先导应用试点项目（自动驾驶和智能建造方向）的通知》

绿色物流

财政部等 3 部门：《关于开展县域充换电设施补短板试点工作的通知》

供应链金融

国家金融监督管理总局等 3 部门：《关于深化制造业金融服务 助力推进新型工业化的通知》

地方政策：

北京市商务局：《关于申报 2024 年北京市县域商业体系建设项目的通知》

北京市商务局：《关于申报 2024 年北京市支持加强生活必需品流通保供体系建设项目的通知》

福建省发展和改革委员会：《关于印发福建省促进数据要素流通交易若干措施的通知》

湖南省交通运输厅：《关于印发〈关于进一步优化湖南省大件运输营商环境的若干意见〉的通知》

广东省人民政府办公厅：《关于加快内外贸一体化发展的若干措施的通知》

重庆市人民政府：《重庆市支持西部陆海新通道高质量发展若干政策措施》

中物联发布 2024 年 5 月政策辑要

国家政策：

降低物流成本

国家发展改革委办公厅等 4 部门：《关于做好 2024 年降成本重点工作的通知》

大规模设备更新

交通运输部等 13 部门：《关于印发〈交通运输大规模设备更新行动方案〉的通知》

绿色物流

国务院：《关于印发〈2024—2025 年节能降碳行动方案〉的通知》

商务部办公厅等 2 部门：《关于完善再生资源回收体系 支持家电等耐用消费品以旧换新的通知》

数字化转型

财政部等 2 部门：《关于支持引导公路水路交通基础设施数字化转型升级的通知》

国家发展改革委等 4 部门：《关于深化智慧城市发展 推进城市全域数字化转型的指导意见》

物流基础设施

李强主持召开国务院常务会议 审议通过《关于拓展跨境电商出口推进海外仓建设的意见》

交通运输部办公厅等 2 部门：《关于开展 2024 年国家综合货运枢纽补链强链申报工作的通知》

供应链管理

国务院办公厅：《关于创新完善体制机制推动招标投标市场规范健康发展的意见》

工业和信息化部办公厅等 3 部门：《关于印发〈制造业企业供应链管理水平提升指南（试行）〉的通知》

物流法律规范

国务院办公厅：《关于印发〈国务院 2024 年度立法工作计划〉的通知》

物流安全

交通运输部办公厅：《关于开展 2024 年交通运输"安全生产月"活动的通知》

地方政策：

江西省人民政府办公厅：《江西省关于支持冷链物流体系建设的若干措施》

山东省人民政府：《关于印发"十大创新""十强产业""十大扩需求"行动计划（2024—2025年）的通知》

山东省人民政府办公厅：《关于进一步促进消费持续向好的意见》

重庆市人民政府办公厅：《关于印发〈推进"邮运通"发展助力乡村振兴行动计划〉的通知》

重庆市人民政府办公厅：《关于印发〈重庆市加快建设西部国际邮政快递枢纽行动方案〉的通知》

浙江省人民政府办公厅：《关于印发推动浙江服务业高质量发展三十条措施的通知》

广东省人民政府办公厅：《关于印发广东省推动低空经济高质量发展行动方案（2024—2026年）的通知》

广东省人民政府办公厅：《关于支持铁路建设可持续运营推进土地综合开发若干政策措施的通知》

北京市商务局：《关于申报 2024 年度促进商贸物流发展项目的通知》

云南省发展和改革委员会等 4 部门：《关于印发〈关于新发展格局下打造物流强省发展枢纽经济的意见〉的通知》

中物联发布 2024 年 6 月政策辑要

国家政策：

物流设施

国家发展改革委：《关于做好 2024 年国家骨干冷链物流基地建设工作的通知》

交通运输部：《关于新时代加强沿海和内河港口航道规划建设的意见》

设备更新

财政部等 4 部门：《关于实施设备更新贷款财政贴息政策的通知》

绿色物流

生态环境部等 15 部门：《关于印发〈关于建立碳足迹管理体系的实施方案〉的通知》

商贸物流

国家发展改革委等 5 部门：《关于打造消费新场景培育消费新增长点的措施的通知》

商务部等 9 部门：《关于拓展跨境电商出口推进海外仓建设的意见》

物流法律规范

交通运输部：《民用航空货物运输管理规定》

地方政策：

天津市人民政府：《关于印发天津市促进现代服务业高质量发展实施方案的通知》

山东省邮政管理局等 10 部门：《山东省打通农村快递"最后一公里"实施方案》

湖南省人民政府办公厅：《关于支持全省低空经济高质量发展的若干政策措施》

广东省人民政府办公厅：《关于人工智能赋能千行百业若干措施的通知》

广东省人民政府办公厅：《关于印发广东省推进分布式光伏高质量发展行动方案的通知》

四川省人民政府办公厅：《关于促进低空经济发展的指导意见》

四川省人民政府办公厅：《关于推动外贸稳规模优结构高质量发展的实施意见》

十堰市：《十堰市支持构建供应链体系建设推动降低全社会物流成本政策措施》

中物联发布 2024 年 7 月政策辑要
国家政策：
深化改革
二十届中央委员会第三次全体会议：《中共中央关于进一步全面深化改革 推进中国式现代化的决定》
设备更新
国家发展改革委等 2 部门：《关于加力支持大规模设备更新和消费品以旧换新的若干措施》
交通运输部等 2 部门：《关于实施老旧营运货车报废更新的通知》
物流设施
国家邮政局等 9 部门：《关于国家邮政快递枢纽布局建设的指导意见》
交通运输部等 2 部门：《2024 年国家综合货运枢纽补链强链支持城市公示》
农村物流
中国人民银行等 5 部门：《关于开展学习运用"千万工程"经验加强金融支持乡村全面振兴专项行动的通知》
供应链金融
中国人民银行等 5 部门：《关于金融支持天津高质量发展的意见》
降本增效
交通运输部办公厅：《关于印发交通物流降本提质增效典型案例名单（首批）的通知》
地方政策：
北京市商务局：《北京市深化服务业扩大开放提升贸易便利化水平实施方案》
北京市商务局：《关于发布 2024 年支持跨境电子商务发展项目申报指南的通知》
上海市人民政府办公厅：《上海市促进工业服务业赋能产业升级行动方案（2024—2027 年）》
江苏省财政厅、交通运输厅：《江苏省"交运贷"财政贴息实施方案》
浙江省人民政府：《关于高水平建设民航强省 打造低空经济发展高地的若干意见》
重庆市人民政府：《重庆市加速推进现代生产性服务业高质量发展行动方案（2024—2027 年）》
贵州省交通运输厅等 2 部门：《关于进一步深化城乡交通运输一体化（农村客货邮融合）发展实施意见（试行）》
石家庄市人民政府办公厅：《〈关于推进现代商贸物流产业高质量发展的若干措施〉相关实施细则》

中物联发布 2024 年 8 月政策辑要
国家政策：
深化改革
中共中央办公厅 国务院办公厅：《关于完善市场准入制度的意见》

设备更新

交通运输部办公厅等 4 部门：《关于进一步做好老旧营运货车报废更新工作的通知》

专业物流

国务院办公厅：《关于以高水平开放推动服务贸易高质量发展的意见》

民航局等 2 部门：《关于推进国际航空枢纽建设的指导意见》

国家邮政局：《关于支持广西打造面向东盟的区域性国际邮政快递枢纽的意见》

绿色物流

中共中央 国务院：《关于加快经济社会发展全面绿色转型的意见》

中央网信办秘书局等 10 部门：《关于印发〈数字化绿色化协同转型发展实施指南〉的通知》

农村物流

交通运输部办公厅：《农村客货邮运营服务指南（试行）》

道路运输

交通运输部办公厅：《关于全面推广应用道路运输电子证照的通知》

地方政策：

天津市商务局等 4 部门：《关于支持实施 2024 年度县域商业建设行动的通知》

上海市人民政府办公厅：《上海市低空经济产业高质量发展行动方案（2024—2027 年）》

浙江省政府办公厅：《浙江省加力推动跨境电商高质量发展行动计划（2024—2027 年）》

湖南省人民政府办公厅：《湖南省加快内外贸一体化创新发展工作措施》

湖南省人民政府办公厅：《湖南省"两业融合共进"行动方案（2024—2027 年）》

济南市人民政府办公厅：《关于印发济南市促进物流产业高质量发展三年行动计划（2024—2026 年）的通知》

广州市港务局：《关于印发建设广州国际航运枢纽三年行动计划（2024—2026 年）的通知》

中物联发布 2024 年 9 月政策辑要

国家政策：

智慧物流

中共中央办公厅 国务院办公厅：《关于加快公共数据资源开发利用的意见》

海关总署等 9 部门：《关于智慧口岸建设的指导意见》

国家发展改革委等 6 部门：《关于印发〈国家数据标准体系建设指南〉的通知》

物流枢纽

国家发展改革委：《新一批国家物流枢纽建设名单》

货物运输

交通运输部等 10 部门：《关于加快提升新能源汽车动力锂电池运输服务和安全保障能力的若干措施》

海关总署：《关于启动出口货物铁公多式联运业务模式试点有关事项的公告》

交通运输部等 5 部门：《关于贯彻落实国家标准〈道路运输危险货物车辆标志〉（GB 13392-2023）的通知》

商贸物流

商务部等 2 部门：《关于开展第二批国家级服务业标准化试点（商贸流通专项）工作的通知》

地方政策：

上海市人民政府办公厅：《上海市加快推进绿色低碳转型行动方案（2024—2027 年）》

浙江省人民政府办公厅：《关于印发深化内外贸一体化改革创新若干措施的通知》

江苏省交通运输厅、国家税务总局江苏省税务局：《关于开展网络平台水路货物运输试点工作的通知》

河南省人民政府办公厅：《关于印发河南省加力支持大规模设备更新和消费品以旧换新实施方案的通知》

重庆市人民政府办公厅：《重庆市推动低空空域管理改革促进低空经济高质量发展行动方案（2024—2027 年）》

青岛市行政审批服务局等 5 部门：关于印发《青岛市大件运输"一件事"实施方案（试行）》

南昌市人民政府：《南昌市现代物流高质量发展行动方案（2024—2026 年）》

中物联发布 2024 年 10 月政策辑要

国家政策：

降本增效

自然资源部：《关于〈加强自然资源要素保障促进现代物流高质量发展〉的通知》

数据资源

中共中央办公厅 国务院办公厅：《关于加快公共数据资源开发利用的意见》

应急物流

国家防灾减灾救灾委员会办公室：《关于进一步加强应急抢险救灾物资保障体系和能力建设的指导意见》

跨境物流

国务院：《关于做好自由贸易试验区对接国际高标准推进制度型开放试点措施复制推广工作的通知》

农村物流

农业农村部：《关于印发〈全国智慧农业行动计划（2024—2028 年）〉的通知》

绿色低碳

国家发展改革委等 8 部门：《关于印发〈完善碳排放统计核算体系工作方案〉的通知》

国家发展改革委等 7 部门：《关于大力实施可再生能源替代行动的指导意见》

地方政策：

北京市交通委员会等 5 部门：《关于本市五环路内新能源物流配送车辆优先通行的通告》

天津市人民政府办公厅：《关于印发天津市推动跨境电商高质量发展实施方案的通知》

吉林省人民政府办公厅：《关于支持冷链物流高质量发展若干政策举措的通知》

浙江省自然资源厅：《关于加强自然资源要素保障促进全省物流降本提质增效的通知》

山东省人民政府办公厅：《关于印发〈山东省加快构建废弃物循环利用体系实施方案〉的通知》

河南省人民政府办公厅：《关于印发〈河南省推动邮政快递业高质量发展加快构建现代物流体系行动计划（2024—2026 年）〉的通知》

四川省人民政府办公厅：《关于印发〈提升成都国际航空枢纽能级推动空中丝绸之路建设三年行动方案〉的通知》

深圳市人民政府办公厅：《关于印发〈深圳市综合立体交通网规划方案（2024—2035 年）〉的通知》

中物联发布 2024 年 11 月政策辑要

国家政策：

降本增效

中共中央办公厅　国务院办公厅：《印发〈有效降低全社会物流成本行动方案〉》

交通运输部等 2 部门：《关于印发〈交通物流降本提质增效行动计划〉的通知》

商贸物流

商务部等 2 部门：《关于印发〈中国（浙江）自由贸易试验区大宗商品资源配置枢纽建设方案〉的通知》

商务部等 9 部门：《印发〈关于完善现代商贸流通体系推动批发零售业高质量发展的行动计划〉的通知》

跨境物流

财政部等 3 部门：《关于〈扩大启运港退税政策实施范围〉的通知》

海关总署：《关于进一步促进跨境电商出口发展的公告》

货物运输

交通运输部办公厅等 3 部门：《关于进一步改善停车休息环境关心关爱货车司机的通知》

国家邮政局：《关于印发〈邮政企业、快递企业生产安全重大事故隐患判定标准〉的通知》

地方政策：

天津市发展和改革委员会等 2 部门：《关于印发〈天津市冷链产业高质量发展行动方案（2024—2027 年）〉的通知》

天津市商务局等 2 部门：《关于开展现代商贸流通试点城市建设项目申报工作的通知》

辽宁省交通运输厅：《关于开展〈辽宁省多式联运高质量发展试点项目建设工作方案〉的通知》

福建省交通运输厅等 4 部门：《关于印发〈福建省深化港口资源整合有效降低港航物流成本实施方案〉的通知》

河南省交通运输厅：《关于印发〈河南省大件运输许可信用承诺实施意见（试行）〉的通知》

中共广东省委：《中共广东省委关于贯彻落实党的二十届三中全会精神　进一步全面深化改革、在推进中国式现代化建设中走在前列的意见》

甘肃省交通运输厅：《关于印发〈甘肃省联合开展超限超载暨"百吨王"严重违法行为专项治理实施方案〉的通知》

深圳市交通运输局：《关于促进现代物流业高质量发展工作措施（2024—2026 年）》

中物联发布 2024 年 12 月政策辑要

国家政策：

深化改革

中共中央办公厅　国务院办公厅：《关于加快建设统一开放的交通运输市场的意见》

国家发展改革委：《关于印发〈全国统一大市场建设指引（试行）〉的通知》

物流设施

中共中央办公厅　国务院办公厅：《关于推进新型城市基础设施建设打造韧性城市的意见》

商贸物流

国家发展改革委：《关于印发〈浙江省义乌市深化国际贸易综合改革总体方案〉的通知》

商务部办公厅等 7 部门：《关于印发〈零售业创新提升工程实施方案〉的通知》

货物运输

交通运输部办公厅：《关于印发〈内河运输船舶重大事故隐患判定标准〉的通知》

交通运输部：《关于印发〈交通运输标准提升行动方案（2024—2027 年）〉的通知》

交通运输部：《关于印发〈交通运输标准管理创新行动方案〉的通知》

地方政策：

长三角区域合作办公室等 5 部门：《长三角区域物流提质增效降本行动方案》

北京市人民政府办公厅：《关于印发〈北京市有效降低全社会物流成本实施方案〉的通知》

吉林省人民政府办公厅：《印发〈关于有效降低全社会物流成本推动物流高质量发展的若干措施〉的通知》

上海市人民政府办公厅：《印发〈关于进一步提升上海航空物流枢纽能级的若干措施〉的通知》

江苏省发展改革委等部门：《江苏省有效降低全社会物流成本重点举措》

安徽省人民政府办公厅等 4 部门：《构建现代物流体系有效降低全社会物流成本实施方案》

安徽省人民政府：《关于推动安徽铁路高质量发展的若干意见》

河南省人民政府：《关于印发〈加快服务业高质量发展若干政策措施〉的通知》

（来源：中物联）

（二）2024 年物流政策大事记

《政府工作报告》简称《报告》中关于 2024 年物流发展重点

2024 年 3 月 5 日上午，十四届全国人大二次会议在人民大会堂开幕，国务院总理李强作《政府工作报告》提到"实施降低物流成本行动"等与物流行业相关内容。其中，3 次提及"物流"，5 次提及"供应链"，另外还提及"流通""冷链""配送""交通运输""海外仓""跨境电商"等物流领域。多年来，《政府工作报告》连续提及物流相关内容，报告再次为行业发展指明了方向。

三次提及"物流"

物流一：实施降低物流成本行动

《报告》在"坚定不移深化改革，增强发展内生动力"中提出"实施降低物流成本行动，健全防范化解拖欠企业账款长效机制"，坚决查处乱收费、乱罚款、乱摊派。2 月 23 日，中央财经委员会第四次会议提出物流是实体经济的"筋络"，联接生产和消费、内贸和外贸，必须有效降低全社会物流成本，增强产业核心竞争力，提高经济运行效率。降低全社会物流成本是提高经济运行效率的重要举措。物流降成本的出发点和落脚点是服务实体经济和人民群众，基本前提是保持制造业比重基本稳定，主要途径是调结构、促改革，有效降低运输成本、仓储成本、管理成本。优化运输结构，强化"公转铁""公转水"，深化综合交通运输体系改革，形成统一高效、竞争有序的物流市场。优化主干线大通道，打通堵点卡点，完善现代商贸流通体系，鼓励发展与平台经济、低空经济、无人驾驶等结合的物流新模式。统筹规划物流枢纽，优化交通基础设施建设和重大生产力布局，大力发展临空经济、临港经济。

物流二：加快国际物流体系建设，促进跨境电商等新业态健康发展，优化海外仓布局

《报告》在"扩大高水平对外开放，促进互利共赢"中提出"加快国际物流体系建设，打造智慧海关，助力外贸企业降本提效"。国际物流体系涉及跨国界运输、仓储、货物管理和信息流动组成的复杂网络系统。这一体系包括了多种组成部分，如海运、空运、陆运、铁路运输、跨境电子商务等，以及相关的物流基础设施、服务提供商和监管机构。国际物流体系的有效运作对于全球贸易和经济发展至关重要，因此，需要不断优化国际物流体系、提高运输效率、降低成本，促进国际贸易的发展。

报告还提出"促进跨境电商等新业态健康发展，优化海外仓布局，支持加工贸易提档升级，拓展中间品贸易、绿色贸易等新增长点"。积极扩大优质产品进口。全面实施跨境服务贸易负面清单。出台服务贸易、数字贸易创新发展政策。加快内外贸一体化发展。这将增强国内国际两个市场两种资源联动效应，巩固外贸外资基本盘，培育国际经济合作和竞争新优势。

物流三：加强充电桩、冷链物流、寄递配送设施建设

《报告》在"坚持不懈抓好'三农'工作，扎实推进乡村全面振兴"中提出"加强充电桩、冷链物流、寄递配送设施建设"，持续改善农村人居环境，建设宜居宜业和美乡村。推动冷链寄递高质量发展，既是快递业增强现代农业服务能力的重要体现，也是推进"快递进村"、农特产品上行和助力乡村振兴的着力点。近年来，中国冷链物流市场规模快速增长，国家骨干冷链物流基地、产地销地冷链设施建设稳步推进，冷链装备水平显著提升。建立现代冷链物流体系，符合建立现代化经济体系的重大决策部署，有助于完善国家现代流通体系、现代物流体系和现代综合交通运输体系。

按照计划，2024年，将深入推进农村电商与快递协同发展示范创建工作，持续打造邮政快递服务现代农业品牌项目，提高农产品的运输时效，积极发展冷链寄递物流，为农产品销售上行提供专业化的寄递服务。从而进一步惠及广大农村群众、降低农村物流成本、推动农村经济发展。根据国家邮政局部署，2024年，全行业将加强县级分拨中心、乡镇网点和村级寄递物流综合服务站建设，不断完善县乡村寄递物流配送的基础设施，通过分拣、运输、末端等环节的协同合作，强化资源共享，降低物流成本。

五次提及"供应链"

供应链一：重要产业链供应链自主可控能力提升

在"2023年工作回顾"中，《报告》指出，安全发展基础巩固夯实。"重要产业链供应链自主可控能力提升。"现代化基础设施建设不断加强。产业链供应链安全是助力国家产业高质量发展、保障实体经济稳定运行、构建新发展格局的重要内容，也是国家经济安全的重要组成部分。"十四五"规划提出"加强国际产业安全合作，形成具有更强创新力、更高附加值、更安全可靠的产业链供应链"。在国家层面，产业链供应链安全意味着关键生产环节的自主可控。在产业层面，产业链供应链安全意味着战略支柱产业的核心竞争力。在企业层面，产业链供应链安全更强调核心企业的抗风险韧性。重要产业链供应链自主可控能力提升，能够防范产业链关键环节风险，在面临外部产品、零部件或技术等断供、断链冲击时，还能依靠国内稳定运行的产业链供应链或分散化的国际供应提供相应的产品和服务。

供应链二、三：推动产业链供应链优化升级、增强产业链供应链韧性

在"大力推进现代化产业体系建设，加快发展新质生产力"中，《报告》提出"推动产业链供应链优化升级"。保持工业经济平稳运行。实施制造业重点产业链高质量发展行动，着力补齐短板、拉长长板、锻造新板，"增强产业链供应链韧性和竞争力"。实施制造业技术改造升级工程，培育壮大先进制造业集群，创建国家新型工业化示范区，推动传统产业高端化、智能化、绿色化转型。加快发展现代生产性服务业。促进中小企业专精特新发展。加强标准引领和质量支撑，打造更多有国际影响力的"中国制造"品牌。推动产业链供应链优化升级，将提高全要素生产率，不断塑造发展新动能新优势，促进社会生产力实现新的跃升。

供应链四：有效维护产业链供应链安全稳定

在"更好统筹发展和安全，有效防范化解重点领域风险"中，《报告》提出"有效维护产业链供应链供应链安全稳定"，支撑国民经济循环畅通。加强重点领域安全能力建设。完善粮食生产收储加工体系，全方位夯实粮食安全根基。推进国家水网建设。强化能源资源安全保障，加大油气、战略性矿产资源勘探开发力度。加快构建大国储备体系，加强重点储备设施建设。提高网络、数据等安全保障能力。

供应链五：加快形成绿色低碳供应链

在"加强生态文明建设，推进绿色低碳发展"中，《报告》提出推动废弃物循环利用产业发展，促进节能降碳先进技术研发应用，"加快形成绿色低碳供应链"。建设美丽中国先行区，打造绿色低碳发展高地。将绿色低碳与供应链相结合，能大力发展绿色低碳经济。推进产业结构、能源结构、交通运输结构、城乡建设发展绿色转型。深入践行绿水青山就是金山银山的理念，协同推进降碳、减污、扩绿、增长，建设人与自然和谐共生的美丽中国。绿色低碳供应链将为我国实现"双碳"目标做出重要贡献。

《政府工作报告》提供了对物流行业发展、政策方向和未来趋势的重要见解和指导，对物流行业具有重要的引导和规划作用，为物流企业、行业组织和政府部门提供了重要的信息和政策支持，必将促进物流行业的健康发展和持续优化。

（来源：中国政府网）

（三）2024 年中国物流业十大政策

1.《中共中央关于进一步全面深化改革、推进中国式现代化的决定》

2024 年 7 月 15—18 日，中国共产党第二十届中央委员会第三次全体会议在北京举行。全会审议通过了《中共中央关于进一步全面深化改革、推进中国式现代化的决定》简称《决定》。在此次《决定》中，"物流"及相关词汇被多次提及，并明确提出要"完善流通体制，加快发展物联网，健全一体衔接的流通规则和标准，降低全社会物流成本""健全提升产业链供应链韧性和安全水平制度""深化综合交通运输体系改革，推进铁路体制改革，发展通用航空和低空经济，推动收费公路政策优化"，为物流行业的未来发展指明了方向。

2. 新修订《快递市场管理办法》

2024 年 3 月 1 日，新修订的《快递市场管理办法》正式实施。其中规定，经营快递业务的企业未经用户同意，不得代为确认收到快件，不得擅自将快件投递到智能快件箱、快递服务站等快递末端服务设施。实施初期，曾发生快递员叫苦不迭、驿站存件量下降、网点招人难、快递企业需要处理大量投诉等问题。但拨开舆论的迷雾便会发现，新规并非强制送货上门，而是更加注重保障收件人的选择权。快递新规的施行，不仅是一次行业服务升级的重要契机，更是产业链各方协力推动快递业健康有序发展的新开始。

3.《数字商务三年行动计划（2024—2026 年）》

2024 年 4 月 26 日，商务部印发《数字商务三年行动计划（2024—2026 年）》，提出开展"数商强基""数商扩消""数商兴贸""数商兴产""数商开放" 5 项重点行动，涵盖20条具体举措。其中提到，要推动商贸流通领域物流数字化发展。打造一批数字化服务平台，加强物流全链路信息整合，推广使用智能仓配、无人物流设备，加快标准托盘、周转箱（筐）等使用，提高配送效率，降低物流成本。推动电子商务与快递物流协同发展，指导电商平台与快递企业加强业务对接和数据共享，加快电商领域快递包装绿色转型。

4.《交通运输大规模设备更新行动方案》

2024 年 5 月 31 日，交通运输部等 13 部门印发《交通运输大规模设备更新行动方案》。其中提出，统筹扩大内需和深化供给侧结构性改革，坚持统筹联动、市场为主，立足各地交通运输发展实际和能源资源禀赋，实施城市公交车电动化替代、老旧营运柴油货车淘汰更新、老旧营运船舶报废更新、老旧机车淘汰更新、邮政快递老旧设备替代、物流设施设备更新改造、标准提升七大行动，大力促进先进设备和北斗终端应用，促进交通能源动力系统清洁化、低碳化、高效化发展，有序推进行业绿色低碳转型。

5.《关于拓展跨境电商出口推进海外仓建设的意见》

2024 年 6 月 8 日，商务部、国家发展改革委、财政部、海关总署等 9 部门印发《关于拓展跨境电商出口推进海外仓建设的意见》，提出了积极培育跨境电商经营主体、加大金融支持力度、加强相关基础设施和物流体系建设、优化监管与服务、积极开展标准规则建设与国际合作五方面共 15 条意见。具体在物流部署方面，要求推动跨境电商海外仓高质量发展；增强跨境电商物流保障能力，促进中欧班列沿线海外仓建设，积极发展"中欧班列＋跨境电商"模式等；助力跨境电商相关企业"走出去"。

6.《关于国家邮政快递枢纽布局建设的指导意见》

2024 年 7 月 12 日，国家邮政局联合工业和信息化部等 8 部门印发《关于国家邮政快递枢纽布局建设的指导意见》。其中提出，到 2027 年初步建成 30 个左右国家邮政快递枢纽，在全国形成示范带动作用；到 2035 年建成 80 个左右国家邮政快递枢纽，形成布局合理、功能完备、智慧高效、绿色安全的国家邮政快递枢纽网络。同时，还从五个方面明确了国家邮政快递枢纽建设的重点任务：一是高标准高质量建设枢纽；二是加快重点领域枢纽建设；三是发挥企业经营主体作用；四是加强科技赋能枢纽建设；五是培育发展特色枢纽经济。

7.《关于全面推广应用道路运输电子证照的通知》

2024 年 7 月 27 日，交通运输部印发《关于全面推广应用道路运输电子证照的通知》。其中明确，到 2025 年底，新制发及换发道路运输证照全部实现电子化，电子证照数据合规率和证照归集率达到 95％以上，全面提升道路运输电子证照跨地区互信互认和共享共用水平，推动交通物流降本提质增效、运输服务高质量发展。

8.《关于加快经济社会发展全面绿色转型的意见》

2024 年 7 月 31 日，中共中央　国务院印发《关于加快经济社会发展全面绿色转型的意见》，进一步明确了加快经济社会发展全面绿色转型的时间表、路线图和施工图，要求做到坚持全面转型、协同转型、创新转型、安全转型。其中提出要加快产业结构绿色低碳转型、稳妥推进能源绿色低碳转型、推进交通运输绿色转型等，更明确了大力推进多式联运"一单制""一箱制"发展，加快货运专用铁路和内河高等级航道网建设，推进主要港口、大型工矿企业和物流园区铁路专用线建设，提高绿色集疏运比例，持续提高大宗货物的铁路、水路运输比重。完善城乡物流配送体系，推动配送方式绿色智能转型。到 2030 年，营运交通工具单位换算周转量碳排放强度比 2020 年下降 9.5% 左右。到 2035 年，新能源汽车成为新销售车辆的主流。

9.《关于加快提升新能源汽车动力锂电池运输服务和安全保障能力的若干措施》

2024 年 9 月 14 日，交通运输部、工业和信息化部、公安部、商务部、应急管理部等 10 部门印发《关于加快提升新能源汽车动力锂电池运输服务和安全保障能力的若干措施》。其中提出，要强化动力锂电池源头安全监管、增强动力锂电池综合运输服务效率、提升动力锂电池运输安全管控能力、健全完善动力锂电池运输标准规则、提升动力锂电池国际供应链韧性和安全水平；力争到 2027 年，动力锂电池运输的堵点卡点进一步打通，运输效率稳步提升，综合运输结构进一步优化，运输安全保障水平大幅提升，保障新能源汽车及动力锂电池产业链供应链安全稳定，为更好服务外贸"新三样"，全力支撑经济高质量发展，加快构建新发展格局提供有力支撑。

10.《长三角区域物流提质增效降本行动方案》

2024 年 12 月初，长三角三省一市联合印发《长三角区域物流提质增效降本行动方案》，这也是全国第一个跨省域的物流降本增效方案。此次出台的行动方案旨在合力破解共性问题、优先推动共识事项，共提出七大行动 37 项举措。在区域物流基础设施互联互通方面，行动方案提出将加快实施国家综合货运枢纽补链强链、实施长三角货运网络工程和内河水运体系联通工程，打通、织密、建强区域物流基础设施网络；在科技创新联合攻关方面，三省一市将共同推动物流数智化绿色化转型，加快推进低空飞行、新能源集装箱重卡充换电等设施建设；在产业链供应链融合发展方面，将实施"新三样"物流高效便捷流通工程、共同建设区域粮食应急保障中心、统筹规划布局区域冷链物流节点等，有效降低物流全链条成本。

（来源：《物流时代周刊》）

（四）2024 年中国及 31 省市物流行业政策汇总及解读
重点关注降本增效、冷链物流和智慧物流

1. 政策历程图

物流是跨部门和跨行业的复合型服务产业，是国民经济的重要组成部分。"十二五"时期，加快建立社会化、专业化、信息化的现代物流服务体系是主要工作内容；"十三五"时期，行业的发展重点是基础设施建设及第三方物流、绿色物流、冷链物流等细分领域；"十四五"时期，物流枢纽基础设施建设和智慧物流为重点规划发展方向。

2. 国家层面政策汇总及行业发展目标解读

—国家层面物流行业政策汇总

国家层面的物流政策导向与宏观环境紧密联系，在新冠疫情环境下，2022 年出台的多数相关政策集中在加强金融对物流的资金扶持力度方面，2023 年以来的政策重点放在了降本、提升国际竞争力、智慧物流等方面。

—国家层面物流行业发展目标解读

2022 年 5 月，《"十四五"现代物流发展规划》正式发布，这是指引"十四五"时期建设现代物流体系的纲领性文件，对"十四五"现代物流发展作出了全面、深入、系统的安排部署。据此规划，到 2025 年，我国要基本建成供需适配、内外联通、安全高效、智慧绿色的现代物流体系。

3.31 省市层面的政策汇总及行业发展目标解读

—31 省市物流行业政策汇总

在地方层面，各地"十四五"时期的物流政策发展方向较多，包括农村物流、国际物流、冷链物流、商贸物流、邮件、快递、数字化建设、物流园区等方面。

—31 省市物流行业发展目标解读

具体到各省市的发展目标来看，江苏社会物流总额的发展目标最高，达 40 万亿元以上，湖南和四川的发展目标达 10 万亿元以上；四川、重庆、湖南、广西、浙江、江苏规划进一步实现物流降本增效；安徽、浙江规划新增物流相关产值超 8000 亿元；广东、上海支持冷链物流发展；内蒙古、山

西、广东聚焦邮政快递领域；江西推动当地商贸物流发展；上海加强现代化技术在物流领域的研发和应用。

（来源：前瞻产业研究院）

二、2024年上海市人民政府暨各部门物流政策文件选编

2024年上海物流政策主要包括以下几个方面：

一是提升上海航空物流枢纽能级：上海市政府出台了《关于进一步提升上海航空物流枢纽能级的若干措施》，旨在加强国际航运中心和国际贸易中心联动发展。政策提出科学统筹推进枢纽建设，强化转运功能提升，加快打造全方位门户复合型国际航空枢纽。具体目标包括：到2025年，上海机场年货邮吞吐量超过410万吨，航空货物中转业务量比2019年翻一番，境内航空公司在上海境外航空货运市场份额不低于40%，基地航空公司在上海机场货运吞吐量年增速不低于20%，航空进口货物整体通关时间力争缩短至32小时以内。

二是优化物流仓储设施及服务：上海市发布了《优化提升本市物流仓储设施及服务行动方案（2025—2027年）》《优化提升本市物流仓储设施及服务支持政策》。这些政策旨在全面提升物流仓储设施及服务质量，促进物流仓储设施及服务高质量发展。具体措施包括：围绕交通枢纽节点加强一体化布局，优化供给结构，构建多功能多业态模式，提升服务能级，培育新质生产力等。到2027年，社会物流总费用与国内生产总值比率力争降至12%以下，实现全市仓储设施层级网络基本完善，高标仓占比提高至40%以上。

三是降低物流成本：上海市政府实施降低物流成本行动，健全防范化解拖欠企业账款长效机制，坚决查处乱收费、乱罚款、乱摊派。政策还提出优化运输结构，强化"公转铁""公转水"，深化综合交通运输体系改革，形成统一高效、竞争有序的物流市场。这些措施旨在有效降低全社会物流成本，增强产业核心竞争力，提高经济运行效率。

（一）《关于进一步提升上海航空物流枢纽能级的若干措施》

为进一步提升上海航空物流枢纽能级，加强国际航运中心和国际贸易中心联动发展，提出以下措施：

一、科学统筹推进枢纽建设

（一）以深化高质量发展为主线，以全面提升上海航空物流枢纽能级为目标，着力补短板、强优势、转动能、促增长，突出重点产业发展保障，强化经营主体作用，强化转运功能提升，全力推进空港型国家物流枢纽建设，加快打造全方位门户复合型国际航空枢纽。

（二）到2025年，上海机场年货邮吞吐量超过410万吨，航空货物中转业务量比2019年翻一番，境内航空公司在上海境外航空货运市场份额不低于40%，基地航空公司在上海机场货运吞吐量年增速不低于20%，航空进口货物整体通关时间力争缩短至32小时以内；到2030年，业务规模持续保持全球领先，航线网络持续拓展、中转功能显著增强、口岸环境持续改善、经营主体作用更加突出、智慧绿色转型进一步加快，全面实现"数智化、全球通、全链畅"综合转型升级。

二、加快完善枢纽规划布局

（三）根据形势任务发展需要，适时启动《上海国际航空枢纽战略规划》修编工作，进一步深化

明确上海两场功能定位。（责任单位：民航华东地区管理局、市交通委、机场集团）

（四）加快推进浦东国际机场、虹桥国际机场总体规划修编，完善机场货站布局规划。整合浦东国际机场现有分散货运设施，加快形成"东西两片区"布局。（责任单位：民航华东地区管理局、市规划资源局、机场集团）

三、加快推进基础设施建设

（五）推动上海空港型国家物流枢纽建设，加快建成并投运浦东国际机场智能货站、集中查验中心等基础设施，抓紧启动浦东国际机场新东货运区快件和跨境电商货物处理中心、亚太一站式航空物流中心等项目建设。（责任单位：机场集团、东航集团、上海海关、浦东新区政府、市发展改革委、临港新片区管委会）

（六）加快推进浦东国际机场第五跑道军地协议签订、飞行程序调整等前期工作，推动第五跑道尽快开放使用。（责任单位：市发展改革委、民航华东地区管理局、机场集团、民航华东空管局）

（七）持续完善上海两场及周边地区综合交通规划方案，加快推进周邓快速路、漕宝快速路、G15等机场地区对外道路通道项目建设。（责任单位：市交通委、浦东新区政府）

（八）鼓励支持国内航空公司扩大货运机队规模，吸引国外航空公司加大在沪运力投放力度，进一步增强上海两场货运保障能力。（责任单位：市交通委、市发展改革委、市商务委〈市口岸办〉、民航华东地区管理局、机场集团、基地航空公司）

四、积极培育多元经营主体

（九）支持国内外航空公司、快递物流企业等各类经营主体在上海设立总部或分拨中心，发展航空货运业务，建设货运保障设施。吸引具有国际影响力的货运代理企业落户上海，培育提升本地货运代理企业的服务竞争力。（责任单位：市交通委、市商务委、市发展改革委、民航华东地区管理局、上海海关、机场集团）

（十）根据产业发展需求，布局建设前置仓和集货仓，完善生产、仓储、运输等物流体系，为冷链物流、跨境电商、电子芯片、生物医药等行业提供保障。支持航空物流企业立足上海布局建设海外货站。（责任单位：市发展改革委、市商务委〈市口岸办〉、市经济信息化委、市规划资源局、市交通委、机场集团、东航集团）

五、大力拓展增量市场业务

（十一）加快打造通关便捷、资源配套、快速高效的空空中转模式，不断优化中转作业流程，提升机场地面保障能力。推动中外航空公司强化货运中转功能，积极对接需求、集聚资源，持续开发货运中转产品，提升航空货物中转量。（责任单位：市交通委、市商务委〈市口岸办〉、上海海关、民航华东地区管理局、机场集团、东航集团）

（十二）大力发展多式联运业务，加快推进东方枢纽空铁一体化规划建设，持续推动空铁联运业务拓展。（责任单位：市交通委、民航华东地区管理局、中国铁路上海局集团、东方枢纽集团、机场集团、东航集团、上港集团）

六、扎实做好货物运输保障

（十三）推动航空物流、生产制造、跨境电商等企业合作，持续加大电子芯片、生物医药等高附加值产品运输保障，加强对生活类跨境电商货物的运输保障，关注工业品电商跨境发展新趋势，不断优化上海航空口岸货物运输结构。（责任单位：市交通委、市商务委〈市口岸办〉、市经济信息化委、基地航空公司）

（十四）推动航空物流、跨境电商等企业深化合作，建立服务跨境电商专属平台，组建跨境电商专属运输机队（自购、租赁货机），开设跨境电商专属航线航班，服务上海口岸跨境电商货物空运需求。（责任单位：市交通委、市商务委〈市口岸办〉、市国资委、民航华东地区管理局、东航集团）

（十五）深入推进跨境电商货物便利化运输试点，建设跨境电商货物便利化收运数字管理平台。打响"出海优品"活动，举办"跨境电商＋产业带"系列活动。（责任单位：市商务委〈市口岸办〉、机场集团、东航集团）

七、提升枢纽智慧绿色水平

（十六）加快建设中国（上海）国际贸易"单一窗口"航空物流公共信息平台，不断完善增强"空运通"平台功能。（责任单位：市商务委〈市口岸办〉、机场集团、东航集团）

（十七）加快推进货站设施智慧化改造，不断提升航空货物单证电子化率。支持机场、航空公司等经营主体建设面向国际运输及跨境电商、生鲜冷链、锂电池、生物医药等专业保障基础设施。推广使用自动引导搬运车（AGV）、自动分拣系统等设施设备。（责任单位：民航华东地区管理局、机场集团、东航集团）

（十八）加强航空货物安检、全景感知、无人化等领域的新技术研发与应用，推动完成一批上海两场场内特种车辆新能源替代。（责任单位：民航华东地区管理局、市交通委、机场集团、东航集团）

八、继续做好航空资源保障

（十九）结合航空货运市场发展需求，争取民航局在远程航线航权、二类稀缺航线航权等资源配置上给予倾斜，提升主基地航空公司在航线准入和航权配置的优先级，支持各航空公司聚焦主基地建设；增加一定日间货邮航班时刻供给，增强货运航线航班和跨境电商货物出口运输需求的匹配度；优化航班审批流程，为航空公司开展货运加班和包机业务提供便利。（责任单位：民航华东地区管理局、市交通委、基地航空公司、机场集团）

（二十）推动基地航空公司继续做深做远欧美地区航线、做优做强亚洲地区航线，并积极拓展"一带一路"共建国家和地区的航线，进一步增强全球供应链重点城市连接密度。（责任单位：民航华东地区管理局、市交通委、基地航空公司、机场集团）

九、全面改善枢纽运营环境

（二十一）加强"智慧海关"建设，打造智享联通的大数据平台，探索形成符合新业态发展趋势需要的数字化监管体系。推动跨境电商进口税款电子支付和创新优化退货流程等业务改革。研究上海两场之间国际转运货物海关监管模式创新，提高航空货物的通关和中转效率，进一步压缩航空口岸进出口货物整体通关时间。（责任单位：上海海关、市商务委〈市口岸办〉、机场集团）

（二十二）探索实施航空货运管制代理人制度，加快建设具有安检功能的专业型航空前置货站，开展机场与货站之间航空货物地面驳运安保试点。（责任单位：民航华东地区管理局、市交通委、市商务委〈市口岸办〉、机场集团、东航集团）

在上海市推进国际航运中心建设领导小组的领导下，强化部门联动和政企沟通；加强财政、土地、人才等政策支持，促进航空货运枢纽建设资源要素集聚整合；加强跟踪评估，推动航空物流枢纽建设任务落实落地。

（二）《上海市推进国际航运中心建设条例》

（2016年6月23日上海市第十四届人民代表大会常务委员会第三十次会议通过　2024年12月31日上海市第十六届人民代表大会常务委员会第十八次会议修订）

第一章　总　则

第一条　为了加快上海国际航运中心建设，提升航运资源全球配置能力，助力海洋强国、航运强国建设，根据有关法律、行政法规的规定，结合本市实际，制定本条例。

第二条　本市推进上海国际航运中心建设工作，适用本条例。

第三条　本市贯彻落实国家战略，共建辐射全球的航运枢纽，提升高端航运服务水平，深化智慧绿色航运合作发展，营造国际一流航运发展环境，建设全球领先的国际航运中心。

第四条　市人民政府加强对本市推进上海国际航运中心建设工作的领导，建立工作协调机制，深化上海国际航运中心与上海国际经济、贸易、金融、科技创新中心联动发展。

区人民政府按照全市总体工作部署，做好本行政区域推进上海国际航运中心建设相关工作。

第五条　市交通部门负责协调推进上海国际航运中心建设工作，组织编制相关规划，落实有关工作任务。

市发展改革、经济信息化、商务（口岸）、教育、科技、公安、司法行政、财政、规划资源、生态环境、水务（海洋）、文化旅游、应急、市场监管、数据、地方金融、气象等部门加强协作配合，按照各自职责落实相关工作。

第六条　本市统筹航运发展和航运安全，加强航运安全保障和风险防范能力建设，构建与高水平开放相适应的安全监管体系，推动航运领域安全稳定发展。

第七条　本市设立上海国际航运中心建设发展资金，纳入财政预算，并发挥其他相关专项资金作用，为推进上海国际航运中心建设提供资金支持。

第八条　相关区人民政府结合区位优势和产业基础，加强航运服务功能集聚区建设，发挥要素汇集和辐射带动作用。

浦东新区、中国（上海）自由贸易试验区及临港新片区、上海虹桥国际中央商务区、上海东方枢纽国际商务合作区推进航运领域先行先试改革，实施更高水平制度型开放，提升上海国际航运中心能级。

第九条　航运相关行业协会应当加强行业自律和行业诚信建设，规范行业秩序，维护行业和会员的合法权益，增进与国内外相关航运组织之间的交流，促进航运业的公平竞争和有序发展。

第十条　本市与长江三角洲区域等有关省市建立合作机制，共同建设世界级港口群，共同推进民航协同发展，促进长三角一体化发展和长江经济带高质量发展，提升助力海洋强国、航运强国建设功能。

第十一条　本市加强全方位、多层次、宽领域的国际航运交流，通过举办交流活动、建立合作机制等方式，与相关国际组织、世界其他国际航运中心加强合作。

第十二条　本市加大航运文化培育力度，挖掘航运文化遗产内涵和时代特色，建设航运文化基地，促进航运与文化、休闲、旅游业融合，加强航运文化国内外交流与合作，提升上海航运文化的国际影响力。

第十三条　按照国家和本市有关规定，对在上海国际航运中心建设中做出突出贡献的单位和个人给予表彰奖励。

第二章 规划和建设

第十四条 市人民政府根据上海国际航运中心建设总体目标，围绕枢纽门户功能升级、辐射引领能力增强、科技创新驱动有力、资源配置能级提升，制定上海国际航运中心发展规划，并纳入国民经济和社会发展规划。

上海国际航运中心发展规划应当明确推进建设的战略部署、发展目标、主要任务以及具体的工作措施和责任部门。

第十五条 市交通部门根据上海国际航运中心发展规划和世界级航运枢纽建设要求，按照布局合理、功能完善、资源节约、环境友好等原则，负责组织港口、航道、道路、轨道交通等交通设施专项规划的编制。

专项规划应当符合生态环境分区管控以及岸线分类保护与利用要求，并依法纳入相应的国土空间规划。

第十六条 市规划资源、水务（海洋）等部门和区人民政府在组织编制有关国土空间规划时，应当统筹保障上海国际航运中心建设用地和水域等资源需求。

市交通部门会同市发展改革部门科学统筹港口岸线资源，提升港口岸线集约、高效利用水平。

第十七条 本市按照上海国际航运中心发展规划和相关专项规划的要求，建设安全便捷、智慧绿色、经济高效、支撑有力的世界一流港口和全方位门户复合型国际航空枢纽。

市交通部门会同市发展改革、规划资源、水务（海洋）等部门统筹推进港口和机场设施建设，优化设施布局，提升港口和机场的枢纽功能。

第十八条 市交通部门会同相关部门推进以海空枢纽港为核心的航道、道路和轨道交通等运输网络建设，构建高效、绿色、畅达的集疏运体系。

本市推动铁路、公路、水路、航空等多式联运发展，创新运输组织模式，推进相关标准、规则衔接，加强系统对接、数据共享和人工智能等现代信息技术运用，提升综合运输效率。

本市支持港口、机场等企业加强与其他省市相关企业间的互动合作，完善联运通道。

第三章 航运服务体系建设

第十九条 本市支持海运企业开辟覆盖全球的海运航线，建设具有国际竞争力的智能化、绿色化、专业化船队。

市交通、商务（口岸）部门应当提升以上海港为国际中转港的外贸集装箱沿海捎带业务的便利度。

第二十条 本市发展邮轮经济，建设邮轮设计制造总装和物资配送基地，打造国际一流邮轮运营中心。

本市鼓励拓展邮轮产业服务链条，提升邮轮岸上配送服务和码头综合服务功能，优化公共交通配套，形成完善的邮轮物资供应体系和邮轮旅游服务体系。

鼓励境内外邮轮公司在本市注册设立地区总部、功能性机构，依法开展邮轮国际航线业务。

市文化旅游部门应当会同市交通、市场监管等部门制定与国际接轨的邮轮旅游服务规范。

第二十一条 本市发挥中国（上海）自由贸易试验区临港新片区制度创新优势，为"中国洋山港"国际船舶登记提供便利服务。

第二十二条 本市支持主基地航空公司打造航空运输超级承运人，鼓励各类航空运输企业差异化发展航空服务产品。

本市提升国际航空转运功能，推动优化航权、时刻、空域等资源配置，提高航线网络的通达性、衔接性和枢纽航班密度。

鼓励航空运输企业结合电子商务行业的发展特点,优化运力结构,加强与海外仓的物流服务网络对接,提高服务跨境电商的能力。

第二十三条 市交通等部门推动港口经营人等港口服务企业增强服务韧性,推进运输组织优化和服务模式创新,提升综合服务能级。

本市推动机场管理机构和相关单位完善跨区域多机场体系运营模式,保障机场安全有序运营,优化进出港流程,提升运营效率和服务质量。

第二十四条 本市支持各类专业交易机构按照国家有关规定,开展船舶、航空器以及与航运相关的运价、数据、碳排放权和绿色燃料等交易业务,提升资源配置能力。

第二十五条 鼓励各类金融机构为航运相关企业提供融资、结算、保险等金融服务,开发航运特色金融产品,提高航运金融服务的专业化和便利度。

鼓励各类金融机构为航运相关企业提供跨境资金收付便利,为航运类跨国公司设立全球或者区域资金管理中心提供服务。

第二十六条 本市通过实施航运保险产品注册制度,支持保险机构开发航运保险产品,拓展业务范围,创新服务模式。

本市推进航运保险专营机构建设,依托上海国际再保险中心,推动航运保险与再保险协同发展,提高航运保险承保能力和全球服务水平。

鼓励航运企业通过投保商业保险、船东互保、自保等方式,提高风险管理能力。

第二十七条 鼓励仲裁机构、公证机构、商事调解组织、律师事务所提升法律服务能力,为上海国际航运中心建设提供高质量法律服务。

本市推进仲裁机制创新,推动提升海事海商、航空航运、跨境物流等领域仲裁服务的专业化、国际化水平。

第二十八条 支持建立以本市为总部、全球主要航运企业及航运机构参加的国际航运组织。

鼓励符合上海国际航运中心发展要求的航运相关企业、机构和国际组织落户本市。

鼓励航运相关企业、机构和组织参与国际航运规则制定。

第四章 航运科技创新

第二十九条 本市支持航运领域的基础研究,围绕数字化、智能化、绿色化转型,以及高端装备制造、新能源、新材料等领域,加强关键技术攻关,促进航运科技创新成果推广应用,完善相关技术标准体系。

第三十条 市经济信息化、科技等部门支持船舶与海洋工程装备研发设计、总装配套、修理改装技术创新和集聚发展,建设世界领先的现代化造船基地。

市经济信息化、科技等部门支持民用航空器、航空发动机、机载设备等的研发、制造以及航空高端维修技术发展,促进世界级民用航空产业集群建设;支持适航审定和航空器运行评审能力建设,推动健全适航审定组织体系。

第三十一条 市交通、经济信息化、科技、数据等部门推动航运数字化发展,推进大数据、区块链、人工智能等现代信息技术在航运领域的应用,加强信息对接和业务协同,促进航运贸易数据安全共享和融合应用,提升航运贸易便利化水平。

第三十二条 市交通、经济信息化、科技、数据等部门推动航运智能化发展,提升航运基础设施的信息化智能化水平,推进智能化服务、智慧化运营和智能装备创新应用,建设智慧港口、智慧航道、智慧机场。

第三十三条　市交通、发展改革、经济信息化、科技等部门推动航运绿色化发展，鼓励航运装备升级，推进航运领域新能源、绿色燃料的示范应用和配套基础设施建设，加强生态环境保护，促进航运绿色低碳转型。

市交通、发展改革、经济信息化、科技、商务等部门推动完善绿色燃料加注设施布局，制定绿色燃料加注规范，优化服务流程，加强安全监管，形成技术领先、供应稳定、安全便捷的航运绿色燃料供应服务体系。

第三十四条　本市健全航运碳排放监测管理体系，完善航空、水运等行业的碳排放核算方法，建立碳排放统计监测、报告制度，优化航运企业参与碳排放权交易的机制和方法。

第五章　优化航运营商环境

第三十五条　本市在上海国际航运中心建设中依法实行外商投资准入和市场准入负面清单管理制度。

各行业主管部门应当按照各自职责，落实外商投资准入和市场准入负面清单管理制度，提高政策透明度，营造市场化、法治化、国际化的营商环境。

第三十六条　市交通、商务（口岸）等部门配合海关、边检、海事、民航等部门优化监管措施，加强信息沟通，提高船舶进出港口、靠港补给、废旧物资处置、船员换班和航班进出港、机组出入境、航空货运通关等便利化水平。

本市在入境口岸设立综合服务窗口，为入境人员提供货币兑换、移动支付、网络通信、服务咨询等方面的多语种、一站式服务。

第三十七条　本市完善航运人才的培养、引进、使用、激励和评价机制，实施航运人才相关行动计划，加强航运领域人才队伍建设。

本市支持高等院校加强航运相关学科建设，强化产学研深度融合，推进复合型航运人才培养。

本市支持国际航运中心相关领域智库建设，提高智库决策咨询能力和国际影响力。

第三十八条　市、区人民政府有关部门应当按照公共信用信息相关管理规定，做好航运领域相关主体信用信息的归集工作，推进信用分级分类监管，依法开展守信激励和失信惩戒。

鼓励第三方信用服务机构提供信用评价评级、信用管理咨询等服务。第三方信用服务机构提供相关服务应当采取必要措施保护数据信息的安全。

第三十九条　本市聚焦国际航运中心建设的重点领域、关键环节，建立风险防范机制，落实航运相关企业安全生产责任，强化安全风险的识别、预警和处置。

本市加强航运领域突发事件应对，制定相关应急预案，建立部门间信息共享、协同监管和应急联动机制，提升快速反应和应急处置能力。

市交通、发展改革、经济信息化、商务、司法行政、数据、地方金融、气象等部门应当为航运企业提供航运风险研判、纠纷解决等方面的指导和服务。

本市推动与长江流域其他港口城市建立区域一体化水上交通安全监管、应急救助和生态环境保护治理体系。

第六章　附　则

第四十条　本条例自 2025 年 2 月 1 日起施行。

（来源：信用中国 | 专栏：政策法规）

（三）《2024 年市商务委口岸工作要点》

2024 年，以习近平新时代中国特色社会主义思想为指导，全面贯彻落实党的二十大和二十届二中全会精神，按照市委、市政府的工作部署，在委党组的领导下，坚持稳中求进工作总基调，完整、准确、全面贯彻新发展理念，服务构建新发展格局，统筹推进高水平开放高质量发展，聚焦建设"五个中心"重要使命，深化平安、效能、智慧、法治、绿色"五型"口岸建设，以高质量推动口岸数字化转型为主线，以口岸安全联防联控为基础保障，推动口岸开放和管理、推进智慧口岸建设、持续优化跨境贸易营商环境、增强口岸区域合作、加强国际互联互通、强化口岸服务保障，助推上海国际贸易高质量发展。

一、加强口岸安全联合防控

1. 建立健全规范高效的口岸安全联合防控工作制度。充分发挥上海口岸安全联合防控联席会议机制作用，适时召开联席会议办公室会议和专题会议，推动加强口岸安全风险预警、防控机制和能力建设，及时协调解决口岸工作中涉及安全的新矛盾、新问题，进一步提升口岸治理效能、筑牢口岸安全屏障。

2. 协作落实口岸安全防控。加强区域口岸安全联控方面的信息沟通和协调，做好洋山口岸联防联控工作；强化与舟山定期沟通联系机制，加强沪舟口岸安全防控协作。

二、推动口岸数字化转型

3. 推动上海智慧口岸数字化专班有效运作。深化落实本市《关于全面推进口岸数字化转型实施意见》，充分发挥上海智慧口岸数字化专班作用，召开 2024 年上海智慧口岸数字化专班全体会议。制定 2024 年上海口岸数字化转型重点工作安排，加强联动协调，推进年度任务落地落实。

4. 持续推进智慧口岸试点城市建设。对接国家口岸办开展智慧口岸试点建设城市的有关要求，推动重点工作任务落实，联合相关单位，及时跟踪和做好总结，做好上海智慧口岸试点建设宣传工作，进一步扩大上海口岸影响力。

5. 举办上海国际口岸智慧化经贸合作大会。支持并举办上海国际口岸智慧化经贸合作大会，展示上海智慧口岸建设成果，推动口岸间合作。

6. 启动航贸数链建设。启动浦江数链"一主多辅"构架体系下的面向航运和跨境贸易领域的行业辅链——"航贸数链"建设。支持"航贸数链"用户身份跨平台互认功能，逐步推进数据目录和数据服务上链登记，拓展跨境商品溯源、离岸贸易、电子提单等场景，并推进贸易单证的综合应用。争取吸引一批航贸企业、金融机构加入"航贸数链"联盟。

三、推进上海国际贸易"单一窗口"智慧化转型创新

7. 启动国际贸易单证交换枢纽建设。启动数据跨境交换系统建设，基于"航贸数链"升级上海国际贸易"单一窗口"（以下简称"单一窗口"）用户身份体系，加强系统交互操作性。通过国际合作，分享数据交换系统开发和管理领域的信息、经验和最佳实践，推进跨境电子提单、电子保单、电子信用证、电子合同协同等应用。对标国际通行标准，推动仓单、提单等电子可转让记录境内和跨境使用。

8. 启动公共数据授权运营应用。争取国家口岸办和相关部委的支持，研究出台"单一窗口"公共数据授权运营管理办法，探索建立"单一窗口"体系下安全可信的数据授权、加工、服务和使用机制。通过"单一窗口"私域或沙盒模式，在原始数据不出域，数据可用不可见的前提下，以业务场景为驱动，为业务应用提供公共数据产品和服务。

9. 实现培育航贸领域数字化服务商突破。与生产性互联网服务平台、一批高能级贸易商、海关高级认证企业相结合，遴选一批航贸领域数字化服务商，研究资金支持，用好商务专项资金，依托行业协会，组建航贸领域数字化服务商联盟。

10. 深化航空物流公共信息平台建设。推动上海国际贸易"单一窗口"航空物流信息平台二期建设，对接联通国家标准版国际贸易"单一窗口"航空物流公共信息平台，实现与国家层面的国际贸易和航空物流监管部门相关数据的互通共享。开发空运预约查验等功能，提高航空货运通关效率。

11. 深化海运物流公共信息平台建设。推动"单一窗口"与上海国际集装箱运输服务平台（集运MaaS）对接，推动用户贯通和跨平台作业。向"单一窗口"共享境内外船舶开截港、抵离港、码头放行、计划受理进出场等有关多式联运物流状态信息。与"单一窗口"中欧班列专区实现业务互补与协同。

12. 深化智慧金融服务。完善信保专区，整合精准营销、信保融资等数字化解决方案，提升小微信保覆盖面。完善融资信贷专区，与外经贸贴息政策联动，依托区块链技术，打造跨境结算及贸易融资应用场景，推进有关贸易单据逐步上链，形成有效数据存证、数据资产流转，打造数字供应链应用。

13. 支持智慧监管服务。支持智慧海关建设，新增船舶靠港、离港确报移动端申报功能，增加船舶服务企业分级管理，优化空运进口预约申报功能。支持智慧海事建设，新增国际海运危险货物规则电子化系统，优化"海事单一窗口"功能。支持智慧边检建设，建设边检信息推送平台，实现进出机场口岸限定区域人员信息等边检口岸管理报备信息推送。

四、提升口岸设施保障能力

14. 拓展口岸开放布局。做好洋山特殊综合保税区三期扩区验收工作。协调推进南港码头、上海LNG码头等扩建和相关口岸配套设施验收工作。跟踪小洋山岛北侧开发建设进展，配合做好建设期临时接靠等工作。

15. 协调推动浦东机场四期（T3航站楼）规划落地。持续跟踪机场建设指挥部的工程建设进度，适时召开浦东机场四期（T3）口岸规划情况沟通会，协调海关、边检和口岸签证处等部门，结合旅客出入境、中转流程和现场空间限制等因素，配合机场方面提出合理、优化的旅客通关流程布局方案及查验单位现场保障用房方案。

16. 跟踪推进浦东机场"智慧货站"项目实施。会同海关和机场物流公司共同做好"智慧货站"进出口货物的监管通关的流程设计，满足口岸查验单位、机场方面和货主货代各方的诉求，提升航空口岸货运通关物流时效。

17. 跟踪推进浦东机场海关查验中心项目实施。积极会同海关和机场物流共同做好集中查验中心查验监管的流程设计，以高效能和数字化推动监管模式创新，大幅度提升智慧监管水平和查验效率。

五、推动口岸监管服务模式创新发展

18. 推动海关特殊监管区域高质量发展。充分发挥综保区调研座谈会、海关特殊监管区联席会议、口岸政企圆桌会等机制作用，及时掌握综保区发展中出现的堵点和难点问题，持续推进政策措施的落地实施，争取在自用机器设备出区处置、空运出港货物安检前置、动态扩大保税维修产品目录等方面有进一步推进和突破。

19. 推进国际中转集拼发展。依托上海国际贸易"单一窗口"和洋山特综区一体化平台，建立上海国际中转集拼公共平台，对接货代、船代、海关、码头等系统，推动数据赋能。对接现有口岸集拼监管系统，支持上港等业务主体开展中转集拼业务。联合相关方协同研究开发保税集拼监管系统。

20. 推进东方枢纽国际商务合作区建设。确定进出商务合作区的境内外人员、行李物品、货物动线规划方案，制定商务合作区智慧信息一体化平台建设技术框架方案，推动主管部门研究制定监管办法。

六、推进邮轮经济高质量发展

21. 积极争取国家事权突破在上海率先落地实施。对标国际邮轮行业通行做法，根据邮轮经济发展的实际需求，争取国家政策支持，包括创新邮轮贸易监管方式、优化邮轮口岸签证政策、增加邮轮金融服务供给、提高邮轮免税消费额度、降低国际邮轮税费、推进国际邮轮船籍港建设等中长期制度性政策措施，加快培育邮轮产业体系和产业生态。

22. 做大邮轮贸易。在符合条件的区域，支持建设亚太邮轮船供基地，建立船供标准体系，完善邮轮保税仓功能，丰富邮轮贸易业态。争取增设海关"邮轮贸易"监管方式、监管代码和监管制度。明确涉及支持邮轮经济发展相关进出境船舶、货物、物品的监管条件、监管模式、监管技术、涉证处理及退税流程。提高对国际航线货物资源的集聚和配置能力，提升邮轮供应全球市场采购份额。

23. 做强邮轮消费。围绕邮轮码头布局商业配套等"打造新地标"，变"邮轮流量"为"邮轮消费""游客群体"为"消费群体"，打造"上海国际邮轮节"，形成系列邮轮节日活动 IP，成就邮轮与城市的"双向奔赴"，助力上海国际消费中心城市建设。

24. 丰富邮轮业态。以国家移民局支持上海开展"静态游"政策落地为契机，会同各口岸查验形成配套邮轮口岸监管方案，支持国际邮轮公司提出的在上海开展"邮轮+F1赛事"市场运营模式，进一步推动邮轮产业与旅游、会展、金融服务、医疗康养、艺术交易等融合发展，促进上海发展邮轮衍生新业态。

25. 深化"单一窗口"邮轮专区建设。做好承接国家移民局扩大邮轮签证政策的落地工作，在"单一窗口"发布邮轮出入境人员签证相关政策，同步完善邮轮旅客申报功能，优化与爱达魔都号系统对接，并开展与更多邮轮公司系统直连，加强与各相关单位及兄弟省市联动协作和信息协同，打造邮轮应用最佳案例。

七、开展口岸综合绩效评估

26. 开展口岸综合绩效评估。在国家口岸办统一领导下，探索持续开展口岸综合绩效评估，从口岸硬件设施、通行能力、投入产出、运行安全、通关便利化等方面全面衡量口岸自身建设、运转成效、服务水平，用好评估结果，引导口岸高质量发展。

八、持续优化跨境贸易营商环境

27. 开展新一轮营商环境对标改革。出台《上海口岸2024年深化跨境贸易营商环境改革若干措施》，加大宣传力度，进一步提升政策知晓度。对标世行新一轮营商环境评估改革，在"一网通办"梳理公开国际贸易领域政策法规，提高信息透明度。

28. 完善港口协商会议机制和空港协商会议机制。召开两次会议，充分听取航运企业、货代、报关、货主企业等利益相关方意见，为港口和机场贸易便利化政策、信息化建设等重大事项提供决策参考。

29. 加大海关认证企业培育和服务力度。推进落实《上海市关于进一步加大力度支持本市海关高级认证企业高质量发展的若干措施》，建立 AEO 名单推送机制和通关便利化机制。通过"单一窗口"向海港、空港提供 AEO 货物识别结果信息，推进口岸运营作业便利。

九、增强口岸区域合作

30. 推进长三角口岸合作建设。召开长三角口岸部门座谈会，加强长三角口岸通关一体化建设。推动落实"沪皖口岸合作共建备忘录"签署、"沪皖国际贸易'单一窗口'联合运营中心"揭牌，深化沪皖口岸合作共建。启动长三角国际贸易"单一窗口"金融服务季，持续复制推广特色业务功能，共同做好合作共建成果展示。

31. 推进低碳绿色产业链建设。依托上海国际贸易"单一窗口"，对接行业领先企业，深化设计行业碳排放核算方法体系和碳足迹历史数据库，提供碳足迹信息存证服务，为长三角企业应对欧盟的碳关税机制提供支持。升级"单一窗口"碳排放测算系统，实现物流环节"一键算碳"。

32. 加强跨区域口岸交流。围绕通关一体化，加强与长三角、长江流域重点口岸及货源地的交流。加强沪琼口岸、沪舟口岸等协作交流，完善相关工作机制，前往重点沿海口岸城市调研交流各地在监管和服务创新方面的经验。

十、加强国际化互联互通合作

33. 推进落实互联互通联盟链扩大试点工作。积极落实国家口岸办关于做好中新（加坡）"单一窗口"互联互通联盟链扩大试点工作，推进扩大至上海所有集装箱港口，确保上海国际贸易"单一窗口"数据传输通畅、及时、准确。

34. 跨境班列物流公共信息平台。将"单一窗口"中欧班列专区提升为跨境班列物流公共信息平台。优化"一箱一码"，对接铁路集装箱管理系统，拓展"一带一路"沿线物流跟踪、订舱等功能。丰富班列金融功能和可视化分析看板。

35. 深化"一次申报、双边通关"服务。提升中－新双边通关数据转化率，提供多国 HS 转换、RCEP 查询、欧盟 ICS2 发送等服务。以亚太示范电子口岸网络为基础，将"一次申报、双边通关"服务试点推广到马来西亚。

十一、强化口岸服务

36. 协调优化完善外籍旅客入境通关服务环境。会同市交通委、机场集团、海关、边检、航司等，以落实市领导有关批示为契机，从硬件设施上推动边检前置指纹采集机、便捷通道闸机设备改造升级，更加合理布局 ATM 自动取款机、SIM 卡售卖点等；从软件服务上推动优化外国人入境卡填报引导、小语种志愿者配备、入境关口文化氛围营造等。

37. 持续推动"五链行动"。提炼口岸单位的经验做法，加强口岸单位间的学习交流，编印五链行动事迹材料，与上海口岸各相关部门、单位共同做好宣传工作，扩大五链行动影响力。

38. 进一步强化通关协调服务。形成重点外贸企业、重点口岸服务类企业名单，畅通"上海口岸政企商务沟通会"机制。复制推广黄浦区试点经验，开展各区口岸贸易数据统计监测服务，提升各区口岸贸易调度能力。

39. 提升保障进博会服务水平。完善上海国际贸易"单一窗口"线上服务功能，进博会期间设立上海国际贸易"单一窗口"现场服务站。全力完成进博会商务外事保障组机场（高铁站）外宾迎送任务。

40. 加强口岸政策宣讲服务。发挥好上海口岸联合会等行业协会的作用，指导开展通关政策宣讲、口岸政策培训和调研工作。用好上海国际贸易"单一窗口"移动应用、公众号、网站等媒介工具，开展线上培训、企业沙龙、问题反馈等服务。

（四）《上海市推动数字贸易和服务贸易高质量发展的实施方案》

为深入贯彻落实《中共中央办公厅 国务院办公厅关于数字贸易改革创新发展的意见》《国务院办公厅关于以高水平开放推动服务贸易高质量发展的意见》，全面推动数字贸易和服务贸易改革、开放、创新，打造深度链接全球的数字贸易国际枢纽港和服务贸易全球枢纽节点，力争到2029年，全市服务进出口规模达到2600亿美元，数字交付服务贸易规模达到1300亿美元，占服务贸易的比重达到50%左右，制定本实施方案。

一、大力发展数字交付服务贸易

（一）先行先试增值电信扩大开放。发挥临港新片区以及浦东新区数字基础设施优势，推动外资全资互联网数据中心、内容分发网络及应用商店落地。吸引外资开展互联网接入服务、在线数据处理与交易处理、信息保护和处理服务。（责任单位：市经济信息化委、市通信管理局、浦东新区政府、临港新片区管委会）

（二）以文化贸易为重点扩大数字产品贸易。推进文化贸易"千帆出海"，按年度遴选发布上海文化贸易十大品牌。吸引未在国内公开发行的海外游戏、电影在涉外游戏、电影节展期间依规有序试放、试映，吸引国际顶级电竞赛事在沪举办。（责任单位：市委宣传部、市商务委、市文化旅游局、市体育局）

（三）发展高端服务外包拓展数字服务贸易。在生物医药研发用物品进口试点中实施"由企及物"监管模式。提升国家数字服务出口基地辐射带动作用。支持跨国公司共享服务中心业态发展。（责任单位：市商务委、市科委、市经济信息化委、浦东新区政府）

（四）加快推动数字技术贸易与产业协同发展。打造连接国际的商贸云、工业云、医疗云等行业云，推动"设计＋制造"融合，加大人工智能国际合作力度，深化数据产品知识产权登记试点。（责任单位：市经济信息化委、市科委、市商务委、市数据局、市委网信办、市知识产权局）

二、扩大拓展数字订购贸易

（五）优化跨境电商海空运监管模式。深入推进跨境电商带电、带磁货物和化妆品等货物的航空运输便利化收运试点，提升航空货站跨境电商货物收运保障能力。（责任单位：市商务委、市交通委、上海海关、民航华东地区管理局、浦东新区政府、临港新片区管委会、虹桥国际中央商务区管委会）

（六）强化跨境电商金融服务支持。创新运用跨境电商信用保险产品，简化小微跨境电商企业外汇收支手续。提升跨境人民币结算服务。（责任单位：市商务委、中国人民银行上海总部、上海海关、国家外汇局上海市分局、市委金融办、中信保上海分公司、相关区政府）

（七）推动扩展跨境电商进口业务。推动外国电商平台在沪设立中国或亚太地区总部、上线中国站点。推进海关特殊监管区域内外贸商品"同仓储存、同包发货"，扩大保税进口。优化跨境电商直购进口商品的退货流程。（责任单位：市商务委、上海海关、临港新片区管委会、虹桥国际中央商务区管委会、相关区政府）

三、适度超前布局数字基础设施

（八）加快建设和扩容高水平网络基础设施。加快构筑以5G网络和光纤宽带网络为代表的新型信息通信基础设施。推进东南亚—日本二号海底光缆建设，推动临港海底光缆登陆站建设。推动国家（上海）互联网交换中心、国际互联网数据专用通道扩容。（责任单位：市经济信息化委、市通信管理局、市数据局、临港新片区管委会、虹桥国际中央商务区管委会）

（九）布局高性能算力基础设施。建设高能级云计算数据中心集群、开放算力平台和算力互联互通平台。建设城市公共算力服务枢纽,向中小企业提供普惠算力服务。建设规模化大型商用算力。在虹桥国际中央商务区探索建设有国际服务能力及长三角辐射功能的数据中心。(责任单位:市经济信息化委、市通信管理局、市数据局、虹桥国际中央商务区管委会)

(十)建设区块链和语料库等高质量数据基础设施。建设城市区块链基础设施,打造区块链即服务(BaaS)平台和通用跨链功能,助力数据跨境可信流动。推动高质量语料数据要素建设。(责任单位:市数据局、市经济信息化委、市科委)

四、创新提升服务贸易

(十一)数字赋能航运服务贸易。建设智慧港口,深化区块链、大数据等技术应用,加强电子提单、电子信用证、船舶船员电子证书、电子离港证等电子单证在线验证、流转及应用。深入建设亚太示范电子口岸网络,打造国际贸易和物流信息交换枢纽。推出国际航运集装箱船舶进出港安全准点预报指数。推动空运数据共享和数字化转型。建设航空货运信息综合服务公共平台,实现航空物流全链条信息集成。依托信息化技术提升航运融资、保险、法律等服务能级,深化北外滩、虹桥临空、临港新片区和陆家嘴—世博等航运服务总部基地建设。(责任单位:市交通委、上海海事局、市委网信办、市商务委、市数据局、浦东新区政府、虹口区政府、长宁区政府、民航华东地区管理局、临港新片区管委会、虹桥国际中央商务区管委会)

(十二)加快发展金融保险服务贸易。提升人民币跨境支付系统(CIPS)功能。吸引境内外企业发行"熊猫债""一带一路债"等。支持符合条件的境外交易者直接参与交易原油、低硫燃料油、国际铜及原油期权等国际化品种。在临港新片区打造国际再保险功能区,建设上海国际再保险登记交易中心。(责任单位:市委金融办、中国人民银行上海总部、上海金融监管局、上海证监局、临港新片区管委会)

(十三)建设与航空产业配套的服务贸易体系。探索航材租赁、寄售、共享等业态。建设航空资产交易平台,打造覆盖飞机、飞机发动机、模拟机等航空资产交易、维修、改装、处置等资产全生命周期的航空金融贸易生态。完善服务贸易监管制度。(责任单位:市商务委、上海海关、市科委、市经济信息化委、中国人民银行上海总部、上海金融监管局、临港新片区管委会)

(十四)大力发展绿色服务贸易。支持国内急需的节能降碳、环境保护、生态治理等技术和服务进口。支持绿色节能技术和服务出口。发挥绿色技术银行平台作用,促进国际合作。深化碳排放权交易市场建设,丰富碳金融产品。(责任单位:市商务委、市科委、市生态环境局)

五、加强企业主体和区域载体建设

(十五)提升领军企业能级。每年更新《上海市服务贸易促进指导目录》,明确促进方向。加大技术先进型服务企业培育力度,支持积极运用数字技术、人工智能等创新服务供给。支持企业参与数字贸易和服务贸易国际标准制定和推广。(责任单位:市商务委、市科委、市税务局)

(十六)建设上海《数字经济伙伴关系协定》(DEPA)合作区。推动开展电子提单、电子发票、电子口岸、电子支付、中小企业电子商务等领域务实合作。将临港新片区打造成为DEPA合作区核心承载区,创新数字贸易国际合作场景。(责任单位:市商务委、临港新片区管委会、市数据局)

(十七)建设"丝路电商"合作先行区。扩大电子商务领域制度型开放,与伙伴国开展产业对接、地方合作、能力建设。丰富电子订购、直播带货、文化电商等新业态。打响"丝路电商"国家馆和"丝路云品"等合作品牌,建设智库联盟、合作研修、门户网站等交流平台。参与全球促贸援助行动。(责任单位:市商务委、上海海关、浦东新区政府、临港新片区管委会、虹桥国际中央商务区管委会)

（十八）建设国际数据经济产业园。在临港新片区建设国际数据经济产业园，试点开展合作创新业务。提升临港数据跨境服务中心服务效能，完善招商引资模式。（责任单位：临港新片区管委会、市商务委、市委网信办、市数据局）

（十九）提升服务贸易集聚区规模效应。在浦东新区建设以总部经济为特色的服务贸易集聚区。在虹口区建设高端航运服务核心承载区。在杨浦区建设杨数浦数贸谷。各相关区结合资源禀赋和产业特点，加快发展数字贸易和服务贸易。推动金桥、漕河泾综合保税区等海关特殊监管区域的业务重点向数字贸易和服务贸易拓展。实施服务贸易中小企业发展计划，鼓励各区设立创新企业孵化器，优化服务贸易出口信用保险服务，对接国家服务贸易创新发展引导基金。（责任单位：各区政府、中信保上海分公司）

六、促进贸易要素便捷流动

（二十）促进和规范数据跨境流动。制定中国（上海）自由贸易试验区（含临港新片区）数据跨境流动负面清单及操作指引。支持企业便利访问国际互联网。（责任单位：市委网信办、市数据局、市经济信息化委、浦东新区政府（上海自贸试验区管委会）、临港新片区管委会）

（二十一）便利自然人跨境流动。加快建设东方枢纽国际商务合作区，在医疗器械、航空飞行等领域做大国际培训等功能。优化 APEC 商务旅行卡申办服务。推行外国人口岸签证预受理服务，推进电子口岸签证试点。搭建海外人才服务直联平台。（责任单位：市商务委、市公安局、市政府外办、上海海关、浦东新区政府、虹桥国际中央商务区管委会）

（二十二）优化跨境资金流动管理。支持资金池业务在数字贸易和服务贸易跨境资金集中管理环节的应用。开展国际电子发票与跨境电子支付综合解决方案试点。支持银行行内系统数字人民币全球结算中心建设。（责任单位：中国人民银行上海总部、市商务委、市委金融办）

（二十三）发挥会展贸易促进功能。持续办好世界人工智能大会、浦江创新论坛、北外滩国际航运论坛、中国（上海）国际技术进出口交易会、中国国际数码互动娱乐展览会等会展活动。支持企业参加海外知名展会。进一步发挥中国国际进口博览会、中国国际服务贸易交易会、全球数字贸易博览会促进效应。（责任单位：市商务委、市经济信息化委、市科委、市交通委、市知识产权局、市委宣传部、市文化旅游局、市贸促会）

由上海市推进上海国际贸易中心建设领导小组牵头数字贸易和服务贸易高质量发展工作，领导小组各成员单位和各有关单位要按照职责分工，推进各项任务落地落实。

（五）《上海市推动数字贸易和服务贸易高质量发展的实施方案》政策解读

一、政策制定背景

党的二十大报告指出，要"推动货物贸易优化升级，创新服务贸易发展机制，发展数字贸易，加快建设贸易强国"。2024 年 8 月 17 日，中共中央办公厅 国务院办公厅印发《关于数字贸易改革创新发展的意见》；8 月 29 日，国务院办公厅印发《关于以高水平开放推动服务贸易高质量发展的意见》，对新形势下数字贸易和服务贸易高质量发展作了全面、系统的部署，是今后一个时期我国数字贸易和服务贸易发展的重要指导性文件。

近年来，上海数字贸易和服务贸易发展势头较好，数字交付服务贸易和服务贸易长期保持全国各省市首位。2023 年，我市实现服务进出口 2089.6 亿美元，占全国比重为 23.9%。其中，数字交付服务贸易进出口 1043.7 亿美元，占全国比重为 30.1%。为深入贯彻落实国家文件要求，进一步推动上海数字贸易和服务贸易改革、开放、创新，本市制定了《上海市推动数字贸易和服务贸易高质量发展的实施方案》（简称《实施方案》）。

二、政策制定原则

本次出台《实施方案》，围绕落实国家关于数字贸易和服务贸易的新要求和新任务，聚焦发展数字产品贸易、数字服务贸易、数字技术贸易等数字交付服务贸易及数字订购贸易等数字贸易细分领域，以及国际航运、国际金融、与货物贸易融合发展的服务贸易、绿色服务贸易等服务贸易领域和模式，推进制度型开放，壮大经营主体，促进资源要素跨境流动，具体包括四个方面：一是抢先释放对接数字规则的制度红利。上海数字交付服务贸易发展能级高，是服务贸易高质量发展最主要牵引。要以规则对接为引领，在数据跨境流动、贸易数字化、增值电信开放等方面率先破题。二是顺应数字技术变革打造竞争新优势。数字技术极大提升了服务的可贸易性，要聚焦人工智能、区块链、云计算等前沿技术应用，通过数字技术赋能推动贸易模式创新，大力培育数字贸易新模式新业态，加快传统服务贸易数字化转型。三是"五个中心"协同提升贸易能级。在"五个中心"建设过程中，对标先进的国际贸易中心城市，拉长板、补短板，加快发展高端航运、国际金融、绿色贸易等服务贸易，持续提升上海在全球贸易网络中的影响力和竞争力。四是加强开放合作。上海经济外向度高，贸易合作伙伴覆盖全球主要发达国家和大部分新兴市场。要发挥好上海外向型经济优势，在不断巩固传统市场的同时，积极扩大新兴市场。

三、相关问题解答

Q1：本市发展数字贸易和服务贸易下一阶段的预期目标是什么？

本市将进一步顺应全球经贸发展趋势，大力推进首创性改革、引领性开放，加强改革系统集成，全面推动数字贸易和服务贸易改革、开放、创新。《实施方案》提出的预期目标是力争到2029年，全市服务进出口规模达到2600亿美元，数字交付服务贸易规模达到1300亿美元，占服务贸易的比重达到50%左右，打造深度链接全球的数字贸易国际枢纽港和服务贸易全球枢纽节点。

Q2：本市如何加快塑造数字贸易发展新动能新优势？

近年来，数字贸易蓬勃发展，已成为国际贸易发展的新趋势和世界经济的新增长点。党的二十届三中全会提出，创新发展数字贸易。《实施方案》提出包括数字产品贸易、数字服务贸易、数字技术贸易和数字订购贸易等数字贸易细分领域的具体支持措施，突出开放的制度软环境建设，突出基础设施硬环境优化，促进数字贸易改革创新发展。

具体包括以下三个方面：一是大力发展数字交付服务贸易。主要包括先行先试增值电信扩大开放、以文化贸易为重点扩大数字产品贸易、发展高端服务外包拓展数字服务贸易、加快推动数字技术贸易与产业协同发展等4项任务，进一步扩大开放，提出促进数字交付服务贸易重点领域发展的举措。二是扩大拓展数字订购贸易。主要包括优化跨境电商海空运监管模式、强化跨境电商金融服务支持、推动扩展跨境电商进口业务等3项任务，积极促进跨境电商发展。三是适度超前布局数字基础设施。主要包括加快建设和扩容高水平网络基础设施、布局高性能算力基础设施、建设区块链和语料库等高质量数据基础设施等3项任务，夯实数字贸易发展根基。

Q3：为发挥服务贸易对形成和发展新质生产力的作用，本市将如何进一步激发创新动能，拓宽服务贸易发展空间？

服务贸易是国际贸易的重要组成部分和国际经贸合作的重要领域。党的二十届三中全会进一步对"创新提升服务贸易"作出部署。《实施方案》在贯彻落实国家文件要求的同时，结合上海城市功能及产业发展实际，一方面，将服务贸易促进工作与上海"五个中心"建设协同，推动高端航运、国际金融等服务贸易重点领域发展；另一方面，顺应服务业与制造业融合发展趋势，加强服务贸易与航空、绿色产业等我市特色产业的联动。

《实施方案》明确了4项任务。一是加快数字赋能航运服务贸易，包括借助数字技术赋能，建设智慧港口，加强电子单证流转及应用，建设航空货运信息综合服务平台等。二是加快发展金融保险服务贸易，包括提升人民币跨境支付系统功能，在临港新片区打造国际再保险功能区等。三是建设与航空产业配套的服务贸易体系，包括建设航空资产交易平台，打造航空金融贸易生态等。四是大力发展绿色服务贸易。包括支持绿色技术和服务进出口，深化碳排放权交易市场建设等。

Q4：本市将如何加强数字贸易及服务贸易企业主体培育和区域载体建设？

《实施方案》以企业需求为导向，针对头部企业和中小企业发展的不同需求，以有较强创新能力和影响力的领军企业和外向度高、具有独特竞争优势的中小型企业为目标，加大企业主体的培育力度。主要有以下两个方面：一是提升领军企业能级。包括每年更新《上海市服务贸易促进指导目录》，明确促进方向；加大技术先进型服务企业培育力度；支持企业参与国际标准制定与推广等。二是实施服务贸易中小企业发展计划，包括鼓励各区设立创新企业孵化器，优化服务贸易出口信用保险服务，对接国家服务贸易创新发展引导基金等。

《实施方案》着力建设高水平开放平台，深化数字贸易和服务贸易国际合作，打造贸易发展高地。主要有以下两个方面：一是发挥国家级对外开放平台引领作用，深入建设上海DEPA合作区和"丝路电商"合作先行区。二是加快我市相关区域载体建设。建设国际数据经济产业园，在浦东新区、虹口区和杨浦区打造特色领域贸易集聚区，推动海关特殊监管区域业务重点向数字贸易和服务贸易拓展。

Q5：本市如何营造更加优越的数字贸易和服务贸易发展营商环境？

《实施方案》贯彻落实国家文件要求，积极推进要素流动型开放与制度型开放相结合，"边境上"开放与"边境后"准入相衔接，对促进人才、资金、技术、数据等创新要素跨境安全高效流动提出一系列便利化举措。为着力打造稳定透明可预期的制度环境，提出以下4项任务：一是促进和规范数据跨境流动，包括制定中国（上海）自由贸易试验区（含临港新片区）数据跨境流动负面清单及操作指引，支持企业便利访问国际互联网等。二是便利自然人跨境流动，包括加快建设东方枢纽国际商务合作区，优化APEC商务旅行卡申办服务，推行外国人口岸签证预受理服务等。三是优化跨境资金流动管理，包括支持资金池业务在数字贸易和服务贸易跨境资金集中管理环节应用，支持银行行内系统数字人民币全球结算中心建设等。四是发挥会展贸易促进功能，包括办好世界人工智能大会、浦江创新论坛、北外滩国际航运论坛、上交会等展会，支持企业参加海内外知名展会等。

Q6：下一步如何推动《实施方案》有效落实？

《实施方案》要求加强组织实施，针对服务贸易发展特点，提出由上海市推进上海国际贸易中心建设领导小组牵头数字贸易和服务贸易高质量发展工作。

《实施方案》明确了各项任务的职责分工，要求领导小组各成员单位和各有关单位按照职责分工，促进本市数字贸易和服务贸易高质量发展。

（来源：税屋）

（六）《上海市推进多式联运发展优化调整运输结构实施方案》

为深入贯彻《国务院办公厅关于印发推进多式联运发展优化调整运输结构工作方案（2021—2025

年）的通知》，服务上海国际航运中心建设，推进上海多式联运发展，优化调整运输结构，制定本实施方案。

一、明确总体要求

（一）指导思想。以习近平新时代中国特色社会主义思想为指导，深入贯彻党的十九大和十九届历次全会精神，以推动高质量发展为主题，以进一步提高多式联运发展水平为突破口，着力完善基础设施体系，优化运输组织模式，深化信息资源利用，加快技术装备升级，营造市场环境氛围，推动运输结构优化调整。

（二）工作目标。以提升面向全球的运输服务能力为重点，聚焦上海国际航运中心集疏运体系优化完善，推动货物运输结构进一步优化、运输组织效率进一步提高、运输方式绿色化智慧化水平进一步提升。到2025年，上海铁路货运量比2020年增长10%，上海港集装箱水水中转比例不低于52%，集装箱海铁联运量年均增长15%以上，浦东国际机场国际进出港卡车航班网络通达城市数增长8%以上，新增城市物流车100%使用新能源或清洁能源。

二、提高多式联运承载能力和衔接水平

（一）提升综合货运枢纽能级。深化研究综合货运枢纽功能布局，进一步提升以港口、机场为核心的综合货运枢纽能级。推动实施小洋山北侧综合开发，推进罗泾等港区转型发展。建设现代化、集约化内河港区，推进白鹤等示范港区建设。巩固国际一流的航空货运枢纽地位，加快推进建设浦东国际机场新型智能货站和进出口货物查验中心，提升国际邮件快件进出口货邮能力。加快铁路货运场站多式联运设施改造，优化大型物流场地及物资保障基地配套，推进芦潮港站等铁路货运站设施升级改造。构建层次清晰、高效有序的多级城市配送体系，完善大型转运中心和配送末端设施布局。推动传统货运场站完善现代物流功能，提升多式联运换装效率，推进临港多式联运中心建设。（责任单位：市交通委、市发展改革委、市商务委、市规划资源局、相关区政府、中国铁路上海局集团、上港集团、机场集团、市邮政管理局、中铁集上海分公司）

（二）强化综合运输通道能力。加快既有水运通道改造提升，加强长江口航道综合治理，推进长江口辅助航道建设。优化内河运输体系，持续推进"一环十射"内河高等级航道建设，形成"连接苏浙、对接海港"格局。加快推进苏申内港线、油墩港航道整治工程，推进大芦线、大治河东延伸段等河海直达通道规划建设，疏解黄浦江核心段航运功能。加快沪通铁路二期建设，推进沪乍杭铁路前期工作落地，充分利用铁路既有线路货运能力，提升人流和物流的统筹能力。优化干线公路对外衔接，推进G15高速嘉浏段拓宽扩建、S16蕰川高速等对外公路建设。（责任单位：市交通委、市发展改革委、中国铁路上海局集团）

（三）打造高效畅达集疏运体系。优化码头泊位干支衔接，加强海港与内河航道直连，提升东海大桥通过能力，推动洋山深水港区与江河铁公等运输方式高效衔接。加快推进沪通铁路二期外高桥装卸线建设，深化罗泾港区铁路专用线、南港铁路专用线规划研究。积极改善港口道路集疏运条件，建设沿江通道浦西段和浦东段、G228高速等，研究港口规划建设专用疏港通道，探索设立集装箱专用通道。优化机场集散道路，推进浦东国际机场、虹桥国际机场周边快速路建设，提高地面集疏运能力。（责任单位：市交通委、市发展改革委、市规划资源局、相关区政府、中国铁路上海局集团、上港集团、机场集团）

三、优化多式联运组织模式

（一）着力推进江（河）海联运和江（河）海直达运输。进一步优化江海联运、江海直达、"五

定"班轮等运输组织模式。推进长三角地区沿江、沿海多模式合作，加强长江沿线联运航线对接，开展江海联运、江海直达等领域合作。大力发展内河集装箱运输，推动开辟河海直达运输新航线，扩大河海联运、河海直达业务规模。鼓励港航企业加强合作，在重点货源生成地，进一步推进支线船舶共舱、联盟等模式，提高船舶运营效率。（责任单位：上港集团、市交通委、市发展改革委）

（二）大力发展集装箱海铁联运。提升芦潮港铁路中心站效能，探索港站一体化运营，提高海铁联运通关效率，创新港站短驳运输组织。完善长三角地区对接上海港的海铁联运通道，稳固长三角地区海铁联运班列业务，扩大既有线路运量，提升服务水平。加强与内陆无水港合作，开拓中远距离市场，扩大海铁联运覆盖区域。鼓励港口与铁路、航运等企业加强合作，统筹布局集装箱还箱点，促进海运箱和铁路箱的互使互换，减少空箱调运时间和费用。争取国家支持发展铁路双层集装箱运输。（责任单位：上海港海铁联运有限公司、上港集团、中国铁路上海局集团、中铁集上海分公司、中远海运集团、市交通委、市发展改革委、市商务委、上海海关）

（三）加快发展航空货运。加快构建国际航空货运网络，建立高效的现代航空货运体系。优化上海航空货运航线网络，创新航空口岸海关监管模式。发展航空货运中转集拼，形成吸引力强、规模大、衔接密的中转航班集聚效应，吸引更多中转货源。拓展长三角区域异地货站，提升辐射长三角能力。进一步推进卡车航班，建立上海机场与全国各主要城市机场之间的海关监管卡车航班常态化运行网络。探索"航空＋"多式联运业务。（责任单位：机场集团、民航华东地区管理局、上海海关、市交通委、市发展改革委、市商务委、市邮政管理局、东方航空公司）

（四）积极促进"公转铁""公转水"。合理布局内陆集装箱中心，延伸港口服务，提高港口物流效率。支持港口企业加强集装箱空箱调运能力建设。充分挖掘城市铁路站场和线路资源，丰富铁路运输产品，提升服务水平，切实提高铁路运输市场竞争力。创新城市生产生活物资公铁联运模式，积极探索电商货物"公转铁"，支持高铁快运等业务发展。支持铁路寄递骨干网络构建，积极推动公路寄递网络升级优化和水路运输资源利用。（责任单位：中国铁路上海局集团、上港集团、市交通委、市发展改革委、市商务委、市邮政管理局）

（五）培育一体化服务多式联运市场主体。充分激活市场主体动能，优化市场主体结构，培育多式联运龙头骨干示范企业。推动利用货运平台整合运力资源，促进货运行业规模化、集约化发展。鼓励港口航运、铁路货运、航空寄递、货代企业及平台型企业等加快转为全程负责、一体化服务的多式联运经营主体，并整合上下游资源，实现从承运人向综合物流集成商转型。（责任单位：市交通委、市发展改革委、市商务委、中国铁路上海局集团、上港集团、机场集团、中远海运集团）

（六）深化信息资源共享与应用。深化"互联网＋"应用，加快铁路、港口、机场、海运、空运等部门企业信息系统对接和数据共享。加快推进北斗系统在营运车船上的应用，基本实现运输全程可监测、可追溯。深化集装箱江海联运公共信息平台建设，利用区块链技术，加强沿江港航物流信息对接和业务协同。完善海铁联运信息平台功能，推进海铁联运信息平台系统升级。鼓励发展甩挂车运输、滚装运输等新模式。（责任单位：市交通委、上海港海铁联运有限公司、上港集团、中国铁路上海局集团、中铁集上海分公司、机场集团、市大数据中心）

四、加快技术装备升级

（一）提升联运装备标准化水平。推动长三角区域跨运输方式标准化集装箱循环共用。开展江（河）海直达船型研发与应用，持续推进内河船型标准化，推动铁路箱型标准化，探索航空货物联运装备集装化，培育发展集装箱、半挂车等多式联运设备租赁市场。（责任单位：市交通委、民航华东地区管理局、机场集团、上港集团、中国铁路上海局集团、中铁集上海分公司、中国船级社、上海港

海铁联运有限公司、各基地航空公司）

（二）提升联运装备设施智能化水平。加快智慧港航建设，推动自动驾驶船舶、自动化码头和堆场发展，探索内河高等级航道管理数字化转型。常态化推进洋山智能重卡示范运营项目，加强5G、物联网、高精度地图及定位技术在港口集疏运系统中的应用。探索无人驾驶、新能源装备在港区和堆场等场景率先应用。打造空运业务全流程智能化服务体系。在各级仓储单元，积极推广应用二维码、无线射频识别等技术，提高货物调度效率。（责任单位：上港集团、机场集团、市交通委、市经济信息化委）

（三）提升技术装备绿色化水平。推动内河混合动力船舶、纯电动船舶、LNG动力船舶建造和改造。协同推进船舶和港口岸电设施匹配改造，推动实现岸电使用常态化。推进船舶LNG动力能源加注设施设备建设。鼓励高速公路服务区和港站枢纽规划建设充换电、加气、加氢等配套设施，鼓励探索光伏设备在新建交通设施场景中的应用。积极探索氢燃料电池的多场景、多领域商业性示范应用，力争在重型载重货车、船舶能源清洁化领域取得突破。（责任单位：市交通委、市发展改革委、市生态环境局、市经济信息化委、上港集团、机场集团）

五、营造面向国际的市场环境

（一）深化重点领域改革。深化货运领域"放管服"改革，不断提升事中事后监管服务水平，加快构建以信用为基础的新型监管机制。优化许可办理手续及流程，推广电子运输证，实现长三角货运企业、人员资质资格互查互认。支持铁路货运市场化改革，鼓励铁路运输市场主体多元化发展。从基础设施、运行和管理等层面，加大对货运安全生产的保障力度。促进网络货运平台健康有序发展。（责任单位：市发展改革委、市交通委、中国铁路上海局集团、上港集团）

（二）强化市场引导作用。发挥市场机制引导作用，健全市场化价格形成机制，积极建立以市场化为导向的多式联运价格机制。完善铁路运价与市场供需相适应的灵活调整机制，完善相关收费规则，提高铁路货运市场竞争力。规范海运口岸港口装卸、港外堆场、检验检疫、船公司、船代等收费。（责任单位：市发展改革委、市交通委、中国铁路上海局集团、上港集团）

（三）加大货运市场治理力度。推进完善"全过程记录、全业务上线、全路网监控、全链条管理、全方位服务"的治超信息化平台建设。逐步形成跨层级、跨区域、跨部门、跨行业的常态化指挥调度机制，提升对严重违法超限运输、超标排放行为的主动发现、精确打击、联合惩治能力。联合各行业管理部门加强协调，完善事中事后监管流程，重点保障公路运输市场"一超四罚"、超标排放处罚等措施有效实施。（责任单位：市交通委、市发展改革委、市经济信息化委、市公安局、市生态环境局）

六、完善政策保障体系

（一）强化资金支持。加大财政资金对运输结构调整和多式联运发展的支持力度，落实各责任主体的资金投入保障。做好国际航运中心建设专项资金、节能减排专项资金等财政资金的使用评估和优化工作，提升资金扶持的精准度和有效性。（责任单位：市交通委、市发展改革委、市财政局）

（二）保障发展用地。加强综合货运枢纽等用地保障。同时，在项目建设过程中，严格落实集约节约用地的规划原则，盘活闲置交通用地资源。（责任单位：市发展改革委、市规划资源局、市交通委）

（三）加强组织实施。加强跨区域、多部门协同联动，共同推进运输结构调整。细化分解任务，落实相关部门及企业主体责任，有力有序推进各项工作。各责任单位建立工作小组，制定具体工作方案，落实有关任务。（责任单位：市交通委、各相关单位）

（四）强化跟踪评估。强化信息月度报送和跟踪分析机制，动态掌握年度计划和重点任务实施推进情况，加强对各项目承担单位履责情况的监督。建立联络员制度和定期评估机制，对指标完成情况、任务落实进展、政策实施效果等开展跟踪评估。（责任单位：市交通委、各相关单位）

（七）《上海市服务贸易促进指导目录（2024年版）》

2024年12月，上海市商务委员会、上海市经济和信息化委员会等11部门联合印发《上海市服务贸易促进指导目录（2024年版）》。

一、运输服务贸易

促进目标：打造一批主营业务突出、经营模式先进、海外网络健全、具有较强竞争力、向综合物流业发展的大型国际货代企业，培育一批以专业化为基础、通过创新运营和操作模式扩展服务项目、专项业务优势明显的中小型国际货代企业，逐步形成结构合理、业态多样、服务优质、竞争有序的国际货代市场。

培育重点：

（一）以综合服务为主的国际货代企业，上年度销售额1亿元人民币以上（含1亿元），其中国际货代及相关辅助业务收入所占比例不低于70%；具有一定规模的、独立操作功能的物流服务网点，国内外网点数不少于5个（包括国内设立的分支机构、与境外企业签订的一年以上境外国际货物运输代理协议）；以专业化服务为主的国际货代企业，上年度销售额5000万元人民币以上（含5000万元），如汽车物流、冷链物流、化工物流、多式联运以及为国际贸易服务的跨境电商物流等。

（二）具有较为稳定的长期合作知名客户，至少拥有1个协议服务期在一年以上的国内外知名客户。

（三）主要生产设施与设备具有一定先进性，须有自行开发或引进的国际物流（国际货代及其辅助业务）管理信息系统，能与主要客户实现电子数据交换，信息共享，并能实现对物流活动的实时跟踪、信息反馈。

二、旅游服务贸易

促进目标：建设结构合理、多种所有制经营协调发展、日益繁荣的旅游市场，形成一批实力雄厚、业务广泛的重点企业，鼓励企业加强横向联合，积极向集团化、专业化、现代化方向发展，加快世界著名旅游城市建设。

培育重点：

（一）上海市旅游星级酒店

1. 上年度营业额8000万元人民币以上；

2. 上年度接待境外客人比例不低于30%；

3. 获得市级旅游标准化示范单位、绿色饭店称号的优先支持。

（二）经济型酒店连锁集团

1. 集团上年度营业额20亿元人民币以上；

2. 品牌直营或加盟的酒店400家以上；

3. 以品牌特许经营或品牌代理等模式在境外发展品牌直营店或加盟店，国外酒店上年度营业额50万美元以上。

三、电信、计算机和信息服务贸易

促进目标：打造一批技术应用开发水平高、科技创新能力强、服务和产品质量好、行业发展前景佳、影响力强的行业领先企业，夯实产业基础，扩大产业规模，提升电信、计算机和信息服务贸易发展水平和服务竞争力。

培育重点：

（一）软件开发服务

1. 从事软件咨询、设计、开发、测试、培训、维护等服务及信息化规划、信息系统设计、信息技术管理咨询、信息系统工程监理、测试评估认证和信息技术培训服务的企业，具有国际市场开发和营销能力，且具备较高技术及服务水平、具有自主知识产权产品的企业和服务出口类企业优先；

2. 获得 CMM（CMMI）或 ISO 系列等国际质量管理体系标准认证的软件企业；

3. 上年度软件和信息技术出口额（以软件出口合同登记执行金额及银行收汇凭证为准，下同）200 万美元以上。

（二）数据处理服务和信息系统运行维护服务

1. 从事数据录入、数据处理、数据分析、数据整合、数据挖掘、数据管理、数据使用、数据产品加工等服务、数据库管理与维护服务、数据中心基础环境以及各类信息系统的软硬件运行维护服务的企业，具有国际市场开发和营销能力，且具备较高技术及服务水平、具有自主知识产权产品的企业和服务出口类企业优先；

2. 获得 DCMM、DAMA 数据管理体系标准认证的软件企业；

3. 上年度软件和信息技术出口额 500 万美元以上。

（三）新兴互联网信息技术及内容服务

1. 从事基于互联网的新兴电子商务与网络金融信息服务、网络文化娱乐服务、网络媒体服务、基础应用服务、其他软件信息服务类增值电信服务及区块链技术等的软件企业，具有国际市场开发和营销能力，且具备较高技术及服务水平、具有自主知识产权产品的企业和服务出口类企业优先；

2. 获得有关系列质量管理体系标准认证的软件企业；

3. 上年度软件和信息技术出口额 100 万美元以上。

（四）数字内容软件及服务

1. 从事开发数字动漫、游戏设计制作等软件（主要包括数字出版软件、动漫游戏制作引擎软件和开发系统，以及图形制作处理软件、视频制作处理软件、音频制作处理软件等多媒体软件）以及相关服务、智能电视应用等的企业，具有国际市场开发和营销能力，且具备较高技术及服务水平、具有自主知识产权产品的企业和服务出口类企业优先；

2. 获得有关系列质量管理体系标准认证的软件企业；

3. 上年度软件和信息技术出口额 200 万美元以上。

（五）集成电路研发设计及服务

1. 从事集成电路研发设计以及相关技术支持服务（包括为集成电路的开发运用提供测试平台服务）的企业，具有国际市场开发和营销能力，且具备较高技术及服务水平、具有自主知识产权产品的企业和服务出口类企业优先；

2. 符合条件的集成电路企业，获得有关系列质量管理体系标准认证；

3. 上年度集成电路研发设计及技术服务出口额 200 万美元以上。

四、工程承包与建筑服务贸易

促进目标：更好利用"两个市场、两种资源"不断创新"走出去"途径和方式，进一步推进境外项目结构调整、市场结构调整和"走出去"主体队伍结构调整，支持企业对境外技术密集型、资本密集型工程项目进行总承包和总集成，树立上海优质工程的品牌形象。

培育重点：

（一）中高端建筑和工程服务

1. 承接的境外工程项目是国家支持的大型工程项目；

2. 鼓励采用 BOT、PPP 等模式承接境外工程项目；

3. 近两年内没有发生重大工程质量事故和较大事故以上的生产安全事故；

4. 经国家有关部门批准、登记、备案或核准，并开展相关业务；

5. 按时申报商务部对外承包工程业务统计信息；

6. 上年度承接境外工程单个项目新签合同额达 1 亿美元以上；

7. 带动具有世界先进水平的国产成套机电产品出口的项目优先，带动项目换资源或资源回运的项目优先；

8. 按时足额缴存对外劳务合作风险处置备用金。

（二）工程设计

1. 拥有专利和专有技术；

2. 以设计为龙头带动项目总承包；

3. 具有熟悉国际化执业标准和比较优势的专业服务人才；

4. 具有创新本土化和国际市场开发潜力，在同行业研发能力成绩突出；

5. 已实施具有国际影响力的成功案例，在业内具有较高知名度；

6. 经国家有关部门批准、登记、备案或核准，并已开展相关业务；

7. 按时申报商务部对外承包工程业务统计信息；

8. 上年度承接境外工程单个项目新签合同额 3000 万美元以上；

9. 按时足额缴存对外劳务合作风险处置备用金。

五、专业服务贸易

（一）咨询、会计、法律、广告、人力资源、检验检测认证专业服务

促进目标：扩大专业服务业对外开放，提高专业服务水平，提升专业服务质量，通过政策引导扶持，逐步培育管理咨询、会计、法律、广告、人力资源、检验检测认证等重点专业服务领域的比较优势；支持本土专业服务企业扩大跨境服务，积极为我国企业海外投资提供专业服务，培育一批具有全球影响力的专业服务品牌。

培育重点：

1. 咨询服务

（1）实到注册资本金 50 万元人民币以上；

（2）专业服务业务上年度营业额 350 万元人民币以上，出口额 5 万美元以上。

2. 会计服务

（1）取得市财政局颁发的会计师事务所（分所）执业许可，2021 年 7 月 1 日后在中国（上海）自由贸易试验区所在的浦东新区、奉贤区实行审批改备案改革的会计师事务所分支机构，需已在市财政局完成备案手续；

（2）专业服务业务上年度营业额 500 万元人民币以上，出口额 3 万美元以上。

3. 法律服务

（1）取得市司法局颁发的律师事务所执业许可证；

（2）净资产 30 万元人民币以上；专业服务业务上年度营业额 3000 万元人民币以上，出口额 20 万美元以上。

4. 广告服务

（1）《营业执照》经营范围含有广告制作、设计、代理、发布等事项；

（2）专业服务业务上年度营业额 1000 万元人民币以上，服务出口额 3 万美元以上。

5. 人力资源服务

（1）取得本市人力资源和社会保障部门颁发的人力资源服务许可证；

（2）企业上年度无亏损情况；

（3）专业服务业务上年度营业额 1000 万元人民币以上，出口额 3 万美元以上。

6. 检验检测认证服务

（1）取得检验检测资质认定或认证机构资质，并获得中国合格评定国家认可委员会（CNAS）认可；

（2）上年度营业额 5000 万元人民币及以上，服务出口额 5 万美元及以上。

（二）会展服务

促进目标：通过扶持、引进、合作等方式打造一批国际化水平较高的专业办展企业和会展项目；支持办展企业积极引进国内外品牌展会，培育一批符合国家产业导向的专业精品展；积极推动企业海外办展，培育一批具有核心竞争力的中小型国际专业展会；大力推进线上会展业发展，打造全国领先、功能齐全、服务水平一流的线上会展平台，努力将上海打造成为国际会展之都。

培育重点：

1. 展览主（承）办

（1）展览会业务近 3 年内年营业额 3000 万元人民币以上，其中年外汇收入 50 万美元以上；

（2）连续举办同一主题展览会 5 届以上，且该展览会已被行业协会认定为上海市国际展览会品牌展，并具有国内行业代表性，且专业性强的项目；

（3）举办的国际展览会境外参展商占参展商总数的 20% 以上，或境外观众总数占比不低于 10%。

2. 会议主（承）办

（1）会议业务近 3 年内年营业额 800 万元人民币以上，其中年外汇收入 10 万美元以上；

（2）每年度举办单项国际性会议规模在 300 人以上或至境外办会 1 次以上，每年度举办国际性会议 3 次以上；

（3）连续举办同一主题国际性会议 3 届以上，且该国际性会议具有发展潜力。

3. 展示工程

（1）近 3 年内年营业额 1000 万元人民币以上，年外汇收入 10 万美元以上；

（2）每年度独立承办 2 个以上展览会主场，或净面积 200 平方米以上特装展位，或 1 个以上展示厅、博物馆的设计制作工作；

（3）完成项目的创意设计为原创，且连续两届获得市行业协会授予的优秀展台项目，或被当地政府主管部门授予优秀博物馆、展示厅、陈列室等项目。

4. 会展场馆

近三年内年营业额在 4000 万元人民币以上，外汇收入 60 万美元以上。

六、文化服务贸易

促进目标：以建设社会主义国际文化大都市为目标，逐步培养一批具备较强国际市场竞争力、守法经营、信誉良好的文化出口重点企业，打造一批弘扬中华民族优秀传统文化、维护国家统一和民族团结、发展中国同世界各国人民友谊、具有比较优势和鲜明民族特色的文化出口重点项目。

培育重点：

（一）新闻出版类

1. 出版物输出

（1）传统出版物上年度出口额 20 万美元以上，或版权输出 3 万美元以上，或版权输出种类达到 15 种；

（2）具有国际市场开发和营销能力，产品体现中华文化特色。

2. 印刷服务

（1）上年度出口额 80 万美元以上；

（2）独立设计能力较强，印刷技术水平居世界前列；

（3）有成熟的国际合作渠道。

（二）文广影视类

1. 电影电视

（1）上年度出口额 40 万美元以上；

（2）具有良好发展潜质，在提升影视文化产品的生产、发行、播映和后产品开发能力等方面成绩突出；

（3）积极与国外广播影视机构合作，拥有较为成熟的境外销售网络，境外宣传和推广活动效果突出。

2. 演艺及相关服务

（1）上年度出口额 5 万美元以上，或在海外高端主流演出市场产生巨大影响力的；

（2）体现中华文化特色，拥有自主知识产权，具有较高的艺术水平和国际市场开发前景。

（三）综合服务类

1. 游戏动漫

（1）上年度出口额 30 万美元以上，或版权输出金额 10 万美元以上，或游戏动漫衍生产品出口额 100 万美元以上；

（2）拥有自主知识产权的原创游戏动漫形象和内容，或应用核心技术开发 3A 游戏大作。

2. 境外文化机构的新设、并购和合作

（1）在境外通过新设、收购、合作等方式，成功在境外投资设立分支机构，或成功设立演出剧场、产业园区等实体项目，或依托互联网技术成功在海外市场建立营运服务平台，并经营良好；

（2）境外分支机构上年度营业额 30 万美元以上。

3. 工艺美术品、创意设计服务

（1）具有显著民族特色的工艺品或属于经认定的国家级非物质文化遗产上年度出口额 30 万美元以上，或创意设计服务上年度出口额 30 万美元以上；

（2）拥有自主知识产权，体现较高的文化附加值；

（3）保持较高的研发设计、品牌建设投入，具有持续创新和国际营销能力。

4. 文化贸易集聚服务

（1）集聚文化贸易企业 50 家以上；

（2）每年组织文化企业参加 2 次以上境外知名国际文化交易类展览推介活动（单次组织参会在

5 家企业以上）；

（3）搭建公共服务平台，帮助文化企业拓展国际市场。

七、医药卫生服务

促进目标：培育一批在高端医疗、康复医疗、老年医疗护理，中医药保健、教育培训、科研、产业、文化、旅游和中介等方面持续稳定开展医疗服务贸易工作，具有较好工作基础，条件完备、特色突出、具备较强国际市场竞争力的医疗机构（医疗服务贸易企业）。引导机构（企业）积极探索，创新服务模式、拓展海外营销渠道，打造具有国际影响力的医疗服务品牌。

培育重点：

1. 具有相对稳定的业务渠道和需求市场，已与境外相关机构、国际组织或企业签署一年期以上合作协议的医疗机构；

2. 或与国际接轨，具有特色专科和品牌的，年服务境外人士 5000 人次以上且医疗业务收入在 1000 万元以上的医疗机构；

3. 或近三年内稳定持续开展中医药服务贸易工作，提供中医药保健、教育培训、科研、产业、文化、旅游等综合服务，已有出口渠道或海外基地，形成较为稳定服务收入，具有独立法人资格；

4. 或在中医药服务标准化、宣传中医药文化、培养中医国际服务人才和海外市场拓展等方面有突出贡献。

八、体育服务贸易

促进目标：结合打造世界一流国际体育赛事之都、国内外重要体育资源配置中心的发展定位，拓宽体育服务贸易领域，扩大体育服务贸易规模，支持与国际体育赛事旅游等服务贸易相关市场主体发展，增强国际知名体育专业公司、国际优质体育知识产权等的吸引力，逐步培育起门类多样、健康有序的体育服务贸易市场，促进全球著名体育城市建设目标的实现。

培育重点：

（一）体育赛事

1. 引进赛事

（1）截至上年度已完成一项或多项国际知名体育赛事引进并进行运营管理的机构或企业；

（2）单项国际赛事交易额 15 万美元以上或运动员奖金设置 5 万美元以上；

（3）单项赛事营业额 150 万元人民币以上。

2. 自主赛事

（1）截至上年度已完成举办一项或多项自主培育的、拥有独立知识产权的国际性赛事并进行运营管理的机构或企业；

（2）单项赛事营业额 150 万元人民币以上。

（二）体育中介

1. 职业体育经纪

（1）上年度在国际转会市场上有转会交易的职业体育俱乐部或机构；

（2）上年度涉及国际球员转会、海外教练员引进资金发生额 25 万美元以上；

（3）上年度涉及海外体能或医疗康复团队引进资金发生额 15 万美元以上。

2. 体育专业咨询

（1）上年度在国际咨询市场有体育咨询专业服务的机构或企业；

（2）实到注册资本金 50 万元人民币以上；

（3）体育专业服务上年度营业额 75 万元人民币以上，出口额 1.5 万美元以上。

（三）体育知识产权服务

1. 体育赛事版权

（1）以国际优质体育赛事版权为投资标的的机构或企业；

（2）单笔赛事版权交易额 50 万美元以上。

2. 体育无形资产

（1）上年度从事国内国际优质体育组织、体育场馆、体育赛事、体育活动名称与标志等无形资产的开发与交易的机构或企业；

（2）实到注册资本金 30 万元人民币以上；

（3）上年度营业额 100 万元人民币以上。

九、其他领域的数字交付服务贸易

促进目标：围绕打造"数字贸易国际枢纽港"，推动形成良好的市场主体培育生态环境，着力发展数字产品贸易、数字技术贸易、数字服务贸易、数据贸易等新模式新业态，加快培育一批成长性好、增长潜力大的独角兽企业。

培育重点：

1. 从事数字交付服务贸易业务的企业，包括从事通过计算机网络远程交付的国际交易的企业，如提供垂直行业数字化解决方案的跨境服务等；

2. 上年度相关服务出口额 50 万美元以上。

十、服务外包

促进目标：大力发展应用先进数字技术的软件研发、集成电路和电子电路设计、测试、信息技术解决方案、信息技术运营和维护、网络与信息安全、云计算、人工智能等信息技术外包服务，提升交付一体化数字解决方案的能力；大力发展基于数字技术的共享中心以及多语种呼叫中心服务，提升互联网营销推广、供应链管理、金融后台、法律流程、维修维护等业务流程服务外包水平，支持数字化技术在垂直行业的应用；大力发展医药和生物技术研发、大数据、管理咨询、动漫游戏、工业设计、工程技术、服务设计、检验检测和新能源技术研发等知识流程外包服务；打造一批技术水平高、创新能力强、服务质量好、发展前景佳、影响力强的服务外包领先企业。

培育重点：

（一）信息技术服务外包（ITO）

1. 从事信息技术外包的企业，上年度提供国际服务外包执行额不低于 50 万美元；

2. 具有较高的市场竞争力和服务能力，与服务外包发包商签订提供中长期服务外包业务合同（1 年以上）；

3. 企业大专及以上学历员工占员工总数的 50% 以上，对促进大学生就业有较大贡献。

（二）业务流程服务外包（BPO）

1. 从事业务流程服务外包的企业，上年度提供国际服务外包执行额不低于 50 万美元；

2. 具有较高的市场竞争力和服务能力，与服务外包发包商签订提供中长期服务外包业务合同（1 年以上）；

3. 企业大专及以上学历员工占员工总数的 50% 以上，对促进大学生就业有较大贡献。

（三）知识流程服务外包（KPO）

1. 从事知识流程服务外包的企业，上年度提供国际服务外包执行额不低于 50 万美元；从事工业设计、工程技术、服务设计服务的企业，该标准可降至 20 万美元；

2. 具有较高的市场竞争力和服务能力，与服务外包发包商签订中长期提供服务外包业务合同（1 年以上）；

3. 企业大专及以上学历员工占员工总数的 50% 以上，对促进大学生就业有较大贡献。

（八）《上海市加快建立产品碳足迹管理体系 打造绿色低碳供应链的行动方案》

为深入贯彻落实国家和本市关于碳达峰碳中和工作的部署要求，进一步提升重点产品碳足迹管理水平，打造绿色低碳供应链，助力实现碳达峰碳中和目标，根据《国家发展改革委等部门关于加快建立产品碳足迹管理体系的意见》，结合本市实际，制定本行动方案。

一、主要目标

坚持"内外一体、突出重点，创新驱动、技术融合，政府引导、市场主导，开放合作、示范引领"的原则，建立一套符合国情市情、衔接国际规则的产品碳足迹管理体系，提升产品碳足迹标准计量、数据采集、评价认证和专业服务，拓展产品碳足迹应用场景，加快打造绿色低碳供应链，为实现碳达峰碳中和目标提供支撑。

到 2025 年，制定出台 30 个左右产品碳足迹相关地方、企业或团体标准，基本建成产品碳足迹服务平台体系，显著拓展产品碳标识应用场景，推进打造 50 家以上绿色低碳链主企业，培育一批具有国际服务水平的绿色低碳专业服务机构。

到 2030 年，制定出台 100 个左右产品碳足迹相关地方、企业或团体标准，全面建成产品碳足迹服务平台体系，推动产品碳标识认证制度在长三角全面实施并广泛应用，形成市场化良性运转的绿色低碳供应链，集聚一批具有国际影响力的绿色低碳链主企业和专业服务机构。

二、高水平建设产品碳足迹管理体系

（一）建立产品碳足迹标准计量体系。市碳达峰碳中和标准化技术委员会统筹推进本市产品碳足迹相关标准工作。鼓励行业协会、企业、科研院所、机构等各类主体按照"立足上海、服务全国、对接国际"的原则，以国家公布的核算规则标准之外且本市企业集聚度高、供应链带动性强的产品为重点，先行开展产品碳足迹核算规则研究和标准研制，并逐步扩大标准覆盖的产品范围。支持具备条件的产品碳足迹核算标准转为国家标准。（责任单位：市发展改革委、市生态环境局、市市场监管局、市统计局、市经济信息化委、市住房城乡建设管理委、市交通委）

制定实施重点行业、重点产品碳足迹相关计量规范和技术标准。推动相关企业按照产品碳足迹和绿色供应链管理要求，进一步完善能源资源分项计量，建立健全产品碳足迹计量管理体系。鼓励有条件的企业开展能源资源和碳排放数据的智能化采集、分析与应用。（责任单位：市市场监管局、市经济信息化委、市发展改革委）

（二）建立完善碳足迹数据库管理服务体系。依托全市双碳数智平台，充分应用 5G、大数据、区块链等数字化技术，建设重点行业和产品碳足迹背景数据库，为企业和服务机构开展产品碳足迹核算、评价、认证等提供公共服务。建立电力、热力及重点行业产品等排放因子发布机制，鼓励各类主体上传符合要求的产品排放因子。鼓励行业协会、企业、科研院所在注明数据来源的基础上，依法合规收集整理本行业相关数据资源，发布钢铁、石化化工、汽车等细分行业领域产品碳足迹数据库。行业主管部门加强指导，加强数据协同与治理，规范各类数据库建设，适时组织开展评估验证，持续提高数据质量。鼓励本市各类主体与长三角区域及国际国内碳足迹数据库按照市场化原则开展合作。

（责任单位：市发展改革委、市经济信息化委、市住房城乡建设管理委、市交通委、市统计局、市生态环境局、市数据局、相关区政府）

（三）推进实施产品碳标识认证制度。根据国家产品碳标识认证制度要求，组织开展产品碳标识认证相关工作，加快推进本市重点领域和成熟行业率先开展产品碳足迹认证和碳效评价试点。鼓励企业按照市场化原则开展产品碳标识认证，并在产品或包装物、广告等位置标注和使用碳标识。根据国家和本市相关要求，加强对碳足迹认证机构监督管理，实施信用惩戒、事中事后监管和同行评议等制度措施。（责任单位：市市场监管局、市经济信息化委、市发展改革委、市生态环境局）

（四）加快培育专业服务机构。鼓励开展碳足迹核算、评价、认证、管理、咨询等业务，培育一批绿色低碳专业服务机构，引导各类服务机构提升技术能力和服务水平。鼓励国内专业服务机构成为国际认可的第三方机构，开展境外碳认证服务。（责任单位：市经济信息化委、市发展改革委、市生态环境局、市市场监管局）

（五）推动碳足迹国际国内衔接互认。鼓励行业协会、企业、科研院所、机构等各类主体积极参与国际国内碳足迹方法学研究、技术规范制定、专业人才培养等方面交流合作。加强与长三角苏浙皖三省和其他供应链相关地区对接合作，共同推进产品碳足迹管理体系衔接互认。（责任单位：市市场监管局、市商务委）

三、多维度丰富产品碳足迹应用场景

（一）发挥政府和国有企业带头作用。按照相关政府采购规定，加大对碳足迹较低产品的采购力度。国有企业要率先建立绿色低碳采购管理制度，将产品碳足迹水平纳入采购评估体系。鼓励其他企业自主开展绿色低碳采购。推动沪苏浙皖三省一市政府关于产品碳足迹管理采购要求的互认互通，优先支持碳足迹认证产品申请"上海品牌""江苏精品""浙江制造""皖美制造"等品牌认证评价。（责任单位：市财政局、市市场监管局、市国资委、市发展改革委、长三角生态绿色一体化发展示范区执委会）

（二）发挥链主企业引领作用。鼓励钢铁、化工、飞机、造船、汽车、电子、快消品等领域链主企业开展绿色低碳供应链建设试点示范，并结合实际建立产品碳足迹管理制度，带动上下游企业加强碳足迹管理，推动供应链整体绿色低碳转型。加强对链主企业的服务对接，加大在绿电绿证采购、节能减排降碳等方面的支持力度。支持链主企业组建绿色低碳供应链联盟组织，加强企业间产品碳足迹管理体系的合作互认，推动供应链协同减碳。（责任单位：市商务委、市经济信息化委、市国资委、市发展改革委、市数据局）

（三）强化重点区域示范引领。鼓励各区、临港新片区、上海化工区等区域开展各具特色的绿色低碳供应链试点示范建设。支持宝山区打造以碳中和产业园为主的绿色低碳供应链核心功能区，建设绿色低碳供应链公共服务平台，创新政府引导、面向企业的服务模式，加快形成可复制、可推广的经验做法。（责任单位：市发展改革委、市经济信息化委、市商务委、市数据局、各区政府、临港新片区管委会、化工区管委会）

（四）推动长三角协同打造绿色低碳供应链。发挥长三角生态绿色一体化发展示范区制度创新"试验田"作用，用好长三角产业链、供应链跨区域协调机制，共同推进碳足迹管理规则统一、数据共享和应用场景互通，加强在科技创新、人才交流、产业链互补、绿色能源发展、服务机构协同等方面合作，协同推进供应链上下游企业绿色低碳转型，推动长三角区域共同打造绿色低碳供应链体系。（责任单位：市发展改革委、长三角生态绿色一体化发展示范区执委会、市经济信息化委、市商务委、市科委、市市场监管局、市数据局）

（五）发动全社会共同参与。有序推进碳标识在消费品领域的推广应用，引导商场和电商平台等企业主动展示商品碳标识，设立绿色低碳商品销售专区，拓宽绿色低碳商品销售渠道。推动创建绿色商场、绿色餐厅。发挥碳普惠等政策机制的作用，鼓励消费者购买和使用碳足迹较低的产品，推动全社会绿色低碳转型。（责任单位：市商务委、市生态环境局、市发展改革委、市数据局）

四、全方位推动供应链重点环节绿色低碳转型

（一）提高绿色低碳制造水平。推进重点工业企业实施节能降碳"百一"行动，加快生产工艺智能化绿色化升级改造，实施重点用能设备和系统能效提升工程。创建绿色工厂、零碳工厂及绿色园区。推进园区循环化改造，推动设施共建共享、废物综合利用、能量梯级利用，建设多能互补的智慧能源系统和微电网。（责任单位：市经济信息化委、市发展改革委、市商务委）

（二）推行绿色低碳运输方式。构建绿色低碳交通体系，推进发展江（河）海联运、公铁联运和海铁联运，建设绿色港口和绿色机场。推动汽车、船舶等交通运输工具的电气化、低碳化和智能化。鼓励和支持运输企业强化节能降碳运营管理，提升交通运输工具能效水平，探索应用绿色甲醇、生物燃油、氢、氨等绿色低碳燃料。推广集中配送、共同配送等集约化物流配送模式，支持节能环保型仓储设施建设。加快物流包装绿色转型，鼓励使用商品和物流一体化包装。（责任单位：市交通委、市商务委、市经济信息化委）

（三）提升资源循环利用能级。加强源头减量、循环使用和再生利用，加快建成覆盖城市各类固体废弃物的循环利用体系，建成若干循环利用产业基地，培育一批高水平循环经济企业。鼓励企业开展产品全生命周期管理，建立可核查、可溯源的绿色回收体系，提高可再生资源回收利用率。优化完善全覆盖的生活垃圾可回收物服务点、中转站、集散场回收体系。鼓励和支持航空发动机、新能源组件、船舶机械、汽车零部件等设备产品的高端智能再制造。（责任单位：市发展改革委、市经济信息化委、市绿化市容局、市商务委、市生态环境局）

（四）积极推动绿色电力开发利用。有序推动本地光伏、风电等可再生能源项目开发建设，合理布局新增和扩建市外清洁能源通道，进一步加大市外非化石能源电力的引入力度，增加本市绿电供应总量，并提高市场配置的比重。完善分布式发电市场化交易机制，支持分布式绿色能源发电主体按照规定与同一配电网区域的电力用户就近交易。（责任单位：市发展改革委、市经济信息化委）

（五）加强绿色低碳技术研发应用。加强绿色低碳重大科技攻关和推广应用，推进基础研究和前沿技术布局。加快培育绿色技术相关科技创新平台，加大对企业绿色技术创新活动的支持力度，在供应链各环节推广应用先进适用的绿色低碳技术。持续办好上海国际碳中和博览会，推动绿色低碳供应链上下游企业开展绿色低碳技术、产品供需对接和深度合作。（责任单位：市科委、市经济信息化委、市发展改革委、市贸促会）

五、保障措施

（一）加强组织协调。上海市应对气候变化及节能减排工作领导小组下设产品碳足迹和绿色低碳供应链工作协调机制，市发展改革委负责总体统筹和协调推进。各相关部门按照职责分工，共同推进产品碳足迹管理体系和绿色低碳供应链建设。各区政府、区域管理机构负责做好本辖区相关工作。（责任单位：市发展改革委、各相关部门、各区政府）

（二）加强政策支持。加强政策支持保障，发挥财政资金引导激励作用，支持做好产品碳足迹管理体系和绿色低碳供应链建设相关技术创新应用、产业转型升级、管理服务支撑等方面工作。鼓励各区政府结合实际，加强相关政策支持。（责任单位：市财政局、市发展改革委、各区政府）

（三）强化能力建设。各相关部门、各区政府组织开展产品碳足迹管理和绿色低碳供应链建设相

关工作培训，加大政策宣贯力度。充分发挥行业协会、骨干企业、院校、专业服务机构和社会化培训机构等主体作用，广泛开展相关培训。优化完善产品碳足迹、绿色低碳供应链等专业技术人才评价标准，规范从业人员管理。（责任单位：市发展改革委、市经济信息化委、市市场监管局、市人力资源社会保障局）

（四）推进完善市场机制。制定出台实施绿电绿证交易相关政策机制，加大对相关企业购买绿电绿证的支持力度。按照国家相关部署要求，逐步扩大全国碳市场行业覆盖范围。探索产品碳足迹统计核算、标准计量等规则在上海碳市场相关核算核查中的应用。建立绿色金融服务平台，开展企业绿色低碳评价，支持银行等金融机构将产品碳足迹核算结果作为提供绿色金融和转型金融服务的重要采信依据。（责任单位：市发展改革委、市生态环境局、市经济信息化委、市委金融办）

（五）加强知识产权保护。落实国家关于碳足迹管理相关知识产权保护制度，培育和发展知识产权纠纷调解组织、仲裁机构、公证机构。鼓励行业协会、商会建立知识产权保护自律和信息沟通机制。严格落实知识产权对外转让审查制度，按照国家相关要求，依法管理碳足迹有关技术对外转让行为。（责任单位：市知识产权局、市司法局、市版权局）

（九）《上海市低空经济产业高质量发展行动方案（2024—2027 年）》

为贯彻落实制造强国和交通强国战略，推进新型工业化，培育新质生产力，抢抓全球低空经济创新发展战略机遇，打造低空经济产业新业态，制定本行动方案。

一、主要目标

到 2027 年，建立低空新型航空器研发设计、总装制造、适航检测、商业应用的完整产业体系，打造上海低空经济产业创新高地、商业应用高地和运营服务高地，核心产业规模达到 500 亿元以上，在全球低空经济创新发展中走在前列。联合长三角城市建设全国首批低空省际通航城市，建成全国低空经济产业综合示范引领区，加快打造具有国际影响力的"天空之城"。

—领军企业持续壮大。支持 10 家以上电动垂直起降航空器、工业级无人机和新能源通航飞机研发制造领军企业落地发展，培育 20 家左右低空运营服务领军企业、3—5 家行业领先的适航取证技术服务机构，集聚 100 家以上关键配套企业，建成研发制造、适航取证、飞行服务、场景应用全产业链。

—标志性产品持续突破。打造 30 个以上标志性产品，覆盖整机、关键系统及零部件，实现工业级无人机、倾转旋翼和垂直起降复合翼电动垂直起降航空器商业交付，加快新能源通航飞机适航取证，形成年产 200 架以上工业级无人机和吨级载物电动垂直起降航空器、100 架以上吨级载人电动垂直起降航空器批量化制造能力，并加快产品推广应用。

—基础设施持续完善。构建低空航空器大中小型分布式起降点设施以及通导、能源、气象、存储等新型设施，升级低空测试试飞基地，打造测试跑道完备、试飞空域充分的地空联动低空经济特色产业园区。

—商业场景持续丰富。实现物流运输、应急救援、低空文旅、智慧城市、载人交通等商业场景的"100+"低空飞行服务应用，初步建成"海—岸—城"智慧物流商业体系，积极申请城市空中交通管理试点，加快发展商业载人城市空中交通。

—综合保障持续提升。建立低空空域开放协调机制，建成无人驾驶航空器综合监督管理服务一体化平台、低空新型航空器适航审定及检验检测中心等，强化低空飞行安全监管，提升低空飞行服务综合保障效能。

二、重点任务

（一）领军企业培育行动

1. 培育电动垂直起降航空器领军企业。支持企业形成研发设计、总装制造、适航取证综合能力，重点研制 4—6 人座载人电动垂直起降航空器产品，带动电机、电机控制系统、飞行控制系统、复合材料等核心零部件产业链发展，加快从试点示范到规模化应用。（责任单位：市经济信息化委、市发展改革委、金山区政府、闵行区政府、青浦区政府、临港新片区管委会）

2. 培育工业级无人机领军企业。支持企业研制中远程大载重、末端配送等低空物流无人机，采用锂电池、氢燃料等新能源方式，实现低成本、模块化、长航时等特性，加快规模化生产制造。（责任单位：市经济信息化委、市发展改革委、金山区政府、青浦区政府）

3. 培育新能源通航飞机领军企业。支持企业创新飞机一体化新构型等新设计，发展纯电动、油电混合、氢能源等动力技术，研制 19 座及以下新能源通航飞机，鼓励开展国内外取证及运营。（责任单位：市经济信息化委、市发展改革委、浦东新区政府、金山区政府、青浦区政府、临港新片区管委会）

4. 培育运营服务领军企业。以商业应用为导向，支持企业申请民用无人驾驶航空器运营合格证，加快开展低空飞行运营，加强供需联动，推动低空航空器产业化，促进制造业与服务业融合发展。（责任单位：市经济信息化委、市交通委、市商务委、市发展改革委、民航华东地区管理局）

（二）关键配套供给行动

5. 提升先进动力配套。支持高能量密度航空动力电池、高功重比航空动力电驱等关键零部件研发及产业化，加快新能源动力系统与人工智能等新技术融合发展，形成低空航空器先进动力系统解决方案。（责任单位：市经济信息化委、市发展改革委、临港新片区管委会、金山区政府、青浦区政府、松江区政府、嘉定区政府、宝山区政府）

6. 布局网联通导配套。支持低空航空器网联通信链路终端研发，实现地面通信基站对低空飞行器感知与监测，推动空域管理等关键技术创新应用，加快导航系统和低轨卫星互联网直连通信。（责任单位：市经济信息化委、市发展改革委）

7. 强化关键系统配套。创新融合人工智能（大模型）、集成电路、空间定位、区块链、群体智能等新技术，加快飞控系统、航电系统等关键系统产业化，研制高弹性模量碳纤维、热塑性复合材料等先进材料及工艺，实现就近装机配套。（责任单位：市经济信息化委、市发展改革委、市科委、金山区政府、闵行区政府、临港新片区管委会）

（三）软硬设施建设行动

8. 加快规划建设"设施网"。规划布局低空飞行起降设施，结合低空航路航线划设、场景应用等需求，加快建设大中小型起降设施及能源设施。结合产业发展需要，联动长三角相关城市，加快研究金山区、青浦区通用机场规划。（责任单位：市规划资源局、市交通委、市发展改革委、市经济信息化委、民航华东地区管理局、民航华东空管局）

9. 加快规划建设"空联网"。面向低空航空器规模化应用，推动通信基站、导航系统基站等设施共享共用，建设运行数据、检测数据、气象数据等数据存储设施。积极使用低空飞行专用频率，提高频率利用效率。（责任单位：市经济信息化委、市发展改革委、市数据局、市交通委）

10. 加快规划建设"航路网"。结合产业发展需要和超大城市空间特点，研究划设链接五个新城、连通虹桥国际机场和浦东国际机场、衔接长三角周边城市的低空空中交通网络，试点开通由郊区向中心城区延伸的低空示范航线，布局开设服务各类应用场景的低空飞行航线，积极申请城市空中交通管理试点。（责任单位：市交通委、民航华东地区管理局、民航华东空管局、市规划资源局、市经济信息化委）

11. 加快规划建设"服务网"。建立军民地低空飞行协同管理机制，构建市、区安全运行管理体系。加快建设市级无人驾驶航空器综合监督管理服务一体化平台和飞行服务中心，加快飞行服务站建设，实现协同监管和"一站式"服务功能，提升低空空域管理和空中交通服务能力。发挥华东通航服务中心作用，实现与民用无人驾驶航空器综合管理平台信息互通，协同配合做好监管与应急处置。（责任单位：市交通委、民航华东地区管理局、市经济信息化委、市公安局）

（四）空间载体打造行动

12. 建设低空经济特色园区。支持金山区、青浦区等利用空域开放及产业基础优势，建设符合电动垂直起降航空器和工业级无人机总部、研发设计、生产制造、测试试飞、取证交付全产业链的特色产业园区，配套试飞跑道等基础设施，开放相应试飞空域，打造国家级低空经济产业综合承载区。（责任单位：金山区政府、青浦区政府、市经济信息化委、市规划资源局、市发展改革委、市交通委）

13. 打造低空经济总部集聚区。支持虹桥国际中央商务区发挥区域性节点辐射带动作用，规划建设低空经济总部集聚区，联动青浦区、长宁区、闵行区等区域，依托临空经济人才以及科研高校等集聚优势，吸引创新企业总部、运营企业总部、研发设计中心等落户。（责任单位：虹桥国际中央商务区管委会、青浦区政府、长宁区政府、闵行区政府、市经济信息化委、市商务委）

14. 搭建研发创新服务平台。加强低空航空器总体设计、系统研发、适航检测、飞行服务等方面研究，依托领军企业、高校、科研院所，加强产学研合作和技术创新，积极打造市级或国家级制造业创新中心、共性技术平台、科技企业孵化器等，提升生产性服务能力，加快科技成果转化，参与国际标准、国家标准和行业标准制定。（责任单位：市经济信息化委、市发展改革委、市科委、市市场监管局、市公安局）

（五）管理服务提升行动

15. 提升适航审定能力。加强低空航空器适航审定专业化人才队伍建设，提升民航适航审定机构能力。设立新型航空器（无人驾驶航空器系统、电动垂直起降航空器等）适航审定研究机构，协助开展新型航空器适航审定。（责任单位：民航华东地区管理局、民航上海适航审定中心、市经济信息化委、市人才局、市人力资源社会保障局）

16. 构建检验检测能力。建设适航审定与适航安全能力评定相关的通信、数据链路、动力、结构等实验室，打造行业权威的低空航空器适航检验检测中心，积极服务创新企业开展适航取证。（责任单位：金山区政府、市市场监管局、民航华东地区管理局、民航上海适航审定中心、市经济信息化委）

17. 建设安全监管体系。加强低空航空器规章制度、标准规范建设，对设计、生产、适航、运营和维修等环节开展规范化管理，强化低空飞行安全监管。支持开发高效无人机反制系统和设备，构建快速预警、精准识别、有效处置的一体化管控体系。加强数据信息分级分类管理及利用。（责任单位：民航华东地区管理局、市公安局、市经济信息化委按照各自职责分工负责）

18. 扩大产业影响力。利用世界人工智能大会、国际工业博览会等活动，集中展示低空经济产业创新成果。策划举办国际性低空经济会议会展，打造产业交流合作平台，吸引集聚全球低空经济产业链优势企业。（责任单位：虹桥国际中央商务区管委会、市经济信息化委、市商务委、青浦区政府、金山区政府）

（六）商业场景推广行动

19. 物流运输场景。支持金山区做优做强金山至舟山等无人机海岛物流运输，鼓励青浦区联合快递物流龙头企业开展跨区、省际及长三角区域物流运输，推动杨浦区等中心城区扩大低空末端配送智慧物流，因地制宜有序开展商区、校区、园区、社区等低空无人机物流配送商业应用。（责任单位：市交通委、市公安局、市发展改革委、市商务委、市邮政管理局、民航华东地区管理局、市经济信息化委）

20. 应急救援场景。开展药品快速运输、医患快速转运、抗灾抢险救援等应急救援场景应用，打通市血液中心至医院间冷链药品常态化配送，全面完善应急救援体系，加大采购应急救援低空航空器及服务力度。（责任单位：市应急局、市卫生健康委、市公安局、民航华东地区管理局）

21. 低空文旅场景。打造沿景观水系等区域的低空文旅空中走廊，在具备条件的旅游景区和度假区、郊野公园等适航区域开展商业载人观光体验。（责任单位：市文化旅游局、市公安局、市交通委、民航华东地区管理局）

22. 智慧城市场景。开展生态环境监测、城市安全、交通执法、电力巡检、农林河道养护等城市场景应用，加强中心城区各类重大赛事活动安防保障。（责任单位：市经济信息化委、市生态环保局、市公安局、市交通委、市农业农村委、市体育局、市文化旅游局、民航华东地区管理局）

23. 载人交通场景。逐步开展金山区、五个新城等区域载人空中交通示范应用；研究推动虹桥国际机场、浦东国际机场、龙华机场等交通枢纽间，机场至五个新城间商业载人接驳试点。加快研究长三角区域城市间载人通航，建设全国首批低空省际通航城市。（责任单位：市交通委、市公安局、民航华东地区管理局）

三、保障措施

加强统筹协调，充分发挥制造业高质量发展机制作用，畅通部队、民航、地方三方联动机制，扩大低空飞行空域，协调重大事项，细化落实各相关单位职责分工，形成工作合力；压实主体责任，市、区加强协同，加大产业政策、专项资金、办公物业、建设用地等要素资源支持力度，推进产业集聚发展；强化金融支撑，加大市级产业转型升级基金支持力度，吸引社会资本、国有资本积极参与，覆盖创新企业全生命周期股权融资需求；加强人才引育，利用市级、区两级有关人才政策，加大人才支持力度，梯队培养行业发展所需的前沿技术研发设计、适航审定、飞行管理、运营服务、检验检测、标准制定等各类人才。

第二篇 物流运行

一、2024 年中国物流业运行情况分析

（一）中华人民共和国 2024 年国民经济和社会发展统计公报

"综合、服务业、国内贸易、对外经济部分（节录）"

2024 年是中华人民共和国成立 75 周年，是实现"十四五"规划目标任务的关键一年。面对外部压力加大、内部困难增多的复杂严峻形势，在以习近平同志为核心的党中央坚强领导下，各地区各部门坚持以习近平新时代中国特色社会主义思想为指导，全面贯彻落实党的二十大和二十届二中、三中全会精神，按照党中央、国务院决策部署，坚持稳中求进工作总基调，完整准确全面贯彻新发展理念，加快构建新发展格局，着力推动高质量发展，全面深化改革开放，加大宏观调控力度，经济运行总体平稳、稳中有进，高质量发展扎实推进，新质生产力稳步发展，改革开放持续深化，重点领域风险化解有序有效，民生保障扎实有力，中国式现代化迈出新的坚实步伐。

一、综合

初步核算，全年国内生产总值 1349084 亿元，比上年增长 5.0%。其中，第一产业增加值 91414 亿元，比上年增长 3.5%；第二产业增加值 492087 亿元，增长 5.3%；第三产业增加值 765583 亿元，增长 5.0%。第一产业增加值占国内生产总值比重为 6.8%，第二产业增加值比重为 36.5%，第三产业增加值比重为 56.7%。最终消费支出拉动国内生产总值增长 2.2 个百分点，资本形成总额拉动国内生产总值增长 1.3 个百分点，货物和服务净出口拉动国内生产总值增长 1.5 个百分点。分季度看，一季度国内生产总值同比增长 5.3%，二季度增长 4.7%，三季度增长 4.6%，四季度增长 5.4%。全年人均国内生产总值 95749 元，比上年增长 5.1%。国民总收入 1339672 亿元，比上年增长 5.1%。全员劳动生产率为 173898 元 / 人，比上年提高 4.9%。

2020—2024 年三次产业增加值占国内生产总值比重

2020—2024 年全员劳动生产率

年末全国人口 140828 万人，比上年末减少 139 万人，其中城镇常住人口 94350 万人。全年出生人口 954 万人，出生率为 6.77‰；死亡人口 1093 万人，死亡率为 7.76‰；自然增长率为 -0.99‰。

表 2-1 2024 年年末人口数及其构成

指标	年末数（万人）	比重（%）
全国人口	140828	100.0
其中：城镇	94350	67.0

续表

指标	年末数（万人）	比重（%）
乡村	46478	33.0
其中：男性	71909	51.1
女性	68919	48.9
其中：0—15岁（含不满16周岁）	23999	17.1
16—59岁（含不满60周岁）	85798	60.9
60周岁及以上	31031	22.0
其中：65周岁及以上	22023	15.6

年末全国就业人员73439万人，其中城镇就业人员47345万人，占全国就业人员比重为64.5%。全年全国城镇新增就业1256万人，比上年多增12万人。全年全国城镇调查失业率平均值为5.1%。年末全国城镇调查失业率为5.1%。全国农民工总量29973万人，比上年增长0.7%。其中，外出农民工17871万人，增长1.2%；本地农民工12102万人，增长0.1%。

2020—2024年城镇新增就业人数

全年居民消费价格比上年上涨0.2%。工业生产者出厂价格下降2.2%。工业生产者购进价格下降2.2%。农产品生产者价格下降0.9%。12月，70个大中城市中，新建商品住宅销售价格环比上涨的城市个数为23个，持平的为4个，下降的为43个；二手住宅销售价格环比上涨的城市个数为9个，持平的为1个，下降的为60个；新建商品住宅销售价格同比上涨的城市个数为2个，下降的为68个；二手住宅销售价格同比下降的城市个数为70个。

表2-2 2024年居民消费价格比上年涨跌幅度

指标	全国（%）	城市（%）	农村（%）
居民消费价格	0.2	0.2	0.3
其中：食品烟酒	−0.1	−0.1	−0.1
衣着	1.4	1.6	0.9
居住	0.1	0.1	0.1
生活用品及服务	0.5	0.4	0.8
交通通信	−1.9	−2.0	−1.5
教育文化娱乐	1.5	1.5	1.6
医疗保健	1.3	1.2	1.5
其他用品及服务	3.8	3.8	3.6

年末国家外汇储备32024亿美元，比上年末减少356亿美元。全年人民币平均汇率为1美元兑7.1217元人民币，比上年贬值1.1%。

2020—2024年年末国家外汇储备

新质生产力稳步发展。全年规模以上工业中，装备制造业增加值比上年增长7.7%，占规模以上工业增加值比重为34.6%；高技术制造业增加值增长8.9%，占规模以上工业增加值比重为16.3%。新能源汽车产量 1316.8 万辆，比上年增长 38.7%；太阳能电池（光伏电池）产量 6.8 亿千瓦，增长 15.7%；服务机器人产量 1051.9 万套，增长 15.6%；3D 打印设备产量 341.8 万台，增长 11.3%。规模以上服务业中，战略性新兴服务业企业营业收入比上年增长 7.9%。高技术产业投资比上年增长 8.0%，制造业技术改造投资增长 8.0%。电子商务交易额 464091 亿元，比上年增长 3.9%。网上零售额 152287 亿元，比上年增长 7.2%。全年新设经营主体 2737 万户，日均新设企业 2.4 万户。

城乡融合和区域协调发展扎实推进。年末全国常住人口城镇化率为 67.00%，比上年末提高 0.84 个百分点。分区域看，全年东部地区生产总值 702356 亿元，比上年增长 5.0%；中部地区生产总值 287156 亿元，增长 5.0%；西部地区生产总值 287350 亿元，增长 5.2%；东北地区生产总值 63451 亿元，增长 4.4%。全年京津冀地区生产总值 115394 亿元，比上年增长 5.2%；长江经济带地区生产总值 630228 亿元，增长 5.4%；长三角地区生产总值 331691 亿元，增长 5.5%。粤港澳大湾区建设、黄河流域生态保护和高质量发展等区域重大战略实施取得新成效。

2020—2024 年年末常住人口城镇化率

绿色低碳转型持续深入。初步测算，全年全国万元国内生产总值二氧化碳排放比上年下降 3.4%。水电、核电、风电、太阳能发电等清洁能源发电量 37126 亿千瓦时，比上年增长 16.4%。在监测的 339 个地级及以上城市中，空气质量达标的城市占 65.5%，未达标的城市占 34.5%。3641 个国家地表水考核断面中，水质优良（Ⅰ～Ⅲ类）断面比例为 90.4%，Ⅳ类断面比例为 7.8%，Ⅴ类断面比例为 1.2%，劣Ⅴ类断面比例为 0.6%。

二、服务业

全年批发和零售业增加值 137981 亿元，比上年增长 5.5%；交通运输、仓储和邮政业增加值 59232 亿元，增长 7.0%；住宿和餐饮业增加值 24729 亿元，增长 6.4%；金融业增加值 98544 亿元，增长 5.6%；房地产业增加值 84565 亿元，下降 1.8%；信息传输、软件和信息技术服务业增加值 63438 亿元，增长 10.9%；租赁和商务服务业增加值 56576 亿元，增长 10.4%。规模以上服务业企业营业收入比上年增长 7.2%，利润总额增长 2.4%。

2020—2024 年服务业增加值及其增长速度

全年货物运输总量 578 亿吨，比上年增长 3.8%。货物运输周转量 261948 亿吨千米，增长 5.6%。港口完成货物吞吐量 176 亿吨，比上年增长 3.7%，其中外贸货物吞吐量 54 亿吨，增长 6.9%。港口集装箱吞吐量 33200 万标准箱，增长 7.0%。

表 2-3　2024 年各种运输方式完成货物运输量及其增长速度

指标	单位	绝对数	比上年增长（%）
货物运输总量	亿吨	578.3	3.8
铁路	亿吨	51.7	2.8
公路	亿吨	418.8	3.8
水路	亿吨	98.1	4.7
民航	万吨	898.2	22.1
管道	亿吨	9.5	-0.5
货物运输周转量	亿吨千米	261948.1	5.6
铁路	亿吨千米	35861.9	-1.6

续表

指标	单位	绝对数	比上年增长（%）
公路	亿吨千米	76847.5	3.9
水路	亿吨千米	141422.9	8.8
民航	亿吨千米	353.9	24.8
管道	亿吨千米	7461.9	2.1

全年旅客运输总量 171 亿人次，比上年增长 8.5%。旅客运输周转量 33886 亿人千米，增长 13.6%。

表 2-4　2024 年各种运输方式完成旅客运输量及其增长速度

指标	单位	绝对数	比上年增长（%）
旅客运输总量	亿人次	170.8	8.5
铁路	亿人次	43.1	11.9
公路	亿人次	117.8	7.0
水路	亿人次	2.6	0.8
民航	亿人次	7.3	17.9
旅客运输周转量	亿人千米	33885.5	13.6
铁路	亿人千米	15799.1	7.3
公路	亿人千米	5117.0	8.0
水路	亿人千米	54.7	1.7
民航	亿人千米	12914.7	25.3

年末全国民用汽车保有量 35268 万辆（包括三轮汽车和低速货车 694 万辆），比上年末增加 1651 万辆，其中：私人汽车保有量 30989 万辆，增加 1562 万辆；新能源汽车保有量 3140 万辆，增加 1099 万辆。民用轿车保有量 19343 万辆，增加 675 万辆，其中私人轿车保有量 18204 万辆，增加 664 万辆。

全年完成邮政行业寄递业务总量 1937 亿件，比上年增长 19.2%。邮政业完成邮政函件业务 9.9 亿件，包裹业务 0.3 亿件，快递业务量 1751 亿件，快递业务收入 14034 亿元。全年完成电信业务总量 18307 亿元，比上年增长 10.0%。年末移动电话基站数 1265 万个，其中 4G 基站 711 万个，5G 基站 425 万个。全国移动电话用户 178960 万户，其中 5G 移动电话用户 101405 万户。移动电话普及率为 127.1 部 / 百人。固定互联网宽带接入用户 66983 万户，比上年末增加 3352 万户，其中 1000M 速率及以上的宽带接入用户 20683 万户，增加 4355 万户。移动物联网终端用户 26.56 亿户，增加 3.24 亿户。互联网上网人数 11.08 亿人，其中手机上网人数 11.05 亿人。互联网普及率为 78.6%，其中农村地区互联网普及率为 67.4%。全年移动互联网用户接入流量 3376 亿 GB，比上年增长 11.6%。软件和信息技术服务业完成软件业务收入 137276 亿元，比上年增长 10.0%。

2020—2024 年快递业务量及其增长速度

2020—2024 年年末固定互联网宽带接入用户数

三、国内贸易

全年社会消费品零售总额483345亿元，比上年增长3.5%。按经营地分，城镇消费品零售额417813亿元，增长3.4%；乡村消费品零售额65531亿元，增长4.3%。按消费类型分，商品零售额427165亿元，增长3.2%；餐饮收入56180亿元，增长5.3%。服务零售额比上年增长6.2%。

2020—2024年社会消费品零售总额及其增长速度

全年限额以上单位商品零售额中，粮油、食品类零售额比上年增长9.9%，饮料类增长2.1%，烟酒类增长5.7%，服装、鞋帽、针纺织品类增长0.3%，化妆品类下降1.1%，金银珠宝类下降3.1%，日用品类增长3.0%，体育、娱乐用品类增长11.1%，家用电器和音像器材类增长12.3%，中西药品类增长3.1%，文化办公用品类下降0.3%，家具类增长3.6%，通信器材类增长9.9%，石油及制品类增长0.3%，汽车类下降0.5%，建筑及装潢材料类下降2.0%。按零售业态分，限额以上零售业单位中，便利店零售额比上年增长4.7%，专业店增长4.2%，超市增长2.7%，百货店下降2.4%，品牌专卖店下降0.4%。

全年实物商品网上零售额127878亿元，比上年增长6.5%，占社会消费品零售总额比重为26.5%。

四、对外经济

全年货物进出口总额438468亿元，比上年增长5.0%。其中，出口254545亿元，增长7.1%；进口183923亿元，增长2.3%。货物进出口顺差70623亿元。对共建"一带一路"国家进出口额220685亿元，比上年增长6.4%。其中，出口122095亿元，增长9.6%；进口98589亿元，增长2.7%。对《区域全面经济伙伴关系协定》（RCEP）其他成员国进出口额131645亿元，比上年增长4.5%。民营企业进出口额243329亿元，比上年增长8.8%，占进出口总额比重为55.5%；其中出口164717亿元，增长9.4%。

表 2-5 2024年货物进出口总额及其增长速度

指标	金额（亿元）	比上年增长（%）
货物进出口总额	438468	5.0
货物出口额	254545	7.1
其中：一般贸易	166466	8.5
加工贸易	50201	2.4
其中：机电产品	151246	8.7
高新技术产品	62792	6.0
货物进口额	183923	2.3
其中：一般贸易	114827	-1.9
加工贸易	28920	7.0
其中：机电产品	70095	7.3
高新技术产品	53584	11.9
货物进出口顺差	70623	22.2

表 2-6　2024 年主要商品出口数量、金额及其增长速度

商品名称	单位	数量	比上年增长（%）	金额（亿元）	比上年增长（%）
钢材	万吨	11072	22.7	5950	0.4
纺织纱线、织物及其制品	—	—	—	10102	7.0
服装及衣着附件	—	—	—	11326	1.4
鞋靴	万双	920152	3.3	3336	-3.8
家具及其零件	—	—	—	4830	7.0
箱包及类似容器	万吨	362	9.6	2458	-2.0
玩具	—	—	—	2837	-0.7
塑料制品	—	—	—	7549	6.7
集成电路	亿个	2981	11.6	11352	18.7
自动数据处理设备及其零部件	—	—	—	14661	11.2
手机	万台	81394	1.5	9559	-2.4
集装箱	万个	545	135.7	1213	108.6
液晶平板显示模组	万个	189264	11.9	2066	10.3
汽车（包括底盘）	万辆	641	22.8	8347	16.5

表 2-7　2024 年主要商品进口数量、金额及其增长速度

商品名称	单位	数量	比上年增长（%）	金额（亿元）	比上年增长（%）
大豆	万吨	10503	6.5	3751	-9.8
食用植物油	万吨	716	-26.8	528	-27.9
铁矿砂及其精矿	万吨	123655	4.9	9406	-1.4
煤及褐煤	万吨	54270	14.4	3705	-0.7
原油	万吨	55342	-1.9	23108	-2.7
成品油	万吨	4823	1.0	2083	5.7
天然气	万吨	13169	9.9	4637	2.5
初级形状的塑料	万吨	2898	-2.1	3117	-2.0
纸浆	万吨	3435	-6.3	1593	-4.3
钢材	万吨	681	-10.9	819	-8.1
未锻轧铜及铜材	万吨	568	3.4	3848	14.7
集成电路	亿个	5492	14.6	27445	11.7
汽车（包括底盘）	万辆	71	-11.7	2785	-16.1

表 2-8　2024 年对主要国家和地区货物进出口金额、增长速度及其比重

国家和地区	出口额（亿元）	比上年增长（%）	占全部出口比重（%）	进口额（亿元）	比上年增长（%）	占全部进口比重（%）
东盟	41736	13.4	16.4	28163	3.2	15.3
欧盟	36751	4.3	14.4	19164	-3.3	10.4
美国	37337	6.1	14.7	11641	1.2	6.3
韩国	10415	-0.5	4.1	12931	13.6	7.0
中国香港	20719	7.3	8.1	1321	37.8	0.7
日本	10816	-2.3	4.2	11119	-1.7	6.0
中国台湾	5350	11.0	2.1	15498	10.5	8.4
俄罗斯	8212	5.0	3.2	9198	1.0	5.0
巴西	5128	23.3	2.0	8258	-4.4	4.5
印度	8574	3.6	3.4	1280	-1.7	0.7
南非	1552	-6.5	0.6	2180	-3.0	1.2

　　全年服务进出口总额 75238 亿元，比上年增长 14.4%。其中，出口 31756 亿元，增长 18.2%；进口 43482 亿元，增长 11.8%。服务进出口逆差 11727 亿元。

　　全年新设外商投资企业 59080 家，比上年增长 9.9%。实际使用外资 8263 亿元，下降 27.1%，折 1162 亿美元，下降 28.8%。其中，共建"一带一路"国家（含通过部分自由港对华投资）对华新设外商投资企业 17172 家，增长 23.8%；对华直接投资 1147 亿元，下降 6.2%，折 161 亿美元，下降 8.4%。高技术产业实际使用外资 2864 亿元，下降 32.3%，折 403 亿美元，下降 34%。

表 2-9　2024 年外商直接投资额及其增长速度

行　业	企业数（家）	比上年增长（%）	实际使用金额（亿元）	比上年增长（%）
总计	59080	9.9	8263	-27.1
其中：农、林、牧、渔业	374	-10.5	27	-46.0
制造业	3871	6.8	2212	-30.4
电力、热力、燃气及水生产和供应业	439	-22.7	284	-10.9
交通运输、仓储和邮政业	838	-3.3	112	-25.0
信息传输、软件和信息技术服务业	3988	6.0	526	-53.6
批发和零售业	20854	15.8	584	-15.4
房地产业	612	-10.5	406	-49.9
租赁和商务服务业	11158	4.5	1815	-0.2
居民服务、修理和其他服务业	859	18.3	35	3.6

　　全年对外非金融类直接投资额 10245 亿元，比上年增长 11.7%，折 1438 亿美元，增长 10.5%。其中，对共建"一带一路"国家非金融类直接投资额 2399 亿元，增长 6.5%，折 337 亿美元，增长 5.4%。

表 2-10　2024 年对外非金融类直接投资额及其增长速度

行业	金额（亿美元）	比上年增长（%）
总计	1438	10.5
其中：农、林、牧、渔业	14	72.0
采矿业	125	80.1
制造业	296	6.2
电力、热力、燃气及水生产和供应业	64	109.5
建筑业	40	-40.0
批发和零售业	282	-3.6
交通运输、仓储和邮政业	74	13.7
信息传输、软件和信息技术服务业	58	18.8
房地产业	17	66.5
租赁和商务服务业	404	19.9

全年对外承包工程完成营业额 11820 亿元，比上年增长 4.2%，折 1660 亿美元，增长 3.1%。其中，对共建"一带一路"国家完成营业额 1388 亿美元，增长 3.4%，占对外承包工程完成营业额比重为 83.6%。对外劳务合作派出各类劳务人员 41 万人。

（来源：国家统计局）

（二）劈波斩浪奋楫前行　稳中求进逐新而上—《2024 年国民经济和社会发展统计公报》评读

2024 年是中华人民共和国成立 75 周年，是实现"十四五"规划目标任务的关键一年。这一年，外部环境变乱交织，内部困难挑战增多，经济稳定运行难度上升。面对复杂严峻形势，以习近平同志为核心的党中央团结带领全党全国各族人民沉着应变、综合施策，有力实施宏观调控，有效应对风险挑战，经济运行总体平稳、稳中有进，高质量发展扎实推进，主要目标任务顺利完成，中国式现代化迈出新的坚实步伐。《2024 年国民经济和社会发展统计公报》是过去一年非凡发展历程的缩影，全面记录了全国各族人民凝心聚力、砥砺深耕的奋斗足迹，充分展示了中国经济在风雨考验中强筋健骨、发展壮大的丰硕成果，生动呈现了社会主义现代化建设蹄疾步稳、行稳致远的铿锵足迹。

一、攻坚克难稳定发展，综合国力跃上新台阶

2024 年，我国经济增长 5.0%，经济总量首次站上 130 万亿元新台阶，顺利完成经济社会发展主要目标任务。在外部压力加大、内部困难增多的情况下，能够实现 5% 的经济增长实属不易，充分体现了中国经济的韧性和潜力。

5% 的增长是顶住压力、砥砺前行的结果。事非经过不知难，成如容易却艰辛。2024 年，世界经济复苏乏力，保护主义壁垒高筑，地缘政治冲突和国际贸易摩擦频发，国内有效需求不足，新旧动能转换阵痛释放，二、三季度我国经济增速放缓，一度面临经济下行压力较大的不利局面，实现预期目标难度陡增。面对复杂局面，党中央因时因势加强宏观调控，果断部署一揽子增量政策，打出强有力的政策组合拳，推动经济运行明显回升，社会信心有效提振。四季度 GDP 同比增长 5.4%，比三季度加快 0.8 个百分点，既促进了全年目标实现，也为全年发展奠定了良好基础。

5% 的增长是生产需求共同发力的结果。从生产看，虽然内外环境十分复杂，但得益于产业基础扎实、出口较快增长、新产业增势良好以及政策发力，工业生产增速加快、贡献率提升，是稳定经济增长的重要力量。2024 年，全部工业增加值比上年增长 5.7%，对经济增长贡献率为 34.1%，提高 12.7 个百分点。居民旅游出行需求释放带动交通、住宿等传统服务业持续恢复，信息技术创新迭代带动新兴服务业快速发展。2024 年，服务业增加值比上年增长 5.0%，对经济增长贡献率为 56.2%，是经济稳定运行的压舱石。从需求看，为破解国内需求不足的制约，党中央及时部署"两重""两新"政策并持续加力，内需继续成为经济增长的主动力，2024 年内需对经济增长贡献率为 69.7%。同时，多措并举促进外贸稳量提质，对外贸易实现较快发展，货物和服务净出口对经济增长贡献率为 30.3%，比上年明显提升。

5% 的增长彰显了大国的韧性和实力。5% 的经济增速将我国经济总量推上 130 万亿元新台阶，意味着我国有更多的实力强化基础设施建设、推动科技创新、改善社会民生，不断夯实经济稳定发展的根基。放眼全球，我国 5% 的经济增速位居主要经济体前列，对全球经济增长贡献率预计达到 30% 左右。

二、转型升级扎实推进，新质生产力蓄势赋能

当前，我国经济发展正处于新旧动能转换破局成势的关键阶段，各方面锚定高质量发展首要任务不动摇，科学把握稳与进、立与破的辩证关系，统筹好培育新动能和更新旧动能的关系，因地制宜发展新质生产力，推动新旧动能平稳接续转换，高质量发展动能更加充沛、基础不断夯实。

科技创新能力不断增强。创新驱动发展战略深入实施，创新投入持续增加。2024 年，我国研发经费投入强度达 2.68%，比上年提高 0.1 个百分点，超过欧盟国家平均水平，其中基础研究经费比上年增长 10.5%。重大科技成果不断涌现，大国重器持续"上新"，凸显了中国创造硬实力。知识产权创造量质齐升，截至 2024 年末有效发明专利达 568.9 万件，每万人口高价值发明专利拥有量 14 件。创新成果加速转化，更多专利走出"实验室"走向"产业链"。2024 年，企业有效发明专利产业化率达 53.3%，全国技术合同成交额比上年增长 11.2%。

新兴产业培育壮大。新兴技术广泛应用，以装备制造业、高技术制造业为代表的新兴产业发展态势向好。2024 年，规模以上装备制造业、高技术制造业增加值占规模以上工业增加值比重分别升至 34.6%、16.3%。新需求不断催生高品质产品供给，规模以上高技术制造业中，智能车载设备制造、智能无人飞行器制造行业增加值分别比上年增长 25.1%、53.5%；虚拟现实设备、充电桩、新能源汽车等新产品产量分别增长 59.4%、58.7%、38.7%。

现代基础设施体系更加完善。高速铁路网进一步织密，2024 年末高速铁路营业里程达 4.8 万千米，占世界高铁总里程的 70% 以上。数字基础设施建设加快发展，截至年末共有 5G 基站 425 万个，"5G+ 工业互联网"项目超过 1.7 万个，实现 41 个工业大类行业全覆盖。千兆光网建设有序推进，全年新增光缆线路长度 856 万千米，年末光纤接入端口达 11.6 亿个。

三、改革开放纵深推进，发展活力与潜力不断激发

改革开放是推动经济发展的根本动力，也是应对前进道路上各种风险挑战的重要法宝。2024 年，面对内外环境深刻变化、周期性结构性矛盾叠加的复杂局面，我国坚持通过全面深化改革增强发展动力，通过高水平对外开放拓展国际合作新空间，经济发展的内生动力不断激发。

全面深化改革蹄疾步稳。党的二十届三中全会全面擘画了新时代新征程的改革蓝图，提出了 300

多项重要改革举措。全国统一大市场建设加力，产权保护、市场准入、公平竞争等市场基础制度不断完善，国内大循环主体作用有效发挥。2024年，社会消费品零售总额、全社会固定资产投资分别达到48.3万亿元、52.1万亿元。新型城镇化建设持续深入，区域经济布局优化调整。2024年年末常住人口城镇化率达67%，京津冀、长江经济带、长三角地区生产总值分别比上年增长5.2%、5.4%、5.5%。坚决落实落细"两个毫不动摇"要求，持续优化营商环境，2024年日均新设企业2.4万户。

高水平对外开放呈现新格局。面对逆全球化思潮和贸易保护主义的挑战，我国坚定不移扩大对外开放，积极融入国际循环，稳步扩大制度型开放，深入推进自贸区、自贸港建设，贸易伙伴遍及五大洲，已成为全球150多个国家和地区的主要贸易伙伴。2024年货物进出口总额达43.8万亿元，规模创历史新高，连续8年保持全球货物贸易第一大国。在巩固货物贸易传统优势的同时，积极提升服务贸易自由化便利化水平，服务贸易实现新突破。2024年，服务进出口总额达到7.5万亿元，比上年增长14.4%。过境免签政策扩围优化，既带火了入境旅游，更向世界展示了开放包容、可爱可亲的中国形象，全年通过免签入境外国人2012万人次，增长1.1倍。

四、绿色转型展现新气象，高质量发展底色更加鲜明

绿色发展理念更加深入人心。面对日益增强的资源环境约束，我国协同推进降碳、减污、扩绿、增长，积极稳妥推进碳达峰碳中和，加快发展方式绿色转型，美丽中国建设成效明显，进一步厚植了高质量发展的绿色底色。

绿色产业持续扩容。以新能源汽车、清洁能源、节能环保为代表的绿色低碳产业蓬勃发展，不断塑造经济新增长点。2024年，我国新能源汽车产量达1317万辆，成为世界上首个新能源汽车年产量超千万辆的国家。绿色生活、绿色消费渐成新风尚。年末新能源汽车保有量达3140万辆，比上年末增加1099万辆。绿色金融持续赋能绿色低碳产业发展，年末本外币绿色贷款余额达36.6万亿元。

新型能源体系加快构建。多种清洁能源协同互补发展，能源生产持续向绿色低碳转型。2024年，新增可再生能源发电装机容量占电力新增装机的86%，并网风电、太阳能发电装机规模首超14亿千瓦，提前6年完成我国在气候雄心峰会上的承诺。能源消费结构持续优化，非化石能源占能源消费总量比重比上年提高1.8个百分点。节能降碳取得新进展，初步测算万元国内生产总值二氧化碳排放比上年下降3.4%，扣除原料用能和非化石能源消费量后万元国内生产总值能耗下降3.8%。

生态环境质量改善。深入践行"绿水青山就是金山银山"发展理念，持续深入打好污染防治攻坚战。2024年，339个地级及以上城市平均空气质量优良天数比例为87.2%，比上年提升1.7个百分点；3641个国家地表水考核断面中，水质优良断面比例首次超过90%。做好排污"减法"的同时进一步做优绿色"加法"，科学开展大规模国土绿化行动，全年完成造林面积4.45万平方千米，种草改良面积3.22万平方千米。

五、民生改善取得新进展，社会大局和谐稳定

民生是人民幸福的基石、社会和谐的根基，保障和改善民生是经济发展的最终目的。2024年，各地区各部门坚持尽力而为、量力而行，想方设法拿出更多有温度、见实效的民生举措，积极解决群众急难愁盼问题，不断健全社会保障和公共服务体系，保障了人民安居乐业和社会大局稳定。

人民生活水平继续提升。就业是最大的民生，尽管结构性就业压力犹存，但得益于经济总量扩大、结构优化升级以及稳就业政策发力，就业大局总体稳定。2024年，全国城镇调查失业率平均值为5.1%，比上年下降0.1个百分点；城镇新增就业1256万人，连续4年保持在1200万人以上。经济运行平稳、就业形势稳定、各项促增收举措积极发力，促进居民收入继续增加。2024年，全国居民人均可支配收入比上年实际增长5.1%，工资性收入和经营净收入为居民增收提供了主要支撑。促消费政策

发力显效、消费供给优化以及消费场景更新，促进了居民消费需求释放和结构优化。2024 年，全国居民人均消费支出比上年实际增长 5.1%，服务性消费支出占比升至 46.1%。

社会事业欣欣向荣。教育普及程度继续提高。2024 年，九年义务教育巩固率、高中阶段毛入学率分别为 95.9%、92.0%，均比上年提高 0.2 个百分点。医疗卫生建设水平提升。年末医疗卫生机构床位、卫生技术人员数量分别为 1037 万张、1295 万人，均比上年末增加。公共文化服务更加完善、覆盖更加广泛。年末全国公共图书馆、文化馆、档案馆分别达 3248 个、3516 个、4174 个。体育场地设施不断加强，助力全民健身事业发展。年末全国共有体育场地 484.2 万个，体育场地面积 42.3 亿平方米，人均体育场地面积 3 平方米。

社会保障网织密织牢。社会保险覆盖面巩固扩大。2024 年末，全国基本养老保险覆盖 10.7 亿人，基本医疗保险覆盖 13.3 亿人；失业、工伤保险参保人数分别比上年末增加 216 万人、224 万人。关注困难群众、重点群体生活改善，社会救助扩围增效。年末全国共有 625 万人、3362 万人、439 万人享受城市最低生活保障、农村最低生活保障、农村特困人员救助供养。保障性住房供给进一步加大，全年配售型保障性住房、保障性租赁住房和公租房等开工建设和筹集 180 万套（间）。

六、安全保障能力实现新提升，安全堤坝筑稳扎牢

高水平安全是高质量发展的前提和保障。2024 年，各地区、各部门坚持高质量发展和高水平安全良性互动，系统谋划、持续发力，粮食能源资源安全保障能力持续提升，重点领域风险化解有序有效，为我国经济顶住压力平稳运行提供了有力支撑，也为牢牢掌握发展主动权奠定了坚实基础。

粮食能源安全保障有力。深入实施"藏粮于地、藏粮于技"战略，持续健全粮食生产支持政策体系，粮食产量迈上新台阶。2024 年，粮食总产量达 14130 亿斤，在连续 9 年稳定在 1.3 万亿斤以上的基础上，首次突破 1.4 万亿斤，中国碗装了更多中国粮。煤炭先进产能有序释放，油气继续增储上产，能源自给率保持在 80% 以上，能源自主保障能力增强。2024 年，规模以上工业中，原煤产量创 47.8 亿吨的历史新高，原油产量连续 3 年稳定在 2 亿吨以上，天然气产量连续 8 年增产超 100 亿立方米，有力保障了生产生活用能。

重点领域风险化解取得积极进展。针对房地产市场调整的复杂形势，积极优化房地产政策，坚决打好保交房攻坚战，探索构建房地产发展新模式，推动房地产市场止跌回稳。12 月，全国 70 个大中城市中，新建商品住宅销售价格环比上涨的城市个数为 23 个，比 11 月增加 6 个，2025 年 1 月进一步增加至 24 个。针对地方政府债务压力，及时推出一揽子、综合性、靶向准的化债组合拳，一次性增加 6 万亿元地方政府债务限额置换存量隐性债务，有效增强地方经济发展动力活力。针对部分中小金融机构风险，健全金融稳定保障体系，统筹做好金融支持融资平台债务风险化解，守住了不发生系统性风险底线。

回顾 2024 年，中国经济航船无惧风雨、劈波斩浪，沿着高质量发展航道稳健前行，交出了一份难能可贵、令人鼓舞的成绩单。这些成绩的取得，根本在于有以习近平同志为核心的党中央坚强领导，有习近平新时代中国特色社会主义思想科学指引，更加坚定了我们在新时代新征程上扎实推进中国式现代化的决心和信心。

展望当前和今后一个时期，我国发展面临的内外环境仍然复杂严峻，外部环境变化带来的不利影响加深，国内经济运行面临有效需求不足等问题挑战，这是我国推进高质量发展、产业向中高端迈进过程中的阵痛，是发展中、前进中的问题。中国经济从来都是在风浪中成长、在磨砺中壮大的，我们既要认清问题、妥善应对，更要把握机遇、坚定信心。总的看，我国发展面临的机遇与挑战并存，但有利条件多于不利因素，发展基础稳、优势多、韧性强、潜能大，长期向好的支撑条件和基本趋势没

有变，高质量发展的大势没有变，发展的"时"与"势"依然占优。只要我们保持战略定力，积极应对前进中面临的各种困难挑战，努力把各方面积极因素转化为发展实绩，中国经济就一定能够栉风沐雨砥砺前行，不断续写新的华章。

（来源：国家统计局）

（三）2024 年全国物流运行情况通报

2024 年，物流运行总体平稳，社会物流总额增速稳中有升，社会物流成本稳步下降，物流运行效率有所改善。

一、社会物流总额增速稳中有升

2024 年，全国社会物流总额 360.6 万亿元，按可比价格计算，同比增长 5.8%，增速比上年提高 0.6 个百分点。物流运行总体平稳、稳中有进，物流需求有所回暖。

从构成看，农产品物流总额 5.5 万亿元，按可比价格计算，同比增长 4.0%；工业品物流总额 318.4 万亿元，增长 5.8%；进口货物物流总额 18.4 万亿元，增长 3.9 %；再生资源物流总额 4.4 万亿元，增长 15.7%；单位与居民物品物流总额 13.9 万亿元，增长 6.7%。

二、社会物流总费用与 GDP 的比率稳步下降

2024 年，社会物流总费用 19.0 万亿元，同比增长 4.1%。社会物流总费用与 GDP 的比率为 14.1%，比上年回落 0.3 个百分点。

从构成看，运输费用 10.3 万亿元，增长 5.0%；保管费用 6.4 万亿元，增长 3.8%；管理费用 2.3 万亿元，增长 1.3%。

三、物流业总收入增速回升

2024 年物流业总收入 13.8 万亿元，同比增长 4.9%，增速比上年提高 1 个百分点。

（来源：国家发展改革委经济贸易司、中国物流与采购联合会）

（四）物流运行稳健 发展效能提升—2024 年物流运行情况分析

2024 年，中办、国办联合印发《有效降低全社会物流成本行动方案》。在国家发展改革委等相关部门政策引导和协调推动下，有效降低全社会物流成本行动扎实推进，物流运行环境不断改善，物流与产业加速融合创新，市场规模优势继续巩固，社会物流运行效率稳步提升，全年物流运行呈现积极变化。

一、物流运行稳中有进，支撑新发展格局加快构建

（一）物流需求规模总量扩张，物流需求结构同步改善

2024 年全年全国社会物流总额为 360.6 万亿元，按可比价格计算，同比增长 5.8%，增速比 2023 年全年提高 0.6 个百分点。分季度看，一至四季度分别增长 5.9%、5.7%、5.3%、5.8%。一季度开局良好；二季度延续稳定发展态势，三季度增速放缓，下行压力显现；在一揽子政策措施推动下，四季度企稳回升，全年物流需求增速稳中有进。

在政策拉动、需求多样等因素影响下，新旧动能叠加、交替回升态势更趋明显，物流需求增长方

式从粗放式向高品质加快转型。从增长贡献看，工业品物流总额同比增长5.8%，增长贡献率为77%，是物流需求增长的主要动力；在新业态发展带动下，单位与居民物品物流总额增长6.7%，贡献率为11%，是物流需求增长的重要潜力。随着国民经济新发展理念扎实推进、新发展格局加快构建，物流需求结构整体改善，新引擎拉动作用逐步显现。从结构看，再生资源物流总额，单位与居民物流总额占比合计为5%，与上年相比小幅提高，绿色化、数字化类型物流需求发展态势明显；农产品物流总额，进口货物物流总额占比合计为7%，比重保持稳定；工业品物流总额占比88%，同比略有回落。

（二）工业制造与进口物流保持稳定，新质物流加速发展

2024年工业品物流总额318.4万亿元，按可比价格计算，比上年增长5.8%，传统产业物流进一步调整转型，新兴产业进一步发展壮大。化工、建材、钢铁等主要耗能产量趋缓，全粗钢等钢铁产品产量超过32亿吨，水泥产量超过18亿吨，相关的生产物流实物量同比下降0.7%和9.5%，传统产业动能有所减弱。新质产业稳步发展壮大，智能制造、高技术制造等高端产业保持高速增长，集成电路、光电子器件等高技术产品物流量增速超过15%，服务机器人、工业机器人等智能产品物流量分别增长15.6%、14.2%，成为工业品物流高质量发展的突出亮点。数字智慧环境持续升级，拓展消费需求场景多元化，助力民生消费物流潜能释放。全年实物商品网上零售额同比增长6.5%，带动快递业务量突破1700亿件创历史新高。

高水平开放持续推进，进口物流稳定增长，贸易结构优化。全年进口货物物流总额18.4万亿元，同比增长3.9%。其中，能源类进口物流量增速整体偏弱，消费品物流增速稳中趋升，中间制成品进口物流增势明显，是进口物流改善的重要动力，如二极管等半导体材料、集成电路进口物流量全年增长12.4%和14.6%。

（三）物流供给水平保持增长，供需适配均衡发展

2024年我国物流市场规模保持平稳增长，全年物流业总收入13.8万亿元，同比增长4.9%。物流与产业深度融合，综合服务竞争力持续提升，2024年头部物流企业物流业务收入规模超过2万亿元，占全行业比重超过16%。从行业主体看，据第五次全国经济普查数据显示，当前我国物流相关法人单位超过90万个，个体经营户超过810万个。我国物流岗位从业人员超过5500万人（包括物流相关行业法人单位和从事物流活动的个体工商户从业人员，也包括工业、批发和零售业等行业法人单位的物流岗位从业人员）。物流相关行业法人单位从业人员数由2018年的1100万人增至2024年的1550万人。新业态领域快速增长，吸纳就业能力不断增强，即时配送等新业态领域从业人员增长超过50%，明显高于同期城镇就业人员增长平均水平。

物流供需协同性不断增强，为经济平稳增长提供重要保障。从物流与经济数据对比来看，物流实物量增速持续高于经济增长、物流活跃性良好，全年各季度社会物流总额增速均维持5%以上，均高于同期GDP增长；全年景气指数均值为51.7%，呈"前稳后升"格局，与货运量运行态势同步。

二、多措并举助力产业协同，有效降低全社会物流成本

2024年社会物流总费用与GDP的比率为14.1%，比上年下降0.3个百分点。一季度、上半年、前三季度分别为14.4%、14.2%、14.1%，年内呈稳步回落态势。各环节物流费用比率均有所下降，运输费用与GDP比率为7.6%，比上年同期下降0.2个百分点，管理费用与GDP比率1.7%，比上年同期下降0.1个百分点，保管成本与GDP比率4.8%，与上年同期基本持平。

伴随新质生产力发展升级，物流结构向优、管理向质发展。一是高效运输方式恢复较快，占比有所提高。全年民航货运量同比增长22.1%，航空运输方式占比比上年提高0.2个百分点。二是协同运输方式发展态势良好，联运衔接更加紧密。跨运输方式信息互联共享稳步推进，铁路与港口基础设施衔接水平加强，截至 2024 年末，全国沿海港口和长江干线主要港口铁路进港率已超 90%。多式联运业务快速发展，全年集装箱铁水联运量约 1150 万标准箱，同比增长 15% 左右，在费用构成中多式联运与运输代理运输方式占比比上年提高 0.3 个百分点。三是水运效能有所提升，长距离运输公转水稳步推进。全年水运货运周转量同比增长 8.8%，水运货运周转量占比提高 1.5 个百分点，公路货运周转量占比下降 0.6 个百分点。四是供应链体系逐步建立，协同推动全链条降本。重点物流企业供应链服务订单量增速超过 10%，重点工商企业物流业务外包比重超过 65%，调研显示，大型制造企业和物流企业供应链战略合作关系日趋紧密，通过流程优化、设施共享、信息对接等手段推进全链条物流降本。

三、物流发展环境呈现升级态势，现代体系建设有所完善

2024 年，物流发展环境加快优化升级，现代物流体系建设取得显著进展，为经济高质量发展注入强劲动力。

（一）政策赋能基础设施升级，物流发展环境向好

现代物流政策支撑体系不断完善。党的二十届三中全会在完善流通体制、降低全社会物流成本等方面提出明确要求，为现代物流发展指明方向。多部门协同发力，宏观政策与物流专项政策紧密配合，一系列减税降费、降低成本、助企纾困举措陆续落地见效，有效提振物流需求，进一步优化物流营商环境。

物流基础设施升级完善。交通物流网络体系日趋完善，全年完成物流相关固定资产投资约 3.8 万亿元。铁路运输业投资增长 13.5%，营业里程超过 16 万千米，铁路物流相关建设项目有序推进，铁路运输能力与物流效率提升。航空运输业投资增长 20.7%，全国运输机场总数增至 263 个，民航物流网络覆盖范围有所扩张。

物流枢纽聚集效应逐步显现。国家物流枢纽建设成果丰硕，截至 2024 年底，全国已累计建成数量众多、类型丰富的物流枢纽体系，国家物流枢纽总数增至 151 个，基本形成覆盖全国的物流枢纽网络，有力推动产业与物流的集聚发展，提升物流资源配置效率。新增枢纽着力在功能布局上更加科学合理，强化多式联运、信息集成等综合服务能力，实现跨方式、跨区域、跨领域的高效衔接与融合。

国际物流建设布局持续推进。"一带一路"引领沿线共建国家经贸合作持续加深，沿线物流通道建设稳步推进。中欧班列、中亚班列等多通道格局初步形成，全年中欧班列累计开行 1.9 万列、中亚班列全年开行 1.2 万列，西部陆海新通道班列建立与东盟、南亚等地区机遇。海外供应链网络有所拓展，我国海外仓数量已超过 2500 个，新增国际航空货运航线 168 条。

物流服务价格竞争局面略有缓解。在反对"内卷式"竞争政策引导及企业自主转型等因素推动下，物流市场竞争更趋多元化，供需两端出现积极变化。水运方面，上海航运交易所发布的沿海（散货）综合运价指数年平均值为 1008.1 点，同比下降 0.7%；中国出口集装箱运价指数年平均值为 1550.6 点，同比上涨 65.4%。公路方面，中国公路物流价格指数年平均值为 103.7 点，同比上涨 1.6%。快递方面，年平均单票价格 8.0 元左右，行业服务价格虽仍有所回落，但降幅明显收窄，各领域价格竞争的激烈程度有所缓解。

（二）现代物流体系建设推进，专业领域新支柱逐步形成

随着我国经济新发展格局加快构建，现代物流提质增效向高质量增长转型步伐有所加快。新的物流需求不断地催生高品质物流供给发展壮大。航空货运发展形势良好，规模达到历史最好水平。全年共完成运输总周转量 1485.2 亿吨公里、货邮运输量 898.2 万吨，同比分别增长 25%、22.1%。随着我国产业转型升级、共建"一带一路"走深走实和跨境电商等新业态快速发展，国际货邮运输量同比增

长 29.3%，飞机日利用率 8.9 小时，同比提高 0.8 小时，航空物流完成各项重大航空运输保障任务。仓储物流活动稳定增长，行业效率持续提升。中国仓储指数季度均值分别为 49.4%、48.6%、48.8% 以及 50.8%。其中，四季度表现尤为亮眼，首次突破 50 点，达到 50.8%，年内仓储行业整体实现增长。同时仓储设施利用率、周转效率指数在 2024 年呈现向好态势，显示仓储商品流通顺畅，流转维持高效。消费模式多元促电商物流发展稳中有进。即时配送、直播电商等新型模式持续推进，全年电商物流指数均值为 113.7 点，为 2018 年以来的最高水平，均值同比提高 3.6 点。同时，电商物流企业适应市场能力不断加强。履约率指数、人员指数、满意率、实载率指数均值创近 7 年新高。

四、物流行业效益边际改善，企业发展挑战与机遇并存

物流企业经营在波动中恢复，特别是进入四季度以来主要经营指标呈现稳步回升态势，企业效益边际改善。重点调查初步汇总数据显示，2024 年重点企业物流业务收入同比增长 5.6%，增速比 1—11 月提高 0.2 个百分点。每百元营业收入中的成本维持在 95 元左右水平，平均收入利润率回升至 3% 以上。

一方面，微观主体发展面临着诸多复杂且严峻的挑战。从外部环境来看，全球供应链格局加速重构，贸易保护主义抬头，地缘政治冲突频发，国际物流通道的稳定性和畅通性存在风险，物流企业在拓展国际业务、构建全球物流网络面临较多阻碍。从国内看，随着经济结构调整和产业升级的持续推进，新旧动能转换存在阵痛，有效需求仍然不足。传统物流模式难以满足新形态高时效、精准性和智能化的要求，企业数字化、绿色化转型升级效果尚不明显。经营成本刚性上涨，挤压盈利空间。对比数据显示，重点物流企业每百元营业收入中的成本比规模以上工业企业高 10 元，收入利润率低于规模以上工业企业 2 个百分点。

另一方面，我国经济基础稳、优势多、韧性强、潜能大，物流具备长期向好的发展条件，物流企业向高质量、智能化、绿色化迈进的趋势仍将延续。物流企业服务升级与产业融合激发潜能释放，物流服务向综合供应链转型，重点物流企业一体化物流业务收入增长近 13.7%，占比稳步提升，生鲜、装备制造、服装等专业细分领域供应链业务增长潜力依然较大。物流企业智能化转型助力效率提升，物流智能化转型已成为行业发展的核心驱动力。自动化仓库、无人机配送、机器人分拣等前沿技术在物流领域的应用愈发广泛，为行业带来效率提升与成本优化。物流企业低碳转型引领可持续发展，在政策与市场的双重驱动下，物流企业绿色转型进程显著加速。《经济社会发展全面绿色转型的意见》提出推进交通运输绿色转型，领域新增新能源物流货运车辆占新增物流车辆的 40%，相较于传统燃油车，减少碳排放约 30 万吨。调研显示，头部电商和快企业的可降解包装材料使用率达到 60%，大幅减少包装废弃物的产生。物流企业出海步伐加快提升国际竞争力，在全球物流网络正在加快构建的同时，制造出海物流需求明显增加，跨境物流迎来发展红利。物流企业积极扩大国际辐射范围、提升跨境服务能力，为我国高水平开放战略提供有力支撑。

（来源：中国物流信息中心）

（五）透过数据看 2024 年物流运行成绩单 "新" "智" 成为高质量发展重要亮点

中国物流与采购联合会 2 月 11 日公布 2024 年全年物流运行数据。全年物流市场规模优势进一步巩固，物流需求规模持续扩张，全年全国社会物流总额超 360 万亿元。

2024 年全国社会物流总额，即经济运行中的物流实物量价值总额为 360.6 万亿元，同比增长 5.8%，比 2023 年加快 0.6 个百分点，全年物流运行总体延续稳中有进的发展态势。

从结构看，各领域物流总额占比基本稳定。其中，工业品物流总额超过 318 万亿元，占比 88%。

中国物流信息中心主任刘宇航称："围绕着新质生产力这个板块下的智能制造和高技术制造产品、光电子器件、智能机器人等这些板块产品的产量，均在两位数以上的增长，也成为工业品物流高质量发展的重要亮点。"

从长期变化看，绿色化、数字化类型物流需求发展态势明显。2024 年全国新增新能源物流车超过 30 万辆，占新增物流车辆总数的 40%。此外，电商和快递行业的可降解包装材料使用率达到 60%，同比提高 15 个百分点。

从国际循环看，进口物流运行稳定。2024 年进口物流总额 18.4 万亿元，同比增长 3.9%。其中，能源类进口物流量增速整体偏弱，2024 年跟中游生产直接相关的中间品进口物流整体好于大宗商品、消费品，是进口物流改善的重要动力。

从物流费用来看，衡量物流运行效率的重要指标——社会物流总费用与 GDP（国内生产总值）的比率，降至近年内的最低点，有效降低全社会物流成本行动取得初步成效。

2024 年，社会物流总费用与 GDP 的比率为 14.1%，比上年下降 0.3 个百分点。从结构看，各主要环节的物流费用比率均有所下降，其中，运输费用与 GDP 的比率为 7.6%，比上年下降 0.2 个百分点。

中国物流与采购联合会副会长何辉称："物流的运输结构在改善、在优化，运输成本比较低一点的水运、铁路运输的占比正在提升。再一个就是物流的组织化程度有所提升，所以降成本方面成效也比较显著。"

截至 2024 年末，全国沿海港口和长江干线主要港口铁路进港率已超 90%。2024 年全年水运货运周转量占比提高 1.5 个百分点，公路货运周转量占比下降 0.6 个百分点，显示中长距离货物运输由公路向水路转移，运输结构性调整态势持续，水运效能有所提升。

（来源：央视网）

（六）2024 年物流行业变革与发展：政策与市场双重驱动

2024 年，物流行业在政策与市场双重力量的推动下，迎来了显著变革。年初，国家出台政策明确指向降低全社会物流成本，鼓励公铁水联运等新型运输模式，为行业降本增效提供了明确方向。同时，快递送货上门新规的实施，有效提升了快递服务质量，促使行业向高质量服务标准迈进。

随着电商物流领域合作的深化，物流资源得以更广泛地整合与共享，打破了传统壁垒。跨境物流市场也因多家企业的积极布局而持续升温，加速了物流行业的国际化进程。此外，冷链物流领域迎来新玩家，以高性价比服务迅速占据市场份额，市场竞争愈发激烈。

在政策引导和市场需求的共同作用下，物流企业积极探索绿色发展路径，全国碳排放权交易市场的扩围为此提供了重要契机。公路货运市场虽面临挑战，但仍展现出强劲的发展潜力。快运市场也迎来新变化，新的竞争格局正在形成。同时，AI 技术在物流行业的广泛应用，为行业的智能化发展提供了有力支持。

（来源：中国网财经）

二、2024年上海物流业运行情况分析

（一）《2024年上海市国民经济和社会发展统计公报》解读

《2024年上海市国民经济和社会发展统计公报》包括16个部分，内容涵盖全市经济社会发展方方面面的统计数据。一笔笔数据、一张张图表，详细记录了过去一年全市人民在党中央、国务院和中共上海市委、市政府的坚强领导下，推动高质量发展和构建新发展格局的进程，全面反映了上海改革创新、城市功能建设、民生改善、社会治理等方面取得的新成绩。

一、经济运行回升向好，经济活力持续增强

经济总量进入新阶段。2024年，上海地区生产总值继续保持全国城市首位，达到53926.71亿元，按不变价格计算，比上年增长5%。第三产业继续发挥经济增长"稳定器"作用，全年第三产业增加值比上年增长5.7%，占全市生产总值的比重为78.2%。

经济活力持续增强。2024年，上海全力做好世界银行营商环境对标改革，优化营商环境7.0版150项改革举措全面完成。总部经济不断汇聚，2024年上海新增跨国公司地区总部60家、外资研发中心30家。民营经济释放活力，全年规模以上民营企业工业总产值比上年增长4%，增速高于全市工业3.3个百分点。

就业物价总体平稳。2024年，上海落细落实稳岗扩岗补贴、创业担保贷款等稳就业政策，全年城镇新增就业人数62.17万人，比上年增加1.61万人。全年城镇调查失业率平均为4.2%，低于上年0.3个百分点。扎实做好重要民生商品保供稳价工作，全年居民消费价格与上年持平。

二、核心功能建设深入推进，城市能级不断提升

金融市场规模持续扩大。2024年，上海金融市场交易总额达到3650.30万亿元，比上年增长8.2%。其中，上海证券交易所成交额增长13.1%，上海期货交易所成交额增长25%，中国金融期货交易所成交额增长43.4%，上海黄金交易所成交额增长83.5%。全年吸引各类金融机构在沪展业兴业，持牌金融机构达到1782家，国际货币基金组织上海区域中心落地。

国际贸易中心功能能级提升。2024年，上海口岸货物贸易总额达到11.07万亿元，比上年增长3.9%。年内第七届中国国际进口博览会成功举办，共有152个国家、地区和国际组织参展，按一年计意向成交金额为800.1亿美元，比上届增长2%。创建全国首个"丝路电商"合作先行区，数字身份和电子认证跨境互操作等开展试点。

航运枢纽功能持续增强。2024年，上海港集装箱吞吐量达到5150.63万标准箱，成为全球首个年吞吐量超过5000万标准箱的世界大港，已连续15年排名世界第一。上海机场航空货邮和旅客吞吐量分别达到420.6万吨、1.25亿人次，排名分别升至世界第二、世界第三。年内航运贸易数字化平台上线运行，小洋山北作业区、东方枢纽上海东站、浦东国际机场四期等重大项目加快建设，罗泾港区改造一期建成投运。

科技创新策源能力实现新突破。2024年，上海发挥在沪国家实验室及基地"总平台、总链长"作用，承担实施一批重大科技专项任务。合成生物学创新中心等新型研发机构成立运行，高效低碳燃气

轮机试验装置基本建成。年内认定高新技术企业 7237 家，有效期内高新技术企业数突破 2.5 万家。至 2024 年末，每万人口高价值发明专利拥有量达到 57.9 件，较上年增加 7.7 件。

三、重点领域改革协同发力，重大战略任务深入推进

引领区建设成效进一步显现。2024 年，上海深入开展浦东综合改革试点，157 项改革任务有序推进。年内新增总部机构 80 家、大企业开放创新中心 16 家，累计分别达到 1522 家、103 家，全年浦东新区 GDP 比上年增长 5.3%，增速高于全市 0.3 个百分点。自贸区高水平制度型开放总体方案"80条"基本完成，离岸贸易印花税免征等政策落地实施，互联网数据中心等增值电信业务扩大开放试点正式启动。"6+1"首批自贸试验区联动创新区启动建设，跨境资金结算、外籍人才服务等一批制度创新成果复制推广。

临港新片区建设持续深化。临港新片区新一轮市级支持政策制定实施，洋山特殊综合保税区扩区区域封关验收，全国首单国产飞机跨境人民币融资租赁出口等业务顺利完成，全国首创制度性创新案例新增 22 个、累计达到 70 个。建设电子发票跨境互操作平台，设立全国首家外国仲裁机构业务机构，实体化运营数据跨境服务中心和外资服务中心。建设"中国洋山港"国际船籍港，国际航行船舶登记数量居全国首位。

四、新质生产力不断培育，内生动能持续强化

工业新动能增势良好。2024 年，上海重点围绕发展新质生产力，全力落实三大先导产业新一轮"上海方案"。全年上海市工业三大先导产业实现产值 4617.78 亿元，比上年增长 10.8%，增速高于全市工业总产值 10.1 个百分点。其中，集成电路、生物医药和人工智能产值分别比上年增长 20.8%、3.3% 和 7.1%。工业战略性新兴产业中，新一代信息技术、高端装备产值分别比上年增长 7.1% 和 5.1%。部分工业新产品产量快速增长，其中，3D 打印设备产量比上年增长 7.2%，微型计算机设备产量增长 10.8%，集成电路产量增长 11.3%。

数字经济稳步发展。2024 年，上海信息传输、软件和信息技术服务业实现营业收入比上年增长 9.5%，其中，软件和信息技术服务业增长 13.8%。产业数字化转型加快推进，制定促进科学仪器和科研试剂创新发展、推动基础软件和工业软件高质量发展等行动计划，累计培育国家级示范智能工厂 19 家、标杆智能工厂 3 家。

五、民生保障持续强化，人民生活品质稳步提升

居民收入稳步增长。2024 年，上海居民人均可支配收入 88366 元，比上年增长 4.2%。其中，城镇常住居民人均可支配收入增长 4%，农村常住居民人均可支配收入增长 6.2%。城乡收入比为 2.04，比上年缩小 0.04。

基本民生保障持续强化。截至 2024 年末，上海共有 1714.06 万人（包括离退休人员）参加城镇职工基本养老保险，共有 1631.35 万人（包括离退休人员）参加职工基本医疗保险。最低生活保障标准从每人每月 1510 元调整为每人每月 1595 元。年内新增社区综合为老服务中心 43 家、老年助餐服务场所 480 个、养老床位 4385 张，改造老年认知障碍照护床位 3210 张。全年建设筹措保障性租赁住房 7.2 万套（间）。

社会事业全面发展。2024 年，上海基础教育扩优提质行动启动实施，高等教育"两个先行先试"深入推进，高校招生结构动态调整机制不断完善。公立医院高质量发展、紧密型城市医疗集团等试点持续深化，全市二、三级医院一半以上的专家号源优先向社区卫生服务中心开放。全年新增互联网医院（含互联网诊疗服务资质）62 家，家庭医生签约服务累计签约超过 1130 万人。全年共举办 178 项

国际国内重大赛事，成功举办四大洲花样滑冰锦标赛和国际奥委会新兴赛事——奥运会资格系列赛。全年新增体育场地面积 95.37 万平方米，全市人均体育场地面积达到 2.65 平方米。

六、现代化治理能力不断提升，城市运行安全有序

智慧城市建设持续深化。至 2024 年末，上海累计建设超 8.27 万个 5G 室外基站、42.89 万个室内小站，5G 网络基本实现全市域覆盖。在智能制造、健康医疗、智慧教育等十大领域累计推进超过 1055 项 5G 应用项目。"一网通办"总门户已接入 3758 项服务事项，其中 3352 项可实现全程网办。全年日均办事 43 万件，实际网办率达 89.92%。

城市安全防线更为牢固。2024 年，上海食品安全总体监测合格率为 99.4%，比上年提高 0.2 个百分点。"三所联动"矛盾纠纷多元化解、重点行业领域信访问题综合治理、"12345"市民服务热线等机制不断优化，"砺剑"等社会治安整治行动深入开展，公众安全感、满意度连续 12 年实现"双提升"，社会大局保持稳定。

生态文明建设取得新成效。2024 年，上海制定实施绿色低碳转型行动方案，启动实施美丽上海建设三年行动计划，污染防治攻坚战成效考核位居全国前列。全年环境空气质量（AQI）优良率为 88.5%，比上年提高 0.8 个百分点。年末，城市污水处理厂日处理能力达 1070.75 万立方米，比上末提高 4.7%。全年新建绿地 10.4 平方千米、绿道 229.77 千米、立体绿化 43.7 万平方米；新增城乡公园 141 座，累计数量达到 973 座。

2024 年，上海经济社会发展总体平稳，高质量发展扎实推进。但也要看到，当前国际环境更趋复杂严峻，不确定性日益增大，世界百年变局加速演进。2025 年是"十四五"规划收官之年，上海作为我国改革开放的前沿阵地和深度链接全球的国际大都市，将坚持以习近平新时代中国特色社会主义思想为指导，全面贯彻落实党的二十大和二十届二中、三中全会精神及中央经济工作会议精神，按照十二届市委五次、六次全会部署，坚持稳中求进工作总基调，进一步全面深化改革，推动更高水平开放，建立现代化产业体系，推动经济持续回升向好，高质量完成"十四五"规划目标任务，为实现"十五五"良好开局打牢基础。

（来源："上海统计"微信公众号）

（二）2024 年上海物流行业总体发展状况概述

一、业务规模与增长

快递业务量：全年累计完成快递业务量 49.5 亿件，同比增长 27.5%，其中异地快递占比 76.3%（37.7 亿件），国际/港澳台快递量 3.3 亿件，分别同比增长 29.8% 和 24.1%。

业务收入：快递业务收入达 2519.2 亿元，同比增长 20.3%，增速持续高于全国平均水平；四季度单季收入 794.2 亿元，同比提升 21.2%。

港口枢纽地位：上海港集装箱吞吐量突破 5150 万标准箱，连续 15 年全球第一；海铁联运量 90 万标准箱，创历史新高。

二、市场结构与区域协同

异地业务主导：异地快递业务量占比从 2023 年的 73.8% 提升至 2024 年的 76.3%，反映上海作为全国物流枢纽的功能强化。

国际物流突破：国际/港澳台快递业务上半年增速达 53.1%，全年保持 24.1% 增长，跨境运输通

道持续拓展；上海口岸进出口总额超 11 万亿元，稳居全球城市首位。

区域物流地产：上海周边物流地产市场（如苏州、嘉兴）新增供应达 10 年均值的 1.8 倍，市场竞争加剧，租金同比下行。

三、科技创新与服务效能

无人化应用：快递企业投用无人车监管平台，浦东新区开展无人驾驶设备测试，四季度劳动生产率同比提升 14.8%。

末端服务优化：智能末端配送设施普及，四季度服务质效指数达 327.5（同比 +11.0%），公众满意度提升，投诉率下降。

四、政策支持与经济贡献

政策推动：实施"两进一出"（进村、进厂、出海）工程，促进产业链供应链融合，支撑线上消费与区域商品流通。

经济拉动：物流相关产业（交通运输、仓储和邮政业）增加值同比增长 19.2%，增速居第三产业前列，助力上海 GDP 达 5.39 万亿元（第三产业占比 78.2%）。

五、挑战与趋势

市场竞争：物流地产供应过剩，导致租金下行压力；增量需求不足，加剧区域子市场竞争。

国际化需求：国际业务增速放缓至 24.1%，需拓展多元化跨境通道以应对全球贸易波动。

总结：2024 年上海物流行业在规模扩张、技术应用及国际枢纽功能上表现突出，但需应对市场竞争与全球化挑战，深化科技赋能与区域协同，巩固全国物流核心地位。

（来源：百度 AI）

（三）2024 年上海进出口总值达 2.46 万亿元，保税物流逆势增长

上海市海关发布了 2024 年前 7 个月的进出口统计数据，令人瞩目的数字引发了市场广泛关注：上海市进出口总值达 2.46 万亿元，同比微增 0.7%。在全球经济复杂多变的背景下，这一数据显示出上海作为国际贸易中心的韧性与活力。

开头：市场现象引发关注

随着全球贸易环境的变化，许多城市的进出口数据出现波动，但上海却在这轮经济洗礼中展现出了卓越的表现。数据显示中，出口总值达到 1.01 万亿元，增长 2.2%，而进口则为 1.45 万亿元，略微下滑 0.4%。尽管整体进口表现不及出口，但贸易逆差却成功收窄，表明了上海在国际市场中的战略调整能力。

主体：保税物流的崛起

一个值得特别关注的亮点是保税物流进出口的增长。随着全球供应链的再次布局，保税物流因其高效、便捷的特性，成为企业降低成本、提高效率的重要途径。上海在推进保税物流改革中，不仅优化了海关流程，也增强了与国际市场的连接性，吸引更多外资企业选择在上海进行保税展示和交易，极大地促进了贸易数字的增长。

例如，某大型跨国企业在上海设立的保税区，通过将整体供应链整合至此，货物在不进入国内市场的情况下完成交易，降低了不少税费支出。这样的模式可谓是双方共赢：国际品牌在华进一步拓展市场，而中国市场则借此获得更多外汇流入。

结论：未来前景乐观

根据当前的趋势，尽管全球经济仍面临挑战，特别是在供应链与通货膨胀压力加大的背景下，上海的进出口规模与保税物流崛起无疑为中国经济的复苏增添助力。若能持续推进政策创新和结构调整，未来上海的贸易表现值得期待。上海完全有潜力成为国际贸易的新高地，继续引领中国经济的恢复与增长。

升华主题：未来值得期待的贸易图景

在瞬息万变的全球经济中，上海的故事并未结束，而是刚刚开始。作为全球最重要的港口城市之一，上海在未来的国际经济布局中将扮演何种角色，更加值得我们深思与期待。我们期待着在接下来的日子里，能够看到更多关于保税物流的突破与创新，以及上海如何趁势而上，推动全国乃至全球的经济发展。

（来源：上海市海关）

（四）2024年上海仓储物流市场供应高峰与需求低迷并存

世邦魏理仕在1月16日发布的报告中指出，2024年上海仓储物流市场将迎来历史性供应高峰，预计推出7个新项目，总体量达135.5万平方米。其中，新宜金山银河一号A地块（三期）将成为上海最大高标仓，体量达到70万平方米。

然而，尽管供应充足，市场需求却显得疲软，2024年上海仓储物流市场净吸纳量首次出现负值，达到-15万平方米。部分周边市场因租金折让显著，吸引了一些上海存量租户迁移以降低成本。此外，消费品制造业和出口导向型租户因业务缩减选择退租或搬至自建物业。到2024年末，上海高标仓的平均空置率将攀升至28.6%，较上年增加14.3个百分点，租金预期下跌约10%，降至43.8元每平方米。

三方物流和制造业在2024年的新增租赁中表现突出，分别占总租赁的61%和31%。三方物流客户更倾向于采用全面的供应链物流管理，以达到成本控制和效益提升的目的，2024年来自供应链物流的新租占比高达34%。同时，基于上海消费市场庞大和快节奏生活，城配型需求仍在稳步增长。

世邦魏理仕中国区产业地产负责人孙洁表示，经济周期的波动与历史性供应高峰造成的负吸纳量是2024年上海仓储市场的罕见现象。面对2025年国家扩大内需的政策，预计将推动更多租户利用高标准仓库，随着供应高峰的结束，市场供需关系有望显著改善，助力上海仓储物流市场复苏。

同时，2024年上海园区办公楼市场也面临重点挑战，净吸纳量为21万平方米，空置率同比上升3.9个百分点，至22.3%。TMT行业以28%占比继续引领租赁需求，消费品制造业和工业品制造业分别占据第二、第三位。世邦魏理仕认为，园区办公楼市场的供需失衡仍然存在，企业整合和退租带来的市场压力加大，物业推广"以价换量"政策使得租金下降2.4%，当前租金报价为137元每平方米。

（来源：世邦魏理仕）

（五）上海物贸2024年上半年预计净利2500万元 仓储物流行业整体需求下滑

上海物贸（600822）发布2024年半年度业绩预告：预计2024年半年度实现归属于母公司所有者

的净利润为 2500 万元左右，与上年同期相比减少约 84.08%。

公告显示，业绩预告期间为 2024 年 1 月 1 日至～ 6 月 30 日，公司预计 2024 年半年度实现归属于母公司所有者的扣除非经常性损益后的净利润为 850 万元左右，与上年同期相比减少约 67.08%。

主营业务影响：受汽车市场供需变化及价格下降等因素影响，公司所处汽车贸易服务行业景气度下降；此外，仓储物流行业整体需求下滑，导致公司 2024 年上半年度营业收入较上年同期减少，净利润下降。

非经常性损益的影响：上年同期本公司因转让联营企业上海爱姆意机电设备连锁有限公司 38.57% 股权，产生投资收益约 1.26 亿元。

（来源：挖贝网）

（六）2024 年上海零售物业市场回顾

2024 年上海消费市场仍面临较大压力，前 11 个月全市社会消费品零售总额为 16,370 亿元，较上年同比下降 3.1%。零售物业市场整体承压，全年累计净吸纳量约 45.1 万平方米，租赁势头较 2023 年有所放缓。为进一步挖掘消费增长潜力和促进消费增长，2024 年以来多项"促消费"政策出台，且初显成效，带动了消费信心的逐步恢复。

政策刺激下，家电、家具、体育娱乐用品销售同比增幅显著。从新开店的业态占比变化来看，时尚、娱乐、服务和儿童业态占比扩大，餐饮比例基本稳定，而生活方式类租户比例有所下降。2024 年的租赁需求主要来自于运动服饰、本土潮牌、潮玩杂货、二次元周边产品、娱乐体验和艺术文化展览、宠物相关服务及产品、平价餐饮、烘焙饮品等，且性价比高的品牌因消费者日益理性而受到更多青睐。需求端最为活跃的业态主要为运动户外及潮玩二次元品牌，满足了消费者对健康、体验与情绪价值的多样化需求。2024 年全年，3 个核心商圈项目和 9 个非核心商圈项目共带来超 71 万平方米的新增供应。

从新开业购物中心的特点来看，我们发现越来越多的项目在场景营造上进行了突破，充分利用绿地、屋顶、滨江和街区等空间，为消费者打造多元化、开放式的购物环境。同时，项目还会根据自身特点融入运动户外，艺术文化，二次元等多重元素，提供更为独特的购物体验。

展望 2025 年，上海将迎来 11 个新项目入市，市场整体入驻率和租金可能继续面临挑战，项目表现分化可能加剧。需求方面，消费者需求的变化正在驱动零售租赁需求的转变。一方面，随着消费者对精神层面和情感体验的追求日益增强，潮玩、二次元和宠物经济领域正迎来崭新的发展机遇，预计相关品牌将进一步布局线下实体门店。另一方面，健康和养生已成为现代消费者的重要关注点，预计运动品牌及相关运动场馆、健康养生及美容 SPA 类品牌有望继续拓店。同时，在消费者日趋理性的消费观念影响下，性价比高、价格亲民的潮流服饰、家具杂货店、平价餐饮等业态有望保持稳定的租赁态势。

此外，随着消费者对购物体验的追求升级，他们不仅仅看重产品本身，还更加重视购物过程中获得的情感满足。这种转变要求零售空间不仅仅是一个交易场所，更要成为一个能提供独特体验和情感连接的平台。这同时也对品牌方和商场业主方提出更高的要求，需要从店铺设计、氛围营造、活动策划、客户服务等多维度共同思考如何为消费者创造独特的购物体验，如通过设置互动区域、举办主题活动或工作坊等等，以提供更加个性化的服务，来增强消费者的参与感和归属感。

（来源：仲量联行）

（七）上海物流行业未来前景预测分析（2025—2030 年）

一、低空经济与智能化物流加速崛起

1. 无人机规模化应用

上海计划 2025 年开通不少于 150 条低空飞行航线，推动无人机在快递、医疗急救等场景的常态化运营，预计低空物流市场规模将占全国领先地位。

中邮无人机公司成立并布局全国航线，结合浦东新区无人驾驶测试，未来冷链药品、生鲜等高附加值货物配送效率将提升 30% 以上。

2. 智能仓储与自动化升级

上海智能仓储物流系统市场规模预计 2025 年进入高速增长期，AGV 机器人、RFID 技术普及率将超 60%，冻库"黑灯作业"模式可提升拣货效率 300%。

物流大模型与区块链技术将深度融合，实现运输路径动态优化和全程溯源，预计仓储成本降低 15%—20%。

二、绿色低碳转型成为核心战略

1. 新能源与可持续燃料

上海冷链物流企业（如英脉物流）加速换电重卡、光伏仓储园区布局，2025 年新能源物流车渗透率有望突破 40%，碳排放强度下降 25%。

政府推动可持续航空燃料试点，结合多温层冷链运输技术，医药冷链断链风险降低至 0.2% 以下。

2. 循环包装与低碳园区

可降解包装材料使用率提升至 50%，万科旗下万纬物流园区全部实现光伏发电，年减碳量达 2.3 万吨。

三、区域枢纽与跨境网络强化

1. 长三角一体化协同

上海港集装箱吞吐量保持全球第一（超 5150 万标准箱），联动苏州、嘉兴等周边物流地产新增供应，打造"4 小时城市圈"配送网络，支撑异地快递业务量占比突破 80%。

海铁联运量突破 100 万标准箱，中欧班列新增跨里海线路，跨境电商海外仓覆盖"一带一路"90% 节点城市。

2. 国际冷链与医药物流枢纽

上海口岸进出口额稳居全球首位，辉瑞、海底捞等企业依托本地冷链巨头（如新夏晖）实现 -70℃ 超低温运输，国际医药冷链市场份额将达 35%。

四、专业化服务与细分市场扩张

1. 冷链与生鲜物流

上海冷链企业日均处理乳制品超 5000 吨，预制菜"中央厨房 + 冷链配送"一体化模式覆盖 80% 连锁餐饮企业，订单满足率超 99%。

郑州—上海冷链运价指数发布，推动全国冷链资源整合，生鲜签收时效缩短至 16.8 小时。

2. 整车与大宗物流

整车物流行业薪资结构优化（年薪 24 万—60 万元），高端人才需求聚焦物联网、自动驾驶领域，技术岗位占比提升至 30%。

五、政策驱动与成本优化挑战

1. 降本增效政策落地

国务院《降低全社会物流成本行动方案》推动上海公铁水空多式联运占比提升至 15%，社会物流总费用率目标降至 11.5% 以下。

2. 市场竞争与成本压力

物流地产租金下行压力持续，嘉定、奉贤等区域空置率攀升至 18%，中小企业需通过数字化改造提升利润率。

货运行业人才需求结构性矛盾凸显（2024 年薪资下降 2%），复合型技术与管理人才缺口达 20%。

结论：上海物流行业将在低空经济、绿色转型、国际枢纽建设中保持领先，但需应对成本压力与人才短板，通过政策协同与技术创新巩固全球物流中心地位。

第三篇 物流统计

一、2024 年中国物流业景气指数

2024 年 1 月中国物流业景气指数为 52.7%

中国物流与采购联合会发布的 2024 年 1 月中国物流业景气指数为 52.7%，较上月回落 0.8 个百分点；中国仓储指数为 51.2%，较上月回落 0.4 个百分点。

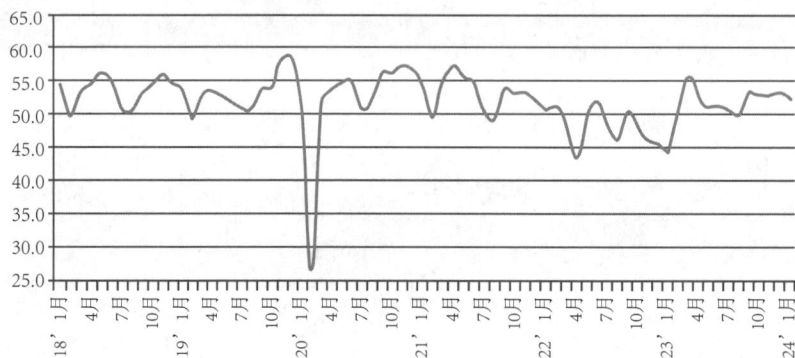

图 3-1 2018 年 1 月—2024 年 1 月中国物流业景气指数 LPI

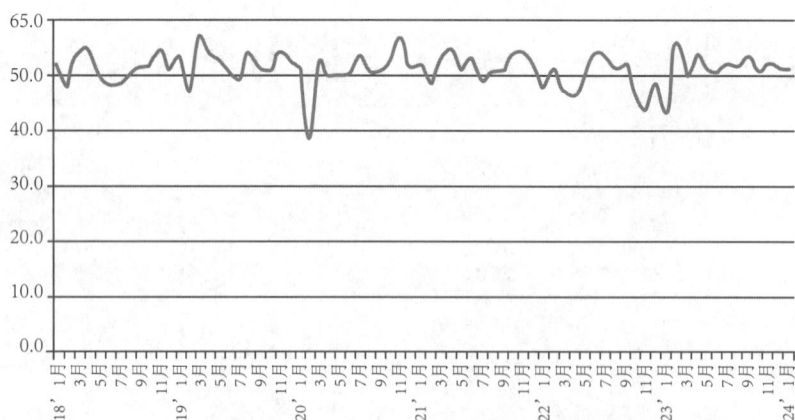

图 3-2 2018 年 1 月—2024 年 1 月中国仓储指数

中国物流与采购联合会总经济师何辉认为：受季节性因素和部分地区不利天气影响，1 月物流业景气指数有所回调但基本稳定，主要指标中业务总量指数、新订单指数、资金周转率指数、固定资产投资完成额指数、从业人员指数、业务活动预期指数均处于扩张区间，总体反映出年初物流运

行趋稳。

业务总量指数和新订单指数处于扩张区间。1月，业务总量指数为52.7%，较上月回落0.8个百分点。1月，新订单指数为51.9%，较上月回落0.9个百分点。

增长预期趋稳。1月，业务活动预期指数为51.5%，反映出物流行业继续保持稳定预期。

2024 年 2 月中国物流业景气指数为 49.3%

中国物流与采购联合会发布的2024年3月中国物流业景气指数为49.3%。春节过后，物流需求有序释放，尤其是进入2月下旬，物流实物量指标明显上升，东部地区和中部地区业务总量保持扩张。随着节后复工有序推进，各地区重大项目集中开工，产业链上下游平稳复苏。道路运输业和铁路运输业景气水平处于扩张区间，水上运输业活跃度持续改善。多式联运和邮政快递电商板块的物流活跃度持续提升，业务总量指数分别达到55.6%和66.3%的较高水平。

2024 年 3 月中国物流业景气指数为 51.5%

中国物流与采购联合会发布的2024年3月中国物流业景气指数为51.5%，较上月回升4.4个百分点；中国仓储指数为52.6%，较上月回升8.1个百分点。

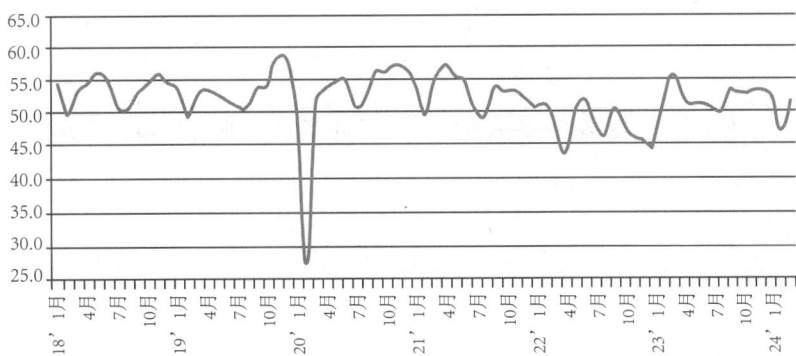

图 3-3 2018 年 1 月—2024 年 1 月中国物流业景气指数 LPI

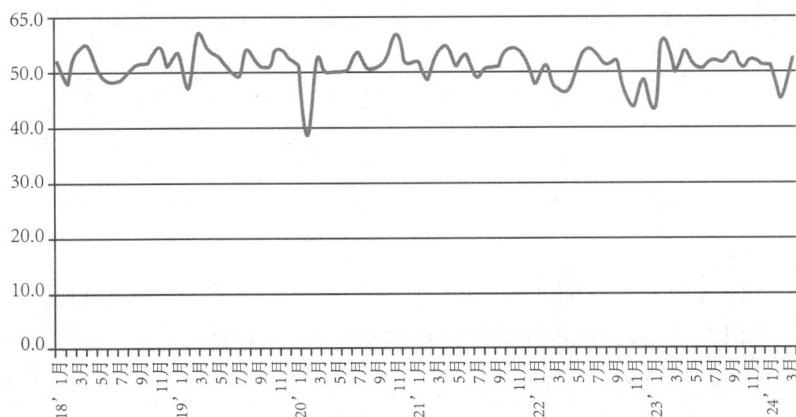

图 3-4 2018 年 1 月—2024 年 3 月中国仓储指数

中国物流与采购联合会总经济师何辉认为：3月，复工复产加速推进，供应链上下游活动趋于活跃，带动物流需求恢复加快，业务总量指数、新订单指数、设备利用率指数等指标有所回升，企业预期总体乐观，总体来看一季度物流运行实现平稳向好开局。

业务总量指数回升。3月，业务总量指数为51.5%，较上月回升4.4个百分点。

新订单指数保持扩张态势。3月，新订单指数为53.4%，较上月回升1.2个百分点，其中中部和西部地区新订单指数分别回升2.5和1.1个百分点。

增长预期保持稳定。3月，业务活动预期指数为55.3%，今年以来连续2个月保持高景气区间。

2024年4月中国物流业景气指数为52.4%

中国物流与采购联合会发布的2024年4月中国物流业景气指数为52.4%，较上月回升0.9个百分点；中国仓储指数为49%，较上月回落3.6个百分点。

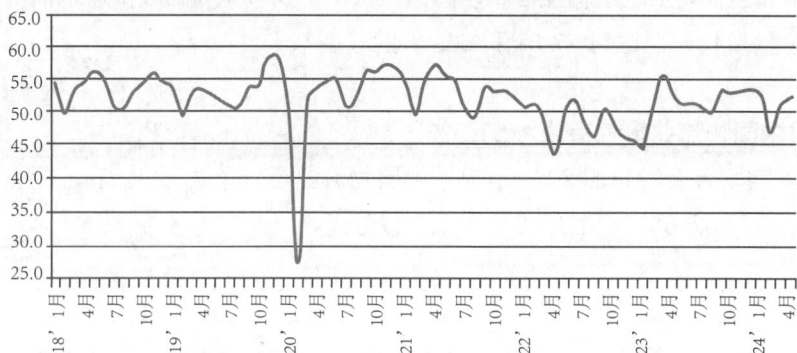

图3-5 2018年1月—2024年4月中国物流业景气指数LPI

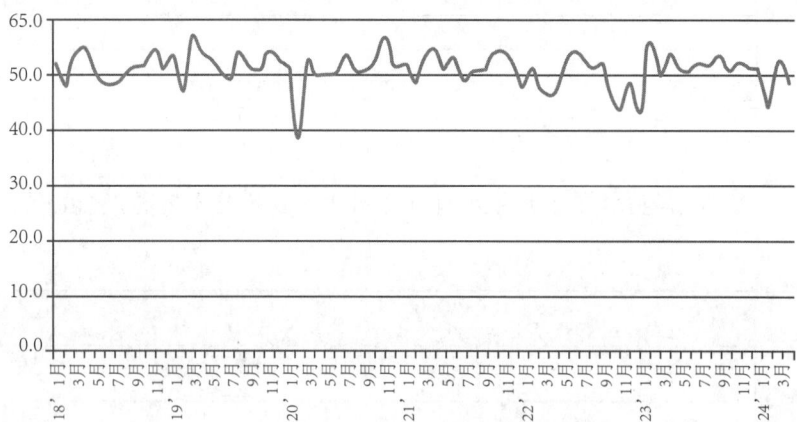

图3-6 2018年1月—2024年3月中国仓储指数

中国物流与采购联合会总经济师何辉认为：4月，需求继续回升，供应链上下游活动活跃度增强，业务总量指数、新订单指数、设备利用率指数和从业人员等指标回升，企业预期指数连续3个月保持高景气区间，总体来看物流运行向好基础进一步巩固。

业务总量指数回升趋稳。4月，业务总量指数为52.4%，较上月回升0.9个百分点。

新订单指数连续回升。4月，新订单指数为53.7%，较上月回升0.3个百分点，其中中部和东部地区新订单指数分别回升0.9个和0.5个百分点。

企业保持乐观增长预期。4月，业务活动预期指数为55.7%，环比回升0.4个百分点。

2024 年 5 月中国物流业景气指数为 51.8%

中国物流与采购联合会发布的 2024 年 5 月中国物流业景气指数为 51.8%，较上月回落 0.6 个百分点；中国仓储指数为 48.4%，较上月回落 0.6 个百分点。

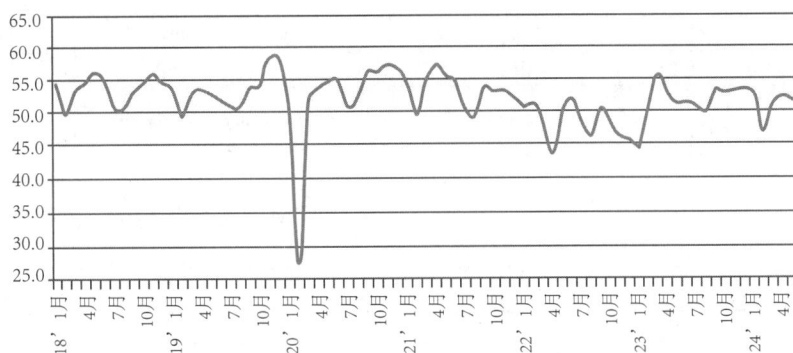

图 3-7 2018 年 1 月—2024 年 4 月中国物流业景气指数 LPI

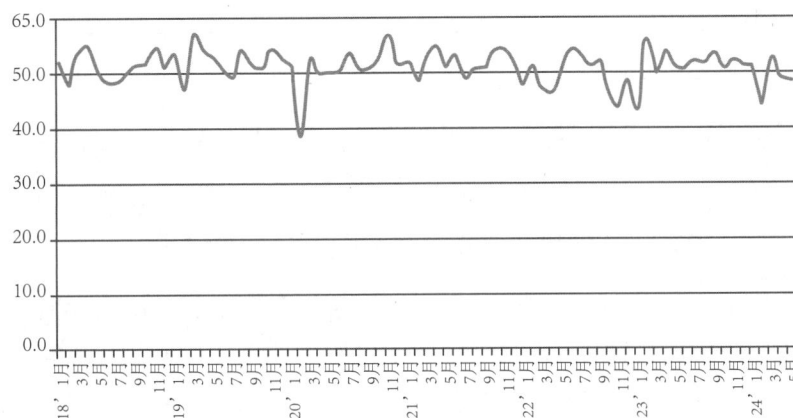

图 3-8 2018 年 1 月—2024 年 5 月中国仓储指数

中国物流与采购联合会总经济师何辉认为：本月物流景气指数尽管小幅回落，但继续保持在扩张区间，业务总量指数、库存周转次数指数、资金周转率指数、固定资产投资完成额指数处于景气区间，企业业务活动预期指数连续四个月保持高景气水平，物流运行总体平稳。

业务总量指数处于扩张态势。5 月，业务总量指数为 51.8%，较上月回落 0.6 个百分点。

新订单指数小幅回落。5 月，新订单指数为 52.7%，较上月回落 1 个百分点，三大地区均在 50%以上。

企业增长预期较好。5 月，业务活动预期指数为 56.3%，较上月回升 0.6 个百分点。

2024 年 6 月中国物流业景气指数为 51.6%

中国物流与采购联合会发布的 2024 年 6 月中国物流业景气指数为 51.6%，较上月回落 0.2 个百分点；中国仓储指数为 48.5%，较上月回升 0.1 个百分点。

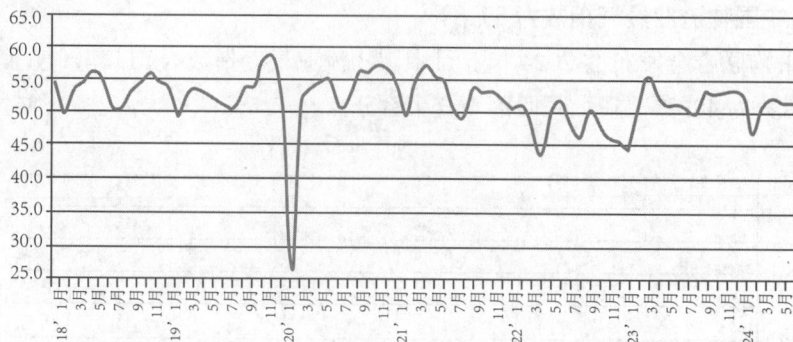

图 3-9 2018 年 1 月—2024 年 5 月中国物流业景气指数 LPI

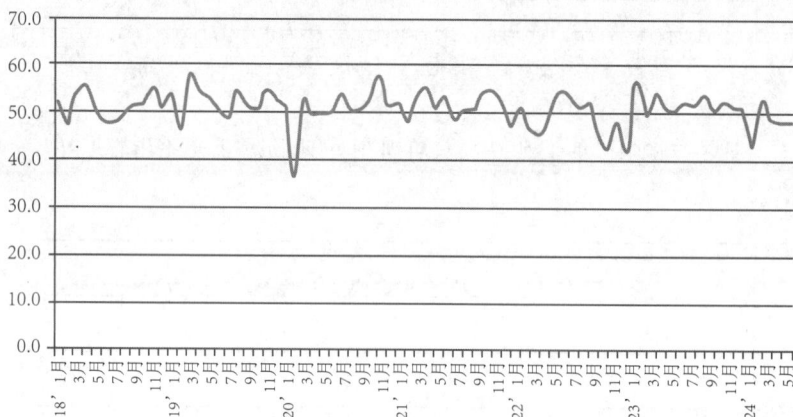

图 3-10 2018 年 1 月—2024 年 5 月中国仓储指数

中国物流与采购联合会总经济师何辉认为：6 月需求保持扩张，东中西部地区业务总量增势相对均衡；行业预期保持稳定，铁路运输业、航空运输业、装卸搬运业和邮政快递业业务活动预期指数达到 54% 以上。总体来看，上半年供应链上下游继续融合发展，业务需求和企业经营保持稳定，为后续回升奠定基础。

业务总量指数处于扩张态势。6 月，业务总量指数为 51.6%，较上月回落 0.2 个百分点。

新订单指数小幅回落。6 月，新订单指数为 51.9%，较上月回落 0.8 个百分点。

企业增长预期较好。6 月，业务活动预期指数为 55.3%，连续 4 个月处在 55% 以上高景气区间。

2024 年 7 月中国物流业景气指数为 51%

中国物流与采购联合会发布的 2024 年 7 月中国物流业景气指数为 51%，较上月回落 0.6 个百分点；中国仓储指数为 46.5%，较上月回落 2 个百分点。

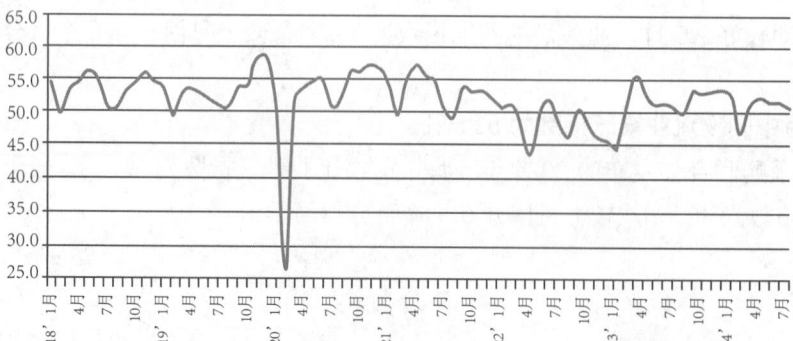

图 3-11 2018 年 1 月—2024 年 7 月中国物流业景气指数 LPI

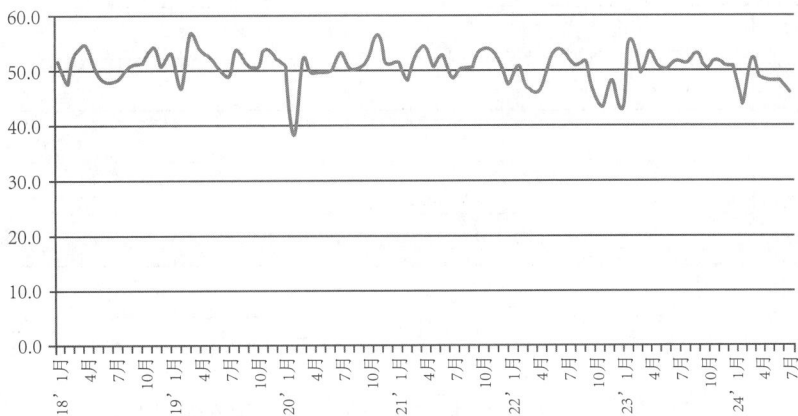

图 3-12 2018 年 1 月—2024 年 7 月中国仓储指数

中国物流与采购联合会总经济师何辉认为：7 月受高温酷暑和局部地方洪涝影响，增速有所放缓，但业务需求量继续保持增长，扩张态势仍在延续。行业发展态势基本稳定，铁路运输业、道路运输业、航空运输业、仓储物流业、装卸搬运业和邮政快递业等行业业务总量指数在景气区间。预期指数连续高位，反映出企业对三季度及下半年保持乐观预期。

业务总量指数处于扩张态势。7 月，业务总量指数为 51%，较上月回落 0.6 个百分点。

新订单指数小幅回落。7 月，新订单指数为 51.2%，较上月回落 0.7 个百分点。

企业增长预期较好。7 月，业务活动预期指数为 54.6%，较上月回落 0.7 个百分点，连续 5 个月处在 55% 左右较高景气区间。

2024 年 8 月中国物流业景气指数为 51.5%

中国物流与采购联合会发布的 2024 年 8 月中国物流业景气指数为 51.5%，较上月回升 0.5 个百分点；中国仓储指数为 50.2%，较上月回升 3.7 个百分点。

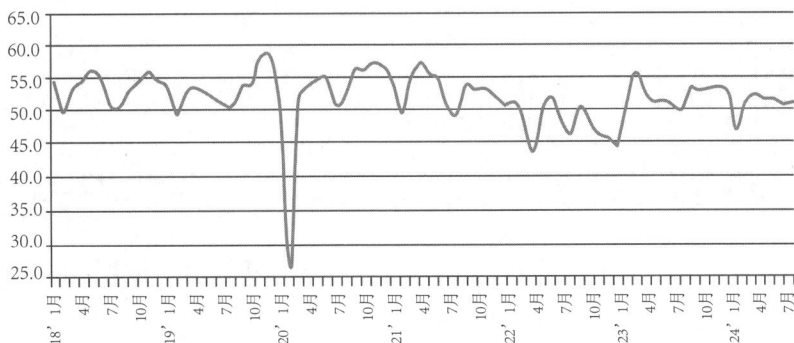

图 3-13 2018 年 1 月—2024 年 7 月中国物流业景气指数 LPI

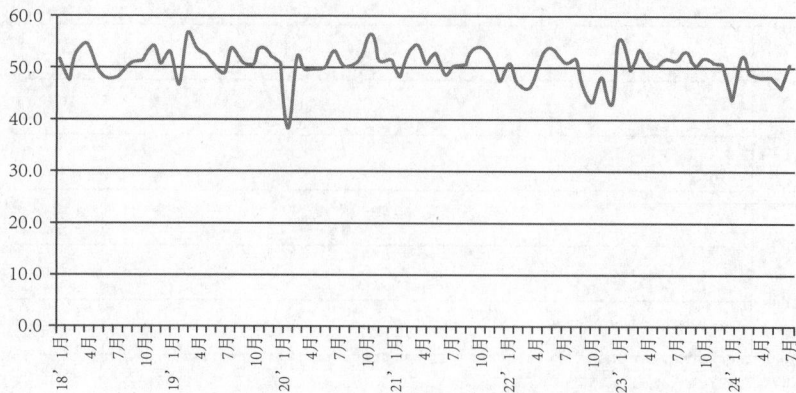

图 3-14 2018 年 1 月—2024 年 7 月中国仓储指数

中国物流与采购联合会总经济师何辉认为：8 月，随着促投资、稳增长各项政策逐步落实和部分地区极端天气影响减弱，产业链、供应链上下游联动加速，业务需求量继续保持增长，扩张态势在延续。下半年各地惠企专项资金、引导资金和超长期国债项目形成政策利好，预期指数连续高位，反映出企业对后期保持乐观预期。

业务总量指数保持扩张态势。8 月，业务总量指数为 51.5%，较上月回升 0.5 个百分点。

新订单指数保持扩张。8 月，新订单指数为 51.8%，较上月回升 0.6 个百分点。

企业增长预期较好。8 月，业务活动预期指数为 56.3%，较上月回升 1.7 个百分点，连续多月处在较高景气区间。

2024 年 9 月中国物流业景气指数为 52.4%

中国物流与采购联合会发布的 2024 年 9 月中国物流业景气指数为 52.4%，较上月回升 0.9 个百分点；中国仓储指数为 49.8%，较上月回落 0.4 个百分点。

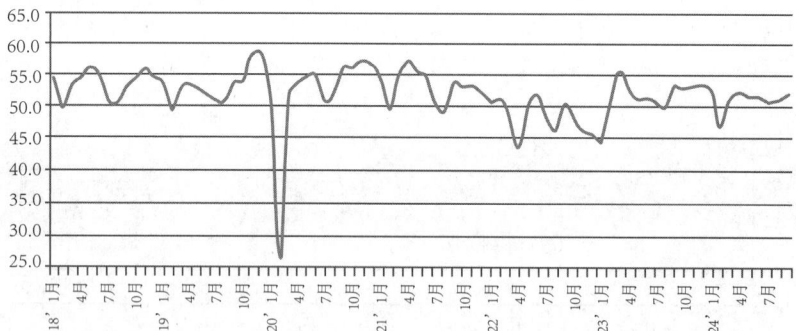

图 3-15 2018 年 1 月—2024 年 7 月中国物流业景气指数 LPI

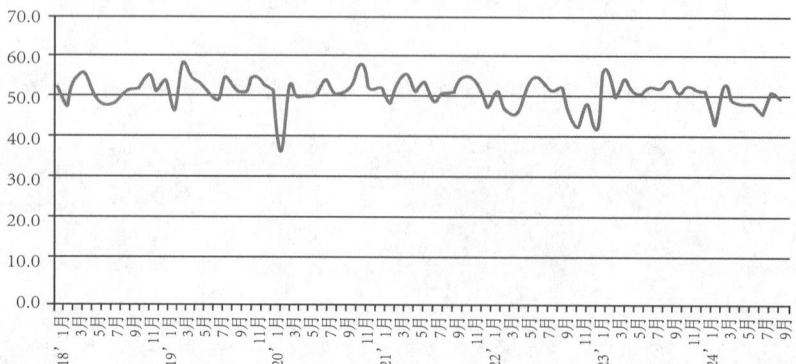

图 3-16 2018 年 1 月—2024 年 9 月中国仓储指数

中国物流与采购联合会总经济师何辉认为：9月，产业物流需求有序恢复，民生消费物流较快增长，电子元器件、医药化工、汽车制造及零部件、通信设备、家居家电耐用消费品等行业物流需求稳定回升。后期，随着稳预期、增信心、扩投资、促消费和惠民生等一系列政策的实施，物流将继续保持平稳运行态势。

业务总量指数继续回升。9月，业务总量指数为52.4%，较上月回升0.9个百分点，分地区看东中西部地区均衡回升。

新订单指数保持扩张。9月，新订单指数为52.3%，较上月回升0.5个百分点，东部地区和西部地区小幅回升，中部地区回升至53.1%的较高水平。

企业增长预期乐观。9月，业务活动预期指数为57.4%，较上月回升1.1个百分点，连续多月处在较高景气区间。

2024年10月中国物流业景气指数为52.6%

中国物流与采购联合会发布的2024年10月中国物流业景气指数为52.6%，较上月回升0.2个百分点；中国仓储指数为49.4%，较上月回落0.4个百分点。

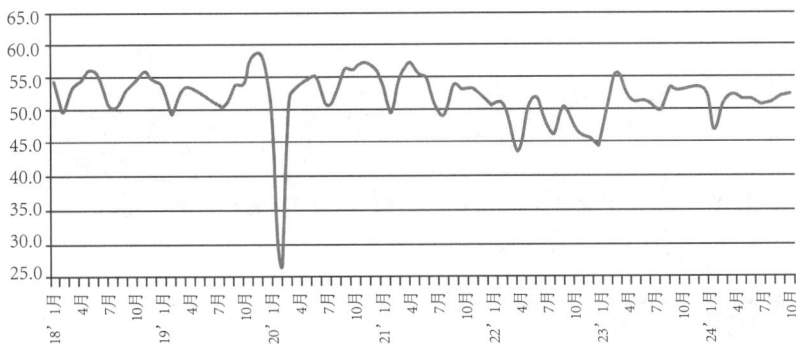

图 3-17　2018 年 1 月—2024 年 10 月中国物流业景气指数 LPI

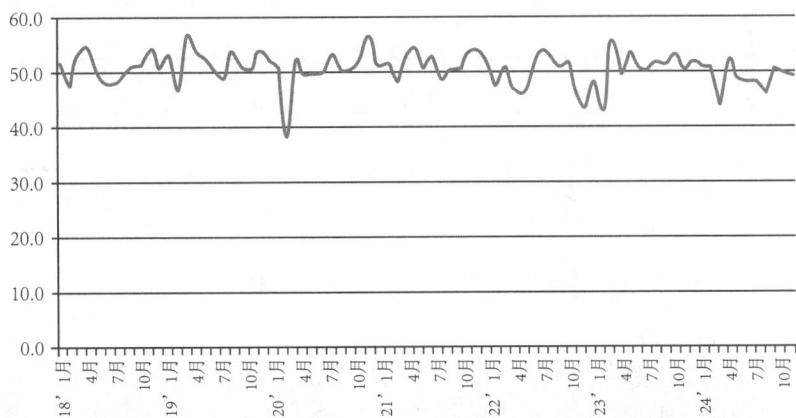

图 3-18　2018 年 1 月—2024 年 10 月中国仓储指数

中国物流与采购联合会总经济师何辉认为：10月，随着政策组合拳持续发力，稳资金、稳预期、稳需求等各项措施逐步落实，业务总量指数、新订单指数、库存周转次数指数、资金周转率指数、设备利用率指数、固定资产投资完成额指数和业务活动预期指数保持在景气区间。后期，物流将继续保持平稳运行态势。

业务总量指数回升。业务总量指数为 52.6%，较上月回升 0.2 个百分点，东、中、西部地区均衡回升。

新订单指数扩张。新订单指数为 52.7%，较上月回升 0.4 个百分点，东部、中部和西部地区新订单指数分别回升 0.2 个、0.5 个和 0.3 个百分点。

企业增长预期乐观。业务活动预期指数为 57.7%，连续多月处于较高景气区间。

2024 年 11 月中国物流业景气指数为 52.8%

中国物流与采购联合会发布的 2024 年 11 月中国物流业景气指数为 52.8%，较上月回升 0.2 个百分点；中国仓储指数为 52.4%，较上月回升 3 个百分点。

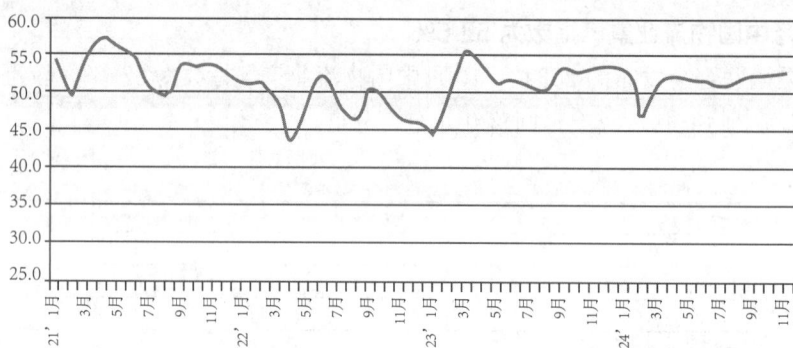

图 3-19　2021 年 1 月—2024 年 11 月中国物流业景气指数 LPI

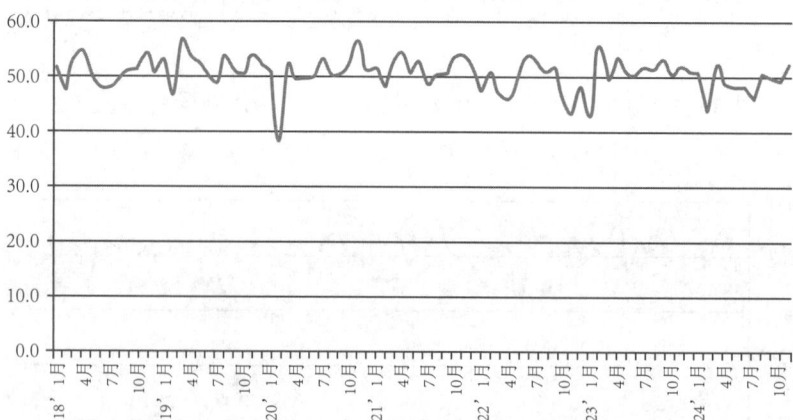

图 3-20　2018 年 1 月—2024 年 10 月中国仓储指数

中国物流与采购联合会总经济师何辉认为：本月业务总量指数、库存周转次数指数、设备利用率指数、物流服务价格指数、从业人员指数小幅回升，固定资产投资完成额指数和业务活动预期继续处于较高景气区间。行业物流总体向好，大部分业务总量指数处于扩张区间，铁路、水路和邮政快递业业务总量指数连续回升。后期，物流将继续保持平稳运行态势。

业务总量指数回升。业务总量指数为 52.8%，较上月回升 0.2 个百分点，东、中、西部地区业务总量指数均衡回升。

新订单指数扩张。新订单指数为 52.7%，与上月持平，分行业来看，铁路运输业、道路运输业、水上运输业、航空运输业新订单指数小幅回升。

企业增长预期乐观。业务活动预期指数为 57.5%，连续多月处于较高景气区间。

2024 年 12 月中国物流业景气指数为 53.1%

中国物流与采购联合会发布的 2024 年 12 月中国物流业景气指数为 53.1%，环比上升 0.3 个百分点；中国仓储指数为 50.6%，环比回落 1.8 个百分点。

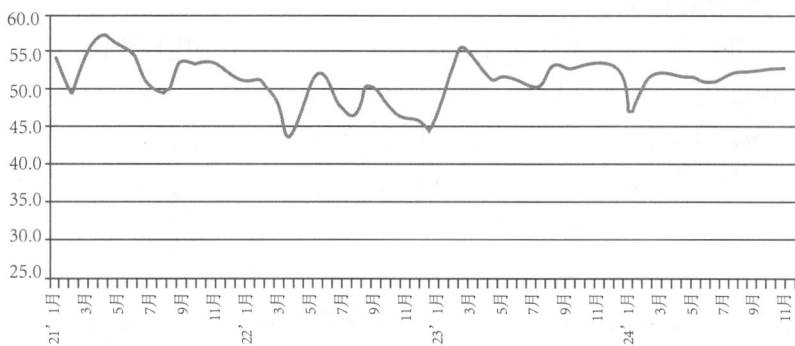

图 3-21 2021 年 1 月—2024 年 11 月中国物流业景气指数 LPI

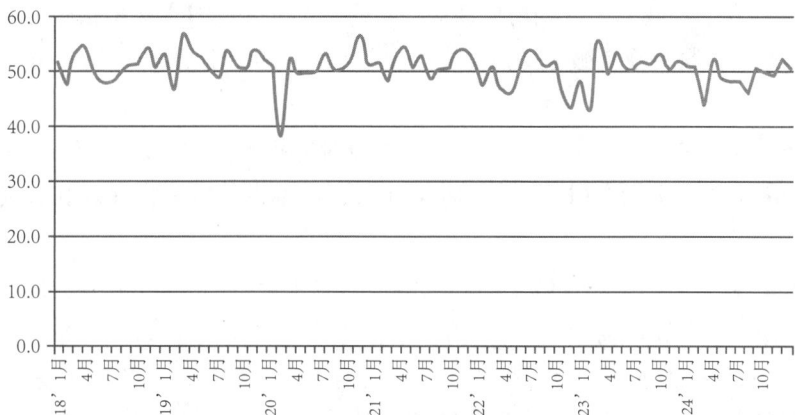

图 3-22 2018 年 1 月—2024 年 10 月中国仓储指数

中国物流与采购联合会副会长何辉认为：本月物流景气指数为本年度新高，物流活跃度继续增强。业务总量指数、库存周转次数指数、资金周转率指数、设备利用率指数、固定资产投资完成额指数、从业人员指数处在扩张区间。从预期来看，业务活动预期指数有所回落但保持在 55% 以上，反映出在季节性因素影响下市场预期平稳向好。

业务总量指数回升。业务总量指数为 53.1%，环比上升 0.3 个百分点，东、中、西部地区业务总量指数均衡上升，东部地区上升幅度靠前。

新订单指数回落。新订单指数为 51.4%，环比回落 1.3 个百分点，分行业来看，铁路运输业、航空运输业、邮政快递业新订单指数保持 55% 以上。

企业增长预期平稳、向好。业务活动预期指数为 55.2%，连续多月处于较高水平。

二、2024 年中国电商物流指数

2024 年 1 月电商物流指数为 112.8 点

中国物流与采购联合会和京东集团联合发布的 2024 年 1 月中国电商物流指数为 112.8 点，环比提高 0.4 点。分项指数中，总业务量指数、农村业务量指数、库存周转率指数、人员指数、实载率指数和成本指数环比提高，物流时效指数、履约率指数和满意率指数有所下降。

电商物流总业务量指数明显提高。1 月，电商物流总业务量指数为 125.3 点，比上月提高 1.7 点。分地区来看，全国所有地区总业务量指数全面提升，西部地区提升幅度最大，中部地区高于全国平均水平。

农村电商物流业务量指数止跌回升。1 月，农村电商物流业务量指数为 129.1 点，比上月提高 1.3 点。东部、西部和东北部地区农村业务量指数环比提升，中部地区高于全国平均水平。

库存周转率指数涨幅扩大。1 月，库存周转率指数为 106.2 点，比上月提高 0.7 点。在电商物流需求回升的带动下，市场对企业存货需求增加，库存周转率指数涨幅较上月扩大 0.4 点。

人员指数止跌回升，实载率指数创历史新高。1 月，人员指数和实载率指数分别较上月提高 0.2 和 0.6 点。其中实载率指数首次突破 117 点，创历史新高。电商物流供给体系对市场需求的适配能力明显增强。

物流时效指数和履约率指数继续下降。1 月，物流时效指数为 99.2 点，较上月下降 0.6 点，降幅有所收窄。履约率指数及满意率指数较上月小幅下降。成本指数较上月提高 0.6 点，企业成本仍维持高位。

随着春节临近，各大电商平台及线上商超陆续进入"年货时间"，2024 年 1 月，电商物流指数环比上月提升 0.4 点。电商物流需求强劲，总业务量指数显著回升，达到 125.3 点，超过去年峰值，创近 23 个月新高。农村业务量环比上月提高 1.3 点，再次回升到 129 点以上，保持在高位运行。地方特色食品成为年货商品主流，而生鲜电商也随着即时零售的快速发展，成为消费者采购年货的主要渠道之一。从供给端看，受节日临近需求分散下沉和中东部地区冰冻雨雪等因素影响，电商物流配送时效、履约率和满意率均有所下降。总体来看，2024 年 1 月，电商物流指数稳步提升，2 月预计指数有所回调，但后期电商物流有望继续保持稳步提升态势。

2024 年 2 月电商物流指数为 108.9 点

中国物流与采购联合会公布 2 月中国电商物流指数。受 2 月上旬假期影响，指数环比有所回落，但降幅明显收窄。春节假期过后，电商物流市场恢复稳定发展态势，总业务量指数高于去年同期水平。

2 月中国电商物流指数为 108.9 点，较上月回落 0.3 点。从供给端看，各项指数总体保持稳定，库存周转率和实载率指数止跌回升，环比均回升 0.4 点，显示随着春节假期结束，电商物流企业陆续返岗复工，企业库存周转速率在加快。

从需求来看，自新一轮国家补贴政策正式将手机、平板、智能手表（手环）三大类数码产品纳入以旧换新补贴以来，电子类产品和智能化需求持续成为消费者关注的热点。此外随着春节档电影票房火热及亚冬会的开幕，文体周边产品搜索量也在持续飙升，文化及体育产业对消费的促进作用进一步显现。2月电商物流总业务量指数为123.3点，比上月回落0.1点，但高于去年同期水平。

另外，2月电商物流成本指数为119.4点，自2023年1月之后首次回落至120点以下，表明我国有效降低全社会物流成本的政策效应正在电商物流领域持续显现。

2024 年 3 月电商物流指数为 112.5 点

中国物流与采购联合会和京东集团联合发布的2024年3月中国电商物流指数为112.5点，环比提高1.1点。分项指数中，总业务量指数、农村业务量指数、物流时效指数、满意率指数有所提高，库存周转率指数、人员指数、实载率指数和成本指数有所下降，履约率指数维持不变。

电商物流总业务量指数明显提高。3月，电商物流总业务量指数为126.4点，比上月提高4.2点。分地区来看，全国所有地区总业务量指数均有所提高，东部和中部地区提升幅度最大，且高于全国平均水平。

农村电商物流业务量指数止跌回升。3月，农村电商物流业务量指数为127.7点，比上月提高3.4点。分地区来看，全国所有地区农村业务量指数均有所提高，中部和东北部地区提升幅度最大，中部地区高于全国平均水平。

物流时效指数止跌回升。3月，物流时效指数为99.8点，比上月提高1.9点，结束连续7个月回落。本月该分项指数上涨主要由春节后快递恢复等因素推动，但仍位于100点以下，值得后续继续关注。

库存周转率指数明显回落，人员指数降幅收窄。3月，库存周转率指数为105.2点，比上月回落3.7点。春节过后，企业备货速度加快，平均库存有所上升，库存周转率指数回落。

实载率指数小幅回落，履约率指数保持不变。3月，在节后供给回升的背景下，实载率指数小幅回落0.6点，但仍保持117点左右的高位。履约率指数在2月春节期间表现良好，3月该指数环比保持不变。

随着天气转暖和2月春节假期的结束，3月电商物流指数迎来明显回升。尤其是需求端表现十分活跃。总业务量指数和农村业务量指数分别回升4.2点和3.4点，其中总业务量指数升至近两年新高。全国所有地区业务量指数均有所上升，特别是前期受雨雪天气影响的中部地区回升幅度较大。从供给端看，电商消费需求的上升并未对供给端造成大的压力，物流企业的供给服务能力储备较为充足。实载率指数有所回落，满意率、物流时效指数均有所上升。成本指数环比下降0.6点，企业运营成本保持在高位波动。总体来看，3月电商物流指数在春节后实现超过1点的回升，与预期保持一致，电商物流市场维持稳步提升态势，后期随着居民消费的进一步转暖，这一态势有望继续保持。

2024 年 4 月电商物流指数为 113.2 点

中国物流与采购联合会和京东集团联合发布的2024年4月中国电商物流指数为113.2点，环比提高0.7点，连续两月上涨。分项指数中，总业务量指数、农村业务量指数、物流时效指数、履约率指数、满意率指数、人员指数、实载率指数有所提高，库存周转率指数、成本指数有所下降。

电商物流总业务量指数继续上涨。4月，电商物流总业务量指数为127.7点，比上月提高1.3点。分地区来看，东部、中部和东北部地区总业务量指数有所提高，东北部地区提升幅度最大，中部地区超过全国平均水平。

农村电商物流业务量保持高速增长。4月，农村电商物流业务量指数为127.9点，比上月提高0.2点，相比去年同期增长超过25%。分地区来看，中部和东北部地区农村业务量指数有所提高，中部地区高于全国平均水平。

物流时效指数连续回升，再次破百。4月，物流时效指数为101.2点，比上月提高1.4点，连续两月上涨并时隔5个月后重回100点以上。企业供给时效和业务量呈现双增长局面，为电商物流市场二季度开局奠定良好基础。

库存周转率指数小幅回落，成本指数连续下降。4月，库存周转率指数为104.8点，比上月回落0.4点，降幅明显收窄。成本指数较上月下降0.3点，连续3个月累计回落1.3点，创11个月新低，企业成本压力有所缓解。

履约率、实载率、人员和满意率指数均有所上升。4月，在需求连续上涨的带动下，企业供给能力得到充分释放，履约率、实载率、满意率、人员指数分别提升0.6点、0.3点、0.2点、0.5点。

4月电商需求端连续回升，总业务量指数和农村业务量指数分别上升1.3点和0.2点，总业务量指数重回127点以上。在需求带动下，供给端企业实载率提高，运营成本有所下降，成本指数连续回落。企业运营效率稳定，供给能力储备充足，服务效率稳步提升，各项指数保持高位。整体来看，4月电商物流延续稳步向好态势，电商物流总指数自2019年12月以来首次突破113点，达到113.2点的高位，后期在5月假日出游及消费政策促进带动下，电商物流运行有望稳中有升。

2024年5月电商物流指数为113.9点

中国物流与采购联合会和京东集团联合发布的2024年5月中国电商物流指数为113.9点，环比回升0.7点。分项指数中，总业务量指数、农村业务量指数、物流时效指数、履约率指数、满意率指数、实载率指数有所提高，库存周转率指数、人员指数和成本指数有所下降。

电商物流总业务量指数连续上涨。5月，电商物流总业务量指数为129.8点，比上月回升2.1点。分地区来看，全国所有地区总业务量指数均有所提高，东部地区提升幅度最大，中部地区超过全国平均水平。

农村电商物流业务量指数继续上升。5月，农村电商物流业务量指数为129.7点，比上月回升1.8点。分地区来看，全国所有地区总业务量指数均有所提高，西部地区提升幅度最大，中部地区超过全国平均水平。

物流时效指数稳步提升，履约率、实载率和满意率指数连续回升。5月，物流时效指数为101.9点，比上月回升0.7点，连续3个月回升。履约率、实载率、满意率分别回升0.9点、0.2点和0.4点，电商物流市场继续保持量增质升的良好局面。

库存周转率指数继续回落，成本指数连续下降。5月，受企业备货增加影响，库存周转率指数较上月回落0.6点。成本指数较上月下降0.6点，经过连续4个月回落后，企业成本水平已于去年持平，但仍有下降空间。

5月电商物流供求两端继续保持良好运行态势，电商物流总指数连续3个月回升。从需求端看，"五一"假日期间，户外运动、旅行装备、外卖餐饮等旅行相关电商消费快速增长，总业务量指数和农村业务量指数分别回升2.1点和1.8点，分别达到129.8点和129.7点，相比去年同期增速接近30%。此外，随着"6·18"年中网购促销活动临近，各大主流电商平台提前预热，促进电商业务量攀升。在需求加速增长的背景下，电商物流企业不断通过资源整合、科学规划、新技术应用、数字化改造等方式，提升供给能力和运行效率，成本指数下降到2023年同期水平，实载率、满意率、履约率、物流时效等指数均有所提升。总体来看，5月电商物流延续稳步向好态势，电商物流总指数创出近6年新高。后期随着居民耐用消费品置换政策落地实施，网络购物活动继续处于活跃态势，电商物流需求将保持平稳增长。

2024 年 6 月电商物流指数为 114.8 点

中国物流与采购联合会和京东集团联合发布的 2024 年 6 月中国电商物流指数为 114.8 点，涨幅扩大至 0.9 点。分项指数中，总业务量指数、农村业务量指数、库存周转率指数、物流时效指数、履约率指数、满意率指数、人员指数和成本指数有所提高，实载率指数小幅下降。

电商物流总业务量指数涨幅扩大。6 月，电商物流总业务量指数为 132.9 点，比上月回升 3.1 点。分地区来看，全国所有地区总业务量指数均有所提高，西部地区提升幅度最大，东部地区超过全国平均水平。

农村电商物流业务量指数加速上升。6 月，农村电商物流业务量指数为 132.1 点，比上月回升 2.4 点。分地区来看，全国所有地区总业务量指数均有所提高，东部地区提升幅度最大，东部和中部地区超过全国平均水平。

物流时效、满意率指数继续上升，履约率、人员和实载率指数高位波动。6 月，物流时效和满意率指数分别为 102.6 点和 102.2 点，均实现连续 4 个月回升，分别创出近两年和近四年新高。人员指数回升 0.3 点，履约率指数与上月持平，实载率指数回落 0.4 点，均超过去年平均水平。

库存周转率指数止跌回升，成本指数小幅上涨。6 月，在需求加速上涨带动下，库存周转率指数较上月提高 0.7 点，扭转连续三个月下降态势。成本指数较上月提高 0.3 点，企业成本水平仍保持高位。

6 月电商物流市场供求两端增势明显，电商物流总指数连续 4 个月回升，且涨幅进一步扩大。从需求端看，"6·18"期间，直播带货形式呈现出更为多元的特点，保持了较好的增长态势。相关数据显示，2024 年"6·18"期间，综合电商平台销售额达 5717 亿元，直播电商销售额达 2068 亿元，即时零售渠道销售额 249 亿元。总业务量指数和农村业务量指数分别提升 3.1 点和 2.4 点，相比去年同期增速均超过 30%。与往年不同，今年的"6·18"各电商平台取消预售制改为现货开售的举措，给供应链增加了更多的不确定性，也对快物流企业履约的稳定性、抗压性提出了更高要求。各家企业积极探索新模式，通过提前储备运配资源、加码数智化技术应用、提供定制化服务等措施全力保障商家和消费者的寄递需求，供给能力得到进一步释放。库存周转率指数止跌回升，物流时效、履约率、满意率、实载率指数均保持高位运行。总体来看，6 月电商物流呈现加速上涨态势，连续创出指数新高。后期随着大型电商促销活动暂时结束，7 月电商物流需求将有所放缓，但电商物流市场高活跃度将有望继续保持。

2024 年 7 月电商物流指数为 114.1 点

中国物流与采购联合会和京东集团联合发布的 2024 年 7 月中国电商物流指数为 114.1 点，较上月回落 0.7 点。分项指数中，满意率指数、实载率指数有所提高，总业务量指数、农村业务量指数、库存周转率指数、物流时效指数、履约率指数、人员指数和成本指数小幅下降。

电商物流总业务量指数环比回落。7 月，电商物流总业务量指数为 130.2 点，比上月回落 2.7 点。分地区来看，东中西部总业务量指数均有所回落，其中东部和中部地区回落幅度较大，但中部地区总业务量指数超过全国平均水平，为 131.1 点。

农村电商物流业务量指数有所下降。7 月，农村电商物流业务量指数为 129.5 点，比上月下降 2.6 点。分地区来看，东中西部农村业务量指数均有所下降，东部地区回落幅度最大，但东部地区总业务量指数超过全国平均水平，为 130.2 点。

电商物流满意度连续回升，干线运输实载效率较好。7 月，满意率指数为 102.5 点，连续 5 个月回升。实载率指数环比提高 0.5 点，再次达到今年 2 月创出的历史最高值 117.5 点。在需求放缓的背景下，电商物流企业通过优化配送资源，不断提升配送服务质量。

库存周转率、人员、物流时效和履约率指数小幅回落，成本指数稳中有降。7月，受部分地区高温暴雨等极端天气影响，物流时效和履约率指数分别回落0.5点和0.2点。与此同时，随着需求季节性回落，企业库存周转和人员指数均有小幅波动，分别较上月回落0.1点和0.3点。成本指数较上月下降0.3点，但经营成本水平仍保持高位。

随着大型电商促销活动暂时结束，7月电商物流需求迎来季节性回调，环比下降0.7点，与预期保持一致。从需求端看，受电商消费前期集中释放，以及本月部分网络商品价格上涨影响，电商物流需求明显回调，总业务量指数和农村业务量指数分别回落2.7点和2.6点，回落幅度与历年基本一致。但7月业务量同比增速仍在30%左右，需求增长趋势没有改变。从供给端看，受需求放缓影响，库存周转率指数有所回落。与此同时，7月全国部分地区极端强降水与极端高温并存，全国平均气温为1961年以来历史同期最高，平均降水量为1961年以来历史同期第三多。面对极端气候，多地政府积极部署寄递安全生产工作，电商物流企业采用提前预警与准备、优化配送路线、智能调度与协同、保障配送员安全等措施，全力保障物流畅通。物流时效、履约率和人员指数仅有小幅回落，满意率和实载率指数环比提高，电商物流企业面对复杂气候环境的抗压能力进一步增强。总体来看，7月电商物流指数虽呈现季节性回落，但连续两月实现114点以上的高位，上半年实物商品网上零售额同比增长8.8%，电商物流市场稳步恢复的态势没有改变。预期8月电商物流指数将实现止跌回稳。

2024年8月电商物流指数为114.2点

中国物流与采购联合会和京东集团联合发布的2024年8月中国电商物流指数为114.2点，较上月回升0.1点。分项指数中，总业务量指数、物流时效指数、履约率指数和满意率指数有所提高，农村业务量指数、库存周转率指数、实载率指数、人员指数和成本指数有所下降。

电商物流总业务量指数止跌回升。8月，电商物流总业务量指数为130.5点，比上月提高0.3点。分地区来看，东部、西部和东北部地区总业务量指数有所上升，其中东北部地区升幅较大，回升1.5个点。

农村电商物流业务量指数小幅下降。8月，农村电商物流业务量指数为128.9点，比上月回落0.6点。分地区来看，东北部地区农村业务量指数有所上升，其他地区有所回落，西部地区回落幅度较大。东部地区总业务量指数超过全国平均水平，为129.8点。

履约和时效指数止跌回升，电商物流满意度再创新高。8月，电商物流企业服务能力稳步提高，物流时效指数和履约率指数分别回升0.4点和0.2点，保持在高位运行。市场迎来积极反馈，满意率指数环比提高1.2点，达到103.7点，实现连续6个月上升，并再次创出指数发布以来的新高。

库存周转率、人员、实载率指数有所回落，成本指数明显下降。8月，部分电商平台和企业进入中秋备货季，企业库存有所上涨，电商物流企业库存周转率环比下降2.5点，中国仓储指数为50.2%，重回扩张区间。人员指数和实载率指数出现小幅波动，分别较上月回落0.6点和0.1点。成本指数大幅下降3.1点，创出2023年以来的新低，企业成本压力明显改善。

继7月电商物流指数季节性回调后，8月电商物流指数止跌回稳，较上月回升0.1点，与预期基本一致。从需求端看，"奥运热"带动文体商旅融合消费持续升温，电商物流需求重回增长轨道，总业务量指数环比提升0.3点。在"体育+"消费的带动下，游泳、骑行和球类运动器材等成为8月电商消费的热点内容。但与此同时，受8月多地高温延续及北方降水偏多等因素影响，农村电商物流业务量指数环比回落0.6点。从供给端看，企业服务能力稳步提高，物流时效、履约率和满意率指数均有所上涨。人员指数和实载率指数受农村业务量回落影响，有小幅下降，但仍保持在高位区间。受8

月成品油价格下调，及新能源配送车辆更新等积极因素影响，电商物流企业成本迎来明显改善，8 月成本指数较上月大幅下降 3.1 点，回落到 2022 年底水平。总体来看，8 月电商物流指数逐步企稳，用户满意度连续上升，电商物流市场供求两端均保持稳定。后期，随着开学季和中秋国庆的到来，消费潜力继续释放，网购活动趋于活跃，预计电商物流保持平稳运行、质效提升。

2024 年 9 月电商物流指数为 114.4 点

中国物流与采购联合会和京东集团联合发布的 2024 年 9 月中国电商物流指数为 114.4 点，较上月回升 0.2 点。分项指数中，总业务量指数、农村业务量指数、物流时效指数、履约率指数、库存周转率指数、实载率指数、人员指数和成本指数有所上升，满意率指数有所下降。

电商物流总业务量指数继续回升。9 月，电商物流总业务量指数为 131.2 点，比上月提高 0.7 点。分地区来看，全国所有地区总业务量指数均有所上升，其中东北地区升幅最大，回升 0.9 个点。

农村电商物流业务量指数止跌回升。9 月，农村电商物流业务量指数为 129.4 点，比上月回升 0.5 点。分地区来看，全国所有地区农村业务量指数有所上升，西部地区回升幅度最大。东部地区农村电商总业务量指数超过全国平均水平，为 130.1 点。

履约和时效指数继续回升，电商物流满意度小幅回落。9 月，电商物流企业服务能力继续提高，物流时效指数和履约率指数分别回升 0.1 点和 0.3 点，保持在高位运行。满意度指数仍处于指数发布以来的高位，达到 103.5 点，保持基本平稳，略微回落 0.2 个百分点。

库存周转率、实载率指数止跌回升。9 月，在节日消费增长的带动下，企业库存周转加快，电商物流企业库存周转率环比上升 0.4 点。实载率指数同步上升，较上月提升 0.2 点。与此同时，人员指数保持不变，成本指数小幅上升 0.3 点，企业经营状况保持稳定。

随着开学季和中秋节的到来，消费潜力继续释放，网购活动趋于活跃，9 月电商物流指数环比提升 0.2 点，涨幅扩大，与预期保持一致。从需求端看，中秋相关商品成交总额同比增长 26.55%。"以旧换新"支持政策在各地陆续推出，有效提振消费热情。叠加开学季的到来，手机、电脑、智能手表等数码产品消费需求同步增长，电商物流总业务量指数环比提升 0.7 点。与此同时，节日返乡消费也带动农村电商物流业务量止跌回升 0.5 点。中秋期间，全国揽收快递包裹 13.07 亿件，比去年同期日均增长 35.4%；投递快递包裹 14.07 亿件，同比增长 45.7%。从供给端看，9 月极端天气相较 8 月有所缓解，同时快递企业通过开展批量发货、备货入仓、整车直发等模式提升配送效率，全国 400 万快递小哥在岗保障高峰的发运需求。物流时效、履约率和库存周转率指数均有所上涨。值得注意的是，电商物流企业成本继 8 月大幅下降后，本月并未因需求量上升出现明显反弹，企业成本控制能力有所增强。总体来看，9 月电商物流指数涨幅扩大，电商物流市场需求在下半年以来保持 30% 以上增速，市场保持稳步发展。展望 10 月，在国庆假期出游高峰及各项投资消费政策的带动下，电商物流指数将继续保持稳步增长，涨幅有望进一步扩大。

2024 年 10 月电商物流指数为 115 点

中国物流与采购联合会和京东集团联合发布的 2024 年 10 月中国电商物流指数为 115 点，较上月回升 0.6 点。分项指数中，总业务量指数、农村业务量指数、物流时效指数、履约率指数、库存周转率指数、人员指数和成本指数有所上升，满意率指数、实载率指数有所下降。

电商物流总业务量指数加速回升。10 月，电商物流总业务量指数为 133.7 点，比上月提高 2.5 点。分地区来看，全国所有地区总业务量指数均有所上升，其中东北部地区升幅最大，回升 4.3 个点。

农村电商物流业务量指数连续上升。10 月，农村电商物流业务量指数为 132.2 点，比上月回升

2.8点。分地区来看,全国所有地区农村业务量指数均有所上升,东北部地区回升幅度最大,回升7.2点。

履约和时效指数连续回升,人员指数稳中有增。10月,电商物流企业服务效率显著提高,物流时效指数和履约率指数分别提高0.1点和0.4点,连续3个月回升。人员指数继9月环比持平后,10月提高0.3点,达112.1点,维持高位运行。

库存周转率涨幅扩大,满意率、实载率有所回落。10月,受业务量上涨促进,企业库存周转加快,电商物流企业库存周转率环比上升0.8点。满意率指数和实载率指数有所波动,分别回落0.5点和1.1点,但均保持在100点以上。

10月市场迎来消费旺季,文旅部数据显示,国庆7天国内游客出游总花费7008.17亿元,按可比口径同比增长6.3%,较2019年同期增长7.9%。10月中下旬,各大平台针对"双11"推出"预售期"、"抢先购"等活动,叠加各地同期出台的家电消费补贴,优惠力度较大,线上消费热情高涨。在多重因素促进下,电商物流需求好于预期,本月电商物流业务量指数和农村业务量指数显著提升,分别较上月提高2.5点和2.8点,达到133.7点和132.2点,均创出近5年新高。从供给端看,快递旺季逐步来临,国家邮政局监测数据显示,10月21—23日,全国邮政快递业揽收快递包裹约为19.20亿件,同比增长48.7%。快递企业和邮政部门积极准备,围绕消费者"时效快、质量高、成本低"的核心诉求,采用增开线路、设备升级、运力储备、提升直发和航空运输比例等做法,为消费者提供更加高效、便捷的购物体验,供给端各项指数均有明显增长。但与此同时,成本指数随业务量上升连续两月上涨,实载率指数环比回落,企业成本控制压力依然较大。后期来看,随着各大电商平台的促销活动不断推出,相关机构预测本轮电商消费浪潮和快递高峰将持续一个月以上,预计11月在各项利好因素的促进下,电商物流指数仍将继续上涨。

2024 年 11 月电商物流指数为 115.5 点

中国物流与采购联合会和京东集团联合发布的2024年11月中国电商物流指数为115.5点,较上月提高0.5点。分项指数中,总业务量指数、农村业务量指数、物流时效指数、履约率指数、人员指数、满意率指数、实载率指数和成本指数有所上升,库存周转率指数有所下降。

电商物流总业务量指数小幅上涨。11月,电商物流总业务量指数为134.1点,比上月提高0.4点。分地区来看,全国所有地区总业务量指数均有所上升,其中东北部地区升幅最大,回升2.3个点。

农村电商物流业务量指数继续上升。11月,农村电商物流业务量指数为134.5点,比上月调高2.3点。分地区来看,全国所有地区农村业务量指数均有所上升,西部地区回升幅度最大,回升3.8点。

人员和满意率指数明显提高,履约和时效指数稳步上升。11月,受业务量上涨带动,人员指数环比上月提高1.1点。满意率指数、时效指数和履约率指数分别提高0.9点、0.2点和0.3点,均保持在高位运行。电商物流企业服务效率得到全方位提升。

库存周转率有所回调,实载率与上月持平,成本指数继续上涨。在本月电商购物节期间,企业备货量增多,快递单量迎来峰值,企业库存周转效率环比小幅回落0.4点,保持稳定。实载率指数为116.5点,环比持平。成本指数连续4个月上涨,本月环比提高0.6点,值得关注。

与往年不同,今年"双11"促销活动于10月上旬开始,持续超过1个月,因此11月电商物流需求相较往年增幅有所收窄,但总指数仍达到115.5点,再创近7年新高。据相关机构统计,今年"双11"各大平台销售额均实现了两位数增长。电商物流总业务量指数和农村业务量指数分别较上月提高0.4点和2.3点,达到134.1点和134.5点。电商消费正在呈现出从注重流量到品质优先的转变,从食品、服饰、快消到家电、数码等各个品类,消费者更加看重正品保障、产品口碑、使用体验和售后服务,部分行业的品牌旗舰店正呈现持续热销的趋势。从供给端看,各大电商平台不断打破传统物流及支付壁垒,实现"破壁"融合。为消费者带来了更多样化的选择的同时,推动物流行业向更加专业化、精细化的方向发展,提升整个行业供应链的稳定性和竞争力。电商物流企业供给效率在"双11"期间全面提高,物流时效、履约率、满意率、人员等各项指数均稳步提升,物流早已不是限制电商消费的瓶颈问题,而是通过多元化、高效率的服务不断推动电商发展提质增效,实现促消费、惠民生。从历年走势来看,随着电商购物促销活动陆续结束,12月电商物流指数可能出现技术性调整,但整体向上的走势有望继续保持。

2024 年 12 月电商物流指数为 112.7 点

中国物流与采购联合会和京东集团联合发布的 2024 年 12 月中国电商物流指数为 112.7 点,较上月回落 2.8 点。分项指数中,库存周转率指数、物流时效指数有所上升,总业务量指数、农村业务量指数、履约率指数、人员指数、满意率指数、实载率指数和成本指数有所下降。

电商物流总业务量指数有所回落。12月,电商物流总业务量指数为 130.9 点,比上月回落 3.2 点。分地区来看,全国所有地区总业务量指数均有所回落,西部地区降幅最大,回落 7.7 个点。

农村电商物流业务量指数明显回落。12月,农村电商物流业务量指数为 129.3 点,比上月回落 5.2 点。分地区来看,全国所有地区农村业务量指数均有所回落,东北部地区降幅度最大,回落 7.3 点。

库存周转率有所改善,时效指数再创新高。随着 12 月电商促销活动陆续结束,企业备货有所减少,库存周转率环比提高 0.3 点。电商物流企业供给能力储备充足,物流时效指数环比提高 0.4 点,再创近 3 年新高。

履约率、满意率指数有所回调,人员及实载率指数环比下降。12月,受业务量下滑影响,实载率指数环比上月下降 1.3 点。人员指数、满意率指数和履约率指数分别下降 2.6 点、0.9 点和 0.2 点,但均保持在 100 点以上运行。电商物流企业服务效率因业务量变化出现波动,但总体仍保持稳定。

随着"双11"促销活动结束,12月电商物流指数出现季节性回落,与预期保持一致。从需求端看,总业务量指数仍保持 30% 以上的增幅,12月恰逢圣诞、元旦"双旦"节日,线上消费市场在衣食住行等各方面呈现出浓厚的节日仪式感。灯笼、对联等新春装饰走俏,汉服、新中式服装、国风装饰等成为越来越多年轻人的选择,逐步成为新年俗符号。与此同时,冰雪主题旅游类商品搜索量明显增长。从供给端看,受需求波动影响,部分分项指数有所下降,如何更好的保持快递高峰过后人员与装备效率、服务水平、成本控制等方面的稳定运行,成为电商物流企业重点关注的内容。从全年来看,整个 2024 年电商物流指数均值为 113.7 点,较 2023 年增长 3.6 点,实现近 7 年指数均值新高。全年 12 个月实现"九升三降"并于 11 月创出近 7 年单月新高,分项指数中,履约率指数、人员指数、满意率、实载率指数全年均值也均创出自 2018 年以来的新高,充分说明我国电商物流市场规模不断扩大,供给能力和服务水平显著提升,市场活跃度明显增强。展望 2025 年,国家促销费政策不减,即时电商、跨境电商等电商物流需求场景不断涌现,电商物流指数仍将保持稳步上涨态势。

三、2024 年中国仓储物流指数

2024 年 1 月中国仓储指数为 51.2%

中国物流与采购联合会与中储发展股份有限公司联合调查的中国仓储指数,2024 年 1 月为 51.2%,较上月回落 0.4 个百分点。从分项指数来看,同上月相比,收费价格指数、期末库存指数、业务活动预期指数上升,升幅在 0.7—2.1 个百分点之间;业务量指数、设施利用率指数、平均库存周转次数指数下降,降幅在 0.3—1.6 个百分点之间。

中储发展股份有限公司副总裁王勇认为:1 月仓储指数虽有小幅回落,但仍位于 50% 以上的扩张区间,显示仓储行业保持良好运行态势,实现平稳开局。期末库存、收费价格、业务活动预期等分项指数环比回升,业务量、设施利用率、平均库存周转次数等分项指数仍位于扩张区间,表明仓储业务量进一步增长,商品周转效率保持高效,企业备货积极,预期保持乐观。不同品类走势有所分化:大宗商品业务受传统淡季影响,业务活动明显放缓,是拖累综合指数小幅下降的主要原因;消费品普遍表现较好,受节日消费提振,业务活动更加活跃。进入 2 月,天气严寒加上节日因素,预计不同品类仍将保持分化走势,指数短期仍将面临波动调整。

业务量指数为 52.6%,较上月下降 0.3 个百分点。分品种来看,食品、家电、医药、机械设备等品种的业务量指数高于 50%,钢材、有色金属、化工产品、建材等品种的业务量指数低于 50%。

设施利用率指数为 51.6%,较上月下降 0.9 个百分点。分品种来看,食品、家电、农副产品、棉麻、医药等品种的设施利用率指数高于 50%,钢材、化工产品、煤炭等品种的设施利用率指数低于 50%。

期末库存指数为 52.1%,较上月上升 2.1 个百分点。分品种来看,食品、服装、纺织品、棉麻、建材等品种的期末库存指数高于 50%,钢材、有色金属、化工产品、家电、医药等品种的期末库存指数低于 50%。

平均库存周转次数指数为 51.7%,较上月下降 1.6 个百分点。分品种来看,食品、家电、医药等品种的平均库存周转次数指数高于 50%,钢材、有色金属、化工产品、建材等品种的平均库存周转次数指数低于 50%。

收费价格指数为 51.3%,较上月上升 0.7 个百分点。业务活动预期指数为 53%,较上月上升 1.4 个百分点。

2024 年 2 月中国仓储指数为 50.2%

中国物流与采购联合会与中储发展股份有限公司联合调查发布数据显示,2025 年 2 月中国仓储指数为 50.2%,较 1 月(以下称"上月")回落 2.3 个百分点。

中储发展股份有限公司副总经理杨飚对《证券日报》记者表示,2 月,仓储指数出现回落,主要受节日因素影响,工作日减少,开工率和人员到岗率下降,货物周转速度有所减慢。但指数仍运行在扩张区间,新订单、期末库存、业务活动预期等分项指数保持较高景气水平,仓储业务需求稳定增长,企业备货积极、预期乐观,库存持续上升,显示仓储行业整体仍保持平稳向好运行态势。

从分项指数来看,新订单指数为 51.5%,较上月下降 0.4 个百分点。分品种来看,钢材、有色金属、机械设备、家电等品种的新订单指数高于 50%，化工产品、煤炭、食品、医药等品种的新订单指数低于 50%。

中国物流信息中心表示，新订单指数运行在扩张区间，显示仓储业务需求保持较为稳定的增长，特别是大宗商品市场表现亮眼。与此相应，仓储设施利用率也保持较高水平，2 月设施利用率指数为 52.5%，达到 3 个月来新高。

期末库存指数为 53.2%，与上月持平。分品种来看，钢材、有色金属、化工产品、机械设备、家电等品种的期末库存指数高于 50%，煤炭、食品、医药等品种的期末库存指数低于 50%。

平均库存周转次数指数为 46.3%，较上月下降 6.9 个百分点。分品种来看，钢材、机械设备等品种的平均库存周转次数指数高于 50%，有色金属、化工产品、矿产品、食品、家电、医药等品种的平均库存周转次数指数低于 50%。

企业员工指数为 48.5%，较上月下降 3.4 个百分点。业务活动预期指数为 54%，较上月上升 2.1 个百分点，在扩张区间保持较高水平，表明当前企业预期普遍乐观。

后期来看，杨飚认为，随着天气回暖、经济继续向好回升以及大宗商品市场旺季到来，预计仓储业务需求仍有回升空间。

2024 年 3 月中国仓储指数为 52.6%

中国物流与采购联合会与中储发展股份有限公司联合调查的中国仓储指数，2024 年 3 月为 52.6%，较上月回升 8.1 个百分点。从分项指数来看，同上月相比，新订单指数、设施利用率指数、业务利润指数、主营业务成本指数、期末库存指数、平均库存周转次数指数上升，升幅在 7.6 和 13.6 个百分点之间；业务活动预期指数下降，降幅为 4.7 个百分点。

中储发展股份有限公司副总裁王勇认为：3 月仓储指数大幅回升 至扩张区间，新订单、设施利用率、期末库存和平均库存周转次数等主要指数均有明显回升，显示出春节假期结束后，在国内宏观经济整体回升向好的背景下，仓储业务活动明显活跃，商品周转效率显著加快，企业预期向好，备货积极性高涨，期末库存水平上升。特别是大宗商品市场，随着天气回暖和生产建设旺季的到来，各地企业陆续开工，需求得以释放，生产活动扩张，带动仓储业务量显著上升。年初以来多项稳增长、提振信心的政策逐步落实到位，效果开始显现，未来仓储行业运行将进一步保持恢复向好。

新订单指数为 53.1%，较上月上升 11.2 个百分点。分品种来看，钢材、有色金属、化工产品、建材、农副产品、棉麻、医药等品种的新订单指数高于 50%，服装、家电、日用品等品种的新订单指数低于 50%。

设施利用率指数为 54.2%，较上月上升 8.3 个百分点。分品种来看，钢材、有色金属、建材、食品、棉麻等品种的设施利用率指数高于 50%，矿产品、家电等品种的设施利用率指数低于 50%。

期末库存指数为 52.9%，较上月上升 7.6 个百分点。分品种来看，钢材、有色金属、食品、服装、纺织品等品种的期末库存指数高于 50%，家电、日用品等品种的期末库存指数低于 50%。

平均库存周转次数指数为 55.8%，较上月上升 13.6 个百分点。分品种来看，钢材、有色金属、化工产品、建材、医药等品种的平均库存周转次数指数高于 50%，矿产品、家电等品种的平均库存周转次数指数低于 50%。

业务利润价格指数为 54.2%，较上月上升 11 个百分点。主营业务成本指数为 54.6%，较上月上升 7.6 个百分点。业务活动预期指数为 53.5%，较上月下降 4.7 个百分点。

2024 年 4 月中国仓储指数为 49%

中国物流与采购联合会与中储发展股份有限公司联合调查的中国仓储指数，2024 年 4 月为 49%，较上月回落 3.6 个百分点。从分项指数来看，同上月相比，业务活动预期指数上升，升幅为 2.7 个百分点；新订单指数、收费价格指数、期末库存指数、平均库存周转次数指数下降，降幅在 1.4—6.7 个百分点之间。

中储发展股份有限公司副总裁王勇认为：仓储市场需求在上月集中释放后，4 月有所放缓，市场回归常态化运行轨道，指数小幅回落至收缩区间。从分项指数来看，新订单指数下降较为明显，显示市场需求不足的压力有所上升。期末库存指数和平均库存周转次数指数均有回落，显示由于需求不足，商品周转效率有所放缓，补库积极性也有所下降。但业务活动预期指数明显回升至较高景气区间，显示企业对未来信心充足，伴随着宏观经济稳定恢复，特别是在国家大规模设备更新和消费品以旧换新政策的支持下，加之五一假期对消费品需求的利好，预计 5 月仓储业务需求不足的压力将得到一定程度缓解，行业有望恢复平稳向好运行。

新订单指数为 48.2%，较上月下降 4.9 个百分点。分品种来看，有色金属、食品等品种的新订单指数高于 50%，钢材、化工产品、服装、纺织品、日用品、医药等品种的新订单指数低于 50%。

期末库存指数为 48.6%，较上月下降 4.3 个百分点。分品种来看，有色金属、食品、纺织品等品种的期末库存指数高于 50%，化工产品、家电、日用品、医药等品种的期末库存指数低于 50%。

平均库存周转次数指数为 49.1%，较上月下降 6.7 个百分点。分品种来看，钢材、食品等品种的平均库存周转次数指数高于 50%，有色金属、化工产品、纺织品、家电等品种的平均库存周转次数指数低于 50%。

收费价格指数为 47.8%，较上月下降 1.4 个百分点。业务利润价格指数为 49.1%，较上月下降 5.1 个百分点。业务活动预期指数为 56.2%，较上月上升 2.7 个百分点。

2024 年 5 月中国仓储指数为 48.4%

中国物流与采购联合会与中储发展股份有限公司联合调查的中国仓储指数，2024 年 5 月为 48.4%，较上月回落 0.6 个百分点。从分项指数来看，同上月相比，新订单指数、平均库存周转次数指数上升，升幅分别为 4.6 个和 2.2 个百分点；主营业务成本指数、期末库存指数、企业员工指数、业务活动预期指数下降，降幅在 1.4 点—4.6 个百分点之间。

中储发展股份有限公司副总裁王勇认为：5 月仓储指数在收缩区间再次小幅回调，本月回调主要受期末库存指数和企业员工指数下降影响，但新订单指数、平均库存周转次数指数、业务活动预期指数等分项指数表现仍有亮点。新订单指数和平均库存周转次数指数回升至扩张区间，显示仓储业务需求有所恢复，货物周转效率提高，供应链上下游衔接顺畅，库存去化速度加快。在需求回暖的带动下，企业对未来预期也较为乐观，业务活动预期指数仍在扩张区间保持较高水平，整体来看仓储行业运行仍具备向好基础。

新订单指数为 52.8%，较上月上升 4.6 个百分点。分品种来看，化工产品、矿产品、日用品、化妆品等品种的新订单指数高于 50%，有色金属、机械设备、服装、医药等品种的新订单指数低于 50%。

期末库存指数为 44%，较上月下降 4.6 个百分点。分品种来看，矿产品、医药等品种的期末库存指数高于 50%，钢材、化工产品、机械设备、食品、日用品、化妆品等品种的期末库存指数低于 50%。

平均库存周转次数指数为 51.3%，较上月上升 2.2 个百分点。分品种来看，矿产品、日用品、化妆品等品种的平均库存周转次数指数高于 50%，钢材、化工产品、机械设备、食品等品种的平均库存周转次数指数低于 50%。

主营业务成本指数为 51.2%，较上月下降 3.2 个百分点。企业员工指数为 46.8%，较上月下降 3.2 个百分点。业务活动预期指数为 54.8%，较上月下降 1.4 个百分点。

2024 年 6 月中国仓储指数为 48.5%

中国物流与采购联合会与中储发展股份有限公司联合调查的中国仓储指数，2024 年 6 月为 48.5%，较上月回升 0.1 个百分点。从分项指数来看，同上月相比，期末库存指数、企业员工指数上升，升幅分别为 4 和 1.3 个百分点；新订单指数、平均库存周转次数指数、业务活动预期指数下降，降幅在 2.3—3.8 个百分点之间。

中储发展股份有限公司副总裁王勇认为：6 月仓储指数环比小幅回升，但仍运行在收缩区间，整体呈现缓中趋稳态势。新订单、平均库存周转次数等指数均有回落，期末库存、企业员工等指数位于收缩区间。指数变化情况显示，近期受高温多雨天气影响，业务需求呈现相对低迷态势，供应链上下游周转有所减慢，库存水平继续下降，行业整体运行面临一定压力。不过业务活动预期指数仍保持在扩张区间，随着各项扩内需稳外贸政策继续推进加快落实，经济运行中的积极因素正在凝聚，仓储行业恢复向好运行具备基础和条件。

新订单指数为 49%，较上月下降 3.8 个百分点。分品种来看，钢材、有色金属、服装、家电等品种的新订单指数高于 50%，化工产品、建材、机械设备、日用品等品种的新订单指数低于 50%。

期末库存指数为 48%，较上月上升 4 个百分点。分品种来看，钢材、有色金属、服装等品种的期末库存指数高于 50%，化工产品、建材、机械设备、食品、日用品、纺织品、家电等品种的期末库存指数低于 50%。

平均库存周转次数指数为 49%，较上月下降 2.3 个百分点。分品种来看，钢材、有色金属、服装、家电等品种的平均库存周转次数指数高于 50%，化工产品、建材、机械设备、纺织品等品种的平均库存周转次数指数低于 50%。

企业员工指数为 48.1%，较上月上升 1.3 个百分点。业务活动预期指数为 51.4%，较上月下降 3.4 个百分点。

2024 年 7 月中国仓储指数为 46.5%

中国物流与采购联合会与中储发展股份有限公司联合调查的中国仓储指数，2024 年 7 月为 46.5%，较上月回落 2 个百分点。从分项指数来看，同上月相比，主营业务成本指数、平均库存周转次数指数、企业员工指数、业务活动预期指数上升，升幅在 0.1—1.5 个百分点之间；新订单指数、业务利润指数、期末库存指数下降，降幅在 2.8—5.5 个百分点之间。

中储发展股份有限公司副总裁王勇认为：7 月仓储指数在收缩区间继续下降，新订单、期末库存、业务利润等主要分项指数均有明显回落，显示行业运行仍面临一定压力。本月在多地高温多雨和大宗商品市场淡季的背景下，仓储业务需求呈现相对低迷态势，货品周转速度减慢，企业补货意愿下降，库存水平降低。不过消费品业务需求表现相对较好，同时业务活动预期指数有所回升，企业预期相对乐观。后期来看，投资和消费发力基础仍在，仓储行业有望恢复平稳运行。

新订单指数为 46.2%，较上月下降 2.8 个百分点。分品种来看，化工产品、矿产品、服装、日用品、化妆品、棉麻等品种的新订单指数高于 50%，钢材、有色金属、家电、医药等品种的新订单指数低于 50%。

期末库存指数为 42.5%，较上月下降 5.5 个百分点。分品种来看，矿产品、服装、日用品、化妆品等品种的期末库存指数高于 50%，钢材、有色金属、化工产品、食品、家电、棉麻、医药等品种的期末库存指数低于 50%。

平均库存周转次数指数为 49.1%，较上月上升 0.1 个百分点。分品种来看，钢材、矿产品、日用品、棉麻等品种的平均库存周转次数指数高于 50%，有色金属、化工产品、食品、服装、家电等品种的平均库存周转次数指数低于 50%。

业务利润指数为 43.3%，较上月下降 4.3 个百分点。主营业务成本指数为 51.3%，较上月上升 1.3 个百分点。企业员工指数为 49.6%，较上月上升 1.5 个百分点。业务活动预期指数为 52.5%，较上月上升 1.1 个百分点。

中国仓储指数调查说明

1. 主要指标解释

中国仓储指数体系是一套立足于仓储企业，通过快捷的调查方式，以详实、动态的数据信息，反映仓储行业经营和国内市场主要商品供求状况与变化趋势的指标体系。

中国仓储指数由期末库存、新订单、平均库存周期次数和从业人员 4 个权重指数合成。

2. 调查涵盖的范围

中国仓储指数体系调查包含了生产资料和消费品两大类。调查的地区将覆盖全国（除港澳台和新疆、西藏等）的主要省市和地区。调查的企业主要是为社会提供第三方仓储及配套服务的物流企业。主要是指综合性仓库和专业性仓库。不包括生产企业的自营仓库和用户的自用仓库。

2024 年 8 月中国仓储指数为 50.2%

中国物流与采购联合会与中储发展股份有限公司联合调查的中国仓储指数，2024 年 8 月为 50.2%，较上月回升 3.7 个百分点。

从分项指数来看，同上月相比，新订单指数、设施利用率指数、期末库存指数、平均库存周转次数指数、企业员工指数、业务活动预期指数均有上升，升幅在 0.4—7.5 个百分点之间。

中储发展股份有限公司副总经理杨飚认为：8 月仓储指数回升至扩张区间，期末库存、平均库存周转次数、企业员工、业务活动预期等主要指数均有不同程度回升，显示商品周转效率加快，上下游运输衔接顺畅，企业预期向好，备货积极性提高，行业运行压力得到明显缓解。但新订单指数仍位于收缩区间，显示仓储业务需求仍有不足。后期来看，随着高温多雨天气影响的消退和大宗商品市场旺季的到来，需求有望得到陆续释放，预计仓储行业运行将进一步回稳向好。

新订单指数为 48.7%，较上月上升 2.5 个百分点。

设施利用率指数为 49.6%，较上月上升 0.4 个百分点。

期末库存指数为 50%，较上月上升 7.5 个百分点。分品种来看，有色金属、矿产品、家电、医药等品种的期末库存指数高于 50%，钢材、化工产品、食品、农副产品等品种的期末库存指数低于 50%。

平均库存周转次数指数为 52.3%，较上月上升 3.2 个百分点。分品种来看，钢材、矿产品、食品、医药、服装、棉麻等品种的平均库存周转次数指数高于 50%，有色金属、化工产品、机械设备、家电等品种的平均库存周转次数指数低于 50%。

企业员工指数为 50.4%，较上月上升 0.8 个百分点。

业务活动预期指数为 54%，较上月上升 1.5 个百分点。

中国仓储指数调查说明

1. 主要指标解释

中国仓储指数体系是一套立足于仓储企业，通过快捷的调查方式，以翔实、动态的数据信息，反映仓储行业经营和国内市场主要商品供求状况与变化趋势的指标体系。

中国仓储指数由期末库存、新订单、平均库存周期次数和从业人员 4 个权重指数合成。

2. 调查涵盖的范围

中国仓储指数体系调查包含了生产资料和消费品两大类。调查的地区将覆盖全国（除港澳台和新疆、西藏等）的主要省市和地区。调查的企业主要是为社会提供第三方仓储及配套服务的物流企业。主要是指综合性仓库和专业性仓库。不包括生产企业的自营仓库和用户的自用仓库。

2024 年 9 月中国仓储指数为 49.8%

中国物流与采购联合会与中储发展股份有限公司联合调查的中国仓储指数，2024 年 9 月为 49.8%，较上月下降 0.4 个百分点。

从分项指数来看，同上月相比，新订单指数、设施利用率指数、平均库存周转次数指数、业务活动预期指数均有上升，升幅在 0.4—3.4 个百分点之间；期末库存指数、企业员工指数有所下降，降幅分别为 3.3 个和 0.8 个百分点。

中储发展股份有限公司副总经理杨飚认为：9 月仓储指数小幅回调，本月回调主要受期末库存指数下降影响，表明库存去化速度加快。新订单指数、平均库存周转次数指数、业务活动预期指数等分项指数均有回升，显示仓储业务需求继续恢复，货物周转效率明显提高，供应链上下游衔接顺畅。业务活动预期指数在扩张区间继续上升，表明企业对未来预期也较为乐观，整体来看仓储行业仍保持平稳向好运行态势。

新订单指数为 49.1%，较上月上升 0.4 个百分点。分品种来看，钢材、家电、医药等品种的新订单指数高于 50%，有色金属、日用品、棉麻等品种的新订单指数低于 50%。

设施利用率指数为 50.4%，较上月上升 0.8 个百分点。分品种来看，钢材、化工产品、农副产品等品种的设施利用率指数高于 50%，有色金属、食品、家电、日用品等品种的设施利用率指数低于 50%。

期末库存指数为 46.7%，较上月下降 3.3 个百分点。分品种来看，机械设备、农副产品等品种的期末库存指数高于 50%，钢材、有色金属、化工产品、食品、家电、日用品、医药等品种的期末库存指数低于 50%。

平均库存周转次数指数为 55.7%，较上月上升 3.4 个百分点。分品种来看，钢材、有色金属、化工产品、家电、棉麻、医药等品种的平均库存周转次数指数高于 50%，日用品等品种的平均库存周转次数指数低于 50%。

企业员工指数为 49.6%，较上月下降 0.8 个百分点。

业务活动预期指数为 54.8%，较上月上升 0.8 个百分点。

中国仓储指数调查说明

1. 主要指标解释

中国仓储指数体系是一套立足于仓储企业，通过快捷的调查方式，以翔实、动态的数据信息，反映仓储行业经营和国内市场主要商品供求状况与变化趋势的指标体系。

中国仓储指数由期末库存、新订单、平均库存周期次数和从业人员 4 个权重指数合成。

2. 调查涵盖的范围

中国仓储指数体系调查包含了生产资料和消费品两大类。调查的地区将覆盖全国（除港澳台和新疆、西藏等）的主要省市和地区。调查的企业主要是为社会提供第三方仓储及配套服务的物流企业。主要是指综合性仓库和专业性仓库。不包括生产企业的自营仓库和用户的自用仓库。

2024 年 10 月中国仓储指数为 49.4%

中国物流与采购联合会与中储发展股份有限公司联合调查的中国仓储指数，2024 年 10 月为 49.4%，较上月下降 0.4 个百分点。

从分项指数来看，同上月相比，期末库存指数有所上升，升幅为 2.4 个百分点；收费价格指数与上月持平；新订单指数、平均库存周转次数指数、业务活动预期指数均有所下降，降幅在 0.8—3.4 个百分点之间。

中储发展股份有限公司副总经理杨飚认为：10 月仓储指数继续小幅回落，新订单指数、平均库存周转次数指数均有下降，收费价格指数、期末库存指数仍在 50% 以下，显示仓储业务需求仍有不足，租金价格有所下滑，库存水平持续回落。但库存周转保持活跃，业务活动预期指数仍运行在扩张区间，表明供应链上下游运转顺畅，企业对未来预期依然较为乐观。随着宏观经济政策逆周期调节举措持续增加，特别是近期推出了加强物流用地用海要素保障的十条举措，后期市场活力有望增强，仓储行业运行回稳向好可期。

新订单指数为 47.8%，较上月下降 1.3 个百分点。分品种来看，家电、农副产品、棉麻等品种的新订单指数高于 50%，有色金属、化工产品、医药等品种的新订单指数低于 50%。

期末库存指数为 49.1%，较上月上升 2.4 个百分点。分品种来看，钢材、机械设备、农副产品等品种的期末库存指数高于 50%，有色金属、化工产品、食品、家电、棉麻、医药等品种的期末库存指数低于 50%。

平均库存周转次数指数为 52.3%，较上月下降 3.4 个百分点。分品种来看，钢材、家电等品种的平均库存周转次数指数高于 50%，有色金属、化工产品、医药等品种的平均库存周转次数指数低于 50%。

收费价格指数为 48.7%，与上月持平。

业务活动预期指数为 54%，较上月下降 0.8 个百分点。

中国仓储指数调查说明

1. 主要指标解释

中国仓储指数体系是一套立足于仓储企业，通过快捷的调查方式，以翔实、动态的数据信息，反映仓储行业经营和国内市场主要商品供求状况与变化趋势的指标体系。

中国仓储指数由期末库存、新订单、平均库存周期次数和从业人员 4 个权重指数合成。

2. 调查涵盖的范围

中国仓储指数体系调查包含了生产资料和消费品两大类。调查的地区将覆盖全国（除港澳台和新疆、西藏等）的主要省市和地区。调查的企业主要是为社会提供第三方仓储及配套服务的物流企业。主要是指综合性仓库和专业性仓库。不包括生产企业的自营仓库和用户的自用仓库。

2024 年 11 月中国仓储指数为 52.4%

中国物流与采购联合会与中储发展股份有限公司联合调查的中国仓储指数，2024 年 11 月为 52.4%，较上月上升 3 个百分点。

从分项指数来看，同上月相比，各分项指数均有不同程度回升，升幅在 0.3—7.2 个百分点之间。其中，新订单指数和延伸业务量指数升幅较为显著，均达到 6 个百分点以上。

中储发展股份有限公司副总经理杨飚认为：11 月仓储指数明显回升，升至扩张区间，新订单、期末库存、平均库存周转次数、业务活动预期等主要分项指数均有不同程度回升，显示由于近期经济运行积极变化明显，加上电商促销活动影响，仓储业务需求显著回升，商品周转保持活跃，企业补库积极性有所提高，库存水平企稳上升，仓储行业前期下行压力得到明显缓解。随着经济政策逐步显效，经济稳定向好回升态势进一步确立，后期仓储需求仍有上升空间，行业将保持企稳向好运行态势。

新订单指数为 54%，较上月上升 6.2 个百分点。分品种来看，钢材、化工产品、机械设备、矿产品、棉麻、医药等品种的新订单指数高于 50%，有色金属、家电、日用品等品种的新订单指数低于 50%。

延伸业务量指数为 51.8%，较上月上升 7.2 个百分点。分品种来看，钢材、有色金属、化工产品、机械设备等品种的延伸业务量指数高于 50%，服装、纺织品等品种的延伸业务量指数低于 50%。

期末库存指数为 50.5%，较上月上升 1.4 个百分点。分品种来看，钢材、机械设备、医药等品种的期末库存指数高于 50%，食品、家电、棉麻等品种的期末库存指数低于 50%。

平均库存周转次数指数为 56.3%，较上月上升 4 个百分点。分品种来看，钢材、有色金属、化工产品、机械设备、医药等品种的平均库存周转次数指数高于 50%，食品、家电等品种的平均库存周转次数指数低于 50%。

业务活动预期指数为 54.5%，较上月上升 0.5 个百分点。

中国仓储指数调查说明

1. 主要指标解释

中国仓储指数体系是一套立足于仓储企业，通过快捷的调查方式，以详实、动态的数据信息，反映仓储行业经营和国内市场主要商品供求状况与变化趋势的指标体系。

中国仓储指数由期末库存、新订单、平均库存周期次数和从业人员 4 个权重指数合成。

2. 调查涵盖的范围

中国仓储指数体系调查包含了生产资料和消费品两大类。调查的地区将覆盖全国（除港澳台和新疆、西藏等）的主要省市和地区。调查的企业主要是为社会提供第三方仓储及配套服务的物流企业。主要是指综合性仓库和专业性仓库。不包括生产企业的自营仓库和用户的自用仓库。

2024 年 12 月中国仓储指数为 50.6%

中国物流与采购联合会与中储发展股份有限公司联合调查的中国仓储指数，2024 年 12 月为 50.6%，较上月回落 1.8 个百分点。

从分项指数来看，同上月相比，期末库存指数有所上升，升幅为 1.7 个百分点；业务量指数、设施利用率指数、平均库存周转次数指数、业务活动预期指数有所下降，降幅在 4—6.5 个百分点之间。

中储发展股份有限公司副总经理杨飚认为：12 月仓储指数有所回落，主要受业务量增速放缓和预期转弱影响，但综合指数和主要分项指数仍位于扩张区间，仓储业务量继续增长，商品周转保持活跃，库存水平连续上升，企业补库积极性有所提高，显示仓储行业仍保持企稳向好的运行态势。后期来看，天气严寒加之假期临近，终端市场需求趋弱，仓储业务将会呈现一定程度收缩的季节性规律，预计指数短期将面临波动调整。

业务量指数为 51%，较上月下降 5.5 个百分点。分品种来看，食品、日用品等品种的业务量指数高于 50%，钢材、有色金属、矿产品等品种的业务量指数低于 50%。

设施利用率指数为 52%，较上月下降 4 个百分点。分品种来看，食品、农副产品等品种的设施利用率指数高于 50%，钢材、有色金属、矿产品、医药等品种的设施利用率指数低于 50%。

期末库存指数为 52.2%，较上月上升 1.7 个百分点。分品种来看，化工产品、食品、农副产品等品种的期末库存指数高于 50%，钢材、有色金属、矿产品、医药等品种的期末库存指数低于 50%。

平均库存周转次数指数为 52.2%，较上月下降 4.1 个百分点。分品种来看，钢材、食品、日用品、医药等品种的平均库存周转次数指数高于 50%，有色金属、化工产品、矿产品、家电等品种的平均库存周转次数指数低于 50%。

业务活动预期指数为 48%，较上月下降 6.5 个百分点。

中国仓储指数调查说明

1. 主要指标解释

中国仓储指数体系是一套立足于仓储企业，通过快捷的调查方式，以详实、动态的数据信息，反映仓储行业经营和国内市场主要商品供求状况与变化趋势的指标体系。

中国仓储指数由期末库存、新订单、平均库存周期次数和从业人员 4 个权重指数合成。

2. 调查涵盖的范围

中国仓储指数体系调查包含了生产资料和消费品两大类。调查的地区将覆盖全国（除港澳台和新疆、西藏等）的主要省市和地区。调查的企业主要是为社会提供第三方仓储及配套服务的物流企业。主要是指综合性仓库和专业性仓库。不包括生产企业的自营仓库和用户的自用仓库。

四、2024 年中国公路物流运价指数

2024 年 1 月中国公路物流运价指数为 103.9 点

2024 年 1 月，由中国物流与采购联合会和林安物流集团联合调查的中国公路物流运价指数为 103.9 点，比上月回落 0.09%，比去年同期回落 0.1%。从周指数看，第一、二、四周运价指数环比回落，第三周运价指数环比回升。

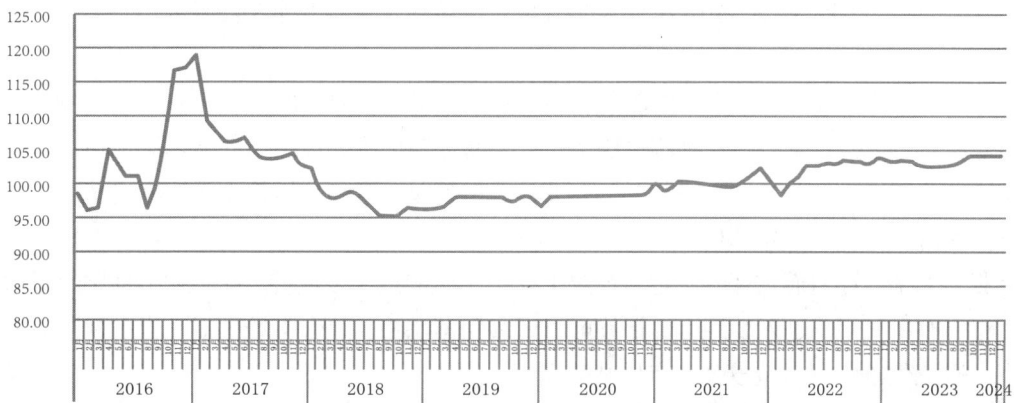

图 3-23 2016 年以来各月中国公路物流运价指数

表 3-1 2024 年 1 月中国公路物流运价指数表

	2023 年	2024 年 1 月	与上月比（%）
中国公路物流运价指数	103.2	103.9	−0.09
整车指数	103.3	104	−0.11
零担轻货指数	102.9	103.4	0.05
零担重货指数	103.2	103.9	−0.15

分车型指数看，各车型指数环比涨跌互现，同比去年走势分化。以大宗商品及区域运输为主的整车指数为 104 点，比上月回落 0.11%，比上年同期回升 0.35%。零担指数中，零担轻货指数为 103.4 点，比上月回升 0.05%，比上年同期回落 2%；零担重货指数为 103.9 点，比上月回落 0.15%，比上年同期回升 0.38%。

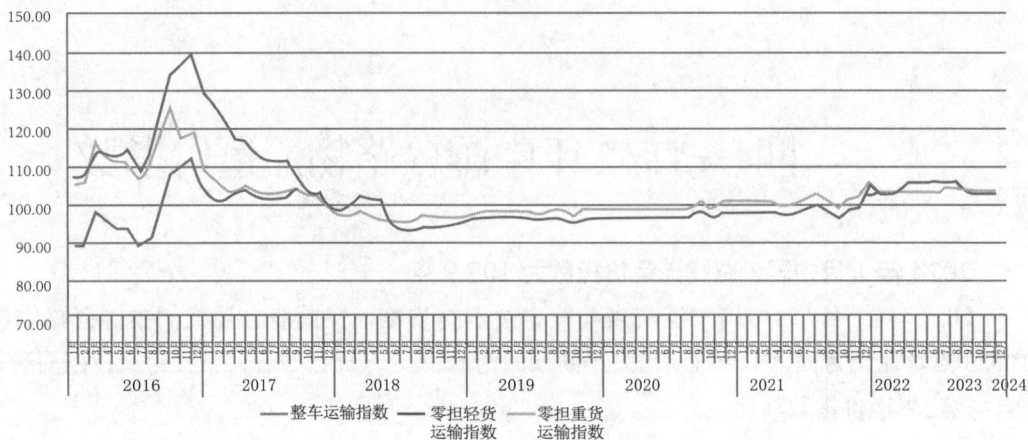

图 3-24 2016 年以来各月中国公路物流运价分车型指数

综合来看，1 月经济运行平稳开局，生产和消费端积极因素对公路市场提供一定支撑，大宗原材料市场需求稳定、节假日带动消费物流较快增长，公路运输市场总体趋于活跃，运价指数延续去年平均水平。但也看到，国内需求总体偏弱、雨雪极端天气等因素影响下运价指数短期走势趋缓，指数本月环比小幅回落，且低于去年同期。

从后期走势看，随着春节假期临近，企业生产扩张可能进一步放缓，同时季节性因素导致 2 月春节假期工作日有所缩短，进入 2 月运价指数可能延续回落态势。综合市场供需，应重视节后企业复工复产进度，避免供给恢复后造成公路市场供需端有所失衡。

2024 年 2 月中国公路物流运价指数为 102.6 点

科技信息部

中国物流与采购联合会

中国物流信息中心

2024 年 2 月，由中国物流与采购联合会和林安物流集团联合调查的中国公路物流运价指数为 102.6 点，比上月回落 1.29%，比去年同期回落 0.82%。从周指数看，第一、三周运价指数环比回升，第二、四周运价指数环比回落。

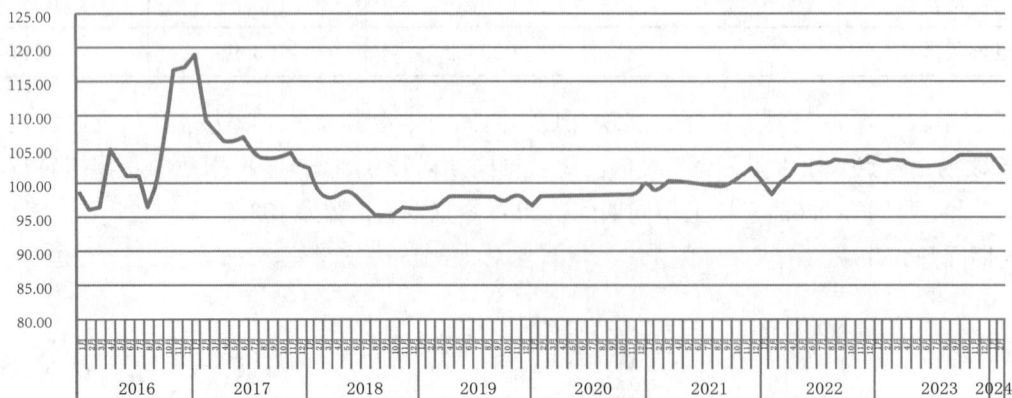

图 3-25 2016 年以来各月中国公路物流运价指数

表 3-2 2024 年 2 月中国公路物流运价指数表

	2023 年	2024 年 2 月	与上月比（%）
中国公路物流运价指数	103.2	102.6	-1.29
整车指数	103.3	102.7	-1.30
零担轻货指数	102.9	102.1	-1.26
零担重货指数	103.2	102.6	-1.29

分车型指数看，各车型指数环比继续回落，同比去年小幅下降。以大宗商品及区域运输为主的整车指数为 102.7 点，比上月回落 1.30%，比上年同期回落 0.64%。零担指数中，零担轻货指数为 102.1 点，比上月回落 1.26%，比上年同期回落 1.61%；零担重货指数为 102.6 点，比上月回落 1.29%，比上年同期回落 0.64%。

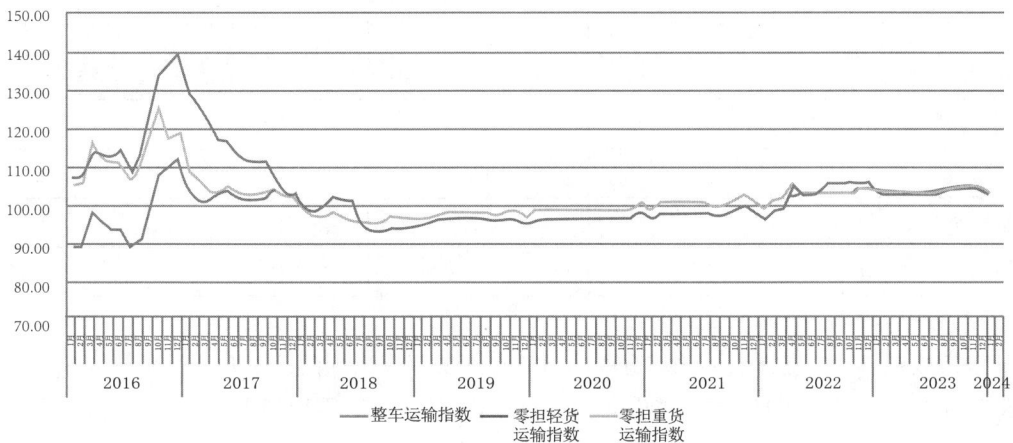

图 3-26 2016 年以来各月中国公路物流运价分车型指数

综合来看，2 月经济运行保持平稳态势，受春节假期因素影响，企业生产活动放缓，公路运输市场活跃度有所下降，运价指数小幅回落。值得注意的是，对比去年同期水平，1 月、2 月运价指数同比均有所回落，反映市场需求不足问题进一步突出，应着重落实扩内需促消费政策，持续激发市场主体活力。分区域看，各区域运价指数均有小幅回落，华中、珠三角区域运价指数回落相对较快。

从后期走势看，2 月季节性短期因素对运价指数影响较为明显，但企业整体预期仍保持良好，预计后期市场需求有望企稳回升，运价指数可能震荡回升。

2024 年 3 月中国公路物流运价指数为 102.5 点

2024 年 3 月，由中国物流与采购联合会和林安物流集团联合调查的中国公路物流运价指数为 102.5 点，比上月回落 0.07%，比去年同期回落 0.89%。从周指数看，第一、三、五周运价指数环比回落，第二、四周运价指数环比回升。

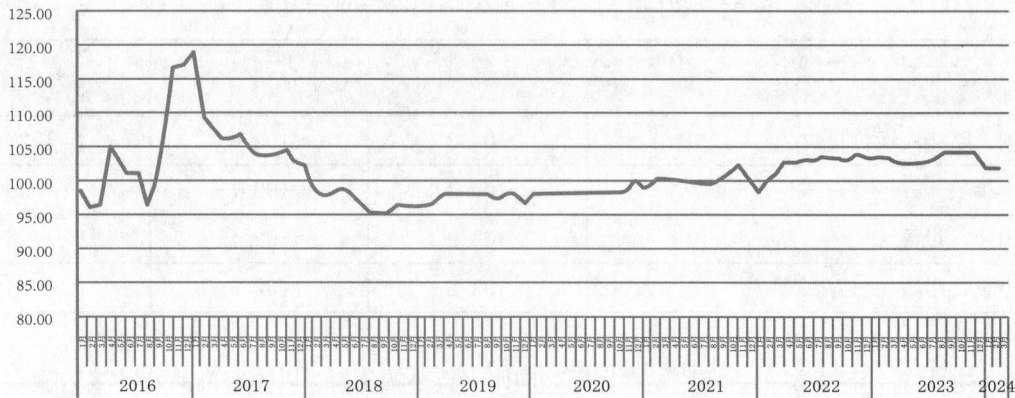

图 3-27　2016 年以来各月中国公路物流运价指数

表 3-3　2024 年 3 月中国公路物流运价指数表

	2023 年	2024 年 3 月	与上月比（%）
中国公路物流运价指数	103.2	102.5	-0.07
整车指数	103.3	102.6	-0.08
零担轻货指数	102.9	102.1	-0.02
零担重货指数	103.2	102.5	-0.12

　　分车型指数看，各车型指数环比均有所回落，同比去年较快回落。以大宗商品及区域运输为主的整车指数为 102.6 点，比上月回落 0.08%，比上年同期回落 0.9%。零担指数中，零担轻货指数为 102.1 点，比上月回落 0.02%，比上年同期回落 0.76%；零担重货指数为 102.5 点，比上月回落 0.12%，比上年同期回落 0.99%。

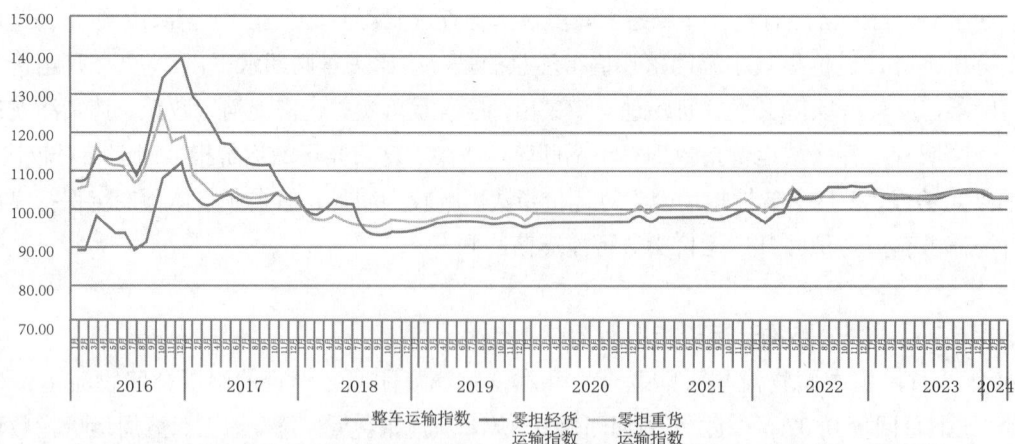

图 3-28　2016 年以来各月中国公路物流运价分车型指数

　　综合来看，3 月经济回升态势良好，内生动力不断增强，企业生产扩张加快恢复，带动公路运输市场需求呈现稳中向好态势。随着节假日效应消退和天气回暖，各地复工复产意愿加强，运力供给总体小幅回升，市场供需相较前期同步增长。本月运价指数环比略微回落，主要受去年四季度和同期高基数影响，当前公路运输回归市场化常态运行，市场供大于求，运价指数虽环比回落但幅度进一步缩小，逐步回归较为稳定态势。分区域看，除西北、西南区域运价指数环比略有回升之外，其余区域运价指数环比均有所回落。

从后期走势看，一季度特别是3月以来，宏观经济保持良好运行态势，多项稳经济扩内需政策协同发力，企业市场预期保持较好，预计进入4月，市场活跃度可能进一步增强，运价指数有望小幅震荡回升。

2024年4月中国公路物流运价指数为102.8点

2024年4月，由中国物流与采购联合会和林安物流集团联合调查的中国公路物流运价指数为102.8点，比上月回升0.33%，比去年同期回落0.39%。从周指数看，第一、二周运价指数环比回落，第三、四周运价指数环比回升。

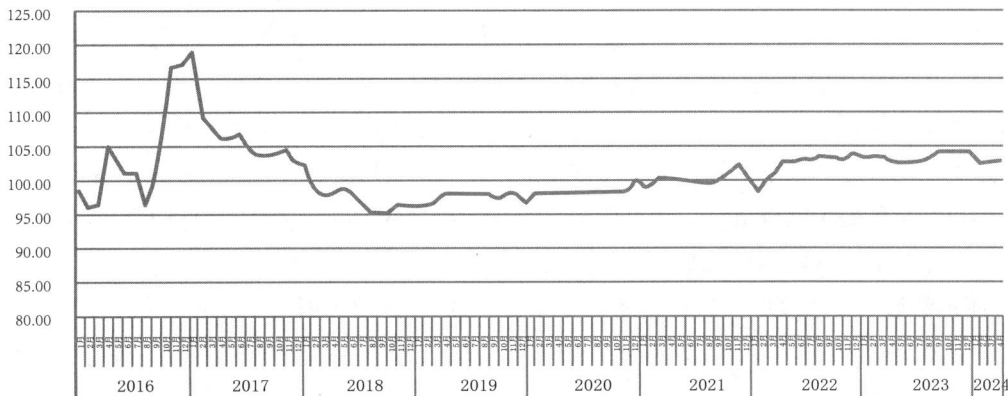

图 3-29 2016年以来各月中国公路物流运价指数

表 3-4 2024年4月中国公路物流运价指数表

	2023年	2024年4月	与上月比（%）
中国公路物流运价指数	103.2	102.8	0.33
整车指数	103.3	103	0.35
零担轻货指数	102.9	102.3	0.21
零担重货指数	103.2	102.9	0.37

分车型指数看，各车型指数环比均有回升，同比去年仍有所回落。以大宗商品及区域运输为主的整车指数为103点，比上月回升0.35%，比上年同期回落0.37%。零担指数中，零担轻货指数为102.3点，比上月回升0.21%，比上年同期回落0.4%；零担重货指数为102.9点，比上月回升0.37%，比上年同期回落0.44%。

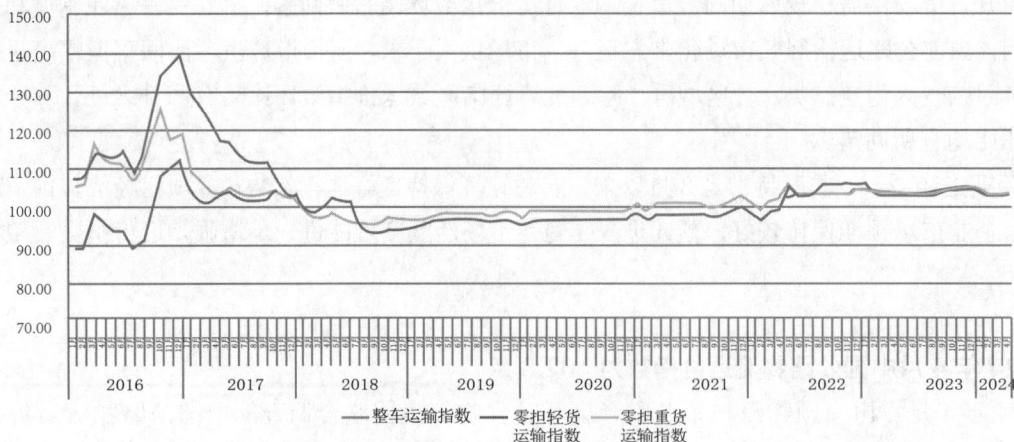

图 3-30 2016 年以来各月中国公路物流运价分车型指数

综合来看，4 月经济运行延续良好恢复态势，市场需求和企业生产扩张保持稳中向好，新动能拉动和一系列以旧换新举措下，公路运输市场活力有所增强、需求向好。同时进入 4 月运力供给小幅增长，虽然临近假期当周运力环比趋缓，但整体仍较为充足。总的来看，4 月公路运输市场供需有所改善，市场趋于活跃，运价指数结束了两月连续回落，迎来小幅回升。但运价指数整体水平仍不及去年同期，今年以来整体处于低位运行，国内市场需进一步提振活力。分区域看，华北、西南区域运价指数环比有所回落，其余区域运价指数均有所回升。

从后期走势看，二季度经济运行具备稳定基础，企业生产预期保持乐观，受一季度需求释放拉动本月运价指数小幅回升，预计后期市场回归常态运行，运价指数将呈现小幅震荡走势，整体以稳为主。

附注：

1. 中国公路物流运价指数是反映一定时期内，我国经济领土范围内公路物流运输价格变动程度和变动趋势的相对数。

2. 中国公路物流运价指数基于以林安物流网为代表的公路物流平台的动态交易信息。目前，采集的价格数据涵盖了全国九大物流区域、38 个重点城市、74 个物流节点平台、1406 条公路运输线路，200 万辆货运车辆。

3. 中国公路物流运价指数以 2012 年 12 月最后一周的平均价格为基期，周指数的基点为 1000，月指数的基点为 100。

2024 年 5 月中国公路物流运价指数为 103 点

2024 年 5 月，由中国物流与采购联合会和林安物流集团联合调查的中国公路物流运价指数为 103 点，比上月回升 0.13%，比去年同期回升 0.39%。从周指数看，第一、五周运价指数环比回落，第二、三、四周运价指数环比回升。

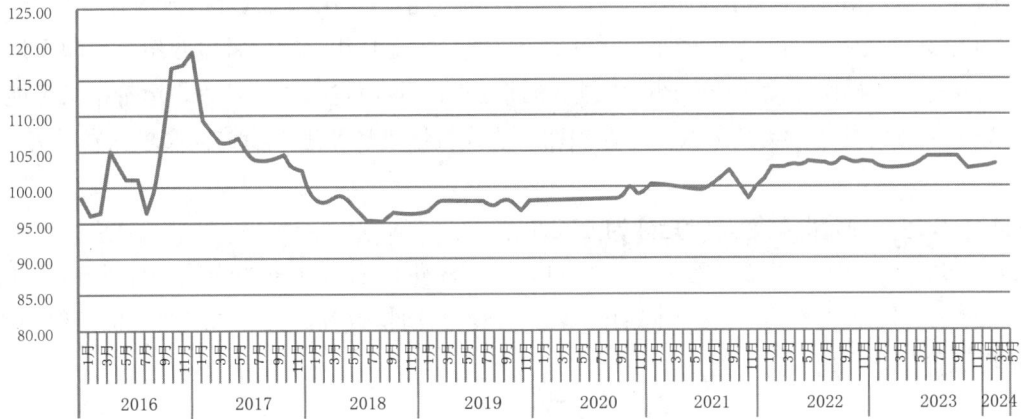

图 3-31 2016 年以来各月中国公路物流运价指数

表 3-5 2024 年 5 月中国公路物流运价指数表

	2024 年累计	2024 年 5 月	与上月比（%）
中国公路物流运价指数	102.9	103	0.13
整车指数	103.1	103.2	0.18
零担轻货指数	102.4	102.3	−0.04
零担重货指数	103	103	0.16

分车型指数看，各车型指数环比涨跌互现，同比去年小幅增长。以大宗商品及区域运输为主的整车指数为 103.2 点，比上月回升 0.18%，比上年同期回升 0.46%。零担指数中，零担轻货指数为 102.3 点，比上月回落 0.04%，比上年同期回升 0.19%；零担重货指数为 103 点，比上月回升 0.16%，比上年同期回升 0.35%。

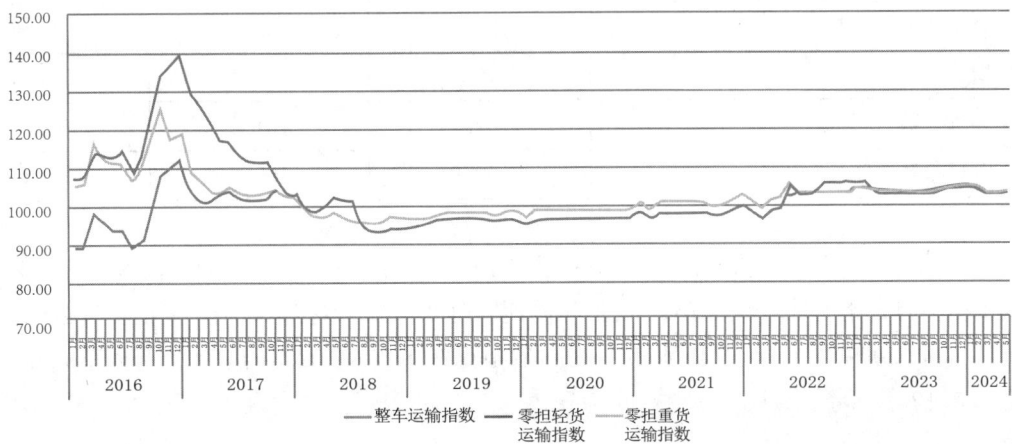

图 3-32 2016 年以来各月中国公路物流运价分车型指数

本月运价指数小幅回升，主要是 4-5 月道路货运业务需求呈现改善趋势，市场活跃度有所提高，调研的 5 月快递干线运输量和高速货运通行量环比回升，分区域看东北、西北、长三角区域运价指数环比有所回落，东南沿海、华北、华中、山东半岛、珠三角、西南区域运价指数均有所回升。

但本月运价指数环比回升幅度较小，只回升 0.13%，与上月相比回升幅度收窄，反映出运力供给总体饱和，供需宽松局面延续，企业调研中预计后期公路市场将进入传统淡季，运价指数可能呈现小幅回落走势，企业对货运市场淡季保持冷静预期，建议货运市场要进一步扩大需求激发活力。

2024 年 6 月中国公路物流运价指数为 102.1 点

2024 年 6 月，由中国物流与采购联合会和林安物流集团联合调查的中国公路物流运价指数为 102.1 点，比上月回落 0.80%，比去年同期回落 0.24%。从周指数看，第一、二周运价指数环比回落，第三、四周运价指数环比回升。

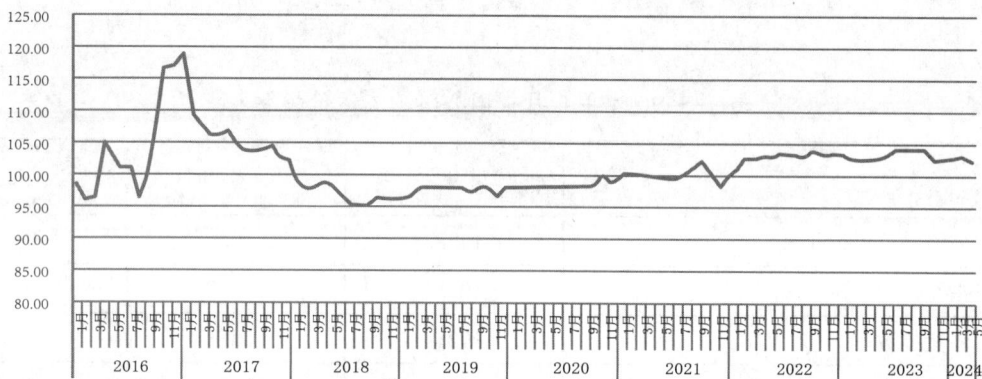

图 3-33 2016 年以来各月中国公路物流运价指数

表 3-6 2024 年 6 月中国公路物流运价指数表

	2024 年累计	2024 年 6 月	与上月比（%）
中国公路物流运价指数	102.8	102.1	-0.80
整车指数	103	102.4	-0.76
零担轻货指数	102.2	101.2	-1.04
零担重货指数	102.9	102.3	-0.68

分车型指数看，各车型指数环比小幅回落，同比去年有所回落。以大宗商品及区域运输为主的整车指数为 102.4 点，比上月回落 0.76%，比上年同期回落 0.11%。零担指数中，零担轻货指数为 101.2 点，比上月回落 1.04%，比上年同期回落 0.80%；零担重货指数为 102.3 点，比上月回落 0.68%，比上年同期回落 0.12%。

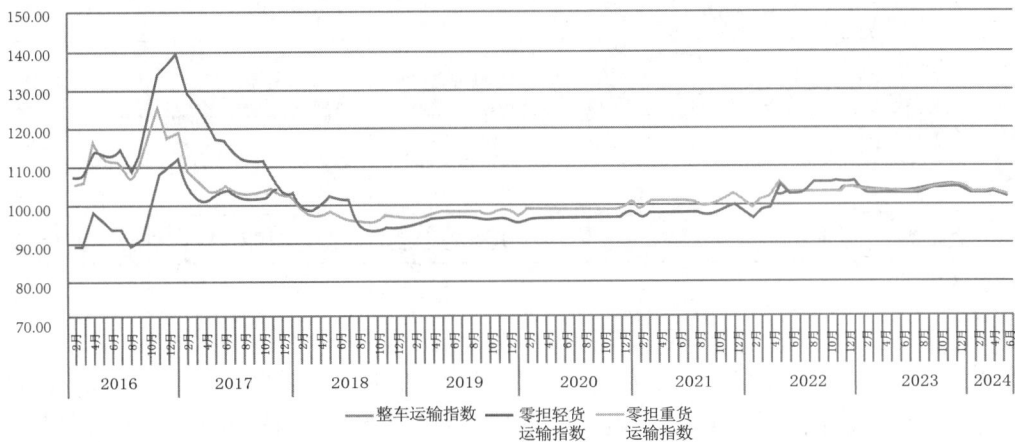

图 3-34 2016 年以来各月中国公路物流运价分车型指数

综合来看，随着前期积压订单以及年中大促等活动放缓，公路市场需求呈现小幅趋缓走势，运力供给则稳步增长，本月运价指数小幅回落，反映市场供需关系失衡进一步加大，公路运输市场供大于求局面加剧。同时今年以来市场需求不足的问题未见明显改善，公路市场竞争激烈，价格水平持续低位，不及去年同期水平，同比再次小幅回落 0.2%。分区域看，仅华中、山东半岛、西北区域运价指数有所回升，其余六大区域运价指数均有所回落。

从后期走势看，当前国内市场需求不足和公路市场过度竞争仍是影响行业健康发展的重要因素，需着重落实扩内需促消费等举措，稳定生产经营和市场预期，预计后期市场进入传统淡季，运价指数可能呈现震荡回落走势，但在大规模以旧换新政策激励下，市场需求有望改善，回落幅度相较前期或将有所收窄。

2024 年 7 月中国公路物流运价指数为 103.2 点

2024 年 7 月，由中国物流与采购联合会和林安物流集团联合调查的中国公路物流运价指数为 103.2 点，比上月回升 0.99%，比去年同期回升 0.65%。从周指数看，第一、三周运价指数环比回落，第二、四周运价指数环比回升。

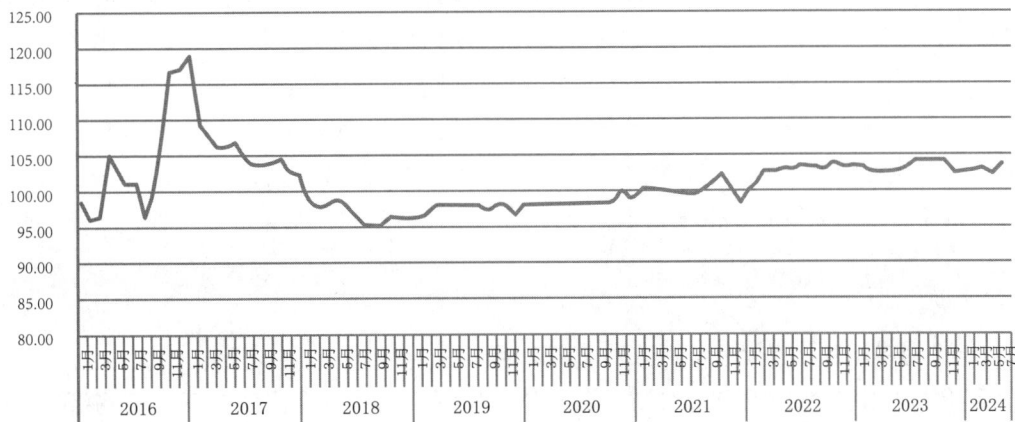

图 3-35 2016 年以来各月中国公路物流运价指数

表 3-7 2024 年 7 月中国公路物流运价指数表

	2024 年累计	2024 年 7 月	与上月比（%）
中国公路物流运价指数	102.9	103.2	0.99
整车指数	103	103.4	1.05
零担轻货指数	102.2	102	0.76
零担重货指数	103	103.4	1.04

分车型指数看，各车型指数环比小幅回升，同比去年总体回升。以大宗商品及区域运输为主的整车指数为 103.4 点，比上月回升 1.05%，比上年同期回升 0.79%。零担指数中，零担轻货指数为 102点，比上月回升 0.76%，与上年同期基本持平；零担重货指数为 103.4 点，比上月回升 1.04%，比上年同期回升 0.84%。

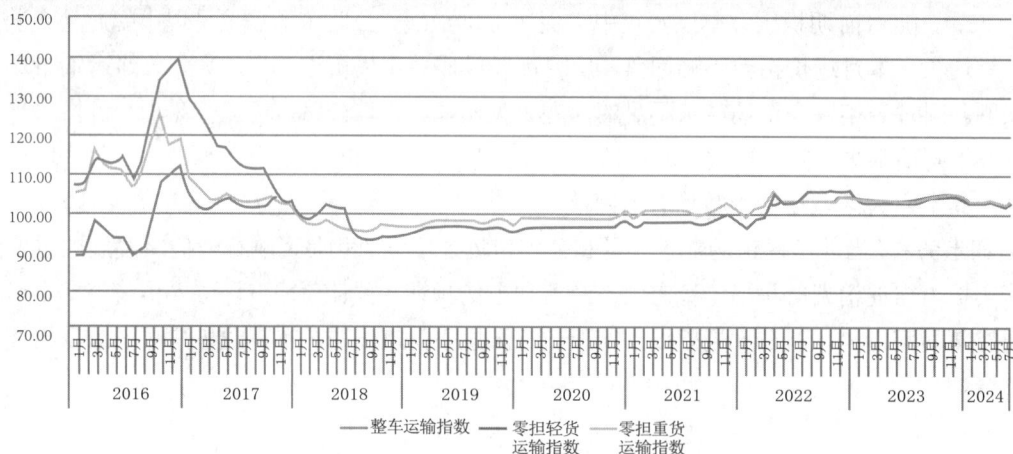

图 3-36 2016 年以来各月中国公路物流运价分车型指数

综合来看，本月经济运行持续趋稳，国内市场需求偏紧局面延续，当前进入传统生产淡季叠加部分地区遭受高温多雨天气，运力供给总体保持稳定，部分地区运力供给有所趋缓，公路运输市场处于季节性调整期。本月运价指数环比小幅回升，主要受前期供需失衡加剧和部分区域运输受阻导致，出现恢复性回调，且在暑期消费和大宗能源消耗拉动下，运价指数整体水平相较去年同期有所回升。分区域看，九大区域运价指数均有所回升，其中华中、西北、山东半岛区域运价指数回升较快。

从后期走势看，当前经济下行压力犹存，市场需求仍需进一步巩固增强，公路运输市场供需仍不稳定，尽管上游企业预期总体乐观，但下游市场竞争依旧激烈，盈利空间承压，亟需通过一系列稳经济扩内需政策、推动大规模以旧换新促消费举措，改善公路运输市场环境，促进公路运输市场良性发展。

2024 年 8 月中国公路物流运价指数为 104.2 点

2024 年 8 月，由中国物流与采购联合会和林安物流集团联合调查的中国公路物流运价指数为104.2 点，比上月回升 1.03%，比去年同期回升 1.63%。从周指数看，第一周运价指数环比回落，第二、三、四、五周运价指数环比回升。

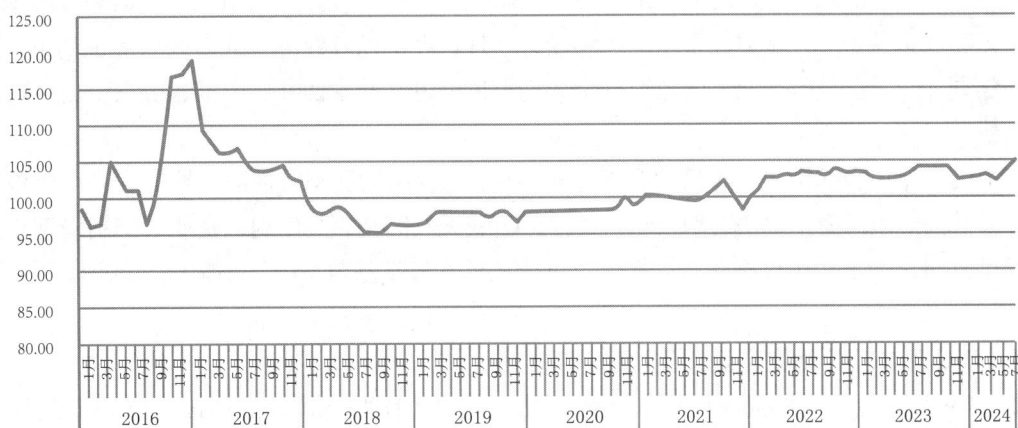

图 3-37 2016 年以来各月中国公路物流运价指数

表 3-8 2024 年 8 月中国公路物流运价指数表

	2024 年累计	2024 年 8 月	与上月比（%）
中国公路物流运价指数	103	104.2	1.03
整车指数	103.2	104.5	1.06
零担轻货指数	102.3	102.9	0.88
零担重货指数	103.1	104.5	1.06

分车型指数看，各车型指数环比保持回升，同比去年小幅回升。以大宗商品及区域运输为主的整车指数为 104.5 点，比上月回升 1.06%，比上年同期回升 1.80%。零担指数中，零担轻货指数为 102.9 点，比上月回升 0.88%，比上年同期回升 0.82%；零担重货指数为 104.5 点，比上月回升 1.06%，比上年同期回升 1.86%。

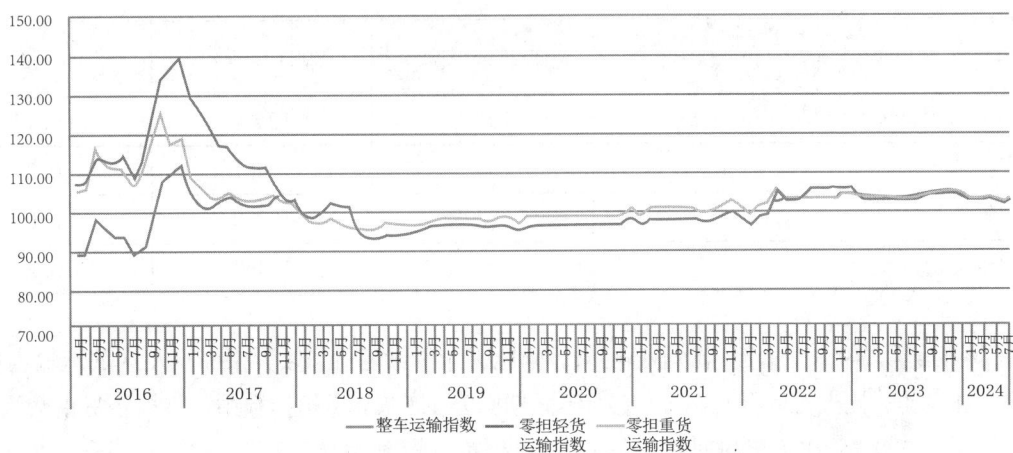

整车运输指数 ——— 零担轻货 ——— 零担重货
运输指数 运输指数

图 3-38 2016 年以来各月中国公路物流运价分车型指数

综合来看，本月经济运行延续平稳态势，在大宗商品和暑期消费拉动下，公路运输市场总体稳中趋升，保持一定市场活跃度，加之受高温多雨天气影响，部分区域运力供给减少、运输线路受阻，市场供需平衡有所调整，运价指数迎来小幅连续回升，且在今年以来经济持续向好恢复带动下，整体水平优于去年同期。分区域看，九大区域运价指数均有所回升，其中西北、西南、山东半岛区域运价指数回升较快。

从后期走势看，当前国内市场仍然面临需求不足，运价指数受季节性因素短期回升至年内较高水平，但总体供大于求局面下仍缺乏增长动力，预计随着天气因素影响消退，企业生产制造逐步企稳回升，市场供需将进入新一轮调整期，运价指数可能在前期较高基数基础下小幅震荡回调。

2024 年 9 月中国公路物流运价指数为 104.4 点

2024 年 9 月，由中国物流与采购联合会和林安物流集团联合调查的中国公路物流运价指数为 104.4 点，比上月回升 0.17%，比去年同期回升 1.44%。从周指数看，第一、二、三周运价指数环比回升，第四周运价指数环比回落。

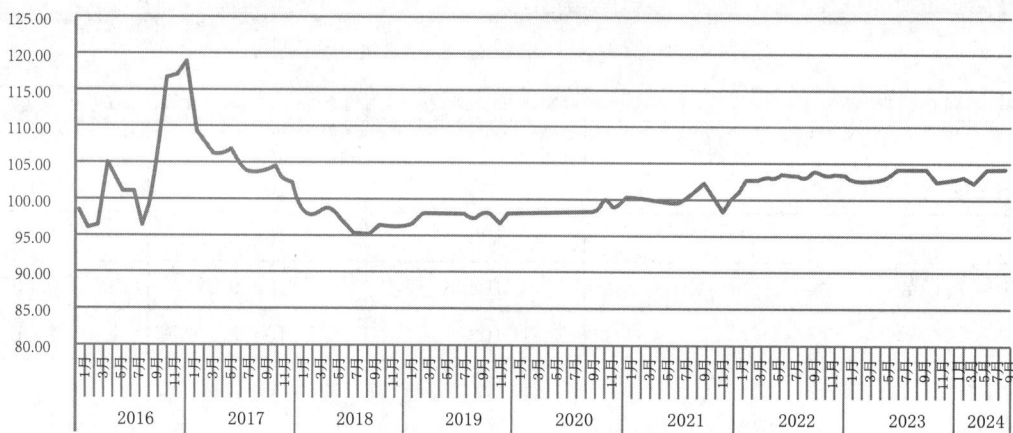

图 3-39 2016 年以来各月中国公路物流运价指数

表 3-9 2024 年 9 月中国公路物流运价指数表

	2024 年累计	2024 年 9 月	与上月比（%）
中国公路物流运价指数	103.2	104.4	0.17
整车指数	103.4	104.7	0.20
零担轻货指数	102.3	102.9	0.01
零担重货指数	103.3	104.7	0.24

分车型指数看，各车型指数环比小幅回升，同比去年继续回升。以大宗商品及区域运输为主的整车指数为 104.7 点，比上月回升 0.20%，比上年同期回升 1.64%。零担指数中，零担轻货指数为 102.9 点，比上月回升 0.01%，比上年同期回升 0.48%；零担重货指数为 104.7 点，比上月回升 0.24%，比上年同期回升 1.72%。

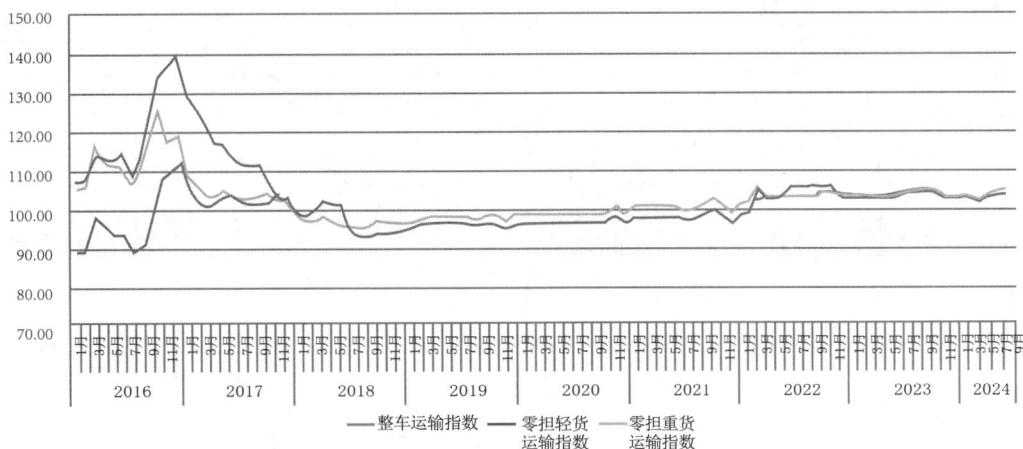

图 3-40 2016 年以来各月中国公路物流运价分车型指数

综合来看，本月经济运行保持恢复向好，扩内需促消费政策效果逐步显现，市场迎来传统生产旺季叠加十一假期提前备货，在多重积极因素拉动下市场需求持续回暖，随着高温多雨洪涝等天气因素逐渐消散，运力供给相对小幅增长，供需两端同步恢复，市场活跃度有所提升，运价指数在年内较高水平下继续回升。从季度内看，7—9 月指数连续 3 个月回升，逐步回升至年内较高水平。其中，7—8 月公路市场整体偏弱运行，但受高温多雨、台风洪涝等恶劣天气影响，部分区域线路阻断或绕行导致价格有所上涨，9 月天气因素影响减弱，在市场调节积极变化推动下，延续小幅上涨趋势，但增幅有所收窄。

但也看到运价指数在较高位运行同时运营成本也较高，企业反映公路运输利润空间未见明显好转，同行价格竞争内卷依然激烈。分区域看，九大区域运价指数涨跌互现，其中西南、长三角区域运价指数有所回落，东北、华北、华中、珠三角等区域运价指数有所回升。

从后期走势看，尽管三季度经济运行积极信号逐步积累，但当前国内需求不足仍然较为突出，公路运输价格整体承压，市场竞争加剧，应继续巩固需求存量扩充增量，加强监管引导建立有序公路运输市场环境，进一步促进公路运输市场平稳运行。预计进入四季度运价指数或将维持在当前较高水平波动。

2024 年 10 月中国公路物流运价指数为 105.1 点

2024 年 10 月，由中国物流与采购联合会和林安物流集团联合调查的中国公路物流运价指数为 105.1 点，比上月回升 0.65%，比去年同期回升 1.22%。从周指数看，第二、三、四周运价指数环比回升，第一周运价指数环比回落。

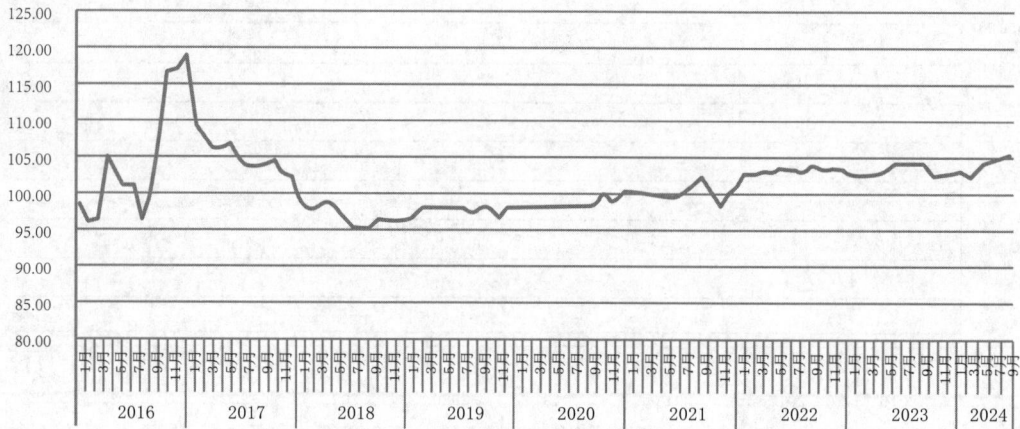

图 3-41 2016 年以来各月中国公路物流运价指数

表 3-10 2024 年 10 月中国公路物流运价指数表

	2024 年累计	2024 年 10 月	与上月比（%）
中国公路物流运价指数	103.4	105.1	0.65
整车指数	103.6	105.5	0.68
零担轻货指数	102.4	103.4	0.55
零担重货指数	103.5	105.4	0.64

分车型指数看，各车型指数环比延续回升态势，同比去年小幅回升。以大宗商品及区域运输为主的整车指数为 105.5 点，比上月回升 0.68%，比上年同期回升 1.48%。零担指数中，零担轻货指数为 103.4 点，比上月回升 0.55%，比上年同期回升 0.06%；零担重货指数为 105.4 点，比上月回升 0.64%，比上年同期回升 1.54%。

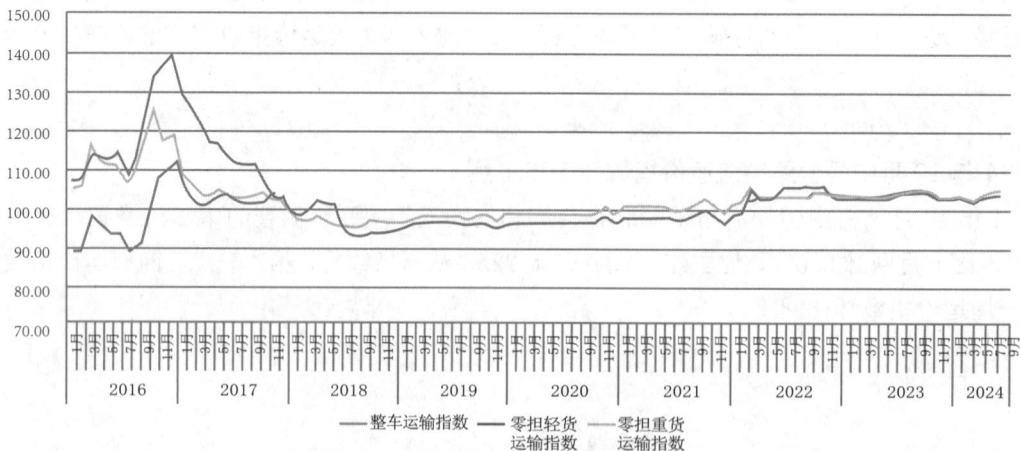

图 3-42 2016 年以来各月中国公路物流运价分车型指数

综合来看，本月经济运行持续向好，多项存量和增量政策联动发力，市场需求呈现较明显改善态势，叠加"金九银十"传统生产旺季，市场供需同步改善，内生动力进一步增强。在国内市场积极信号积累基础下，运价指数实现小幅回升，公路市场活跃度有所提升。分区域看，仅山东半岛区域运价指数有所回落，其余区域运价指数有所回升。

从后期走势看，进入四季度，各项政策举措统筹推进、协同发力，供需两端稳步加强，市场活力不断提高，企业后市预期信心增强，生产经营有望加快扩张，加之居民消费持续释放，预计四季度运价指数可能在当前较高水平维稳。

附注：

1. 中国公路物流运价指数是反映一定时期内，我国经济领土范围内公路物流运输价格变动程度和变动趋势的相对数。

2. 中国公路物流运价指数基于以林安物流网为代表的公路物流平台的动态交易信息。目前，采集的价格数据涵盖了全国九大物流区域、38 个重点城市、74 个物流节点平台、1406 条公路运输线路、200 万辆货运车辆。

3. 中国公路物流运价指数以 2012 年 12 月最后一周的平均价格为基期，周指数的基点为 1000，月指数的基点为 100。

2024 年 11 月中国公路物流运价指数为 104.6 点

2024 年 11 月，由中国物流与采购联合会和林安物流集团联合调查的中国公路物流运价指数为104.6 点，比上月回落 0.48%，比去年同期回升 0.75%。从周指数看，第二、三、五周运价指数环比回落，第一、四周运价指数环比回升。

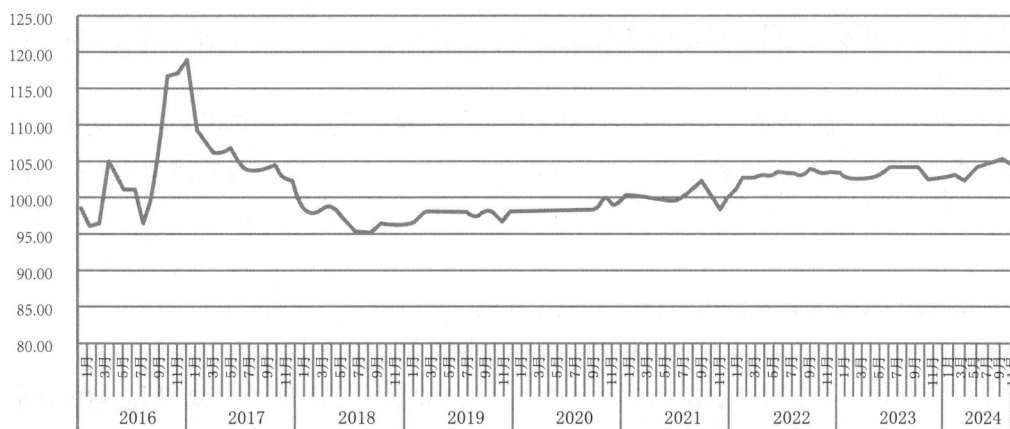

图 3-43 2016 年以来各月中国公路物流运价指数

表 3-11 2024 年 11 月中国公路物流运价指数表

	2024 年累计	2024 年 11 月	与上月比（%）
中国公路物流运价指数	103.5	104.6	-0.48
整车指数	103.7	105	-0.47
零担轻货指数	102.5	102.8	-0.58
零担重货指数	103.7	105	-0.41

分车型指数看，各车型指数环比小幅回落，同比去年涨跌互现。以大宗商品及区域运输为主的整车指数为 105 点，比上月回落 0.47%，比上年同期回升 1.01%。零担指数中，零担轻货指数为 102.8

点，比上月回落 0.58%，比上年同期回落 0.50%；零担重货指数为 105 点，比上月回落 0.41%，比上年同期回升 1.14%。

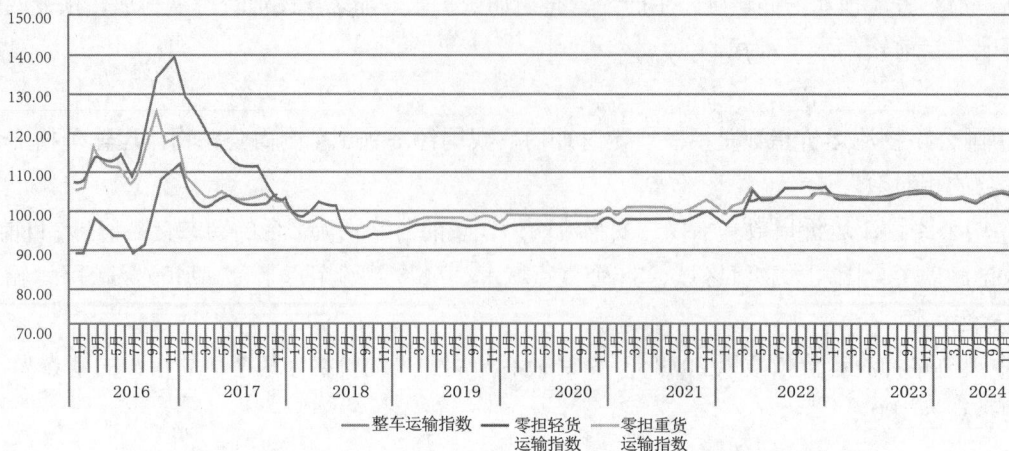

图 3-44 2016 年以来各月中国公路物流运价分车型指数

综合来看，本月经济运行向好态势巩固，存量和增量政策持续发力显效，生产消费扩张态势得以延续，拉动市场需求持续恢复，同时国内市场改善带动企业和个体司机出工意愿增强，运力供给同步增长。在此基础下，市场供需相较于前期更为活跃，推动公路市场价格灵活调整更好适应市场，运价指数本月虽有小幅回落，但仍维持在年内较高位，同比继续保持小幅增长。分区域看，九大区域运价指数均有所回调。

从后期走势看，年末经济运行恢复态势基本稳定，积极信号进一步巩固，企业反映对后市预期稳定向好，预计年末在全年生产目标推进和相关消费需求释放下，公路运输市场有望保持活跃运行态势，运价指数可能保持高位维稳。

2024 年 12 月中国公路物流运价指数为 105.9 点

2024 年 12 月，由中国物流与采购联合会和林安物流集团联合调查的中国公路物流运价指数为 105.9 点，比上月回升 1.3%，比去年同期回升 1.86%。从周指数看，第一、二、四周运价指数环比回升，第三周运价指数环比回落。

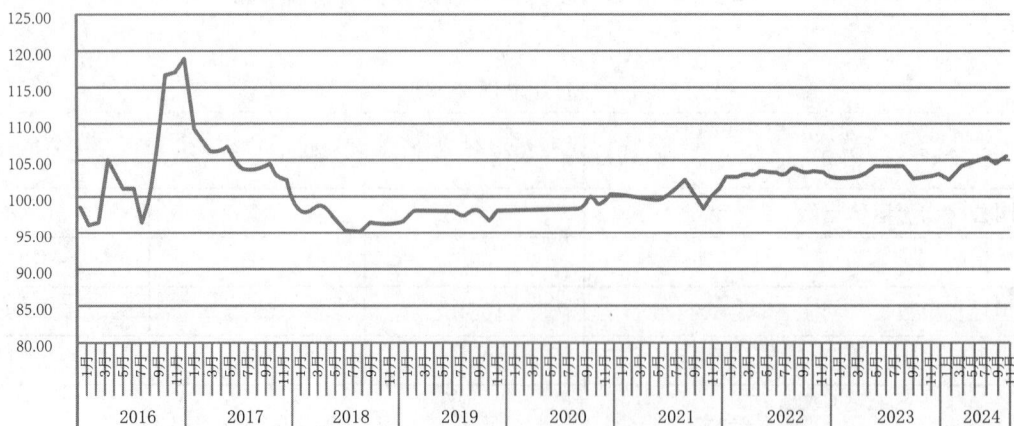

图 3-45 2016 年以来各月中国公路物流运价指数

表 3-12 2024 年 12 月中国公路物流运价指数表

	2024 年累计	2024 年 12 月	与上月比（%）
中国公路物流运价指数	103.7	105.9	1.30
整车指数	103.9	106.3	1.32
零担轻货指数	102.6	104.1	1.24
零担重货指数	103.9	106.4	1.31

分车型指数看，各车型指数环比小幅回升，同比去年有所增长。以大宗商品及区域运输为主的整车指数为 106.3 点，比上月回升 1.32%，比上年同期回升 2.1%。零担指数中，零担轻货指数为 104.1 点，比上月回升 1.24%，比上年同期回升 0.74%；零担重货指数为 106.4 点，比上月回升 1.31%，比上年同期回升 2.17%。

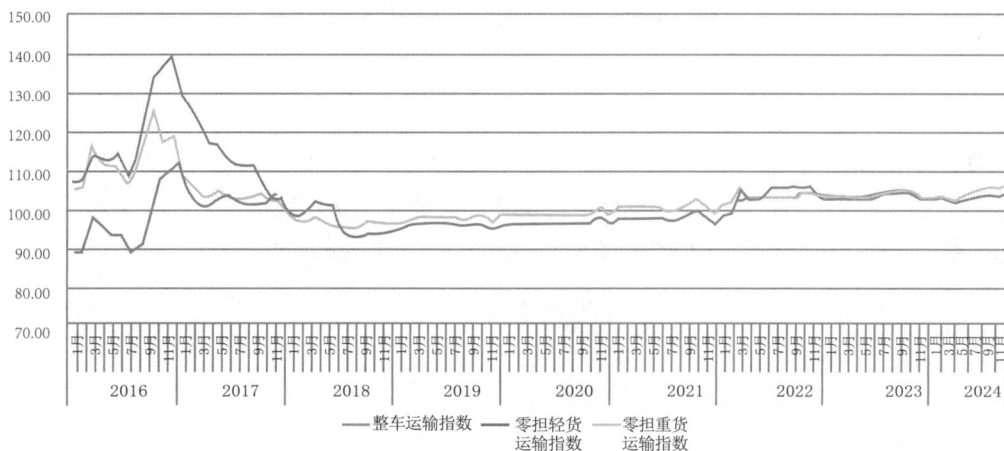

图 3-46 2016 年以来各月中国公路物流运价分车型指数

本月经济运行延续良好态势，四季度以来市场积极因素累积，存量和增量政策组合效应继续释放，叠加年末消费旺盛，带动市场需求稳步向好。在企业较好预期拉动下生产意愿和运力供给扩张，市场供需呈现同步增长。综合来看，四季度供需两端平衡进一步改善，带动运价指数连续回升，全年呈现"前低后高""波动回升"走势，12 月当月指数达到年内最高水平。但也看到，需求不足导致的同行内卷、竞争加剧，公路市场仍处于供大于求局面，成本趋升、利润收缩导致下游企业和司机个体整体承压经营。分区域看，九大区域运价指数均有不同程度回升。

从后期走势看，四季度政策效应持续显现，经济运行具备持续向好基础。受部分季节性因素和春节假期较早影响，年末运价指数持续回升，需重点关注节后市场旺季消退带来市场变化，以及企业微观主体成本较高、市场需求不足等问题，促进行业健康有序发展。

第四篇 产业物流

一、交通运输业

（一）关于印发《上海市交通领域大规模设施设备更新专项工作方案（2024-2027 年）》的通知

各有关单位：

为贯彻国务院推动大规模设备更新和消费品以旧换新行动方案要求，根据交通运输部和市政府行动方案要求，进一步提升交通装备新能源化、安全化、智能化水平，现将《上海市交通领域大规模设施设备更新专项工作方案（2024—2027 年）》印发给你们，请认真贯彻执行。

特此通知。

市交通委
市发展改革委
市生态环境局
民航华东地区管理局
市邮政局
2024 年 7 月 25 日

上海市交通领域大规模设施设备更新专项工作方案（2024—2027 年）

为贯彻落实国务院《推动大规模设备更新和消费品以旧换新行动方案》精神，根据《交通运输大规模设备更新行动方案》、《上海市推动大规模设备更新和消费品以旧换新行动计划（2024—2027年）》要求，科学、有序、持续推动交通领域设备更新，提升交通工具的能效和环保水平、安全性能和运营效率，推动交通设施设备向绿色化、数字化、智能化转型升级，结合本市交通发展实际情况，特制定本行动方案。

计划到 2027 年底前，本市公交车、出租汽车全面实现新能源化，年均更新车辆超过总量的 9%，累计更新公交车 6200 辆、出租汽车 1.1 万辆；基本淘汰机场港口内使用的国Ⅱ排放标准及以下的非道路移动设备和国Ⅳ排放标准及以下的非道路移动车辆，累计更新或新增非道 1600 台；全面淘汰国Ⅲ排放标准柴油营运货车，基本淘汰国Ⅳ排放标准柴油营运货车，累计更新或新增货车 5 万辆；累计更新或新增飞机 200 架左右、船舶 120 艘以上；累计实施交通基础设施养护整治工程 80 项左右。

一、加快客运车辆更新升级

持续推进城市公交车新能源化替代工作，打造舒适、环保、安全的公交出行环境。及时报废到龄的老旧公交车，大力发展纯电动等新型能源公交车，因地制宜试点燃料电池公交车，新增和更新车辆全面新能源化，年均更新新能源公交车 1550 辆左右。提升公交车电池维修保养水平，强化电池性能要求，及时更换性能衰减超过 20% 的公交动力电池，鼓励提前替换容量衰减明显、安全性能不稳定的老旧电池，年均更新公交车电池 500 套。

加快出租汽车电动化替代的步伐，推动出租汽车行业的绿色转型，新增或更新的巡游出租汽车原则上全部使用新能源车型，年均更新出租汽车 2800 辆左右。在具备条件的部分区域，积极试点智能网联出租汽车，探索自动驾驶技术在出租汽车领域的应用，提升出租汽车的安全性和舒适性，提供更加便捷、智能的出行体验。

加快在用老旧客车淘汰，从 2024 年 7 月起实施国Ⅲ标准柴油客车外环限行，用好鼓励柴油客车提前淘汰补贴政策，促进国Ⅲ、国Ⅳ标准柴油客车的提前淘汰更新，年均更新客车 700 辆左右。加大城市客运车辆新能源化替代力度，加快推动新能源市内包车发展，积极鼓励新能源长途客运车辆试点及氢燃料电池车辆开展示范应用。

二、推动柴油货运车辆以旧换新

加强柴油货车污染治理，进一步推动城市空气质量改善。严格实施国Ⅲ标准柴油货车全市限行措施，加强执法，推进国Ⅲ标准柴油营运货车全面淘汰。研究启动国Ⅳ标准柴油货车限行管控，2024年、2025 年、2026 年分别启动外环限行、郊环限行、全市限行。出台鼓励国Ⅳ标准柴油车提前报废财政补贴政策，大力推进国Ⅳ标准柴油货车淘汰更新。加大更新新能源货车的财政引导，通过给予更新补贴鼓励更换新能源汽车，引导更新的城市配送车辆、中型货车有适配车型的，全部采用新能源货车，新增城市配送车辆全部采用新能源车。鼓励重型货车开展新能源化试点，加快推进重货充换电站布局建设。积极推广氢燃料电池车辆在货运领域的应用，推动氢燃料电池车辆的研发和应用，加快完善加氢站等基础设施，为氢燃料电池车辆的推广提供有力保障。积极推进洋山智能重卡试点，逐步扩大使用规模。加快推进老旧柴油货车报废更新，年均更新或新增货车 1.3 万辆左右。

三、发展绿色船舶装备

推动内河纯电动船舶以及混合动力船舶、清洁燃料动力船舶的建造和使用。推动苏州河、黄浦江流域电动船舶应用，新增游船、渡轮原则上采用清洁能源动力，鼓励新增内河公务船采用油电混合或纯电动力，促进内河及江海直达货运船舶采用电力驱动。继续实施新能源船舶补贴政策，鼓励给予电动船舶优先靠泊、靠泊费用优惠减免等激励措施，积极推动纯电动、智能船舶替代试点。推进港作船舶低碳转型，提高港作船舶靠泊期间岸电使用率，积极推动新能源港作船舶试点。配合国家推动纯电动船舶电池箱、接口等相关标准制定，支持发展新能源燃料船舶融资租赁企业及船用动力电池箱租赁。

在远洋船舶领域，积极寻求绿色发展的途径，通过推动远洋船舶使用甲醇、生物质燃料等新型船用燃料，促进新增船舶节能降碳转型，减少船舶运营对环境的影响。不断完善优化与新型船舶配套的基础设施和标准规范，努力打造船用新燃料加注中心，为远洋船舶的绿色航行提供保障。支持船舶使用碳捕捉技术实施二氧化碳回收试点，通过科技手段降低船舶运营过程中的碳排放。加强与国际先进水平的对标学习，借鉴国内外绿色水运的成功经验，结合本市实际情况，完善和优化绿色水运船舶装备节能技改政策措施。

加快高能耗高排放老旧运输船舶报废更新。积极争取财政支持，鼓励内河客船 10 年、货船 15 年以及沿海客船 15 年、货船 20 年船龄以上老旧船舶加快报废更新，年均更新或新增船舶 30 艘左右。

四、推动航空设备更新换代

鼓励航空公司引入新一代节能、环保的飞机，降低航空活动的碳排放，提升航空运输的能效比。逐步替代老旧、高能耗的飞机。完善飞机远机位 APU（辅助动力装置）、桥载电源、空调设备布局，通过智能化管理系统等手段，实现设备实时监控和优化调度，提高设备使用效率，减少飞机在地面运行时的能源消耗和排放。积极推进可持续航空燃料（SAF）在航空领域的试点。加快老旧飞机的替换速度，年均更新或新增飞机 50 架左右（含国产飞机）。

五、鼓励非道路移动机械报废更新

制定出台鼓励非道路移动机械报废更新补贴政策，逐步扩大高污染非道禁止使用范围，2024 年起将国 II 排放标准非道纳入禁止使用范围，引导机场、港口内使用的国 II 排放标准及以下的非道路移动设备和国 IV 排放标准及以下的非道路移动车辆提前淘汰，年均更新或新增非道 400 台左右。加快非道及场内车辆新能源替代，新增和更新的非道有适配车型的，均采用新能源或清洁能源产品。加强新能源配套基础设施布局，完善机场港口内充（换）电设施，支持推广光伏试点与场内加氢站布局。积极开展非道排放监督抽测，支持符合条件的机场、港口非道开展发动机改装。全面开展柴油、汽油和新能源机械申报登记，加强生态环境和交通部门之间信息互享共通。

加快老旧养护设备淘汰更新，积极引入节能环保、高效智能的新型设备，降低设备能耗和排放，提高作业效率。推动搬运车、架桥机等设备向智能化转型，鼓励搬运车、智能道路巡检车、清扫车和作业车新能源化试点，集成先进的定位和调平系统，提高作业精准度和效率。

六、提升地铁设备性能

定期对线路轨道进行检修，对达到更换周期的轨道设备实施大修更新改造，增强可靠性、稳定性、安全性并降低运行振动，预计年均更新轨道长度 70 千米左右。对到达设计使用寿命且无法继续服役的电客列车视情采取延寿或更新。升级列车控制系统，提高列车的运行效率和乘坐舒适度，年均更新 12 节左右。结合无障碍建设及适老化要求，对部分老旧电梯实施大修更新改造，并在有条件的部分车站出入口加装自动扶梯和无障碍电梯，提高车站的通行效率和无障碍服务水平，年均新增 15 台左右。推进地铁车站站台门更新及技术升级，提高站台门的可靠性与稳定性，解决部分车站站台门与信号系统无法联动、故障频发等问题，确保运营安全，年均更新 300 樘左右。加强内部环境质量监管，推动节能照明和智能空调系统改造，确保车站内空气流通与适宜照度，为市民提供舒适的候车环境。

七、引导道路设施升级换代

强化城市快速路设施管理。积极推动城市快速路的摄像机、情报板、车检器等附属设施技术升级，提升监控和检测能力。集中更新声屏障设施，减少道路交通噪声污染。加强隧道设施的改善，做好沥青路面、装饰板、防撞侧石漆面、防火板的维护，严格防渗堵漏，确保隧道安全、美观。通过消防设备、排水泵站、照明系统、交通监控系统等改造升级，提升交通管理安全与智能化水平，增强应急处理能力。

加强公路设施养护提升。对路面破损进行集中整治，通过修复和预养护工程，提升公路路面通行状况。积极修复完善桥梁结构病害和通航隐患，确保桥梁通行安全。结合养护专项、养护工程、改扩建等工程，推动公路老旧设施集中报废更新，优化设施服务品质。对整治计划外道路设施，通过提高养护频率和质量检测要求，确保性能稳定，运行状态良好。积极开展交通拥堵点治理专项工程，优化交通组织，改善通行条件，减缓交通拥堵。

加强高速公路设施养护维修。持续推进高速公路三类桥梁和重点构件养护维修工作，实施泰和路高架桥修复养护工程等重点工程。统筹协调相邻路段养护维修施工周期和交组方案，利用交通组织的关键窗口期，从全生命周期、科学决策角度针对结构病害开展集中更换或修复，提升结构耐久性和安全性。结合重点养护工程推进结构健康监测系统、BIM 模型等基础设施数字化建设，践行城市更新和韧性城市理念。

八、促进邮政快递装备更新换代

支持老旧安检设备更新，推动邮政快递企业淘汰更新老旧微剂量 X 射线安全检查设备，配置使用邮件快件智能 X 射线安全检查设备。指导邮政快递企业因地制宜制定智能安全检查设备更新计划。深入推进邮政业智能安检系统研发，不断提升智能安检设备工艺技术。鼓励邮政快递企业加强安检信息化建设，强化互联网、大数据、云计算、人工智能、区块链等现代信息技术在安检领域的应用，推动安检工作向信息化、智能化管理迈进。支持老旧分拣设备更新，鼓励邮政快递企业在主要邮件快件处理场所，淘汰老旧分拣设备，配置使用全自动智能分拣成套设备。指导企业根据实际需求制定分拣设备更新计划，落实处理场所用地等基础条件。加强绿色低碳和智能化创新技术研发应用，推进智能分拣成套设备迭代，提升分拣效率，推进设备智能化低碳化升级。此外，优化流水线、龙门架等基础设施，确保邮件传输的顺畅。升级网络信息化设备，提升数据处理能力。年均更新或新增安检设备 40 台、分拣设备 1500 套左右。

九、推动交通基础设施数字化转型

加快公路水路交通基础设施的数字化改造，建设数字化感知网络、智能化管控系统和网络化服务体系，改变传统基建模式，更加注重集约节约利用，以较少资源消耗撬动交通基础设施承载能力大幅提升。实施关键节点的设施智慧化改造，在易拥堵的公路节点开展智能设施、调度系统建设及配套设施升级，推广站前预交易等应用，推广船闸集中控制和排挡优化，推动船舶过闸一体化调度，推广锚地智能联合调度。实施干线通道主动管控设施智慧化提升，推广公路出入口、车道等动态管理和交通诱导，实现通道内线路间、上下游路段间动态交通组织协同管控和分流诱导。推动公路服务区设施智慧化改造，推广水上智慧服务区。完善基础设施安全监测，围绕重点路段、隧道、桥梁、航道等重要基础设施，完善多源立体监测网络，开展重要基础设施数字孪生、公路养护科学决策、航道演变分析预测等数字技术应用。推动交通运行监测预警、重点车辆主动预警、数字治超、非现场执法检测设施改造和功能升级，在浅险航段等开展航道拥堵、船舶碰撞等事件预警。推动车路云一体化，改造 ETC 门架系统 RSU 等设备，实现与车辆信息交互协同。

十、保障措施

（一）加强统筹协调。市交通委会同市相关部门组建专项工作组，统筹协调推进。建立工作推进机制和定期调度机制，及时解决工作推进中遇到的困难和问题，确保各项工作按照既定目标有序推进。

（二）强化政策支持。用好国家资金扶持政策，加大市级资金支持力度，推动老旧设备更新和设施升级。积极争取国家专项扶持资金支持，加强与交通运输部沟通，符合条件的项目优先申报国家补贴。积极研究制定本市配套政策，用好现有扶持政策，加大对企业报废更新的扶持力度。探索建立交通设施设备报废更新、升级改造、运维养护长效政策保障机制，确保交通设施设备有序、安全、平稳运行。

（三）营造良好氛围。配合国家完善标准体系，针对性制定技术标准和质量规范，提高设备质量和性能水平。强化宣传引导，通过新闻媒体、网络平台等渠道，组织开展形式多样的宣传活动，广泛宣传设备更新升级的意义举措和政策要求，提高行业内企业和人员的认识和理解。

（二）2024 年上海重大交通枢纽建设项目出炉

2024 年，上海交通又将迎来更多升级。

界面新闻记者 2 月 29 日从上海交通工作会议上获悉，今年上海将加速推进东方枢纽上海东站、浦东机场四期等重大工程建设，建成沪苏湖铁路、机场联络线（虹桥站－浦东机场站段），并推动《上海市推进国际航运中心建设条例》《上海市出租汽车管理条例》修订工作。

上海市交通委表示，2023 年，上海交通行业各项指标持续恢复向好。货运规模持续增长，全社会货物运输总量完成 15.3 亿吨，较 2019 年增长 2.3%，其中港口集装箱吞吐量连续 14 年蝉联全球第一。对外客运量大幅回升，对外旅客发送量达到 1.8 亿人次，恢复至 2019 年的 86%，其中：铁路旅客对外发送量达到 1.2 亿人次，较 2019 年增长 4%；国内和地区航班全面恢复。公共交通客运量持续恢复，日均客运量达到 1316.7 万人次，为 2019 年的 80.8%，其中，轨道交通工作日日均客流达到 1142 万人次，恢复至 2019 年的 96%。

2024 年，在加快推进上海国际航运中心建设方面，上海计划持续推进小洋山北作业区等重大工程建设，启动建设罗泾港区集装箱码头改造二期工程、建成一期工程。持续推进内陆集装箱码头（ICT）布局。加快推进国际航空客运市场恢复。加速推进东方枢纽上海东站、浦东机场四期等重大工程建设。

与此同时，上海也将建设国际航运保险要素交易平台，推动仲裁机构制定临时仲裁配套服务规则，发展国际船舶管理业务，并上线集运 MaaS2.0 版，拓展"空运通"平台功能。建成国内首个为国际航行船舶提供绿色甲醇船对船加注服务的港口。

2024 年将是长三角交通一体化建设的关键一年，沪苏湖铁路和机场联络线（虹桥站－浦东机场站段）将于今年建成通车，松江南站也将于今年建设完成。沪通铁路二期上海段、沪渝蓉高铁上海段、上海示范区线、嘉闵线、南汇支线、南枫线等项目建设也将持续推进。

目前，上海有 248 千米共计 15 项轨道交通项目正在建设中，其中 20 号线一期东段于 2024 年开工建设，17 号线西延伸、11 号线严御路站则将于今年开通运营。

在提升交通基础设施品方面，上海市交通委表示，北横通道东段、银都路越江、军工路高架主线等重大项目将于今年建成。交通委将聚焦通勤射线走廊实施 100 个拥堵点改善项目；完成 100 万平方米人行道品质提升项目、100 条精品道路和 16 个精品区域创建，完成 100 处公交站台适老化改造；推进 300 千米农村公路提档升级。

上海交通委还表示，2024 年将启动编制上海大都市圈区域综合交通规划，深化东方枢纽及周边地区交通规划编制，发布主城区非机动车骨干交通网络建设规划。

另外，上海 2024 年将依托"15 分钟社区生活圈""美丽街区"建设，打通慢行网络断点 30 处，打造慢行空间 30 个，实施慢行设施品质提升项目 50 项，创建慢行示范区域 10 个。开工建设 4500 个公共停车位，新增错峰共享停车位 1500 个。建成示范性智慧公共停车场（库）20 个。

2024 年，上海还将推动《上海市推进国际航运中心建设条例》《上海市出租汽车管理条例》修订工作；推进相关审批事项下放"五个新城"，推进货运企业开办"一件事"，持续优化挖掘道路施工等"一件事"，推进机动车维修企业"一业一证"改革。推进大件运输、网络预约出租汽车、互联网租赁自行车综合监管改革。积极推进道路普通货物运输车辆年度审验"免申即享"正式运营。

作为上海深化交通数智化场景建设的一部分，浦东金桥及金桥—浦东机场—临港之间高快速路等测试道路开放。上海也将支持开展智能网联汽车准入试点，建设上海高级别自动驾驶引领区，运用区块链等新技术，拓展道路运输、设施管理等领域治理场景。

在交通运输方面，上海将加快推进海铁联运"一单制""一箱制"发展，完成 74 万标准箱。支持燃料电池汽车示范应用，推动干线物流换电重卡试点。完成 1 万根公共专用充电桩建设实事项目。完善高速公路服务区充电设施布局。打造交通领域能耗与碳排放监测平台，探索构建碳排放交易体系，形成推进绿色低碳发展市场机制。

另外，上海将着力提升交通系统安全韧性水平，保障超大城市安全运行，推进 S20 外环隧道与泰和路高架大修整治，推进内环高架"年轻化"三期工程。加强深基坑、盾构隧道、旁通道等重点风险防范，拓展交通"智慧工地"综合监管平台功能。开展铁路沿线安全环境治理，持续推进内河航道船舶碰撞桥梁风险排查治理。

（来源：界面新闻）

（三）上海市交通委员会关于印发《上海交通数字化转型实施意见（2024—2026 年）》的通知

沪交科〔2024〕206 号

各相关处室、各有关单位：

《上海交通数字化转型实施意见（2024—2026 年）》已经市交通委 2024 年 3 月 29 日第 6 次主任办公会议审议通过。现予印发，请遵照执行。

上海市交通委员会
2024 年 4 月 8 日

上海交通数字化转型实施意见（2024-2026 年）

为贯彻党的二十大精神，落实《交通强国建设纲要》《国家综合立体交通网规划纲要》《数字中国建设整体布局规划》，按照《全面推进上海城市数字化转型的意见》等有关部署，促进上海交通数字化转型，加快构建智能交通体系，打造交通强国建设上海样板，特制定本实施意见。

指导思想

以习近平新时代中国特色社会主义思想为指导，深入贯彻党的二十大精神，落实习近平总书记考察上海重要讲话精神，完整、准确、全面贯彻新发展理念，充分发挥创新主导作用，大力发展交通运输新质生产力，聚焦建设"五个中心"重要使命，抢抓数字化、智能化、绿色化机遇，以科技创新为引领，以国家重大战略为牵引，以践行人民中心思想、缔造美好出行体验为目标，以带动设施提质增效、助推交通范式转变为主线，以促进交城双智融通、加速数实双向融合为动力，坚持"系统观念、需求导向、守正创新、安全适用"的原则，加快推进数智赋能交通治理变革、社会民生服务、交通产业激活，推动上海交通全方位数字化转型，为上海建设"人本、高效、智慧、绿色、韧性"的国际大都市高质量一体化交通提供强劲动力。

发展目标

到 2026 年，在体制机制、标准体系、管理模式、治理方式等全方位激活交通运输范式变革，促进交通运输系统由主要依靠物质资源消耗向科技进步、行业创新、从业人员素质提高和资源节约环境友好转变，基本实现由单一场景探索向全场景数字化赋能优质发展，引领国内交通数字化转型创新实践。

交通数基建持续夯实，打造数字化基础设施建设高地。资源集约的交通数字化基础保障基本形成，交通运输领域全行业、全状态、全天候感知能力大幅提升，交通行业碳监测与碳减排初步实现，构建安全可靠、能力均衡、集约绿色的交通行业数字化基础设施体系。

交通数资源基本构筑，打造数据价值化配置枢纽高地。交通行业数据资源知识体系初步建立，跨系统、跨业务、跨部门的交通立体数据知识图谱基本形成，交通行业数据融合计算能力和数据融合服务效率大幅提升，为深化交通数据应用、创新交通业务场景提供全面支撑。

交通数治通便捷高效，打造交通数字化治理示范高地。以数字化转型驱动交通行业治理模式转变，基本实现交通设施全生命智能化管养、交通营运全流程智能化监管、交通运行全要素智能化监测、交通安全全方位智能化保障，助力构建共建、共治、共享的国际化大都市交通数字化治理体系。

交通数享通显著增强，打造交通数字化出行体验高地。推进数据资源价值挖掘、流动共享，打造一站式全场景出行服务、打造一门式全界面政务服务、实现一口式全跟踪民声响应、搭建一体化碳普惠出行平台，实现公众需求敏捷感知，公众服务便捷触达。

交通数业通初步形成，打造交通数字化经济应用高地。以数字化转型驱动创新引领，推进数字化新技术与交通行业深度融合，重点培育航运服务新产业、交通基建新产业、智能交通新产业、数字交通新产业，初步构建数字化交通产业生态体系，实现技术进步与行业发展良性互动，激发产业发展新活力。

架构体系

上海交通数字化转型架构体系概括为"两基三通五高地六保障"。夯实"两基"（建设交通数字化基础设施和交通大数据知识体系），是实现交通数字化转型的根本基石；实现"三通"（数治通、数享通、数业通），是交通数字化转型的首要目的：数治通促进交通治理变革、数享通提升社会民生服务、数业通激活数字交通产业；打造"五高地"（数字化基础设施建设高地、数据价值化配置枢纽高地、交通数字化治理示范高地、交通数字化出行体验高地、交通数字化经济应用高地），是交通数字化转型的发展目标；强化"六保障"（先进支撑技术、政策法规体系、开放创新机制、数字产业生态、创新发展环境、交叉人才队伍），是推进交通数字化转型的保障措施。

（来源：上海市交通委员会）

（四）京津沪渝，2024 年怎么干？挖掘潜能 推进综合交通物流建设

近日，各地政府相继公布 2024 年交通基础设施投资计划，强调进一步优化调整完善综合立体交通网络建设，加快形成有效投资。北京、上海、重庆、天津四市政府工作报告分别从城际交通发展、多式联运建设、西部陆海新通道建设、高质量综合交通运输体系等方面对 2024 年的重点工作进行了部署，深入挖掘城市潜能，全面推进四市的综合交通物流体系建设，促使四市的发展具备更高能级和更高质量。

北京——构建首都都市圈 促进城际交通发展

2023 年，北京市加快构建现代化首都都市圈，以区域交通设施一体化为支撑，推动形成环京地区通勤圈、京津雄功能圈、节点城市产业圈。交通互联互通加快推进，城际铁路联络线一期工程、雄安新区至北京大兴国际机场快线（京雄快线）等项目加快建设，津兴城际铁路开通运行，天津港至北京大红门海铁联运班列开通，西太路主体完工。

2024 年，北京市将扎实推进京津冀协同交通一体化，搭建市郊铁路"一干多支、对角交叉"主骨架，安排铁路、公路项目 26 个，其中包括续建市郊铁路 S6 线（T3 航站楼－大兴新城）。S6 线北起首都机场 T3 航站楼，向南经过顺义、城市副中心和北京经开区，终至大兴新城，可实现快速通勤。

北京市将继续加强交通综合治理。提升轨道交通骨干网络的安全性，建成地铁 3 号线一期等线路，强化城市轨道交通与市郊铁路、地面公交的多网融合。科学优化公交线路，改善社区公交微循环服务，推广定制公交，扩大通学、通医等公交试点范围，更好服务群众出行需求。实施城市慢行系统品质提升行动，优化非机动车停放设施供给，提升共享单车服务。有序推动"七站两场"接驳功能完善和服务优化，加强学校、医院、景区、商场等重点区域周边交通治理。推进停车楼建设，统筹利用腾退空间、人防工程新增停车位 1.5 万个，新增有偿错时共享停车位 1 万个。

2024 年，北京将新建市郊铁路亦庄线，续建京唐城际铁路北京隧道段、城际铁路联络线（一期）、北京铁路联络线提升工程等项目，推动京津冀协同发展，推进交通基础设施互联互通和运输服务一体化；新建地铁 1 号线支线和首都机场线增设望京南站工程 2 个项目，续建地铁 3 号线一期、12 号线、昌平线南延一期剩余段等 10 个项目，服务乘客便利出行，提升公共交通的整体运营效率。

同时，将强化多网融合，促进站城融合发展，优化枢纽周边地区功能布局，安排城市副中心站综合交通枢纽工程、朝阳站交通枢纽等站城一体化交通枢纽项目；新建京密高速公路（机场南线—六环路）、涞宝路新线高速公路、108 国道新线高速公路等项目，续建京平高速公路改扩建、承平高速公路（北京段）等项目，不断增强路网密度。城市道路方面，北京将新建亮马河北路、沙羊路等项目，续建北清路快速化改造、通马路改扩建、京密快速路、安立路快速化改造等项目。

重庆——提升运输通道能力 加大增值物流创新力度

2023 年，重庆市大力推进西部陆海新通道建设，通道能级、开放水平实现新提升。制定实施西部陆海新通道五年行动方案，一体打造大通道、大枢纽、大口岸、大物流、大平台，更高水平开放型经济体系加快构建。通道枢纽功能持续完善，西部陆海新通道通达全球 120 个国家和地区的 490 个港口，成功开行中老泰国际铁路测试班列，全年运输箱量增长 21%；中欧班列（成渝）覆盖欧亚 110 个城市；果园港大件码头、鱼嘴铁路货运站南货场等建成投用，沪渝直达快线集装箱班轮开行量增长 8.9%；江北机场国际航线恢复至 33 条，旅客吞吐量增长 106%；重庆成为全国首个"五型"国家物流枢纽城市。

2024 年，重庆市将增强开放通道带动力，深入实施西部陆海新通道 5 年行动方案，统筹推动基础设施"硬联通"和规则标准"软联通"。提升运输通道能力，加大增值物流和业务创新力度，探索开行辐射印度洋周边的中老泰马国际铁路专列和公海联运路线，推动重庆—新疆班列常态化开行，探索开行商品车滚装共享公共班轮，提升沪渝直达快线、渝甬班列运输时效和服务品质，促进物流与产业供需适配。完善多式联运体系，优化国家物流枢纽、物流园区、物流中心三级物流网络，加快推进江北机场 T3B 航站楼及第四跑道、西部陆海新通道集装箱多式联运示范工程等项目，完善重庆公路物流基地综合货运功能，建成新田港二期、龙头港铁路专用线等项目，加强物流通道、节点、园区连接道路建设，促进西部陆海新通道与中欧班列、长江黄金水道、国际航空枢纽高效联动。建设数字陆海新通道，构建"通道大脑＋智慧物流链"体系，推动国际贸易"单一窗口"智慧化发展，开展航运贸易数字化改革，加大数字提单推广力度，拓展智慧长江物流重大应用，打造更加经济、高效、便捷、绿色、安全的对外开放大通道体系。

重庆将推进交通互联互通，启动渝宜高铁、黔江至吉首高铁、重庆站改造、成渝高速扩容、涪江航道整治等项目，加快建设重庆东站等项目，建成渝昆高铁重庆段、渝武复线高速北碚至合川段等项目，联合争取航权航班配额和国际航线。

推进"大抓交通"机制，加快交通强市建设和交通强国试点。细化分解《交通强市建设五年行动方案》，深入实施"一号工程"，推动双城经济圈交通一体化建设。新开通一批跨省公交，推动成渝省际包车电子标志牌互通互认，推进区域执法协作、法规政策协同。

打造以中心城区为国际性枢纽极核，渝西地区和万达开地区为全国性枢纽支点，涪陵、秀山等区域性枢纽为补充的枢纽城市体系。启动黔江至吉首高铁、渝贵高铁、重庆都市圈铁路西环线等项目建设，形成在重庆东、中、西三线贯通运营的联动发展格局。合力打造世界级机场集群。持续加密国际航线，开工建设重庆新机场，推动形成"市内双枢纽协同、成渝四大机场联动"发展格局。

上海——加快国际航运中心建设 推进多式联运发展

2023年，上海国际航运中心枢纽地位日益巩固，小洋山北作业区、东方枢纽上海东站开工建设，国际航运公会上海代表处等功能性机构落户，上海港集装箱吞吐量达到4915.8万标准箱，连续14年排名世界第一。浦东引领区建设持续深化。总结上海自贸试验区十年建设经验，大力落实自贸试验区提升战略，全面对接国际高标准经贸规则总体方案"80条"出台。

2024年，上海市将继续加快建设国际航运中心。着眼于提升航运资源全球配置能力，大力发展高端航运服务业，增强航运保险承保和服务能力，探索海事仲裁模式创新，发展国际船舶管理业务，稳妥有序推动上海航运交易所改革。拓展航运枢纽功能，加快建设海港、空港、邮轮港和航运集疏运体系，推进小洋山北作业区、东方枢纽上海东站、浦东国际机场四期、油墩港航道整治等重大项目，推动罗泾港区改造一期投运，大力发展多式联运，推进长三角集装箱水路运输，支持基地航司打造超级承运人，积极培育邮轮经济产业链。推动航运数字化、智能化、绿色化转型，提升上海国际集装箱运输服务平台能级，打造航运贸易数字化试点示范平台，加快布局绿色甲醇、LNG等船舶清洁燃料供应链，推广纯电动船舶等绿色运输工具。大力发展海洋经济，建设现代海洋城市。

加快推进重大工程建设，全年完成投资2300亿元。开工建设20号线一期东段、上海示范区线东延伸等轨道交通线，加快建设崇明线、嘉闵线等轨道交通线，建成机场联络线、17号线西延伸等轨道交通线。推进沪通铁路二期上海段、沪渝蓉高铁上海段等重要基础设施建设，建成沪苏湖铁路上海段、北横通道东段等重大项目。

深入推进长三角一体化发展。持续推进长三角生态绿色一体化发展示范区制度创新和复制推广，加快方厅水院、沪苏嘉城际线等重点项目建设，做好华为青浦研发中心竣工投用配套服务。深化落实虹桥国际开放枢纽进一步提升能级政策措施，建好用好虹桥海外贸易中心、虹桥进口商品展示交易中心等重要平台，进一步提升国际航空服务功能。

加快自贸试验区及临港新片区建设。加快推进实施数据跨境流动的管理措施，加快建设国际数据经济产业园。推动知识产权保护、政府采购等领域率先落地一批边境后改革措施。支持洋山特殊综合保税区制度在浦东特定区域适用，推进上海石油天然气交易中心等高能级开放平台建设，进一步提升跨境通、航运通、法务通等服务功能。

天津——发挥港口优势 推动现代物流产业加速集聚

2023 年，天津市重点领域协同扎实推进，津兴城际正式通车，京津塘高速改扩建工程开工建设，公共服务共建共享继续深化，实现"一企一证"场景统一、区域异地就医"一码通行"。滨海新区支撑引领作用有效发挥。突出滨海新区主引擎拉动，临港综合保税区正式获批，海洋工程装备产业集群入选国家级创新型产业集群，获批建设国家知识产权保护示范区，主要经济指标支撑有力。港产城融合发展相互赋能。出台促进港产城高质量融合发展政策措施，建成全球首个全物联网集装箱码头，航运服务要素不断集聚，启运港退税政策获批执行，东疆综合保税区获批国家骨干冷链物流基地，成功举办首届天津国际航运产业博览会，天津港集装箱航线达到 145 条。

2024 年，天津市将更加注重发挥港口优势。推动港口作业智慧化向航运服务智慧化拓展，建设港口物流综合信息服务共享平台，加大"船边直提""抵港直装""内外贸同船"覆盖范围，提升港口效率和服务便利化水平。强化同国际国内重要港口和航运、物流等头部企业创新合作，从衔接供需上重点拓展服务京津冀区域发展的航线，集装箱吞吐量突破 2300 万标准箱。发挥综合保税区优势，推动现代物流、冷链增值、跨境电商等适港产业加速集聚。持续引育航运、贸易、物流企业要素，支持金融机构为适港企业提供结算、跨境融资、信用担保、融资租赁、风险对冲等金融服务，建设北方国际贸易中心城市，布局北方黑色金属矿石储运基地，加快推进国能天津港码头、远洋大厦（二期）等标志性项目建设，高水平市场化举办天津国际航运产业博览会和"中国航海日"活动。优化港城发展布局，加快建设兴港高速，推动港区与城区、产业园区、物流园区有机衔接和深度互动，统筹用好存量土地和政策资源，打造东疆示范片区、海港核心片区、临港经济片区等特色片区。

天津加快构建安全、便捷、高效、绿色、经济、包容、韧性的现代化高质量综合交通运输体系。共安排 39 个项目，计划完成固定资产投资 100 亿元。铁路方面，建成天津首条市域郊铁路津静线，完成黄万铁路电气化改造工程（天津段）等，加快建设津潍高铁、京滨城际南段，开工建设新港北集装箱中心站二线束，开展黄万铁路扩能改造工程前期工作。公路方面，津蓟高速天津站外迁工程年内完工，津歧公路二期北段主体完工，加快建设兴港高速公路、京津塘高速公路（天津段）改扩建工程及汉南等普通公路，推动建设白万路、谊达路等县级公路。港口方面，建成天津海洋装备制造项目二期码头、天津港汇盛码头西侧集装箱堆场、恒阳化工码头及仓储项目等。

（来源：现代物流报）

（五）《2024 上海市交通行业发展报告》已出炉

近日，由上海市交通委员会主管，研究中心主编，21 家单位参编的《2024 上海市交通行业发展报告》（简称《报告》）已编制完成。《报告》共 6 个章节、3 个专题、1 个附录，面向加快推进国际航运中心建设、深入推进长三角交通一体化发展、大力推进更高水平"公交都市"建设、持续提升交通高质量发展、深入推进交通现代化治理等要求，系统全面地分析本市交通行业的发展现状和态势，形成城市发展、交通设施、交通运营、交通服务业、交通安全与环境等章节。现将报告主要结论介绍如下：

1. 上海国际航运中心建设跃上新台阶

海港设施不断完善。上海港港区拥有外高桥港区、洋山深水港区、杭州湾港区等 8 个海港港区，海港港口岸线总长度 148.2 千米，拥有泊位 1040 个，其中万吨级泊位 240 个。2023 年 9 月，建成洋山港水公铁集疏运中心，是全球首创的、双层立体交通、立体作业的集疏运中心。

海港枢纽能级位居世界前列。2023年上海港集装箱吞吐量达到4915.8万标准箱，连续14年位居世界第一，新华·波罗的海指数排名稳居世界第三。其中，集装箱水水中转量2843万标准箱，比例达57.8%，铁水联运量71.9万标准箱，河海直达量突破5万标准箱。

上海港在全国率先试点国际邮轮复航。截至2023年底，上海港国际客运中心码头有邮轮泊位3个，吴淞口国际邮轮码头有邮轮泊位4个。首艘国产大邮轮"爱达·魔都号"交付运营。2023年，上海港完成旅客吞吐量5.7万人次。其中，国内航线完成0.7万人次，国际航线完成5万人次。进港占47.8%，出港占52.2%。

上海内河航道通航里程同比增加，等内航道占比上升。拥有芦潮港、外高桥、罗蕴等10个主要内河港区，内河港口岸线总长度58.1千米，泊位数775个。2023年上海内河航道通航里程1617.21千米，同比上升1.7%。其中，等内航道占55.9%，较2023年上升5.2个百分点，III级及以上航道占9.8%。

内河港货物吞吐量同比增加显著。2023年，上海内河港完成货物吞吐量7634.2万吨，同比增长23.7%。内河煤炭及制品、石油、钢铁、矿物性建筑材料等六类主要货物占内河港货物吞吐量的79.3%。

船舶检验数量增加。2023年，上海市地方船检部门共完成船舶审图43套，同比增加1套。建造检验船舶64艘，同比增加30艘。营运检验船舶2576艘，同比增加458艘。中国船级社（CCS）上海分社完成国际营运船舶检验491艘，同比增加7.4%，国内营运船舶检验563艘，同比增加47%；完成国际新造船舶检验6艘，国内新造船舶检验22艘。

船舶登记数量略有增加，船舶交易量较为稳定。2023年，上海海事局在册登记的船舶数量为1939艘（含特案免税船舶），同比减少0.3%；上海市港航事业发展中心登记运营船舶1112艘，同比增加35.8%。2023年，上海航运交易所共完成船舶交易74艘次，同比增加1.4%；交易总价值5.53亿元，同比减少9.3%；完成船舶评估21艘次，评估船舶总价值6.50亿元。

航运保险业务量同比增长显著，海事审判与仲裁数量略有变化。上海地区船舶险和货运险业务量54.5亿元，同比增长11%。全年上海海事法院共受理一审案件2369件，同比增长14.6%；中国海事仲裁委员会上海分会、上海地方海事仲裁受理航运类案件共107件，同比减少52.7%。

上海机场航线通达性处于亚洲领先地位。虹桥、浦东两场已投用4座航站楼、1座单体卫星厅、6条跑道。截至2023年底，103家航空公司开通了至上海浦东机场和虹桥机场的航班，航线网络直达全球280个通航点。其中，国际通航点104个，国内（含港澳台地区）176个。

机场旅客吞吐量同比上升显著，浦东、虹桥呈四六格局。2023年，上海机场全年共完成旅客吞吐量9696.91万人次，同比增长235.6%，占全国民航旅客吞吐总量的7.7%。其中，浦东机场完成旅客吞吐量5447.64万人次，同比增长284.2%，占上海机场旅客吞吐量的56.2%；虹桥机场完成旅客吞吐量4249.27万人次，同比增长188.8%，占上海机场旅客吞吐量的43.8%。

上海机场航空货邮吞吐量连续16年保持世界第三。2023年，共完成货邮吞吐量380.3万吨，同比增长15.2%，占全国民航货邮吞吐总量的22.6%。

2. 长三角一体化背景下，对外交通辐射能级持续提升

对外交通客货运量同比增长显著，铁路客运量、水路货运量占比均近七成。2023年，民航旅客吞吐量同比增长235.6%，货邮吞吐量同比增长15.2%；铁路旅客运输量同比增长205.3%，货物运输量同比增长8.5%；水路货物运输量同比增长6.8%，港口货物吞吐量同比增长15.1%，港口集装箱吞吐量同比增长3.9%；公路对外旅客发送量同比增长143.6%，货物运输量同比增长12.5%。

铁路通道和辐射范围不断扩大，铁路客、货运输量同比增长显著。上海地区铁路拥有京沪、沪昆、沪苏通3个方向6条通道，形成"三主三辅"铁路客运枢纽布局。2023年，沪苏湖、沪通二期项目建设稳步推进，沪渝蓉干线铁路开工建设，沪乍杭铁路前期工作全面启动。上海全年完成铁路旅客运输量 26150.7 万人次，同比增长 205.3%。完成铁路货物运输量 1559 万吨，同比增长 8.5%。

公路通道运输能力显著增强，公路客货运输量同比增长。截至 2023 年底，上海市公路总里程为 12989.11 千米，公路网密度为 2.048 千米 / 平方千米，其中高速公路里程 880.6 千米。郊区高快速路网呈现"两环、十二射、一纵、一横、多联"路网格局。高等级道路里程占比上升。2023 年，上海市省际客运旅客对外日均发送量 3.12 万人次，同比增长 143.6%，占全社会旅客发送量 6.3%。道路货物运输量 5.04 亿吨，同比增长 12.5%，占全社会货物运输总量 32.9%，占比增加 1.2 个百分点。

邮政快递业务收入持续增长。全年邮政行业业务收入（不包括邮政储蓄银行直接营业收入）同比增长 13.1%。其中快递业务量同比增长 29.6%；业务收入同比增长 13.2%。2023 年，上海快递服务企业业务总量 37 亿件，同比增长 29.6%。其中，同城、异地、国际及港澳台业务量分别同比增长 17%、30.5% 和 63.1%。

长三角一体化服务能级不断提升。2023 年，推动建设长三角出行一体化公共服务平台，率先实现上海、嘉兴、苏州等毗邻城市一码通行。11 月，长三角三省一市交通行政主管部门联合大数据部门共同印发了《长三角交通领域"一码通行"工作方案（2023 年—2025 年）》，以"部标二维码互联互通、省级政务码试点应用"为原则，有序推进长三角交通领域"一码通行"。

长三角交通数据共享力度持续增强。完善道路危运、道路客运、高速公路等场景"一屏观、一网管"。搭建交通执法省际联盟链管理平台，实现区域内网络互联互通、区域行政执法数据共享。夯实行业信用体系建设，编制长三角信用信息共享目录，探索制定相关综合评价体系。

3. 道路交通运行有序，更高水平公交都市建设取得新进展

城市公共交通客运量显著增长，轨道交通主体地位进一步提升。2023 年公共交通（含轨道交通、公共（汽）电车、轮渡、金山铁路）日均客运总量 1316.6 万人次，同比增长 53.1%。其中，轨道交通（含磁悬浮）日均客运量占比 76.2%；公共汽（电）车（含团客）占比 23.0%；轮渡（含黄浦江轮渡和三岛轮渡）占比 0.6%，金山铁路占比 0.2%。

轨道交通全网运营里程、客流规模均位居世界第一。2023 年全网络运营线路 20 条（含磁悬浮，不含金山铁路及有轨电车），总里程 831 千米，位居世界第一。运营车站 508 座（含磁悬浮），其中换乘站 83 座。2023 年，轨道交通日均客运量 1003.04 万人次（含磁悬浮），同比增加 56.67%。日均客运周转量 9229.49 万人千米，同比增加 59.56%。

公共（汽）电车线网密度小幅上升，客运量同比回升。2023 年，本市公共汽（电）车运营线路 1576 条，线路长度 2.45 万千米，线网密度 1.47 千米 / 平方千米，同比增长 0.7%。全市建成区公共汽（电）车站点 500 米半径的服务覆盖率 92.2%，中心城基本实现全覆盖；轨道交通站点 50 米范围有公交线路服务比例达 88.6%。2023 年，全市公共汽（电）车线路日均客运量（不含团客）297 万人次，同比增长 41.5%，客流强度 113 人次 / 百公里，同比增长 7.9%。

中心城快速路、高速公路网出行需求同比上升明显。全年中心城 68 个地面道路区域工作日高峰时段平均拥堵指数均在 50 以下。中心城快速路工作日日均行驶量同比上升 14.4%，且中心城浦东区域增幅高于浦西区域。2023 年高速公路网流量 136.6 万辆次 / 日，同比上升 22.9%，其中，客车 107.6 万辆次 / 日，货车 29.0 万辆次 / 日，同比分别增长 29.8% 和 2.7%。

机动车保有量持续上升。截至 2023 年底，全市注册机动车保有量（含"沪C"牌照机动车）566.3 万辆，同比增长 6.0%。其中，小客车保有量（含新能源小客车）493.6 万辆，同比增长 7.4%。全市注册机动车千人拥有率为 228 辆 / 千人，同比增长 5.5%。

4. "三化"（数字化、智能化、绿色化）转型，引领交通高质量发展取得新突破

智慧公路建设里程稳步提升。建成 S32 智慧高速，启动建设 G15、G60 智慧高速。截至 2023 年底，智慧公路建设里程超过 144 千米。

智能网联测试规模和应用场景不断扩大。至 2023 年底，上海累计开放测试区域总面积 912 平方千米，实现嘉定和临港全域开放。累计向 32 家企业、774 辆车颁发道路测试和示范应用牌照，测试里程达 963.3 万千米。颁发首批智能网联出租示范运营证，首发基于立法基础的无驾驶人智能网联汽车道路测试牌，首创 AVP "最后一公里"自主泊车示范场景。建成东海大桥至洋山深水港之间智慧物流环线，实现智能重卡的"无人化"跨海集疏运示范运营。

客货 MaaS 服务不断升级。2023 年，建成上线国际集装箱运输服务平台（集运 MaaS）2.0，实现国际集装箱运输全链条的业务融合，推动一门式查询、一站式服务、一单制协同、一体化监管。随申行 App 上线"免申即享"，为 6 类特定人群提供便捷免费乘车；推出"单日票""单日票同乘人"及满 70 元九折优惠等便民措施，随申行 App 用户数突破 200 万，同比增长 360%。日均订单数 2.0 万单，同比增长 10 倍，其中公共交通订单占比 99%。

交通领域"一网统管"全面推进。2023 年，编制并发布《上海市交通委员会"一网统管"建设三年行动计划（2023—2025 年）》。结合数据上链，厘清委系统和交通行业数据资产现状；研究出台数据安全机制和数据安全分级分类管理细则；汇聚行业数据要素，各类数据要素达到了 500 余项，实现综合交通态势一屏观。从路网、港口、机场、黄浦江核心段等领域全面探索交通行业数字孪生，上线省际客运数字化监管系统，完善危化品数字化监管系统，完善下立交积水三联动应急管理。

市管交通重点用能单位能源消费量同比增长。2023 年全市市管交通重点用能单位能源消费量 1963 万吨标准煤，同比增长 28.3%，其中民航能耗占比超五成。

新能源汽车推广保持全球领先。全年上海新增推广上牌新能源汽车 35.35 万辆。截至 2023 年底，累计推广新能源汽车约 136.7 万辆，同比上升 34.8%。全年更新公交车 1839 辆，均为新能源车。截至 2023 年底，全市共累计建成各类充电桩总量 81.3 万根。其中，公共充电桩、专用充电桩 19.6 万根，私人充电桩 61.7 万根，全市车桩比 1.7:1。

绿色港口持续完善。上海洋山四期自动化集装箱码头荣获绿色、智慧"双五星"港口称号。上海港成为全国首个、全球第三个拥有"船到船"同步加注保税 LNG 服务能力的大型港口。截至 2023 年底，上海港国际集装箱码头泊位岸电（高低压）覆盖率为 100%，邮轮岸电（高低压）覆盖率为 85.7%，内河低压标准化岸电设施实现全覆盖。

智慧机场建设加快推进。2023 年上海两场均获评中国民用机场协会三星级"双碳机场"认证，初步实现数字孪生机场在生产运行、服务、安全、管理等方面展现和应用。

5. 交通治理现代化水平不断提升，发布一批重大规划和政策

发布《提升上海航运服务业能级 助力国际航运中心建设行动方案》《长三角生态绿色一体化发展示范区综合交通规划》《虹桥国际中央商务区综合交通专项规划》等。

完善行业法规规章、规范性文件及标准体系。2023 年，上海市人大与人大常委会发布地方性法规两部，即《上海市出租汽车管理条例》《上海市无障碍环境建设条例》；上海市交通委员会发布规范性文件 10 部，包括《上海市公共停车场（库）充电设施建设管理办法》《上海市公共汽车和电车客运服务规范》等；制定地方标准 3 项，工程建设规范 13 项，涵盖道路、桥梁、铁路等多个业态。

改善城市道路行车环境，推动农村公路提档升级。完成 125 条精品道路创建工作，完成苏州河 17 座桥梁的桥名牌外观提升。完成 200 千米农村公路提档升级改造。

提升慢行交通空间品质，加快交通拥堵点改造和交通设施养护管理。完成 220 个慢行交通体验提升项目和 14 个慢行示范区建设项目。完成 100 个拥堵点改善项目（含 50 个公交港湾式车站改造，完成 6 条区区对接道路的打通。完成外滩隧道、中山南路地道、北横通道等 5 个设施 18 个进口限高杆优化工作。

持续提升轨道交通、地面公交的服务水平。轨道实现全网增能 1.26%，完成 7 台无障碍电梯、38 部自动扶梯加装工作。地面公交完成 10 条公交骨干通道打造（为 2 条中心城骨干通道、8 条郊区骨干通道），新增金山至平湖毗邻公交线路 1 条，投运 500 辆无障碍低地板公交车，打造敬老爱老服务公交线路 60 条，新辟或调整轨交至大型居住区公交线路 24 条，完成 4 个轨交站点 50 米范围内公交站点改造，五个新城公交电子站牌覆盖率均超过 50%。

陆上执法立案查处案件同比上升，水上执法船用燃油抽样合格率较高。2023 年全市两级交通执法队伍共立案查处行业各类违法案件 26884 件，同比上升 16.4%。270 家运输企业、136 名出租汽车驾驶员被处以停业整顿。2023 年共计开展船用燃油抽样检查 7561 艘次，发现燃油含硫量结果不符合要求的 5 艘次，抽样检查合格率为 99.9%。

"上海停车" App 基本完成本市停车场（库）覆盖。2023 年底"上海停车" APP 覆盖停车场（库）3692 家，基本完成本市经营备案公共停车场（库）的信息接入并开通统一支付服务功能，开通错峰共享线上签约服务功能场库 330 家，开通停车预约医院场库 100 家。

停车难问题不断缓解，停车设施不断完善，车辆停放车次显著增加。累计创建 43 个停车资源优化项目，累计开工建设 8460 个公共泊位，累计新增 2333 个错峰共享停车位。2023 年，设置道路停车泊位 50169 个，同比增加 2947 个，增长 6.2%。其中，中心城道路停车泊位 33635 个，同比增加 1728 个，增长 5.4%。2023 年收费道路停车场停放量总计 3031 万辆次，同比增长 53.9%，泊位周转率 1.66 辆次／泊位／天，同比上升 45.6%。

（来源：上海市交通发展研究中心）

二、水路运输业

（一）上海航运交易所2024—2025年水运形势报告

2024年，在高通胀背景下，全球进入降息周期，这意味着全球经济实现了软着陆。受高成本、高债务以及保护主义加剧等因素影响，全球经济增长处于低位，也低于新冠疫情暴发前30年的平均水平，不同区域与国别之间的经济增长分化更加明显。根据国际货币基金组织（IMF）在10月发布的《世界经济展望》中预测，全球经济增长率预计为3.2%。

2024年，全球集装箱运输需求在2023年止跌回升的基础上继续上涨。上半年，受紧张地缘局势的影响，亚欧航线船舶绕道航行，集运市场运价走出大幅上涨行情。下半年，随着地缘局势对运输市场的影响趋于平稳，市场出现一定调整，运价有起有落。根据克拉克森的预测，2024年全球集装箱运输量增速约为5.4%。其中，东西主干航线集装箱运输量较2023年同期上涨8.1%，亚欧航线西行运输量较2023年增长6.4%；泛太平洋航线东行运输量较2023年增长13.8%。

闲置运力降至低位

2024年，主干航线运力投入规模继续上升，不同航线运力投放走势有所分化。据ALPHALINER统计，截至2024年11月，全球集装箱船舶数量为7149艘、运力3107万TEU，运力箱位数较2023年同期增长10.5%。其中，10000TEU及以上船型运力占总运力比重为44.4%，较2023年同期增长1.7个百分点。2024年11月，全球主要班轮公司在亚洲—欧洲、亚洲—北美航线投入的周运力较2023年同期比分别增长4.9%和4.6%。

2024年上半年，集运市场受到红海地区紧张局势的影响，主要班轮公司纷纷绕道航行，导致亚欧航线出现运力供给紧张的局面，其他主要航线运力供给同样较为紧张，推动闲置运力持续下降。进入下半年，虽然紧张局面有所缓解，但闲置运力规模仍处于低位。ALPHALINER的统计数据显示，2024年闲置运力占总运力比重多数时间处于1%以下。2024年11月，全球闲置的集装箱船舶箱位数为18万TEU，占总运力0.7%，较年初下降0.3个百分点，较2023年同期下降0.9个百分点。

船舶租金大幅上涨

2024年，集装箱船舶租金市场行情总体呈现稳中向好态势。2024年初，红海危机引发，集运市场短期内运力供给紧张，推升了租船市场的租金上涨，上涨行情在第二季度继续，且涨势有所加快。下半年起，集装箱船舶租金市场继续向好，伴随运力紧张的局面得到缓解，上涨势头开始趋于平稳。2024年底，租船市场的租金水平较年初有较大幅度上涨。据克拉克森数据显示，6—12个月租期的9000TEU、6800TEU和4400TEU型船的日租金分别较2023年同期分别上涨146.9%、170.9%和227.5%。

2024年中国市场回顾，外贸量增保持韧性

2024年，在全球经济复苏整体趋缓、贸易保护加剧的背景下，中国外贸展现出了较强的韧性，继续保持稳中向好的局面。以人民币计价，前11月中国外贸进出口总值达39.79万亿元，同比增长4.9%。以美元计价来看，2024年中国外贸进出口也扭转了2023年下滑的局面，重新回到增长轨道。随着推动产业升级和稳外贸的政策措施持续深化落实，中国外贸发展依托的产业基础、要素禀赋、创

新能力不断增强，出口商品向价值链上游不断提升，外贸发展新动能不断聚集，综合竞争优势更加巩固，为外贸高质量发展起到了长期支持的作用。海关统计数据显示，以美元计价，2024年前11月，中国外贸进出口总额5.60万亿美元，同比增长3.6%，增速较2023年同期加快9.2个百分点。其中，出口3.24万亿美元，同比增长5.4%，增速较2023年同期加快10.6个百分点；进口2.36万亿美元，同比增长1.2%，增速较2023年同期加快7.2个百分点。

东盟、欧盟和美国为中国前3大贸易伙伴。前11月，中国与东盟贸易总值为8852.5亿美元，增长7.2%，占外贸总值的15.8%；与欧盟贸易总值为7161.4亿美元，与2023年基本持平，占外贸总值的12.8%。与美国贸易总值为6244.9亿美元，增长2.9%，占外贸总值的11.2%（见表1）。此外，中国对共建"一带一路"国家合计进出口约2.64万亿美元，增长6%。其中出口1.48万亿美元，增长8.2%；进口1.16万亿美元，增长3.4%。

2024年前11月，中国外贸结构持续优化，总体呈现量增质优的局面。主要出口商品机电类产品重新回到增长轨道，占出口比重近60%。其中，汽车工业出口表现继续向好，新能源汽车保持显著增长；值得一提的是，中国造船业爆发式增长，2024年中国造船厂全球订单份额接近90%，显示了中国在全球造船业中的领先地位。传统劳动密集型产业出口情况总体稳健，不同品类商品出口数据有所分化，纺织类、塑料制品及家具产品稳定增长。

港口吞吐恢复增长

2024年，中国主要港口集装箱吞吐量均保持同比增长态势，且增速进一步加快。受对外贸易表现良好的支撑，沿海港口集装箱吞吐量增长快于2023年，内河港口集装箱吞吐量出现增长放缓迹象。

2024年前11月，全国港口集装箱吞吐量完成30455万TEU，同比增长7.3%，增速较2023年同期增加2.4个百分点。沿海港口集装箱吞吐量完成26753万TEU，同比增长7.6%，增速较2023年同期增加3.3个百分点；内河港口集装箱吞吐量达到3702万TEU，同比增长5.2%，增速较2023年同期下降4.4个百分点。

挂靠平稳准班下滑

2024年，地缘紧张局势成为影响集运市场正常运行的重要因素，全球主要港口准班率较2023年平均水平全面下滑，部分港口跌幅较大；船舶挂靠数总体平稳，中国港口保持较为稳定的增长态势。

市场波动运价上涨

2024年初，地缘风险成为集装箱运输市场面临的主要考验，短期内运力供给处于较为紧张的局面，市场运价持续上涨。在传统的春节假期后，市场运输需求的恢复略显缓慢，供需形势趋于宽松，市场运价出现调整行情直至一季度末。4月中开始，欧美补库需求明显提升，国际贸易复杂局势等因素刺激货主提前发货，年中旺季提前到来，运力供给再度趋紧，市场运价在第二季度再次冲高。下半年开始，伴随各大班轮公司运力调配逐步到位，地缘局势对集运市场的影响趋于平稳，市场运价在高位缺乏进一步的支撑，走出调整行情。第四季度，市场进入年底集中签约的关键时期，班轮公司调涨运价意愿增强，并陆续进行技术性宣涨，叠加年前需求提升，运输市场企稳反弹。

2024年12月27日，上海航运交易所发布的中国出口集装箱综合运价指数为1515.07点，较年初上涨61.7%，全年中国出口集装箱综合运价指数平均值为1550.59点，较2023年平均上涨65.4%；上海出口集装箱综合运价指数为2460.34点，较年初上涨29.7%，全年上海出口集装箱综合运价指数平均值为2506.27点，较2023年平均上涨149.2%。

分航线看，各主要航线运价上半年走势总体相似，运价均保持上涨走势。下半年开始市场行情有所调整，不同航线因供需基本面的差异，走势略有分化。

欧地航线

2023 年底，红海地区突然爆发的紧张局势对正常的运输市场产生了较为严重的影响。2024 年初，主要班轮公司绕道航行，航运距离和成本增加，推动市场运价持续上涨。春节前后，伴随需求淡季回落，紧张情绪略有缓和，欧地航线运价波动逐步趋稳。4 月中开始，欧洲经济逐步回暖，带动运输需求持续向好，叠加地缘紧张局势迟迟未能缓解，市场运价在第二季度再次迎来一波上涨行情。欧地航线从第三季度开始走弱，市场运价持续回落。第四季度，随着传统运输旺季的到来，运输市场重新获得支撑，叠加年末市场迎来签约季，航商积极推动运价上涨，即期市场订舱价格企稳反弹。

2024 年 12 月 27 日，上海航运交易所发布的上海出口至欧洲、地中海基本港市场运价分别为 2962 美元 /TEU、3780 美元 /TEU，较年初分别上涨 3.2%、4.4%。2024 年欧洲、地中海航线平均运价分别为 3132 美元 /TEU、3797 美元 /TEU，较 2023 年平均分别上涨 255.1%、146.1%。

北美航线

2024 年初，北美航线受到气候因素影响，巴拿马运河水位偏低，影响通航效率，叠加其他地区受到地缘紧张局势的影响，加剧了市场上运力供给紧张局面，市场运价稳步上行。在春节假期后，需求迎来回落，北美市场步入调整行情。4 月进入传统签约季，北美航线市场运价受到一定支撑。随后，运输需求开始稳定增长，叠加集运市场整体运力供给紧张，市场运价在第二季度加速上行。下半年，面对美国大选引发的不确定性考验时，美国经济和就业市场逐渐显现出放缓迹象，导致运输需求缺乏进一步增长的动能，供需基本面转弱，市场运价出现较大幅度回落。11 月美国大选结果尘埃落定，在新一届当选总统特朗普上任之前，出现部分货物提前出运的现象。另外，受美东港口罢工的消息干扰，即期市场运价也有所反弹。

2024 年 12 月 27 日，上海出口至美西、美东基本港市场运价分别为 4581 美元 /FEU、6074 美元 /FEU，较年初分别上涨 65.1%、54.5%；2024 年美西、美东航线平均运价分别为 4987 美元 /FEU、6463 美元 /FEU，较 2023 年平均分别上涨 210.4%、155.5%。

澳新航线

春节长假后，当地对各类物资的运输需求增长略显缓慢，一季度供需基本面偏弱，运价总体呈现调整行情。二季度，运输需求出现回暖，在其他航线运价上涨的带动下，澳新航线市场运价开始回升，但上半年的运价涨幅小于其他远洋航线。下半年，随着中国与目的地主要国家贸易情况继续转好，运输需求回暖，供求关系持续改善，市场运价在高位徘徊，总体表现好于其他航线。

2024 年 12 月 27 日，上海出口至澳新基本港市场运价为 2110 美元 /TEU，较年初上涨 94.7%；2024 年澳新航线平均运价为 1536 美元 /TEU，较 2023 年平均上涨 214.4%。

南美航线

目的地主要国家上半年经济形势稳中向好，带动运输需求保持高位。春节假期后，市场运价就开启上行走势。第二季度，全球集运市场运力供给形势较为紧张，对市场运价起到进一步的支撑作用，运价涨幅扩大。下半年，市场走势以调整行情为主，运输需求增长乏力，运价在高位缺乏进一步的支撑，即期市场订舱价格持续下行。

2024 年 12 月 27 日，上海出口至南美基本港市场运价为 5468 美元 /TEU，较年初上涨 88.5%；2024 年南美航线平均运价为 5676 美元 /TEU，较 2023 年平均上涨 174.9%。

国内运输总体平稳

据国家统计局数据显示，2024 年前 11 月，社会消费品零售总额 442723 亿元，同比增长 3.5%，消费市场总体保持稳定增长态势。在一系列促消费政策的作用下，国内消费市场持续回升向好。此外，企业生产经营保持稳中向好态势，尤其是外贸行业表现亮眼，对中国物资运输需求起到支撑作用。

据交通运输部发布的数据，2024 年前 11 月，主要内河港口完成集装箱吞吐量同比增长 5.2%。运价方面，上半年内贸集装箱运输市场总体表现稳定。受外贸需求复苏带动，沿海地区内贸集运市场好于长江中上游地区，市场运价总体平稳，价格在一定区间波动。第三季度，内贸集运市场呈现调整行情，运价震荡下行。临近年底，市场出现企稳迹象。

2025 年国际市场展望，经济增速低位徘徊

2025 年，世界经济增长预计保持稳定，全球经济前景面临的风险总体平衡。通胀水平有望继续下行，但由于许多地区的服务业价格居高不下，延缓了通胀下降的速度，导致利率维持在高位的时间延长，并将提高长期收益率的水平，可能加重部分国家的财政及债务负担，并限制经济增长的速度。据 IMF 预测，2024 全球经济增速将从 2023 年的 3.3% 小幅降至 3.2%。

2024 年，发达经济体的通胀水平已经较高位大幅回落，多数经济体也开始将利率逐步下调，推动发达经济体的经济增长小幅提升，增速总体处于低位。2025 年，发达经济体将继续保持增长，预计增速达 1.8%，环比上升 0.1 个百分点。2024 年，美国经济在所有发达经济体里的表现较为出色，预计增速达 2.7%，劳动力市场持续放缓以及债务规模快速增加，都将影响美国经济在 2025 年的表现，预计 2025 年的增速将回落至 1.9%。尤其是新任总统特朗普可能对许多经济政策采取较大的转变，美国经济可能面临较大的不确定性。欧洲地区经济较为低迷，制造业 PMI 数据长期低于荣枯线，俄乌冲突持续至今也加剧了欧洲地区的地缘政治风险。欧洲地区经济增速总体处于低位，预计 2024 年增速为 0.9%，随着欧洲经济逐步回暖，2025 年经济增长有望提升至 1.5%。

2024 年，新兴市场和发展中经济体的经济增速虽略有下降，总体增长稳定，增速也高于发达经济体。据 IMF 预测，2024 年新兴市场和发展中经济体的经济增速预计达 4.3%，2025 年增速同样保持在 4.3% 的水平。各发展中经济体由于基本面有所差异，经济增速继续呈现分化态势。亚洲经济体中，印度在 2024 年的增长较快，预测 2024 年增长率达 7.0%，2025 年预计增长率回落至 6.5%；中国的经济增长更加关注质量，虽然增速有所放缓，但继续保持了稳中向好的局面。俄乌冲突持续至今，俄罗斯受西方国家制裁，经济增速持续下滑，2024 年预计增长率为 3.2%，2025 年预计增长率降至 1.5%。

据世界贸易组织发布的《全球贸易数据与展望》报告预测，2024 年全球货物贸易量将增长 2.7%。全球贸易正稳步复苏，但未来仍面临多重风险，例如地缘政治局势和贸易政策的不确定性。

2024 年运输需求大幅增长，2025 年运输需求有望继续保持增长态势，增速或将有所放缓。据克拉克森预测，2025 年全球集装箱运输需求上涨 2.8%。其中，太平洋航线运量约为 3080 万 TEU，较上年上涨 1.3%，增速下降 10.5 个百分点；亚欧航线运量约为 2420 万 TEU，较上年上涨 0.8%，增速下降 3.1 个百分点；次干航线运量约 2450 万 TEU，较上年上涨 4.8%，增速上升 1.3 个百分点；南北航线运量约 3700 万 TEU，较上年上涨 3.7%，增速下降 1.4 个百分点；区域内航线运量约 9290 万 TEU，较上年上升 3.0%。

运力增速高位回落

据克拉克森预测，2025 年新船交付量约为 188.3 万 TEU，较 2024 年下降 36.4%。如果这些运力全部如期交付，截至 2025 年底全球集装箱船队运力规模将达 3277 万 TEU，较 2024 年年底增长 6.1%。其中，12000—16999TEU 船型船舶订单交付量约为 107.4 万 TEU，17000TEU 以上船型船舶订单交付量约为 24.1 万 TEU，如果前述两类船型订单全部交付，截至 2025 年年底两船型合计运力规模将达 1297.8 万 TEU，较 2024 年底增长 11.3%，占总运力比重为 39.9%。

2024 年集运市场总体运力规模继续快速增长，随着前期投资建造的新船持续投放，新增运力的增速超过了运输需求的增长，在某种程度上提升了部分老旧运力进入拆解市场的速度，带动集装箱船

拆解市场快速增长。据克拉克森预测，2025 年世界集装箱船舶拆解量将达 23.6 万 TEU，较 2024 年大幅增长 172%。如果考虑船舶拆解量和交付量，2024 年全球船队运力规模为 3253.3 万 TEU，较 2024 年增长 5.3%，增速较 2024 年减少 5.0 个百分点。

行业格局总体平稳

经过多年运行的联盟化经营方式已经较为成熟，市场份额基本稳定。在行业总体格局保持平稳的背景下，各班轮公司经营策略有所分化，部分班轮公司如地中海航运公司采取更为积极的扩张策略，运力规模扩张势头强劲，市场份额已经稳定在行业第一。根据 ALPHALINER 的统计，2024 年底，从班轮公司的运力来看，市场份额超 10% 的公司有 4 家，分别是地中海航运、马士基、达飞轮船和中远海运，占比分别为 19.9%、14.2%、12.2% 和 10.6%。此外，还有 3 家班轮公司市场份额超 5%，分别是赫伯罗特、海洋网联、长荣海运。上述 7 家班轮公司的运力市场占有率达 76.3%，市场份额超过 3/4。

2024 年，集运市场经历了地缘局势的考验，市场运价大幅上涨至高位，提升了集装箱运输企业的经营业绩。由于市场运力正加快投放，未来运输市场竞争或将有所加剧，集装箱运输企业的利润水平可能面临下滑的压力。

2025 年中国市场展望，外贸延续高质发展

2024 年，中国外部环境日益复杂，对外贸易可能面临更大压力。首先，在全球经济增长低位徘徊的背景下，贸易增长动能不足。其次，贸易保护主义可能继续升级，持续冲击多边贸易体制。

当前外部环境变化带来的不确定性，中国经济运行仍面临不少困难和挑战，但中国经济基础稳、优势多、韧性强、潜能大，长期向好的支撑条件和基本趋势没有变。展望 2025 年，在相关部门稳增长措施不断深化落实的支持下，中国外贸有望延续高质量发展势头。

供需平衡较为脆弱

2025 年，中国出口集装箱运输市场需求虽然有望维持在较高水平，但增速将面临下行压力。新增运力仍处于快速增长的阶段，运力投放继续保持较高水平。随着总体运力规模不断扩大，集运市场的供求平衡较为脆弱。但不同航线因受气候、地缘局势、港口罢工等不同因素的影响，供需基本面有所差异，预计走势将出现分化。

北美航线

美国新当选总统特朗普对中美贸易采取的政策调整和转变，将成为影响 2025 年中美贸易最重要的因素，需要重点予以关注。北美航线运输市场也因此将面临较大的不确定性，如果美国提升对中国出口商品的关税，中美贸易继续增长的势头将受到影响，也会对北美航线集运市场产生较大的下行压力。

欧地航线

2024 年初爆发的地缘紧张局势已经大幅缓和，供需基本面将重新成为亚欧航线运输市场最主要的因素。运力方面，目前新增运力主要以大型船舶为主，主要投放在欧美航线这样的主干航线。运力投放继续保持较快增长，将导致未来主干航线运力供给持续增长。

南北航线

目前欧美国家已经进入降息周期，利好大宗商品的价格，对商品资源国的经济增长及南北航线的运输需求起到支撑作用。如果美国大范围提高关税开打贸易战，会拖累对大宗商品的需求，导致南北航线同样面临下行压力。此外，新增运力投放到主干航线也会导致部分运力置换到南北航线这样的次干航线，加大该航线的供求平衡的压力。2025 年，南北航线的走势可能出现分化。据克拉克森预测，2025 年，拉美航线、非洲航线、大洋洲航线集装箱运输需求较 2024 年分别增长 3.3%、4.9%、2.2%，

增速分别较 2024 年减少 3.2 个百分点、增加 3.1 个百分点、减少 5.4 个百分点。

亚洲区域内航线

区域内多数国家的经济保持稳定增长，是世界范围内属于增长较快的地区，RCEP 区域全面经济伙伴关系协定施行以来，推动了区域内国家不断加深贸易往来，相互贸易持续较快增长，有利于运输需求长期保持稳定增长。据克拉克森预测，2025 年亚洲区域内航线运输需求约为 6730 万 TEU，较 2024 年增长 3.2%。

总体上，2025 年中国外贸有望保持高位，在日益复杂的外部环境下，需要采取更加积极的政策助力外贸稳定发展，推动中国出口集装箱运输市场保持平稳发展。未来也需要重点关注相关国家贸易政策的转变和地缘局势的变数。

（来源：上海航运交易所信息部）

（二）上海国际航运中心发展情况

2024 年 10 月 15 日举行的"推动高质量发展"主题系列 2024 北外滩国际航运论坛新闻发布会，交通运输部水运局二级巡视员高海云介绍了我国航运业发展相关情况，上海市交通委员会主任于福林介绍了上海国际航运中心发展情况及 2024 北外滩国际航运论坛总体安排。上海市虹口区副区长陈帅，中国东方航空集团副总经理万庆朝，中国远洋海运集团研究咨询中心副主任罗虎，上海海事大学副校长施欣出席新闻发布会，共同回答记者提问。

一年来，我国水运高质量发展取得了积极进展：

一是基础设施网络更加完善。着力优化畅通水运主干线大通道，干线航道扩能升级有序推进，长江中游一批航道整治工程竣工验收，江淮运河实现全线通航，平陆运河工程累计完成投资超过 400 亿元，建设投资比例超过 50%。着力强化提升重点区域、重点货类码头能力供给，上海小洋山北作业区集装箱码头等重大建设项目顺利推进，一批码头改扩建工程加快建设。2024 年前 8 个月，水运建设投资完成 1383.5 亿元，在上年同期较高水平基础上，再增长 9.6%。

二是船队结构规模优化提升。不断推动运力结构优化调整，船舶大型化、专业化和标准化发展水平显著提升，截至 2023 年底，营业性运输船舶平均净载重量达 2540 吨／艘，比 2022 年底进一步提高，特别是 2024 年联合国家发展改革委制定实施了老旧营运船舶报废更新补贴政策，推动新一轮老旧营运船舶更新换代。我国国际海运船队规模继续保持世界前列，截至 2024 年 9 月，我国拥有海运船队总规模已达 4.3 亿载重吨，占世界船队比重 18.7%，稳居世界前列。

三是运输服务保障更加有力。持续推动港口服务提质增效，港口运行保持良好态势，2024 年 1—8 月完成港口货物吞吐量 115.1 亿吨，港口集装箱吞吐量 2.2 亿 TEU，同比分别增长 3.7% 和 8.2%。持续推动航运服务质量和保障能力不断提升，多措并举加强汽车出口海运保障，粮食、能源、矿石等重点物资运输有力有序，全力服务保障产业链供应链韧性和安全水平。

四是降本提质增效稳步推进。着力深化运输结构调整，大力推动大宗货物运输"公转铁""公转水"，铁水联运持续快速发展，2024 年 1—8 月，全国港口集装箱铁水联运量 778 万标箱，同比增长 17.7%。持续推动水路客运服务品质提升，各地推出国内水路旅游客运精品线路，广受群众欢迎，2023 年 9 月以来，国际邮轮运输全面恢复，一年来邮轮旅客运输量达 95 万人次，进一步激发了消费新活力。

五是智慧绿色转型加速推进。大力推进智慧港口智慧航道建设，上海港罗泾等一批自动化码头竣工验收，全国已建成自动化码头达 49 座，继续保持全球领先；电子航道图发布里程持续增加，覆盖高等级航道超过 7800 千米。大力推进航运贸易数字化发展，港口电子放货和海运电子提单应用范围不断拓展，过去一年，我国出口航运企业签发海运电子提单累计超过 17 万票，居世界前列。大力推动港口船舶用能绿色转型，港口方面，黄骅港煤炭港区绿色港口发展交通强国建设试点已于今年通过验收，沿海干线枢纽港岸电设施覆盖率已超过 90%，2024 年 4 月我国首次绿色甲醇"船－船"加注作业在上海港顺利完成；船舶方面，首艘自主研发建造的江海直达换箱式纯电池动力集装箱船投入运营，我国主要航运企业组织开展的甲醇动力远洋船舶推广应用试点项目列入了部第一批绿色低碳交通强国建设专项试点任务。

六是海运国际交流合作不断深化。持续拓展国际海运合作的广度和深度，正式签署了《中国—安提瓜与巴布达海运协定》，续签了《中国—利比里亚海运协定》，已与 69 个国家和地区商签了双多边海运协定。着力提升我国现代航运服务业的服务能力，联合五部门印发实施《关于加快推进现代航运服务业高质量发展的指导意见》，上海持续保持国际航运中心发展指数第三位。中国航海日活动、北外滩国际航运论坛影响日益增强。

下一步，将深化综合交通运输体系改革，落实水运领域改革任务，推进水运高质量发展，加快建设交通强国水运篇，奋力当好中国式现代化的开路先锋。

一年来，在辐射全球的航运枢纽建设、航运服务能级提升以及航运中心数字化、智能化、绿色化转型等方面，上海取得阶段性成效：

一是国际海空枢纽建设稳步推进。一方面，海港吞吐量稳中有增，辐射能力有效增强。2024 新华·波罗的海国际航运中心发展指数报告显示，上海再次位列国际航运中心发展指数第 3 位，国际航运中心地位不断巩固。2024 年 1—9 月，上海港完成集装箱吞吐量 3910.2 万标准箱，同比增长 8%。罗泾集装箱港区一期正式开港，建成 1 个 10 万吨级泊位和 4 个 1 万吨级泊位，设计年吞吐量达 260 万标准箱，是连接长江和海运的重要枢纽，大大提升了上海港的效率和产能；上海港集装箱水水中转比例达 60.6%；海铁联运完成 72.7 万标准箱，同比增长 38.6%，集疏运体系日趋完善。另一方面，空港通达性持续提升，航空市场加速恢复。2023 年，上海航空货邮吞吐量世界排名第三。2024 年 1—9 月，上海两大机场航班起降量、旅客吞吐量、货邮吞吐量分别为 60.2 万架次、9343.3 万人、307.2 万吨，同比增长 17.8%、33.5%、12%，全部恢复到 2019 年同期水平。此外，邮轮港国际航线重启，配套产业加快布局。2024 年一季度，首艘国产大型邮轮"爱达·魔都号"开启商业运营，至今已服务超 25 万旅客。全球最大邮轮品牌皇家加勒比旗下"海洋光谱"和亚洲目前最大的邮轮——"地中海荣耀"，相继重返中国市场。1—9 月，上海港接待国际邮轮靠泊 175 艘次，邮轮旅客吞吐量 104.65 万人次，恢复至 2019 年七成水平。同时，第二艘国产大型邮轮已进入总装搭载的加速期，计划于 2026 年底完成交付。

二是航运服务能级持续提升。一方面，航运金融保险成果丰硕。人保财险发布全球首款满足"一单制"的多式联运集装箱货物运输保险方案。中国太保推出全国首单航运业欧盟碳排放成本价格指数保险。集运指数（欧线）期货顺利完成三次交割，成交量和活跃度远超境外类似品种。另一方面，航运司法仲裁取得突破。目前，正在加快推进海事仲裁制度创新，已形成临时仲裁全链条制度规则体系。成立航运法律共同体并举行首次联席会议，积极构建政府引导、行业指导、市场主导的航运法律生态圈。

三是航运中心"三化"转型不断深化。首先，加快提升上海港的新型燃料加注能力。国际航行船舶 LNG 加注业务从洋山拓展至全港，加注能力和规模进一步提升；同时，上海港已实现大型集装箱船绿色甲醇燃料"船－船"同步加注作业，成为国内首个具备船对船加注绿色甲醇能力的港口。其次，加快绿色航运国际合作步伐，2023年发布了上海港—洛杉矶港绿色航运走廊实施计划纲要，现已建立了完整的工作机制，协同各方力量共同推进；2024年举行了中美绿色航运走廊工作会议，分享经验，凝聚共识。此外，积极推进航运贸易数字化，不断扩大电子提单、电子放货在港口航运领域的应用，2024年1—9月，上海口岸完成电子放货31万余票，合计93万余标准箱。

当前，全球经贸格局正在经历深刻变化，航运业面临着新的机遇和挑战。上海将主动作为，以"2024北外滩国际航运论坛"为契机，以数字化、智能化、绿色化为主线，以提效能、扩功能、增动能为导向，打响上海高端航运服务品牌，加快建设新一代智慧绿色港口，在更大范围、更宽领域、更深层次开展国际合作，为全球航运业发展贡献中国力量。

2024北外滩国际航运论坛的总体安排：

"2024北外滩国际航运论坛"由交通运输部、上海市人民政府共同主办，上海市交通委员会、虹口区人民政府、中远海运集团、中国东方航空集团、上海国际港务集团、上海机场集团、上海海事大学等承办。

论坛于10月22—24日在北外滩世界会客厅举行，主题为"数字、智能、绿色 共建全球航运新生态"。

论坛由开幕式、两个主论坛和五个主题论坛组成。开幕式将邀请国内外部长级嘉宾、有关权威国际组织负责人等出席并致辞或演讲。两个主论坛即"国际海运论坛"和"国际航空论坛"，将分别围绕"如何以航运业高质量发展应对不确定"以及"数字起航 智绘蓝天——共塑民航新未来"两个主题，邀请海运航空业界及产业链各方专家和代表交流探讨、分享思路。五个主题论坛将分别聚焦海上交通安全、数字智能、绿色低碳、司法仲裁、金融保险等开展对话交流。本届论坛线下参会人数约4000人次，覆盖约50个国家及地区，联合10余家中外媒体面向全球中英文线上直播。

（来源：市政府新闻）

（三）跃居全球第一！ 2024年上海港汽车吞吐量突破363万台

近日，一则振奋人心的消息从上海港传来：2024年，上海港汽车吞吐量成功突破363万台，一举跃居全球第一，这一里程碑式的成就标志着上海港在全球汽车运输领域的地位得到了进一步巩固和提升。

上海港作为我国重要的综合性港口，一直以来在国际贸易和物流运输中扮演着关键角色。近年来，随着全球汽车产业的蓬勃发展以及我国汽车出口业务的持续增长，上海港积极抓住机遇，不断优化港口设施和服务，大力提升汽车装卸、存储和运输能力。

2024年，上海港通过一系列的创新举措和资源整合，实现了汽车吞吐量的大幅增长。一方面，港口加大了对基础设施的投入，新建和升级了多个专业化的汽车码头，配备了先进的装卸设备和智能化管理系统，极大地提高了汽车装卸效率。这些现代化的设施不仅能够快速、安全地处理大量汽车，还能有效减少车辆在港停留时间，降低物流成本。另一方面，上海港加强了与国内外汽车生产企业、物流企业的紧密合作，优化航线布局，开辟了多条直达全球主要汽车消费市场的航线。通过与各方建立良好的合作关系，港口能够更好地满足客户需求，提供一站式的物流解决方案，吸引了越来越多的汽车选择从上海港出口。

此外，上海港还注重提升服务质量和通关效率。港口管理部门积极与海关等相关部门沟通协调，推行便捷的通关政策和流程，实现了快速验放，为汽车顺利出口提供了有力保障。

上海港汽车吞吐量跃居全球第一，不仅体现了我国汽车产业的强大竞争力，也反映了我国港口物流行业的发展水平。这一成就对于我国汽车产业的国际化发展具有重要意义，为我国汽车进一步拓展海外市场提供了坚实的物流支撑。同时，有助于提升上海港在全球航运界的影响力，吸引更多的国际物流业务汇聚上海，推动上海国际航运中心建设迈向新的高度。

展望未来，上海港将继续发挥自身优势，不断创新发展，持续提升服务水平和运输能力。随着全球汽车产业的不断变革，尤其是新能源汽车市场的快速崛起，上海港将积极适应新趋势，为新能源汽车出口搭建更高效的物流平台，助力我国汽车产业在全球舞台上取得更加辉煌的成绩。相信在上海港的有力推动下，我国汽车将更加顺畅地驶向世界各地，为全球汽车贸易和经济发展做出更大贡献。

（来源：上林三里红）

（四）新城市志｜国际航运中心建设，上海做对了什么？

上海的国际航运中心建设又有重大进展。

1 月 15 日，上海市市长龚正作《政府工作报告》。报告显示，2024 年上海港集装箱吞吐量达到 5150.6 万标准箱，连续 15 年排名世界第一，成为全球首个年吞吐量超过 5000 万标准箱的世界大港。上海机场航空货邮和旅客吞吐量分别达到 420.6 万吨、1.25 亿人次，排名分别升至世界第二、世界第三。

上海港 30 年飞速增长的秘密

从 1994 年集装箱吞吐量突破 100 万标准箱，上海港集装箱吞吐量 30 年增长 50 倍，实现跨越式发展，这是上海国际航运中心建设的一个缩影。

每一次千万级的突破，都是一次历史性跨越。第一次跨越发生在 2003 年，上海港集装箱吞吐量一举突破 1000 万标准箱；此后，上海港的发展步伐不断加快。2006 年，吞吐量突破 2000 万标准箱；2011 年，吞吐量突破 3000 万标准箱；2017 年，吞吐量达到 4000 万标准箱；2024 年 12 月 22 日，上海港集装箱吞吐量正式突破 5000 万标箱。

上海港 2024 年的集装箱吞吐量最终达到了 5150.6 万标准箱，创下全球港口集装箱运输史上的最高纪录，并且连续 15 年排名世界第一，写下了上海国际航运中心建设史上浓墨重彩的一笔。上海港集装箱吞吐量的持续增长，得益于多方面因素的共同作用。

首先，过去这些年上海港的基础设施不断完善，自动化码头投入使用，港口布局不断优化。2017 年底，上港集团打造的洋山四期自动化码头投入运营，标志着中国港口行业在运营模式和技术应用上实现了里程碑式的跨越升级。如今，其自动化水平又不断迭代升级，人均劳动生产率为传统码头的 213%，成为全球能效最高的自动化码头。

其次，上海港不断深化与全球班轮公司的合作及区域合作。上海港拥有近 350 条国际航线，覆盖全球 200 多个国家和地区的 700 多个港口。上港集团已同包括长三角 16 个港口在内的 22 个长江沿线省市港口进行深度合作，在长三角布设 24 个内陆集装箱码头，强化了母港与腹地港航物流资源的协同效应，增强了腹地辐射能力。

再次，新业务的试点与推广，以及港口集疏运体系的不断完善，也为吞吐量的增长提供了强劲动能。2024 年上海港水水中转比例约 60%，创历史新高；2019 年推出的海铁联运服务也已实现常态化，10 余条海铁联运"天天班"稳定开行，2024 年运量突破 90 万标准箱，同比增长约 40%。另外，沿海捎带、国际集拼、跨境电商等业务都成为集装箱增量的新引擎。

最重要的是，有政策支持与法律保障。2016 年 6 月，上海通过了国内首部航运中心建设地方性法规。2024 年 12 月底，上海市通过了修订后的《上海市推进国际航运中心建设条例》，将于 2025 年 2 月 1 日起施行。该条例明确了上海国际航运中心发展规划及相关专项规划的编制要求，统筹保障航运中心建设用地和水域等资源需求，推动构建高效、绿色、畅达的集疏运体系。

2024 年上海外贸进出口额达到 4.27 万亿元，规模连续 9 年创新高， 其中出口增长 4.6%。贸易伙伴已超过了 200 个，上海对"一带一路"共建国家贸易额增长了 4.8%。贸易结构也进一步优化，一般贸易进出口占比将近 60%，机电产品进出口占比超过 50%，高新技术产品出口占比将近 1/3。此外，2024 年外贸方面的一大亮点，是船舶和存储部件出口实现近 60% 的快速增长。

对外贸易是拉动经济增长的"三驾马车"之一，也是畅通国内国际双循环的关键枢纽。上海对外贸易的畅通，离不开上海国际航运中心的建设。尤其是在口岸贸易方面，上海港和上海机场的贡献更为明显。数据显示，2024 年，上海口岸贸易规模首次突破 11 万亿元，达到 11.07 万亿元，同比增长 3.9%，继续保持全球城市首位。

上海港利用洋山特殊综保区的特殊政策优势，推动中转集拼作业时间减少近 50%，这意味着货物能够更快地从港口出发，抵达海外市场。比如，上海港就在其港区内设立了全国首家二手车出口综合服务平台，极大优化了二手车出口流程，提高了效率，推动二手车出口增长了超 20%。

同时，上海在推动数字贸易、跨境贸易、国际要素流动等方面也取得了一系列进展。上海推进数字身份跨境互认试点，推动临港新片区与新西兰奥克兰港、智利瓦尔帕莱索港合作开发和实施数字航运解决方案；通过试点跨境电商敏货机场便利化收运，上海两大机场跨境电商出货量同比增长近 30%；跨境电商 9610 海运出口试点并实行常态化运营，也让上海到美国西海岸的跨境电商海运快线仅需 11 天。

值得一提的是，过境免签政策以来，上海作为"中国入境游第一站"，2024 年入境游客超 600 万人次，在全国空港中位居首位。

爱达魔都号：联动发展赋能对外开放

航运是天然全球化的行业，航运的发展离不开对外开放与国际合作。港口和机场在对外贸易中扮演着至关重要的角色，它们处于对外开放的最前沿，是航运的重要集结点和枢纽，已成为全球贸易运输的重要支撑。港口和机场不仅是物流与经贸的枢纽，还能以大通道推动外贸升级，赋能开放型经济，推动高水平对外开放。

2024 新华·波罗的海国际航运中心发展指数报告显示，新加坡、伦敦、上海、香港、迪拜在 2024 年全球航运中心城市中综合实力继续保持领先。上海已连续 5 年位列全球第三，硬件条件不遑多让，但与新加坡、伦敦等国际航运中心相比还有一些差距。其中一个重要短板就在航运金融、航运保险、海事法律等高端航运服务方面，这是世界级国际航运中心的重要标志和核心软实力。

2024 年，上海港在高端航运服务领域实现了多项突破——全国首例涉外海事临时仲裁案件在沪开庭并作出裁决，实现中国商事海事仲裁制度性突破；上海港完成中国首单国际航行集装箱船绿色甲醇燃料"船—船"同步加注作业；作为由上海航运交易所参与挂牌的中国首个航运期货品种，集运指数（欧线）期货预计 2024 年稳居全球成交量第一的位置。

航运器材的国产化，也在 2024 年取得突破性进展。2024 年国产大型邮轮爱达·魔都号开启商业首航，一年来，爱达·魔都号一共运行了 84 个航次，服务超过 30 万的中外游客。爱达邮轮产品和客户体验副总裁顾鹏程说，游客满意度可以达到 95% 以上。国产大飞机 C919 累计交付 16 架，截至 2024 年 12 月，C919 累计承运旅客突破 100 万人次。

未来，上海应大力推动航运中心与经济、金融、贸易、科创等其他四个中心建设的联动，发展高端服务业，加强大数据、人工智能、区块链等新一代信息技术在航运业的应用，形成"五个中心"建设互相支撑、联动发展、攥指成拳的"功能聚合体"，满足新质生产力发展新需求，从而真正推动上海国际航运中心实现从"基本建成"向"全面建成"的跃升。

上海国际航运中心建设的已有成绩，是时代赋予的机遇与国家战略的精准实施相结合的产物。展望未来，上海需继续秉持开放、创新、绿色的理念，深化国际航运中心建设，不仅要在硬件与规模上继续保持领先，更要在质量、效益、可持续性上实现新的飞跃，为构建开放型世界经济贡献更多"上海智慧"和"上海力量"。

（来源：澎湃新闻）

三、铁路运输业

（一）2024 年中国铁路行业市场现状、竞争格局及发展趋势分析

1. 行业概况

（1）定义。铁路，是指供火车等交通工具行驶的轨道线路，属于国家重要基础设施。铁路运输是一种陆上运输方式，以机车牵引列车车辆在两条平行的铁轨上行驶。

根据监管主体的不同，铁路包括国家铁路、地方铁路、专用铁路、铁路专用线；根据设计时速的不同，铁路包括高速铁路、快速铁路、普速铁路。

（2）产业链剖析。铁路产业链分为上游、中游和下游。上游环节包括项目工程和装备制造，其中项目工程包括前期勘察、项目涉及、铁路施工，装备制造包括铁路车辆和专用设备制造。中游是铁路运输环节，分为铁路货物运输和旅客运输。下游是铁路的运营和维护环节。

从产业链生态图谱来看，上游项目工程的代表性企业有中国铁建、中国中铁、中国电建，装备制造的代表性企业有中国中车、辉煌科技、晋西车轴等；中游进行铁路运输的代表性企业有大秦铁路、中铁特货、广深铁路、西部创业、京沪铁路等；下游进行铁路维护的代表性企业有神州高铁、铁路装备等。

行业发展历程：铁路步入高质量发展阶段

自 1876 年中国第一条近代化铁路和中国第一条载客铁路"吴淞铁路"修建以来，中国铁路行业依次经历了开创时期、缓慢发展时期、抢修和恢复铁路运输生产时期、铁路网骨架形成期、改革开放新的发展时期 5 个发展阶段，在 2013 年中国铁路总公司成立后步入高质量发展阶段。

行业政策背景：政府持续出台多领域铁路相关政策

在"十四五"时期，国家相关部门从标准体系建设、科技创新、计量科技、旅客运输、专用设备等多个领域持续出台铁路行业相关政策。

2. 行业发展现状

（1）铁路营业里程接近 16 万千米。2012—2023 年，中国铁路的营业里程持续增长，在 2013 年首次突破 10 万千米。2023 年，中国铁路营业里程增长至 15.9 万千米，较 2012 年的 9.8 万千米增长了 62.24%。

（2）铁路旅客发送量超过新冠疫情前水平。2012—2019 年，全国铁路的旅客发送量持续增长，2019 年达到 366002 万人次。2020—2022 年，受疫情影响居民出行减少，旅客发送量波动下降。2023 年，居民出行恢复常态，铁路旅客发送量快速增长，达到 385450 万人，超越疫情前的最高水平，较 2022 年增长了 130.4%。2024 年第一季度，全国铁路旅客发送量为 101434 万人，较 2023 年同期增长了 28.5%。

（3）铁路货物发送量突破 50 亿吨。2012—2016 年，全国铁路的货物发送量波动下降，2016 年下降至 333186 万吨。2017 年之后，货物发送量保持增长态势但增速放缓，2023 年突破 50 万吨，达到 503535 万吨，较 2022 年增长了 1.0%。2024 年第一季度，全国铁路的货物发送量为 124089 万吨，

较 2022 年同期下降了 1.3%。

3.行业竞争格局

（1）区域竞争格局：内蒙古铁路营业里程超过 1 万千米。据《中国统计年鉴 2023》披露，2022 年，内蒙古的铁路营业里程排名全国第一，达到 14193 千米，是唯一营业里程超过 1 万千米的省市；新疆和河北分别位列第二和第三名，铁路营业里程分别达到 8689 千米和 8253 千米；其余省市的铁路营业里程均未超过 8000 千米。

（2）企业竞争格局：中国中铁和中国铁建营业收入超 1 万亿元。按营业收入划分，中国高铁行业可划分为 4 个竞争梯队。第一梯队包括中国中铁和中国铁建，年营业收入规模超过 10000 亿元；第二梯队企业的营业收入在 1000 亿—10000 亿元之间，包括中国交建、中国电建、中国中车；第三梯队企业的营业收入在 100 亿—1000 亿元之间，包括隧道股份、中铁工业、大秦铁路等；第四梯队企业的营业收入不超过 100 亿元，包括晋西车轴、辉煌科技等。

4.行业发展趋势：2027 年铁路营业里程规划达到 17 万千米

2021 年 12 月，国务院印发《"十四五"现代综合交通运输体系发展规划》，提出到 2025 年，全国铁路营业里程要达到 16.5 万千米，其中高铁营业里程达到 5 万千米。

2023 年 3 月，交通运输部等 5 部门联合印发《加快建设交通强国五年行动计划（2023—2027 年）》，规划到 2027 年，交通运输高质量取得新突破，其中全国铁路营业里程要达到 17 万千米，其中高铁营业里程达到 5.3 万千米。

（来源：前瞻产业研究院）

（二）上海铁路创新高：客流与集装箱运输齐头并进

上海站客流数据

回顾过去的一年，上海各站的客流数据喜人。据官方统计，上海站 2024 年发送旅客 3444 万人次，到达 3799 万人次，总计 7243.68 万人次，较去年增长了 5.11%，这一数字创下了历史新高。

上海南站客流情况

同样，上海南站虽然因改造和金铁抽能等因素影响，客流有所下降，降幅达 12.13%，但依然稳健运营，期待在 2025 年完成改造和普速外迁后，能够迎来客流量的强劲反弹。

上海虹桥站表现

此外，上海虹桥站也表现出强劲的增长势头，发送 7394 万人次，到达 8075 万人次，总计达到 15468.7 万人次，增长 3.76%，同样创下了历史最高纪录。值得注意的是，由于统计方法的原因，上海虹桥站的实际客流可能比上述数值略低，但即便如此，其依然创造了新的客流纪录，全年到发客流更是突破了 1.5 亿大关。

其他站点运营

另外，值得一提的是，上海松江站、上海西站、南翔北站、安亭西站、安亭北站、金山北站、练塘站等其他各站也共同贡献了 255 天的运营时间，日均到发客流达到 2.46 万人次，全年共计到发 627.7 万人次，为上海铁路网的运营提供了有力支撑。

集装箱到发量增长

同时，芦潮港中心站在 2024 年 12 月 27 日也取得了令人瞩目的成就，其集装箱到发量达到了 900846TEU，突破了 90 万大关，同比增长约 50%，再创历史新高。

（来源：城北梅初绽）

（三）2024年铁路行业前景研究与趋向：着力推动铁路转型升级

2024年1月10日零时起，全国铁路将实行新的列车运行图。调图后，全国铁路每日安排旅客列车11149列，较现图增加233列；每日开行货物列车22264列，较现图增加40列，列车开行结构不断优化，客货运输能力进一步提升，为经济社会发展注入新动能。

2023年，全国铁路完成固定资产投资7645亿元，同比增长7.5%；投产新线3637千米，其中高铁2776千米。截至2023年底，全国铁路营业里程达到15.9万千米，其中高铁4.5万千米。

2023年，国铁集团充分发挥高铁成网运营优势，优化列车开行方案，加大高峰时段客运能力供给，全年国家铁路完成旅客发送量36.8亿人次，高峰日发送旅客突破2000万人次，日均发送旅客突破1000万人次，全年和高峰日旅客发送量均创历史新高。

中研普华研究院撰写的《2024—2029年中国铁路行业市场深度调研及投资策略预测报告》显示：

2024年铁路行业前景研究与趋向

据国铁集团消息，2024年，国铁集团将高质量推进铁路规划建设，加快构建现代化铁路基础设施体系，确保全面完成国家铁路投资任务。以"十四五"规划纲要确定的102项重大工程中的铁路项目为重点，加大出疆入藏、沿边铁路等国家战略通道项目实施力度，积极推进沿江沿海高铁、西部陆海新通道等重点项目建设，高质量建成投产上海至苏州至湖州高铁、杭州至义乌至温州高铁等工程，确保完成年度投资投产任务和实物工作量。预计全年投产新线1000千米以上。

中国政府一直致力于推动铁路建设和发展，并制定了一系列政策和规划，如《中长期铁路网规划》等，以促进铁路的快速发展。此外，中国政府还加大了对铁路科技创新和人才培养的支持力度，为铁路发展提供了更好的环境和条件。

随着中国经济的持续增长和城市化进程的加速，铁路作为高效、便捷、环保的交通方式，其市场需求也在不断增加。特别是随着城市群和区域经济的快速发展，城际铁路和市域铁路的市场需求将会越来越大。技术的不断进步和应用，中国铁路在建设、运营、管理等方面也取得了很大的进展。例如，中国已经成功研发出具有自主知识产权的高速列车和城际列车，并在全国范围内推广应用。这些技术进步将为中国铁路的快速发展提供更好的支撑和保障。未来几年中国铁路的发展速度可能会继续保持稳定增长。

投资推动铁路转型升级

据交通运输部官微消息，1月9日，2024年中国国家铁路集团有限公司工作会议在京召开。会议强调，持续深化运输结构调整，大力发展大宗货物"散改集"和集装箱铁水联运。有效促进综合交通一体化融合发展。

大力发展"一单制""一票制""一箱制"，强化综合交通通道、枢纽、网络跨区域跨方式融合。持续扩大铁路有效投资。适度超前开展铁路基础设施投资，创新投融资机制。着力推动铁路转型升级。持续深化铁路工程建设、装备制造、安全保障、运营管理等重点领域关键核心技术创新和产业化应用，推进新能源和节能环保技术在铁路上的应用。

交通运输部党组书记、部长李小鹏出席会议时强调，2024年，要继续埋头苦干、担当奉献，再接再厉、再立新功，加快推动铁路高质量发展。坚决守牢安全发展底线。统筹高质量发展和高水平安全，强化铁路沿线安全环境协同治理。全力抓好交通物流保通保畅和降本提质增效工作。

持续深化运输结构调整，大力发展大宗货物"散改集"和集装箱铁水联运。有效促进综合交通一体化融合发展。大力发展"一单制""一票制""一箱制"，强化综合交通通道、枢纽、网络跨区域跨方式融合。持续扩大铁路有效投资。适度超前开展铁路基础设施投资，创新投融资机制。

着力推动铁路转型升级。持续深化铁路工程建设、装备制造、安全保障、运营管理等重点领域关键核心技术创新和产业化应用，推进新能源和节能环保技术在铁路上的应用。

铁路行业前景

随着城市化的加速和人口流动的增加，城际交通成为铁路行业的重要发展方向。无人驾驶列车、智能调度系统、大数据分析等技术的应用，将为铁路行业带来新的发展机遇。随着环保意识的提高，铁路行业将更加注重绿色、环保、低碳的发展方式。例如，采用更环保的能源、减少排放、降低噪音等措施，以实现可持续发展。

随着全球化的加速和"一带一路"倡议的推进，铁路行业将更加注重国际市场的拓展和互联互通。例如，跨国铁路建设、国际货运合作等，将为铁路行业带来更多的发展机遇。

在激烈的市场竞争中，企业及投资者能否做出适时有效的市场决策是制胜的关键。中研网撰写的铁路行业报告对中国铁路行业的发展现状、竞争格局及市场供需形势进行了具体分析，并从行业的政策环境、经济环境、社会环境及技术环境等方面分析行业面临的机遇及挑战。同时揭示了市场潜在需求与潜在机会，为战略投资者选择恰当的投资时机和公司领导层做战略规划提供准确的市场情报信息及科学的决策依据，同时对政府部门具有极大的参考价值。

想了解关于更多铁路行业专业分析，可点击查看中研普华研究院撰写的《2024—2029 年中国铁路行业市场深度调研及投资策略预测报告》。同时本报告还包含大量的数据、深入分析、专业方法和价值洞察，可以帮助您更好地了解行业的趋势、风险和机遇。

（来源：互联网）

（四）2024 年上海海铁联运量创历史新高

记者从中国铁路上海局集团有限公司获悉，12 月 19 日随着一趟海铁联运班列驶入上海芦潮港铁路中心站，2024 年上海海铁联运量突破 90 万标箱，同比增长逾三成，创历史新高。

目前，上海海铁联运线路已辐射全国超过 40 座城市。这些物资通过火车运抵芦潮港后，再通过洋山深水港船运发往东南亚、北美等地区，海铁联运正成为促进共建"一带一路"国家之间深化经贸往来的重要纽带，维护国际产业链供应链稳定畅通。

（来源：新华网）

（五）2024 年度首列"中欧班列—上海号"开行 为共建"一带一路"注入澎湃动力

1 月 5 日，2024 年度首列"中欧班列—上海号"在上海铁路闵行站发车，一路向西驶往中亚地区哈萨克斯坦、乌兹别克斯坦的多个站点。该列班列运载 100 个标箱的太阳能追踪器部件、空调、家用电器、日用化工品等货物，总重量 1000 多吨，总货值 1000 多万元人民币。中欧班列—上海号开启了新一年的运行，持续为上海经济建设蓄力赋能，为共建"一带一路"注入澎湃动力。

2023 年中欧班列上海号累计到发 100 列、班列进出口货物累计超过 1 万个标箱，新的一年，上海物流中心将持续优化现有的一系列便利化举措，同相关企业、铁路口岸海关保持良好的沟通和协作，保障中欧班列货物的高效便利开行，推进上海号提质增效、稳中求进，更好的服务上海外贸高质量发展。

随着红海局势不断升级，航行不安全，运费上涨，苏伊士运河的通行量也出现急剧下降导致越来越多的客户开始考虑中欧班列的运输代替海运。2024年1月还将增开3列去往欧洲的班列。相较于现在的海运形势，中欧班列具有时效性快，更安全的运输过程，以及更合理的成本等优势，为客户提供更优质的服务。

（来源：中国新闻网）

（六）一路向前，驶向更美好的未来——2024年我国铁路行业发展观察

铁路是国民经济大动脉，在我国经济社会发展中的地位和作用至关重要。

12月16日，兰张高铁武威至张掖段正式开工，建成通车后，西北地区再添一条连接中东部的高铁大通道；12月26日，上海经苏州至湖州高铁正式开通运营，"轨道上的长三角"再添新动脉……越织越密、纵横交错的铁路网，织出一幅人享其行、物畅其流的美好图景。

不断提升铁路运输保障能力

全国铁路营业里程约16.2万千米，其中高铁约4.7万千米，地方铁路超2.5万千米；预计全年全国铁路旅客发送量约43亿人次，同比增长11.7%左右；全国铁路货运发送量约51.8亿吨，同比增长3%左右……

在26日召开的全国铁路监督管理工作会议上，一组组数据彰显我国铁路行业高质量发展蹄疾步稳。

"铁路高质量发展取得新成效，有力支撑了我国经济持续回升向好。"国家铁路局局长费东斌说。

提升铁路运输保障能力，推进降本提质增效是其中重要途径。

近年来，铁路运单电子化、货物运输集装化快速发展，一单制、一箱制试点加快推进，电子运单比例达到97%以上。

以煤炭、铁矿石为重点，国家铁路局进一步完善政策措施，推动大宗货物运输"公转铁"愿意转、转得了、转得好。

研究规范铁路专用线接轨建设和运营管理，着力推进专用线进厂矿、进码头、进园区，开展铁路专用线建设运营全流程工作试点；研究制定集装箱铁水联运装载和安全检查技术规范，推动铁水联运集装箱安检互认，实现一箱到底，中途不开箱检查……聚焦多种运输方式互联互通，一系列举措正在积极部署开展。

"下一步，国家铁路局将进一步抓好基础设施'硬联通'、规则标准'软联通'，持续推进交通物流降本提质增效，助力交通强国建设。"国家铁路局综合司司长王嘉或说。

助力城市群都市圈发展

9月6日，随着两趟列车同时从杭州西站和温州北站开出，分别驶向温州和杭州方向，杭温高铁正式开通运营，杭州、金义、温州三大都市圈1小时通达格局基本形成。

杭温高铁是我国地方铁路发展壮大的一个缩影。一期由民营资本控股投资、建设、运营，是国家

混合所有制改革试点和社会资本投资铁路示范项目；二期由浙江交通集团投资建设，是浙江省首条由省方全资建设的高铁项目。

党中央、国务院对铁路工作高度重视，陆续出台深化铁路投融资体制改革等一系列政策措施，推动地方铁路快速健康发展，带动城市群都市圈城际、市域（郊）铁路有序发展。

路网规模质量不断提升。目前，地方铁路已拓展至28个省份，营业里程超2.5万千米。一批区域性高速铁路、城际铁路、市域（郊）铁路、铁路专线支线相继建成投产。

运输保障能力持续增强。预计2024年全年，全国地方铁路货物发送量达12.1亿吨，同比增长4.5%左右。

建设运营主体日趋多元。越来越多的社会资本参与铁路投资、建设和运营，经国家铁路局许可的地方铁路运输企业达到80家。

王嘉彧表示，下一步，国家铁路局将鼓励和引导社会资本依法依规参与铁路建设运营，支持符合条件的企业自主运营城际铁路和市域（郊）铁路，支持地方控股铁路企业自主选择运营管理模式，大力推动轨道交通"四网融合"，持续推进地方铁路高质量发展，打造具有中国特色的轨道交通融合发展模式。

服务高质量共建"一带一路"

12月25日，在济南海关所属泉城海关的监管下，2024年第1000列济南中欧班列满载1368吨白卡纸，自济南发往俄罗斯圣彼得堡。

新丝路上，"钢铁驼队"跨越新里程：累计开行10万列，发送货物超1100万标箱、货值超4200亿美元。目前，中欧班列通达36个国家的320余个城市，西部陆海新通道辐射125个国家和地区的542个港口。

在中国特色大国外交引领下，中国铁路国际影响力和知名度不断提升。

深化拓展与非洲、东南亚、中亚等国家铁路双边交流合作，加强与国际铁路安全理事会等国际组织合作；积极推动坦赞铁路项目激活；推动巴基斯坦ML-1、甘其毛都口岸、中哈第三通道等重点合作项目取得积极进展等等。

国家铁路局牢牢把握铁路行业政府部门职责定位，着力深化拓展铁路政府部门间双多边合作交流，铁路对外工作实现新突破、迈上新台阶、开创新局面。

组织对中老铁路、雅万高铁开展运营安全检查调研；统筹开展铁路援外培训和对外办学，组织各类对外培训87期、覆盖40多个国家3000余人次。我国不仅推动国际项目合作取得积极进展，更在合作的深度和广度上不断拓展。

"展望未来，国家铁路局将持续推进铁路基础设施'硬联通'、规则标准'软联通'和世界人民'心联通'，积极拓展双多边机制合作，推动铁路'走出去'高质量发展，为世界铁路发展贡献中国智慧、中国方案。

（来源：新华社）

四、航空运输业

（一）航空运输市场步入加速恢复期，上海机场、中国东航发布最新数据

2024 年 12 月 31 日 23 时 57 分 50 秒，随着 HX234 航班降落浦东机场，上海机场圆满完成 2024 年运输保障任务，实现 2024 安全年。

根据统计快报数据，2024 年上海机场全年进出港航班量 80.3 万架次，同比增长 15%；旅客吞吐量 1.248 亿人次，同比增长 29%，创下历史新高；货邮吞吐量 420.6 万吨，同比增长 11%。

2024 年，上海航空运输市场步入加速恢复期，上海机场积极服务航司，新增 10 个航点、加密了 19 个、恢复了 8 个航线航班，特别是发力中远程航线和"一带一路"沿线国际国家航线。其中，意大利威尼斯、法国马赛、巴林麦纳麦、俄罗斯喀山是全国首飞航线，枢纽网络覆盖全球 48 个国家的 291 个航点。

上海机场与航司、联检单位密切合作，将浦东机场全年中转率提升至 15.7%，创历史新高。上海机场也持续增强物流枢纽功能，打通两场客货班资源实现中转驳运业务落地，推出长三角异地货站直通港物流模式，对跨境电商带电等敏感货物实施便利化收运，全年跨境电商货物运输量创历史新高。

2024 年，上海机场牵头开展《上海国际航空枢纽战略规划》研究编制，统筹浦东机场、虹桥机场、南通新机场的发展，科学谋划上海多机场体系功能布局。同时，上海机场加快推进基础设施建设，浦东机场四期扩建工程各工程节点有序推进。2024 年 11 月 20 日，四期核心工程航站区主体工程开工，标志着四期工程进入全面建设新阶段，虹桥机场东片区城市更新核心项目"源启中心"发布。

2024 年，上海机场坚持软硬件双轮驱动，着力提升安全运营和服务水平。虹桥机场通过国际民航组织 USOAP 审计，国内首家跑道灯状态系统正式投运，上线上海机场新版官网，在上海浦东、虹桥两场建设 3 个外籍人员一站式综合服务中心，助力上海高水平对外开放。

同时，两场双双通过民用机场协会"双碳机场四星级"评价，开展上海机场绿色机场发展顶层设计，推动机场能源消费侧的高效化、减量化、电气化，供给侧的多元化、清洁化、低碳化；并着力深化治理智慧赋能，打造机场大脑与人工智能实验室，以人工智能等新质生产力手段赋能机场安全管理能力、运行效率和旅客出行体验提升，挂牌交易上海机场数据产品，打造智慧机场运营典范。

上海机场也发力打造世界一流人文形象，系统规划上海机场航站楼文化空间，弘扬红色文化、海派文化、江南文化，把上海机场建设成为展示中华文化的重要窗口。2024 年，上海机场发布"中国样 • China Young"上海机场人文品牌，举行上海机场首个品牌日暨咖啡文化节，策划"文化＋商业＋服务"系列活动，为旅客提供更具人文气质和服务品质的出行体验。

同时，作为上海最大的主基地航司，中国东航也发布了最新数据：初步数据显示，东航预计 2024 年全年飞行超 260 万小时，同比增长 14.3%；预计旅客运输量 1.4 亿人次，同比增长 21.5%，全机队规模超过 810 架。

东航立足服务上海"五个中心"建设，坚持"往远处飞、往国际飞、往新兴市场飞"，在国内市场加快建设"空中大通道"的同时，加速新开和恢复国际地区航线，构建面向欧洲、东南亚、大洋洲，打通向东北亚、西亚的"一带一路"通道。一年来，东航新开上海至利雅得、马赛、喀山、威尼

斯，西安至米兰等 11 条国际远程航线，打造了上海新加坡、上海曼谷等首批国际快线。经过一系列航线结构调整和布局优化，公司运输总周转量、旅客运输量、国际航线恢复率均高于行业平均水平。其中，国际地区航班恢复度达 2019 年的 102%，高于全行业 18 个百分点。

（来源：《统计快报》）

（二）上海持续构建低空交通运输体系

随着长三角一体化进程的深入推进，上海在低空经济领域持续发挥着引领性作用。2024 年 8 月，上海印发的《上海市低空经济产业高质量发展行动方案（2024—2027 年）》（以下简称《行动方案》）提出，布局"低空经济"，落实四网建设（设施网、空联网、航路网、服务网），从产业发展、技术创新和政策支撑等方面积极推进，同时明确"联合长三角城市建设全国首批低空省际通航城市，建成全国低空经济产业综合示范引领区，加快打造具有国际影响力的'天空之城'"。

2 月 28 日，由上海市浦东新区建交委主办的浦东新区低空交通运输体系建设启动仪式在滨江森林公园举行，随着浦东新区副区长余颖宣布建设仪式启动，浦东新区低空交通运输体系建设的蓝图正式拉开帷幕。启动仪式后，三架直升机分别成功试飞了江苏省苏州市、南通市至上海市浦东新区的城际空中航线，以及浦东新区滨江森林公园至徐汇滨江、吴淞国际邮轮港等航线。

启动仪式上，上海市浦东新区副区长余颖指出，上海市浦东新区始终肩负国家赋予的打造社会主义现代化建设引领区重要使命，浦东低空交通运输体系建设，是向"低空开发"的大胆探索，是发展浦东低空经济的重要实践。浦东新区将加快落实中央和上海市关于低空经济的决策部署，让低空交通在浦东"飞得稳、管得住、用得好"。

上海闳鉴通航有限公司总经理谢剑表示，浦东新区滨江森林公园至徐汇滨江、吴淞国际邮轮港等多条航线的成功试飞，有效提升了区域交通效率和资源流动水平，有望打造成为拓展长三角区域低空经济应用场景的示范样板。

据悉，上海市浦东新区将通过低空交通运输体系的构建，进一步打造城际之间以及重要商务区、主要交通枢纽、产业园区之间的"低空交通走廊"，实现低空经济发展与城市发展深度融合。

（来源：中新网）

（三）上海机场 2024 年运输数据创新高，航空枢纽战略新布局

2024 年，上海机场不仅圆满完成了各项运输保障任务，更取得了令人瞩目的成绩。《统计快报》数据显示，该机场全年进出港航班量高达 80.3 万架次，较去年同期增长了 15%。同时，旅客吞吐量也大幅攀升，达到 1.24 亿人次以上，同比增长率高达 29%，创下了历史新纪录。此外，货邮吞吐量也达到了 420.6 万吨，同比微增 11%，充分展现了上海机场在航空枢纽战略新布局下的强劲实力。

2024 年，上海航空运输市场逐渐走出低谷，迎来了恢复性增长。上海机场积极响应，不仅为航空公司新增了 10 个航点，还加密了 19 个航线航班，并成功恢复了 8 个航线。特别是中远程航线和"一带一路"相关航线得到了显著提升。其中，意大利威尼斯、法国马赛、巴林麦纳麦和俄罗斯喀山等城市成为新的首飞目的地，使上海机场的枢纽网络进一步覆盖全球 48 个国家的 291 个航点。在航司与联检单位的紧密协作下，浦东机场的中转率也提升至 15.7%，创下了历史纪录。

此外，上海机场还持续强化其物流枢纽功能，通过有效整合两场客货班资源，成功落地中转驳运业务，并推出了长三角异地货站直通港的物流模式。这一系列举措极大地简化了跨境电商带电等敏感货物的收运流程，使得全年跨境电商货物运输量达到了新的历史高度。

2024 年，上海机场积极推进《上海国际航空枢纽战略规划》的编制工作，旨在整合浦东机场、虹桥机场以及南通新机场的发展资源，并科学规划上海多机场体系的功能布局。同时，机场基础设施建设也在加速进行中，特别是浦东机场的四期扩建工程，各工程节点均稳步推进。

在 2024 年 11 月 20 日，四期工程的核心项目—航站区主体工程已经开工，这标志着四期扩建工程已全面进入建设新阶段。

（来源：呼他德华哥）

（四）2024 年航空运输行业分析

一、行业概况

2023 年以来，中国航空运输业快速回暖，其中国内客运恢复迅速，国际客运恢复至 2019 年水平仍有较大空间；航空公司经营业绩大幅改善，行业整体呈现复苏向好、运行安全的良好局面。

航空运输作为交通运输系统的重要组成部分，在运输活动中扮演了重要角色。航空运输业为周期性行业，其增长与 GDP 增长具有较高的正相关性。根据发达国家经验，在居民收入突破一定水平后，航空运输业年均增速将是 GDP 增速的 1.5—2 倍，且行业成长期长达 30—40 年。随着经济增长及居民收入水平提升，中国航空客货运输量呈增长趋势，航空运输业凭借其高效、便捷等特点，在交通运输体系中发挥重要作用。

根据中国民航 2023 年 12 月主要生产指标统计，2023 年，中国民航业累计完成运输总周转量 1188.3 亿吨千米，同比增长 98.3%，为 2019 年的 91.88%。客运方面，全行业完成旅客周转量 10308.8 亿人千米，同比增长 163.4%，为 2019 年的 88.07%。其中，国内航线占全部旅客周转量的 88.07%，同比增长 138.6%，为 2019 年的 106.56%；国际航线同比增长 1029.3%，仅恢复至 2019 年的 38.60%。2023 年全行业完成旅客运输量 6.20 亿人次，为 2019 年的 93.88%。国内客运恢复迅速，国际客运恢复较慢，较 2019 年仍有较大差距。货运方面，2023 年全行业实现货邮周转量 283.6 亿吨千米，同比增长 11.6%，其中国际航线占比为 75.18%，航空货运市场仍以国际航线为主。从航班效率上看，2023 年，中国民航运输飞机平均日利用率由 2022 年的 4.3 小时增至 8.1 小时；正班客座率为 77.9%，较上年增长 11.3 个百分点；正班载运率为 67.7%，较上年增长 2.7 个百分点；航空运输业飞机利用率和运营效率均大幅提升。

从飞机投放看，截至 2022 年末，民航全行业运输飞机在册架数 4165 架。2023 年 4 月，中国航空器材集团公司与欧洲空中客车公司签署了 160 架空客飞机的批量采购协议，总价值约 200 亿美元。2023 年 7 月，三大航分别与法国空中客车公司签订购买协议，合计购买 292 架空客飞机，价值超过 370 亿美元；2023 年 9 月—2024 年 4 月，三大航陆续与中国商用飞机有限责任公司（以下简称"中国商飞"）签订 C919 飞机购买协议，订购架次均为 100 架，目录价格合计超 300 亿美元，计划于 2024—2031 年分批交付。三大航和航材采购企业持续大规模采买飞机，为未来经营发展提供保障。

盈利能力方面，根据 7 家上市航空公司年报数据，2023 年上述航空公司合计实现营业总收入 5165.96 亿元，同比大幅增长 126.42%；亏损 109.86 亿元，同比减亏 1383.77 亿元。航空运输企业经营业绩大幅改善，盈利能力有所提升。

2024 年以来，航线数量增加叠加春运旺季，航空运输业保持良好发展态势。2024 年 1—3 月，全行业完成运输总周转量 349.3 亿吨公里、旅客运输量 1.77 亿人次、货邮运输量 200.7 万吨，分别同比增长 45.6%、37.7% 和 34.4%，均已超过 2019 年同期水平。同期，7 家上市航空公司合计实现营业总收入 1479.09 亿元，同比增长 42.38%；除国航股份和东航股份外，其余上市航空公司均实现盈利。

二、行业政策

2023 年以来，民航局、外交部等陆续发布多项促进国际航线恢复的相关通告或政策，出入境旅游热度逐步回升，航空公司国际航线业务有望加快恢复。

三、行业竞争

近年来，中国航空运输业仍保持"三强为主"的格局，行业周期内经营困难的航空公司迎来新一轮收购重组，三大航市场集中度进一步提高。

由于航空运输业投资巨大，资金、技术、风险高度密集，投资回收周期长，政府对航空运输主体资格限制较严，市场准入门槛高，加之历史原因，使得航空运输业在发展过程中形成一定垄断。目前，中国航空运输业呈现"三强为主、地方为辅、外航渗透"的格局。根据民航局统计数据，截至2022 年末，中国共有运输航空公司 66 家（通用航空公司除外），其中全货运航空公司 13 家，中外合资航空公司 9 家，上市公司 8 家；按所有制划分，国有控股公司 39 家，民营和民营控股公司 27 家。

按照控股股东背景区分，国内航空公司可以分为中央控股、地方控股和民间资本三大类。其中中央控股公司实力最为雄厚，机队规模大，航线网络密集，获取的补贴及财政支持力度大，且在新增航线、航权资源获取方面具有突出优势，代表企业为三大航。从区位上看，三大航总部分别设立在北京、上海及广州，主要业务范围分别辐射环渤海经济圈、长三角经济圈和珠三角经济圈，客货流需求较大。良好的区位设置及政府的持续支持，助力三大航成为国内民航市场的主要参与者，并在民用航空领域逐渐形成垄断竞争格局。除三大航外，国内航空公司第二梯队主要为地方性航空公司。随着2023 年国航股份完成对山东航空集团有限公司的收购，除四川航空集团有限责任公司由地方政府控股外，国内主要地方性航空公司呈现"三大航控股、地方政府参股"的特点，三大航市场集中度进一步提高。

近年来，以春秋航空股份有限公司、上海吉祥航空股份有限公司等为代表的民营航空公司凭借其市场化运作、机制灵活等特点快速发展，更是依靠低成本等优势在行业周期内快速恢复、实现盈利。但也有部分民营航空公司在行业需求下行期间出现经营困难，个人股东难以通过增资等方式维持民营航空公司正常运作，地方国有企业顺势入局。近年来，青岛市和无锡市等地的国有企业均通过收购对民营航空公司实现控股。

随着国内经济运行稳步回升，航空运输需求继续恢复，航线恢复快、资本实力强、股东支持力度大的航空公司将具备更明显的竞争优势。

四、主要供求因素

在全球政治格局复杂多变、经济增速放缓、货币政策频繁调控的背景下，航空公司成本端持续面临航油价格波动和汇率波动风险，铁路高速竞争分流、突发性事件也将给航空公司经营获利带来挑战。

1. 航油价格波动

航油是航空运输业的最大成本，占运营总成本的 20%—50%。油价走势成为航空公司盈利的最大不确定因素，国际原油价格波动及国家发改委对国内航油价格的调整都会对航空公司的盈利造成较大的影响。

2021 年，全球经济逐步复苏，原油库存紧张且产能不足，原油价格持续攀升。2022 年 2 月，随着俄乌冲突爆发，原油价格加速冲高；3 月，美国政府宣布大规模原油储备抛储计划，油价快速触顶回落；7 月起，OPEC+ 原油增产，叠加美联储加息后美元汇率走高并压制了美元计价资产的表现，原油价格单边下行。2023 年 3—4 月，受欧美银行业风险显现及 OPEC+ 主动减产维护原油市场等因素的影响，国际原油价格下跌后大幅反弹；7—9 月，受 OPEC+ 减产政策等因素影响，国际原油价格整体呈上行趋势；9 月起，美联储加息预期升温，全球经济增长放缓，原油预期需求下降，原油价格持续走跌。未来，在全球政治格局复杂多变及经济下行压力等影响下，航空公司仍将面临油价波动的影响。

2. 人民币汇率变化

航空公司在境外购买和租赁飞机、国外机场采购航油等业务时通常以外汇结算，以上支出直接受到人民币汇率变动影响。此外，经营国际航线的航空公司由于机票销售涉及多种货币，国际航线收入也会受到汇率影响。

2022 年 4 月起，受美联储加息等因素影响，美元指数持续走强，中美国债利差倒挂，美元兑人民币汇率单边上行，人民币持续走贬，于 11 月到达峰值；随着美联储加息放缓，美元兑人民币汇率冲高回落。2023 年初至 3 月，受市场对美联储加息预期调整影响，美元兑人民币汇率有所上升；3 月美国银行风险事件影响美元指数下行，美元兑人民币汇率有所回落；5—7 月，受美联储加息等因素影响，美元兑人民币汇率快速走高；7 月以来，我国监管部门加大稳汇率力度，人民币汇率整体保持稳定。未来美元兑人民币的长期汇率走势仍取决于美联储加息、中美关系和货币政策调整等多方面因素，航空公司将持续面临汇率波动风险。

3. 高速铁路网建设的替代影响

据民航局航空安全技术中心统计，中国年旅客运输量 50 万以上的航线主要分布在东中部地区，网络密度由东向西递减。目前投运的高速铁路网大多集中在东中部地区，与民航市场形成了直接的替代和竞争。随着我国高速铁路网日臻完善，高速铁路凭借其准点率及频率高、客公里票价相对较低等特点，在 3 小时以内、800 千米以下的短途市场对航空运输分流影响明显，航空运输业在短途市场面临分流风险。

从欧洲高铁与航空竞争的结果来看，3 小时以内、800 千米以下短途市场，铁路占绝对优势；800 千米以上的长途市场主要由航空公司控制。联合资信认为，长期看中国的旅客运输市场也将出现类似欧洲市场格局，铁路和航空需要通过空铁联运模式从竞争走向合作，实现双赢。因此，从长期发展潜力来看，航线网络相对均衡的航空公司将更具竞争优势。

4. 突发性事件影响

航空运输业易受战争、恐怖事件、安全事故、公共卫生等突发性事件及政治与外交关系的影响，面临的不确定性较多且风险因素分散。具体看，2020 年初爆发的公共卫生事件对航空运输业产生了严重冲击，国内航空公司大幅亏损，当年全球 34 家航空公司宣布破产，受其影响，自 2020 年以来国内大部分航空公司经营持续亏损，其中部分公司资不抵债。2022 年 3 月，东航股份一架波音客机发生坠机事故，重大空难不仅使得行业景气度承压，涉事航空公司业务及航权也受到一定的负面影响。此外，随着各国对环境保护的日益重视，征收碳排放税等环保措施的执行也将对航空公司运营产生影响。

五、未来发展

2024 年，随着国际航线恢复加速，预计航空公司经营状况和偿债能力将得到改善。长期看，中国经济发展韧性强，扩大内需和消费升级带来市场成长空间，航空运输业具有广阔的发展前景。同时，航空运输业也面临成本端负担加重、铁路竞争分流、突发性事件等挑战，拥有航线网络优势、区位优势以及经营稳健的航空公司具有较强的综合竞争力和抗风险能力，可获得长足发展。

（来源：联合资信）

第五篇　行业物流

一、汽车物流

（一）2024 中国汽车物流行业大揭秘：全球布局与高效综合运输网络的崛起

在全球经济复苏乏力的背景下，2024 年中国汽车市场展现出了令人瞩目的生命力与增长潜力。根据中国物流与采购联合会近日发布的《中国汽车物流发展报告 2024》，我国汽车物流行业正在逐步形成高效的汽车整车综合运输网络。这一变化不仅意味着市场的健康发展，也为全球物流网络的构建打开了广阔前景。

中国汽车市场的快速增长

近年来，中国汽车市场迎来了飞速增长的机遇。在政策支持、消费升级和技术创新的共同推动下，汽车的产销量持续上扬。2023 年，中国汽车总体销量超过 3000 万辆，其中新能源车的销量大幅提升，成为推动增长的新引擎。根据相关数据显示，2024 年这一趋势仍将延续，预计新能源汽车的销量将继续刷新纪录。

这种快速增长的背后，是中国汽车厂商对于全球市场的深度布局。从传统汽车制造到智能电动汽车，中国企业纷纷加大研发力度，提升品牌影响力，以应对日益激烈的国际竞争。在这样的市场环境下，汽车物流的角色显得尤为重要。

高效的汽车整车综合运输网络

随着汽车生产和销售的高效运转，传统的物流模式已难以满足不断增长的需求。中国汽车物流企业积极探索新模式，形成了高效的汽车整车综合运输网络。这一网络的构建，涉及多个环节，从生产厂区到销售终端，再到消费者手中，物流的每一个环节都被精细化管理。

这一综合运输网络的核心在于信息化、智能化与数字化。物流企业通过大数据、物联网等技术手段，实现对运输过程的实时监控和管理，提升效率的同时保障运输安全。此外，智慧物流的引入，也使得运输成本大幅降低，从而为汽车营销提供了更为有力的支持。

全球布局：我国汽车物流的远见

在汽车市场蓬勃发展的同时，越来越多的中国汽车厂商将目光投向海外市场。这一转型不仅要求企业在产品技术和市场策略上进行创新，还对物流供应链提出了更高要求。

中国汽车物流企业顺应这一趋势，开始积极布局全球物流网络。借助国际合作与交流，这些企业不但提升了自身的国际竞争力，还为中国汽车品牌在海外市场的成功推进提供了有力保障。例如，一些龙头企业与国际知名物流公司展开战略合作，共同开发跨境运输方案，以应对复杂的国际运输环境。

持续创新，迎接挑战

然而，挑战与机遇并存。面对全球经济的不确定性以及市场竞争的加剧，中国的汽车物流企业不仅需要在技术上不断创新，更要在管理模式上适应变化。例如，近年来全球范围内的贸易壁垒增加，这对跨国物流的灵活性提出了更高要求。

在此背景下，许多企业开始推行多元化的物流策略，从单一的运输模式向综合物流服务转型。通过整合资源、优化流程，企业能够更有效地应对不同市场的需求。与此同时，相关政策的支持也为企业提供了良好的外部环境。

结论

中国汽车物流行业的崛起，不仅表现在内部网络的高效运转，还展现了面向全球市场的雄心壮志。在未来的发展中，创新将是保持竞争力的关键。无论是信息技术的应用，还是国际合作，汽车物流企业都必须不断探索新的增长点。

未来展望

随着全球供应链的不断调整，中国汽车物流行业的前景依然广阔。然而，如何在不确定的国际环境中保持稳健发展，仍然需要行业共同思考与探索。未来，期待看到更多中国汽车及其物流企业在国际舞台上绽放光彩。各方应以更加开放的视野与协作共赢的态度，迎接新一轮的行业变革与挑战。

在这个充满变革的时代，中国汽车物流无疑将步入一个新的发展阶段，让我们拭目以待。

（来源：互联网）

（二）智研咨询重磅发布：中国汽车物流行业发展前景预测报告（2024版）

由智研咨询专家团队精心编制的《2024—2030年中国汽车物流行业市场调研分析及发展规模预测报告》（简称《报告》）重磅发布，《报告》旨在从国家经济及产业发展的战略入手，分析汽车物流行业未来的市场走向，挖掘汽车物流行业的发展潜力，预测汽车物流行业的发展前景，助力汽车物流业的高质量发展。

《报告》从2023年全国汽车物流行业发展环境、产业基本情况、发展前景等角度，系统、客观地对我国汽车物流行业发展运行进行了深度剖析，展望2024年中国汽车物流行业发展趋势。对于全面了解中国汽车物流行业的发展状况、开展与汽车物流行业发展相关的学术研究和实践，具有重要的借鉴价值，可供从事汽车物流行业相关的政府部门、科研机构、产业企业等相关人员阅读参考。

汽车物流以汽车产业相关产品为服务目标，实现原材料、汽车零部件、汽车整车以及售后配件等的实体流动和空间转移，为整个汽车产业链提供物流支持，在汽车产业链中，汽车物流贯穿始终，从零部件供应商到制造商的零部件采购物流、从制造商到经销商的整车物流和整车仓储，以及从经销商到消费者的销售物流等各个环节。

汽车物流行业的发展与汽车产业息息相关，汽车物流贯穿汽车产业的各个环节，近年来中国汽车产业飞速发展，已成为全球最大的汽车市场之一，作为汽车工业重要配套之一的汽车物流也迎来黄金发展期，2022年中国汽车物流行业市场规模高达8322.2亿元，其中，零部件物流占比高达63.37%，整车物流约占36.63%，未来随着汽车产业的高速发展，中国汽车物流行业市场规模将继续保持增长趋势。

汽车物流行业发展至今已经初步形成较为清晰的竞争格局，行业内企业数量众多，但大多数规模较小，以安吉物流、一汽物流、长安民生物流、长久物流、三羊马、西上海、海晨股份为代表的少数几家大型汽车物流企业，占据了较大市场份额，以上领先企业具备在网络覆盖能力、运力保障能力、服务质量水平、信息化管理等方面的优势，这些优势有利于其获得更多的业务。从营收情况来看，长安民生物流营业总收入明显高于长久物流、三羊马、西上海和海晨股份，从毛利率来看，海晨股份毛利率明显高于长久物流、长安民生物流、三羊马和西上海。

中国物流行业正逐渐转向数字化和智能化，这包括物联网、大数据分析、人工智能等技术的应用，这些技术的使用可以提高物流效率、降低成本，同时提供更高水平的服务质量，此外，随着国家对碳排放要求日益严格，电动物流车辆的应用正在逐步普及，绿色物流不仅有助于减少环境污染，还符合政府对可持续发展的倡导，这将对汽车物流行业带来积极影响。这些趋势将共同推动中国汽车物流行业朝着更加智能、绿色、高效和可持续的方向发展。

《报告》内容丰富、数据翔实、亮点纷呈。是智研咨询重要研究成果，是智研咨询引领行业变革、寄情行业、践行使命的有力体现，更是汽车物流领域从业者把脉行业不可或缺的重要工具。

（来源：智研咨询）

（三）汽车物流行业发展现状及市场深度分析（2024年）

根据《中国汽车物流发展报告2024》，我国汽车物流行业逐渐形成高效的汽车整车综合运输网络。这一网络涵盖了公路、铁路、水路和航空等多种运输方式，为汽车物流提供了全方位的运输保障。

中国汽车工业协会最新数据显示，10月我国汽车产销量达299.6万辆和305.3万辆，环比分别增长7.2%和8.7%，同比分别增长3.6%和7%。2024年1—10月，我国汽车产销量达2446.6万辆和2462.4万辆，同比分别增长1.9%和2.7%，汽车产销量保持同比稳步增长；我国新能源汽车产销量达977.9万辆和975万辆，同比分别增长33%和33.9%，新能源汽车新车销量达到汽车新车总销量的39.6%。随着汽车市场的快速增长，我国汽车物流行业逐渐形成高效的汽车整车综合运输网络。

汽车物流是指汽车及其零部件在生产、销售、售后服务等环节中，从原材料供应、零部件及总成制造、整车装配到整车出厂后的销售、售后服务的整个供应链过程中的所有物流活动。这些活动涵盖了原材料及零部件的采购供应、库存管理、运输配送、装卸搬运、包装、流通加工、信息处理以及售后服务等各个方面。

汽车物流行业发展现状

根据《中国汽车物流发展报告2024》，我国汽车物流行业逐渐形成高效的汽车整车综合运输网络。这一网络涵盖了公路、铁路、水路和航空等多种运输方式，为汽车物流提供了全方位的运输保障。

与2014年相比，汽车整车物流发运量增长了32.3%。同时，整车铁路和水路发运占比也从10年前的15%提高到40%左右。这一变化表明，我国汽车物流行业正在逐步优化运输结构，降低公路运输的占比，提高铁路和水路等更为环保、高效的运输方式的占比。

公路运输主要集中在短途支线运输，在干线运输的份额逐渐缩减，并且平均运距进一步缩短。企业调研中，有57%的整车物流承运企业，单车单趟平均运距小于500千米。这种变化有助于降低运输成本，提高运输效率。

汽车物流行业竞争格局

汽车物流行业的市场参与者众多，包括大型汽车制造企业直属的物流企业、独立的第三方汽车物流企业以及众多中小型物流企业。这些企业在市场中各展所长，共同推动了行业的发展。

大型汽车制造企业直属的物流企业，如安吉物流、一汽物流等，这些企业凭借与汽车制造企业的紧密联系和规模优势，在市场中占据了重要地位。它们通常拥有完善的物流网络和先进的物流技术，能够提供全方位的物流服务。

独立的第三方汽车物流企业：通常具有较强的服务意识和创新能力，能够根据客户需求提供定制化的物流解决方案。它们通过优化物流流程、提高服务质量等手段，不断提升市场竞争力。

中小型物流企业：通常更加灵活，能够快速响应市场变化。虽然规模较小，但它们在特定区域或细分市场中具有一定的竞争力。

中研普华产业研究院发布的《2023—2028 年中国汽车物流行业深度调研与发展趋势预测研究报告》显示：新能源汽车的运输对特定设备与技术有着明确要求，诸如专用运输车辆及充电设施等，这为整车运输行业开辟了新的市场契机。随着技术进步，智能化、无人化的运输模式正逐步渗透并有望在整车运输市场中得到广泛应用与推广，预示着行业向更高效、更智能的未来迈进。

随着全球经济一体化的深入发展，汽车物流行业将积极拓展海外市场，提升国际竞争力。跨国整车运输业务将不断拓展，为行业带来新的增长点。一些汽车物流企业积极布局全球物流网络，为我国车企"走出去"提供物流支撑。这标志着中国汽车物流行业正在向全球化、国际化的方向发展。

在激烈的市场竞争中，企业及投资者能否做出适时有效的市场决策是制胜的关键。

（来源：互联网）

（四）2024 年上海汽车物流行业呈现快速增长态势

2024 年上海汽车物流行业呈现出快速增长的态势，上海港的汽车吞吐量达到了 363 万辆，同比增长 15%，并首次跃居全球第一。这一成就主要得益于进出口业务的持续增长，进出口车辆占比超过六成。

行业规模和增长情况

2024 年，上海港的汽车吞吐量达 363 万辆，同比增长 15%，超越比利时安特卫普—布鲁日港，成为全球最大的汽车港口。这一增长主要得益于进出口业务的持续增长，特别是"保税中转"业务的迅速崛起，使得物流成本降低约 12%，运输时间缩短约 25%。

主要港口和码头

上海港的核心作业区位于外高桥港区的海通国际汽车码头，2023 年滚装出口汽车 129.8 万辆，同比增长 26.6%，单日作业量维持在 7000 辆以上。临港新片区的南港码头去年出口汽车超 37 万辆，同比增长 26%，其中新能源汽车占近七成。

行业趋势和前景

随着全球汽车贸易格局的变化和新能源汽车市场的持续扩展，上海港在汽车物流领域的作用进一步提升。保税中转模式的推广使得国际汽车供应链的效率显著提高。此外，中国汽车出口量的快速增长也为上海港的汽车吞吐量提供了有力支撑。2024 年，中国汽车出口量突破 640 万辆，连续第二年稳居全球第一。

（五）上海港 2024 年汽车吞吐量 363 万辆，同比增长 15%

2024 年，上海港完成汽车吞吐量 363 万辆，同比增长 15%。其中，外贸汽车吞吐量占比超六成。

日前，上海外高桥（600648）港海通码头 3 个泊位"三船同靠"，码头内可容纳 4 万辆车的堆场上，各种颜色的汽车首尾相接，排得满满当当，等待安排上滚装船"出海"。采用"江海联运"这一方式出口的汽车先"乘坐"驳船沿长江顺流而下，到达海通码头后再"换乘"外贸滚装船远赴海外。"海通码头的航线可通达全世界 131 个国家和地区的 289 个港口，单日汽车滚装作业量在 7000 辆以上。"海通码头运营部李鸣介绍。2024 年，海通码头滚装出口汽车 129.8 万辆，同比增长 26.6%。其中，出口新能源汽车 50.1 万辆，同比增长 38.5%，占出口总量的 38.6%。

上海临港（600848）新片区南港码头是继外高桥港海通码头之后另一重要汽车进出口码头。2024 年，南港码头累计出口汽车突破 37 万辆，同比增长 26%，其中新能源汽车占比近七成，成为中国新能源汽车开拓海外市场的新起点。比亚迪（002594）上海物流项目负责人孙超表示："2024 年，公司品牌从南港码头出口共计 3.4 万辆，同比增长 101%。整体通关流程非常顺畅。"

洋山特殊综保区的汽车保税中转业务现已成为上海口岸汽车进出口的新亮点。"这不是'多此一举'，反而省钱省时。据相关企业临港大物贸平台测算，在这种集散分拨模式下，车辆物流成本至少降低 12%，时间压缩 25% 以上。这是上海口岸优势与政策优势相叠加的产物。"上海洋山海关物流监控二科副科长寿顺阳在解释汽车保税中转业务的优势时说道。

近年来，上海海关打出组合拳，科技、监管两手抓，一手抓数字化转型，全力推进智慧海关建设，探索以车辆 VIN 码贯穿通关全流程，打通海关、码头、船公司等数据节点，实现无牌整车"不停车自动验放"，让汽车进出境既"管得住"又"通得快"。

（来源：《上海证券报》、中国证券网）

二、医药物流

（一）2024 年医药物流行业发展现状、竞争格局、未来发展趋势与前景分析

医药物流行业是医药产品高效运输、储存和分销的专业流程，涵盖了从供应链管理到产品安全送达医院、药房及患者手中的每一个环节。该行业不仅要求严格的温控环境以保持药品质量和功效，还需遵守各国监管标准，确保产品安全，并提供实时跟踪服务。医药物流产业链上游主要包括药品生产商和原材料供应商，中游为医药物流企业，负责药品的储存、分拣、配送等环节，下游则是医疗机构、药店和患者等终端用户。随着电子商务和家庭医疗保健服务的快速扩张，以及疫苗、基因疗法及生物制剂等先进疗法的不断涌现，医药物流行业正迎来前所未有的发展机遇，同时面临着监管合规、技术升级等挑战。

1. 医药物流行业发展现状分析

（1）市场规模与增长。中研普华研究院撰写的《2024-2029 年医药物流行业市场深度分析及发展规划咨询综合研究报告》显示，近年来，我国医药物流市场规模不断扩大，增速显著。随着国民健康意识的提高和医疗需求的增加，医药物流市场需求持续增长。特别是随着人口老龄化、慢性病患者的增加以及医疗需求的持续增长，医药物流市场将迎来更广阔的发展空间。据中研普华产业院研究报告分析，国医药物流总额持续增长，显示出行业发展的蓬勃活力。

（2）政策推动与规范发展。政府高度重视医药物流行业的发展，出台了一系列政策来推动行业的规范化和高质量发展。这些政策主要包括统一的医用耗材采购政策、医疗器械监管政策以及医药物流安全监管政策等。通过引入先进的物流管理系统和智能设备，实现物流作业的透明化和可追溯性，提高物流效率和准确性。这些政策的实施为医药物流行业的健康发展提供了有力保障。

（3）冷链物流发展。随着生物药、疫苗等温控医药品的快速增长，医药冷链物流市场将迎来广阔的发展空间。企业需要加强冷链物流基础设施建设和管理水平提升以满足市场需求。冷链物流的发展不仅要求企业具备先进的冷藏设备和技术，还需要建立完善的冷链物流管理体系，确保药品在运输过程中的质量和安全。

2. 医药物流行业竞争格局分析

（1）市场集中度与主要竞争者。医药物流市场呈现出集中化、规模化的趋势，市场主要由几家大型企业主导，这些企业拥有较高的市场占有率，具备强大的资源整合能力和高效的物流运作体系。在中国市场，中国医药、上海医药、华润医药、九州通和国药控股等企业是行业的主要竞争者，它们凭借品牌优势、资金实力和完善的物流网络，占据了较大的市场份额。

（2）第三方物流与医药电商的崛起。随着医药电商的快速发展，第三方医药物流企业也逐渐崭露头角。这些企业提供专业的物流服务，能够降低企业的运营成本，提高物流效率。同时，医药电商的兴起为医药物流行业带来了新的增长点，推动了线上线下相结合的新型业态的发展。

（3）市场竞争格局的变化。大型企业扩张：大型医药企业凭借其品牌优势、资金实力和完善的物流网络，持续扩大市场份额。通过兼并重组等方式，大型医药企业进一步提升自身竞争力，巩固市场地位。

中小型企业发展：中小型企业也在积极寻求差异化发展路径，通过技术创新、服务优化等方式提升竞争力。虽然面临大型企业的竞争压力，但中小型企业仍具有灵活性和创新性，能够在特定领域或细分市场取得突破。

政策推动：随着"两票制"、带量采购等政策的深入实施，医药物流行业的市场集中度将进一步提升，行业整合步伐加快。这些政策促使医药供应链链条缩短，对医药物流服务提出了更高的要求，推动了行业的规范化发展。

3. 医药物流行业发展趋势及发展前景分析

（1）医药物流行业发展趋势分析：

——冷链物流的快速发展。冷链物流在医药物流行业中扮演着至关重要的角色。随着疫苗、基因疗法及生物制剂等先进疗法的不断涌现，对冷链物流的依赖日益加深，以确保这些高价值产品在运输和储存过程中的完整性。冷链物流不仅需要先进的冷藏设备和技术，还需要建立完善的冷链物流管理体系，以确保药品在储存、运输过程中的温度、湿度等条件符合标准，有效避免药品变质或失效。未来，随着生物制药行业的快速发展和全球对疫苗及生物制剂需求的不断增长，冷链物流将保持强劲增长势头。

——信息化与智能化的深入应用。物流信息化和智能化已成为医药物流行业的重要发展方向。通过引入先进的物流管理系统（WMS）、运输管理系统（TMS）以及物联网技术，医药物流企业能够实现药品从生产到消费的全链条可视化监控，确保药品在储存、运输过程中的质量和安全。此外，大数据分析、人工智能算法和区块链技术的应用也将进一步提升医药物流的运营效率、成本控制能力和供应链透明度。这些技术的应用不仅提高了医药物流的运营效率，还极大地增强了供应链的透明度和安全性。

——绿色化与可持续性的重视。随着环保意识的提高和可持续发展理念的深入人心，医药物流行业也开始注重绿色化和可持续性发展。企业开始采用环保型冷链解决方案，减少能源消耗和碳排放。同时，通过优化物流网络和配送路线，降低运输过程中的能耗和排放。未来，绿色化和可持续性将成为医药物流行业发展的重要趋势之一。

——供应链的优化与整合。供应链的优化与整合是医药物流行业提升竞争力的关键。通过优化供应链管理，实现供应链的透明化、可视化和可追溯性，降低运营成本，提高服务质量。同时，通过整合上下游资源，形成协同效应，提升整个供应链的竞争力。未来，随着医药电商的进一步发展和人口老龄化的加剧，供应链的优化与整合将成为医药物流行业发展的重要方向。

（2）医药物流行业发展前景分析：

——市场规模持续增长。随着全球医疗健康支出的持续增长和医药电商的兴起，医药物流市场需求将持续扩大。据市场研究机构预测，未来几年内全球医药物流市场规模将以年均较高的复合增长率增长。这一增长趋势主要得益于全球人口老龄化带来的医疗需求增加、慢性病管理需求的提升以及数字化技术的应用等因素。在中国市场，随着"健康中国"战略的深入实施和医药行业的快速发展，医药物流行业也将迎来更加广阔的发展前景。

——竞争格局日益激烈。随着市场的不断扩大和竞争的加剧，医药物流行业的竞争格局将日益激烈。大型企业将继续通过兼并重组等方式扩大市场份额，提升竞争力；中小型企业则需要通过技术创新、服务优化等方式寻求差异化发展路径。同时，随着第三方医药物流企业的崛起和医药电商的快速发展，市场竞争将更加多元化和复杂化。

——政策环境不断优化。政府高度重视医药物流行业的发展，出台了一系列政策来推动行业的规范化和高质量发展。这些政策主要包括统一的医用耗材采购政策、医疗器械监管政策以及医药物流安全监管政策等。这些政策的实施为医药物流行业的健康发展提供了有力保障。未来，随着政策的不断完善和落地实施，医药物流行业将迎来更加良好的政策环境和发展机遇。

——技术创新驱动发展。技术创新是推动医药物流行业发展的关键动力。未来，随着大数据、人工智能、物联网等技术的不断发展和应用，医药物流行业将实现更加智能化、自动化和高效化的运营。同时，通过技术创新和模式创新，医药物流行业将不断拓展新的业务领域和增长点，为行业的持续发展注入新的活力。

（来源：中研网）

（二）2024年医药物流行业市场发展现状及市场渗透率分析

医药物流行业市场需求与发展前景如何？怎样做价值投资？

医药物流行业市场规模不断扩大，增速显著。近年来，随着国民健康意识的提高和医疗需求的增加，医药物流市场需求持续增长。特别是随着人口老龄化、慢性病患者的增加以及医疗需求的持续增长，医药物流市场将迎来更广阔的发展空间。

医药物流不是简单的药品进、销、存或者是药品配送。所谓的医药物流就是指：依托一定的物流设备、技术和物流管理信息系统，有效整合营销渠道上下游资源，通过优化药品供销配运环节中的验收、存储、分拣、配送等作业过程，提高订单处理能力，降低货物分拣差错，缩短库存及配送时间，减少物流成本，提高服务水平和资金使用效益，实现的自动化、信息化和效益化。

医药物流行业市场发展现状及市场渗透率分析

近年来，医药流通市场销售规模稳步增长。根据商务部发布的报告显示，2022年全国药品流通市场销售规模稳中有升，七大类医药商品销售总额（含税值）达到27516亿元，扣除不可比因素同比增长6.0%。

医药物流市场主要由国有和民营医药企业组成，这些企业拥有较高的市场占有率，具备强大的资源整合能力和高效的物流运作体系。在中国市场，中国医药、上海医药、华润医药、九州通和国药控股等企业是行业的主要竞争者。第三方医药物流的市场渗透率虽然较低，但随着资金的活跃和政策的推动，其市场潜力巨大。随着医药电商的快速发展，第三方医药物流企业也逐渐崭露头角。

中研普华产业研究院发布的《2024—2029年医药物流行业市场深度分析及发展规划咨询综合研究报告》显示：医药物流行业在技术和应用方面不断进步，如自动立体库、高速自动分拣传输系统、无人机器人作业区等现代化物流技术的应用，显著提高了物流效率和准确性。物流信息化和智能化水平也在不断提升。通过引入先进的物流管理系统（WMS）、运输管理系统（TMS）以及物联网技术，医药物流企业能够实现药品从生产到消费的全链条可视化监控，确保药品在储存、运输过程中的质量和安全。此外，大数据分析、人工智能算法和区块链技术的应用也将进一步提升医药物流的运营效率、成本控制能力和供应链透明度。

政府高度重视医药物流行业的发展，出台了一系列政策来推动行业的规范化和高质量发展。这些政策主要包括统一的医用耗材采购政策、医疗器械监管政策以及医药物流安全监管政策等。这些政策的实施为医药物流行业的健康发展提供了有力保障。

随着"两票制"、带量采购等政策的深入实施，医药物流行业的市场集中度将进一步提升，行业整合步伐加快。这些政策促使医药供应链链条缩短，对医药物流服务提出了更高的要求，推动了行业的规范化发展。

医药物流行业市场未来发展前景预测

冷链物流在医药物流行业中扮演着至关重要的角色。随着疫苗、基因疗法及生物制剂等先进疗法的不断涌现，对冷链物流的依赖日益加深。冷链物流不仅需要先进的冷藏设备和技术，还需要建立完善的冷链物流管理体系，以确保药品在储存、运输过程中的温度、湿度等条件符合标准。

绿色化和可持续性将成为医药物流行业发展的重要趋势之一。企业开始采用环保型冷链解决方案，减少能源消耗和碳排放。同时，通过优化物流网络和配送路线，降低运输过程中的能耗和排放。供应链的优化与整合是医药物流行业提升竞争力的关键。通过优化供应链管理，实现供应链的透明化、可视化和可追溯性，降低运营成本，提高服务质量。同时，通过整合上下游资源，形成协同效应，提升整个供应链的竞争力。

综上所述，医药物流行业具有广阔的市场前景和发展潜力，但同时面临着一些挑战。企业需要密切关注市场动态和政策变化，加强技术研发和人才培养，优化供应链管理和成本控制，以实现可持续发展。

（来源：互联网体）

（三）2024年医药供应链全景分析报告

《2024年医药供应链全景分析报告》由中物联医药物流与供应链分会于2024年12月发布，报告透过医药供应链10年来的重点政策变迁、数据更新迭代，剖析医药行业未来发展趋势，展望医药大健康发展新纪元。

"十四五"时期，医药行业迈入高质量发展阶段，国家级政策促进医药供应链创新升级，我国医药行业处于新发展阶段。

10年来，国家高度重视医药行业发展，重点政策促进行业规范化、有序化、标准化、现代化发展。

中物联医药物流与供应链分会已牵头制修订15项标准，涉及设施设备验证、药品物流、医药冷藏车、阴凉箱、保温箱、承运商审计、药品冷链追溯、试验用药品物流、冷藏车认证、医药物流人才等方面。

医药供应链变革是一把开启机遇之门的钥匙。

研发端，国家药监局支持创新药研发上市，2024上半年共批准上市创新药44个，其中1类创新药23个。全球对中国创新药的认可度不断提高，国产创新药海外上市品种持续增加。

进出口，2024年，预计我国医药材及药品进出口总额约5411亿元。前三季度，我国药品进口主要以欧盟、美国为主；出口以"一带一路"沿线国家、欧盟、美国为主。

工业端，受药品价格下行等多种因素影响，我国医药工业进入调整阶段，预计2024全年规模以上医药工业企业营业收入约25000亿元，发展形势回归平稳。

流通端，预计2024年我国医药流通市场销售总额达3.05万亿元，是2014年的2倍，我国医药流通市场迈入平稳发展阶段，但对比发达国家集中度仍较低。

终端，2024年，预计我国三大终端药品销售总额达19400亿元，三大终端市场销售结构仍以公立医院为主，院外下沉市场迎来广阔发展机遇。

零售终端，预计 2024 年我国医药零售终端销售总额约 5600 亿元，是 2014 年的近 2 倍，其中实体药店销售额约 4830 亿元，网上药店销售额约 770 亿元。

医药电商（B2B），受各级政府的高度重视和国家产业政策的重点支持，医药电商市场迎来巨大增量，预计 2024 年我国医药电商市场交易规模为 2600 亿元，约是 2016 年的 4 倍。

医药物流作为连接各节点的钥匙，开启的不仅是药品的流通，更是梦想与机遇的交汇

医药物流费用，政策、市场双重驱动下，医药产业结构持续优化，医药物流技术快速发展，我国医药物流费用总额持续增长，预计 2024 年超 1050 亿元，是 2016 年的 2.2 倍。

医药物流中心，我国医药物流中心数量逐年递增，主要分布在京津冀、长三角、珠三角、中部等地，预计 2024 年全国医药物流中心数量达 1320 个，较 2016 年增加 350 个。

医药物流仓储面积，我国医药物流仓储面积稳步增长，预计 2024 年我国医药物流仓储面积约 2550 万平方米，是 2016 年的近两倍；冷库建设逐步加快，预计 2024 年医药冷库面积约为 120 万平方米。

医药物流运力，我国医药物流运输能力持续增强，预计 2024 年我国医药物流运输自有车辆数量约 4.6 万辆，是 2016 年的 2.2 倍，其中我国医药自有冷藏车数量为 1.6 万辆。

医药冷链产品市场规模，医药冷链产品需求增加，市场规模不断扩大，预计 2024 年我国医药冷链市场销售额为 6500 亿元，是 2018 年的 2.3 倍。

医药流通和研发冷链物流费用，预计 2024 年我国医药流通冷链物流费用总额为 275 亿元，是 2018 年的 2.1 倍，我国医药研发冷链物流费用总额为 37 亿元，是 2018 年的 2.7 倍。

预见未来，行业发展趋势研判

药品市场，进入弱增长时代。受经济下行压力，叠加医改深化等影响，预计 2024 年全国药品市场销售额同比增长 4.9%。

企业竞争加剧，行业进入微利时代。企业将更注重转型创新、优化资源配置、提升运营效率，推动医药供应链上下游企业产链融合程度持续加深，服务延伸力度不断加大。

黄金赛道，机遇频发。受仿制药同质化竞争严重和全链条强监管压力，中医药、兽药、特医食品等细分赛道强势发展，成为行业增长新引擎。

精养时代，慢病管理开启加速度。我国人均寿命提高、老龄化趋势明显，消费者对健康的关注度和要求持续提升，慢性病市场迎来巨大发展潜力。

"保险＋实体医养"模式初露锋芒。随着中国老龄化进程加速，我国医疗保险压力日益增大，商业健康险潜在消费意愿持续增加，"保险＋实体医养"发展潜力巨大。

绿色是高质量发展的底色。新质生产力本身就是绿色生产力，"双碳"目标下，医药物流企业积极践行 ESG 发展理念，推动行业健康可持续发展。

（来源：中物联医药物流与供应链分会）

（四）上海医药 2024 年利润预测及 2025 年展望

1. 医药流通

业务特点：上海医药是国内医药流通领域的重要企业，业务涵盖药品分销和零售。随着医疗体系的完善，药品分销市场需求稳定增长。

行业趋势：带量采购政策深化，压缩了药品的流通利润率。疫情后医疗需求回升，尤其是基层医

疗机构药品供应需求扩大。数字化和冷链物流投入增加，提升了流通效率，但短期内增加了成本。

2024 年预测：

收入增长：预计药品分销需求将保持平稳增长，尤其是基层医疗和区域性市场的需求增加。

利润压力：带量采购和医保控费将继续压缩毛利率，但通过效率提升和服务扩展（如第三方物流服务），可能部分弥补利润下滑。

利润贡献：占总利润的 50%—60%。

2. 中药业务

核心竞争力：上海医药拥有丰富的中药品种和品牌优势，如六神丸、养阴清肺丸等，覆盖多个治疗领域。

市场需求：中医药受到政策支持，行业迎来发展契机。消费者对中药的认可度提高，特别是慢性病和健康管理领域的中药需求扩大。

2024 年预测：

增长驱动：政策红利持续，中医药市场需求将继续增长。加强中药品牌推广与海外市场拓展。

挑战与利润：原材料价格波动可能影响成本。市场竞争激烈，新品牌进入可能挤占份额。

利润贡献：预计占总利润的 20%—25%。

3. 新药业务

研发投入：近年来，上海医药持续加大新药研发投入，聚焦创新药和仿制药的研发与注册。

产品管线：拥有多个创新药品种处于研发后期或上市阶段。生物制药领域成为重点发展方向。

2024 年预测：

增长驱动：部分创新药有望上市并贡献业绩，如抗肿瘤药物和免疫相关药物。加强国际化布局，新药海外市场开发潜力较大。

挑战与利润：创新药上市后的市场渗透和推广需要时间。仿制药面临较大的竞争和降价压力。

利润贡献：预计占总利润的 15%—20%。

4. 总体预测

关键变量：

国家医药政策变化（如医保目录调整、带量采购扩展）。

中药原材料价格波动和市场竞争格局。

创新药研发和审批进展，以及市场推广效果。

但目前上海医药在研新药部分实在不容乐观，停止了许多管线，造成实际损失。

（1）在研新药。

早期研发（Discovery & Preclinical）：

抗肿瘤药物：靶向疗法：开发针对特定癌症靶点的小分子抑制剂，如针对 EGFR、HER2 的候选药物。免疫疗法：PD-1/PD-L1 抑制剂联合疗法的进一步研究。

抗感染药物：聚焦抗生素耐药性问题，探索新机制的抗生素。

慢性病领域：针对糖尿病、非酒精脂肪性肝炎（NASH）的潜力候选药物。

中药创新药：结合传统中药和现代技术研发复方药物，用于慢性炎症和肿瘤辅助治疗。

（2）临床阶段药物。

Ⅰ期临床：

CAR-T 细胞疗法：针对血液系统恶性肿瘤的治疗，如急性白血病和多发性骨髓瘤。

新型抗体药物：开发双特异性抗体（BsAbs），用于实体瘤的靶向治疗。

神经系统疾病药物：针对阿尔茨海默病和帕金森病的小分子药物。

Ⅱ期临床：

抗肿瘤药物：小分子靶向药：如针对 KRAS 突变的候选药物。抗血管生成药物：探索用于晚期实体瘤的疗效。

代谢疾病药物：新型 GLP-1 受体激动剂，用于肥胖和 2 型糖尿病的治疗。

罕见病药物：针对溶酶体贮积病（如法布雷病）的新疗法。

Ⅲ期临床：

抗肿瘤药物：一种靶向 EGFR 突变的抑制剂，用于肺癌治疗。联合免疫疗法试验，验证其与标准疗法的联合效果。

心血管疾病药物：新型降脂药物的全球多中心研究。

抗感染药物：针对多重耐药菌的广谱抗菌药。

（3）已经上市或获批药物。

肿瘤领域：部分靶向药已获国内批准上市，并正在拓展国际市场。

慢性病管理：成功推出多种高血压、糖尿病治疗药物，受到市场认可。

中药创新：以现代化生产和研发技术推出多种新型中药制剂。

（4）已取消或暂停的项目。

已取消项目：

抗体药物：由于早期临床阶段的疗效不达预期，暂停开发针对某些肿瘤标志物的单克隆抗体。

抗病毒药物：某些小分子药物因安全性问题或与竞争产品比较中无显著优势，被终止开发。

中药单体化合物：个别中药创新项目因商业化前景不明朗或技术障碍被搁置。

暂停的项目：

神经系统药物：某些阿尔茨海默病药物在临床Ⅱ期阶段发现疗效不显著，暂停进一步研究。

罕见病药物：研发进度因市场规模小或技术挑战较大而放缓。

小结：2024 年，上海医药业绩将主要由医药流通、中药和新药三大业务驱动。医药流通受益于基层医疗需求增长和数字化转型，预计利润占比达 50%—60%，但带量采购将持续压缩毛利率；中药业务因政策支持和品牌推广，预计贡献利润 20%—25%，原材料价格波动需关注；新药领域聚焦创新药研发，部分抗肿瘤和代谢疾病药物有望上市，利润占比预计达 15%-20%。取消部分在研项目可能带来一定损失，但合理优化研发布局有助于降低影响。整体来看，上海医药将在稳定的流通业务基础上，逐步提升中药和新药的利润占比，实现高质量增长。

2025 年，上海医药预计将持续优化业务结构，推动高质量发展。医药流通业务将依托数字化和供应链整合能力，进一步巩固市场份额，但需应对带量采购政策深化对利润的压缩。中药业务在政策支持和健康消费需求增长的推动下，海外市场拓展与现代中药研发将成为新的增长点。新药业务随着创新药物的陆续上市和市场渗透，尤其是在抗肿瘤和代谢疾病领域，有望成为利润的重要增长极。2025 年公司或将加速国际化布局，通过创新药物出口和全球合作提升竞争力，预计利润结构将更加均衡，创新驱动特征显著增强.

（来源：雪球）

（五）上海医药物流行业总体运行情况

2024 年，上海医药物流行业整体运行情况良好，收入和利润均有显著增长。公司实现营业收入 2752.5 亿元，同比增长 5.75%；实现归母净利润 45.5 亿元，同比增长 20.82%。这些数据表明，上海医药物流业务在 2024 年实现了稳健的增长。

1. 行业趋势与市场环境

行业趋势：带量采购政策的深化压缩了药品流通的利润率，但疫情后医疗需求的回升，尤其是基层医疗机构药品供应需求的扩大，推动了医药流通市场的增长。数字化和冷链物流的投入增加，提升了流通效率，但短期内增加了成本。

市场需求：药品分销需求保持平稳增长，尤其是基层医疗和区域性市场的需求增加。

2. 具体业务表现

医药流通：上海医药作为国内医药流通领域的重要企业，业务涵盖药品分销和零售。带量采购政策深化和医保控费影响了利润率，但通过效率提升和服务扩展（如第三方物流服务），部分弥补了利润下滑。

中药业务：上海医药在中药领域拥有丰富的品种和品牌优势，市场需求稳定增长，政策红利持续推动行业发展。

新药业务：公司持续加大新药研发投入，聚焦创新药和仿制药的研发与注册。部分创新药有望上市并贡献业绩，新药海外市场开发潜力较大。

（来源：百度 AI）

三、冷链物流

（一）中国冷链物流行业崛起　市场规模稳步增长

国内消费市场的不断升级和生鲜食品、医药等行业的快速发展，冷链物流行业正迎来稳步发展的黄金时期。最新数据显示，冷链物流行业市场规模持续扩大，展现出强劲的增长势头。

冷链物流市场规模稳步扩大

近年来，冷链物流行业市场规模持续增长。据中国物流与采购联合会发布的数据，2024年上半年，冷链物流总额为3.1万亿元，同比增长3.7%。冷链物流市场规模也达到了2688亿元，同比增长3.3%。这一增长趋势表明，冷链物流行业正在成为推动经济发展的重要力量。

冷链物流政策支持助力发展

政府对冷链物流行业的支持力度不断加大。为推动冷链物流产业的健康发展，国家出台了一系列政策。例如，《"十四五"冷链物流发展规划》明确提出了冷链物流网络建设的目标，要求到2025年初步形成衔接产地销地、覆盖城市乡村、联通国内国际的冷链物流网络。这些政策的出台为冷链物流行业的发展提供了有力保障。

冷链物流行业挑战与问题

尽管冷链物流行业取得了显著成绩，但仍面临一些挑战和问题。首先，冷链物流流通率偏低，设施不足，损耗偏大，成本较高。这限制了冷链物流行业的进一步发展。其次，与发达国家相比，我国冷链物流建设与发达国家仍有较大差距，需要进一步提高冷链物流的技术水平和服务质量。

冷链物流行业发展趋势展望

未来，冷链物流行业将迎来更加广阔的发展空间。数字化转型将成为冷链物流行业的重要趋势。通过应用数字化管理工具，可以提高冷链物流的效率和质量，降低运营成本。国际化步伐将加快。跨境电商物流的快速增长带动了航空物流需求的增长，推动了物流国际化步伐的加快。这将为冷链物流行业带来新的发展机遇。标准化和规范化建设将进一步加强。通过制定和执行相关标准和规范，可以提高冷链物流的可靠性和安全性，推动行业的健康发展。

华鼎冷链科技负责人表示，冷链物流行业在稳步发展的同时，仍需克服一些挑战和问题。随着数字化技术的不断发展和政策的大力支持，冷链物流行业将迎来更加广阔的发展前景。

（来源：荆楚网）

（二）中国冷链物流行业 2024 年现状剖析与 2025 年预测

中国冷链物流行业现状

市场规模持续扩大。据中国物流与采购联合会发布的数据显示，2024年我国冷链物流市场规模持续扩大，全年冷链物流需求总量达到3.65亿吨，同比增长4.3%。冷链物流总收入为5361亿元，同比增长3.7%。这一增长趋势显示出中国冷链物流行业强劲的发展势头，预计未来几年市场规模将继续保持增长态势。

政策支持力度空前。政府对冷链行业的支持力度不断加大，出台了一系列政策措施推动行业发展。例如，交通运输部、国家发展改革委印发的《交通物流降本提质增效行动计划》明确提出，要完善产地冷链物流设施，大力发展农产品冷链物流。这些政策为冷链物流的快速发展提供了有力保障，也为行业企业指明了发展方向。

基础设施建设加速。国家高度重视冷链物流基础设施建设，出台了多项政策加以推动。近年来，冷库总量和冷藏车保有量都在快速增长。据相关数据显示，2024年我国冷库总量约为2.28亿立方米，同比增长8.3%；冷藏车保有量约43.2万辆，同比增长12.9%。同时，新能源冷藏车销量也实现了爆发式增长，2024年全年销量为21368辆，同比增长350.8%，渗透率达到33.9%。这些基础设施的建设和完善，为冷链物流的发展提供了坚实的基础。

企业竞争日益激烈。中国冷链物流行业的企业数量众多，竞争激烈。大型综合物流企业和专注于冷链服务的中小企业都在市场中占据一定份额。这些企业通过提供优质的服务和创新的技术来赢得市场，不断提升自身的竞争力和市场份额。例如，顺丰冷链、京东冷链等知名企业凭借完善的冷链物流网络和先进的技术设备，在生鲜食品、医药等领域展现出强大的竞争力。

技术创新推动行业发展。随着物联网、大数据、人工智能等技术的不断发展，冷链物流企业正加强信息化建设，推进物流标准化和流程优化。通过采用智能硬件、物联网、大数据等智慧化技术与手段，冷链物流企业能够实现对冷链物流全过程的实时监控和管理，提高运营效率和服务质量。同时，新型冷链制冷剂技术的研发和应用，以及新能源冷藏车的推广使用，也进一步推动了冷链物流行业的绿色发展。

2025年冷链行业发展预测

市场规模持续扩大。随着消费者对生鲜食品品质要求的提高和电商、餐饮等行业的快速发展，冷链物流市场需求将持续增长。预计未来几年，中国冷链市场规模将继续保持增长态势。特别是在生鲜电商、预制菜等新兴业态的带动下，冷链物流市场需求将更加旺盛。

基础设施建设进一步完善。未来，我国将加快冷链物流基础设施建设，提高冷库、冷藏车等设施的普及率。同时，加强产地预冷、传统农批市场冷库等末端设施的建设和改造，提高冷链物流的覆盖率和服务水平。此外，随着新能源冷藏车技术的不断发展和普及，冷链物流行业的绿色发展也将得到进一步推动。

技术创新引领行业升级。技术创新将继续引领冷链物流行业的发展。通过智能硬件、物联网、大数据等智慧化技术与手段，冷链物流企业将不断提高物流系统分析决策和智能执行的能力，实现冷链物流的智能化、精准化运营与管理。同时，随着区块链、5G等新兴技术的应用，冷链物流行业的信息化水平也将得到进一步提升。

绿色发展成为主流趋势。环保意识的提高和政府对环保政策的加强将推动冷链物流向绿色化方向发展。未来，冷链行业将更加注重节能减排和可持续发展，采用更加环保的制冷设备和运输方式，减少能源消耗和排放。同时，随着新能源冷藏车等绿色物流设备的普及和应用，冷链物流行业的绿色发展也将得到进一步推动。

跨界融合催生新机遇。冷链行业将与其他行业进行跨界融合和协同发展。例如，与现代农业、食品工业等产业的深度融合将推动冷链物流行业的不断创新和升级。这种跨界融合将为冷链行业带来新的发展机遇和空间，同时也将促进相关产业的协同发展。

监管体系日益完善。政府将加强冷链物流标准和监管体系的建设，出台相关法律法规和政策措施，加强冷链物流的全程监控和追溯体系建设。这将有助于提升冷链物流的整体水平和竞争力，保障食品安全和质量。同时，随着监管体系的日益完善，冷链物流行业的市场秩序也将得到进一步规范。

中国冷链物流行业正处于快速发展阶段，市场规模持续扩大，政策支持力度空前，基础设施建设加速，企业竞争日益激烈，技术创新推动行业发展。展望未来，冷链行业将继续保持增长态势，并在基础设施建设、技术创新、绿色发展、跨界融合和监管体系完善等方面取得更大进展。随着消费者对食品安全和品质要求的不断提高，以及电商、餐饮等行业的快速发展，冷链物流行业将迎来更加广阔的发展前景。

（来源：生活看点）

（三）2024年冷链物流需求总量达3.65亿吨

中国物流与采购联合会发布的2024年冷链物流运行数据显示，2024年，我国冷链物流需求总量为3.65亿吨，同比增长4.3%；冷链物流总收入为5361亿元，同比增长3.7%。

深圳市前海排排网基金销售有限责任公司研究员卜益力向《证券日报》记者表示，在技术创新和市场需求增长双重因素的驱动下，冷链物流发展前景非常广阔，"一方面，随着消费者对生鲜食品品质需求的提升，叠加电商行业的快速发展，冷链物流行业有望保持持续增长势头。另一方面，人工智能等技术的落地应用，大幅提升了冷链物流行业的智能化和信息化水平，从而推动了行业服务质量的提高。"

中研普华产业研究院《2024—2029年冷链产业现状及未来发展趋势分析报告》显示，2022年我国冷链物流市场规模已达6371亿元，预计2025年将进一步增长至8686亿元。

"冷链物流的市场规模的持续扩大，主要得益于消费者对高品质生鲜食品和药品安全需求的不断提升，尤其是生鲜电商、医药电商、蔬菜供应链、外卖预制菜配送等业态的快速发展，助推了冷链物流产业的成长，持续驱动产业向智能化、绿色化、标准化的方向发展。"一位业内人士对记者如是说。

政策层面，国务院办公厅于2021年印发的《"十四五"冷链物流发展规划》（简称《规划》）提出，到2025年，初步形成衔接产地销地、覆盖城市乡村、联通国内国际的冷链物流网络，基本建成符合我国国情和产业结构特点、适应经济社会发展需要的冷链物流体系。

《规划》明确，通过现有资金支持渠道，加强国家骨干冷链物流基地、产销冷链集配中心等大型冷链物流设施建设。物流企业冷库仓储用地符合条件的，按规定享受城镇土地使用税优惠政策。拓展冷链物流企业投融资渠道，鼓励银行业金融机构等对符合条件的冷链物流企业加大融资支持力度，完善配套金融服务。

为满足国际贸易的往来，冷链物流已应用在中欧班列上。"现今的铁路冷链运输已经很成熟，可以满足我们对低温药品的运输需求。"一家主营医药流通的上市公司工作人员向《证券日报》记者透露，中欧班列的车厢非常智能化，安装有控温装置和监控设备，通过大数据平台，工作人员可以实时查验药品的运输。

企业层面，一些传统物流企业正在凭借其业务优势，积极布局冷链物流市场。一些专注于冷链服务的中小企业也在通过提高服务质量、加强技术创新和成本控制能力，不断抢占冷链物流市场。

业内普遍认为，未来我国冷链物流的市场渗透率仍有望进一步提升。

在快递物流专家、贯铄企业管理（上海）有限公司CEO赵小敏看来，目前，相当多的产品还没有纳入冷链体系。随着资本的持续投入以及用户需求的提升，冷链物流市场仍有进一步提升的空间。

冷链物流的快速崛起，也为新能源冷藏车产业带来了利好。数据显示，我国新能源冷藏车 2024 年销量为 21368 辆，同比增长 350.8%；新能源冷藏车渗透率为 33.9%，同比增长 25.2 个百分点。

"预计随着冷链物流市场规模的进一步扩大，新能源冷藏车销量有望继续保持快速增长，并在行业中占据更大市场份额。"卜益力说。

赵小敏认为，不仅是新能源冷藏车领域，在冷链物流的末端环节，如智能柜、无人车等也有非常大的成长空间。

（来源：《证券日报》）

（四）2024 年医药冷链物流行业发展前景研究、未来趋势分析

中研普华研究院撰写的《2024—2029 年中国医药冷链物流行业市场分析及发展前景预测报告》显示：

医药冷链物流行业发展前景研究、未来趋势分析

医药流通体制改革的深入，如"两票制"等政策的实施，促使医药供应链链条缩短，对医药物流服务提出了更高的要求，推动了医药冷链物流的发展。政府还积极引导各地医疗卫生机构间开展合作，建立健全的医药物流体系，并鼓励医药物流企业加强技术创新和信息化建设。

冷链技术的进步，例如温度监测设备、GPS 跟踪系统和数据记录器等，使得在运输和储存过程中监测和维护药品的完整性变得更加容易，提高了医药冷链物流的效率和安全性。

对生物制剂、疫苗和其他温度敏感型药品的需求不断增长，推动了对冷链服务的需求。这些产品需要严格的温度控制来确保安全有效运输和储存。

近年来，随着国民健康意识的提高和医疗需求的增加，医药冷链物流市场规模不断扩大。根据多方数据，医药冷链物流总额呈现逐年增长态势，增速显著。预计未来几年，医药冷链物流市场规模将继续保持稳健增长。例如，据 QYResearch 调研团队报告预测，到 2030 年，全球医药陆地冷链物流市场规模将达到 253.8 亿美元，未来几年年复合增长率 CAGR 为 7.8%。

医药冷链物流市场竞争格局

医药冷链物流市场竞争格局正逐步发生变化，呈现出集中化、规模化的趋势。市场主要由几家大型企业主导，这些企业凭借强大的资源整合能力和高效的物流运作体系，占据了较大的市场份额。同时，随着第三方医药物流企业的崛起和医药电商的兴起，市场竞争日益激烈。第三方物流能够提供专业的物流服务，降低企业的运营成本，提高物流效率；而医药电商的快速发展则为医药物流行业带来了新的增长点。

医药冷链物流市场挑战

技术挑战：医药冷链物流需要高精度的温控技术和设备，如冷藏车、冷库、温度记录仪等。但不同的药品对温度的要求不同，有的甚至需要在极低的温度下保存，这对温控技术提出了更高的要求。

成本挑战：医药冷链物流需要大量的基础设施投入，包括冷藏车、冷库和温控设备等，这类设备的购置、维护和升级需要大量的资金支持。相较于常温物流，医药冷链物流对人员的专业性、工作强度要求更高，因此企业需要投入更多的人力成本用于人员的培训和管理。

监管要求：监管机构对药品（尤其是温度敏感型药品）的运输和储存有严格的指导方针，这增加了医药冷链物流企业的合规成本。

医药冷链物流市场发展趋势

技术创新：随着物联网、大数据、区块链等先进技术的不断应用，医药冷链物流在温度监控、信息追溯、安全管理等方面将实现更加智能化、精细化的管理。

绿色化发展：随着全球环保意识的提高，绿色化发展已经成为医药冷链物流的重要趋势。未来，医药冷链物流企业将更加注重环保和可持续发展，推广使用清洁能源和低碳技术。

服务模式多样化：随着市场需求的变化和竞争的加剧，医药冷链物流服务商开始探索多样化的服务模式。除了传统的第三方物流服务外，一些企业开始拓展供应链金融、冷链物流咨询等增值服务。

国际化发展：随着全球化进程的加速和国际贸易的不断发展，医药冷链物流的国际化发展也将成为重要趋势。

综上，医药冷链物流市场具有广阔的发展前景和巨大的市场潜力。在政策支持和市场推动下，行业将朝着更加专业化、智能化、绿色化和国际化的方向不断迈进。

在激烈的市场竞争中，企业及投资者能否做出适时有效的市场决策是制胜的关键。中研网撰写的医药冷链物流行业报告对中国医药冷链物流行业的发展现状、竞争格局及市场供需形势进行了具体分析，并从行业的政策环境、经济环境、社会环境及技术环境等方面分析行业面临的机遇及挑战。同时揭示了市场潜在需求与潜在机会，为战略投资者选择恰当的投资时机和公司领导层做战略规划提供准确的市场情报信息及科学的决策依据，对政府部门也具有极大的参考价值。

（来源：互联网）

（五）冷链配送在上海 优化供应链提升市场竞争力

消费者对食品品质和食品安全要求的不断提高，冷链物流行业迎来了前所未有的发展机遇。作为中国经济的重要中心，上海的冷链配送与运输市场更是展现出了强劲的增长势头。

上海，作为中国最具国际化的城市之一，其冷链物流市场发展迅速。最新数据显示，2024年上半年，我国冷链物流总额为3.22万亿元，同比增长3.9%。冷链物流量为2.2亿吨，同比增长4.4%。从收入来看，上半年，冷链物流总收入为2779亿元，同比增长3.4%。这一显著增长主要得益于消费市场的不断扩大以及消费者对高品质、新鲜食品需求的持续上升。

冷链物流作为连接生产与消费的重要桥梁，其效率与服务质量直接影响到食品的品质与安全。因此，上海市政府高度重视冷链物流体系的建设与发展，出台了一系列政策措施以推动行业进步。这些政策不仅为冷链物流企业提供了资金与技术支持，还优化了冷链物流的营商环境，吸引了众多国内外优秀企业入驻上海。

在上海冷链配送与运输市场中，冷藏冷链配送服务商扮演着至关重要的角色。它们通过专业的冷藏车辆、先进的温控技术以及高效的物流管理系统，确保食品在运输过程中的新鲜度与安全性。

据统计，2024年上半年，上海市冷藏冷链配送服务商数量增长5%以上，这些服务商不仅服务于上海市内的各大超市、餐饮企业以及生鲜电商平台，还为众多进口食品企业提供定制化的冷链配送解决方案。

在市场竞争方面，上海的冷藏冷链配送服务商展现出了高度的专业化与差异化。一些领先企业通过引入智能化、信息化的物流管理系统，实现了对冷藏车辆实时监控与调度，大大提高了配送效率与服务质量。同时，它们还注重与上游供应商和下游客户的紧密合作，构建起稳定的冷链物流供应链。

尽管上海冷链配送与运输市场发展迅速，但仍面临着一些挑战。其中，最主要的挑战来自冷链物流成本的上升以及行业标准的缺失。

冷链物流相较于普通物流而言，需要更高的投入。冷藏车辆、温控设备以及专业化的物流管理系统都需要大量的资金与技术支持。这使得一些小型冷链物流企业难以承受高昂的运营成本，导致市场竞争格局的不均衡。

此外，冷链物流行业标准的缺失也是制约市场发展的重要因素。目前，上海市乃至全国范围内都缺乏统一的冷链物流标准与规范。这使得不同企业之间的服务质量与效率存在较大的差异，给消费者带来了不便与风险。

然而，挑战往往伴随着机遇。随着消费者对食品品质和食品安全要求的不断提高，冷链物流市场的潜力将进一步释放。特别是在生鲜电商、进口食品以及冷链物流技术应用等领域，将孕育出更多的市场机遇。

华鼎冷链科技负责人表示，上海冷链配送与运输市场将继续保持快速增长的态势。随着政府对冷链物流行业的支持力度不断加大以及行业标准的逐步完善，市场将迎来更加广阔的发展空间。

在政策层面，上海市政府将继续出台更多有利于冷链物流发展的政策措施。这些政策将侧重于提高冷链物流的信息化水平、降低运营成本以及优化营商环境等方面。同时，政府还将加大对冷链物流技术研发与创新的支持力度，推动行业向智能化、绿色化方向发展。

在行业层面，上海市的冷藏冷链配送服务商将进一步提升自身的专业化与差异化水平。它们将通过引入更先进的物流管理系统、优化配送网络以及提高服务质量等方式，来增强市场竞争力。同时，这些服务商还将积极拓展新的业务领域，如生鲜电商配送、进口食品冷链物流等，以实现业务的多元化与可持续发展。

在技术层面，冷链物流技术的应用将进一步推动上海冷链配送与运输市场的发展。例如，物联网技术、大数据技术以及人工智能等先进技术的应用，将实现冷链物流的全程可视化、智能化管理。这将大大提高冷链物流的效率与服务质量，降低运营成本，为消费者带来更加便捷、高效的冷链物流服务。

上海冷链配送与运输市场展现出了强劲的增长势头与广阔的发展前景。在消费升级、政策支持以及技术创新等多重因素的推动下，市场将迎来更加繁荣的发展时期。

然而，我们也应看到市场发展中存在的挑战与问题。冷链物流成本的上升、行业标准的缺失等问题仍需得到有效解决。因此，政府、企业以及社会各界应共同努力，推动上海冷链配送与运输市场的健康发展。

具体而言，政府应继续加大对冷链物流行业的支持力度，出台更多有利于行业发展的政策措施；企业应注重提升自身的专业化与差异化水平，积极拓展新的业务领域；社会各界则应加强对冷链物流行业的关注与监督，共同推动行业的规范化、标准化发展。

我们有理由相信在各方共同努力下，上海冷链配送与运输市场将迎来更加繁荣、健康的发展时期。这不仅将为消费者带来更加便捷、高效的冷链物流服务，也将为上海市乃至全国的经济社会发展做出积极贡献。

（来源：餐饮冷链配送圈）

（六）2024 年上海冷链物流运行情况总体呈现稳步增长趋势

2024 年上海冷链物流运输配送市场规模持续攀升，预计未来几年增速将保持高位。这一增长态势的背后，是消费者对食品新鲜度、安全性和可追溯性要求的不断提升，以及餐饮行业、生物医药等行业的蓬勃发展对冷链物流的迫切需求。

市场规模和需求情况

2024 年上海冷链物流市场规模实现了快速增长，需求总量显著增加。据统计，2024 年上海冷链物流需求总量为 3.65 亿吨，同比增长 4.3%。这一增长不仅反映了冷链物流市场的整体复苏势头，也显示了其在保障食品安全和满足市场需求方面的重要作用。

主要企业和服务模式

上海冷链物流市场由多家知名企业主导，这些企业凭借先进的技术手段、完善的服务网络和丰富的行业经验，在市场中占据了重要地位。例如，河南华鼎冷链仓配科技有限公司上海分公司通过搭建全国化的仓配网络，实现了对运输过程中温度的精确控制和全程监控，赢得了众多客户的信赖。此外，上嘉物流、上海海鼎物流、上海永安冷链等企业也在各自领域取得了显著成绩，共同推动了上海冷链物流运输配送行业的发展。

政策支持和技术创新

在政策支持方面，国家高度重视冷链物流的发展，出台了《"十四五"冷链物流发展规划》和《有效降低全社会物流成本行动方案》等文件，为冷链物流行业的高质量发展提供了有力保障。上海市政府也积极响应国家号召，出台了一系列政策措施，支持冷链物流基础设施建设和技术创新。在技术创新方面，冷链物流企业通过引入物联网和数据分析技术，实现对货物温度、湿度等参数的实时监控，确保食材的新鲜度和安全性。

（来源：百度 AI）

四、口岸物流

（一）中国新一批通关便利化举措施行 带来哪些变化？

来一场说走就走的"China Travel"、点一件中国设计的春季新款外套、开一个刚从泰国椰树上摘下来的新鲜椰子……随着航空运输的发展，中国与世界的距离正在不断拉近。

海关总署会同国家移民局、中国民用航空局等部门联合出台《关于进一步促进航空口岸通关便利化若干措施》（简称《措施》），为航空运输带来了更多利好。当前，中国航空口岸发展情况如何？跨境客货运输有什么最新特点？新一批通关便利化举措正在带来哪些变化？记者进行了采访。

乘机便捷——入境出境"一键通关"

3月18日上午7时，在厦门飞往新加坡的 MF851 航班值机柜台前，长期从事旅行社业务的胡进福轻推着两个托运行李箱办完值机后，快步走向候机厅。他抬手看表，即使是航班高峰期，自己从进入国际出发厅到排队完成值机仅用3分钟。

"以前坐飞机出境要搬两次行李，一次是海关的行李检查，一次是办理值机的时候，每次都要花点时间。"胡进福说，由于工作需要，自己每次出境考察境外游项目时都会携带大量托运行李。现在，得益于厦门机场海关2024年初启用的出境行李无感通关举措，自己入境出境便捷了许多，可谓"一键通关"。

"免排队、不停留"的丝滑出境体验，会不会影响口岸监管质量？据厦门海关所属机场海关副关长朱幸军介绍，无感不是不管，而是更精准的监管与服务。通过加快"智慧海关"建设，旅客在值机托运环节的过机图像同步发送给海关和安检，无异常旅客行李即查即放。同时，有关方面通过技术手段和监管场所设施条件的软、硬件升级，使得通程行李过检效率提升一倍以上，中转旅客行李输送量扩增50%以上。

事实上，《措施》提出的16项具体举措，着眼点就在于更好地将安全与高效相结合，着力破解航空口岸客货运输便利化面临的制约因素。

比如，提高特殊货物通关效率方面，有针对性地在具备条件的航空口岸探索开展出口货物机坪"直装"和进口货物机坪"直提"试点；提升出入境人员通关便利体验方面，进一步优化境外旅客联程中转、口岸签证、互免签证、过境免签、单方面免签、区域性入境免签等政策；加快进境旅客行李处理速度方面，鼓励具备条件的海关探索开展进境手提行李和托运行李"双预检"试点；扩大航空物流公共信息平台利用方面，开展数据共享，打通数据壁垒等等。

这意味着，外国人来华办事、旅行会更加轻松便捷。近日，俄罗斯旅客亚历山大·安德列夫搭乘CA910 航班抵达北京首都国际机场。他之前就多次来过北京，此行计划是到成都去看一看大熊猫。在国际到达区内，安德列夫感受到了北京首都国际机场通关便利化举措的温度。"从莫斯科出发经北京中转去成都，行李可以一站到底，不用拉着行李赶飞机，这体验真的太棒了！"安德列夫说。

"我们期待更多国际友人来到中国，体验这里的文化、美食和美景，探索更多经贸合作项目。"首都机场海关旅检一处处长高延军说。

货运高效——拥有更长"备选购物单"

航空口岸进出口货物通关效率持续提高，为海内外消费者提供了更长的"备选购物单"。

吃海鲜，内陆不再输沿海——在传统观念里，吃海鲜似乎是沿海地区的"独有便利"。如今依靠航空口岸，川渝等内陆地区也不遑多让。据了解，一条三文鱼从 8000 千米外的法罗群岛深海被捕捞上岸，到端上成都市民的餐桌，总耗时一般不超过 48 小时。

四川省国际航空货运发展有限公司常务副总经理侯畅告诉记者，从空运角度看，川渝地区直飞欧洲的航线距离比东部沿海地区更短。2024 年，企业通过成都双流国际机场、成都天府国际机场从北欧进口冰鲜三文鱼近 6000 吨，除了供应本地消费者外，相当一批随着客运航班转运至其他城市。"成都双流机场海关采取'进口空侧内转'监管模式，使得进口国际空运货物经海关放行后可直接通过 RFID 智能感应卡口通关，平均每单节约通关时间 5 个小时左右。"侯畅说。

赶时髦，当季新款供应快——杭州天翔东捷运物流有限公司副总经理蒋瑛说，随着跨境电商发展，海外消费者对外套、内衣、T 恤、袜子等网购订单的时效性要求越来越高。

"为了更好抢抓海外消费者服装换季需求，很多商家都会先根据市场动态通过空运出口自家最新款产品，'时髦'程度获海外消费者认可后再及时排产、走海运提升出口供应量。"蒋瑛说，杭州萧山机场海关通过智慧监管不断提升通关时效，大力支持拓展航空国际物流网络等便利化措施落地，提升了企业的市场竞争力。2024 年，公司通过杭州萧山机场出口量超 1.3 万吨，今年前 2 个月出口量达 3578 吨，同比增长超过 200%。

换零件，汽配服务跟得上——随着中国汽车品牌在海外的认可度越来越高，国产汽车零部件出口不断增长。河北瀚喆国际货运代理有限公司经理张晓博的主要工作，就是将国内企业生产的汽车门框、中控面板、轴承等汽车零部件通过空运出口到捷克，确保欧洲车主能够及时获得优质的维保服务。

"一般来讲，车主修车时对零部件的需求相对比较急。如果汽配零件供应跟不上，就会耽误使用。石家庄海关积极探索'7×24 小时'全天候服务，海关工作人员通过辛苦倒班实现了全时段服务覆盖。这让我们有更充足的时间协调货运航班、提升空运效率。粗略统计，这一举措让我们货物周转效率提高了 40%。"张晓博说。

活力更强——跨境包裹"秒级验放"

中国民用航空局发布的数据显示，2024 年，中国境内运输机场（不含港澳台地区）共有 263 个；全年民用运输机场完成旅客吞吐量 145951.8 万人次，较上年增长 15.9%；全年完成货邮吞吐量 2006.2 万吨，较上年增长 19.2%。面对航空运输快速发展的趋势，越来越多航空口岸积极优化监管流程、释放发展活力。

在广东，广州白云机场综合保税区（南区）设立"双前置"货站，兼具仓储和服务双重功能。相较于一般前置货站"先安检后查验"的模式，"双前置"货站将民航安检和海关查验两个环节一并前置、将出口申报和预安检融合一体，有效提高口岸通关和物流运转效率。记者从广州海关所属广州白云机场海关了解到，3 月 6 日，全国首个"双前置"货站已经在广州白云机场口岸正式投入使用。

上海海关抓住高附加值、低货量商品与跨境电商发展特点，实现小包裹高效通关，借助 CT 机智能审图等技术手段，实现跨境电商包裹"秒级验放"。同时，上海海关立足长三角及周边地区空港集中的优势，优化跨境电商监管模式，支持跨境电商转关出口。自 2023 年 9 月嘉兴至上海跨境电商出口转关业务正式开展以来，上海浦东国际机场海关已累计监管相关跨境电商出口转关单 2207 票、总重 3614.4 吨。

中西部航空口岸亮点频现。在甘肃，泰国鲜食椰子 2024 年 3 月 9 日首次实现从航空口岸进口。为保障该批泰国鲜食椰子快速通关，中川机场海关启动首单货物通关快速响应机制，引导企业提前申报动态，跟进水果进口计划、航班到港信息，畅通进境水果"绿色通道"，让鲜食椰子抢"鲜"满足消费者需求。"我们设置审单、查验专岗，确保'即到即查、即查即放'。同时，全面提高取样送检效率，对于进境水果，在确保检疫安全的前提下，压缩在口岸的滞留时间。"兰州海关所属中川机场海关关长及平说。

在湖南，产自非洲的800余尾观赏鱼前不久搭载货运航班由埃塞俄比亚首都亚的斯亚贝巴飞抵长沙黄花机场口岸。在完成通关手续后，这批观赏鱼被运往指定隔离场，将在完成14天的隔离检疫后上市销售。此前，海关指导进口商新建了进境观赏水生动物指定隔离场地，并提前制定专项方案，实现从卸货、查验到提货的无缝衔接。长沙黄花机场海关关长杨晓勇说，对于非洲鲜花转口贸易、进口观赏鱼等外贸新业态，将根据《措施》要求，进一步推进监管装备设备智能化升级改造，完善冷链等特殊货物处理设施。

近年来，中国通过综合应用智能化设备和技术，不断提升航空口岸客货跨境流动便利性。随着《措施》的施行，全国海关将聚焦"无感通关、智能监管、无事不扰、无处不在"的工作目标，为航空口岸高水平开放注入全新动能。

（来源：中国产业经济信息网）

（二）关于印发《上海口岸 2024 年促进跨境贸易便利化专项行动若干措施》的通知

沪商自贸〔2024〕83 号

各相关单位：

为深入贯彻党的二十大精神，认真落实党中央、国务院和上海市委、市政府关于优化营商环境的决策部署，根据海关总署《2024 年促进跨境贸易便利化专项行动措施》及《上海市坚持对标改革持续打造国际一流营商环境行动方案》的任务要求，更大力度提升跨境贸易便利化水平，持续打造市场化、法治化、国际化一流口岸营商环境，市商务委、上海海关、市交通委、市市场监管局、市发展改革委、市经济信息化委、市药品监管局、市生态环境局、市科委等九部门和单位共同制定了《上海口岸 2024 年促进跨境贸易便利化专项行动若干措施》，经市政府同意，现印发给你们，请认真做好组织实施工作。

上海市商务委员会

上海海关

上海市交通委员会

上海市市场监督管理局

上海市发展和改革委员会

上海市经济和信息化委员会

上海市药品监督管理局

上海市生态环境局

上海市科学技术委员会

2024 年 5 月 31 日

上海口岸 2024 年促进跨境贸易便利化专项行动若干措施

为深入贯彻党的二十大精神，认真落实党中央、国务院和上海市委、市政府关于优化营商环境的决策部署，根据海关总署《2024 年促进跨境贸易便利化专项行动措施》及《上海市坚持对标改革持续打造国际一流营商环境行动方案》的任务要求，上海口岸定于 2024 年 5—8 月开展本年度上海口岸促进跨境贸易便利化专项行动，持续推进国际贸易领域营商环境改革。专项行动改革措施如下：

一、进一步提升进出口货物通关效率

1. **进一步压缩口岸整体通关时间。**依托上海国际贸易"单一窗口"，建立上海口岸整体通关时间监测系统，加强相关单位系统、数据对接，逐步构建覆盖全环节全流程的通关时间监测体系。推动空运货栈、分拨仓库等公布作业环节和服务时间，鼓励提供 7×24 小时作业服务，进一步优化作业流程。鼓励船公司或船代在船到港前开放换单。（市商务委、上海海关、市交通委、上港集团、机场集团、东航物流）

2. **进一步压缩检疫审批许可时长。**持续压缩进口食品检疫审批许可的办理时长，对符合要求的申请项目实行"即报即批"；对符合要求的动植物及其产品的检疫审批实行"即报即审"。（上海海关）

3. **进一步提升鲜活农产品通关效率。**建立空运鲜活农产品通关"绿色通道"，对鲜活农产品实施 7x24 小时预约查验。（上海海关、市农业农村委）

4. **深化区域通关便利化协作。**健全长三角区域通关协调处置机制，持续推进"联动接卸""离港确认"等监管模式，提升区域物流效率，促进多式联运发展。加快在长三角地区布局内陆集装箱码头（ICT），加强与沿江沿海港口合作，提升上海港腹地服务能力。（市交通委、上海海关、上港集团）

5. **加强海关技术机构能力建设。**进一步提升海关技术机构能级，合理调配检测资源，提升口岸送检和实验室检测效率。依托上海国际贸易"单一窗口"实现实验室检测完成情况查询，提升检测环节透明度。（上海海关、市市场监管局、市商务委）

6. **优化海关预裁定管理。**试点扩大预裁定申请人范围，在中国（上海）自由贸易试验区及临港新片区试行境外出口商或生产商申请预裁定。（上海海关）

二、进一步促进外贸新动能产业贸易便利

7. **支持高新技术企业创新发展。**按照海关总署的统一安排，进一步推广真空包装等高新技术货物布控查验模式；进一步推动扩大减免税"ERP 联网申报＋快速审核"模式应用范围，提高减免税办理时效。（上海海关）

8. **优化生物医药研发用物品及特殊物品进出口手续。**深化生物医药企业（研发机构）进口研发用物品"白名单"试点，根据试点进程和企业需求对"白名单"实施动态调整，纳入"白名单"的物品进口无需办理《进口药品通关单》。持续完善进出境特殊物品联合监管机制，上海海关凭联合监管机制综合评估意见，优化审批流程，加快办理通关手续。（市商务委、市科委、上海海关、市药品监管局）

9. **探索开展科研设备、耗材跨境自由流动。**对国外已上市但国内未注册的研发用医疗器械，准许企业在强化自主管理、确保安全的前提下进口，海关根据相关部门意见办理通关手续。（市商务委、上海海关、市药品监管局）

10. **有序推进汽车研发测试用废旧关键零部件进口试点工作。**建立汽车研发测试用废旧关键零部件进口"试点清单"制度，定期发布试点企业和进口研发测试用产品清单，实现"试点清单"产品安全规范进口。（市商务委、市科委、市经济信息化委、市生态环境局、上海海关）

11. **提升跨境电商支撑服务能力。**全面推广跨境电商进口税款电子支付。支持企业开展跨境电商特殊监管区域包裹零售出口试点。鼓励企业扩大跨境电商 B2B 出口规模，探索推进跨境电商海运出口清单模式，充分释放新业态发展动能。（市商务委、上海海关、各相关区政府）

12. 支持加工贸易企业信息对接共享。鼓励企业参与"保税 +ERP"监管改革，实现企业 ERP（企业管理系统）/WMS（仓库管理系统）与海关系统相对接，自动采集海关监管所需的企业生产经营等数据，海关监管顺势嵌入企业生产经营过程。属地政府部门做好政策宣传、引导企业积极参与，并提供相关服务保障。（市商务委、上海海关、各区商务主管部门）

13. 推动加工贸易单耗改革试点。顺应企业生产实际需求，简化报核前申报单耗核批手续，根据加工贸易企业信用等级开展报核前申报单耗业务。根据海关总署的统一安排，改革现行单耗标准监管模式，取消单耗标准刚性管理要求，将单耗标准转化为单耗参数，实行单耗参数化管理。（上海海关）

14. 加快建立产品碳足迹管理体系。加快规则研制，鼓励行业协会、企业、科研院所、机构聚焦重点进出口产品，先行开展产品碳足迹核算规则研究和标准研制，明确产品碳足迹核算边界、核算方法和数据质量要求。加大碳足迹管理场景建设，依托上海国际贸易"单一窗口"上线物流环节一键算碳功能，引导鼓励企业率先开展绿色低碳供应链管理。（市发展改革委、市商务委、市经济信息化委、市生态环境局、市市场监管局、市交通委）

15. 支持国际中转集拼业务发展。推动试点出口拼箱货物提前进入国际中转集拼仓库，逐步实现国际中转集拼多业态同场作业，进一步增强上海港国际中转集拼枢纽功能。（市交通委、市商务委、上海海关、临港新片区管委会、上港集团）

三、进一步支持服务贸易与货物贸易融合发展

16. 加大技术性贸易措施评议及应对力度。深入推进国外技术性贸易措施影响统计调查，配合完善海关总署"国外技术壁垒交涉应对重点企业库"，发挥好关企联络员制度作用，提升企业应对主动性。（上海海关、市市场监管局）

17. 优化跨境贸易金融服务。推动上海国际贸易"单一窗口"与银行、保险等金融机构进一步加强合作，在符合数据安全的要求下，在海关总署的支持下，充分发挥上海国际贸易"单一窗口"大数据分析业务、技术、数据资源优势，助力银行保险机构完善风控模型、优化审核效率、提升跨境贸易金融服务质效。（市商务委、国家金融监督管理总局上海监管局）

18. 持续推进中欧班列提质增量。鼓励中欧班列（上海号）运营企业完善境外物流网络，增加境外物流节点的联运、转运和集散能力，拓展回程货源，提高国际化运营竞争力。（铁路上海局集团、东方国际集团、东方丝路、市商务委）

四、进一步提升口岸信息化智能化水平

19. 推进相关证书电子化共享和联网核查。深入推进《入境货物检验检疫证明》电子化工作，落实与《区域全面经济伙伴关系》（RCEP）等自由贸易协定伙伴开展原产地信息电子交换，提升企业享惠便利化水平。（上海海关）

20. 探索开展远程监管。在属地查检、核查等业务领域探索移动远程监管应用。实施核查作业统筹叠加模式，对同一时期、同一被核查人的多个核查指令统筹实施，减少多次、重复下厂。（上海海关）

21. 深入推进贸易单证无纸化。大力推广进口集装箱放货平台应用，鼓励船公司和港口企业等在更大范围开展基于区块链等技术的无纸化换单。运用区块链等技术促进电子提单的流转和跨链协同，为企业降本增效。（市交通委、市商务委、中远海运集运、上港集团、亿通公司）

22. 推进航空口岸货运智能化建设。加快航空口岸智能货站、进出口货物查验中心等项目建设，

提升航空口岸服务能力和信息化水平。进一步完善上海国际贸易"单一窗口"航空物流公共信息平台，加强各类市场主体之间信息互通，促进航空物流全链条信息集成。（市商务委、市交通委、上海海关、机场集团、东航物流、亿通公司）

23. 探索推进基于预录入数据的"一单两报"。 在符合数据安全的要求下，根据海关总署的统一安排，探索开展与周边经济体基于预录入数据的"一单两报"试点。（市商务委）

24. 深化上海国际贸易"单一窗口"功能建设。 升级移动客户端服务，支持更多业务"掌上办理"，方便货主企业外贸业务随时查、便捷办；结合大数据和区块链，搭建外贸金融风控模型，提升国际贸易结算便利化水平。建设边检许可报备管理模块，为进出口岸限定区域登轮人员、搭靠船舶核验及港区访客管理提供支撑。（市商务委、亿通公司、上海边检总站）

25. 持续推进智慧港口建设。 推动传统码头设施设备的自动化更替。提升智能港口技术与系统集成能力，进一步提升洋山四期顺势机检业务量。推动新型港内智能转运车辆（AIV）测试应用，打造智慧港口示范运营标杆。（市交通委、上港集团）

五、进一步规范和降低进出口环节费用

26. 持续推进落实《清理规范海运口岸收费行动方案》。 进一步完善口岸收费目录清单公示制度，收费目录清单之外一律不得收费。加强进出口环节价格收费监督检查，畅通举报渠道，依法查处不执行政府定价和政府指导价、不按规定明码标价、价格欺诈、未落实优惠减免政策等违法违规收费行为。（市市场监管局、市交通委、市发展改革委、市商务委）

27. 落实境内运费扣减措施。 对符合条件的中欧跨境班列回程境内段运费及其相关费用，不计入进口货物完税价格。（上海海关、铁路上海局集团、东方国际集团、东方丝路）

28. 进一步规范进出口各环节收费行为。 引导口岸收费主体通过上海国际贸易"单一窗口"及时公示收费标准、服务项目等信息并动态更新，并拓展至跨境电商等新业态，覆盖水运、空运、陆运等口岸，支持掌上 App 查询，增强口岸收费透明度。（市商务委、市市场监管局、市发展改革委、市交通委、上港集团、机场集团、铁路上海局集团、东方国际集团、东方丝路）

六、进一步提升企业和社会公众获得感满意度

29. 健全国际贸易信息门户。 依托上海国际贸易"单一窗口""一网通办"等平台，打造集成化的"国际贸易"信息门户，集成发布国际贸易领域相关的法律法规、双多边贸易协定、特定关税优惠、服务贸易投资开放、知识产权、电子商务规则等规范文本，提供各类贸易流程办事指南等相关信息。（市商务委、上海海关）

30. 深化第三方采信应用。 持续优化采信规则，规范进出口检验检测机构业务行为，鼓励符合资质要求的检验检测机构参与进出口商品检验采信，扩大第三方检验检测结果采信范围。（上海海关）

31. 加大高级认证企业培育和便利政策供给力度。 加大对产业链供应链龙头企业、进出口总值或者纳税总额较大企业、跨境电商平台企业、优质农产品出口企业、"专精特新"等企业的信用培育，支持更多诚信守法企业成为高级认证企业，实施降低检验检疫监管频次等 AEO 企业便利措施。落实《上海市关于进一步加大力度支持本市海关高级认证企业高质量发展的若干措施》，强化 AEO 业务赋能，为 AEO 企业提供更多金融、税务、物流等便利化措施，提高企业感受度。（市商务委、上海海关、市发展改革委、市交通委、人民银行上海总部、市税务局、上港集团、机场集团）

32. 进一步释放主动披露政策红利。 进出口企业主动披露影响税款征收、影响出口退税、影响海关统计、影响海关监管秩序和加工贸易单耗不符以及违反检验检疫业务规定等部分程序性违规行为，危害后果轻微的，不予行政处罚；不符合不予行政处罚条件的，依法予以减轻、从轻处罚。海关部门

增开国际贸易"单一窗口"主动披露新通道，便利企业主动合规、守法自律。（上海海关）

33. 健全完善政企沟通渠道。 完善港口协商会议机制和空港协商会议机制，充分听取航运企业、货代、报关、货主企业等利益相关方意见，为港口和机场贸易便利化政策、信息化建设等重大事项提供决策参考。发挥贸促机构、行业商协会作用，加强惠企政策宣传培训，做好外贸外资企业通关服务保障，共同解决企业遇到的困难和问题。（市交通委、市商务委、上港集团、机场集团、上海港口协会）

34. 完善贸易安全预警工作机制。 加强贸易摩擦快速分类处置与专业精准指导，拓展合规法律服务覆盖面，优化贸易调整援助政策实施条件，健全公平贸易公共服务网络，强化对外经贸安全保障和风险防范。（市商务委）

（三）一批上海智慧口岸建设案例发布、国际贸易单证交换枢纽合作签约、首届上海国际口岸智慧化经贸合作大会举办

由商务部指导，国家口岸管理办公室、上海市商务委员会共同支持，中国世界贸易组织研究会、中国口岸协会共同主办的首届上海国际口岸智慧化经贸合作大会于 2024 年 1 月 31 日在上海举行。

上海口岸作为国际国内双循环的战略链接点，是全球最大的贸易口岸城市，口岸功能完备、开放体系完善、数字化水平领先，走在全国口岸改革开放、先行先试的前列。上海口岸以数字赋能，持续推进智慧口岸建设，口岸综合运行效能不断提升、通关环境不断优化，进一步促进了上海贸易功能不断增强、集聚辐射和服务能级不断拓展，获批成为全国首批智慧口岸建设试点城市。2023 年上海口岸货物贸易总额达 10.7 万亿元，再创历史新高，连续多年保持全球城市首位。

本次大会以"智链全球，智慧创新"为主题，在全球贸易不断发展和口岸间经贸合作日益加深的背景下，聚焦口岸间经贸合作与共建智慧口岸服务生态，展示上海智慧口岸建设成果，推动航贸数字化服务商生态培育，促进口岸经贸高质量发展，助力上海在全球经贸格局中发挥更大的作用，为全球贸易的发展和创新提供更多的智慧化解决方案。

大会发布了上海智慧口岸建设案例，启动了长三角国际贸易"单一窗口"金融服务季，进行了"国际贸易单证交换枢纽""沪皖口岸合作共建备忘录"签约，举行新一代中国（上海）国际贸易单一窗口启动建设暨"航贸数链"上线仪式。与会专家学者围绕口岸的国际化、数字化、绿色化和形成数字化服务生态发表主题演讲，并展开圆桌会议讨论。

发布一批上海智慧口岸建设案例

这些案例涵盖了上海国际贸易"单一窗口"服务、智慧监管、智慧运营和智慧应用等多个方面，每一个案例都展示了上海智慧口岸建设中的创新与突破成果。

第一部分是智慧窗口—上海国际贸易"单一窗口"，推动上海口岸数字化转型。碳足迹计算器、金融服务新名片、"上海口岸"移动应用、航空物流公共信息平台入选。据悉，航空物流公共信息平台首次实现了上海口岸空运进出口货物全流程节点状态"一单通查"和可视化，其上线标志着上海口岸从此迈进了货物贸易"通关＋物流"服务功能"海陆空全覆盖"的新阶段。

第二部分是智慧监管—合力构建智慧监管体系，助力上海口岸数字化转型。上海海关的"智慧旅检"；上海海事局的船载危险品智慧监管；上海边检总站的口岸出入境人员数字化监管等案例入选。

第三部分是智慧运营—携手推动智慧运营服务，促进上海口岸数字化转型。上港集团的洋山四期自动化码头、机场集团的智慧航空物流体系、中国东航的机坪设备数字化管理产品"享坪安"等案例入选。

第四部分是智慧应用—创新打造智慧应用场景，赋能上海口岸数字化转型。智能跨境贸易保险平台、出口信用保险 WE 平台、全球航运商业网络（GSBN）入选。

国际贸易单证交换枢纽合作签约

大会进行了"国际贸易单证交换枢纽""沪皖口岸合作共建备忘录"签约。

2023 年 10 月，上海发布《中国（上海）国际贸易单一窗口智慧化创新行动方案》，要求打造国际贸易单证交换枢纽。以数字科技驱动为支撑，充分发挥上海口岸贸易数据规模大、整合能力强、数字应用场景丰富的优势条件，把"单一窗口"打造成为跨境贸易营商环境优化和国家智慧口岸建设的示范标杆，助力上海国际贸易中心和航运中心能级提升。

深化长三角区域口岸合作，大会还举行了沪皖口岸合作共建备忘录签约，沪皖两地将从重点产业链整体通关、港口融合发展、航空领域合作、"单一窗口"合作共建、口岸管理协作五个方面开展合作，着力深化推动沪皖口岸合作，实现高水平联动，进一步发挥上海口岸辐射功能，增强集货能力，服务两地高质量发展。

与此同时，新一代中国（上海）国际贸易单一窗口建设暨"航贸数链"上线。根据《中国（上海）国际贸易单一窗口智慧化创新行动方案》，上海正在推进打造贸易数字化转型全球服务能力卓越，口岸监管和服务智能化水平领先，有力支撑国际国内市场高效链接，具有国际影响力的新一代智能化国际贸易"单一窗口"。将建设"区块链＋大数据＋大模型"相融合的航贸数据要素流通体系，构建以公共服务为核心的智慧服务体系，打造一批涵盖国际贸易全链条的标杆应用场景，建成高能级的上海智慧口岸数字底座和"一站式"贸易数字化公共服务平台。

根据区块链创新发展的总体要求，上海市正在围绕航贸领域打造基于区块链的行业应用—TradeChain（航贸数链），依托上海浦江数链基础设施建设，作为上海浦江数链的行业辅链，打造面向航运贸易领域的区块链应用。目前，航贸数链正在探索跨境电子发票、跨境商品溯源、电子提单等应用场景，将进一步促进航运贸易数字化转型，持续优化跨境贸易营商环境。

未来，上海将进一步提升口岸数字化、绿色化、智慧化建设水平，进一步推进我市创新智慧口岸建设，赋能贸易高质量发展，为全球贸易自由化与便利化合作发挥引领作用。

（作者：徐晶卉）

（四）虹桥国际机场跨境电商出口大幅增长，助力上海口岸全面打通 跨境电商空海邮"出海"通路

日前，上海虹桥国际机场空港口岸跨境电商出口通道开启，吸引多家跨境电商龙头企业。上海口岸新打通的空海邮通路，均实施跨境电商 9610 模式。

2024 年 7 月，上海口岸跨境电商海运出口通路打通，拓宽了跨境电商企业"出海"物流链，运价成本进一步下降。以上海外高桥港区为例，2024 年 1 月近 16 万个出口包裹的业务量相比试点首月，增幅超过 50 倍，说明越来越多企业开始通过海运渠道开展跨境电商业务。

这是上海口岸近期全面打通跨境电商空海邮"出海"通路的一个缩影。

2024 年 5 月，上海口岸邮路跨境电商出口开始运行。借助中国邮政通达全球 200 多个国家和地区的物流运输线路优势，为小型电商企业提供了"出海"新选择。截至 2024 年 1 月底，上海海关所属上海邮局海关累计监管跨境电商邮路出口包裹 14.92 万件。

2024 年 9 月，上海虹桥国际机场空港口岸跨境电商出口通道正式开启，吸引多家跨境电商龙头企业。今年 1 月，虹桥国际机场跨境电商出口货量 652.4 吨，环比上个月增长六成多。

据了解，上海口岸近期新打通的空海邮通路，均实施跨境电商 9610 模式。这一模式允许跨境电商企业将商品从境内通过第三方物流商运送至海外消费者，并采用"清单核放、汇总申报"方式办理通关手续，具有链路短、时效快、成本低、运营灵活等特点，特别适合小包裹、多品名、高频次发货。

（来源："上海发展改革"）

（五）2024 年上海口岸贸易总额达到 11.07 万亿元，继续保持全球口岸贸易城市首位

2024 年，上海全市生产总值增长 5%，城市经济规模进入了 5 万亿元以上新阶段，在全球中心城市中排名前列。全社会固定资产投资总额增长 4.8%。全年社会消费品零售总额 1.79 万亿元，保持全国城市首位。跨国公司地区总部、外资研发中心分别新认定 60 家、30 家，累计分别达到 1016 家、591 家。

此外，上海城市核心功能持续强化，"五个中心"建设加快推进。国际经济中心建设方面，工业战略性新兴产业总产值占规模以上工业总产值比重达到 44% 左右，集成电路、生物医药、人工智能三大先导产业规模达到 1.8 万亿元。

国际金融中心建设方面，持牌金融机构增加到 1782 家，各类金融要素市场达到 15 家，国际货币基金组织上海区域中心落地，金融市场交易总额达到 3650 万亿元、增长 8.2%，排在世界城市前列。

国际贸易中心建设方面，上海口岸贸易总额达到 11.07 万亿元、增长 3.9%，继续保持全球口岸贸易城市首位。

国际航运中心建设方面，上海港集装箱吞吐量达到 5150.6 万标准箱，成为全球首个年吞吐量超过 5000 万标准箱的世界大港，连续 15 年排名世界第一。

国际科技创新中心建设方面，全社会研发投入占 GDP 比重达到 4.4% 左右；每万人口高价值发明专利拥有量达到 57.9 件；高新技术企业达到 2.5 万家，在全球"最佳科技集群"排名中位列第五。

（来源：金台资讯）

五、生鲜物流

（一）2024年生鲜行业的现状与前景

市场规模与增长趋势

2024年，中国生鲜市场规模已突破万亿元大关，线上生鲜市场年复合增长率达到20%以上，线下生鲜市场虽然增速有所放缓，但依然占据市场主导地位。市场规模的增长得益于城市化进程的加快、居民消费习惯的改变以及电商平台的发展。此外，冷链物流技术的进步降低了生鲜产品的损耗，提高了产品的流通效率，进一步推动了市场规模的增长。

竞争格局与主要企业动态

在生鲜电商领域，叮咚买菜在2024年实现了全面盈利，并通过优化前置仓模式和大力发展自有品牌，提升了商品力。百果园则通过收缩战略重构，减少门店数量但提高运营效率，专注于高复购率和高营业效率的门店，并通过微信社群构建了"线下引流—线上裂变—社群复购"的闭环生态。这些企业的动态反映了生鲜电商行业的竞争加剧和企业在应对挑战中的策略调整。

政策环境与行业趋势

国家对农业现代化和食品安全的高度重视为生鲜行业提供了良好的发展环境。一系列扶持政策的出台，如农产品质量安全监管、冷链物流体系建设等，有助于降低行业运营成本，提高市场准入门槛，推动行业健康有序发展。随着居民健康意识的增强和消费升级，对高品质、有机、绿色生鲜产品的需求不断上升，生鲜行业呈现出高端化、差异化的发展趋势。此外，线上生鲜电商的快速发展促进了行业的数字化转型。

（来源：百度AI）

（二）2024年中国生鲜电商行业市场规模及行业发展前景预测分析

生鲜电商是零售电商赛道下的一大分支，是以蔬菜、水果、肉禽蛋类等生鲜品作为核心商品，利用互联网将生鲜品或是通过电商仓库等传统快递方式配送，或是通过到店、到家、社区团购、周期购等模式送达消费者手中。当前，随着美团、阿里、京东、拼多多等电商巨头的持续加码，国内生鲜电商赛道竞争激烈，行业前景广阔。

受消费者需求、技术创新、政策支持等多方面因素的推动，中国生鲜电商行业快速发展。中商产业研究院发布的《2022—2027年中国生鲜电商产业需求预测及发展趋势前瞻报告》显示，2023年中国生鲜电商交易规模达到约6427.6亿元，同比增长14.74%。中商产业研究院分析师预测，2024年中国生鲜电商交易规模将达到7367.9亿元。

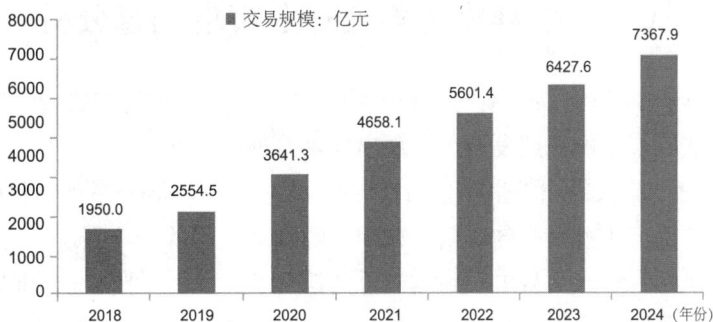

图 5-1　2018—2024 年中国生鲜电商行业交易规模预测趋势图

资料来源：网经社、中商产业研究院整理。

生鲜电商行业发展前景

政策支持行业发展。近年来，在中国生鲜电商行业受到各级政府的高度重视和国家产业政策的重点支持。国家陆续出台了多项政策，鼓励生鲜电商行业发展与创新，《关于推动电子商务企业绿色发展工作的通知》《关于进一步加强农产品仓储保鲜冷链设施建设工作的通知》《关于加快农产品仓储保鲜冷链设施建设的实施意见》等产业政策为生鲜电商行业的发展提供了明确、广阔的市场前景，为企业提供了良好的生产经营环境。

用户消费习惯逐渐转向线上。疫情期间消费者"线上下单－快速配送到家"消费习惯的逐步养成，对于积极建设线上线下全场景的新零售龙头，有望持续抢占市场份额。生鲜电商市场规模逐年增长，活跃用户数和行业渗透率也在逐年提升。用户分布从一线城市向外扩展，可见大众正逐渐接受线上购买生鲜的观念。随着生鲜电商模式的成熟，生鲜电商将成为能够满足日常高频刚需的产品，线上购买生鲜将更高频率地出现在人们的生活中。

冷链物流技术快速发展。冷链物流是利用温控、保鲜等技术工艺和冷库、冷藏车、冷藏箱等设施设备，确保冷链产品在初加工、储存、运输、流通加工、销售、配送等全过程始终处于规定温度环境下的专业物流。冷链物流是生鲜产品运输和配送过程中保证食品质量、减少损耗的关键一环，同时也是生鲜电商保持持久生命力、快速布局发展的重要支撑。当前，中国冷链物流市场规模保持快速增长，行业发展驶入快车道。中商产业研究院发布的《2024—2029 年中国冷链物流行业研究及发展前景分析报告》显示，2022 年中国冷链物流行业市场规模达 4916 亿元，近 5 年年均复合增长率为 14.24%。中商产业研究院分析师预测，2024 年中国冷链物流市场规模将达到 6416 亿元。

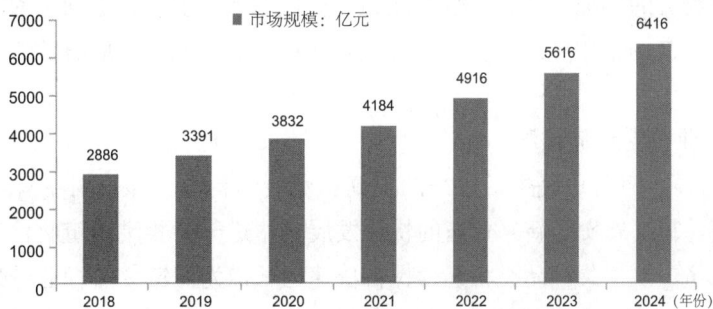

图 5-2　2018—2024 年中国冷链物流市场规模预测趋势图

数据来源：中物联冷链委、中商产业研究院整理。

（来源：中商产业研究院）

（三）生鲜冷链物流行业市场调查分析

中国生鲜冷链物流行业作为物流领域的一个特殊分支，近年来随着消费者对生鲜食品品质要求的提高以及电商、餐饮等行业的快速发展，呈现出蓬勃发展的态势。

生鲜冷链物流一般指冷藏冷冻类生鲜食品在生产、储存、运输等一系列销售前的环节里始终处于规定的低温环境下，来保证生鲜食品的质量，减少生鲜食品损耗的一项系统工程。

简单来说，就是因为生鲜产品从出厂到运输再到消费者的手上需要较长的时间，由于生鲜食品时效性短，为了加强生鲜食品的保鲜，人们将冷冻工艺和制冷技术应用于生鲜产品的物流过程中，从而确保易腐烂易损坏的生鲜产品在消费前的各个环节中都处于低温环境，保证其产品质量。

中国物流与采购联合会发布的数据显示，2024年上半年，我国冷链物流总额为3.22万亿元，同比增长3.9%。冷链物流量为2.2亿吨，同比增长4.4%。从收入来看，上半年，冷链物流总收入为2779亿元，同比增长3.4%。

中国物流与采购联合会副会长崔忠付介绍，从整个市场来看，基本上保持平稳发展态势。主要依托于消费增长，带动冷链物流平稳增长。消费者对消费品质的需求提升，对冷链需求就会增加。

我国生鲜农产品冷链供应体系呈现多样化特点，产地直供、农超对接等模式相继出现，但农产品批发市场作为生鲜农产品供应链的重要环节，仍占据主导优势。

为完善冷链供应链体系，多维度共振促进农产品冷链服务升级，一方面，加强农产品质量安全检验检测机构和农业生产流通企业、新型农业经营主体、电商平台等农产品供应链上不同主体的紧密合作，实现生产、流通两个环节追溯工作衔接；另一方面，加强建设农产品质量安全追溯管理信息品台，实现全过程可追溯体系。

物联网、大数据、人工智能等先进技术在生鲜冷链物流行业得到广泛应用，提高了物流运作效率和服务质量。例如，通过物联网技术可以实时监测冷链物流过程中的温度、湿度等关键参数，确保生鲜食品的品质和安全。新型冷藏运输工具和冷链监控系统的不断涌现，进一步增强了运输和存储的可靠性。

根据中国物流与采购联合会冷链物流专业委员会统计，2024年上半年，冷库项目资金投入207.18亿元，同比增长11.39%。冷库项目投资建设保持快速增长。截至2024年6月30日，我国冷库总量为2.37亿立方米，同比增长7.73%，其中，2024年新增库容942万立方米。

据中研产业研究院《2024—2029年中国生鲜冷链物流行业市场调查分析与发展趋势预测研究报告》分析：生鲜冷链物流行业市场竞争激烈，参与者众多，既有大型综合物流企业如顺丰、京东物流等，也有专注于冷链物流的专业企业。这些企业通过提供高效、安全、定制化的冷链物流解决方案，满足不同客户的需求。市场集中度逐步提升，龙头企业在技术、网络、服务等方面具有明显优势，市场份额不断扩大。

生鲜冷链物流行业发展趋势预测：

市场需求持续增长。随着居民生活水平的提高和消费结构的升级，对生鲜食品的需求将继续增加。同时，生鲜电商、餐饮外卖等新兴业态的快速发展也将进一步推动冷链物流需求的增长。预计未来几年内，火锅、烧烤、预制菜等品类将继续保持快速增长，为冷链物流行业带来更大的发展空间。

基础设施建设加速推进。为了满足日益增长的冷链物流需求，政府和企业将加大投入力度，完善冷链运输网络和提高冷链设施设备的现代化水平。区域分割和仓配分离等问题也将逐步得到解决，推动冷链物流行业的集约化发展。

智能化与信息化发展。随着物联网、大数据、人工智能等技术的不断发展，生鲜冷链物流行业将实现更加智能化的管理和运营。例如，通过智能调度系统优化运输路线和配送计划，降低运营成本和提高服务效率。信息化水平的提升也将帮助企业更好地掌握市场动态和客户需求变化，及时调整市场策略以应对激烈的市场竞争。

绿色化与可持续发展。环保意识的提高和政府对环保政策的加强将推动生鲜冷链物流行业向绿色化方向发展。企业将注重节能减排、低碳零碳和降本增效推动冷链物流的可持续发展。例如利用太阳能、风能等可再生能源降低碳排放。

标准化与规范化发展。完善冷链标准和监管体系将有助于提高行业整体的规范化水平。通过加强标准化管理可以提高冷链物流的服务质量和效率降低食品安全风险。政府和企业将共同努力推动冷链物流标准的制定和实施。

（来源：中国物流与采购联合会）

六、电商物流

（一）中国电商物流市场活跃度显著增强

1月7日，中国物流与采购联合会与京东集团联合发布2024年中国电商物流指数。数据显示，2024年中国电商物流指数均值为113.7点，较2023年增长3.6点，创下了近7年来的新高。这一数据标志着我国电商物流市场规模持续扩大，供给能力和服务水平显著提升，市场活跃度明显增强。展望2025年，随着政策的持续推动和市场的不断发展，预计我国电商物流行业将继续保持稳健增长。从整体物流行业来看，我国社会物流需求有望得到提振，物流运行将保持温和增长态势，全社会物流成本有望稳步降低，助力经济持续回升向好。

（来源：《经济参考报》）

（二）探讨电商发展新趋势　2024年电子商务大会召开

9月12—16日，2024年中国国际服务贸易交易会（下称"服贸会"）在北京举行。其间，以"全景融合数智领航"为主题的2024电子商务大会在国家会议中心举办。与会嘉宾围绕当前电商发展的速度、态势，对消费的促进作用，以及跨境电商的国际合作趋势等进行探讨。

随着我国电子商务蓬勃发展，新业态新模式不断涌现也成为关注焦点。商务部国际贸易经济合作研究院副院长曲维玺在大会现场发布《中国电子商务区域发展大数据分析报告》（简称《报告》），对我国主要电商平台的销售大数据进行汇总和分析。《报告》显示，即时零售、直播电商、跨境电商、农村电商以及"AI+电商"等为我国电子商务发展注入新活力。比如，一、二线城市消费者对即时零售的需求较高，市场渗透率不断提升。随着电商渠道下沉，三、四线城市及农村市场逐渐成为即时零售业态新蓝海。

中国商业联合会党委书记、会长姜明在致辞中表示，电子商务用户圈层不断扩大，惠及全民，在促消费、惠民生、稳就业等多方面做出了重要贡献。"作为数字经济和实体经济的重要组成部分，电子商务已成为推动国民经济和社会发展的重要力量和提升人民生活品质的重要方式，必将在助力构建新发展格局中发挥更加重要的作用。"姜明说。

同时，跨境电商的快速发展为外贸打开了新的增量空间。《报告》指出，跨境电商为外贸发展注入新动能。据商务部数据显示，过去5年，中国跨境电商贸易规模增长超过10倍。2024年上半年，我国跨境电商进出口1.22万亿元，同比增长10.5%，高于同期我国外贸整体增速4.4个百分点。截至2024年6月，我国海关跨境电商备案企业数量为78811家，比2023年底增长了20.81%。跨境电商企业主体数量呈高速增长态势。跨境电商发展速度快、增长潜力大、带动作用强，逐渐成为我国外贸发展的有生力量，不断为外贸发展注入新动能。

跨境电商还对扩大国际经贸合作起到了重要作用。哈萨克斯坦共和国贸易和一体化部部长阿尔曼·沙卡利耶夫在会上表示，近年来，哈中两国在多个领域不断加强合作，特别是在电子商务发展方面，哈国正借助中方合作伙伴在电商领域的丰富经验，将更多中小企业带入数字市场。

中国—上海合作组织地方经贸合作示范区党工委副书记、管委会常务副主任李刚介绍，上合示范区将持续完善设施通道、深化国际合作、强化模式创新，推动"丝路电商"持续发展，推进高质量共建"一带一路"。

据介绍，电子商务大会自 2011 年以来已连续举办 14 届，作为服贸会的重要组成部分，成为引领电子商务发展前沿理念、展现电子商务创新成果、洞悉电子商务发展趋势的国际化专业化交流平台。本届大会由北京市商务局、中国商业联合会主办，亿邦动力、北京电子商务协会、Morketing Group 共同承办。

（来源：经济参考网）

（三）年均增速超三成　2024 年即时电商峰会在沪举行

2024 年即时电商未来商业峰会 10 月 23 日在上海举行，探讨即时电商平台和商家新商业模式，共建未来社区服务能力。

论坛上，饿了么联合多方正式启动共建数字化未来社区，推动社区数字化转型，建设城市一刻钟便民生活圈，以有温度的数字化，提升针对社区弱势群体的生活服务能力并倡导外卖骑手"社区侠"等新就业群体参与共建数字化社区。

平台最新战略级项目——近场品牌官方旗舰店也同时发布。通过品牌官方旗舰店，商家将通过即时电商实现运营效率持续提升，"使流量变为留量，从增单进而增利"。

此外，饿了么还启动"澎湃计划"，投入 15 亿元专项资金，帮助餐饮品牌商家提升数智化能力，从而带来生意增长。

商务部研究院市场研究所最新报告显示：截至 2023 年，国内即时配送行业订单规模约 409 亿单，同比增长 22.8%，即时配送市场规模为 3410 亿元，同比增长 24.8%。当下，即时电商行业仍在持续保持高复合增长、年均增速超过 30%，预计至 2027 年，即时电商市场规模将突破 5 万亿元。

在 2024 即时电商未来商业峰会上，商务部研究院市场研究所许英明表示，即时电商平台与政府紧密携手、精准施策，不仅将有效助力消费市场回暖与城市数字化转型，更将有效提升城市服务的敏捷性和智能化水平，促进实体生活圈与数字化生活圈深度融合，推动传统商圈的数字化升级和交通基础设施优化。

（来源：看看新闻）

（四）多项指数创新高　2024 年我国电商市场活跃度明显增强

综合 2024 年全年发展情况来看，我国电商物流市场规模不断扩大，市场活跃度明显增强。

2024 年 12 月中国电商物流指数为 112.7 点，较上月回落 2.8 点。从需求来看，总业务量指数仍保持 30% 以上的增幅，线上消费市场在衣食住行等各方面呈现出浓厚的节日色彩，灯笼、对联等新春装饰类产品占比增多。与此同时，冰雪主题旅游类商品搜索量明显增长。

从 2024 年全年来看，全年 12 个月实现"九升三降"，并于 11 月创出近 7 年内的新高。2024 年电商物流指数月度均值为 113.7 点，较 2023 年增长 3.6 点。分项指数中，履约率指数、人员指数、满意率指数、实载率指数全年均值也均创出 2018 年以来的新高。我国电商物流市场规模不断扩大，供给能力和服务水平显著提升，市场活跃度明显增强。

2025 年，随着国家促消费政策进一步落地显效，即时电商、跨境电商等电商物流需求场景将不断涌现，电商物流指数将保持稳步上涨态势。

（来源：央视新闻）

（五）2024 年上海跨境电商、平台、支付、物流发展趋势

随着全球电子商务的快速发展，上海作为中国的经济中心之一，正在积极推动跨境电子商务的发展。2024 年上海华交会是一个重要的平台，将为上海及周边地区的电商企业、支付机构、物流公司等提供一次交流和合作的机遇。本文将探讨 2024 上海跨境电商、平台、支付、物流发展趋势和前景。

1. 上海跨境电商的发展

概述

上海作为中国的重要贸易中心，跨境电商发展迅速。随着政策支持的加大和消费者需求的不断增长，上海跨境电商市场规模将持续扩大。

市场规模

根据相关统计数据，上海跨境电商市场规模不断扩大。2020 年，上海跨境电商进口额达到 597 亿元，同比增长超过 40%。预计到 2024 年，上海跨境电商进口额将突破千亿元大关。

发展趋势

（1）多元化市场拓展：上海跨境电商企业将进一步拓展多元化的市场，包括欧洲、北美、东南亚等地区。

（2）智能化发展：随着人工智能、大数据等技术的不断发展，上海跨境电商将更加智能化，包括智能推荐、智能客服等方面。

（3）绿色发展：环保意识的提高，将促使上海跨境电商更加注重绿色发展，推广环保产品和可持续发展的模式。

2. 上海电商平台的发展

概述

上海电商平台发展迅速，已经涌现出一批具有代表性的电商平台，如天猫国际、京东全球购等。这些平台为消费者提供了更多的购物选择和便利。

市场规模

根据相关统计数据，上海电商平台市场规模不断扩大。预计到 2024 年，上海电商平台交易规模将突破万亿元大关。

发展趋势

（1）垂直电商发展：随着消费者需求的不断细分化，垂直电商将逐渐成为主流。例如，美妆、母婴、数码等领域的垂直电商将得到进一步发展。

（2）社交电商崛起：社交电商作为一种新兴的电商模式，将逐渐崛起并占据一定市场份额。通过社交平台进行商品推荐和销售将成为一种趋势。

（3）智能化升级：人工智能、大数据等技术的不断发展将推动上海电商平台进行智能化升级，

提高用户体验和服务质量。

3. 上海支付市场的发展

概述

上海支付市场发展迅速，已经形成了以支付宝、微信支付为代表的移动支付市场和以银联为代表的银行卡支付市场。这些支付方式为消费者提供了便捷的支付体验。

市场规模

根据相关统计数据，上海支付市场规模不断扩大。预计到 2024 年，上海支付市场规模将突破万亿元大关。

发展趋势

（1）跨境支付拓展：随着跨境电商的发展，跨境支付需求将不断增加。上海支付企业将进一步拓展跨境支付业务，满足市场需求。

（2）移动支付普及：随着智能手机的普及和消费者支付习惯的改变，移动支付将成为主流支付方式之一。上海支付企业将进一步推广移动支付业务，提高市场占有率。

（3）支付安全加强：随着支付方式的多样化，支付安全问题也将越来越受到关注。上海支付企业将加强支付安全措施，保障消费者资金安全。

4. 上海物流市场的发展

概述

上海物流市场发展迅速，已经形成了以顺丰快递、中通快递等为代表的快递企业。这些企业为电商企业和消费者提供了高效、便捷的物流服务。

市场规模

根据相关统计数据，上海物流市场规模不断扩大。预计到 2024 年，上海物流市场规模将突破千亿元大关。

发展趋势

（1）跨境电商物流：随着跨境电商的发展，跨境电商物流需求将不断增加。上海物流企业将进一步拓展跨境电商物流业务，提高服务质量。

（2）智能物流发展：随着人工智能、物联网等技术的不断发展，智能物流将成为未来发展趋势之一。上海物流企业将加强智能化建设，提高物流效率和服务质量。

（3）绿色物流推广：环保意识的提高，将促使上海物流企业推广绿色物流理念和模式，减少对环境的影响。

5. 结论 综上所述

2024 年上海华交会将为跨境电商、平台、支付、物流等领域提供一次交流和合作的机遇。未来几年，上海跨境电商市场规模将持续扩大；电商平台将朝着多元化、智能化方向发展；支付市场将朝着跨境支付、移动支付方向发展；物流市场将朝着跨境电商物流、智能物流、绿色物流方向发展。面对机遇和挑战，相关企业应抓住机遇并积极应对挑战，推动上海跨境电商和电商平台的快速发展并提升竞争力；同时加强跨境支付和物流等方面的创新和应用以满足市场需求并提高服务质量；并且关注安全性问题并采取相应措施以保障消费者资金安全并提高用户体验；最终实现多方共赢并推动整个行业的发展和进步 。

（来源：华交会）

（六）2024 年跨境电子商务行业发展现状、竞争格局及发展趋势与前景分析

跨境电子商务行业是利用电子平台实现跨国交易的一种新型贸易模式，涉及不同关境的交易主体，他们通过网络平台完成交易、电子支付结算，并依赖跨境电商物流及异地仓储送达商品。该行业的产业链包括上游的供应商、中游的跨境电商平台以及下游的消费者。此外，还有一系列支持服务商如物流、支付、跨境金融等贯穿于整个产业链。随着全球化和互联网技术的发展，跨境电商行业规模不断扩大，成为推动全球贸易的重要力量。

1. 跨境电子商务行业发展现状分析

（1）跨境电子商务行业市场规模与增长。跨境电商的市场规模近年来实现了显著的增长。根据中研普华研究院撰写的《2024-2029 年中国跨境电子商务行业市场深度调研及投资战略规划报告》显示，2022 年中国跨境电商行业规模达到了 6.6 万亿元，同比增长 9.4%。这一增长得益于全球消费者对在线购物的接受度不断提高，以及跨境电商平台的不断创新和优化。全球范围内，2024 年跨境电商消费市场规模预计将达到 1.976 万亿美元，占全球网上销售总额的 31.2%，展示了跨境电商市场的巨大潜力和迅猛增长趋势。

（2）政策支持。各国政府对跨境电商的支持力度不断加大，出台了一系列鼓励政策。例如，中国政府设立了跨境电商综合试验区，提供了税收优惠、简化清关流程等措施，以促进跨境电商的发展。这些政策措施为跨境电商行业的蓬勃发展提供了有力支持。

（3）技术创新与应用。互联网技术的快速发展，尤其是移动支付、大数据分析、云计算等技术的应用，极大地降低了跨境电商的运营成本，提高了交易效率。人工智能技术也被广泛应用于个性化服务和营销方面，提升了用户体验。

（4）市场多元化与品牌化趋势。随着全球化的深入，跨境电商不再局限于少数几个市场，而是开始向多元化市场布局转变。同时，品牌化成为跨境电商发展的重要趋势，越来越多的企业开始重视品牌建设，通过提升产品质量、优化服务体验等手段来树立品牌形象。

（5）物流与供应链整合。为了提高效率和降低成本，企业开始对供应链进行深度整合，包括与供应商建立紧密的合作关系、优化物流配送网络等。这些措施有助于企业更快地响应市场变化并提高市场竞争力。

（6）挑战与机遇并存。尽管跨境电商发展迅速，但也面临着文化差异、消费者行为多样性等挑战。然而，随着全球消费者对在线购物的依赖度增加以及新兴市场的开拓，跨境电商的市场空间将进一步扩大。此外，技术创新如区块链、虚拟现实等也将为跨境电商带来新的商业模式和服务模式。

2. 跨境电子商务行业竞争格局分析

（1）平台竞争。巨头博弈：亚马逊、eBay、阿里巴巴等传统跨境电商巨头在市场中依然占据主导地位。这些平台拥有庞大的用户基础、丰富的商品资源和完善的物流体系，但它们的优势正在逐渐减弱，面临着来自新兴平台的挑战。

新秀崛起：诸如 Shopee、Lazada 等在东南亚市场表现强劲，Mercado Libre 在拉丁美洲市场也有显著的影响力。这些新兴平台通过创新的商业模式和本土化策略，正在快速抢占市场份额。

（2）地域竞争。跨境电商平台的竞争也体现在对不同地域市场的争夺上。例如，中国电商平台如阿里巴巴、京东等在全球范围内扩张，而亚马逊、eBay 等国际巨头也在积极进入新兴市场，寻求增

长机会。

（3）服务竞争。在物流配送、售后服务、支付方式等方面，各大跨境电商平台也在不断提升服务质量，以增强用户体验和忠诚度。例如，一些平台提供更快的配送服务、更灵活的退换货政策以及更多样的支付方式。

（4）品牌与产品竞争。品牌和产品的差异化也成为竞争的关键。平台需要寻找独特的品牌和产品，以满足消费者的多元化需求。同时，平台也积极与知名品牌合作，以提升自身的品牌形象和市场竞争力。

（5）技术与创新竞争。随着技术的发展，大数据、人工智能等先进技术在跨境电商中的应用越来越广泛。平台通过利用这些技术来优化用户体验、提高运营效率，从而在竞争中占据优势。

3. 跨境电子商务行业发展趋势及发展前景分析

（1）跨境电子商务行业发展趋势分析：

全球化加速。随着全球化的不断深入，越来越多的企业开始将目光投向海外市场。跨境电商平台为企业提供了便捷的出海通道，使得中小企业也能参与到全球贸易中来。这一趋势预计将持续加强，推动全球贸易的进一步融合。

技术创新引领。大数据、云计算、人工智能等技术的不断发展，为跨境电商行业带来了新的机遇。通过运用这些技术，跨境电商平台能够更精准地分析消费者需求，优化用户体验，提高运营效率。未来，技术创新将继续引领跨境电商行业的发展。

消费者需求多样化。随着消费者需求的多样化，跨境电商平台需要提供更多元化的产品和服务。消费者对个性化、定制化产品的需求也在不断增加，这要求跨境电商平台不断创新，以满足消费者的不同需求。

物流与支付方式的革新。物流和支付方式是跨境电商的重要组成部分。随着技术的发展，物流和支付方式也在不断革新。例如，智能物流、无人配送、数字货币等新型物流和支付方式正在逐渐普及，为跨境电商行业的发展提供了有力支持。

（2）跨境电子商务行业发展前景分析：

市场规模持续扩大。随着全球消费者对在线购物的接受度不断提高，以及跨境电商平台的不断优化和创新，跨境电商的市场规模将持续扩大。预计未来几年，跨境电商将保持高速增长的态势。

政策支持推动发展。各国政府纷纷出台政策支持跨境电商的发展。例如，设立跨境电商综合试验区、提供税收优惠等政策措施，为跨境电商行业的蓬勃发展提供了有力支持。这些政策支持将进一步推动跨境电商行业的发展。

品质与品牌成为关键。在竞争激烈的跨境电商市场中，品质和品牌成为消费者选择产品的重要因素。因此，提升产品品质、加强品牌建设将成为跨境电商企业发展的重要方向。通过提高产品质量、加强品牌推广等方式来提升市场竞争力。

新兴市场的崛起。随着全球经济的发展和消费者需求的多样化，新兴市场正在崛起。例如，东南亚、拉丁美洲等地区的市场需求不断增长，为跨境电商行业带来了新的发展机遇。这些新兴市场的崛起将进一步推动跨境电商行业的发展。

供应链的优化与整合。为了提高效率和降低成本，跨境电商企业需要对供应链进行深度整合。通过优化物流配送网络、与供应商建立紧密的合作关系等措施来提高市场竞争力。同时，随着新技术的发展和应用，智能化供应链管理将成为未来发展的重要趋势。

（来源：中研网）

（七）平均每秒产生5400件快件 一组数据看2024年我国电子商务发展情况

商务部电子商务司负责人介绍2024年我国电子商务发展情况。

消费电商汇聚增长新动能。品牌化打造全国网上年货节等"4+N"网络消费矩阵，实施数字消费提升行动，多措并举推动消费持续扩大。据国家统计局数据，全年网上零售额增长7.2%，实物网零拉动社零增长1.7个百分点。以旧换新成效显著，重点商品以旧换新拉动实物网零增长1.3个百分点。数字消费不断壮大，智能家居系统增长22.9%。网络服务消费快速增长，在线旅游增长48.6%，在线餐饮增长17.4%。新业态新热点持续涌现，即时零售向万物到家拓展，AI应用领域由提升消费体验、供给侧降本增效向检测商品品质等深度延伸。消费电商扩容提质，为扩消费、惠民生作出积极贡献。

产业电商打造实数融合新渠道。出台推动农村电商高质量发展政策，打造"电商＋产业带"，提升电商产供链韧性和协同效能。"数商兴农"助力农产品上行，4场重点对接聚合农业需求和产能，推动农村和农产品网零分别增长6.4%和15.8%。"数商兴产"提升产业链质效。"电商平台＋产业带"打造2000多个产业品牌；"出海平台＋国内产业带"带动中国优势产品出口；"生活服务类平台＋丝路产业带"在19国建设65个种植基地，提升伙伴国数字化水平。电商快递能效增强。平台加强先进技术应用，深化信息共享，提高协同运行效率，据国家邮政局数据，我国平均每秒产生5400多件快件。产业电商加快赋能产业链上下游数字化，助力畅通国内国际双循环。

丝路电商拓展国际合作新空间。"丝路电商"朋友圈壮大，伙伴国增至33个，政策交流、产业对接、地方合作、能力建设四方面合作成效显著。先行区建设取得阶段性进展，形成电子提单应用等10项制度创新成果，实现建成全国首个电子发票跨境互操作平台等4个首创，为电商制度型开放提供成果支撑。产业对接助力共建全球电商大市场，协助泰国、冰岛成功举办电商展会等活动，在意大利、泰国举办的平台路演对接75家本地企业，达成近50项合作意向。地方合作带动区域包容普惠发展，广西面向东盟打造农特产品电商产供链，山东常态化开展上合云品电商促销。能力建设缩小数字鸿沟，云上大讲堂线下举办非洲、泰国专场，"丝路电商"合作研修中心培训5000余外国学员。丝路电商成为高质量共建"一带一路"合作范本。

商务领域数字化取得新进展。推动数商强基、数商扩消、数商兴贸、数商兴产、数商开放等五方面20项任务落地见效。数商发展基础不断夯实。成立数字商务行业标准化技术委员会，出台电子商务基地行业标准。举办5场惠民惠企培训，提升电商从业人员技能。消费、贸易、投资领域数字化水平提升。实物网零对社零贡献率48.4%，可数字化交付的服务进出口平稳增长，数字领域对外投资合作亮点不断涌现。跨境电商加速释放外贸新动能，据海关总署初步统计，跨境电商进出口2.63万亿元，增长10.8%，占我国进出口比重提升至6%。政务服务效能提升。加大部门和地方数据共享力度，全年推送商务领域政务数据超480万条，制发电子证照108万份，实现业务协同联动、服务同质高效。数字商务已成为商务领域发展新质生产力的新动能。

（来源：央视新闻）

七、危险品物流

（一）2024年危化品运输行业发展现状分析及市场需求

危化品在生产运输过程中面临着不小的安全隐患。因此，石化行业要着力提高危化品安全管理水平，消除危化品在国际国内生产运输环节的安全隐患，维护产业链供应链安全有序运行，促进危化品贸易高质量、可持续发展。

《危险化学品安全管理条例》第三条：本条例所称危险化学品，是指具有毒害、腐蚀、爆炸、燃烧、助燃等性质，对人体、设施、环境具有危害的剧毒化学品和其他化学品。海关总署商品检验专业委主任于群利认为，在国际贸易过程中，危化品的包装、公示信息需与内容物的危险特性相符，这是安全运输的必要前提。海关部门和涉及危化品进出口的企业应牢固树立安全发展理念，充分发挥专业技术机构的作用，不断提升监管能力，推动国内国际监管制度有效衔接，实现高水平且安全的良性互动。

中研普华研究院撰写的《2024—2029年中国危化品行业发展现状分析及投资前景预测研究报告》显示：

危化品运输行业发展现状分析及市场需求

许多危险化学品可通过一种或多种途径进入人体和动物体内，当其在人体积累达到一定量时，便会扰乱或破坏肌体的正常生理功能，引起暂时性和持久性的病理改变，甚至危及生命。

近年来化工行业生产和运输的安全事故频出，对此我国政府相继出台了相关监管政策，加强危险化学品仓储与运输安全问题的监管力度，规范化工品车辆道路通行的规章制度，完善化工品运输安全体系和应急管理机制。因对化工安全问题的重视，未来我国化工物流体系的标准程度或将随之上升，对于生产运输资质等审批制度可能越趋严格。

危化品运输行业上游主要以交通基础设施建设、专业运输工具以及危化品仓储物流为主。我国危化品运输74%集中在道路运输领域，公路基础设施建设以及危险品运输罐车、挂车对我国危化品运输行业起到关键作用。危化品运输行业下游主要运输易燃易爆物品、压缩气体液体以及有毒气体等，由于运输物品特殊。

目前国内化工行业发展迅速，化工原料需求量明显增加，一定程度上扩大了危化品运输行业的需求规模。下游企业中，化工产业企业主要分为石油化工、基础化工和化学化纤三类。

我国危化品物流行业已经在产业升级、资源整合方面取得了初步成效。伴随行业对专业供应链服务的呼声越来越高，除传统物流企业外，能源企业也基于自身业务发展需要，布局能源供应链。

数据显示，我国危化品运输行业市场规模约为24500亿元，其中公路运输规模约为18613.1亿元，水路运输规模约为3665.2亿元，铁路及其他运输规模约为2221.7亿元。

从危险品运输车企业结构来看行业内大部分企业都以中小型企业为主，危险品运输企业普遍规模较小，但是规模以上企业在行业内具有较高的竞争优势，且区域特性明显。

我国每年运输的危险化学品中80%通过道路运输。80%危化品通过道路运输，每年通过道路运输危险货物总量达3亿吨，占公路年运输总量的30%以上。

危化品物流行业快速发展

近年来，我国危化品物流行业随着市场需求的剧增也进入了快速发展时期，市场规模将超过 2.4 万亿元，每年仅通过道路运输的危化品超过 3 亿吨。为了安全起见，国务院颁布了《关于全面加强危险化学品安全生产工作的意见》，明确了安全环保的监管标准，化工企业不得不更加重视对物流环节的专业化、安全性的加强，管理经营成本随之上升，因此，越来越多的综合化工企业选择专业的第三方物流服务商。

目前，我国化工行业仍存在以产定销、供应链低效等问题，货物周转与交付效率低下，在一定程度上制约了石油化工品的流通与发展。同时，在危化品物流方面，存在单位成本过高、合规操作专业程度不一、配送时间不稳定等问题，能源供应链管理水平亟待提升。

（来源：互联网）

（二）2024 年危化品物流行业年度发展报告

1. 危化品物流行业整体发展情况

（1）化工品物流总额及费用。据分会预测，至 2024 年，我国化工品物流总额预计达到约 27.1 万亿元，由三大板块构成：生产领域约 16 万亿元、进口约 3 万亿元以及批发流通 8.1 万亿元；化工品物流的费用支出也颇为可观，预计将高达约 2.7 万亿元。

（2）危化品物流市场规模。在当前国内经济增速放缓及国际形势复杂多变的宏观背景下，2024 年危险化学品物流市场的增长将较为有限，预计增长率将维持在 2% 至 3%，整体市场规模预计将达到约 2.44 万亿元。

危险货物运输市场情况基本与去年保持持平，运输总量保持在 18 亿吨左右，其中道路运输占比仍超过 60%，铁路运输近年来徘徊在 1.6 亿元左右，水路运输在 4 亿吨左右，航空运输量非常少。

随着石化产业集群逐渐往沿海地区聚集，成本更低的水运渗透率逐渐提升。业务量方面，相对于其他服务领域，危化品及化工原料第四季度预期增长 27.5%，较第三季度的 31.9%，回落 4.4%。危化运输第四季度预期增长 28.9%，较第三季度的 31.4%，下降 2.5%。

2. 我国危化品道路运输市场发展情况

（1）危险货物道路从业人数。目前，道路运输及相关行业持证上岗从业人数共计 1917.35 万人，其中货物运输人员 1664.92 万人，其中危险货物驾驶员 90.03 万人，危险货物押运员 95.41 万人，危险货物运输装卸管理 5.2 万人，分别占比 47%、50% 和 3%

与上一年相比除装卸管理员人数有所减少外，驾驶员和押运员均明显增加。

（2）危险货物道路运输从业户数。目前，我国从事危险货物道路运输的户数共计 14954 户，其中经营性 14747 户，非经营户数 207 户。排名前 10 省份依次为辽宁 1202 户、广东 1108 户、山东 1063 户、江苏 957 户、陕西 782 户、黑龙江 667 户、河北 662 户、浙江 650 户、内蒙古 562 户、新疆 536 户。

（3）危险货物运输车辆及吨位情况。目前，我国经营性道路危险货物的运输货车合计 17.63 万辆，总吨位合计 152.47 万吨。其中，大型车辆 11.94 万辆，总吨位 142.38 万吨；中型车辆 1.4 万辆、总吨位 4.82 万，小型车辆 4.28 万辆、总吨位 5.27 万吨，在大型车辆中重型车辆 7.73 万辆、总吨位 16.33 万吨。

3. 沿海散装液体化学品市场情况

上半年，沿海散装液体化学品水运市场整体稳定，受到产能结构调整及部分化学品船龙头企业经营策略影响，部分航线运价较去年同期小幅下挫。

下半年，随着航运业对环境保护的日益关注和减少温室气体排放的压力增加，绿色航运已成为大势所趋，各种替代燃料船舶订单将会越来越多。

2024 年下半年甲醇燃料动力化学品船和纯电推动化学品船等细分领域有望迎来较大发展机遇。

预计 2024 年下半年，沿海散装液体化学品水运市场将延续供需弱平衡的态势。主流船东仍倾向于将内外贸兼营船转移至东北亚和东南亚航线运营。

4. 我国危化品仓储企业发展反馈

（1）租金及空置率。据持续统计监测，2024 年我国主要化工物流节点城市等第三方危险化学品包装货仓库租金稳中有降，单独依靠仓库租金作为主营收入的企业所拥有的仓库的租金降幅较大。受供应链上游订单减少，进出口货量减少及同行业竞争影响，一些地区出现了仓库空置的情况。

全国危险化学品仓库按照防火等级及平米计费模式计算：甲类仓库租金：每月每平方米 80-210 元；乙类仓库租金：每月每平方米 60-210 元；丙类仓库租金：每月每平方米 30-75 元；同时受地缘及供需关系还有业务场景和模式的影响，租金浮动量较大。

（2）企业调研反馈。被调研的企业中，表示仓库不够用的占比仅为 6%；仓库利用率 80% 以上的企业占比 50%，利用率 50%—80% 的企业占比 38%，有 6% 的企业反映仓库利用率在 30%—50%。

对于未来 1—2 年整个行业对仓储需求的判断，50% 以上的企业认为未来仓储需求会基本平稳；有 9% 的认为需求将会大幅增加；6% 的认为需求会小幅增加；13% 的企业认为需求会小幅减少，22% 的企业认为需求会大幅减少。

2024 年行业企业经营业绩不容乐观。具体到企业业绩，今年行业企业的经营业绩普遍面临挑战。沿江、黄海区域以及化工产业集中区的仓储企业展现出相对强劲的发展态势，较 2023 年实现了约 30% 的增长。

整体来看，与 2023 年相比，化工仓储行业的整体营收预计将下滑 15%—20%。

5. 我国危化品物流企业运营情况

（1）营收情况。据统计，参与调研的企业 2023 年整体营收规模平均在 15363 万元，2024 年预计营收规模在 13830 万元，预计比 2023 年营收减少 10% 左右，这一数据的变化不仅揭示了企业在当前经济环境下的经营状况压力，还反映了市场趋势的波动和潜在挑战。

被调研的企业反映，2024 年运价较 2023 年普遍下降，平均下降 10% 左右，部分企业甚至运价下降 20% 以上。

这一现象背后的主要原因包括承运商的进入门槛相对较低，导致市场竞争加剧；行业上下游的开工率不足，供需关系失衡；上游客户施加压力，通过压价来降低成本；以及市场中无序竞争的现象普遍存在，这些因素共同作用，导致了运价的整体下降。

针对今年第四季度的预期，74% 的危化品物流企业认为运价平稳，11% 的企业认为运价会上升，5% 的企业认为运价下降。

（2）人员结构。在 2024 年的调研中，所涉及的企业员工规模（包括派遣人员和临时工）平均达到了 199 人，相较于 2023 年有所增加，具体增加了 16 人。在人力资源方面平均总支出危 2384 万元，人均支出 11.98 万元。

员工学历结构，初中学历员工占比最高，达 38%；中专和高中学历占比 32%；大专学历员工占比 14%，大学本科员工占比 11%，研究生学历员工也有一定比例。

相比于 2023 年，小学、初中学历员工数量正逐渐减少，中专、和高中、大专、本科及研究生学历呈现上升趋势。

被调研的企业中面临诸多困难与挑战，但主要是运输成本上升、市场需求不足、人员成本上升、经济下行压力较大、油价上涨等。

6. 驾驶员从业状态调研

2024 年 7—8 月，危化品分会针对几十家、近千人危险货物运输驾驶员进行了调研，调研内容涉及驾驶员的工作状态、收入情况、遇到的困难与问题以及主要诉求。

（1）基本情况。2024 年，接受调研的驾驶员中，男性驾驶员占比 95%，女性占比 5%；与 2021 年相比，女性驾驶员明显下降。

在年龄分布上，2024 年调研数据显示，22—34 岁占 5%，35—50 岁的占比 60%，51—60 岁（含）的占 35%；相对 2021 年，驾驶员老龄化明显加重，51—60 岁的驾驶员从 20% 上升到 35%，而 35—50 岁的驾驶员占比从 75% 下降到 60%，且 22—34 岁年龄段的驾驶员也下降了 1%。

在学历分布上，2024 年初中及以下占 41%，高中、中专、职高占 47%，大专、高职 9%，大学本科以上占 3%；与 2021 年调研数据相比，初中及以下人员占比下降 11%，高中、中专、职高人员占比上升 7%，大专、高职上升 3%，大学本科及以上上升 2%，可见驾驶员在学历上普遍上升，驾驶员队伍素质普遍提升。

在户口分布上：2024 年，接受调研的驾驶员，农村户口占比 59%，城镇户口 41%；与 2021 年相比，城镇户口人员占比明显上升，农村户口人员从 72% 下降到 59%。

（2）工作状态与收入情况。在从业时间上，2024 年，危化品物流驾驶员从业时间 1—3 年的占比 14%，3—5 年的占比 16%，5—10 年的占比 16%，10—20 年的占 29%，20 年以上的占 26%。

在接受培训上，企业组织的培训占比 46%；行业管理部门组织的培训占 35%，自行报名参加的社会培训占 14%，其他的培训包括老员工带新员工培训、防御性驾驶培训等临时性培训占比 5%。

在证书持有上，2024 年平均持有证书 2.09 个，与 2021 年相比，驾驶员持有的各类证书明显增加。

在入行原因上，接受调研的驾驶员入行主要原因中"学历低，仅仅是谋生手段"占比 38%；其次是"收入稳定，多劳多得"占 21%；第三是"看好行业发展趋势"占 14%。

在平均每月到手工资上，37% 的人收入在 5000—7000 元，在 7000—10000 元的占比 37%，超过 10000 元的占比 14%。

2024 年危化品驾驶员收入普遍下降，下降 30% 以上的占 24%，下降 20% 左右的占 22%，下降 10% 左右的占 22%，基本持平的占 29%，收入增加的仅占 2%。

根据交叉分析，收入下降 30% 以上的驾驶员收入主要分布在 5000—10000 元区间，收入下降 20% 左右的驾驶员收入主要分布在 7000-10000 区间，收入下降 10% 左右的驾驶员主要分布在 7000—10000 元区间，收入基本持平的驾驶员收入分布在 5000-7000 元间，而收入增加 10% 左右的驾驶员收入则分布在 5000—10000 元区间。

驾驶员普遍认为收入变化原因：第一是业务量变化，占比 33%；第二是油价变化，占比 17%；第三是车辆运维成本变化，占比 16%；第四是高速公路费变化，占比 13%；第五是管理部门及政府管理费用的变化，占比 12%。

驾驶员期待提供的福利主要包括：带薪休假，大病医疗，优化从业环境、不要内卷、尊重员工、落实基层员工安全防护用品，杜绝疲劳驾驶现象，提供驾驶员心理压力疏导，提供住房公积金。主要从事运输的危化品类型：接受调研的驾驶员中，81% 的从事第三类易燃液体的运输；其次是第二类压缩气体和液化气体，占比 37%，第三位的是第八类腐蚀品的运输，占比 28%。驾驶员货源稳定情况：

被调研的危化品物流驾驶员中，有 30% 的人没有稳定货源，有双边稳定货源的仅占 4%，66% 的驾驶员仅有单边货源。

（来源：中国物流与采购联合会危化品物流分会）

（三）危险品物流运输成本逐年上升 市场将迎存量竞争

1. 危险品物流行业概述

作为物流行业的重要分支，危化品物流是指危化品从生产者到消费者之间的物理经济活动，包括运输、仓储、装卸搬运、流通加工、配送、回收、信息活动等过程的有机结合，最终实现物的价值增值和组织目标。相比较普通货物，危化品在运营管理、物流、操作方面更具复杂性，过程管理中的风险性更高，危化品所造成的事故更具危害性，危化品物流具有品类繁多、性质各异、危险性、运输仓储管理章程多、专业性强等特点。

2. 国内危险品物流需求较大，陆运方式占据主导

观研报告网发布的《中国危险品物流行业现状深度研究与投资前景预测报告（2024—2031 年）》显示，危险品物流可分为内贸和外贸两种，这是一个基于地域和运输范围的分类方式。内贸危险品物流主要指的是在国内范围内，对危险品的运输和配送。由于国内对于危险品的运输和储存有着严格的规定和标准，例如对危险品的包装、运输工具、运输路线、储存设施等都有明确的规范，因此，内贸危险品物流需要满足这些规定，并确保在整个运输和储存过程中，危险品能够得到妥善的处理。一旦违反这些规定，不仅可能导致危险品的事故，还可能面临法律的制裁。

外贸危险品物流则涉及将危险品从国内运往其他国家和地区。由于各国的危险品规定和标准可能存在差异，因此在出口前需要了解目的地的相关规定，以确保危险品能够合法、安全地送达目的地。此外，由于危险品的特殊性，有些国家可能会对进口的危险品进行更严格的管理和审查，因此外贸危险品物流需要更加谨慎和细致。

2022 年的数据显示，我国危险品物流需求呈现三大特点：内贸大于外贸、零散大于大宗、内贸陆运大于内贸水运。这说明在国内市场上，对于危险品的需求更大，而且这种需求更多的是以小批量、零散的方式出现，而不是大规模的批量运输。此外，相对于水运方式，陆运方式在危险品的运输中占据了更大的比例。

3. 石化产业繁荣助力危化品物流，内外挑战考验市场韧性

我国危险品物流市场与石油化工行业紧密相连，主要服务于石化产品、危险化学品和危险货物的运输、仓储、装卸搬运、包装和配送等环节。这些基本功能的有机结合，满足了用户的需求。近年来，我国石化产业实现了高质量发展，炼化一体化装置的建成投产推动了产业规模的扩大。目前，我国千万吨级以上的炼厂数量已增加到 32 家，炼油总产能达到 9.2 亿吨 / 年，首次跃居世界第一。这一成就标志着我国石化产业的规模集中度、集群化程度以及行业整体技术水平和核心竞争力都实现了新的跨越。

受益于石化产业的快速发展，我国危化品物流运输市场也呈现出稳步增长的态势。尽管受到疫情的影响，危化品物流市场规模仍然保持增长，截至 2022 年底，市场规模已经超过 2.41 万亿。然而，到 2023 年，国内危化品物流市场规模仅为 2.38 万亿元，与去年相比下降了 1.1%。这主要是由于市场需求紧缩、国内外经济形势复杂多变等因素的影响，导致行业整体利润有所下滑。

总体来看，我国危化品物流市场虽然面临一些挑战，但化工物流需求短期内有望随物流通畅经济复苏而修复，中期随着民营大炼化扩产，化工企业退城入园，中国化工出海以及新兴产业发展而不断增长，预计 2025 年危化品行业规模将达到 2.85 万亿元，2023—2025 年增速维持在 9.4% 左右。

4. 市场分散百强企业占比偏低，拓展全国市场成趋势

由于危险品仓库审批的地域性限制，加之化工品类的多样性，不同品类对专业性要求各异，导致我国危险品物流企业呈现地域分散的特点，整体集中度较低。根据中国物流与采购联合会危险品物流分会的统计数据，2019—2020 年，我国危化品道路运输年运量达到 11 亿吨，百强企业的运量约为 1.24 亿吨，仅占市场的约 11.27%；而在化工物流水运市场，百强企业的水运运量约为 0.53 亿吨，占比约为 16.45%。在百强企业中，综合企业资产规模达到 10 亿元以上的占比 45%，5 亿—10 亿元的占比 15%；营业额在 10 亿元以上的占比 45%，5 亿—10 亿元的占比 30%，显示出整体规模相对较小。此外，数据显示，2021-2022 年，百强企业营收占行业比重进一步降低至 7.04%。

与 2022 年相比，2023 年以来有更多的危化品物流企业开始将业务范围拓展至全国乃至跨国领域，仅在本市或周边省区经营的企业比例下降了约 15 个百分点。这表明，尽管面临市场需求不景气的大环境，我国危化品物流企业仍在积极拓展市场，这也预示着行业市场竞争将变得更加激烈。

在调研中，超过半数的企业表示对未来发展保持信心，认为未来 1—2 年行业需求将保持平稳或小幅增长。48.5% 的企业计划进行车辆设备采购和仓库建设，而 21.2% 的企业持观望态度，尚未做出决定。这表明多数企业仍有扩张发展的期望。

观研天下分析师观点：当前危化品物流企业存在车辆利用率相对不高、市场需求不足等问题，微观经营压力较大。但同时，精细化工物流市场占比提高至 20%，成为仅次于石油化工产品和成品油的第三大市场；具有规模化、一体化服务能力的优势企业不断涌现，行业发展可谓挑战与机遇并存。

5. 化工事故频现，监管政策趋严，行业准入门槛提高

国家安监总局统计的数据显示，危化品事故多发于物流环节，其中 77% 的事故发生在运输阶段。据中物联危化品物流分会调研数据显示，运输过程中的泄露是事故的常见原因之一。

为应对这一问题，自 2017 年以来国家逐渐加大了对危化品物流行业的监管力度，出台了多项政策法规，规范化工品车辆道路运行的规章制度，建设和加强化工品物流安全体系和应急处理机制。随着监管政策的不断完善和实施，行业事故逐年减少。鉴于危化品的危险性，预计未来相关法规将更加严格，牌照审批机制也将更加严谨，从而提高行业准入门槛，使存量竞争成为主导。

6. 危化品物流运输费用高昂，通胀水平超普货

不同体系的危化品运输具有不同的定价体系，价格差异也相对较大。但总体来说，危化品物流运输费用远高于普货，具体来说，以 2022 年为例，危险品的单位运输费用高达 1525 元 / 吨，而普货的运输费用仅为 352 元 / 吨，前者是后者的 4.3 倍。同时，2019—2022 年，危险品物流的单位运输费用增长 CAGR 为 5.02%，高于普货的 CAGR4.33%，这显示危险品物流费用的通胀水平也高于普通货物。

导致这种情况的主要原因在于危化品物流行业在运输和配送危险品时需要满足一系列严格的规定和标准。这包括特定的运输工具、路线、包装和安全等方面的要求。由于这些严格的条件，企业需要投入更多的资源来确保运输过程中的安全性和合规性。

经济的快速发展导致了运输需求的持续增长，而运输能力的不足进一步推高了运价。此外，由于危化品物流行业的特殊性，需要专业的运输设备和人员来完成任务，这也增加了运输成本。据中物联

报告显示，2022 年超过 60% 的司机感受到运输强度增大，市场货源减少，同时油价上涨约 30%，使得运输成本不断攀升。基于燃油成本占物流运输总成本 30% 的假设，2022 年运输总成本上涨了约 10%。同年，我国危化品的平均运输费用约为 1353.6 元／吨。

　　总体而言，危化品物流行业面临着运输成本上升和市场竞争加剧等多重挑战。然而，随着政府对危化品物流行业的监管和支持加强，以及企业通过技术创新和管理创新提高运输效率和质量，降低运营成本的努力，行业有望实现可持续发展并更好地服务于化工生产和危险品运输的安全。

（来源：交通运输部、中物联危化品物流分会、观研天下数据中心）

八、邮政、快递物流

（一）2024年中国邮政快递业将保持稳步上升态势

中新社北京1月9日电记者（刘育英）从1月9日召开的2024年全国邮政管理工作会议上获悉，2024年中国快递业务量预计超过1400亿件，同比增长8%左右。

会议指出，2024年行业仍将继续保持稳步上升态势，预计邮政行业寄递业务量和邮政行业业务收入分别完成1715亿件和1.6万亿元，增速6%左右；快递业务量、业务收入分别完成1425亿件和1.3万亿元，增速8%左右。

2024年中国国家邮政局将着重开展10项工作。在持续深化交通强国邮政篇建设方面，优化交通强国邮政行业评价指标数据采集机制；推进邮政普遍服务业务与竞争性业务分业经营改革；深化人工智能在行业中的研究应用。

补短板强弱项完善寄递网络体系方面，加快推进"快递进厂"工程，引导快递企业向综合物流服务提供商转型；深入推进"快递出海"工程，完善跨境基础设施，完善国际寄递服务网络。

不断提升行业科技创新和标准化水平方面，出台促进邮政行业科技发展的意见；加快推动无人机、无人车、无人仓在行业的场景化应用，持续提升行业智能化水平。

着力推动行业绿色低碳发展方面，制定限制快递过度包装强制性标准，完善用品用具产品质量监管制度；推动企业优化运输结构模式，参与15个城市公共领域车辆全面电动化先行区试点。

（来源：中国新闻网）

（二）我国快递超预期完成2024年发展目标

国家邮政局17日发布2024年12月中国快递发展指数报告。经测算，2024年12月中国快递发展指数为469.8，同比提升17.2%。12月，快递业持续向好发展，市场规模较快增长，服务质效有所提升，国际市场拓展有力，超预期完成2024年发展目标。

2024年12月，快递发展规模指数为636.2，同比提升28.4%。从分项指标来看，预计12月快递业务量将同比增长21.6%，业务收入将同比增长18.1%。12月，行业发展充满活力，线上促销支撑有力，多场景寄递加速拓展。快递业务量连续两个月超170亿件，单月业务量再创新高。

2024年12月，快递服务质量指数为649.4，同比提升15.6%。快递企业持续加大科技研发投入，丰富无人机、无人车等新技术应用场景，推动行业数字化转型和智慧化升级。成立"空地一体物流装备智能运营创新联合实验室"，探索空地一体化智能配送的场景应用。

2024年12月，快递发展能力指数为256.6，同比提升1.2%。跨境服务不断升级。快递企业推出"履约管家"服务，以智能化服务助力跨境商家提升用户体验，有力支撑促销活动。

2024年12月，发展趋势指数为71.1。12月，快递业持续丰富产品服务体系，拓展产业协同领域，推动线上经济蓬勃发展，为保民生、扩内需、促增长发挥积极作用。

（来源：《光明日报》）

（三）DHL 快递亮相第七届进博会：与中国市场"双向奔赴"，践行可持续发展承诺

第七届中国国际进口博览会（简称进博会）11 月 5 日在国家会展中心（上海）正式开幕。DHL 快递连续多年参与进博会，展示其在绿色物流和数字化等方面的成就，并积极响应中国推动"新质生产力"发展的政策方向，以创新为驱动，为中国市场注入可持续、高质量的国际物流服务。在本届进博会上，DHL 快递重点展示了在航空物流去碳化、车队电气化、数字化物流管理以及在华投资和本地化合作等领域的最新成果。

DHL 快递的在华发展与中国市场发展"同频共振"。作为全球物流行业的领先企业，DHL 快递通过在绿色低碳和数字化等领域的深度布局，在培育自身新质生产力的同时，也为中国实现"双碳"目标不断助力。从基础设施升级、车队电气化到数字化物流管理，DHL 快递不断优化在华服务体系，为中国企业"出海"提供更高效、绿色的国际物流解决方案。

不难看出，进博会不仅彰显了中国坚持高水平对外开放的信心，更为包括 DHL 在内的外资企业提供了深入参与中国经济、融入中国高质量发展进程的宝贵机会。

DHL 快递中国区首席执行官吴东明表示："进博会展现了中国坚持高水平对外开放，构建新发展格局和实现高质量发展的决心和信心。这不仅对于维护和促进经济全球化和贸易自由化具有重要作用，更让在华发展的外资企业也受益于此。"

在吴东明看来，中国始终是 DHL 快递在全球最重要的市场之一，公司与中国市场双向奔赴，持续在基建、运力和航线等方面投资，并不断扩大和深化与中国企业的合作，以更高质量的国际物流服务护航中国企业"出海"路。

加码投资，不断拓展与中国企业的合作

近年来，DHL 快递持续在华加码投资，已累计投资超过 20 亿元，用于包括无锡口岸、深圳口岸、成都口岸和珠海口岸等一批重要设施的新、改扩建和升级，全面提升了在长三角、粤港澳大湾区和中西部地区的货物分拣能力和转运效率。这些区域化投资布局，不仅助力 DHL 快递在华服务网络的优化，也契合了中国政策对现代化物流基础设施的要求，为本地企业"走出去"提供了强有力的物流支持。

为进一步助力中国新能源车企业的本地发展和海外市场拓展，2024 年 5 月，DHL 在上海新建了新能源汽车卓越中心。该中心由 DHL 集团旗下 DHL 全球货运业务单元管理，并与 DHL 快递、DHL 供应链业务单元，以及 DHL 客户解决方案与创新部门的电动汽车团队紧密合作，致力于为从事新能源汽车产品生产制造（包括电池、电机和充电基础设施等）的行业企业提供无缝衔接的端到端物流服务。

DHL 与中州航空双涂装货机

此外，DHL 快递还不断拓宽与中国企业的合作领域、加深合作深度。2024 年 7 月，DHL 快递与中州航空签署运营协议意向书，将两架 DHL B777 货机交由中州航空运营。这是 DHL 快递首次将机队专机交由国内货运航司负责维护运营。目前，这两架货机已投运，由中州航空执飞中欧航线。同月，DHL 快递母公司 DHL 集团与远景科技集团签署了战略合作伙伴协议，推动双方在物流解决方案领域的全面合作，覆盖物流解决方案、可持续航空燃料、绿色能源和共同开发"零碳产业园"四大主要领域等。

绿色航空物流新标杆，DHL 快递为中国实现"双碳"目标不断助力

随着全球气候变化带来的挑战不断加剧，绿色低碳已成为中国物流行业高质量发展的重要趋势。作为中国"双碳"目标中的关键一环，航空物流的绿色转型备受关注。而可持续航空燃料作为现阶段

航空运输业推动并实现减碳的主要途径，对实现航空物流去碳化起着举足轻重的作用。在此背景下，DHL 快递大力推动对可持续航空燃料的购买和使用，以满足中国企业对更为绿色的物流服务的需求。

根据公司可持续发展路线图规划，DHL 快递致力于至 2030 年实现在航空运输中可持续航空燃料混合比例达到 30% 的目标。为此，近年来，DHL 快递与 bp 和 Neste 达成购买 8 亿公升可持续航空燃料的交易，并与世界能源公司签署长期战略协议，通过可持续航空燃料证书（SAFc）购买约 6.68 亿升可持续航空燃料。根据彭博绿金（Bloomberg Green）对 2023 年企业环境申报的分析，DHL 快递母公司 DHL 集团在当年的可持续航空燃料使用率超过 3%，走在世界前列。

DHL 快递持续扩大对可持续航空燃料的购买和使用

基于此，DHL 快递还推出了 GoGreen Plus 服务，通过使用可持续航空燃料，以"碳嵌入"的方式助力客户推动"范围 3"减排。得益于国内企业不断提升的减排意识和需求，这一服务在中国市场广受好评，已有近 7 万家企业使用了该服务，广泛分布在制造业及批发零售贸易渠道，其中半导体电子元件制造、服装纺织、电子商务、电器设备及组件制造等行业企业尤为突出。

截至 2024 年 9 月，DHL 快递中国区车队电气化比例已达到 28.3%

DHL 快递也在地面派送领域进行深度布局。例如，公司通过与中国新能源车企业在新能源车采买方面进行合作等，逐步推进"最后一公里"派送车队电气化。截至 2024 年 9 月，DHL 快递中国区车队电气化比例已达到 28.3%，并计划至 2030 年将这一比例提升至 60%。

DHL 快递的这些布局顺应了新质生产力对绿色物流体系的需求。在"十四五"规划提出的"推动经济体系优化升级"目标下，DHL 快递通过加速自身绿色转型，以及携手本地客户共同推动绿色物流发展等，为中国经济的高质量发展增添了有力支撑。未来，DHL 快递将继续携手本地合作伙伴，以绿色创新和数字化等为导向，助力更多中国企业走向全球，为现代物流体系的可持续发展贡献力量。

（来源：《经济观察报》）

（四）上海邮政快递业纳入 2024 年城市管理精细化重点任务行业高质量发展获政策利好

为深入贯彻落实党的二十大精神和习近平总书记考察上海重要讲话精神，全面践行人民城市理念，细化落实《上海城市管理精细化"十四五"规划》和市委、市政府年度重点工作，2024 年 3 月 29 日，上海市城市管理精细化工作推进领导小组办公室编制了《2024 年城市管理精细化重点任务分解表》《2024 年市精细化办工作要点》。其中，明确将推进邮政网点无障碍服务环境改造、深化电动自行车全链条安全监管、新建智能快件箱及更新、改造数智化快递驿站三项涉邮工作纳入 2024 年城市管理精细化重点任务，邮政快递业高质量发展获政策利好。

《2024 年城市管理精细化重点任务分解表》指出，改善 35 处邮政网点无障碍服务环境。实施电动自行车安全治理攻坚行动，切实强化生产、销售、改装、停放、充电、使用、报废、回收等环节管理，形成常态化安全监管机制，推动电动自行车全链条安全监管。加强部门联动，统筹服务资源，重点抓好智能快递柜、数智化快递驿站科学、规范、精准设置。新建智能快件箱 2000 组，更新、改造数智化快递驿站 200 个。

下一步，上海邮政局将围绕《2024 年城市管理精细化重点任务分解表》《2024 年市精细化办工作要点》，结合国家邮政局和市委、市政府决策部署，扎实做好全年城市管理精细化涉邮工作，全面践行人民城市理念，提高人民群众的安全感、获得感和幸福感，为推动行业高效能治理、服务高品质生活、助力高质量发展做出更大贡献。

（来源：上海邮政局）

（五）2024 年上海快递业务量及快递业务收入统计分析

2024 年，上海快递业务量为 49.5 亿件，与 2023 年相比增长了 12.47 亿件，同比增长 27.5%，占全国快递业务量比重的 2.83%。

2024 年，上海快递业务量月均为 4.13 亿件，与 2023 年相比增长了 1.04 亿件；分月度来看，上海快递业务量于 12 月达到峰值，为 5.4 亿件，与 2023 年同期相比增长了 1.68 亿件，累积到 2024 年 12 月快递业务量为 49.5 亿件，累计同比增长 27.5%。

2024 年，上海快递业务收入为 2519.2 亿元，与 2023 年相比增长了 429.84 亿元，同比增长 20.3%，占全国快递业务收入比重的 17.95%。

2024 年，上海快递业务月均收入为 209.93 亿元，与 2023 年相比增长了 35.82 亿元；分月度来看，上海快递业务收入于 11 月达到峰值，为 326.4 亿元，与 2023 年同期相比增长了 102.4 亿元，累积到 2024 年 11 月快递业务收入为 2274.5 亿元，累计同比增长 20.6%。

（来源：华经产业研究院）

（六）2024 年我国快递业务量同比增长 21% 数智化成重要驱动力

1 月 8 日，国家邮政局官网发布数据显示，2024 年我国快递业务量和业务收入分别达到 1745 亿件和 1.4 万亿元，分别同比增长 21% 和 13%。

有业内人士表示，上述增长主要得益于电商行业的持续繁荣，以及消费者对快递服务需求的不断增加。同时，智能化发展亦极大地提升了快递行业的工作效率。展望 2025 年，我国快递行业仍然有望保持稳定增长态势。

业务量及收入双增

智能物流技术在快递行业的应用，成为行业发展的新亮点。2024 年，人工智能大模型等在快递行业加快推广，北斗导航系统全面应用，无人设备设施加速布局，行业累计应用无人车近千辆、无人机超 300 架，实现无人机配送快件近 300 万件。

与此同时，快递行业"出海"进程也在不断加快推进。数据显示，2024 年，比利时列日等一批国际寄递分拨中心顺利投入运营，快递行业累计建成境外分拨中心近 300 个，海外仓 300 多个。此外，2024 年干线运输能力得到强化，快递行业累计开通 16 条中欧班列运邮线路、25 条海运邮件专线。

行业得到快速发展的同时，多家上市公司的表现亦可圈可点。1 月 6 日，极兔速递环球有限公司（以下简称"极兔速递"）发布公告称，2024 年 10—12 月，公司包裹量合计为 73.92 亿件，同比增长 32.5%。2024 年全年，极兔速递包裹量合计为 246.46 亿件，同比增长 31%。其中，中国区域包裹量为 198.01 亿件，同比增长 29.1%。

申通快递股份有限公司公布的数据显示，公司 2024 年前三季度实现营业收入同比增长 14.16%；公司去年 10 月和 11 月快递服务业务收入分别同比增长 24.86% 和 14.12%。

盘古智库高级研究员江瀚向《证券日报》记者表示，电商行业的蓬勃发展以及消费者对于快递需求的大幅提升，是推动快递业务量高速增长的重要因素，而物流基础设施的不断完善和智能化水平的提升也为快递业务量的增长提供了有力保障。

延续增长态势可期

2024 年快递行业可谓圆满"收官"，行业未来的发展也引发关注。国家邮政局官网显示，2025 年行业仍将继续保持稳步上升态势，预计邮政行业寄递业务量完成 2080 亿件，业务收入完成 1.8 万亿元，增速分别达 7%、6% 左右；快递业务量、业务收入分别完成 1900 亿件、1.5 万亿元，增速 8% 左右。

浙商证券股份有限公司发布研报称，2025 年快递行业竞争或将加剧，龙头企业市占率或进一步提升。下沉市场网购渗透率也将持续提升，快递轻小件化趋势将加速，2025 年行业件量仍有望实现双位数增长。此外，随着"以旧换新"等政策持续加码，也将带动行业需求提升，有望提升部分头部企业的业绩。

业内人士认为，从推动行业发展的因素来看，数智化是快递行业发展的首要动力，进一步推动了消费品在全链路、全流程的提质降本增效，而国际化依然是快递行业未来几年的关键驱动力。其中，新兴市场将贡献更多的增量。

贯铄企业管理（上海）有限公司 CEO 赵小敏向《证券日报》记者表示，快递行业正朝着高质量发展的方向迈进，"价格战"模式基本已经结束，随着人工智能等技术的加速应用以及低空无人机和无人车的发展，将进一步推动行业的技术迭代升级，促进行业进入良性循环。

在赵小敏看来，未来国内快递行业集中度有望进一步提升，头部企业将在市场竞争中占据更为有利的地位。同时，行业"出海"步伐也将得到全方位推动。整体来看，快递行业有望在未来很长一段时间内保持健康可持续的发展态势。

（来源：新闻爆料）

（七）2024 年快递行业呈现的若干新变化

2024 年 11 月 17 日，中国快递行业迎来了一个历史性时刻——年业务量首次突破了 1500 亿件，标志着行业迈入了全新的发展阶段。

2024 年，中国快递市场持续蓬勃发展，服务网络日益高效通达，得益于"两进一出"战略的稳步推进，电商退换货、农村市场和国际市场成为新的增长点。同时，无人车、无人机和智能分拣等自动化技术得到广泛应用，极大地提升了物流效率。在互联网生态的开放趋势下，物流与电商的界限逐渐模糊，实现了更深层次的互联互通。然而，面对新的发展阶段，降低物流成本、推动物流行业高质量发展仍是我们面临的重要任务。为此，2024 年 11 月 27 日印发的《有效降低全社会物流成本行动方案》明确提出，到 2027 年力争将社会物流总费用与国内生产总值的比率降至 13.5% 左右。

2025 年，快递行业在高质量发展的推动下，迎来了新的发展阶段。这一阶段的特点是，企业不仅追求规模扩张，更注重盈利能力的提升。在激烈的市场竞争中，领先企业凭借其强大的实力和优质的服务，进一步巩固了市场地位，而实力较弱的企业则面临业务收缩的困境。这种市场格局的变化，使得企业间的服务差距日益显现，行业集中度也在不断提高。同时，新的并购重组机会也在逐渐浮现，预示着行业整合的步伐正在加快。在这一背景下，逆向件成为快递行业的新增量点，为行业带来了新的发展动力。

申请退换货时，消费者无需承担邮费，这一电商"运费险"政策自推出 14 年来，在 2024 年多次成为舆论焦点。随着"运费险"在各大电商平台的广泛普及，消费者退换货量显著增加，尤其是逆向件（退货件）和散单件的增长势头明显，成为快递行业新的增长点。

申通财报显示，2024年上半年，公司不仅承接了众多主流电商平台的逆向退货业务，还与快递柜、驿站等散单寄件平台展开合作，使得散单业务规模同比大幅增长。极兔速递的高管在财报业绩电话会上透露，上半年公司日均处理的逆向件和散单件约为250万单，较之前翻倍增长。

顺丰高管在投资者关系活动中指出，上半年时效件的增长部分得益于退货件市场份额的提升。公司通过强大的散收能力，持续争夺头部电商平台的退货业务份额，甚至在某些平台的退货分单份额高达70%—90%。中通高管也在业绩会上提到，上半年中通快递的散件比例增长远超整体件量增长。

尽管逆向散件利润相对较高，但电商平台在制定相关政策时拥有更多话语权。因此，为了在竞争中获得更多单量倾斜，快递企业不得不致力于提升服务质量，形成了一种"卷"服务质量的行业趋势。

"服务战"蔓延至港澳市场。随着内地物流市场竞争的日趋激烈，港澳及海外市场已成为众多内地物流企业寻求增长的新蓝海。极兔成功在港股上市后，顺丰也紧随其后，于2024年在香港实现二次上市，并进一步将顺丰同城服务拓展至香港市场。同时，丰巢也踏上了冲击港交所IPO的征程，意在深耕港澳及海外市场。长期以来，港澳地区的物流成本高昂、物流时效长，且末端配送体验差异显著。由于香港高楼林立、楼层高耸、人力成本高昂，宅配上门服务往往需要根据楼层数、包裹重量及体积收取不同的附加费用。因此，提供完善且标准化的快递末端收寄体验，已成为各行业领军企业在香港市场立足的关键。2024年9月末，京东宣布将进一步深耕香港市场，为当地用户提供自营满299元即可享受免运费送上门服务，且该服务覆盖10千克以内物品，承诺最快次日送达。紧随其后，淘宝与菜鸟于2024年10月携手推出限时满额包邮到港服务，消费者购买特定商品可享受免运费直邮香港，同时，菜鸟自提点还新增了跨境退货功能。这些举措使得内地消费者习以为常的送货上门、夜间取件、免上楼费及次日达等物流服务，在港澳地区逐渐成为新常态，不仅提升了当地消费者的寄递体验，也为物流企业带来了新的增长机遇。随着中国品牌商的出海需求不断攀升，跨境寄递市场成为物流行业的重要增量领域，而港澳市场无疑是各家企业布局的关键一环。

将临床用血从血液中心通过空中运输至医院，可节省20分钟的宝贵时间；对于一棵树苗的运输，从山脚到山顶的人力往返需要数十分钟，而空投技术仅需不到3分钟即可完成；海鲜水产通过空投从原产地直接送达餐桌，其运输时间相较于陆运缩短了高达75%。

2024年至今，低空经济持续升温。随着多个城市低空空域的逐步开放，低空无人机运输已逐渐成为常态，并与接驳柜、配送员等协同，重塑了传统即时配送的格局。无人机在城市物流配送中的应用尤为广泛，其高效、灵活、环保的特性使其成为陆运路网条件受限时的理想选择。

顺丰旗下的丰翼科技、美团无人机等企业已在不同地区开辟了多条无人机运输航线，涵盖同城、跨城等多种运输场景。这些航线不仅满足了C端个人对个人的订单需求，还为B端商户提供了即时配送服务。无人机送外卖已成为城市上空的一道亮丽风景线。

多家企业表示，他们将进一步加速无人机的布局，并期待其能成为现有骑手网络的有效补充，从而提升配送效率。随着起降场建设标准的完善和空域资源的进一步放宽，预计将有更多无人机常态化配送航线得以开通。

同时，无人车也在物流行业中扮演着越来越重要的角色。它们穿梭在快递网点的末端派送路线上，成为快递员得力的助手。市场接受度的提升和政策法规的完善预计将推动未来3—5年内物流行业迎来大约20万台的无人车投入使用。

无人车的高频次拉货不仅降低了单票短驳成本和人员招聘的隐形成本，还大幅提升了配送效率。

例如，单车单日可配送 2000 票，若投放 5 台无人车，一天便可配送高达 1 万票。配合自动分拣和无人驿站的使用，这些车辆能充分满足一个网点半径 10 公里内的驿站直发需求，使得单票综合成本降低了 2—3 角。

然而，快递末端场景下的道路条件复杂，无人机和无人车需在非结构化的道路上行驶，并处理复杂的博弈需求。它们不仅要避开人群、车辆、猫狗等障碍物，还要实现转弯、急停、会车、倒车等操作，这使得无人技术在物流行业的应用既具挑战性又充满潜力。

随着快递网点和快递驿站面临劳动力短缺、运力不足及用工成本攀升等日益凸显的问题，同时国家和地方法律法规对物流领域自动驾驶无人车的开放与鼓励政策不断出台，无人车正逐步成为物流行业降本增效的关键环节。然而，这也带来了生态"站队"边界的模糊化问题。

2024 年双 11 期间，阿里和京东两大电商巨头旗下的物流网络开始出现互通趋势，引发业界广泛关注。随着京东物流接入淘宝天猫，以及菜鸟全面接入京东平台，两大平台物流的深度融合，预示着物流服务体验将更加多元化。这一变革有望激发行业内的充分竞争，推动物流企业提升服务质量，从而摆脱同质化和低价竞争的困境。

长期以来，物流行业在阿里和京东的引领下，形成了不同的阵营。其中，与淘天深度绑定的菜鸟和"通达系"快递、孵化于京东集团的京东物流、与电商无直接捆绑的顺丰以及行业新秀极兔，各自占据一席之地。然而，随着互联网行业的互联互通趋势日益明显，物流行业的边界也在逐渐模糊。拼多多、抖音、快手等新兴电商和直播平台的崛起，更是加速了物流品牌间的流动与融合。

物流与商流相互依存，随着电商品牌和商家的需求日益多样化，物流服务显得愈发重要。为了提升客户黏性和交易量，各家物流企业纷纷寻求利用对手的优势来补齐自身的短板，从而完善各自的服务链条。从宏观政策层面来看，互联网巨头间的开放互联互通已成为大势所趋。未来，美团、抖音、拼多多等平台是否也能实现全面打通，无疑将成为行业关注的焦点。

（来源：幕后故事）

（八）无人驾驶、争夺港澳、物流"破壁"……2024 年物流行业"时尚趋势"盘点

腊八节后，春节的氛围逐渐逼近。各大快递企业纷纷公布"春节不打烊"服务方案，以满足消费者在节日期间的物流需求。

近日，国家邮政局局长赵冲久在 2025 年全国邮政工作会议上介绍，2024 年我国快递业务量达到 1745 亿件、快递业务收入 1.4 万亿元，同比分别增长 21%、13%。

正如赵冲久所说，2024 年，快递行业在无人配送方面产生了明显突破，行业应用无人车近千辆、无人机超 300 架，实现无人机配送快件近 300 万件。与此同时，开展行业碳排放量试算和结果运用，推广光伏发电项目，全行业新能源和清洁能源车保有量超 7 万辆。

2025 年，我国邮政快递业仍将继续保持稳步上升态势，快递业务量预计将达到 1900 亿件、快递业务收入将达到 1.5 万亿元。在保持增量的步调下，2024 年我国快递物流行业也在跟随"时尚趋势"发生改变。

无人配送的风吹到了快递圈

纵观 2024 年，在快递业务量大增的同时，快递物流行业也出现了更多科技与狠活。

其中之一就是无人配送的布局加速。2024 年，无人机的常态化与商业化运营逐渐成为可能，航空配送正在从传统的陆运模式中脱颖而出。同时，市场上出现了越来越多无人车参与快递派送，极大地缓解了末端配送的一系列痛点。

事实上，早在 2022 年 5 月，顺丰同城就在深圳试点上线了无人机急送服务，采用"同城急送上门取件＋丰翼 ark40 无人机运输＋同城急送直取直派"的运输方式。受限于场景与技术，当时只能在封闭场景内小范围使用。2024 年作为"低空经济"元年、"自动驾驶"元年，和"元年"相伴而生的自动与无人迅猛发展，物流行业的无人配送也随之有了新突破。

2024 年以来，顺丰旗下丰翼科技无人机、美团无人机等企业在不同地区陆续开辟了多条无人机运输航线，涉及同城、跨城等运输场景，既有 C 端个人对个人的订单，也有 B 端商户即时配送给个人的订单。

无人的故事不仅在天上，地面同样。2024 年不少快递网点和社区都多了无人车的身影。顺丰同城 2024 年加速布局无人配送技术，在多个城市推进无人车配送试点与投产，围绕"最后一公里"业务，重点探索无人车在同城接驳与网点集散的运营模式。

菜鸟在全国多地的无人车运营已在实际业务中获得了成功，2024 年以来，菜鸟在全国多地的公开道路上开展无人车运营。菜鸟相关人员表示，使用无人车后，派件员的工作效率得到明显改善，同时降低了人力成本和配送供给压力。

不可否认的是，越来越多的无人车参与快递派送，极大地缓解了末端配送的一系列痛点。根据业内分析，无人车将在未来 3—5 年内年增加到 20 万辆，从而在降低运输成本、提升配送效率方面扮演重要角色。

快递企业进一步发力智能化、自动化分拣设备，提高分拣效率，减少包裹损坏和丢失的情况。与此同时，在数字化转型的大潮中，快递业也在加速向智能化、自动化迈进。从无人仓库到智能分拣，从物流无人机到自动化配送车，科技的应用不仅提高了效率，也降低了成本。

港澳窗口成为话题中心

据国家邮政局消息，2024 年，我国快递企业加快推进快递出海，加强枢纽中心建设，累计建成境外分拨中心 297 个，海外仓 333 个。强化干线运输能力，新增中国南京—卢森堡等洲际快递货运专线，累计开通 16 条中欧班列运邮线路、25 条海运邮件专线。

跨境物流线的迅速发展，主要是基于跨境电商业务的进一步爆发。这一点从资本市场表现上也得以窥见。继极兔登陆港股后，2024 年，顺丰在香港完成二次上市，顺丰同城进入香港，丰巢也开启了冲击港交所的 IPO 步伐。

资本市场的信息，来自于实打实的订单数据。近年来，一到年底购物季，海外地区来自中国的包裹大量增长。据市场研究机构 GFK，2024 年 Temu、SHEIN、阿里速卖通等中国跨境电商平台向欧盟国家发货约 40 亿件。

当然，在物流出海的故事里，各家物流企业也都有自己的差异化路线。菜鸟擅长的，是强强结合。2024 年，菜鸟、沙特航空货运公司和全球飞行服务公司在列日机场正式启动了战略合作，旨在优化全球物流运营的效率，特别是中东和欧洲市场。同时，立足本地特色，菜鸟推出了西葡全境电商包裹两日达经济型物流产品和中西双语客服支持，帮助当地电商卖家以更低的成本寻找年末商机。

京东和顺丰，则依托于自有的国际专线和分拨中心。2024 年 12 月，京东物流发布了 2025 国际一体化供应链战略，提出将全面推进全球仓网、快递网、航空网"三网并起"，构建海外仓配"2—3日达"时效圈，并进一步扩大"快递通全球"服务范围。

有意思的是，作为国际物流的窗口地，港澳正在成为各大物流企业的"兵家必争之地"。

2024年9月底，京东宣布将进一步加码香港市场布局，面向香港地区用户推出自营满299元免运费送上门服务（免运10千克），最快次日达。

据了解，目前，京东快递在香港、澳门提供送货上门、夜间揽派、同城快递最快4小时达等服务，反哺京东港澳单量增长。2024年10月，淘宝联合菜鸟推出限时满额包邮到港服务，消费者购买平台上带有相关标识的商品，可免运费包邮到港，同时菜鸟自提点增加了跨境退货的服务。

完善和标准化的快递末端收寄体验，成了物流企业切入香港市场的关键。次日达、送货上门、夜间取件、免上楼费……从体验、时效多个维度，这些内地消费者享受到的常态化物流服务，港澳都在逐步拥有。

电商变局利好快递量与利

2024年"双11"，阿里京东旗下物流互相"拆墙"，成为备受讨论的业内焦点。随着京东物流接入淘宝天猫、菜鸟全面接入京东平台，两大平台旗下物流全面"破壁"，意味着物流服务体验进一步多元化。业内人士表示，行业有望在充分竞争下提高服务质量，摆脱同质化和低价竞争的泥淖。

申请退换货时，消费者无须承担邮费——已推出14年的电商"运费险"，2024年多次被舆论热议。随着"运费险"在各类电商平台普及，消费者退换货量变大，多位快递从业者表示，2024年所在网点的退货件（逆向件）和散单件增长尤为明显，成为提升市场份额的重要来源。

在业内竞争激烈的同时，各大快递公司纷纷意识到服务依旧是第一位的。运费险和"7天无理由退换"成为商家店铺减少消费者顾虑、提升销量的重要工具，也变相增加了快递行业的订单量。极兔速递高管在财报业绩电话会上介绍说，2024年上半年日均逆向件和散单件约250万单，这两类的业务量相比之前翻倍。顺丰高管在投资者关系活动中直言，2024年上半年时效件增量一方面就来自于退货件市场份额的提升，借助散收能力持续抢夺在头部各大电商平台退货业务份额，其中在个别平台的退货分单份额已占到70%—90%。

据业内人士称，退单件属于逆向散件。快递行业揽件利润高于派件，揽件类型中，散件（即C to C个人寄件）是快递件中利润最高的一种，以往在商务场景中最为普遍，被视为拓宽利润的重点渠道，件量提升进一步摊薄成本，快递网点能获得更多议价权。

（来源：《羊城晚报》）

九、连锁超市、卖场物流

（一）2024 年大型连锁超市行业市场现状及发展前景预测

大型连锁超市行业作为现代零售业的重要组成部分，自 20 世纪末以来在全球范围内迅速发展。随着城市化进程的加快、消费者购物习惯的变化以及供应链管理技术的提升，大型连锁超市以其丰富的商品种类、便捷的购物体验和相对低廉的价格，成为消费者日常购物的重要选择。特别是在中国，随着经济的快速发展和人民生活水平的提高，大型连锁超市行业更是迎来了前所未有的发展机遇。

大型连锁超市产业细分领域

大型连锁超市行业根据规模、商品种类、服务方式等不同，可以细分为多个领域，主要包括大型综合超市、生鲜超市、折扣店、便利店等。这些不同细分领域各具特色，服务于不同消费群体和市场需求。例如，大型综合超市提供一站式购物体验，满足家庭日常所需；生鲜超市则专注于提供新鲜、优质的生鲜食品，满足消费者对健康饮食的需求；折扣店则以低价策略吸引价格敏感的消费者；便利店则以其便捷性、24 小时服务等特点，满足都市快节奏生活的需求。

大型连锁超市产业链结构

大型连锁超市产业链结构复杂，涉及多个环节。上游主要包括食品、百货等供应商，他们为超市提供丰富的商品选择；中游则是各类大型连锁超市，他们通过采购、仓储、销售等环节，将商品传递给消费者；下游则包括实体店销售渠道和线上销售渠道，如电商平台、App、小程序等，为消费者提供多元化的购物方式。此外，物流、仓储、信息技术等也是产业链中不可或缺的部分，它们共同支撑起整个行业的运转。

大型连锁超市行业发展现状

市场规模。据中研普华产业院研究报告《2024—2029 年中国大型连锁超市行业市场分析及发展前景预测报告》，近年来，大型连锁超市行业市场规模持续扩大。根据中国连锁经营协会的数据，2022 年中国大型连锁超市行业的总体营业额达到了 1.7 万亿元，同比增长了 17.1%。这一增长主要得益于中国经济的快速发展和消费者购物习惯的变化。预计未来几年，随着城市化进程的加快和消费升级的趋势，市场规模将继续保持增长态势。

竞争格局。大型连锁超市行业竞争格局日益激烈。全国性连锁超市品牌如沃尔玛、永辉超市等占据市场领先地位，它们通过规模优势、品牌影响力以及供应链管理能力的提升，不断巩固市场地位。同时，地区连锁经营品牌和中小型超市企业也在各自区域内拥有一定的市场份额，它们通过差异化竞争策略，如提供特色商品、优化服务等方式，吸引消费者。此外，线上购物平台的崛起也对传统超市行业造成了一定冲击，但超市企业通过线上线下融合策略，不断提升自身竞争力。

政策环境。政府对大型连锁超市行业制定了一系列法律规范和政策，以保障市场的公平竞争和消费者的权益。这些政策包括限制市场垄断、建立反垄断机制、促进市场竞争等。同时，政府还鼓励并支持连锁超市的创新和发展，通过减税、补贴等方式提供经济支持。这些政策的实施为大型连锁超市行业提供了良好的发展环境和政策支持。

技术进步。随着信息技术的快速发展，大型连锁超市行业也在不断推进数字化转型。通过引入智能化设备、运用大数据等技术手段，提升运营效率和管理水平。例如，通过数据分析优化商品采购、调整营销策略；通过智能仓储和物流系统提高库存周转率；通过线上销售渠道拓展市场等。这些技术的应用不仅提升了超市的运营效率，还为消费者提供了更加便捷、个性化的购物体验。

市场需求。大型连锁超市行业市场需求旺盛。随着消费者购物习惯的变化和消费升级的趋势，消费者对商品品质、购物环境、服务质量等方面的要求越来越高。超市企业需要不断提升自身实力，满足消费者的多元化需求。同时，随着电商平台的崛起和线上线下融合趋势的加强，超市企业还需要通过线上线下融合策略，提升自身竞争力。

挑战与机遇。大型连锁超市行业在发展过程中面临着诸多挑战和机遇。一方面，线上购物平台的崛起对传统超市行业造成了一定冲击；另一方面，消费升级和数字化转型也为超市行业带来了新的发展机遇。超市企业需要抓住机遇，加强自身实力，提升服务质量，才能在激烈的市场竞争中脱颖而出。

大型连锁超市行业竞争格局

区域竞争：

东部沿海地区：这些地区经济发达，人口密集，超市数量多且竞争激烈。主要超市品牌包括沃尔玛、永辉超市等，它们在东部沿海地区拥有大量门店，覆盖范围广泛。

中部地区：相较于东部沿海地区，中部地区的超市数量相对较少，但竞争依然激烈。一些地区性连锁超市品牌在中部地区具有较强的竞争力。

西部地区：由于经济发展相对滞后，西部地区超市数量较少，但近年来随着经济的发展，超市数量也在逐渐增加。一些全国性连锁超市品牌也在西部地区开设门店，以拓展市场份额。

企业竞争：

全国性连锁超市：如沃尔玛、永辉超市等，它们拥有广泛的门店网络和强大的品牌影响力，在市场竞争中占据优势地位。

地区性连锁超市：这些超市品牌主要在本地区域内发展，具有较强的区域竞争力。它们通过优化供应链管理、提升服务质量等方式来增强竞争力。

中小型超市：这些超市数量众多，但规模较小，品牌影响力有限。它们在市场竞争中主要通过价格优势和个性化服务来吸引消费者。

行业集中度：

整体集中度：我国超市行业市场参与者众多，集中度较低。根据数据显示，2022 年超市行业 CR2（前两家企业市场份额占比）约为 22%，CR5（前五家企业市场份额占比）约为 41.6%。

区域集中度：东部地区超市行业集中度相对较高，而中西部地区则相对较低。这主要是由于东部地区经济发展较快，超市数量较多，市场竞争更为激烈。

重点企业情况分析

沃尔玛

市场地位：沃尔玛是全球领先的零售商，在中国市场也占有重要地位。其以广泛的商品种类、优质低价和便捷的购物体验赢得了众多消费者的喜爱。

竞争策略：沃尔玛注重供应链管理，通过规模化采购降低成本，提高商品性价比。同时，其线上线下融合策略也取得了显著成效。

永辉超市

市场地位：永辉超市是中国本土的知名食品超市品牌，以其新鲜、实惠、便利的特点深受消费者欢迎。

竞争策略：永辉超市注重品质管理，提供多样化的商品选择。同时，公司也积极布局线上市场，拓展销售渠道。

高鑫零售

市场地位：高鑫零售在中国市场具有广泛影响力，其旗下的大润发超市以丰富的商品种类、实惠的价格和优质的服务赢得了消费者的信赖。

竞争策略：高鑫零售积极应对市场变化，加速线上线下融合，提升顾客购物体验。

大型连锁超市行业未来发展趋势预测

线上线下融合。随着线上购物的普及和消费者购物习惯的变化，线上线下融合已成为大型连锁超市行业的重要趋势。通过打通线上线下渠道，实现商品、库存、物流等信息的共享和协同，提供更加便捷、个性化的购物体验。

数字化转型。数字化转型是大型连锁超市行业提升竞争力的重要手段。通过引入大数据、人工智能等新技术手段，提升运营效率和管理水平。数字化转型不仅有助于企业降低成本、提高效率，还能为企业带来更多的商业机会和合作可能。

体验式消费。体验式消费逐渐成为大型连锁超市行业的新趋势。企业不仅提供商品销售服务，还注重打造独特的消费环境，提供丰富的娱乐、休闲、文化等体验项目。这种趋势使得门店不再是单纯的购物场所，而是成为集购物、娱乐、社交等多功能于一体的综合性消费空间。

绿色可持续发展。随着环保意识的提高和政策推动，绿色可持续发展成为大型连锁超市行业的重要趋势。企业开始采取环保措施，减少塑料使用、提倡绿色包装等，以实现可持续发展。

大型连锁超市行业前景分析

随着城市化进程的加快和居民收入水平的提高，消费者对购物环境、商品品质和服务质量的要求不断提高，推动了大型连锁超市行业的快速发展。未来，随着消费者对美好生活的向往和追求，大型连锁超市行业市场规模将持续增长。

大型连锁超市行业市场竞争激烈，不仅有来自同行业企业的竞争，还面临线上电商平台和社区团购等新兴业态的挑战。未来，头部超市企业之间的竞争将是基于供应链体系、会员生态、商业模式等在内的全方位竞争。同时，地区性连锁超市和中小型超市也将通过差异化竞争和多元化经营来拓展市场份额。

大型连锁超市行业目前存在问题及痛点分析

成本上升压力。租金、人力等成本的上涨给大型连锁超市行业带来了经营压力。为了降低成本、提高效率，超市企业需要采取有效的措施，如优化供应链管理、推进数字化转型等。

同质化竞争严重。目前大型连锁超市行业的竞争同质化现象较为严重。许多超市企业在商品种类、价格、服务等方面存在较大相似性，难以形成差异化竞争优势。

电商冲击。线上购物的兴起对大型连锁超市行业造成了一定冲击。越来越多的消费者选择在线上平台购物，导致部分超市企业的客流量和销售额下降。

综上所述，大型连锁超市行业在面临挑战的同时也迎来了诸多发展机遇。未来，行业将呈现线上线下融合、数字化转型、体验式消费和绿色可持续发展等趋势。同时，市场竞争也将更加激烈，企业需要不断提升自身的竞争力和创新能力以适应市场的变化。

（来源：互联网）

（二）2024 年中国超市（超级市场）行业规模现状及趋势分析，供应链体系建设或将成为关键

1. 超市行业概述

超市，全称为超级市场，是一种大型、综合性的零售商店，具体指商品开放陈列、顾客自我选购、排队收银结算，以经营生鲜食品水果、日杂用品为主的商店。超市通过大量进货、低价销售的方式，为顾客提供丰富多样的商品选择和便捷的购物体验。

2. 超市行业发展背景

超市是本地零售的重要组成部分，其商品和服务都在本地，能够满足消费者更丰富、即时的需求。超市通过提供本地供给，与即时零售平台结合，满足消费者的即时性需求，如 30 分钟送货上门服务。2023 年，中国本地零售行业市场规模约为 13.4 万亿元。

3. 超市行业产业链

产业链来看，上游为供应环节，包括食品（粮油、肉类、蔬菜、水果、零食等）、日用品（包括洗涤用品、家居用品、文具等）以及其他各类消费品；中游为超市运营环节，行业内主要企业包括永辉超市、联华、大润发等；下游则是流通环节，销售渠道包括线下门店、线上平台等。

4. 超市行业现状

（1）市场规模。因受电商冲击等因素影响，我国超市行业竞争进一步加剧，超市企业不断加强爆款商品的打造及源头供应链建设，抢占市场份额。与此同时，我国超市行业正在经历转型优化，部分超市会转而采取差异化战略，逐渐形成不同定位，聚焦各自的目标顾客群体，实现市场区分。2023 年，中国超级市场行业市场规模约为 2.5 万亿元。

（2）连锁超市。当前，全国性连锁超市品牌仍占据市场领先地位，而地区连锁经营品牌和中小型超市企业则在各自区域内拥有一定的市场份额，超市品牌在不同区域、不同消费层次展开激烈竞争，主要通过提升商品品质、优化服务、降低价格等手段吸引消费者。2022 年，中国连锁超市门店数量与零售营业面积分别为 32513 个、5170.95 万平方米，均有显著增幅。

5. 超市行业竞争格局

2023 年，超市 Top100 企业销售规模为 8680 亿元，门店总数 2.38 万个；其中，销售规模在 500 亿元以上的企业共有 7 家，沃尔玛（中国）2023 年实现销售 1202 亿元，居超市 Top100 首位。未来，头部超市企业之间的竞争，将是基于供应链体系、会员生态、商业模式等在内的全方位竞争，供应链体系建设或将成为关键。

6. 超市行业发展趋势

未来，超市行业将更加注重多元化经营和差异化竞争，除了传统的生鲜、食品、日用品等业务外，超市企业还将引入餐饮、休闲娱乐等多元化业态，提升消费者购物体验，增加收入来源。同时，超市企业还将不断优化供应链结构，推出具有竞争力的自有品牌商品，并利用大数据和人工智能技术，对消费者需求进行精准分析，提高商品的适销性，不断提升整体实力。此外，线上线下融合已成为超市行业发展的重要趋势，超市企业将通过自建电商平台、与第三方电商平台合作、开展社区团购等方式，拓展线上销售渠道，实现线上线下无缝连接。

（来源：李英杰）

（三）巩固现有市场 2024 年上万家连锁超市门店年销售额近 3000 亿元

中国连锁经营协会发布"2024 年度中国连锁超市发展情况概览"显示，调查有效样本共 47 家超市企业，拥有 1 万多家门店，年度总销售额近 3000 亿元。

从统计结果看，2024 年连锁超市行业面临较大的发展压力。除来客数外，其他关键指标实现同比增长的企业占比不到半数，向好的趋势不明显。但在此环境下，湖北雅斯、广东嘉荣、河南大张、北京华冠、安徽红府、哈尔滨中央红等区域企业仍保持增长，表现较为突出。2025 年，整体行业的发展战略开始分化，部分企业从去年的深耕区域市场扩张战略转向巩固现有市场的平稳发展。

不到四成的超市销售总额同比实现增长，主要来自经营能力的提升。2024 年，38.2% 的超市企业销售总额同比实现增长，其中大多门店总数并无增加。57.4% 的企业销售总额同比出现下降。相较于 2023 年，行业整体回暖的趋势仍不明显。

另外，标准超市销售表现略好于大型超市及社区超市。大型超市（6000 平方米以上）、标准超市（2000—6000 平方米）、社区超市（2000 平方米以下）三个店型同比销售表现与总体销售基本保持一致；27% 的企业三个店型均增长；46% 的企业三个店型均下降。表明企业自身的经营能力占主导因素。2024 年，24.2% 大型超市、37.2% 标准超市、23.9% 社区超市的可比门店销售同比为正，标超门店表现稍好。

（来源：《北京商报》）

（四）2024 年超市行业密集闭店，传统卖场面临变革挑战

1. 传统卖场的转型之路

随着 2024 年的到来，多家知名超市接连传出"闭店风波"，预示着新一轮的密集闭店潮正在悄然来临，尤其是传统大型卖场，其闭店现象仍将持续。这一系列变化，无疑给大卖场商超的发展带来了新的挑战，也标志着行业即将迎来新的变革。

2. 一季度超市闭店潮涌

2024 年第一季度全国范围内至少有 31 家超市宣布歇业。这些闭店超市中，不乏沃尔玛、大润发、永辉、物美、天虹超市、盒马鲜生以及卜蜂莲花等知名品牌。具体来看，永辉超市的闭店数量最多，达到了 10 家；沃尔玛紧随其后，关闭了 5 家门店；大润发、盒马鲜生和天虹超市也分别有 4 家、2 家和 2 家门店停止营业。值得注意的是，其中还包括一些城市的标志性门店，如沃尔玛在南京的首店新街口店、永辉在全国的首家门店福州屏西店，以及诸暨的首家物美超市等。

近几年，超市行业整体经历了大规模的闭店潮。知名品牌如家乐福、沃尔玛、永辉、大润发等都未能幸免，同时，许多地方性品牌和小规模连锁品牌也因业绩压力而不得不关闭效益不佳的门店。今年 3 月，针对大润发"闭店潮"的报道，前高鑫零售执行董事兼 CEO 林小海坦言，过去几年是大卖场的"阵痛转型期"，这是行业转型过程中不可避免的现象。他表示，未来将致力于探索更多零售新业态，立足上海及长三角地区。

目前来看，2024 年二季度开始，国内传统卖场的"闭店"现象仍将持续。据报道，永辉超市常发广场店和永辉超市许昌万达广场店分别将于 4 月 1 日和 4 月 8 日停业。此外，社区硬折扣超市比宜德也突然关门，而谊品、叮咚买菜、朴朴超市等品牌也在适当收缩规模。业内人士指出，零售业是一

个现实的行业，即使全球零售巨头沃尔玛在关店，也依然保持其全球领先地位。企业家们开始坦然面对关店问题，这标志着行业正在逐步成熟和稳定。

新一轮调整已然展开。观察 2024 年一季度的闭店情况，我们不难发现，导致闭店的原因多种多样，包括经营不善、策略调整、租约到期以及政府规划等。其中，业绩不佳无疑成为主因。事实上，在历经多年的发展与演变后，国内消费市场的整体活力不足以及消费分层的趋势，使得关闭低效物业、寻求转型成为了必然选择。因此，中国超市行业正面临着一轮新的动荡与调整。

此外，20 年租期的陆续到期也为超市行业的调整带来了新的挑战。通常，超市的租期一般设定为 15 年，部分地区可能仅为 10 年，而最长则可达 20 年。近年来，不少超市都纷纷迎来了租约到期的高峰期。例如，西安的卜蜂莲花唐延路店在营业了整整 20 年后关闭；同时，沃尔玛鹰潭站江路店以及永辉超市福州长乐吴航店等老店也因营业超过 15 年而关闭。这些情况都预示着超市行业正在经历着一场深刻而复杂的调整。当然，即便租约到期后选择续租，也难以掩盖大卖场业态所面临的困境。在消费市场整体活力不足和低价竞争日趋激烈的大背景下，门店的盈利状况难以得到根本改善，业态前景堪忧。因此，多数企业选择及时止损，关闭不盈利的门店。

同时，企业自身的调整也在不断进行中。部分企业为了应对市场变化，会升级门店结构或直接关闭退场。例如，沃尔玛超市北京建国路店停止营业后，其物业被盒马接管，并计划开设当下流行的会员店业态。同时，企业策略的调整也必然导致人事方面的变动。

3 月 18 日，阿里集团 CEO 吴泳铭在盒马的全员信中宣布，盒马 CEO 侯毅因年满 60 岁而正式退休，他未来将担任盒马首席荣誉顾问一职。现任盒马 CFO 严筱磊将接任 CEO 职位。侯毅在盒马已度过了 9 个年头，为企业的稳定发展贡献了力量。

而在 3 月 26 日，高鑫零售也发布公告，自 2024 年 3 月 26 日起，林小海将辞任公司执行董事、首席执行官及授权代表。随后，沈辉被委任为新任执行董事、首席执行官及授权代表。林小海自 2020 年 12 月 22 日以来一直担任高鑫零售的执行董事，并在 2021 年 5 月兼任首席执行官。在他任职期间，他坚持实施全渠道多业态发展战略，通过数字化和组织创新，成功构建了生鲜自营化的供应链能力，并推出了具有高鑫零售特色的 M 会员商店。

3. 传统卖场与会员店的两极分化

沃尔玛超市北京建国路店的转型为盒马 X 会员店，这一案例并非孤例，而是折射出中国超市行业的一个深刻变革：传统卖场正在经历更新换代，而仓储式会员店则呈现出日新月异的发展态势。

朱晓静，沃尔玛中国总裁及首席执行官，曾公开阐述中国市场的巨大活力和潜力。他强调，零售商要赢得消费者的信任，必须紧密围绕顾客需求，提供独具特色的差异化服务。虽然诸如一站式购物、实体门店等核心概念并未过时，但它们需要与时俱进，重新定义，以适应目标人群的精选需求，打造全渠道购物新体验。

与大规模关闭的传统大卖场形成鲜明对比，国内会员店市场正迎来快速拓展。据报道，高鑫零售计划对其 90 家门店进行 2.0 升级，部分门店将直接转型为 M 会员店。同时，该公司在四川、湖北、江苏、山东、浙江、广东、海南等多个省市开设新店，如大润发 Super 珠海融德店和深圳坂雪岗大道店等。预计到 2025 财年，将新增 5 家门店，未来 3 年内计划开设 15 家新店。

此外，山姆会员店也在积极扩张。截至 2023 年底，已在中国的 25 座城市布局了 47 家门店。按照规划，未来几年内还将有更多新店开业，包括上海浦东金桥店、浙江温州店等。同时，该公司也签约了新店，并确定了青岛店和广州白云店的位置。

4.Costco 在中国的稳健步伐

自 2019 年在上海闵行区开设中国大陆首家门店以来，Costco（开市客）已陆续在多个城市布局。目前，该品牌已成功开设了 6 家门店，包括上海闵行、上海浦东、苏州、宁波、杭州和深圳，并计划在今年二季度于南京再添新址。此外，山姆会员店、大润发 M 会员商店等也在持续拓展，而麦德龙、盒马 X 会员店、fudi 等会员店也在积极布局市场，共同推动行业繁荣。

超市在激烈的市场竞争中如何实现良性发展？

面对经济环境的不稳定、消费水平的下降，以及日益增多的竞争者，超市行业正面临着前所未有的挑战。传统的销售模式和场景已难以满足现代消费者的需求，同时，电商的崛起和高昂的经营成本更是雪上加霜。在这样的背景下，关店虽然是企业止损的一种方式，但仅仅止步于此远远不够。企业需要探索更有效的经营策略，以实现门店的良性运营。这是企业自身发展的需要，也是整个行业持续繁荣的必然要求。

5. 坚守商品与服务的核心

零售业的本质在于以人为本，即满足消费者的需求，提供优质的服务和商品。在不断变化的市场环境中，无论出现何种新的销售模式或渠道，这一点始终不变。例如，胖东来通过提供高品质的商品和服务，赢得了消费者的广泛认可，成为业内的佼佼者。同样，在 2024 中国超市周上，小红岛董事长顾以问强调，尽管当前零售业涌现出会员、折扣、冷链等新趋势，以及小红书、抖音等新兴渠道，但零售的核心始终是商品与服务的质量，这是赢得顾客信任的关键。

6. 探索创新模式

随着传统大卖场优势的逐渐减弱，社区生鲜超市和电商平台等新兴业态迅速崛起，满足了人们日常的购物需求。因此，会员店和折扣店等新型业态备受瞩目，成为行业转型的新热点。

国内多家传统卖场，如大润发，纷纷进军会员店市场，寻求新的增长点。同时，盒马等电商平台也积极响应市场变化，通过折扣化策略吸引消费者。2024 年春节后，盒马已在多个城市实施商品价格下调，并坚持"降价不降质"的原则，重塑了盒马的商业逻辑。据盒马透露，其计划 2024 年新开 70 家门店，预计全国门店数将突破 400 家。

7. 打造独特竞争优势

在零售领域，无论是传统的大卖场还是新兴的会员店业态，要想吸引顾客并实现盈利，都必须具备独特的经营特色。这种差异化建设本质上在于提供与众不同的商品和服务，以满足消费者的多样化需求。

业内专家指出，借助数据和技术的力量，零售企业能够更好地塑造独特产品和服务，推动实体门店与数字化技术的深度融合。这是零售企业打破僵局、实现创新的关键。企业应紧跟数字化发展的潮流，充分利用大数据、人工智能等前沿技术，提升运营效率，降低经营成本，从而实现对顾客的精准营销和个性化服务。

虽然闭店现象在一定程度上反映了企业经营的困境，但它也是一种明智的止损策略。在可控的规模下追求精益求精，是对优秀商业精神的践行。正如胖东来创始人于东来所强调的，零售企业应根据自身能力和财力，合理控制规模，这样才能更自如地创造出色的产品，让实体零售焕发出无限的美好与希望。

（来源：互联网）

十、进口博览会

（一）递四方亮相进博会高峰论坛，共探国际物流新机遇

在第七届中国国际进口博览会（简称进博会）期间，"2024 全球贸易与国际物流高峰论坛"于 11 月 8 日在上海国家会展中心成功举办。作为进博会交通与物流领域的重要配套活动，递四方受邀参与此次盛会，与来自国内外的物流界精英共同探讨全球贸易新场景下的国际物流新机遇，为产业链供应链融合发展与创新合作献计献策。

本届论坛以"新链路 新场景 新生态"为主题，聚焦全球发展带来的机会，旨在为中国式现代化物流高质量发展贡献智慧。论坛上，递四方副总裁戴彬就中国企业出海的难点与痛点进行了深入的观点分享。他指出，中国物流企业出海面临的挑战可以从以下三个方面进行深入理解：

首先，对海外法律法规的理解是中国企业出海时必须面对的首要问题。由于不同国家的法律法规存在差异，企业在进入海外市场时需要深入了解当地的法律环境，包括贸易政策、税收法规、劳动法等，以确保业务合规，避免因不了解当地法规而产生的风险和损失。

其次，海外末端服务建设是中国企业出海的"最后一公里"问题。在国际物流中，末端服务的质量和效率直接影响到客户的满意度和企业的市场竞争力。因此，构建一个高效、可靠的海外末端服务网络，对于提升中国企业在全球市场的竞争力至关重要。

最后，跨境电商人才培养是支撑中国企业出海的重要基础。随着全球电子商务的快速发展，对于懂得国际市场运作、精通跨境电商操作的专业人才需求日益增长。戴彬呼吁政府和企业加强合作，提升基础教育水平，培养更多适应行业发展的高素质人才，以满足行业快速发展的需求。

在论坛的发布环节，递四方的《绿动未来·递四方全链路绿色物流计划》成功入选"2024 物流与供应链（中国）解决方案 TOP30"。这一荣誉不仅是对递四方在物流领域创新实践的认可，也是对其在推动绿色物流发展方面所做努力的肯定。入选的解决方案将被纳入《2025 中国物流业发展趋势报告》蓝皮书内，面向全行业发送，进一步推动中国物流与供应链解决方案的全球应用，提升中国企业的国际竞争力。

随着 2024 全球贸易与国际物流高峰论坛的圆满落幕，递四方将继续秉承创新、协调、绿色、开放、共享的发展理念，积极参与国际物流与供应链的合作与竞争，共同推动中国物流业的高质量发展，为全球贸易与国际物流贡献中国智慧和中国方案。

（来源：环球网）

（二）第七届进博会助力物流与供应链创新与合作

1. 第七届进博会与物流论坛

第七届进博会于 2024 年 11 月 5—10 日在上海举行，全球各地的参展商与专业观众齐聚一堂。与此同时，一场关于全球贸易与国际物流的高峰论坛也在上海国家会展中心于 11 月 8 日盛大开幕。本

届论坛以"新链路·新场景·新生态"为主题，深入探讨了物流与供应链领域的创新与发展。

进博会期间还特别举办了"2024物流与供应链（中国）解决方案"优秀案例推介活动，为行业内外提供了了解与学习先进解决方案的宝贵机会。

2. 中铁十四局的物流创新实践

中铁十四局的物流网络构建，在023物流与供应链（中国）解决方案TOP30名单中，中铁十四局集团凭借其在全国陆港的布局和数智科技的运用，脱颖而出。该集团通过构建"通江大海，接内联外"的物流服务网络，提升了全国陆港的协同性，优化了基础设施资产的使用效率，并显著降低了运输、仓储和管理成本。

数字化转型与规划，此外，该集团还积极响应《山东省"十四五"数字强省建设规划》的号召，推动物流业的数字化转型，展现了其在现代物流业中长期发展规划中的关键作用。通过智慧物流平台的建设，中铁十四局集团实现了平台资源共享和智慧调度，为物流行业的新发展贡献了力量。

3. 智慧物流与数字技术应用

为提升产业链和供应链的现代化水平，物流行业需强化数字技术的赋能作用，构建智能化、高效率的物流新生态系统。物流行业需要深入研究和探索，以应对各种复杂情况。在信息化应用和数字化转型过程中，企业常面临商品交易与交割的安全问题、商品流通过程中的融资困境、社会运力组织与物流成本的挑战，以及运费账期与物流企业垫资的难题。为解决这些问题，物流行业可以搭建"平台＋基地"的数字供应链服务体系，依托贸易和物流的集成一体化数字化平台，结合物流园区的可信监管，打造出高效、智能的数字化供应链服务网络。

（来源：互联网）

十一、绿色物流

（一）2024年物流行业发展趋势，智能化、绿色化、个性化发展和应用

1. 2024年物流分析的重要性

随着经济全球化和电子商务的快速发展，物流行业正面临着前所未有的挑战和机遇。2024年，物流行业将继续保持快速增长，但也将面临更多的问题和挑战，如需求多样化、竞争激烈、成本压力等。因此，对2024年的物流行业进行深入分析，可以帮助企业和投资者更好地了解行业发展趋势和未来方向，从而做出更加明智的决策。

2. 2024年物流行业的发展趋势

智能化：随着物联网、人工智能等技术的不断发展，物流行业将逐渐实现智能化。未来，物流企业将通过智能化技术提高效率、减少成本、优化运营，并为客户提供更加便捷、个性化的服务。

绿色化：随着环保意识的不断提高，物流行业也将逐渐实现绿色化。未来，物流企业将注重环保和可持续发展，通过采用环保技术和材料，减少对环境的影响，并为客户提供更加环保的产品和服务。

个性化：随着消费者需求的不断变化，物流行业将逐渐实现个性化。未来，物流企业将注重客户体验和服务质量，通过提供定制化的服务和解决方案，满足客户的个性化需求，并提高客户满意度和忠诚度。

3. 2024年物流行业的挑战与机遇

挑战：随着市场竞争的加剧和客户需求的多样化，物流行业将面临更多的挑战。例如，如何提高效率、降低成本、提高服务质量、保障信息安全等。同时，物流行业还将面临政策法规、技术更新、人才短缺等方面的挑战。

机遇：随着电子商务和全球化的不断发展，物流行业将面临更多的机遇。例如，跨境电商和跨境物流的快速发展，为物流企业提供了更多的业务机会和发展空间。同时，新技术的发展和应用也将为物流行业带来更多的创新和机遇。

4. 2024年物流行业的策略建议

加强技术创新，物流企业应该注重技术创新和研发，不断引入新技术和智能化设备，提高效率和服务质量。

多元化服务，物流企业应该提供多元化服务，满足客户的多样化需求，提高客户满意度和忠诚度。

加强人才培养，物流企业应该注重人才培养和引进，建立完善的人才管理体系和激励机制，吸引更多优秀人才加入到物流行业中来。

加强合作与联盟，物流企业应该加强合作与联盟，与上下游企业建立紧密的合作关系，共同推动行业发展。

2024 年将是物流行业发展的重要一年，我们期待着物流行业能够在智能化、绿色化、个性化等方面实现更加快速的发展和应用，为全球贸易和经济增长做出更加积极的贡献。

（来源：智慧物流展咨询）

（二）2024 年物流业未来的路该怎么走？行业六大发展态势前瞻

在物流行业的发展历程中，2024 年无疑是一个转折点。这一年，物流企业既面临着前所未有的挑战，也迎来了前所未有的机遇。

面对物流行业市场竞争形势，物流服务或成关键、技术应用如何助力物流企业应对挑战、抓住机遇，中央经济工作会议如何为 2024 年物流行业的发展定调。

物流行业竞争：物流服务成为新战场

随着物流市场的日益壮大，众多企业纷纷涌入物流行业。在这个充满竞争的时代，物流服务已经成为新的战场。为了在激烈的竞争中脱颖而出，物流企业必须不断提升物流服务水平，以满足消费者日益增长的需求。

除了优化配送网络和提高配送效率之外，物流企业还需要关注成本的控制和客户体验的提升。在降低成本方面，企业可以通过提高运营效率、优化仓储布局、降低运输损耗等手段来实现。在提升客户体验方面，企业可以通过提供个性化服务、加强客户服务热线建设、提高售后服务质量等方式来满足消费者的需求。

此外，物流企业还需要注重创新。创新是推动物流业发展的关键动力，只有不断创新才能跟上时代的步伐。例如，通过引进先进的信息技术，提高物流信息的透明度和实时性；通过开发新型配送方式，提高配送效率；通过创新仓储管理模式，降低仓储成本等。

同时，物流企业还需要注重人才培养和团队建设。只有拥有一支高素质、专业化的团队，才能不断提升企业的服务水平和管理能力。因此，企业应该加强员工的培训和教育，提高员工的业务素质和服务意识；同时，还应该建立完善的激励机制和晋升通道，激发员工的工作积极性和创造力。

物流企业面临挑战与机遇共存的局面

随着科技的迅速发展，物流行业在 2024 年将面临前所未有的挑战与机遇。挑战主要来自市场环境的变化、竞争的加剧以及客户需求的多样化。而机遇则隐藏在这些挑战之中，需要企业具备敏锐的洞察力和创新精神，抓住市场变革的脉搏。

技术应用是传统物流转型的"硬支撑"。

随着科技的飞速发展，物联网、人工智能、大数据等技术在物流业中的应用日益广泛。这些先进技术不仅提升了物流效率，降低了运营成本，更为传统物流向智能化、自动化转型提供了强有力的支撑。

物联网技术通过实现货物的实时监控和跟踪，极大地提高了物流的透明度和可控性。无论是运输、仓储还是配送环节，物联网都能为企业提供实时的货物信息，帮助企业更好地掌握货物流转情况，及时应对各种突发状况。

大数据技术则通过挖掘和分析海量数据，为企业提供了更精准的市场预测和决策支持。通过对消费者行为、市场趋势等的深度分析，企业可以更加精准地制定营销策略，优化资源配置，提升运营效率。

人工智能技术的应用更为广泛，它不仅可以用于智能规划配送路线、提高配送效率，还可以用于智能客服、智能仓储管理等多个领域。借助 AI 算法和机器学习技术，企业可以不断优化自身的运营流程，提升服务质量。

推动传统物流转型的重要力量

技术应用是推动传统物流向智能化、自动化转型的重要力量。只有不断加强技术应用和创新，物流企业才能在这场变革中立于不败之地，开创更加美好的未来。

中央经济工作会议：定调2024年物流行业发展方向

中央经济工作会议为推动交通物流高质量发展指明了方向。分析研判2024年交通物流发展趋势，应重点关注以下几个方面：

一是降本增效将成为工作的重点，在后新冠疫情时代和经济下行压力加大、市场预期转弱的宏观背景下，市场主体普遍感受到竞争加剧、生存困难，利润空间进一步压缩，降本增效将成为市场主体应对环境变化、争取竞争主动的重要策略。中央经济工作会议明确提出，要有效降低社会物流成本，这是党中央国务院做出的重大战略部署，也是交通物流行业的使命和责任。国家层面将出台一系列推动物流行业降本增效的政策举措，有效支撑经济高质量发展。

二是进一步强化推动行业绿色低碳转型，在2023年11月，联合国环境规划署发布的《2023年排放差距报告》指出，若各国不加大应对气候变化的力度，全球温度将在2030年之前显著超过2.5—2.9℃的"警戒线"。为应对这一挑战，我们将借助《2030年前碳达峰行动方案》的契机，加速交通物流行业的绿色低碳转型。这包括调整运输结构、推广清洁能源、实施低碳装备设施改造，以及建设净零碳物流中心等。我们将不断完善交通物流领域的碳排放标准及配额交易体系，确保"绿色"成为产业发展的基础色调。

三是智慧交通智慧物流提速扩面，中央经济工作会议强调，要推进新型工业化，发展数字经济，加快人工智能应用，广泛应用数智技术。交通物流行业经过数字化、智能化改造，投资吸引力和市场前景显现。在新的一年里，相关部门将聚焦智慧物流重点任务和难点，加大政策支持力度，推动智慧港口、智慧机场、智慧口岸、数字航道、车路协同、城市物流"智慧大脑"、人工智能应用等领域的发展，这些重点领域也将成为头部企业和创新型企业竞争的焦点。

四是推动数据互联共享将成为关注焦点，在数字经济时代，数据作为一种独立的市场要素，展现出比传统要素更活跃、更具流动性和重塑性的战略价值。经过多年的发展，我国已经成为全球的数字经济大国和数据资源大国。然而，目前供应链上下游各环节、各主体系统自我封闭、信息孤岛现象严重，同时尚未建立起完善的数据交易法律法规和标准制度体系，导致数据交换和流通存在严重的不通不畅等问题。如何推动数据要素在更大范围、更多主体之间实现安全、高效流动，如何打通数据链、贯通物流链、重塑供应链、提升价值链，成为行业共同关注的挑战和命题。

五是促进交通物流与产业深度融合刻不容缓，追求高质量发展，加速现代化产业体系的建设，无疑是中国式现代化进程中的核心议题。作为全球最大的制造与消费国，我们务必将交通物流的引领性、基础性和战略性价值发挥到极致，深化交通物流与产业链供应链的整合。我们更要在补链、强链、延链上下足功夫，全面提升产业竞争力。我们应持续创新与优化物流服务，确保生产、消费与流通的高效连接，进一步优化商业流程，提高产业链供应链的运作效率和全要素生产率，进而提升其在国际上的竞争力与恢复力。

六是国际物流供应链体系建设步伐将进一步加快，习近平总书记在2023年10月举行的"一带一路"国际合作高峰论坛上，提出建设"一带一路"立体互联体系，是中国推动"一带一路"高质量发展的八大举措之一。为推动中欧班列高水平发展，推动"丝路海运"陆海新通道、空中丝绸之路等项目的建设，积极融入里海国际交通走廊、南亚—东南亚国际物流大通道等，提高国际流通的效率，为"一带一路"的高质量发展提供更好的服务。

（来源：踏歌行智慧物流）

（三）物流行业绿色发展势在必行 多措并举应对转型挑战

眼下，"绿色化""数字化""ESG"成为各行各业转型发展绕不开的关键词。尤其就物流行业而言，作为温室气体排放的重要来源，其可持续发展问题正日益受到广泛关注。

分析人士指出，在积极应对气候变化的全球背景下，各类产品的碳足迹、碳标签都涉及物流环节的碳排放核算，现阶段绿色物流已成为全球物流行业发展的重要趋势和方向，物流行业企业践行绿色发展势在必行。

绿色发展迫在眉睫

中国物流与采购联合会发布的《中国绿色物流发展报告（2023）》显示，我国物流行业碳排放占全国碳排放总量的9%左右，货物运输及配送活动产生的碳排放占比高达85%左右。

无独有偶，国际环保机构绿色和平发布的《中国快递行业的碳排放》亦发现，从2017年到2022年，中国快递行业的碳排放量从1837万吨激增至5565万吨，5年间增长超过200%，复合年均增长率近25%。不仅如此，即便2022年中国交运行业整体碳排放量降低了3.1%，但快递行业的碳排放量仍增长了3.4%。

无疑，上述数据不仅凸显了物流行业在总碳排放中所占的比重，也从侧面说明该行业在应对气候变化方面的责任、潜力和挑战。

"物流是世界贸易和经济发展的助推器，也是温室气体和污染物的排放源之一，在积极应对气候变化的全球背景下，进一步提升对物流环节的低碳管理要求势在必行。"中国太平洋财产保险股份有限公司上海分公司党委书记、总经理徐峰说，"好在，自'双碳'目标提出以来，国内的消费者和企业便紧跟国际主流，将ESG的理念纳入了合作与消费的选择考量。因此，对于物流企业而言，提升ESG表现不仅仅意味着额外的成本支出，而是提升盈利能力和可持续发展能力的重要举措。"

不可否认，站在物流企业的角度考虑，ESG评价已经从曾经的先锋理念，逐步转变为具有必要性和实际意义的关键竞争力指标，良好的ESG表现能帮助企业提高风险管理能力，增强品牌形象和信誉，开拓市场和客户群体。

挑战机遇相生相伴

需指出，物流园区作为产业链上下游企业的空间集聚地，是物流业务的集中发展区域，集成了多种运输方式和物流设施，也是物流行业碳排放的主要来源。

业内专家指出，在全球化的供应链中，物流园区不仅是货物流转的枢纽，更是实现绿色转型的关键战场，其运营的每一个环节都直接影响着环境的负荷、社会的福祉以及治理的效率。就目前来看，由于转型涉及到全产业链、各领域的方方面面，因此依旧存在不少难点、堵点亟待解决。

"我们基于国际、国内认可的ESG标准和评级体系，结合物流园区的运营特性，依托对全国超400个物流园区运营管理的深度洞察，提炼出了物流园区运营的八大核心管理要素，即'人员、车辆、货物、设施、设备、空间、能源与环境'及其在ESG实践过程中的发展现状与痛点，"普洛斯资产运营服务（简称普洛斯ASP）Risk&ESG总监刘春良说，"眼下，针对包括ESG管理标准的缺失与滞后、节能减排意识与实践的差距较大、环保包装与循环利用的普遍缺失、员工节能操作与安全维护能力不足、一线仓储与分拣和运输效率较低……在内的诸多'难点''堵点'，行业内需逐一制定解决方案与实践规范，为物流行业的绿色发展提供坚实的支撑。"

"普洛斯ASP作为领先的基础设施资产管理服务平台，已然先行一步，围绕园区场景，实践'科技运营'理念，运用物联网、人工智能、机器人和大数据等技术，对资产进行了一系列智慧化、数字化、零碳化升级，旨在为业主、租户及行业持续创造价值。"刘春良介绍称，"举例而言，普洛斯 ASP 在充分考虑管理园区内一家国内商超类客户的实际能源使用情况后，通过创新的能源管理合同（EMC）模式，为其提供了无需前期投入的节能照明升级服务。这一模式允许客户在无需支付前期费用的情况下，通过后续节省的能源成本来分期支付项目成本。项目实施后，预计三年内可为客户节约电费达 16 万元，同时每年减少约 115 吨的碳排放量，实现了经济效益与环境责任的双重提升。该项目不仅提升了客户的经济效益，降低了运营成本，还显著推动了节能减排，提升了客户的环境效益，增强了客户满意度。"

普洛斯 ASP 总裁罗澍表示："普洛斯 ASP 将践行科技运营理念，在系统化、数智化、一体化推进园区 ESG 方面持续深化能力，通过对外输出绿色运营解决方案等诸多方式，与整个行业共享智慧零碳经验。"

发展仍需多措并举

" '脱碳'已经成为大趋势，而物流行业的绿色转型也绝非一日之功。"徐峰说。

展望后续，聚焦绿色物流的发展，包括中国物流与采购联合会绿色物流分会秘书长赵洁玉在内的多位专家建议，可由以下五个方面着手，进一步践行"双碳"战略。

一是清洁能源的应用，建议行业内加大可再生能源应用，力促能源消费向电气化和智能化发展；中 / 重型火车能源消费清洁化；办公车辆和微 / 轻型货车能源消费电气化；船舶货运、航空货运能源消费清洁化；装卸设备能源消费电气化。

二是技术改造，建议行业内推广绿色建筑施工；照明系统节能化和智能化；加快冷库制冷系统的更新；提升办公耗能设备能效；应用节水型设备；对能源消费检测设备进行智能化改造。

三是运营管理的提升，建议行业内建立能源管理体系和碳排放管理体系；建立设备设施标准管理体系和能效管理体系；完善供应商评价考核指标体系；调整运输结构；创新运输模式和物流行业业务模式。

四是加快数字化技术于行业中的运用，建议搭建企业能源消费和碳排放管理平台；开发服务企业内部和外部的碳计算器；构建行业内的碳普惠平台、数字化运力平台、数字化仓库平台；开发应用智能操控技术；开发用能设备能效管理系统。

五是加快推出服务社会的绿色转型举措，建议打造绿色低碳示范基地 / 平台；编制并发布《物流行业绿色低碳技术和管理推广目录》；开发碳减排方法学和 CCER 项目；构建绿色低碳标准 - 评级 / 检测 - 认证体系；加码生态碳汇和可再生能源项目投资。

（来源：新华财经）

（四）上海国际航运中心 2024：绿色转型与智能升级的璀璨成就

航运中心建设成就

集装箱吞吐量和港口地位

上海国际航运中心建设在 2024 年取得了显著进展，全球首个实现 5000 万级集装箱的上海港，不仅彰显了其强大的吞吐能力，而且巩固了上海国际航运中心在全球的领先地位。2024 年 12 月 22 日，上海港以 5150.6 万标准箱的年吞吐量，成为全球首个突破 5000 万标准箱的港口，连续 15 年稳居全球榜首。8 月 7 日，罗泾集装箱港区一期正式开港，进一步夯实了上海港作为枢纽港的地位。根据 2024 新华·波罗的海国际航运中心发展指数，上海继续稳居全球前三。

机场扩建及吞吐量增长

浦东机场迎来了一个重要的里程碑，其四期扩建航站区主体工程于 2024 年 11 月 20 日正式启动。在这一扩建计划中，T3 航站楼被确立为核心项目，设计容量高达 5000 万人次。预计未来，随着 T3 航站楼的建成，浦东机场将拥有三座航站楼、一座单体卫星厅以及四条跑道，航站楼总面积将超过 170 万平方米，进一步巩固其作为国际航空枢纽的地位。

大型邮轮的首航与市场影响

2024 年 1 月 1 日，备受瞩目的国产首艘大型邮轮"爱达•魔都号"在上海隆重开启了其商业首航之旅。经过 8 年的科研努力、5 年精心设计与建造，并成功完成试航验证后，终于投入市场，开始接待旅客。其全年接待旅客数量突破了 30 万人次，这一成绩不仅彰显了"爱达•魔都号"的魅力，也为上海的旅游业带来了新的增长点。

绿色转型和智能化提升

绿色甲醇的创新与合作

2024 年 4 月 10 日，中国自主研发的全球最大绿色甲醇加注船"海港致远号"成功为靠泊上海港的"阿斯特丽德马士基"轮进行了首次"船－船"同步加注作业。这一里程碑事件标志着上海港成为全国范围内首个同时提供液化天然气（LNG）和绿色甲醇加注服务的港口。上海港还积极与汉堡港共同打造绿色航运走廊，进一步推动了航运业的绿色合作与发展。

数字化与智能化的持续发展

在 2024 年 10 月 22 日的 2024 北外滩国际航运论坛上，上海港与汉堡港宣布将携手打造绿色航运走廊。这一举措旨在汇聚多方力量，包括与技术装备商、能源供应商、货主方、码头以及航运公司等利益相关方的紧密合作，以共同推动海运业的低碳转型。同时，集运 MaaS 服务的新模式已正式推出，上海机场大脑的亮相也标志着航运业在数字化转型与智能化升级方面的持续进步。

临时仲裁及航运金融服务创新

2024 年，上海在全国范围内率先构建了一个多层次、全链条的临时仲裁制度规则体系，涵盖了人大地方性法规、政府部门规范性文件、人民法院司法政策文件、行业协会仲裁规则以及仲裁机构服务指引等多个方面。这填补了我国在临时仲裁法规制度上的空白，为境内外经营主体选择上海作为仲裁地提供了坚实的制度支撑。

2024 年 4 月 29 日，集运指数（欧线）期货的首个合约 EC2404 成功交割，标志着上海航运金融服务的进一步发展。同时，离岸人民币船舶融资租赁方案的发布，实现了其双向流通的突破，进一步提升了上海航运金融服务的能级。

航运中心的国际影响与法规支持

钱凯港首航及中秘合作

2024 年 11 月 14 日，秘鲁钱凯港隆重开港，迎来了新的历史篇章。紧接着在 12 月，中远海运旗下的"新上海"轮从钱凯港出发抵达上海洋山港，标志着两港之间的海运航次实现了历史性的双向贯通。这一重大事件促进了中秘两国乃至太平洋沿岸经济体的共同发展，并为上海国际航运中心的建设提供了强有力的支撑。

法规修订推进航运中心建设

2024 年 12 月 31 日，经过上海市第十六届人民代表大会常务委员会第十八次会议的修订，《上海市推进国际航运中心建设条例》得以顺利通过，并于 2025 年 2 月 1 日起正式施行。该条例为全球领先的国际航运中心的建设提供了坚实的法治保障。

（来源：互联网）

（五）物流行业加速绿色转型 多元化发展助力实现"双碳"目标

中国物流与采购联合会发布的《中国绿色物流发展报告（2023—2024）》（简称《报告》）显示，我国绿色物流发展呈多元化趋势。在全球气候变化和环境问题日益严峻的背景下，绿色物流已成为推动经济社会可持续发展的重要手段。

根据《报告》，近年来，随着全球应对气候变化和我国"双碳"目标落地，物流行业、供应链领域绿色低碳发展潜力和市场空间巨大。据统计，我国物流业碳排放占全国碳排放总量的9%左右，其中货物运输及配送活动、装卸搬运及仓储活动、辅助物流活动是物流业碳排放的三大来源，货物运输及配送碳排放占比高达85%左右。

技术创新引领绿色物流新风尚

在绿色物流的未来发展中，技术创新与策略的结合将是实现高效、环保物流体系的关键。北京物资学院副教授王雅娴接受《上海证券报》记者采访时表示："特别是通过人工智能、大数据和物联网等先进技术的应用，以及多式联运和绿色包装策略的推广，来推动行业的可持续发展。"

智能仓储系统及氢燃料物流车辆的加入，为传统物流带来了生机，使得运输效率和环保性能具备了新的高度。以京东为例，京东物流通过推出"青流计划"，在绿色仓储、绿色运输、绿色包装和绿色回收等多环节取得突破，累计使用循环包装箱超过2亿次，中转袋使用率已达100%。顺丰速运则在全国大中城市投放了数十万个创意纸箱，鼓励用户进行创意改造再利用，推动快递物流绿色化。

据了解，作为绿色物流发展的重要方向之一，多式联运通过整合公路、铁路、水路、航空等多种运输方式，实现资源的优化配置和高效利用。其不仅减少了运输成本，也提升了整体配送效率。作为国内物流运输领域的重要企业，中国外运运输中使用电动、氢能、生物质等绿色能源的运输工具，采用多式联运的业务模式打造绿色物流解决方案，实现物流业务的全面减碳。

此外，绿色包装和生物降解材料也发挥了重要作用。实施循环包装不仅能减少资源消耗，还能降低物流运输过程中的环保成本。国家发展改革委等部门印发的《深入推进快递包装绿色转型行动方案》提出，到2025年底，快递绿色包装标准体系全面建立，禁止使用有毒有害快递包装要求全面落实，快递行业规范化管理制度有效运行。

我国绿色物流多元化发展

国家邮政局政策法规司一级巡视员、原副司长靳兵表示，近年来，物流领域尤其是城市快递物流绿色低碳发展成为国家重大战略。我国先后发布了一系列政策，推动物流信息化、自动化、智能化发展，强调绿色包装、新能源汽车应用及数智化转型。

早在2014年，国务院发布的《物流业发展中长期规划（2014—2020年）》就将积极发展绿色物流作为中国物流业未来发展的七大重点任务之一。随后，国家又发布了《绿色物流指标构成与核算方法》和《企业绿色物流评估指标》（征求意见稿）等标准，为绿色物流的发展提供了政策指导和规范。

对此，《报告》提出，未来我国绿色物流发展将继续呈现多元化趋势，包括数字化与绿色化协同、多产业深度融合、技术创新驱动、价值引领增强等。政府将加大对新能源和清洁能源运输装备的推广力度，如电动汽车、氢能汽车等，以进一步减少物流运输过程中的碳排放。

我国绿色物流发展仍面临一些挑战。王雅娴说，技术创新成本与风险，平衡技术创新与成本效益是关键问题；此外，由于利益诉求和信息不对称，协同合作存在难度；再就是政策落实和监管力度需加强，以保障绿色物流健康发展。

中国物流与采购联合会会长何黎明表示，绿色低碳正在成为企业参与全球供应链竞争的重要砝码。要加快建立物流领域碳排放、碳足迹核算标准，支撑物流领域碳核算，同时推动科技攻关和技术应用。他认为，要支持物流行业绿色技术研发和产品创新，大力发展清洁能源技术装备，促进数字化、智能化技术应用，推广绿色包装、循环包装等，为行业绿色低碳发展提供源源不断的动力。

（资料来源：中国证券网）

十二、智慧物流

（一）2024 年智慧物流行业发展现状与未来前景趋势分析

在经济全球化和数字化交织的时代背景下，物流快递行业作为国民经济的重要支柱，其信息化、智能化转型已成为不可逆转的趋势。智慧物流作为现代物流的发展方向，通过智能软硬件、物联网、大数据等智慧化技术手段，实现物流各环节精细化、动态化、可视化管理，提高物流系统智能化分析决策和自动化操作执行能力，提升物流运作效率。

智慧物流产业细分领域

智慧物流广泛应用于多个领域，包括快递、医药、汽车、3C 电子、家电、轻工业生产等。其中，新能源、快递快运、快消领域占据主导地位。智慧物流不仅涵盖了仓储、运输、配送、包装、装卸搬运、流通加工、信息处理等物流作业的各个环节，还通过大数据、云计算、物联网、人工智能等现代信息技术，实现物流服务的实时化、自动化、智能化和可控化管理。

智慧物流产业链结构

智慧物流产业链主要分为上、中、下游三个部分。上游主要为单机设备和零部件提供商，包括电滚筒、电机等零部件加工商；中游是解决方案提供商，自身拥有核心设备或软件产品，并根据行业的应用特点使用多种设备和软件，设计建造物流自动化系统；下游是应用物流自动化系统的各个行业，主要分为工业生产和商业配送。产业链中游的解决方案提供商处于整个产业链的核心地位。

智慧物流行业发展现状

据中研普华产业院研究报告《2024—2029 年中国智慧物流行业深度发展研究与"十四五"企业投资战略规划报告》分析

市场规模：智慧物流市场规模持续扩大。2023 年中国智慧物流市场规模约 7903 亿元，较上年增长 12.98%，预计 2024 年将达到 8546 亿元。无人配送市场也呈现出快速增长的态势，2024 年中国无人配送市场规模将超过 100 亿元，到 2025 年将达到 170 亿元。

竞争格局：智慧物流行业竞争激烈，涌现出了一批具有竞争力的企业，如诺力股份、今天国际、东杰智能、昆船智能、兰剑智能等。这些企业在智能仓储、智能分拣、无人配送等领域具有较强的技术实力和市场份额。

政策环境：近年来，中国智慧物流行业受到各级政府的高度重视和国家产业政策的重点支持。国家陆续出台了多项政策，鼓励智慧物流行业发展与创新，如《交通运输大规模设备更新行动方案》《数字商务三年行动计划（2024—2026 年）》《关于加快智慧港口和智慧航道建设的意见》等，为智慧物流行业的发展提供了良好的政策环境。

技术进步：物联网、人工智能、大数据、云计算等现代信息技术在智慧物流体系中发挥着关键作用。这些技术的应用不仅提高了物流运作的效率和质量，还为企业带来了更多的商业价值。例如，大数据的应用使物流企业能够更精准地预测需求、优化库存、规划路线；人工智能则通过机器学习、深度学习等技术提升物流决策的智能化水平；物联网技术通过传感器、RFID、GPS 等设备实现物流设备的互联互通，实时监控物流状态。

市场需求：随着电子商务和新零售等新模式的快速发展，消费者对物流服务时效性的要求越来越高。同时，人口红利减少和一线劳动力短缺等问题也对物流体系的运行带来了巨大挑战。因此，智能化和数字化转型成为智慧物流行业的重要发展趋势。

挑战与机遇：智慧物流行业在面临发展机遇的同时，也面临着诸多挑战。例如，资源整合能力不足、信息化水平不高、标准化程度不够、人才短缺等问题依然突出。然而，随着技术的不断进步和市场的持续扩大，智慧物流将不断推动物流行业的转型升级和高质量发展。未来，智慧物流行业将更加注重技术创新和模式创新，加强供应链协同与优化，提升服务质量和效率，为经济社会发展提供更加有力的支撑。

智慧物流行业竞争分析

智慧物流行业竞争格局复杂且充满活力，主要呈现出以下几个特点：

市场竞争激烈：国内外众多企业积极参与智慧物流市场，既有传统的物流巨头，也有新兴的科技公司。这些企业在技术创新、服务优化、市场拓展等方面展开激烈竞争。

细分市场差异明显：智慧物流行业涵盖多个细分领域，如智能仓储、智能分拣、智能配送等。不同领域的企业在各自擅长的领域形成了一定的竞争优势，但同时也面临着其他领域企业的跨界竞争。

技术驱动明显：技术创新是智慧物流行业发展的关键驱动力。物联网、大数据、云计算、人工智能等技术的应用不断推动物流行业的智能化、自动化和高效化。

竞争格局分散：相较于发达国家，我国智慧物流装备行业的参与者较多，整体竞争格局较分散，尚未形成明显的行业龙头。但随着市场的发展和技术的成熟，预计未来竞争格局将逐渐趋于集中。

重点企业情况分析

在智慧物流行业中，一些重点企业凭借其技术实力、市场份额和品牌影响力脱颖而出，成为行业的佼佼者。以下是对部分重点企业的分析：

诺力股份：作为智能物流装备行业的领军企业之一，诺力股份在智能仓储、智能搬运等领域拥有较强的技术实力和市场份额。该公司从事智能仓储物流设备的设计研发、生产制造、安装调试和技术服务，产品涵盖了全系列叉车、智能立体仓库、智能输送分拣系统、AGV 系统、供应链综合管理软件以及智能制造系统解决方案等。

今天国际：专业的自动化、物联网及智能物流系统综合解决方案提供商，为生产制造、流通配送企业提供一系列智能物流解决方案。

德马科技：主要从事智能物流输送分拣系统、关键设备及其核心部件的研发、设计、制造、销售和服务，覆盖物流产业链的多个关键环节。

智慧物流行业未来发展趋势预测

技术创新推动智能化、自动化：随着物联网、大数据、云计算、人工智能等技术的不断进步，智慧物流将实现更高效的智能化和自动化操作。

绿色低碳成为主流：在全球环保意识的提高和政府对环保政策的加强下，绿色物流将成为智慧物流行业的重要发展趋势。企业将更加注重环保和可持续发展，推动绿色物流技术的研发和应用。

跨界融合加速发展：智慧物流行业将与制造业、农业、零售业等多个行业深度融合，形成更加紧密的供应链生态体系。这种跨界融合将推动物流行业的创新发展，为行业带来更多的发展机遇和市场空间。

市场需求持续增长：随着电子商务的蓬勃发展和消费者需求的多样化，智慧物流的市场需求将持续增长。特别是在快递、医药、汽车、冷链等行业，智慧物流的应用需求将更加旺盛。

智慧物流行业前景

从市场需求和趋势来看，智慧物流行业具有广阔的发展前景。随着全球化和数字化的加速推进，物流行业对信息化、智能化的需求日益迫切。智慧物流通过集成先进技术，实现物流各环节的精细化、动态化、可视化管理，显著提高了物流效率和服务水平。未来，随着技术的不断进步和市场的持续扩大，智慧物流将不断推动物流行业的转型升级和高质量发展。

市场上的竞争对手和市场份额方面，智慧物流行业竞争激烈，国内外众多企业积极参与其中。虽然整体竞争格局较为分散，但一些重点企业凭借其技术实力、市场份额和品牌影响力已经脱颖而出。随着市场的进一步发展和技术的成熟，预计未来竞争格局将逐渐趋于集中。

智慧物流行业目前存在问题及痛点分析

技术瓶颈待突破：虽然智慧物流技术取得了显著进展，但仍存在一些技术瓶颈需要突破。例如，在物联网技术方面，如何实现大规模设备的互联互通和高效管理仍是一个难题。

标准体系不完善：智慧物流行业的标准体系尚不完善，导致不同企业之间的设备和系统难以兼容和互通。这增加了企业的运营成本和时间成本，也限制了行业的快速发展。

人才短缺：随着智慧物流行业的快速发展，对高素质、高技能的专业人才需求不断增加。然而，目前市场上符合要求的专业人才仍然短缺，难以满足行业的需求。

未来，随着物联网、人工智能等前沿技术的不断突破与融合应用，智慧物流行业将迎来更加广阔的发展前景。

（来源：互联网）

（二）2024 年智慧物流发展重点分析

1. 2024 年大势

2023 年 12 月 11—12 日，北京召开的中央经济工作会议对"发展是解决所有问题的根本和核心"提出了"发展是解决所有问题的根本和核心"此处的发展，指的是高质量发展，"要将高质量发展视为新时期的硬原则"，具体到物流方面，就是要做到智能化。

所以，2024 年，智能物流将围绕着一个逻辑、两点展开，即一户逻辑：是高质量发展；两点展开：一是以降低成本、提高效率为导向，三是以提升服务价值为导向。

在国际上，中美，中欧，中日韩四国之间的相互依赖，看似是一种长期的趋势，而非近期趋势，但中国的经济具备规模优势，特别是以巨大内需为孵化物的科技产业，在国际上的竞争能力也在不断提升，新能源、电子计算等集成电路产业，都是在这个巨大的市场中成长起来，并在世界范围内形成了极强的竞争力。

巨大的市场潜力，在这些高科技行业中得到了验证，而智能物流，作为与尖端技术相结合的行业，肯定会从这个巨大的内需孵化器中获益，并得到更好的发展。

我国的物流信息化升级还有很大的空间，当前，我国的物流自动化程度总体上只有 20% 左右，与发达国家的 80% 相比，还有很大的发展空间。在一个智能化的工厂中，构建一个自动化的仓库物流体系是实现智能化生产的必由之路；通过对传感器、定位等关键技术的深入研究，为智慧物流、智慧制造等产业的发展提供高效、可靠的基础技术支持。

新一代信息技术正在与智能制造、智慧物流产业紧密结合，以人、机、物为核心，建立起了一种全新的生产制造与服务系统，它是一种全要素、全产业链、全价值链、全连接的新的生产制造与服务系统。

我国的一些智能物流设备公司在经历了几年的发展之后，已经积累了相当多的项目经验，并且一直保持着自己的核心技术与产品；而在国产智能物流行业中，国外与本地的智能物流系统供应商基本处于错位竞争状态，与自己的强项相对应，出现了分层的竞争局面。

据一些机构预测，中国的智能物流市场在过去 10 年内保持了较快的增速，并且已经形成了"技术创新—标准制定—落地应用"的发展格局，所以，我们对 2024 年智慧物流的发展很有信心。

2. 发展要求

2024 年，对中国经济走势的判断，将是世界经济放缓，中国经济将筑底，一些组织预测，2024 年，中国 GDP 增速将在 4.3%—4.5%，较前三年增速略高。

面对复杂严峻的外部环境，以及美国不断加大对中国"脱钩断链"的力度，以及欧美等欧美国家的跟进，一些研究人员提出，建立一个先进工业制造系统是一个长期的投资过程，2024 年的制造业投资预计将增加 8.2%，较 2023 年的增速预期高 2.2 个百分点，在产业结构调整上将加快步伐，对制造业的投资也会带来一定的促进作用，而作为先进制造业之一的智能物流装备行业，也将在这一过程中受益。

智慧物流系统是我国物流业发展与转型的必经之路，而物流业也正处在增速放缓、效率提高、需求调整与动力转变的重要战略发展阶段，实施智能物流转型是有效途径。到了 2024 年，将会有更多的物流企业通过物流科技产业基金、集团研发投资等方式，加速布局智能物流。

中国智慧物流行业发展共经历了三个阶段，分别是机械化阶段、自动化阶段和智能化阶段。现阶段行业处于智能化阶段，表现为以工业 4.0 为契机的生产物流系统大规模应用，机器人、无人机、"货到人"等技术相继涌现，各项传统科技与新兴科技开始整合。

5G、北斗、人工智能物联网、大数据、云计算等支撑智慧物流的基础设施建设得到了飞速的发展。智慧物流也面对着一个很好的科技环境，像无人机、机器人等新的科技和装备，在整个智能物流系统中发挥着重要的支持作用。

中国经济正处于由原本的廉价资源禀赋向高成本的创新资源禀赋转变的过程，这深刻地促进了中国经济发展模式的转变，使原本依赖于廉价的劳动力、廉价的要素资源，成为中国最具竞争优势的资产，而以数字化为核心的科技革命，则成为了创新的主要组成部分，而智慧物流作为其中的一个重要组成部分，将具有更强的内生动力。

2024 年，我们的市场将进入数智科技革命的时代，以构建以共享为基础的开放生态，通过使用数智化技术来提高效率，提高数智化的网络效果，而智慧物流就是在做这件事。

智慧物流，通过数字化的变革，为以制造业为主导的各个行业提供服务，因此，它改变了原有的增长模式，改变了原有的规模化、低成本的旧质生产力模式，向以创新为核心的新型的生产力模式。

从行业的角度来看，要推动智能物流产业链的整合，对产业的结构进行优化，对物流行业的经营和管理方式进行改革。

智慧物流对行业的渗透，正由单一走向综合，由简入繁，可以看到，从 2018 到 2022 年，智能物流的转变都是以局部试验或试验为主，更多地关注于简单的技术运用和过程优化。

2023 年，智慧物流产业链进行了战略性的规划布局，其转变的深度与广度都有了明显的提高，它已经不只是一个环节或一个部门，它已经完全融入到了整个物流产业的每一个领域，包括运输、仓储、配送、客户服务等。到了 2024 年，这种趋势还会继续，而且会更快。

物流装备的智能化进程逐步推进，具体体现有两点：一是单一物流装备的自动化及智能化，如自动引导运输车（AGV）、全自动堆垛机及搬运车等；二是通过各种单一物流装备、仓库环境改造以及物流软件系统集成的融合，构成完整的仓储物流体系，实现对商品从生产线到仓库，从仓库到消费客户的智能赋能，全面提升物流环节效率。

智能物流体系是制造企业发展的重要动力，而个性化、差异化的需求也对传统物流产业的高智能化提出了更高要求。智能物流能够深入到各个行业，形成一个完整的闭环服务体系，从而获得更多的商机，获得更大的竞争优势。

智能物流的内涵与外延都在进行着替代与变化。到了 2024 年，人们对智能物流的理解已经不仅仅局限于技术和基础设施等生产要素，还需要从行业服务的角度去理解。智慧物流覆盖了生产、流通和消费的每一个阶段，它都将贯穿于社会和经济的各个方面，而"万物互联"则是智慧物流的发展方向，而智慧物流的核心则是协同共享。

在这种情况下，智慧物流的发展，必须要有长远的眼光，站在十年的视角去思考企业的发展计划，高速增长和超速裂变的风险是很大的。所以，2024 年，我们不能盲目跟风，也不能犹豫，错过了战略性机会，物流智能化是必然趋势，但仍需走过漫长的艰辛之路。

在发展智慧物流的过程中，一定要有一个成本的观念，在进行智慧物流的构建过程中，提高效率、提高服务价值，能够为企业带来的经营收益，要将实施智慧化转型和运营的投资都包括进去，确保经济效益。

在 2024 年，智能物流将会从"速度型"转向"质量型"，在智能物流的各个阶段，我们都不能好高骛远，必须脚踏实地，选择合适的应用技术，将智慧物流打造成物流发展的新增长点和新的提质增效途径。

3. 企业路线

智慧物流装备是智能物流的基础，智能物流装备行业由基础的自动化物流装备制造及系统集成向数字化、网络化、可视化、模块化、柔性化等方向发展。

智能物流的产业链分为三个环节，上游是独立的设备及配件供应商，主要有传感器、控制器、执行器、软件平台等；中间层为解决方案供应商，既有自己的核心设备，也有自己的软件，能够针对工业应用的特征，利用各种设备和软件，进行智能物流系统的设计与建设；下游则是各种产业中采用的物流自动化系统，主要包括工业生产与商业流通。

在整个产业链的中心位置，是产业链的中间环节，我们所说的这些公司，主要指的是智能物流设备的生产公司，或者说是中间的公司。

对于企业而言，当前的国际环境是：经济全球化和政治上的"去全球化""去耦合"和短链化；在国内，宏观经济增速放缓，宏观经济疲软，下游市场动荡，各个下游行业的支出都较为审慎，因此，智能物流公司面临着订单少、利润低、面临着巨大的下行压力，一些公司的收入没有增加，利润也减少了，有的公司的收入和利润都出现了明显的下降，有的公司甚至面临着生存的困难。

上面所说的都是整个产业的发展方向，但如果我们再细分一些的话，就会发现情况并不完全一样，例如，移动机器人产业比较困难，但是智能物流和仓储整合公司的业绩却很好。再细分到细分市场，也就是两个极端，有些公司还能维持两位数的增速，有些公司甚至还在亏损。

面对不确定性的新常态，中国企业该如何应对？在不景气的市场中，要想获得利润，就要去开发有成长空间的新市场，这两个主要的方向是国外和新开发的市场，而在 2024 年的公司发展路线，也应该是这样。

（1）海外市场。如何借助国外市场的成长，顺利地抵挡住了市场动荡所造成的下行压力。欧美等发达国家的智能物流和智能制造装备已得到广泛应用，但俄罗斯、印度和土耳其等新兴国家的应用还很少，因此，智能化物流和智能化制造产业在国外还有很大的发展潜力。

国内智慧物流行业一批中小企业逐渐成长起来，但发展较为分散，尚未形成巨头，却在细分行业领域形成了一批研发设计能力较强、项目经验较为丰富、具有较强竞争力的企业，并开始大力拓展海外市场。

音飞储存则是依靠海外市场，拉动了业绩增长；中科微至就将 2023 上半年的高速发展，归功于海外客户的拓展。

2024 年，有条件的智慧物流公司要进一步贴近海外客户，提供更加及时、有效的产品解决方案，更好、更快地满足客户需求。海外战略实现需要全方位，不但是在海外渠道上，而且要在制造基地、品牌打造上都要下功夫。

（2）新开拓市场。没有新市场的拉动，智慧物流企业营收必然不可能较好地增长。新一年，烟草和石化行业订单将有所下降，新能源、医药、冷链、电子信息、汽车等各行业增长趋势明显，特别是新能源动力锂电行业对立体仓库的需求高速增长，抓住锂电、光伏与储能的新能源风口，可找到新的市场蛋糕。

物流装备的应用涵盖各个领域，不同领域需要的智慧物流解决方案差异较大，总体来说，行业物流智慧化对物流技术和装备提出了一些新的要求：物流单元智能化，系统协作高效化，物流系统柔性化，系统运营智能化。

以今天国际为例，新能源行业对企业营收贡献较大，在稳固动力电池领域领先优势的同时，加大在储能领域的资源投入和拓展力度，取得较大成效，新能源领域整体新增订单创同期历史新高。

东杰智能称，新能源行业是企业重点攻关的赛道，目前在深化与宁德时代合作的同时，陆续突破了蜂巢能源、海辰储能等标杆客户，订单规模增长迅速，成为公司重要的业务增长点。

我国出口产业结构正在发生转变，从低附加值产品，转变为以高附加值、高科技含量的新能源汽车、新能源、电子产品为主，深刻地推动企业自身经营模式和增长模式的转型，智慧物流企业的市场拓展要符合这一方向。

2024，智慧物流企业面临严峻形势，越来越多赛道都卷成红海，为了保持逆势增长，需要发掘新市场的战略视野，从进军海外或者拓展新市场入手，但都不是一蹴而就，需要更长的时间和耐心，需要默默耕耘的战略定力。

从逻辑上来说，智慧物流的发展道路是曲折的，前途却是光明的，全球范围内的土地成本以及劳动力成本的攀升趋势不断加速，为了实现降本增效，在竞争中抢得先机，不同行业的企业对智能仓储物流系统的需求度都随之高涨，因为，智能物流装备目前仍然是现代物流服务业的降本增效的最有效的解决方案。

政策角度，工信部等 17 部门印发《"机器人＋"应用行动实施方案》，提出到 2025 年，制造业机器人密度较 2020 年实现翻番，进一步激发了各地对智慧物流系统和智能制造系统建设的热情。

从区域分布来看，智能物流装备行业竞争者主要分布在广东省、浙江省、江苏省、上海市。这些省市的政策很重要，其中，江浙沪地区着重完善供应链物流支撑体系，加快智慧物流基础设施，优化仓储规划布局；广东省基于资金优势，推广集约高效的智能物流设备，推动货、车、场等物流要素数字化，支持物流园区智慧化升级，2024 年，政策还会延续与加码。

从智慧物流企业角度，在研发上重投入，推出领先的产品，井松智能基于对研发的大量投入，公司相继推出料箱式 AGV、甲壳虫新系列及四轮平衡重载等多款新品，并实现部分车型标准化量产，目前正专注于重载达 5000KG 的双驱平衡重式移动机器人开发等产品的开发，

2024 年的智慧物流市场，潜伏着机遇，两极分化态势，将促进智慧物流市场的集中度攀升，设备提供商和拥有核心软件产品的系统集成商也在向解决方案提供商演变。

目前比较知名的解决方案提供商大都是由设备提供商或软件开发商演变而来，一部分是由物流设

备的生产厂家发展而来，这类企业的硬件技术较强；另一部分是由物流软件开发商发展而来，这类企业在软件技术开发上具有较强的竞争实力，AI 技术重要的落地，为智慧物流开辟了全新的业务领域。

智慧物流属于智能制造的一个分支，智慧物流企业，如何理解在各个产业中正在发生巨变？这些变化对智慧物流提出了哪些挑战？我们在 2024 年拭目以待。

4. 未来远景

不拘泥于 2024，在未来长时期内，智慧物流发展的趋势是什么？我们认为有两点，一是绿色嬗变，二是大宗物流智慧化。

先说智慧物流的绿色嬗变。可持续发展始终是中国的重要主题，中国经济工作会议强调，打造绿色低碳发展高地，积极稳妥推进碳达峰、碳中和，加快打造绿色低碳供应链，未来 10 年，智慧物流将深度参与绿色低碳发展，经历绿色嬗变。

智慧物流绿色化，是指的，物流系统既具备智慧化功能，又满足绿色低碳化的要求，绿色智慧化必将成为中国智慧物流的发展方向，是未来智慧物流系统的必然要求。

从某种意义上说，智慧物流代表先进的物流技术，可能是绿色的，低碳的，然而在实际之中，并不是智慧化的物流系统就一定绿色化。有的智慧物流系统可能电机不节能、存储与计算不节能、自动化系统没有能源管理、物流运筹调度只考虑成本效率不考虑节能降耗等。

在时代的潮流中，绿色发展意识渗透到智慧物流企业中，形成越来越引起重视的绿色理念。国家与地方出台的促进大宗货物智慧物流政策中，其中一项是绿色环保。

再说大宗物流智慧化。我国智慧物流发展现状，既有亮点，也有盲点，以大宗商品为代表的生产资料物流可以称得上是智慧物流的蛮荒之地。未来的 10 年，我们需要补齐短板，注重平衡，也就是说，大宗智慧物流要从 2024 年开始破荒，用 10 年的时间做到初步渗透。

大宗物流，如在煤炭、钢铁、电解铝、粮食上在智慧化上乏善可陈，其智慧化转型其实很迫切，因为它们连接能源、钢铁、冶金、化工、纺织、食品、材料、建筑等几乎所有传统行业的生产制造节点，与国民经济各个门类都高度相关。

大宗商品种类超千余种，是国民经济基石，关系着国计民生，大宗物流作为物流行业的重要组成部分，占据较大的市场份额。全年公路运输总量中有 2.5 万亿工业品，其中又以煤炭、钢铁、水泥等大宗货运为主，因此，大宗物流智慧化，是有着万亿市场规模的新蓝海。

大宗物流以其庞大的经济体量支撑着智慧化的开展，行业本身也表现出积极的智慧化意愿和动作，过去往往把精力放在生产方面的智能化的升级上，现在意识到不足，目前，中国大宗物流市场诸多环节具备智慧化提效增质的空间和潜力。

大宗物流的重要任务是公转铁、公转水，实现多式联运最优化，这离不开智慧化赋能。有效的物流智慧技术、是实现公铁水"精准对接""结点成网"，强化装备标准协同，推动技术融合，推动网络融合，做好各种运输方式的有机衔接的重点。

大宗智慧物流并不需要玩技术和商业概念，只有真正的产生实际应用价值，才算落地，才能吃到智慧物流的时代红利。对大宗物流来说，这一智慧化过程必须"适用"，适用，就是寻求技术成本的平衡。

对大宗货物来说，智慧物流是一个非常长的产业链，需要产业链上的企业彼此协同合作才能实现互惠共荣。如果说电商物流是智慧物流的前半场，那么，以大宗类商品为代表的生产资料物流则应该是下半场。

（来源：达牛数字供应链）

（三）智慧物流新业态蓬勃发展 进入质量效率提升新阶段

中国物流与采购联合会相关负责人在 2024 年中国物流学术年会上介绍，目前，我国仍是全球物流需求最大的市场。物流企业群体初具规模，物流业正在从规模速度扩张进入质量效率提升的新阶段。

据介绍，目前，我国仍是全球物流需求最大的市场。物流企业群体初具规模，A 级物流企业超过 1 万家，规模以上物流园区超过 2700 家，"通道＋枢纽＋网络"的运行体系初步形成。

新技术、新模式、新业态不断涌现，智慧物流引领行业创新发展。2024 年前三季度，社会物流总费用与 GDP 的比率为 14.1%，较上半年下降 0.1 个百分点，比上年同期下降 0.2 个百分点，全社会物流成本稳步降低。

中国物流与采购联合会会长何黎明介绍，总体来看，我国物流业正在从规模速度扩张进入质量效率提升的新阶段，迫切需要发展新质生产力，不断满足和创造新的需求。通过调结构、促改革，助力有效降低全社会物流成本，推动我国从物流大国向物流强国加快迈进。

何黎明表示，我国庞大的物流产业规模是形成新质生产力的重要支撑。近年来，智慧物流新业态蓬勃发展，涌现出一批有代表性的数字物流平台。

截至目前，我国网络货运平台超过 3000 家。海量数据和丰富场景优势显现，推进数字经济与实体经济深度融合。

（来源：央广网）

十三、数字物流

（一）2024年物流业发展企业会加速拥抱数字货运

中国物流与采购联合会公布的数据显示，2023年，我国物流业运行总体保持稳中有进，物流活跃度进一步提高，全年物流业景气指数均值比2022年提高3.2个百分点，三、四季度业务活动预期指数连续高位，反映出行业经营预期和企业发展信心稳步提升。

如果说2023年恢复和回暖是货运行业的关键词，当我们把目光转向2024年，货运行业的未来将呈现出怎样的趋势呢？记者采访了国内领先的数字货运平台满帮公司副总裁陶然，听听他作为行业人士的看法。

记者：又是新一年到来，作为数字货运平台，你们怎么看2024年的货运发展大环境？

陶然：不久前的中央经济工作会议提到，2024年要以科技创新引领现代化产业体系建设；着力扩大国内需求，形成消费和投资相互促进的良性循环；深化重点领域改革；坚持不懈抓好"三农"工作；推动城乡融合、区域协调发展；深入推进生态文明建设和绿色低碳发展等。在国家层面，交通运输部等部门决定延长《网络平台道路货物运输经营管理暂行办法》至2025年12月31日，这意味着物流数字化发展有了更加稳定和有利的政策环境。正如中物联判断，中国仍是全球需求规模最大的物流市场。我们感觉这些都是数字货运平台的机遇。

记者：货运平台将如何把握机遇更好为企业和经济发展做贡献？

陶然：我认为，数字货运平台将进一步推进数字化、规模化和绿色发展。数字货运平台的价值，就在于通过互联网技术，智能匹配车货两端，实现智能调度、智能出价和智能路线规划，帮助中小企业客户通过资源整合、流程优化、信息对接，提质增效和推动其成本的降低。同时，货运平台将继续通过智能技术提升了车辆运力利用效率，降低"三空"，实现绿色节能减排。

记者：近年来，各方面都在谈有效降低全社会物流成本，在这个方面，货运平台做了些什么？

陶然：以满帮为代表的数字货运平台的优势是帮助3200万家中小企业在物流上"多快好省"，其中价格透明划算更是货主的核心诉求。数字货运平台凭借高效的运力调度，能够帮助车货更好匹配以及路线优化，企业发货时间已经从以前的几天降低到数个小时。中国目前1000多万货车司机有43%会通过数字货运平台找货，仅从减少库存周转成本和企业资金效率提升这一维度估算，预计一年帮助企业节省数百亿元。另一方面，数字货运平台也通过消除多层中间商层层转包的费用，以及帮助货车减少路上空驶和找货卸货间的车辆空置，提升了车辆运力利用效率和满载率，帮助物流企业降低成本。预计未来几年，平台货运司机找货成交时间将由"分钟级"进一步缩短至"秒级"，进一步提升效率。

记者：能谈谈数字货运对于强链、延链和补链的作用吗？

陶然：在我们看来，物流服务的发展直接影响到企业的经营活动，企业通过数字化手段建立完善物流和配套服务，将大幅降低物流成本，带动其他产业链向上下游延伸，助推区域经济发展壮大；而在补链上，货运平台希望和企业一起，帮他们赋能，着力打通产业链畅通痛点、补上断点，帮助产业链上下游企业解决物流运输问题。

记者：你觉得 2024 年公路货运会有哪些新变化？

陶然：首先，传统企业尤其是中小企业，会更快加速拥抱数字物流在内的数字化平台，利用好平台的数字货运工具，实现资源高效连接、多层次流通、从而放大经济效益；其次预计新能源货车尤其是新能源轻型货车的普及速度将进一步加快，目前新能源货车一半销售集中于一线城市和新一线城市，但将比较快得继续下沉到三四五线城市，预计渗透率还会增加；再就是农村货运物流也将获得高速发展。近年来，在各级政府的支持下，农村地区的道路、仓储等基础设施不断完善，物流、快递等服务网点也在逐步增加，相信"农产品出不去，工业品进不来"的情况会得到逐步改观，包括部分生鲜农产品的冷链物流覆盖也会加快。还有一点就是，我们相信货运零担化趋势更明显，越来越多的货主因为更加灵活、货损更小而选择零担拼车，而对货车司机师傅来说，因为配载率变高，收入也会得到相应提升。

（资料来源：《中国发展改革报》）

（二）AI 赋能：推动物流数字化教学加速前行

当前，以大语言模型为代表的生成式人工智能迅猛发展，已成为新一轮科技革命和产业变革的重要驱动力量。物流行业作为连接生产与消费的重要纽带，处于这场变革的前沿阵地。

"AI 技术在物流行业的应用已经逐渐渗透与各个环节，AI 的广泛应用不仅改变了物流行业的运作模式，也对物流专业人才的素质和能力提出了新的要求。"近日，中国物流学会会长任豪祥在接受《中国物流与采购》杂志记者采访时指出，AI 正在成为物流新质生产力的核心驱动力，借助 AI 强大的学习能力和生成式能力，物流产业正在加快进入"人 - 机协同"和"人 - 机 - 机协同"的"AI+"新时代。

在此背景下，为适应新时代行业变化，物流专业教学如何跟上行业需求，培养出适应时代发展的高素质物流人才，成为了必须深思和亟待解决的问题。

1. 紧跟行业步伐，契合时代变革

"面对如此深刻的行业变革，物流专业教学不能再固步自封，而应积极求变。"日前，教育部新文科建设工作组副组长、物流教指委主任、上海海事大学原校长黄有方在接受《中国物流与采购》杂志记者采访时强调，对于物流专业教学而言，要想真正培养出适应行业发展需求的高素质人才，就必须深刻认识并紧密贴合当下物流行业的时代背景。

首先，技术重构物流规则。ChatGPT 和 DeepSeek 这类技术，通过高强度运算和智能计算，正在重构物流行业的规则体系。这些技术突破是整体性地改变了我们对于物流、运输和商贸行动的传统认知。在 AI 技术的驱动下，传统的规则体系面临解绑，新的规则正在形成。因此，需要关注并重视国际运输和物流规则体系的重算，以增加我国在全球范围内的规则主导能力。

其次，技术打破数据垄断。AI 带来不以规则为转移的大体系，DeepSeek 开源后起到重要作用。物流业垄断特征包括物理中心化和数据霸权化，影响全球物流成本和信息技术创新扩散。在 AI 时代，开源广泛介入，通过区块链等去中心化技术，AI 突破技术垄断。当 AI 技术或算法成为新的生产要素，这种技术平权将重塑产业权力结构，并实现数据霸权的消融。

最后，技术重塑物流成本。AI 技术正在从根本上改变对成本的理解。在物流领域，曾通过技术替代劳动力以降低成本。然而，在 AI 时代，成本重塑涵盖更广泛维度，包括直接和间接成本。因此，不再仅追求降低物流成本，而是着眼于整个供应链的成本削减，其价值远超单一物流环节的节省。

"依托智能体的强大的自主性、适应性和交互能力，物流企业中各种复杂的业务场景将进一步整合、融合，加快推动组织结构扁平化、组织管理智能化、组织协同高效化、员工队伍多能化。"任豪祥分析认为，头部企业纷纷推出各自的行业企业大模型，围绕自身主营业务全面推进"人工智能+"各类场景的应用，基于应用场景搭建 Agent 成为人工智能应用的主战场之一。

黄有方预测，未来物流行业势必历经深刻变革。自动化技术将深度融入物流各环节，大幅提升运营效率；智能化应用成为行业发展的核心驱动力，优化资源配置与决策流程；客户体验提升至新高度，成为企业竞争的关键要素；绿色可持续发展理念贯穿始终，推动行业实现经济与环境效益的双赢；风险管理则作为重要保障，确保行业稳健前行。这些关键趋势相互协同、相互促进，将有力推动物流教育朝着高质量方向迈进。

2. 深探行业革命性变化，加速教育"进化"步伐

一般而言，传统物流专业教学侧重于培养具备扎实物流操作技能和基础管理能力的人才，以适应当时劳动密集型的物流作业模式。在 AI 时代，物流领域的许多重复性、规律性工作被智能化设备和系统所取代。这使得现有的人才培养目标无法满足行业对新型人才的需求。

任豪祥分析认为，当下物流专业教学的确面临一些难点：

首先，AI 对物流产业的影响必然改变人才的结构和需求，人才的变化也必然要求物流专业建设内容也要进行调整，要将"AI+物流"的要求及时反映到专业建设中。

其次，AI 的应用将加快机器（或系统）取代有标准、有规范、需计算、重复性的工作，要更注重多因素、非计算复杂决策或运作能力的培养，这要求物流专业建设培养规格"上移"，课程、师资、实训都要随之改变。

再次，AI 也将影响教育本身，最大的变化在于教学主体将由"教师—学生"二元变为"教师—AI—学生"三元，AI 的应用可能将"大规模个性化"培养变为现实，这些必然推动教学的组织形式和管理模式也将随之变化。

最后，AI 仍存在"幻觉""知识安全""不可控"等问题，这要求将 AI 应用到专业建设中要充分确保 AI 被有效、安全、可控地使用。

黄有方认为物流专业教学改革应从五大方面着手：

一是课程设置。培养方案调整，以适应 AI 时代需求。核心课程强化，构建适应 AI 时代的核心课程群。

二是实践与理论结合。要让学生了解 AI 在物流中的应用，增加实践机会，同时企业应加大 AI 时代社会责任，提升实践与理论结合的教学效果。

三是师资队伍。教师需做好知识更新，提升跨学科能力。

四是国际化。培养具有全球视野和跨文化交流能力的学生，推动教育全球化。

五是学生能力培养。重视学生知识积累，大学及研究生阶段着重培养自我能力和思想能力。

"物流 AI 技术可以从五大主义，即现场主义、动作主义、改善主义、服务主义、国际主义入手，优化行业实践。"北京物资学院物流学院院长姜旭对《中国物流与采购》杂志记者说，目前，全国 768 所高校开设的相关专业存在课程重叠与资源分配不均的问题。通过 AI 技术整合课程内容，减少重复，提高教学效率成为可能。

3. 提升"虚实结合"意识，弥补传统教学短板

"产教融合、校企合作这一物流专业建设的根本路径，在 AI 时代只会进一步被强化。"任豪祥进一步表示，AI 将推动更多的智能化设备、系统应用到生产中。

对于实践教学而言，这要求强化培养学生学习能力和复杂环境下的处理问题的能力，快速掌握各类设备设施和软件系统的使用能力。同时，要充分借助 AI 的强大的生成式能力和决策分析能力，通过"虚实结合"将产业"数实融合"充分融入到实训教学中。首先，全面拥抱 AI，通过 DeepSeek 完成全民 AI 普及教育。其次，从易到难，先从日常办公等简单应用入手，适应"AI+"工作新范式，再将 AI 融入教学，发展教改教研和教学模式创新。最后，结合专业建设场景，提炼智能体开发需求，自行或外包开发，推动"以智助教、学、研、管、评"。

其实，教育部多次强调数字教育的重要性，并指出这是未来发展的趋势。例如《教育信息化 2.0 行动计划》《中国教育现代化 2035》等，均将数字教育作为教育改革和发展的重要战略方向。

据记者了解，2024 年 9 月中国物流与采购联合会、物流教指委、物流行指委推出了国内首个物流、采购与供应链领域教育与培训人工智能专用大模型——中物灵境。目前，多所高校利用该大模型在知识图谱与能力图谱构建、AI 助教、学生自主学习、教材开发、教学资源库建设等方面开展实践应用。

"我们已与宁波工程学院、深圳职业技术大学、广东机电职业技术学院、广西职业技术学院等高校在教学资源赋能等方面达成合作，与北京、浙江等地高校的合作也在陆续进行。"中物联教育培训部主任、物流行指委副秘书长李俊峰介绍说，中物灵境目前已拥有 200 余个行业专业数据库资源，2000 万行业垂直模型训练语料及 1000 万物流行业增量数据，有效保障了数据的全面与准确性，为用户提供专业回答，其中物流行业大数据主要涵盖物流宏观指数数据，如 PMI、LPI、电商指数和全国快递量运行情况等，以及相关的物流政策数据。

"在 AI 时代，交叉学科的重要性愈发凸显。如新文科、新工科、新理科。文科需融入理科工科元素，理科工科也应有文科色彩。北京推动工科理科发展，尤其在经济领域，如发展数字经济中的物流科技，它需 AI 技术加持形成交叉学科，使学科融合更厚实。"姜旭进一步表示，基于"现场主义"原则，物流教育应强化实践环节，利用虚拟仿真技术模拟真实场景，让学生在非现场环境中也能深入理解物流运作，弥补传统教学与实际操作之间的鸿沟。

由此可见，这种融合路径不仅增强了教学的直观性和实效性，也为学生提供了更贴近实际的学习体验，是教育适应 AI 时代的重要策略之一。

（资料来源：《中国物流与采购杂志》）

（三）2024 年中国数字物流企业 50 强榜单出炉，数字物流市场如何发展

在这个信息化、全球化、科技不断创新的时代，大数据、物联网＋和人工智能等等新技术不断创新，各个行业都在积极引进信息化新技术，打造了智慧物流、数字城市等等新型应用，大大提高了原有的生产效率。

数字物流平台也积极地探索信息新技术，致力于推动数字化发展，使得原有物流行业能够借助信息化技术得到进一步发展，提高原有生产效率，打造智能物流。2024 年中国数字物流企业 50 强榜单已经出炉，希望能给大家一些帮助。

从榜单中可以看出，当前，物流行业的细分可以被分以下几个板块：数字物流服务商、电商物流、货运 O2O、物流供应链、即时物流、仓储物流和大宗物流网络。按板块划分可以更精准的根据自身需求找到想看的数据，并且每个板块都有其独特的发展路径和特点，未来物流行业的将进入多元化和细分化趋势。

首当其冲的是数字物流服务商板块，这些企业通过引入大数据分析、人工智能和物联网等新技

术，有效地管理和运营物流信息，大大提高物流运输效率和日常管理的效率等。

根据排行榜显示，数字物流平台典型代表货拉拉、顺丰和货运宝等企业，已经在物流行业的数字化发展中找到了符合自身需求的方向，并取得了卓越成果。

货运宝以平台模式连接车货两端，提供"互联网＋"服务。平台通过 GPS 精准定位，智能匹配与推送信息，为用户匹配到距离最近、最适合的车主。让货运操作流程化、标准化，提升服务质量。

作为一家深耕数字物流多年的公司，货运宝凭借着杰出的表现成功登上了数字物流服务商的榜单。据了解，货运宝以产业数字化为手段，连接了全国各地的物流中心，构成了一张服务全国的快运物流数字化网络，实现了物流运输的全流程数字化运营和智能化决策。

截至目前，货运宝已经拥有自主研系统，开发了一系列专有的、部署于整个业务流程的数字化工具，通过全流程数字化运营和智能化决策来实现物流效率升级，降低物流成本。数字化运营方面，在货物从发货人到收货人手中整个链条中，货运宝根据不同的场景，通过数据分析和监控来辅助网点经营决策和提升运营质量。

不仅如此，还有对应中转场站内部人、车、货、场管理的运作效率系统、对应货车运输全周期管理的运力效率系统、对应客户沟通服务的服务效率系统和后台管理支持的管理效率系统。众多的先进且智能的系统的广泛使用，极大地帮助物流企业提升了运营效率，也让其运营成本不断的降低。

未来数字物流市场规模、竞争格局及发展前景是什么？

目前，数字物流平台服务趋于同质化，市场竞争激烈，利润空间较小。某些平台为了形成垄断优势，借助资本投资，依靠烧钱补贴打价格战，恶意压低运价，扰乱市场秩序，最终将伤害用户利益，损害行业长远健康发展。

据了解，11 月 23 日，交通运输部举办 11 月例行发布会。据介绍，今年交通运输部督促满帮集团、货拉拉、快狗打车、滴滴货运等主要互联网道路货运平台企业降低过高抽成比例或会员费上限，保障货车司机合理劳动报酬。目前，各平台公司均已下调比例或会员费上限，降幅在 1—3 个百分点。从交通运输部发布的消息中可以看出，国家开始严厉打击平台收费过高等不利于市场环境的行为，为此，未来数字物流市场规模、竞争格局及发展前景是什么？

行业政策背景：政策大力推进。目前交通运输部及各省出台了一系列数字货运政策规范，但标准尚需进一步完善，且在实际操作过程中受种种因素制约出现部分偏差，并没有充分发挥数字物流平台的价值。建议进一步完善政策法规体系，建立市场准入机制和退出机制，实行经营期限制，推行质量信誉考核和服务质量招投标，强化安全监管和治理超限超载，建立从业人员培训、考试和资格管理等手段，进一步打破地区封锁，促进市场的统一和开放，为数字货运向集约化、规模化发展创造良好的市场环境。

数字物流市场规模突破 3 万亿元。目前，物联网已较为成熟地运用于安防监控、智能交通、智能电网、智能物流等。近几年来，在各地政府的大力推广扶持下，数字物流产业逐步壮大。再加之近几年厂商对数字化这一概念的普及，国民认知程度不断提高，使得我国数字物流市场规模整体呈快速上升的趋势。同时，加快建设数字货运监管服务平台，构建全链条风险防控体系。建设网络货运信息交互系统，通过电子运单相关信息的核查校验，对数字货运运行情况进行监测分析和综合评估，探索基于监测结果的信用评价机制，实行差异化管理。严格对平台上的承运商、车辆、司机进行资质审核，全面对接公安系统和平台运行监测系统，审核不通过的车辆或货车司机，不允许接入平台。加强对平台不规范经营行为的监管，对于市场上的货源、运价、资金及后市场服务等方面出现的垄断行为与霸王条款等现象严厉整治，切实维护和保证各方的合理利益与诉求，保障数字货运健康发展。

企业竞争：以龙头企业间竞争为主。数字物流企业在相关领域有所布局，以龙头企业间的竞争为主。货运数字技术的应用是传统物流行业转型升级的根本，传统物流业转型升级的方向以"数字化"和"智慧化"为主。根据行业的应用领域来看，企业在各自行业的"数字化"和"智慧化"有所布局。同时，还要加强交通运输主管部门与财政、税务、公安等多部门的沟通协调，健全多部门协同联动长效机制，优化和明晰各部门的职责分工，协调解决道路运输行业发展中面临的重点和难点问题。加快研究制定符合各省省情的数字货运发展财税奖补政策，鼓励各地市结合实际制定相应的配套奖励政策，支持运输企业扩大再生产和规模化经营。积极推动在各级政府层面建立网络货运发展协调机制，加快形成部门间、行业间、区域间协同推进的工作格局。

发展前景：持续发展数字货行业。为实现更好的运输服务质量、效率和更低的物流服务成本，数字物流平台应大力提高技术水平，进一步实现与产业体系、产业链、供应链、区块链等更深层次的互联互通，用技术驱动数据来提升物流效率。推动数字货运平台发展，提升产业的供应链和物流保障能力；加大数字技术投入，提升数字化和数据协同效率，推进物流数字化转型升级以及物流要素数字化，积极发挥开放式平台企业的作用；进一步促进物流绿色减碳科技减碳，在减碳排技术评估、认证、交易机制等方面给予数字货运企业支持。

数字货运是互联网与货运物流行业深度融合的典型代表，依托互联网平台汇聚大量物流信息，通过大数据、云计算分析实现要素资源精准配置、科学组织、合理调度，对优化市场发展格局、充分发挥平台企业规模经济效应、带动行业集约化发展具有重要作用。推进数字货运发展，是交通运输行业发展平台经济、培育发展新动能的重要举措，对于加速提升物流发展水平，增强各行业创新能力，构筑经济社会发展新优势、新增长点具有重要意义。随着技术的进步，数字物流平台将在未来持续发挥重要作用，为我国道路货运行业的高质量发展贡献更多力量。

第六篇　长三角物流

一、长三角物流与供应链发展合作综述

（一）165 项重点任务　长三角一体化发展三年行动计划发布

长三角区域合作办公室印发的《长三角地区一体化发展三年行动计划（2024—2026 年）》（简称《三年行动计划》）是长三角地区第三轮三年行动计划，为未来 3 年工作重点明确了路线图和任务书，标志着长三角一体化发展向纵深推进。

长三角三省一市在新一轮 3 年行动计划中提出了九个方面，共 165 项重点任务。9 个方面内容涉及加强长三角科技创新跨区域协同、协同建设长三角世界级产业集群、加快完善一体化发展体制机制等。

165 项重点任务

据介绍，9 个方面内容包括加强长三角科技创新跨区域协同、协同建设长三角世界级产业集群、加快完善一体化发展体制机制、加快提升区域市场一体化水平、积极推进长三角区域高层次协同开放、切实加强生态环境共保联治、积极探索建设中华民族现代文明、有力拓展城市合作广度和深度、着力提升安全发展能力。

一是加强长三角科技创新跨区域协同（共 20 项重点任务）：深入推进张江、合肥两大综合性国家科学中心合作共建，支持南京、杭州—宁波创建区域科技创新中心。加强人才政策区域协同创新，推进人才评价标准、人才资质跨区域互认。鼓励世界 500 强外资企业、国际知名科研院校等来长三角设立研发中心和联合实验室，与各类创新主体开展技术攻关。

二是协同建设长三角世界级产业集群（共有 20 项重点任务）：实施制造业重点产业链高质量发展行动，共建长三角新能源汽车产业链体系。支持低空经济发展，发展通用航空，加快布局低空产业基础设施建设、产品研发和制造。协同推进未来产业发展，联合争创国家级未来产业先导区，联合发布长三角未来产品应用场景和典型案例。加快建设一体化发展示范区集群、芜湖集群两个数据中心集群。加快推动 G60 科创走廊科创产业融合发展，加快建设 G60 卫星互联网产业集群等。

三是加快完善一体化发展体制机制（共有 25 项重点任务）：深入推进健康信息互联互通，探索医疗检查检验互联互通互认。优化异地就医医保服务，逐步扩大定点医疗机构数量。建立轨道交通一体化运营推进工作机制，研究组建长三角轨道交通运营公司。推动建立长江经济带多式联运中心。

四是加快提升区域市场一体化水平（共有 23 项重点任务）：制定出台长三角市场监管部门服务建设全国统一大市场先行区举措。联合编制实施长三角区域物流提质增效降本行动方案。共建"轨道上的长三角"，开行串联长三角重点城市的大环线列车。探索建立长三角区域金融一体化服务机

制。深入推进长三角财政电子票据一体化和应用落地。制定实施《长三角省市间电力协同互济实施方案》等。

五是积极推进长三角区域高层次协同开放（共有 22 项重点任务）：制定实施浦东新区放宽市场准入特别措施，建设高水平市场准入体系，试点开展国际航行船舶保税液化天然气、生物燃料、甲醇等新型燃料加注业务。支持虹桥国际中央商务区打造"丝路电商"合作先行区辐射引领区，加大进博会与长三角各地展会的联动力度。支持长三角三省一市自贸试验区在大宗商品资源配置、生物医药等方面进行差异化探索。鼓励通过多种形式提高民营企业在经济政策制定中的参与度，强化民营经济发展法治保障等。

六是切实加强生态环境共保联治（共有 17 项重点任务）：加强生态保护红线无缝衔接。持续推进长江"十年禁渔"。研究制定长三角"无废城市"区域共建联治方案，强化长三角固体废物联合监管。推动长三角三省一市充电平台有效衔接和充电基础设施数据信息共享，打造区域新能源汽车充换电基础设施一张网。探索建立跨区域排污权交易制度等。

七是积极探索建设中华民族现代文明（共有 10 项重点任务）：精心办好"良渚论坛"，共同参与中华文明探源工程、"考古中国"等重大项目，支持江南水乡古镇联合申报世界文化遗产。联合推进长江、大运河国家文化公园建设。编制实施新一轮长三角体育产业一体化发展规划，联合举办跨区域重大体育赛事和品牌活动。协同推进大黄山世界级休闲度假康养旅游目的地建设。

八是有力拓展城市合作广度和深度（共有 15 项重点任务）：推动上海、南京、杭州、合肥、宁波、苏锡常都市圈联动发展，在产业分工协作、科技协同创新、高水平开放等方面加强合作。推进苏州与上海深化一体化发展、嘉兴与上海全面接轨发展。加快"一地六县"产业合作区建设，深化推进苏皖合作示范区。

九是着力提升安全发展能力（共有 13 项重点任务）：持续实施产业链强链补链延链行动，支持链主企业带动链上企业协同创新。加快推动陕电入皖、甘电入浙特高压工程建设，推动蒙电入苏、蒙电入沪特高压工程前期工作。

长三角三省一市齐发力

顾军表示，长三角一体化发展国家战略已进入新的阶段。站在新的起点上，长三角三省一市将共同谱写一体化发展新篇章，勇当中国式现代化先行者。

"一分部署，九分落实"。发布会上，长三角三省一市纷纷表态，接下去将结合年度工作计划，统分结合、压茬推进。

上海方面，将持续发挥龙头带动作用。长三角区域合作办公室常务副主任、上海市发展改革委副主任张忠伟表示，上海将坚持"四个放在"，进一步发挥好龙头带动作用，强化主动担当、强化对标意识、强化制度创新、强化协同攻关，携手苏浙皖共同把一体化发展这篇大文章"写实写好"。

据介绍，上海将强化核心功能引领，以加快"五个中心"建设为主攻方向，着力提升城市能级与核心竞争力，搭好平台，主动服务，带动长三角更高质量一体化发展。三年行动计划中提出，要深化多层次资本市场服务，建设期现一体化油气交易市场，提升长三角国际贸易"单一窗口"功能等举措，上海将发挥要素市场、功能平台集聚等方面的优势，进一步服务长三角的发展。

江苏将紧扣一体化和高质量两个关键词，全面融入和服务长三角一体化发展战略，携手沪浙皖，因地制宜加快发展新质生产力。

长三角区域合作办公室副主任、江苏省发展改革委副主任凌鸣表示，围绕加快建设具有国际竞争力的先进制造业基地，江苏将推动产业高端化智能化绿色化发展。深入实施传统产业焕新工程，深化制造业"智改数转网联"。积极布局未来产业，围绕构建"10+X"未来产业体系，积极布局新一代半导体、未来网络、细胞和基因技术等成长型未来产业，超前布局量子科技、深海深地空天、合成生物等前沿性未来产业。

浙江方面，长三角区域合作办公室副主任、浙江省发展改革委副主任陈海涛表示，下一步，浙江将协同沪苏皖，全面落实《三年行动计划》任务部署，为长三角民营经济健康发展创造一流发展环境。针对民营企业反映的问题及建议，研究一批针对性强的新政策、新举措。持续激活民间投资。继续强化金融、土地、用能等政策支持，提振投资信心。持续降门槛拓领域，推动新版市场准入负面清单实施，加大"三张项目清单"推介力度。

积极贡献安徽"长板"，长三角区域合作办公室副主任、安徽省发展改革委副主任钟岚表示，下一步，安徽将持续深化上海张江、安徽合肥综合性国家科学中心'两心同创'，构建大科学装置创新联合体。聚焦集成电路、生物医药、人工智能、新能源汽车等重点领域，协同共建长三角世界级产业集群。

2024 年度长三角地区主要领导座谈会已有六方面成果

除了落实《三年行动计划》，长三角四地还在积极抓落实，2024 年度长三角地区主要领导座谈会落地的一批合作成果也在积极推进中。

据悉，在浙江温州召开的 2024 年度长三角地区主要领导座谈会（简称座谈会）审议通过了《长三角地区一体化发展三年行动计划（2024—2026 年）》《关于强化长三角区域合作办公室职能建设的实施方案》，聚焦"加强科技创新和产业创新跨区域协同、加快完善一体化发展体制机制、积极推进高层次协同开放、加强生态环境共保联治、着力提升安全发展能力、率先探索中华民族现代文明"六个方面议题进行了深入讨论，明确了持续深入推进长三角一体化高质量发展的若干重大事项，形成了一系列会议成果。

"这段时间以来，长三角区域合作办公室会同长三角三省一市，正在抓紧推进成果落地落实。"顾军表示，相关工作主要聚焦在六个方面：

一是印发实施新一轮三年行动计划。长三角四地将持续抓好推进落实。

二是合力推进重点合作事项。在部署面上重点工作的同时，四地根据座谈会精神，遴选形成 18 项年度重点合作事项，比如"加强科技创新跨区域协同，联合开展基础研究""共同编制实施长三角航运贸易数字化行动方案""加快联合发展生产性互联网等数字化、智能化、绿色化服务平台"等，这是重中之重的任务，都已明确牵头责任单位。四地将加强跟踪调度，确保实现年度目标。

三是共同落实实事项目清单。座谈会期间首次发布了 10 项一体化发展实事项目清单，这是更加注重民生感受度，促进更多一体化发展红利惠及民生的一项创新举措。"我们已印发了正式文件，明确落实责任主体，建立季度调度机制，确保把民生实事一项一项办好，办到实处。"顾军说。

四是协同推进长三角区域物流提质增效降本。长三角区域合作办公室牵头会同长三角三省一市发展改革委等单位，研究制定了长三角区域物流提质增效降本行动方案，聚焦打通区域物流堵点卡点，有效降低全社会物流成本，提出了七大行动。后续将全力抓好推进落实。

五是研究制定《推进长三角区域市场一体化建设近期重点工作举措（2024—2025 年）》。这是长三角三省一市结合区域实际，率先探索、积极服务全国统一大市场建设的重要举措，目前文件还在完善过程中，很快也会印发实施。

六是推动强化长三角区域合作办公室职能建设。这是深化完善一体化发展体制机制的重要内容。"作为落实国家战略的平台枢纽，长三角区域合作办公室成立以来发挥了重要作用。面对新形势、新要求，我们围绕强化职责、强化力量、强化管理、强化保障，研究制定了实施方案，推动长三角区域合作办公室更好发挥统筹协调、参谋助手、督促检查、服务保障作用。这项工作将在年底前落实到位。"

（来源：《上海证券报》）

（二）2024年长三角城市群物流报告

报告聚焦 2024 年长三角城市群物流发展，从经济增长、物流市场动态、投资等方面展开分析，呈现了该区域物流行业的整体态势。

1. 经济增长态势：2019—2024 年，长三角城市群 GDP 持续增长。2023 年较上一年有不同程度的涨幅，部分城市 GDP 增长显著，如上海 GDP 达到一定规模且保持稳定增长。2024 年延续增长趋势，不同季度 GDP 数据稳步上升，反映出区域经济的强劲活力，为物流行业发展提供坚实经济基础。

2. 物流市场动态：物流需求与供给，从物流需求端来看，随着经济发展，各产业对物流服务的需求不断增加，推动物流市场规模持续扩大。在供给方面，物流设施存量有一定规模，且在不同区间分布。如仓储设施存量在特定面积区间内呈现一定比例，反映出物流基础设施建设与市场需求的匹配情况。租金与空置率，物流设施租金在 2024 年有一定波动，不同区域租金水平不同。部分优质地段租金相对较高，且受市场供需关系影响，租金有上升或下降趋势。空置率方面，整体处于一定水平，不同区域和不同类型的物流设施空置率有所差异，反映出物流市场的供需结构变化。

3. 物流投资情况：2024 年长三角城市群物流投资活跃。投资规模较大，吸引了众多国内外投资者的关注。如一些大型物流项目获得巨额投资，推动了物流基础设施建设和技术升级。投资方向多元化，不仅集中在传统的仓储、运输领域，还涉及冷链物流、智慧物流等新兴领域。2024 年对冷链物流设施的投资增加，以满足生鲜产品等的运输需求；智慧物流领域的投资则助力物流企业提升运营效率和智能化水平。

4. 行业发展趋势：随着科技的不断进步，智慧物流成为发展趋势。物流企业加大对自动化、智能化设备的应用，提高仓储和运输效率，降低人力成本。消费者对生鲜等产品的需求增长，推动冷链物流快速发展，冷链设施建设不断完善。区域协同发展加强，长三角各城市之间物流资源整合加速，形成更高效的物流网络，提升整体物流服务水平。

5. 面临的挑战与机遇：行业面临着市场竞争加剧的挑战，众多物流企业争夺市场份额，需要不断提升服务质量和降低成本。劳动力成本上升也增加了企业运营压力。但同时，经济增长带来的物流需求增长、政策支持以及技术创新为行业发展提供了机遇。政府出台的支持物流行业发展的政策，鼓励企业加大技术研发和设施建设投入。

（来源：搜狐网）

（三）《长三角区域物流提质增效降本行动方案》

2024 年 12 月，长三角三省一市联合制定印发的《长三角区域物流提质增效降本行动方案》（简称《行动方案》）出炉，提出七大行动、37 项举措。这是全国第一个跨省域的物流降本增效方案。

张忠伟介绍，瞄准降低全社会物流成本，国家专门构建了"1+N"的制度政策体系，"1"即是中共中央办公厅、国务院办公厅印发的《有效降低全社会物流成本行动方案》，"N"即是交通运输部、商务部、自然资源部、国铁集团等编制的配套文件，其中也包括长三角三省一市编制的《长三角区域物流提质增效降本行动方案》。

《行动方案》明确七大行动：一是区域物流基础设施互联互通行动，推动打通、织密、建强区域物流基础设施网络；二是区域物流运输方式多式协同行动，推动运输结构优化调整；三是区域物流科技创新联合攻关行动，推动发展物流新质生产力；四是产业链供应链融合发展行动，推动降低物流全链条成本；五是区域物流规则标准贯通行动，推动设施衔接、信息共享、标准协同；六是国际物流网络畅达提升行动，推动提升国际物流竞争力和供应链韧性；七是区域物流高质量发展协同保障行动，旨在推动降低企业要素成本。

《行动方案》主要有三个方面特点：

一是合力破解共性问题。比如，为了打通基础设施网络堵点卡点、提升多式联运衔接效率，《行动方案》提出实施长三角铁路货运、内河水运联通工程。目前，沪通铁路二期、北仑支线复线、宁芜铁路扩能改造、宿连航道整治等项目加快推进，江苏"两纵三横"干线航道基本实现联网贯通，浙北集装箱主通道年底前可实现内河三层集装箱船舶通行，江苏宿迁、安徽芜湖开通了上海直达航线。

例如，2021年以来，杭州海关会同上海、宁波等地海关，在长三角相关空港间开通"陆路航班"业务，助力长三角空港物流辐射范围进一步加大，为外贸企业经营运作提供更多选项，受到企业欢迎。今年前10个月，杭州萧山机场口岸的陆路航班货运量为2.42万吨、同比增长37.98%。

二是优先推动共识事项。比如，发展多式联运是推动运输结构优化调整、降低综合运输成本的有效途径。为了协同破除多式联运"中梗阻"，《行动方案》提出，合力开展"一单制""一箱制"试点，打造海铁联运精品线路。

目前，宁波舟山港探索创新多式联运"一单制"，率先在"渝甬通道"运营平台中推动中远海、马士基等船公司签发海铁联运全程运输提单，为内陆企业减少了大量异地订舱及用箱成本；江苏淮安—上海港率先试点"以箱促链"，海运集装箱可在铁路站点"放箱直提"，"不换箱、不开箱、一箱到底"，货运时间降低了近一半；安徽开通首列合肥—上海光伏逆变器铁海联运班列，国内运输环节成本下降45%。

此外，安徽省港航集团、奇瑞汽车和江汽集团共同成立安徽航瑞国际滚装运输有限公司，分批投建10艘"7000—9000车位"远洋滚装船舶，建立可靠、稳定、安全的滚装运输体系。在自有船舶建造交付前的运力空缺期，利用租船运营模式开通中国—墨西哥远洋滚装航线，通过减少中转环节、充分整合航运资源，降低单车出口海运费28美元/车，单航次可为出口车企降低物流成本9.8万美元。

三是协同开展改革创新。比如，为提升口岸服务效率、提升国际物流竞争力，《行动方案》提出推广东南亚卡航、联动接卸等模式，降低内陆枢纽集货和通关成本。

（来源：互联网）

（四）多城互通、升级优势产业，长三角一体化今年有了新方向

2024年12月27日，上海轨道交通市域线机场联络线首班发车，在缩短浦东和虹桥综合交通枢纽的同时，机场联络线还可与多条既有及在建轨道交通实现换乘，其中就包括贯穿苏州、无锡、常州的苏锡常城际铁路，以及地铁线路的无缝换乘，对长三角区域的辐射作用进一步增强。

"轨道上的长三角"不断扩容成为长三角一体化发展的主要表现之一。近年来，医疗、科创、户

政、市场经营等一系列举措的出台，也让长三角一体化发展更接地气。在不断融合中，长三角三省一市经济总量从 2018 年占全国比重的 23.9% 提升到了 2023 年的 24.4%；长三角"万亿城市"从 2018 年的 6 个增加到 9 个，占全国比重超 1/3。

2025 年，长三角一体化发展有哪些新方向？

超百项业务实现"一网通办""跨省通办"

2024 年 7 月，沪苏浙皖四地警方推出十项便民惠企实事项目，实现了长三角区域常见交通违法审理业务一窗通办，居民户籍信息动态项目变更、公民身后"一件事"、重点易制毒化学品运输证等业务跨省通办，同时，四地公安机关组成长三角区域公安为民为企服务联盟，将出台跨省"一网通办"事项清单，统一受理标准，协同推进证件照片"一地拍照、全域通用"等便民应用，实现长三角居民办理户籍、出入境、交管业务"跨省通办"时享受无差别服务。

近年来，长三角区域在加快完善一体化发展体制机制中，公共服务便利共享始终是一项重点工作，在 2024 年 12 月 4 日，上海举行的"推动高质量发展"主题系列新闻发布会上，长三角区域合作办公室主任、上海市政府副秘书长、市发展改革委主任顾军介绍，截止目前长三角地区累计已有 170 余项高频政务服务和应用实现跨省"一网通办"，创新推出长三角新生儿出生"一件事"、跨省就读家庭经济困难学生资助"免申即享"。长三角率先在全国试点的跨省异地就医门诊费用直接结算至 2024 年 10 月底已累计超 4600 万人次，减少群众垫付超 70 亿元。基础设施互联互通水平持续提升。

"一网通办""跨省通办"的成果也被写进了政府工作报告，浙江省政府工作报告中提到，2024 年，浙江扎实推进长三角一体化，推动居民服务"一卡通"等 10 项实事落地见效。安徽省政府工作报告中则重点提到，居民服务"一卡通办"事项扩大到 78 项，政务服务"跨省通办"事项扩大到 176 项。江苏省实施跨省高效办成一件事、医保跨省结算提质扩面、共同守护舌尖上的安全等社会关注的 10 件长三角实事项目，173 个政务服务事项实现长三角一网通办。

四地还提到，2025 年，将持续拓展"一网通办""跨省通办"项目。为加快这一进程，2024 年 11 月 5 日，经江浙沪皖四地人大共同研究，对长三角地区 2025—2027 年协同立法工作作出统筹安排，这也是首次制定三年协同立法计划。具体来说，未来三年，长三角地区人大将协同立法项目包括：制定《促进长三角科技创新共同体建设的决定》（暂定名）、制定《深化长三角政务服务"一网通办"的决定》（暂定名）、围绕长三角突发事件协同应对机制开展协同立法。同时，还将研究推动长三角区域社会信用协同立法、研究推动制定《促进长三角文旅一体化发展的决定》（暂定名）和研究推动制定或者修改法律援助法规。

深入落实长三角一体化高质量发展实施方案，推进基础研究、市场一体化、区域物流、生态环保、政务服务等重点合作事项，同样在上海市政府工作报告中被重点提及。此外，拓展长三角"一卡通"应用场景，推动专项信用报告等区域互认也是安徽省 2025 年重点工作之一。

此外，在深入推进长三角生态绿色一体化发展示范区制度创新方面，三省一市也在持续发力，其中，2024 年，上海市长三角生态绿色一体化发展示范区新推出 18 项制度创新成果，2025 年，还将深入推进长三角生态绿色一体化发展示范区制度创新，深化落实改革授权事项，加快方厅水院、上海示范区线等项目建设。浙江省政府政府工作报告中也提到，要深化长三角生态绿色一体化发展示范区建设取得新进展。

"轨道上的长三角"将加速推进

2024 年底，长三角交通变革成为热门话题，2024 年 12 月 26 日，第一条横贯长三角的高铁线路沪苏湖高铁正式开通，在填补太湖南岸铁路空白的同时，还将湖州与上海的通勤时间缩短为 55 分钟。开通当天，随着 G9508 号列车从湖州东站驶出，上海松江、练塘、苏州南、盛泽、湖州南浔、湖州东等新建车站正式启用。第二日，上海轨道交通市域线机场联络线首班发车，"两场"联通最快只用 40 分钟，又为长三角交通一体化新增加一条机场快速通道，极大缩短了长三角节点城市时空距离。

实际上，在长三角一体化中，交通始终是备受关注的一点。截至 2024 年底，长三角"超级环线"高铁开通，长三角高铁营业里程已超 7600 千米，较 2018 年的 4150 千米增加超 80%，全长 163 千米的沪苏湖高铁开通后，上海至湖州通行时间将从原来约 2 小时缩短至 40 分钟左右；新能源汽车充换电基础设施"一张网"加快构建，年度新建公共充电桩超 12 万个，车桩比达 1.55，提前完成年度 1.9 以内的目标。

在 2025 年《政府工作报告》中，交通同样是长三角一体化工作重点，浙江省就提出 2025 年要加强省际基础设施"硬联通、软衔接"，推动"轨道上的长三角"等重点领域合作取得新进展。

同时，上游新闻记者了解到，为加快建设"轨道上的长三角"，在"十四五"铁路规划中，包括北沿江高铁、合武高铁、通苏嘉甬高铁等干线高铁项目目前已开工建设，此外还有 17 条规划高铁待开工，据官方消息，2025 年有望开工 6 条，其中，全线位于江苏省内的盐泰锡宜城际铁路已经施工招标，计划 2030 年 7 月建成。项目北起盐城市，中连泰州市，经无锡市、常州市，终至宜兴市，最高设计速度 350 公里 / 小时，建成后有利于加强苏中、苏北、苏南与浙江地区的经济发展联系。另外 5 条按照目前项目推进情况，也有希望在 2025 年开工涉及安徽六安、江苏宿迁以及浙江温州等地，将为长三角一体化发展带来更多的增长潜能。

不仅是高铁，作为国民经济的"经脉"，被称为包邮区的长三角区域，在物流方面也在推进融合发展。2024 年底，长三角三省一市联合出台了《长三角区域物流提质增效降本行动方案》，这也是全国第一个跨省域的物流降本增效方案。长三角区域合作办公室常务副主任、上海市发展改革委副主任张忠伟此前在发布中提到，经综合测算，长三角的物流成本相比全国是低的，但对标国际先行地区仍然比较高，降低物流成本、提高运行效率仍有较大空间。因此，方案中提出了七大行动 37 项举措。

具体来说，2025 年起，长三角三省一市，将实施长三角铁路货运、内河水运联通工程。同时，为了协同破除多式联运"中梗阻"，要合力开展"一单制""一箱制"试点，打造海铁联运精品线路。目前，宁波舟山港探索创新多式联运"一单制"，率先在"渝甬通道"运营平台中推动中远海、马士基等船公司签发海铁联运全程运输提单，为内陆企业减少了大量异地订舱及用箱成本；江苏淮安—上海港率先试点"以箱促链"，海运集装箱可在铁路站点"放箱直提"，"不换箱、不开箱、一箱到底"，货运时间降低了近一半；安徽开通首列合肥-上海光伏逆变器铁海联运班列，国内运输环节成本下降 45%。此外，还要协同开展改革创新，推广东南亚卡航、联动接卸等模式，降低内陆枢纽集货和通关成本。目前，三省一市海关创新物流监管协作，深化推动"联动接卸"模式，长三角三省 11 个港口与上海洋山港"视同一港"，实现进出口货物"一次申报、一次查验、一次放行"，每个进口和出口集装箱可分别降低物流成本 200 元和 400 元。

近年来，人工智能领域企业备受关注，凭借着深厚的工业根基和科研创新资源，长三角地区已成为我国先进制造业、战略性新兴产业最为密集的区域之一，在 2025 年政府工作报告中，这一点也被充分证实。

在发挥龙头带动作用方面，上海市市长龚正在政府工作报告中提到，2024 年，上海加快国际经济中心建设，产业体系现代化水平持续提升。重点围绕发展新质生产力，出台实施区块链、低空经济、大飞机、新型储能、新材料、超高清、核电等产业支持政策，打造 28 个未来产业试验场。推进工业领域大规模设备更新和创新产品扩大应用，开工建设 10 亿元以上重大产业项目 26 个。

作为推动长三角一体化发展的重要力量，江苏省省长许昆林也在政府工作报告中晒出了成绩单，许昆林提到，2024 年，江苏省推出长江经济带高质量发展 84 项政策措施，细化落实深入推进长三角一体化高质量发展 80 项重点任务，牵头组建首批 12 家长三角创新联合体，"东数西算"长三角枢纽"1+4"算力平台互联互通加快推进，一体化发展示范区累计形成 154 项制度创新成果。

同样，2024 年，浙江省加快推进"千项万亿"重大项目建设，新增浙东工业母机、环杭州湾现代纺织服装、金华台州丘陵山区农机装备、长三角大飞机等国家先进制造业集群 4 个、总数达到 8 个，巩固提升数字经济优势，积极推进数字产业化和产业数字化，数字经济核心产业增加值增长 8% 左右，规上工业企业数字化改造实现全覆盖。而在此前公布的数据中，2024 年浙江省还牵头建设数字长三角，深化国家数字经济创新发展试验区建设。

安徽省政府工作报告中提到，2024 年安徽新质生产力加快成长，量子信息、聚变能源、深空探测三大科创引领高地建设成效显著，"祖冲之三号"实现超导量子计算最强优越性，九韶内核软件、超导质子回旋加速器等一批技术和产品打破国外垄断。汽车产量继续保持 40% 以上增长、达 357 万辆，新能源汽车产量增长 94.5%、达 168.4 万辆，产量均居全国第 2 位。集成电路产量增长 47.4%，工业机器人产量增长 81.4%。光储产业综合竞争力评价居全国第 3 位，人工智能产业发展评价居全国第 6 位。整车出口量跃居全国首位，全国每出口 4 辆汽车就有 1 辆安徽造。

另有官方数据显示，2024 年，长三角科技创新策源能力持续加强，加快推进了长三角科技创新共同体联合攻关计划，第三批 41 项需求任务清单已对外发布，长三角科技资源共享服务平台已集聚大型科学仪器 46441 台（套），支持长三角企业购买创新服务超 7000 次，支持金额超 1.7 亿元。同时，积极发挥 G60 科创走廊先行区示范引领作用，G60 科技成果转化基金已投项目 17 项，投资额达 5.42 亿元。还共建了长三角新能源汽车产业链体系，联合促进车联网和智能网联汽车发展。

作为全国数字经济的领跑者，浙江提出，今年要力争数字经济核心产业增加值增长 6.5% 以上，争创新一轮国家数字经济创新发展试验区，支持杭州打造人工智能产业发展高地。同时，培育壮大新兴产业，支持生物医药、高端装备、新材料等产业发展，提升智能物联、集成电路、高端软件等产业集群建设水平，力争战略性新兴产业增加值增长 7.5%。

江苏要求，重点打造智能电网、工程机械等 10 条具有国际优势，生物药、集成电路等 10 条具有全国优势，飞机配套等具有发展潜力的重点产业链。安徽省省长王清宪建设具有国际竞争力的先进制造业集群，加快建设世界级先进光伏和新型储能集群，实施新一代光储等创新攻关项目 30 个以上；同时，加快建设世界级新能源汽车集群和世界级智能语音及人工智能集群。上海则明确提出要着眼产业高端化，深入实施三大先导产业新一轮"上海方案"，优化集成电路产业空间布局，全链条加速生物医药产业创新发展，加快推进人工智能产业创新高地建设。

在 2025 年重点工作中，沪苏浙皖除聚力打造优势产业集群和重点产业链，提升优势产业的全球地位外，在深入融合长三角一体化中也各种侧重，上海提出，要实施上海大都市圈国土空间总体规划，大力提升 G60 科创走廊、沿沪宁产业创新带等平台能级，强化跨区域协同发展。浙江则侧重数字长三角等重点领域。江苏提出，要更好联动长江经济带发展，加快沿江特色先行示范段建设，强化与京津冀地区、粤港澳大湾区等战略对接。安徽提到主动对接上海"五个中心"建设等事项。

近年来，长三角三省一市的成绩有目共睹，从总量看，长三角三省一市经济总量从 2018 年占全国比重 23.9% 提升到了 2023 年的 24.4%，长三角"万亿城市"从 2018 年的 6 个增加到 9 个，占全国比重超 1/3。从质量看，长三角研发经费投入强度从 2018 年的 2.81% 上升到 2023 年的 3.34%，2024 年全球创新指数（GII）全球百强科技集群排名中，上海－苏州集群位列第五，南京集群排第九，首次跻身前十。2025 年，长三角三省一市也将持续发力，增强长三角区域经济的韧性活力和责任担当。

（来源：上游新闻）

（五）发改委推广物流新模式；海关总署助力长三角区域物流降本增效；上海推动空港型国家物流枢纽建设

国家发展改革委推广物流"平台＋服务"模式；工信部助工业园区推进氢能物流干线建设；海关总署助力长三角区域物流降本增效；上海出台新措施助力航空物流枢纽能级提升。

1. 发展改革委推广物流"平台＋服务"模式

2024 年 12 月 31 日国家发展改革委发布《关于推广借鉴上海浦东新区、深圳、厦门综合改革试点创新举措和典型经验的通知》，本次推广借鉴的创新举措及典型经验共 32 条。

在优化航运全链条综合服务方面，其中提出创新"平台＋服务"机制，打造相关国际航运综合服务平台，推动海上客运、货运平台数据资源融合，推行货、车、船、港实时联结，全物流链实时跟踪监测的新模式在全国范围推广。

2. 工信部推进氢能物流干线建设

2024 年 12 月 31 日，工业和信息化部等三部门发布《加快工业领域清洁低碳氢应用实施方案》。其中提出，支持有条件的工业园区、产业集聚区统筹推进"区对区"氢能物流干线和沿线加氢基础设施建设，在钢厂物流、矿山基地、工业园区、港口码头等场景开展燃料电池汽车规模化应用，形成完整、可靠、大流量的氢能物流网络。高质量推进燃料电池汽车示范城市群建设，加快车辆推广和氢能供给体系建设，推动氢燃料电池汽车产业链技术、产品迭代开发应用。

3. 海关总署助力长三角物流降本增效

2024 年 12 月 29 日，海关总署公布出台新一轮支持长三角区域一体化发展 16 项措施，聚焦支持新质生产力发展、促进物流降本增效、营造高水平口岸营商环境、坚决守护国门安全、提升整体智治水平五个方面。

在创新协同监管模式，促进物流降本增效方面包括 3 项措施，包括推动物流一体化运作，拓展"联动接卸"模式适用范围，开展多式联运转关模式试点，创新空运前置货站模式；优化口岸属地监管作业协同，加强"附条件提离"下不合格货物后续处置监管，支持进境种苗开展跨关区附条件提离。

4. 江西打造高效绿色物流网络

2025 年 1 月 2 日，江西省人民政府印发《江西省空气质量持续改善行动计划实施方案》。其中提出，推进交通结构优化，大力发展绿色运输体系。加强铁路专用线和联运转运衔接设施建设，最大程度发挥既有线路效能，重要港区新建大宗干散货、集装箱作业区时，原则上同步规划建设进港铁路；扩大现有作业区铁路运输能力。新建及迁建大宗货物年运量 150 万吨以上的物流园区、工矿企业和储煤基地，原则上接入铁路专用线或管道。强化土地利用、验收投运、运力调配、铁路运价等措施保障。

5. 山东支持打造港口型国家物流枢纽

2025 年 1 月 2 日，山东省人民政府印发《关于支持烟台打造绿色低碳高质量发展示范城市的实施方案》。其中提出，完善现代交通体系。加快实施高铁南站改扩建工程，完善青荣城际铁路、潍烟高铁、莱荣高铁高速铁路网。启动蓬莱东港区建设，打造港口型国家物流枢纽。支持日韩出口中亚、欧洲货物在烟台集拼，开辟日韩海铁联运大通道。推动莱州、招远、莱阳、海阳通用机场建设。

6. 北京科技创新助力全球供应链融合发展

2024 年 12 月 31 日，北京市科委、中关村管委会联合市政府外事办、市发改委等 8 个部门联合发布《北京市科技创新国际化提升行动计划（2024-2027 年）》，提出未来 3 年实施六大行动，突出北京特色，高质量"引进来"高水平"走出去"，构建具有全球竞争力的创新生态。其中提出，助力科技创新与产业创新深度融合。鼓励科技领军企业聚焦重点国家（地区）和全球供应链重要节点区域，布局分支机构、研发中心，加快医药健康、智能网联汽车、商业航天等领域产业国际合作。

7. 上海助力航空物流枢纽能级提升

2024 年 12 月 31 日，上海市人民政府办公厅印发《关于进一步提升上海航空物流枢纽能级的若干措施》。其中提出，推动上海空港型国家物流枢纽建设，加快建成并投运浦东国际机场智能货站、集中查验中心等基础设施，抓紧启动浦东国际机场新东货运区快件和跨境电商货物处理中心、亚太一站式航空物流中心等项目建设；支持国内外航空公司、快递物流企业等各类经营主体在上海设立总部或分拨中心，发展航空货运业务，建设货运保障设施。

8. 安徽打造现代供应链体系

12 月 31 日，安徽省人民政府办公厅发布《构建现代物流体系有效降低全社会物流成本实施方案》，提出到 2027 年，物流相关行业增加值达到 1 万亿元，社会物流总费用与 GDP 比率降至 12%。其中明确，安徽将大力实施物流强省战略，通过构建现代供应链体系、建设物流枢纽网络、畅通综合交通通道、积极推动数字赋能、培育高效市场体系等五个方面、18 项重大任务，并细化为江淮海畅通联运、多式联运试点示范、供应链服务示范创新、物流供应链标准化推进等十大重点工程。

9. 河南制定降低物流成本实施方案

12 月 30 日，河南省人民政府印发《加快服务业高质量发展若干政策措施》。其中提出，提质发展现代物流。制定降低社会物流成本实施方案，力争社会物流总费用与地区生产总值比率低于全国平均水平 1 个百分点左右。对国家、区域物流枢纽和省级以上骨干冷链物流基地范围内及物流"豫军"企业投资建设总投资额超过 5000 万元的重大物流基础设施项目，按照不超过核定总投资额 30% 的标准给予补助。对符合条件的钢材、粮食、化肥、集装箱等竞争性货源，按照规定给予铁路运价优惠。

10. 福建推动商贸物流区域联动发展

12 月 27 日，福建省人民政府发布《福建省推进以人为本的新型城镇化战略实施方案（2024—2028 年）》。其中提出，构建梯次配套的产业圈。引导传统制造业、专业批发市场、商贸物流等由中心城区向外疏解和联动发展。依托福厦泉国家自主创新示范区，打造科技创新走廊和若干山海协作创新平台。推进厦漳泉国家级跨境电商综合试验区联动建设，建立通关、物流、支付、海外仓等平台数据共享机制。

（来源：现代物流报）

（六）融入服务全国统一大市场 | 向东融入长三角 创新开放提能级

长三角地区是我国经济发展最活跃、开放程度最高、创新能力最强的区域之一，以全国 1/25 的土地，集聚了约 1/6 的人口、1/5 的经营主体，创造了全国近 1/4 的 GDP，在全国现代化建设大局中具有举足轻重的战略地位。河南省提出向东要融入长三角，加强东向高铁、水运通道等建设，推进产业协同创新体系和高水平协同开放平台建设，对提升内外开放能级、推动区域高质量发展意义重大、影响深远。本期理论圆桌特邀上海、江苏以及我省专家围绕向东融入长三角相关问题进行研讨。

深化沪豫协同，提升区域竞争力

"加速东向发展，融入长三角，深化与上海的协同合作，对于促进经济高质量发展、推动产业升级、提升创新能力具有重要意义。通过在产业协同、基础设施互联互通、科技创新合作、对外开放合作，河南与上海将实现优势互补，为国家经济发展做出更大贡献。"

河南作为全国重要的经济大省，正以更加开放的姿态向东看齐，积极融入长三角经济圈，特别是深化与上海的协同发展。在全国统一大市场建设的战略背景下，沪豫两地在产业协同、基础设施互联互通、科技创新、开放平台建设等领域具有广阔的合作空间。

河南向东发展的战略意义：现实需求和战略机遇

全国统一大市场建设背景下的河南定位。上海作为长三角地区核心城市，在科技创新、产业升级、金融服务和全球贸易等领域有明显优势。河南位于中国经济地理中心，具备承接长三角辐射、推动全国统一大市场建设的重要条件。因此，主动对接上海，深化与长三角地区区域协同，既是河南高质量发展的现实需求，也是战略机遇。

河南与长三角的差距与机遇。2024 年，河南 GDP 为 6.36 万亿元，上海 GDP 为 5.39 万亿元。尽管河南经济总量超过上海，但在人均 GDP、产业结构、科技创新等方面仍存在较大差距。河南人均 GDP 约 6 万元，上海已超 21 万元。河南的高新技术产业占 GDP 比重低，科技成果转化率较低，产业链高端环节薄弱。而上海作为全国科技创新中心，拥有顶级科研机构和多家世界 500 强企业，可为河南提供产业升级支撑。

面向未来，河南具备巨大发展潜力。河南地处中部市场腹地，能够承接长三角产业转移。近年来，河南在基础设施建设和产业转型方面取得显著进展，"米"字形高铁网、自贸试验区、航空港经济综合实验区发展迅速，作为经济大省在全国经济版图中的地位日益凸显。

沪豫产业协同：构建现代化产业体系

河南对接上海，承接长三角产业转移。近年来，随着长三角产业结构升级，劳动密集型产业和中低端制造业逐渐向外转移，河南成为其主要承接地。河南与上海产业结构互补，承接产业转移可推动河南制造业升级，并帮助上海优化产业布局与科技成果转化。未来，沪豫两地可在产业链对接、技术合作和市场拓展方面深化合作，打造具有国际竞争力的现代化产业体系。在电子信息产业方面，郑州已成为全球重要的智能终端制造中心，富士康郑州基地是全球最大 iPhone 生产基地。上海则在芯片制造、人工智能和集成电路设计等领域具有优势。河南加强与上海合作，推动电子信息产业发展，努力形成"上海研发—河南制造—全球销售"的产业链模式。在新能源汽车产业方面，河南已建立完整产业链，吸引了比亚迪等企业。上海在电动车核心技术和智能网联汽车领域领先，沪豫两地可深化合作，推动技术研发与应用。

上海辐射河南，助推产业升级。上海作为制造业创新中心，汇聚了集成电路、生物医药、人工智能等高端制造业。河南作为传统制造业大省，面临技术薄弱和产业链高端环节缺失问题。借助上海科技和产业资源，河南可加速制造业转型，向"制造强省"迈进。"飞地经济"模式为沪豫产业协作提供了方案。上海龙头企业在河南设生产基地，利用低成本、土地资源和物流体系进行规模化生产。通过沪豫合作，河南制造业将与上海产业链深度对接，共同提升技术水平，加快进入全球价值链高端环节。

基础设施互联互通：构建更紧密的区域网络

河南与上海的基础设施合作潜力巨大。河南地处中部，拥有完善的交通基础设施。与上海的合作，尤其是在交通、物流、信息基础设施方面，将大大提升河南的对外开放水平。上海作为国际金融中心和航运中心，其全球物流和供应链网络高度发达完善。上海的国际航运线路覆盖全球，港口物流、跨境电商等优势可为河南提供全球市场的接入渠道。未来，河南能够通过加强与上海在铁路、公路、航空等运输网络的对接，实现两地更高效的物资流动、信息共享、资源整合。同时，上海作为数字化创新的先行者，在智能制造、人工智能、大数据产业等方面具备领先优势。通过基础设施的互联互通，河南不仅能提高区域经济的互联互通性，还将提升在数字化转型中的竞争力。

沪豫高效协作的推动机制。河南可借助国家重大发展战略，通过政策协同打破区域发展壁垒，推动两地在基础设施建设中的深度合作。例如，加快建设长三角—中部地区物流通道，设立联合经济合作平台，推动两地物流系统、产业园区的共同建设和资源共享。此外，河南自贸试验区和上海自贸区的协同将为两地提供更好的政策支持，河南可以进一步扩大开放，加快高效能的自由贸易、金融创新、国际物流等领域的先行先试。

科技创新合作：推动创新驱动发展形成良性循环

扩大科技创新合作领域。近年来，河南在智能制造、新能源和机器人技术等领域取得显著进展。上海拥有丰富的创新资源、顶级科研机构和一流创新人才，如中国科学院上海分院、复旦大学等科研平台。为缩小差距，河南应加强与上海在高技术产业领域的合作，通过联合建设创新实验室、研究中心和企业孵化器，推动科技创新与产业升级，形成更具国际竞争力的高端产业集群。上海在人工智能、大数据、集成电路和生命科学等领域处于领先地位，河南可通过共享上海的科研资源和技术成果，推动两地企业深度合作。例如，加速生物医药、智能制造和绿色技术等领域的技术转化与产业化，提升区域整体竞争力。

联合创新推动产业升级。科技创新的关键在于产业化与市场化。河南可通过与上海合作，在科技成果转化、创新产业孵化和科技金融服务等方面加强联动，推动科研成果快速转化为实际产品。通过打造"科技园区—企业孵化—市场需求"的创新链条，吸引更多创新型企业进驻河南，推动新兴产业的发展。上海的风险投资、天使投资和创投机构在全球具有影响力，通过引导资本进入河南创新领域，促进科技创新和产业升级。两地可共建科技园区和产业孵化器，通过政策和资金支持，打造创新驱动发展的良性循环。

深化开放合作：促进全方位对外开放

上海的开放优势与河南的战略机遇。上海作为中国对外开放的前沿阵地，在金融、贸易等领域具有国际影响力。河南在对外开放方面潜力巨大，特别是在国家重大发展战略带动下，与上海的合作将提升河南国际化水平，促进全球价值链的参与，推动区域经济与全球市场深度对接。河南应利用区位优势，通过与上海在贸易、金融等领域的协同合作，在国际化、金融创新和跨境电商等新兴领域实现突破，提升发展竞争力。

打造开放协同平台，共享发展红利。河南可以依托上海的金融中心地位，推动建立区域合作平台，促进自由贸易区、跨境电商、数字贸易等领域的合作。通过联合工作平台和行业论坛，河南与上海将在多领域形成协同效应，共享发展红利。未来，随着上海自贸区的扩展和跨境电商的发展，河南可通过政策协同与企业对接，提升整体开放水平。在合作中，两地应根据产业特征定制化合作方案，实现协同创新、资源共享和互利共赢。

找准向东融入长三角

"全面贯彻落实河南融入服务全国统一大市场大会精神，要找准发力点、关键点、支撑点，畅通东向交通大通道，强化产业对接与协同，提升对外开放能级，加强科技创新合作，向东深度融入长三角。"中共河南省委党校经济学教研部主任、教授 贺卫华这样说。

河南融入服务全国统一大市场大会提出向东融入长三角，这是省委高瞻远瞩的重要部署。长三角地区以其强大的经济实力、创新能力和开放水平，正在成为引领全国高质量发展的核心引擎，对周边地区乃至全国都产生了巨大的辐射带动作用。因此，向东融入长三角，是贯彻落实习近平总书记关于河南工作的重要论述的行动自觉，也是实现河南在全国区域大格局中争先出彩的关键路径。

融入长三角是河南争先出彩的时代契机

从全国区域发展格局来看，长三角地区产业体系完备、科技实力雄厚、金融市场发达、人才资源丰富，其发展经验和创新成果对全国都具有强大的辐射带动作用。河南具有区位优势、枢纽优势、产业优势、市场优势，正处在厚积薄发、崛起倍增的关键期和新旧动能接续转换的攻坚期。但从总体上看，受创新能力不足、产业结构不优、开放水平不高、企业实力不强、基础支撑不够等短板制约，"大而不强"问题突出，在区域竞争中面临"前有标兵、后有追兵"的形势。省委作出向东融入长三角的科学谋划，找到了破解河南发展难题、厚植发展动力、开启发展新局的"金钥匙"。

融入长三角的坚实基础与支撑

河南交通区位优势突出、产业基础雄厚、人力资源丰富、市场潜力巨大，具有融入长三角的坚实基础和支撑条件。一是区位交通优势突出。河南地处中原腹地，是全国重要的综合交通枢纽，具有"通江达海、承东启西、连南贯北"的独特区位优势。铁路方面，在全国率先建成了"米"字形高铁网，形成了以郑州为中心，通达全国主要经济区的"12345"高铁交通圈，大幅缩短了与长三角地区的时空距离。公路方面，近9000千米的通车里程、四通八达的公路网络，与长三角地区的省际公路连接紧密，大幅提高了两地的运输效率。内河航运方面，淮河、沙颍河等航道经过整治和升级，通航能力显著增强，实现了与长三角地区的水路连通，铁公水多式联运体系逐步完善。二是产业基础雄厚。雄厚的产业基础正是河南融入长三角的底气所在。传统产业方面，拥有一批行业领军的装备制造企业，具备强大的生产制造能力和技术研发实力；食品产业方面，加工产业规模庞大，涵盖了粮食加工、肉类加工等多个领域，众多知名品牌在全国市场占据重要地位，可以满足长三角地区庞大的消费市场需求。新兴产业方面，智能终端、新型显示等电子信息产业迅速发展，新能源汽车产业不断壮大。这些产业基础为河南承接长三角地区的产业转移提供了良好的条件。三是市场潜力巨大。一方面，随着居民收入水平提高和消费结构升级，河南消费市场呈现出快速增长的态势，对各类商品和服务的需求日益多样化，为长三角地区的企业提供了广阔的市场空间。另一方面，河南作为中部地区的经济中心，其市场辐射范围不仅涵盖本省，还延伸到周边省份，能够为长三角地区的企业提供更广阔的市场平台。

向东融入长三角的实践路径

畅通东向交通大通道。一方面，加快推进东向高铁建设。以"米"字形高铁网为基础，积极推进现有铁路线路加密和新线路规划落地，全力推动在建平漯周高铁项目建设，使之成为进一步完善河南中南部高铁网络、加强与长三角地区的联系的重要通道；积极争取南信合高铁项目开工建设，使之成为豫南地区东进长三角的关键通道。另一方面，加快推进水运通道建设。以构建出海水运通道主骨架为核心，加快推进沙颍河、淮河、唐白河、沱浍河等骨干航道建设。在淮河航道上，协同推进淮河皖豫段航道整治工程，提升淮河干流通道服务水平，让淮河成为河南东向水运的黄金通道；积极推进洪汝河、涡河、惠济河等支流航道建设，形成干支联动的水运网络，提升内河航运的整体效能。在港口建设上，推进周口港、信阳港扩容增效和智能化改造，提升周口港货物吞吐能力和港口作业效率，实现货物快速装卸与转运，完善信阳港港口设施，使之成为河南对接长三角水运的前沿阵地。

强化产业对接与协同。产业协同是区域融合发展的核心。河南应立足自身产业基础，积极承接长三角地区产业转移，推动产业升级与协同发展。在装备制造领域，鼓励本地企业与长三角地区的行业龙头开展合作，引入先进技术和管理经验，提升产品质量和技术水平。在新兴产业培育上，加强与长三角地区创新合作，共建产业创新平台，联合开展关键技术攻关，吸引长三角地区的创新资源在河南落地转化，培育壮大新兴产业，形成新的经济增长点，实现产业的协同共进与优势互补。

提升对外开放能级。一方面，充分发挥郑州航空港经济综合实验区的开放引领作用，加强与上海、南京、杭州等长三角地区航空枢纽合作，开辟更多国际国内航线，提升航空运输能力，打造"空中丝绸之路"重要节点；加强临空产业合作，共建产业合作园区，形成临空产业集群。另一方面，与长三角地区自由贸易试验区开展深度合作，学习借鉴其在投资管理、贸易便利化、金融开放等方面的先进制度与创新经验，推动河南自贸试验区建设和高质量发展。此外，还要积极参与共建中原—长三角经济走廊，加强与长三角地区在产业、科技、人才、生态等领域的全方位合作，打造区域协同发展的示范带，提升河南对外开放水平和国际竞争力。

加强科技创新合作。一方面，建立产学研合作联盟，鼓励河南企业与长三角地区高校、科研机构共建研发中心、产业技术创新战略联盟等创新平台，促进科技成果在河南的转化和应用。例如，支持河南企业与长三角地区高校联合开展科研项目，推动科研成果从实验室走向生产线，提升河南产业的科技含量和竞争力。另一方面，加强两地人才交流，制定出台更加优惠的人才政策，吸引长三角地区高端人才、创新团队到河南创新创业；同时选派优秀人才到长三角地区学习培训，提升科技创新能力和人才队伍素质。

以苏豫产业协同，融入服务全国统一大市场

加快推进苏豫产业协同发展，要充分尊重市场规律，循序渐进促进产业链贯通、价值链互补、供应链对接、数据链共享和创新链整合，推动形成优势互补、高质量发展的区域经济布局。

全国统一大市场是构建新发展格局的基础支撑和内在要求。向东融入长三角，是河南主动强化对内开放，融入服务全国统一大市场建设的重要部署。对江苏和河南更好发挥经济大省对区域乃至全国发展的辐射带动力亦具有积极意义。做好"向东"这篇"大文章"，破题的关键在于加快推动省际产业协同发展，在更大范围内联动构建创新链、产业链和供应链。

跨区域产业协同是全国统一大市场建设抓手

向东融入长三角有着十分丰富的意蕴内涵，是包括要素流动、商品贸易、产业分工、创新联合、政策协调等在内的全方位融入，要求实现"1+1>2"的"双向奔赴"而非零和博弈的"单向虹吸"。这就需要围绕建设全国统一大市场循环枢纽、打造国内国际市场双循环支点的目标定位，加强与长三角地区的联系及合作，对标找差、资源整合、锻长补短，不断提升互联互通、商贸流通、现代产业、内外开放、营商环境的质量和水平。其中，重中之重是加快跨区域产业协同。

推动跨区域产业协同对全国统一大市场建设具有纲举目张的重要作用。从内涵来看，产业协同包括区域间产业分工、关联、组织、布局及结构等方面的协调与合作，其微观本质是要素、资源与商品、服务的跨区域优化配置、高效匹配，这正是全国统一大市场建设的主要目标任务。

苏豫跨区域产业协同发展有着显著的内驱力。除了历史相交、地理相近、交通相连、人文相亲等传统因素外，产业资源的互补也有力促进了经济相融。近年来，两省部分城市开展结对合作，携手推进产业协作和产业链对接，主要体现在三个方面：一是优化产业布局。发挥河南要素成本优势，承接纺织、机械制造等部分劳动密集型产业转移；二是共建产业园区。打造形成一批如苏信合作产业园等引领性项目；三是加强技术合作与供需匹配。推动新能源、电子信息等新兴产业领域上下游配套与联动发展，加强农业技术、农产品深加工合作与产销对接，促进文旅资源整合创新等。苏豫经济合作得到进一步巩固、深化和扩大，未来仍有广阔发展空间和前景。

江苏产业发展在全国的突出优势

强大的产业科技创新能力。江苏区域创新能力排名全国第二。主要体现在：一是基础创新实力雄厚。江苏基础创新资源丰富，高校、大院大所、人才云聚，拥有紫金山实验室、太湖实验室、苏州实验室等一批战略科技力量。二是产业创新导向鲜明。强调知识生产的价值实现，首个全国高校区域技术转移转化中心获批建设，高新技术企业超过 5.7 万家，以企业为主体引进国家级人才数量居全国前

列。除了科技成果的本地转化，也实现了创新溢出的正向效应。三是开放创新协同高效。江苏集聚了一大批外资研发中心，积极开展跨境创新合作，推动形成长三角科技创新共同体联合攻关合作机制。

领先的制造业发展水平。制造业是江苏经济的"看家本领"，制造业高质量发展指数连续 4 年全国第一。从总体规模来看，江苏制造业门类齐全、链条完整。制造业增加值占 GDP 比重稳居全国第一。从发展质量来看，江苏以科技创新引领新型工业化成绩斐然。比如，高新技术产业产值占规上工业比重超过 50%，两化融合发展水平连续 10 年全国第一。从能力结构来看，江苏先进制造业优势明显。表现为强大的制造业配套能力和完善的产业生态，现有国家先进制造业集群 14 个，战略性新兴产业产值占规上工业比重超过 40%。

持续的高水平对外开放。外资、外贸是江苏经济的基本盘。改革开放以来，江苏经济起飞主要得益于抓住国际产业转移机遇，参与全球产业分工，发展外向型经济。当前，江苏"新三样"出口规模占全国比重接近 16%，实际使用外资约占全国的 1/6，外资、外贸规模稳居全国前列。此外，园区经济作为江苏的特色名片长期以来都是全国发展的"排头兵"，如江苏自贸试验区创新推进制度型开放，苏州工业园区等 19 个园区入围 2024 中国园区经济高质量发展"百强"，有力支撑了强县的崛起和新旧动能平稳接续转换。

加快推进苏豫产业协同发展

增强连接的便利性。连接是协同的前提和基础，要进一步在提升苏豫两省连接广度、密度、强度和深度上做文章。一方面，加强基础设施互联互通的"硬连接"。不断提升苏豫连接效率和通行能力。以"米"字形高铁网为牵引，加强高铁"直连通道"建设，推进水运通道、省际公路等连接、加密与升级。发挥河南在国家"东数西算"中的独特优势，推动苏豫算力基础设施生态、应用兼容对接，以"区域拼图"助力完善全国一体化算力网络。另一方面，探索建立省际合作机制的"软连接"。除了进一步做深、做实国家层面确立的苏州、信阳对口合作等现有机制外，可以参考长三角地区三级运作机制等相关做法，聚焦提升产业协同水平，共同探索建立省级沟通协调联动机制。

拓展合作的多维性。产业协同是一项系统工程，需要产业、市场、创新、流通、要素等多领域合作。具体来讲，主要包括三方面内涵：一是推动横向领域的协同。积极释放江苏产业科技创新平台、人才等辐射带动作用，联合开展"揭榜挂帅""赛马"，推动成果落地转化，鼓励打造跨区域创新联合体。优化铁公水集疏运体系，共建多式联运枢纽，全方位降低物流成本。消除市场进入和竞争壁垒，推动数据共享和各类场景有序开放。二是推动纵向链条的协同。两省应把握数字经济时代产业虚拟集聚发展趋势，加强两省产业链上下游在供需匹配、产品创新等方面的深入合作，共同开拓新领域新赛道。三是推动地理空间的协同。加强苏豫区域发展战略的对接与融合，如统筹推进徐州淮海经济区中心城市、郑州都市圈及洛阳中原城市群副中心城市建设，从重点地区合作开始逐步推广、强化影响。

加强推进的持续性。实现跨区域产业协同绝非一日之功，需要绵绵用力、久久为功，构建起共生共荣长效机制。推进中至少必须重视三点：一是防止陷入路径依赖。推动产业协同不仅是产业梯度转移、发展经验输出，而且还包括传统产业焕新、新兴产业壮大、未来产业培育中的分工协作。项目招引应跳出以政府补贴竞相打造要素成本洼地的方式。强化合作也要坚持竞争，在竞争中获得成长、推进合作，鼓励企业跨区域并购重组。二是完善激励机制增强内生动力。尊重市场逻辑和企业自主决策，促进各地比较优势充分耦合，打造产业协同成本收益共担共享的利益共同体。三是加力推动政策协调。除了注重政策取向的一致性外，还要加强政策沟通，促进区域间政策内容、理解与执行的一致性。

（来源：大河网）

二、长三角物流与供应链创新应用信息

（一）2024 年长三角快递物流展，7 月杭州迎来快递物流科技盛宴

2024 年长三角快递物流供应链与技术装备展览会于 7 月 8—10 日在杭州国际博览中心召开，本次展会由浙江省快递行业协会主办，上海市快递行业协会、江苏省快递协会、安徽省快递协会联合主办，上海信世展览服务有限公司承办，上海市仓储与配送行业协会、浙江省仓储行业协会、浙江省物流协会、浙江省自行车电动车行业协会合作单位，北京市快递协会、河北省快递行业协会、广东省快递行业协会、四川省快递协会、山东省快递协会、重庆市快递协会、辽宁省快递协会、陕西省快递协会协办。

作为快递物流一年一度的行业盛会，本次展会将汇聚全球领先的快递物流企业和创新技术，全方面展示：快递物流及供应链、分拣系统、输送设备、智能搬运、智能仓储、自动识别、无人车、AGV 机器人、智能配送、新能源物流车、绿色包装、数字物流、智慧物流、冷链物流等；重点展示"包裹认得路、货架自己走、智能搬运机器人颠覆传统"人找货"；无人机、自动驾驶物流车、数字孪生"等企业扎堆上线"黑科技"。

（来源：新浪财经）

（二）《长三角地区一体化发展三年行动计划（2024—2026 年）》有关情况

近日，长三角区域合作办公室印发《长三角地区一体化发展三年行动计划（2024—2026 年）》（简称《三年行动计划》），为长三角未来三年工作重点明确了路线图和任务书，标志着长三角一体化发展向纵深推进。

1. 编制《三年行动计划》的背景和主要考虑

2023 年 11 月 30 日，习近平总书记在上海主持召开深入推进长三角一体化发展座谈会，强调要抓好"四个统筹"，即：统筹科技创新和产业创新、统筹龙头带动和各扬所长、统筹硬件联通和机制协同、统筹生态环保和经济发展，明确了"加强科技创新和产业创新跨区域协同、加快完善一体化发展体制机制、积极推进高层次协同开放、加强生态环境共保联治、着力提升安全发展能力"等五方面重点任务，要求推动长三角一体化发展取得新的重大突破。党的二十届三中全会对区域协调发展作出了新的部署，提出了新的要求。沪苏浙皖三省一市把共同编制实施新一轮三年行动计划，作为贯彻落实习近平总书记重要讲话精神和党中央决策部署的重要载体和抓手，通过项目化、清单式推进，确保长三角一体化发展国家战略各项任务加快落实。

编制第三轮三年行动计划，重点把握了四个原则：一是坚持胸怀全局、服务大局。注重把长三角一体化发展放到国家发展大局中去定位思考、放到引领带动全国高质量发展中去布局谋划，以更好支撑和服务中国式现代化。二是坚持全球视野、战略思维。注重对标国际最高标准最好水平，扩大制度

型开放，打造高水平对外开放门户，增创国际合作和竞争新优势，争取率先形成更高层次改革开放新格局。三是坚持有效市场、有为政府。注重在需求发现、项目实施、制度创新等方面更好发挥经营主体作用，增强一体化发展内生动力，同时，加快完善一体化发展体制机制，促进资源要素跨区域合理流动和高效配置。四是坚持引领示范、辐射带动。注重聚焦重点领域、重点区域先行探路，加强重大改革创新举措系统集成，进一步提升创新能力、产业竞争力和发展能级，辐射带动更大范围、更深层次协同发展。

2.《三年行动计划》主要内容

三省一市全面对标对表习近平总书记重要讲话精神和国家部署要求，结合三省一市实际，在新一轮三年行动计划中提出了九个方面，共165项重点任务。

一是加强长三角科技创新跨区域协同。共有20项重点任务，主要包括：深入推进张江、合肥两大综合性国家科学中心合作共建，支持南京、杭州—宁波创建区域科技创新中心。深化长三角基础研究合作，探索设立长三角基础研究联合基金，协同开展跨学科交叉基础研究。围绕重大攻关任务组建长三角创新联合体。大力支持新型研发机构建设，在机构注册、财政支持、评价激励、资产管理等方面实施更加灵活有效的政策。深化长三角国家技术创新中心体系布局。加强人才政策区域协同创新，推进人才评价标准、人才资质跨区域互认。推动长三角科技创新券全域互联互通。鼓励世界500强外资企业、国际知名科研院校等来长三角设立研发中心和联合实验室，与各类创新主体开展技术攻关。深入实施长三角—新加坡、长三角—芬兰产业创新合作项目等。

二是协同建设长三角世界级产业集群。共有20项重点任务，主要包括：实施制造业重点产业链高质量发展行动，共建长三角新能源汽车产业链体系。支持低空经济发展，发展通用航空，加快布局低空产业基础设施建设、产品研发和制造。协同推进未来产业发展，联合争创国家级未来产业先导区，联合发布长三角未来产品应用场景和典型案例。加快建设一体化发展示范区集群、芜湖集群两个数据中心集群。加快推动G60科创走廊科创产业融合发展，加快建设G60卫星互联网产业集群等。

三是加快完善一体化发展体制机制。共有25项重点任务，主要包括：深化长三角政务服务"一网通办"，推广远程虚拟窗口跨省通办模式，创新跨省"一件事"集成服务。深入推进健康信息互联互通，探索医疗检查检验互联互通互认。优化异地就医医保服务，逐步扩大定点医疗机构数量。建立轨道交通一体化运营推进工作机制，研究组建长三角轨道交通运营公司。推动建立长江经济带多式联运中心。建立健全跨区域法律政策适用标准统一协调机制，促进长三角地区法律适用标准统一。强化长三角区域合作办公室职能建设。完善示范区国土空间规划实施的全生命周期管理制度，加大示范区建设项目用地指标保障力度，持续推进水乡客厅建设，建立制度创新成果定期发布和复制推广机制等。

四是加快提升区域市场一体化水平。共有23项重点任务，主要包括：制定出台长三角市场监管部门服务建设全国统一大市场先行区举措。加强长三角地区投资类企业准入等市场准入规范统一，建立违背市场准入负面清单案例通报和归集制度。联合编制实施长三角区域物流提质增效降本行动方案。共建"轨道上的长三角"，开行串联长三角重点城市的大环线列车。打造更具特色的水运长三角，建成、开工一批航道整治工程。探索建立长三角区域金融一体化服务机制。深入推进长三角财政电子票据一体化和应用落地。制定实施《长三角省市间电力协同互济实施方案》等。

五是积极推进长三角区域高层次协同开放。共有22项重点任务，主要包括：制定实施浦东新区放宽市场准入特别措施，建设高水平市场准入体系，试点开展国际航行船舶保税液化天然气、生物燃料、甲醇等新型燃料加注业务。支持虹桥国际中央商务区打造"丝路电商"合作先行区辐射引领区，加大进博会与长三角各地展会的联动力度。支持三省一市自贸试验区在大宗商品资源配置、生物医药等方面进行差异化探索。成立长三角"一带一路"高质量发展促进会。鼓励通过多种形式提高民营企业在经济政策制定中的参与度，强化民营经济发展法治保障等。

六是切实加强生态环境共保联治。共有 17 项重点任务，主要包括：加强生态保护红线无缝衔接。持续推进长江"十年禁渔"。加强长江口—杭州湾重点海域河口海湾协同治理，推进新一轮太湖流域水环境综合治理。研究制定长三角"无废城市"区域共建联治方案，强化长三角固体废物联合监管。共建长三角绿色低碳供应链公共服务平台。深入实施绿色制造工程，建设低（零）碳园区、工厂。编制实施新型能源体系建设方案，加快打造千万千瓦级绿色储能基地、华东抽水蓄能基地。推动三省一市充电平台有效衔接和充电基础设施数据信息共享，打造区域新能源汽车充换电基础设施一张网。探索建立跨区域排污权交易制度等。

七是积极探索建设中华民族现代文明。共有 10 项重点任务，主要包括：精心办好"良渚论坛"，共同参与中华文明探源工程、"考古中国"等重大项目，支持江南水乡古镇联合申报世界文化遗产。联合推进长江、大运河国家文化公园建设。开发推出互联互通的红色旅游、"跟着考古去旅游""跟着赛事去旅行"等线路。编制实施新一轮长三角体育产业一体化发展规划，联合举办跨区域重大体育赛事和品牌活动。协同推进大黄山世界级休闲度假康养旅游目的地建设。支持优秀文化作品、文化遗产和优质旅游产品推向海外市场等。

八是有力拓展城市合作广度和深度。共有 15 项重点任务，主要包括：配合自然资源部编制长三角国土空间规划，联合编制实施上海大都市圈国土空间总体规划。推动上海、南京、杭州、合肥、宁波、苏锡常都市圈联动发展，在产业分工协作、科技协同创新、高水平开放等方面加强合作。推进苏州与上海深化一体化发展、嘉兴与上海全面接轨发展。加快推进韧性安全城市建设，在防洪排涝、基层应急管理等领域加强城市合作。加快"一地六县"产业合作区建设，深化推进苏皖合作示范区。推动嘉昆太协同创新核心圈建设等。

九是着力提升安全发展能力。共有 13 项重点任务，主要包括：持续实施产业链强链补链延链行动，支持链主企业带动链上企业协同创新。加快推动陕电入皖、甘电入浙特高压工程建设，推动蒙电入苏、蒙电入沪特高压工程前期工作。建立长三角一体化应急物资和应急装备保障体系战略联盟。协同编制长三角地震监测站网一体化规划等。

3. 加强长三角区域生态环境保护协作

在新一轮三年行动计划引领下，长三角区域生态环境保护协作小组办公室印发了《长三角区域生态环境保护协作 2024 年工作重点》，细化了 54 项重点工作。主要是三大方面：

一是共同夯实区域生态基底。聚焦生态空间协调管控、生态屏障建设保护、长江"十年禁渔"及健全生态产品价值实现机制推进相关工作。2024 年将在一体化示范区开展区域空间生态环境评价试点，细化管控评价单元，制定区域生态环境管理清单，实施差异化、精细化管理。在长三角区域完成长江水系生态廊道建设保护专项规划编制，梳理形成长三角长江干流和相关水系生态廊道建设保护任务清单，同时将坚定不移推进长江"十年禁渔"，开展示范区生态产品价值核算。

二是加强区域环境协同治理。大气领域重点推进臭氧和 PM2.5 协同治理，我们将深化环杭州湾石化化工等重点地区挥发性有机物（VOCs）"三统一"协同治理，即标准、监测、执法"三统一"，协同实施国三柴油货车的限行政策，实现地区大气监测站数据常态化共享。水环境领域重点围绕流域和近岸海域重要水体污染防治攻坚，要继续深入打好长江保护修复攻坚战和长江口—杭州湾海域综合治理攻坚战，持续开展太湖流域水环境综合治理，落实一体化示范区跨界水体专项治理和生态建设实施方案，建立太浦河全流域"一河一图一策"应急联动机制。固废领域将以"无废城市"建设作为区域合作的牵引，在研究制定"无废城市"区域共建方案的同时，加快推进固废危废利用处置能力的协作共享和固废跨界转移协同监管及非法倾倒联合执法。

三是推进区域绿色低碳发展。首先是大力推动能源结构优化，在保障区域能源安全的同时，持续推进重点地区煤炭消费总量控制，促进能源电力低碳转型，提高省间互济互保能力。其次是推动交通绿色低碳发展，共建轨道上的长三角，推进海铁联运发展，提升水水中转比例，深化区域船舶和港口的污染防治和绿色化协作。再次是推进产业绿色发展，继续加快淘汰落后产能和传统制造业转型升级；通过绿色低碳供应链、绿色领军企业等的培育，提升行业绿色化发展水平。此外，将加快推动区域性排污权交易、绿色金融等制度创新，力争进一步形成一批可复制、可推广的政策制度。

下一步，沪苏浙皖三省一市将全面贯彻落实习近平总书记重要讲话精神和党的二十届三中全会精神，把习近平总书记擘画的宏伟蓝图持之以恒细化为施工图、转化为实景画，共同谱写一体化发展新篇章，勇当中国式现代化先行者。

（来源：金融界）

第七篇 物流装备、标准、技术和信息化

一、物流设施与设备

(一) 2024 年物流装备行业发展现状、竞争格局以及未来发展趋势与前景分析

物流装备行业是设计、生产及销售用于物流各个环节中物料搬运、存储、分拣、包装、输送及信息管理等专业设备的制造业集群。该行业致力于通过技术创新，提升物流效率、降低成本、增强供应链的灵活性与响应速度，支持包括电子商务、零售、制造业、医药、冷链物流等多个领域物流作业的自动化、信息化和智能化发展。其产业链上游主要包括原材料供应商和零部件制造商，如钢材、铝材、电子元器件、传感器等关键零部件的供应商；中游是物流装备的核心制造环节，涵盖多种物流装备的生产商；下游则是物流装备的应用领域，包括电商、新零售、冷链物流等多个行业。整个产业链协同发展，共同推动物流装备行业的持续进步和繁荣。

1. 物流装备行业发展现状分析

（1）市场规模与增长趋势。近年来，物流装备市场规模不断扩大。中国物流装备市场规模在近年来保持了较高的增长率，预计未来几年仍将保持稳定增长态势。智能物流装备作为物流装备的重要组成部分，其市场规模也在快速增长。中研普华产业研究院发布的《2024—2029 年中国物流装备行业市场全景调研及投资价值评估研究报告》显示，得益于中国电子商务、快递物流、工业制造等各大下游行业的崛起，以及机械制造、传感定位等技术的成熟，智能物流装备在国内越来越多的商业场景中得以应用，市场规模在近 10 年实现了飞速的发展。未来随着物流智能化技术的进一步发展，以及工业智能化的全面推广，预计 2024 年中国智能物流装备市场规模将增长至 1067.6 亿元，未来 4 年的年化复合增速达 18.48%。

（2）行业发展驱动因素。电商与新零售的推动：电商和新零售的兴起，使得物流量大幅增加，对物流装备的需求也随之增加。

冷链物流的发展：随着消费者对食品、药品等商品新鲜度要求的提高，冷链物流的发展对物流装备提出了更高要求，推动了相关装备的需求增长。

自动化与智能化趋势：物流行业正逐步向自动化、智能化方向发展，智能物流装备如自动引导运输车（AGV）、自动分拣系统、智能仓储机器人等市场需求旺盛。

（3）政策支持与发展机遇。为推动物流装备行业的健康发展，国家和地方政府出台了一系列支持政策。例如，通过提供财政补贴、税收优惠、贷款支持等方式，降低企业融资成本，鼓励企业加大研发投入和技术创新；加强物流枢纽、物流园区等基础设施建设，提高物流运作效率和服务水平；鼓

励企业运用大数据、云计算、人工智能等现代信息技术，推动物流装备的智能化和自动化发展；推广绿色包装、绿色运输等环保措施，促进物流装备的绿色化和可持续发展。

2. 物流装备行业竞争格局分析

（1）竞争格局。国内竞争：物流装备行业的竞争格局日益激烈，众多企业在市场中展开竞争。国内物流装备企业主要集中在中游环节，如立体仓、系统集成、分拣设备制造等领域。这些企业大多具有较强的研发设计能力以及系统集成能力，不断推出创新产品以满足市场需求。

国际竞争：在全球范围内，物流装备行业的竞争也呈现出白热化态势。一些国际知名企业，如日本大福、美国德马泰克等，凭借其先进的技术和丰富的经验，在全球市场中占据重要地位。同时，中国物流装备企业也在积极拓展国际市场，努力提升品牌影响力。

（2）主要企业分析。领先企业：物流装备行业中，一些领先企业凭借其强大的研发实力、先进的技术水平和丰富的市场经验，在市场上占据重要地位。这些企业通常拥有完整的产业链和强大的系统集成能力，能够为客户提供全方位的解决方案。

新兴企业：随着物流装备行业的快速发展，一些新兴企业也开始崭露头角。这些企业通常具有灵活的经营机制、创新的产品设计和快速的市场响应能力，能够在市场中迅速崛起。

3. 物流装备行业发展趋势及发展前景分析

（1）物流装备行业发展趋势分析：

智能化与自动化。随着人工智能、大数据、云计算等技术的快速发展，物流装备正逐步向智能化、自动化方向发展。智能物流装备如自动引导运输车（AGV）、自动分拣系统、智能仓储机器人等市场需求旺盛。这些设备能够自主完成货物的搬运、分拣、存储等任务，大大提高了物流运作的效率和准确性。未来，随着技术的进一步成熟和成本的降低，智能物流装备的应用范围将进一步扩大。

大型化与柔性化。物流装备行业正呈现出大型化和柔性化的发展趋势。大型化主要体现在物流设备的尺寸和容量上，以满足大规模物流运作的需求。而柔性化则是指物流设备能够根据不同的物流场景和需求进行灵活调整，以适应多样化的物流作业。例如，柔性化的装卸设备能够实现上、下、左、右、前、后全方位的作业能力，对不同货物的装卸流程具备较强的兼容性。

绿色化与可持续。环保和可持续发展已经成为全球共识，物流装备行业也不例外。未来，物流装备将更加注重绿色化和可持续性，通过采用环保材料、优化能源利用、减少排放等措施，降低对环境的影响。同时，物流装备企业也将积极研发和推广绿色物流装备，如电动叉车、太阳能充电站等，以推动物流行业的绿色化发展。

数字化与网络化。数字化和网络化是物流装备行业发展的重要方向。物流装备需要与物联网、互联网等技术紧密结合，实现设备之间的互联互通和数据共享，提高物流运作的透明度和协同效率。通过数字化和网络化技术的应用，物流装备企业可以实时监控设备的运行状态、优化物流路径、预测设备故障等，从而提高物流运作的可靠性和安全性。

（2）物流装备行业发展前景分析：

市场需求持续增长。随着全球经济的持续发展和电子商务的兴起，物流量大幅增加，对物流装备的需求也随之增加。特别是在中国等新兴市场，随着消费升级和产业升级的推进，物流装备行业将迎来更加广阔的市场空间。同时，冷链物流、跨境电商等新兴物流业态的发展也将为物流装备行业带来新的增长动力。

政策支持力度加大。为推动物流装备行业的健康发展，国家和地方政府出台了一系列支持政策。这些政策旨在促进物流装备行业的技术创新、产业升级和市场拓展。例如，通过提供财政补贴、税收优惠、贷款支持等方式，降低企业融资成本，鼓励企业加大研发投入和技术创新。此外，政府还加强物流枢纽、物流园区等基础设施建设，提高物流运作效率和服务水平。

技术创新推动产业升级。技术创新是物流装备行业发展的重要驱动力。随着物联网、大数据、人工智能等技术的快速发展，物流装备的功能和性能得到了极大的提升。未来，物流装备企业将继续加大研发投入，推动技术创新和产业升级。例如，通过引入先进的传感器、控制器和执行器等设备，提高物流装备的智能化水平和自动化程度；通过优化物流算法和模型，提高物流运作的效率和准确性。

国际合作与竞争并存。在全球化的背景下，物流装备行业的国际合作与竞争并存。一方面，国际知名企业通过并购、合作等方式进入新兴市场，推动全球物流装备市场的整合和发展。另一方面，国内物流装备企业也在积极拓展国际市场，努力提升品牌影响力。未来，随着全球物流市场的进一步开放和融合，物流装备行业的国际合作与竞争将更加激烈。

产业链协同发展。物流装备行业的发展离不开产业链的协同发展。未来，物流装备企业将与上下游企业加强合作，共同推动产业链的升级和发展。例如，与原材料供应商合作研发新型材料，提高物流装备的耐用性和环保性；与系统集成商合作开发智能物流系统，提高物流运作的智能化和自动化水平。通过产业链的协同发展，物流装备行业将形成更加完整和高效的产业生态体系。

（来源：中研网）

（二）2024 年物流设备和设施的发展趋势主要体现在技术创新、无人配送的加速应用以及政策支持等方面

首先，技术创新是推动物流设备和设施发展的关键因素。AI 技术如 ChatGPT 和 DeepSeek 正在重构物流行业的规则体系，通过高强度运算和智能计算，改变了对物流成本的理解，不再仅追求降低物流成本，而是着眼于整个供应链的成本削减。此外，区块链等去中心化技术的应用，打破了数据垄断，推动了物流行业的数字化转型。

其次，无人配送技术在物流行业中得到了显著突破。2024 年，无人配送车和无人机的应用显著增加，行业应用无人车近千辆、无人机超 300 架，实现无人机配送快件近 300 万件。顺丰同城、菜鸟网络等企业在不同地区陆续开辟了多条无人机运输航线，涉及同城、跨城等运输场景，极大地缓解了末端配送的痛点。无人配送技术的应用不仅提高了配送效率，还降低了人力成本，推动了物流行业的智能化发展。

最后，政策支持为物流设备和设施的发展提供了有力保障。2024 年，国家邮政局积极推动车路云一体化试点工作，邮政快递物流无人车在各地试点中取得了显著成效，推动了无人配送技术的规模化应用。此外，在国家发展改革委等相关部门政策引导和协调推动下，有效降低了全社会物流成本，优化了物流发展环境，推动了物流行业的整体进步。

（来源：百度 AI）

（三）2024 年智能物流装备供应链集采大会在芜湖南陵召开

本次大会以"向新而行、以质致远、绿色发展、共创未来"为主题，吸引了产业链上下游 200

余家智能物流装备供应链企业参加。

据安徽省邮政管理局公布的数据，2024 年 1—10 月，安徽邮政行业寄递业务量完成 55.68 亿件，同比增长 22.42%。其中快递业务量完成 50.02 亿件，同比增长 25.41%。邮政行业业务收入完成 362.58 亿元，同比增长 11.67%，其中快递业务收入累计完成 263.85 亿元，同比增长 16.33%。

总体来看，安徽省邮政管理行业呈现出稳中向好、持续发展的良好态势。

身为国家邮政局授予的唯一"全国快递科技创新试验基地"，经过 7 年深耕，南陵县快递物流智能装备制造产业特色鲜明、优势明显，现已集聚产业龙头及关联企业超 160 家，打造了全国最完整快递物流装备产业链条。

值得一提的是，南陵县还先后获批省快递物流智能装备制造县域特色产业集群、省智慧物流装备特色小镇、省快递物流智能装备中小企业特色产业集群等称号，产业发展风生水起。

快递业作为现代流通体系的重要组成部分，是推动提升流通效率、降低物流成本的前沿阵地。

数据统计，刚刚过去的"双 11"，全国邮政快递企业共处理快递包裹 7.01 亿件，要保证日超 7 亿快件的正常运转，离不开高效、便捷、强大的智能物流装备支撑。

在国家邮政局发展研究中心党委书记、主任王丰看来，举办供应链集采大会，将有助于加强产业链各环节协同合作，优化供应链资源配置，保障产业顺畅运转，增强行业供应链稳定性与效率。

在当天的集采大会上，共签约供应链合作项目 20 余个，签约总额 28.27 亿元。产业链上下游 30 余家企业展出了智能物流无人车、智能叉车、智能分拣设备以及绿色包装等智能物流装备产品。

此外，由南陵县与芜湖职业技术学院合作办学的现代物流智造学院正式揭牌，这也将为南陵产业乃至智能物流装备全行业发展持续提供人才支撑。

（来源：人民网）

（四）2024 年智能物流装备行业主要特征、竞争格局

智能物流装备属于战略性新兴产业分类中的智能装备制造领域。为加速我国工业现代化进程，国务院及各部委陆续出台了《智能制造发展规划（2016—2020 年）》《"十四五"智能制造发展规划》和《关于加快传统制造业转型升级的指导意见》等政策支持智能制造行业发展，营造了有利于行业与业内企业发展的外部环境，有力推动了行业内企业开展生产经营与技术创新活动。

1. 行业主要特征

智能物流装备下游应用行业广泛，受单一下游行业的影响较小，行业周期性主要受国家宏观经济波动影响。智能物流装备产品应用不存在明显区域性特征，主要下游新能源、汽车零部件、电子和仓储物流等行业主要集中于我国制造业较为发达的华东及华南地区。行业内下游客户验收后确认收入，项目验收标准和流程严格，因此验收时间由客户主导决定，不存在明显的季节性特征。

2. 行业技术水平

（1）单机装备向整厂系统转型。20 世纪 80 年代，随着发达国家大量应用自动化生产设备，我国开始逐步加强智能装备领域的发展，相继开发出点焊、码垛、装配、检测、注塑、冲压和喷涂等多种功能的自动化单机装备。

进入 21 世纪以来，随着单机装备生产效率的提高，产品"生产—仓储—交付"过程中端到端的流程问题逐渐显现，智能制造产业也由单机装备向整厂系统转型。物流作为智能制造工厂统筹和协调的主线，在智能工厂的规划和建设中占据着中心地位，成为实现工厂智能化的关键因素，这一背景为

智能物流装备的发展提供了广阔的空间。

（2）高效生产需求推动技术进步。随着现代信息技术的发展，为了大规模、快节拍、柔性化生产制造需要，智能制造装备行业对于精度与效率要求持续提高，对于关键装备之一的智能物流与仓储装备的要求也相应提高。在这一背景下，通过与自动控制技术和信息技术相融合，智能物流装备实现了物料在指定方位间定时、定速、定点输送，以及在预设空间方位完成升降、摇摆、倾斜、翻转等一系列动作，形成一套完整的物流系统。

3. 行业竞争格局

智能物流装备是基于新一代信息通信技术与先进制造技术深度融合，贯穿于设计、生产、管理、服务等制造活动的各个环节，智能物流装备细分领域众多，不同装备在生产工艺等方面存在较大差异，因此大部分智能物流装备企业多聚焦于某一种或几种装备的生产，不同种类智能物流装备制造企业之间一般不存在直接的竞争关系。

4. 智能物流装备主要下游行业

通过大规模、快节拍、柔性化生产制造提高生产效率、降低成本是制造业企业构建核心竞争力的重要方式，高效、准确、低成本的物流作业作为智能制造的重要一环促使智能物流装备行业不断发展壮大。下游主要包括新能源、汽车零部件、电子和仓储物流等领域。

5. 进入行业的主要壁垒

（1）人才壁垒。智能物流装备整体结构复杂，技术含量高，从事相关业务不仅需要具备对应的专业知识，亦需要深入理解下游行业需求并有着丰富实践经验，相应需要与之匹配的经验丰富、经过长期培养的专业人才。因此，专业技术人才和团队实施能力对新进入者构成了人才壁垒。

（2）技术壁垒。智能物流装备是智能制造工厂中连通不同工艺的重要环节，通过与不同行业、不同客户的生产流程匹配，实现大规模、快节拍、柔性化生产制造。智能物流装备涉及机械设计、电气电子和材料等多学科专业知识，并且需要持续应用、反馈实现技术积累，方能确保设备能够长期、高强度稳定运行。因此，技术实力和行业经验等因素对新进入者构成了技术壁垒。

（3）市场壁垒。智能物流装备是智能制造系统中实现物料在不同工艺环节流转的重要设备，直接影响生产效率，下游客户普遍对智能物流装备的适用性、安全性、可靠性和稳定性等有较高要求，品牌知名度、口碑、经营业绩、项目经验及过往成功案例，成为客户选择智能物流装备制造商的关键考虑因素。因此，品牌知名度和市场口碑等因素对新进入者构成了市场壁垒。

（来源：普华有策）

（五）2024 年中国智能物流装备行业市场规模及行业发展前景预测分析

智能物流装备是指运用现代科技手段和智能技术，对物流过程中的各个环节进行优化和改进的设备。

智能物流装备通过自动化、智能化和集成化的方式，提高了物流效率，降低了成本，并优化了服务质量。近年来，得益于电子商务、快递物流、工业制造等下游行业的崛起，以及机械制造、传感定位等技术的成熟，智能物流装备在越来越多的场景中得到应用，中国智能物流装备行业市场规模不断扩大。中商产业研究院发布的《2024—2029 年中国智能物流装备行业研究报告》显示，2023 年中国智能物流装备市场规模达到 1003.9 亿元，近 5 年年均复合增长率达 24.35%。中商产业研究院分析师预测，2024 年中国智能物流装备市场规模将达到 1166.8 亿元。

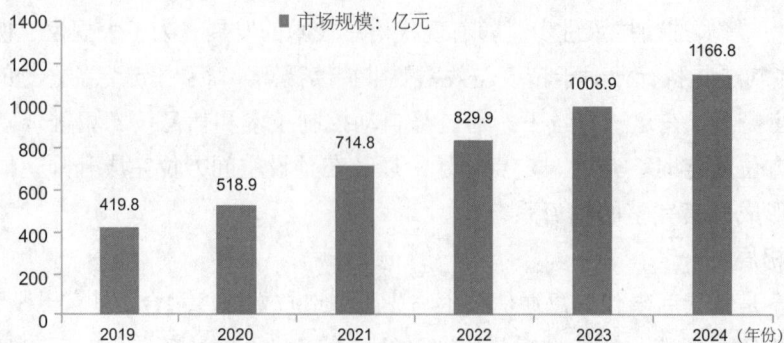

图 7-1 2019-2024 年中国智能物流装备市场规模预测趋势图

智能物流装备行业发展前景：

一是政策支持与市场需求。在政策支持方面，为加速我国工业现代化进程，国务院及各部委陆续出台了多项政策支持智能制造行业发展，包括《智能制造发展规划（2016—2020 年）》《"十四五"智能制造发展规划》等，为智能物流装备行业营造了良好的发展环境。在市场需求方面，随着人口红利的消失和用工成本的上升，各行业对物流装备自动化和智能化的需求越来越大。特别是在电子商务、快递物流、工业制造等领域，智能物流装备的应用越来越广泛。

二是技术创新推动行业发展。在技术融合方面，物联网、大数据、云计算、人工智能等新兴技术在物流领域中的加速推广应用，为智能物流装备的发展提供了强大的技术支持。这些技术的应用使得智能物流设备在性能、效率、安全性等方面得到显著提升。在产品多样化方面，智能物流设备市场的产品日益多样化，涵盖了从仓储设备到配送装备的各个环节。智能货架、AGV（自动导引车）、无人机配送等产品不断涌现，满足了不同场景下的物流需求。

（来源：中商产业研究院）

二、物流标准

（一）2024 年以来我国新研制和发布物流领域国家标准 57 项

2024 年以来，市场监管总局（国家标准委）持续完善物流领域国家标准体系，新研制和发布 57 项物流领域国家标准，涵盖物流基础设施、装备器具、多式联运、绿色低碳等诸多方面，为促进资源要素高效流动、提升经济运行效率提供标准支撑。

标准引领物流园区集约发展。发布新版《物流园区服务规范及评价指标》《物流园区数字化通用技术要求》国家标准，进一步完善不同类型物流园区为入驻企业提供的服务内容和质量要求，细化物流园区在设备智能化、发展绿色化方面的管理要求，指导物流园区从库区管理、业务管理、资产管理、安全与应急管理、碳管理等 8 个方面升级园区数字化运营与管理水平，整体提升物流节点运行效率和服务质量，助力跨区域物流资源整合与产业链联动发展。

标准推动多式联运高效衔接。发布《集装箱多式联运运单》国家标准，统一集装箱多式联运运单的一式五联、29 个信息项，以及运单填写、留存和流转等要求，支撑实现集装箱公铁、铁水联运"一次委托、一单到底、一箱到底、一次结算"。组织研制货物多式联运运量计算方法、综合交通运输一体化评价国家标准，助力解决准确统计、科学评价多式联运发展水平难题。

标准助力绿色物流全面推广。发布《城市绿色货运配送评价指标》国家标准，建立了包括标准托盘使用率、城市物流配送汽车新能源占比等 20 项指标的城市绿色货运配送发展水平评价体系。发布《轻型商用车辆燃料消耗量限值及评价指标》《重型商用车辆燃料消耗量限值》等国家标准，综合考虑车型燃料消耗量现状、技术发展趋势、新能源发展预期等因素，更新燃料消耗量要求，推动以物流车为代表的传统车型能效提升及新能源车型比例增加。发布《限制快递过度包装要求》《邮件快件循环包装使用指南》等国家标准，从快递包装箱适配、快递包装层数、封箱胶带使用量 3 个方面细化快递过度包装评判标准，持续推动物流包装绿色化、减量化、可循环。

标准促进国际贸易安全便利。发布《国际贸易术语运输条款运用指南》国家标准，对照国际商会（ICC）出台的《国际贸易术语解释通则 2020》，给出国际贸易术语规则缩写代码及简要释义，提出贸易术语规则的运用、装运条款的运用、运输单证、货物交付等建议，支撑解决由于各国运输惯例、运输方式不同，导致的托运人、承运人、收货人等在签订合同时术语应用不准确、运输责任不明确、费用表述不清晰等问题。

市场监管总局（国家标准委）将立足产业链供应链融合发展、建强物流枢纽与通道网络、加快物流数智化绿色化转型等需求，持续研制发布一批物流标准，不断深化标准全链条管理，健全协同衔接、系统高效的现代物流标准体系，为畅通国民经济循环、助力经济社会高质量发展提供有力支撑。

（来源：市场监管总局网站）

（二）10 项物流行业标准获批发布

2024 年 11 月 4 日，国家发展改革委发布 2024 年第 5 号公告，公布了 10 项物流行业标准编号、名称及起始实施日期。这 10 项物流行业标准由中国物流与采购联合会提出，全国物流标准化技术委员会归口。

（来源：中物流标准化工作部）

（三）交通运输行业标准《网络平台道路货物运输服务规范》解读

交通运输部于 2024 年 4 月 2 日批准发布了推荐性行业标准《网络平台道路货物运输服务规范》（JT/T 1488‑2024），自 2024 年 7 月 1 日起实施。

1. 制定背景

党中央高度重视发展数字经济，党的二十大报告指出加快发展数字经济，促进数字经济和实体经济深度融合。中央经济工作会明确"大力发展数字经济，提升常态化监管水平"。交通运输行业认真贯彻落实党中央、国务院决策部署，坚持促进发展与规范管理并重，促进数字经济与道路货运深度融合，支持网络平台道路货物运输（以下简称网络货运）新业态创新发展。

网络货运是经营者依托网络平台整合配置运输资源，组织实际承运人完成道路货物运输且承担承运人责任的道路货物运输经营活动，已成为广大货车司机开展货运经营的重要载体。目前，网络货运新业态发展仍处于起步阶段，在平台注册审核、信息登记与发布、运输服务流程、服务评价指标等方面缺乏标准，企业在运营中无章可循，不规范操作行为存在一定的风险隐患，影响行业规范健康发展。为网络货运企业规范发展提供参考依据，促进网络货运数字经济规范健康发展，推动货运物流行业转型升级，构建高质量现代物流体系，交通运输部组织相关单位开展了行业标准《网络平台道路货物运输服务规范》的制定工作。

2. 标准的定位和作用

本标准规定了网络平台功能要求、信息核验登记、服务流程、安全生产、网络信息安全，以及服务评价指标，适用于网络平台道路货物运输（危险货物道路运输除外）经营服务。依托网络平台开展道路货物运输信息服务可参照执行。

本标准将对网络货运服务的规范由"运输""延伸"至交易、交付、运输、结算、纳税、市场竞争、权益保护、网络安全各环节，填补了货运新业态领域标准体系的空白，规范网络货运新业态经营行为，引导行业提升服务品质和安全运营水平，推动网络货运新业态高质量发展。

3. 标准的主要内容

本标准从网络平台功能要求、信息核验登记、服务流程、安全生产、网络信息安全、服务评价指标等方面对网络货运服务规范做出明确规定。

（1）网络平台功能要求。本标准根据《网络平台道路货物运输经营服务指南》（简称 《指南》）关于网络货运经营者平台功能的规定，进一步明确细化了网络平台的功能要求，具体包括信息登记等 9 项服务功能，车辆在途位置监控等 7 项安全功能，以及相关执法部门］调取数据功能。同时，明确网络平台信息数据存储时间及接入网络货运信息监测系统的有关要求。明确从事道路冷链运输服务的，网络平台应符合《道路冷链运输服务规则》（JT/T 1234-2019）的要求。

（2）信息登记审核。根据《电子商务法》第 27 条"电子商务平台经营者应当要求申请进入平台销售商品或者提供服务的经营者提交其身份、地址、联系方式、行政许可等真实信息，进行核验、登记，建立登记档案，并定期核验更新"的要求，标准明确了托运人、实际承运人、车辆、驾驶员应在网络平台上传的证照和登记的信息。

（3）服务流程。本标准按照《指南》关于网络货运服务流程及要求的有关规定，梳理了网络货运交易的八个主要环节，包括信息发布、交易与派单、交接装货、运输过程监控、交付卸货运费结算、理赔、投诉处理。

信息发布。标准规定了货源信息发布的标准化格式，以及网络平台应发布公示的主要信息，包括保险救援电、交易规则、计价方式等，以及调整交易规则、计价方式的有关信息。

交易与派单。标准从签订货运合同、委派电子运单、合理安排运输计划、规范专用运输、禁止受理危险货物及利用算法设定不合理条件限制交易等方面明确了要求。

交接装货。标准依据《管理办法》《指南》，从调派车辆、装货、出库核对以及合规装载等方面提出了具体要求。

运输过程监控。标准从网络货运经营者关于承运，人的本质属性出发，强调其要加强运输过程实时监控，记录并展示轨迹信息，发现异常情况的，应及时联系驾驶员并进行相应处置。

交付卸货与运费结算。规定实际承运人完成运输后，要与收货人做好交接记录，并将回单信息上传至网络平台。交付无误的，网络货运经营者应与承托双方及时结算运费。

理赔。根据《民法典》要求，规定了网络货运经营者应向托运人承担货物毁损、灭失的赔偿责任，可按责任过失向实际承运人追偿。按照《管理办法》，本标准要求网络货运经营者对运输业务投保或督促实际承运人投保。

投诉处理。根据《电子商务法》，明确网络货运经营者应对平台用户公开投诉方式，明确投诉处理流程及反馈时限。

（4）安全生产。标准围绕制度建设与实施以及人车、户安全管理明确要求。

制度建设与实施。规定网络货运经营者应设置安全生产管理机构或者配备安全生产管理人员，建立并实施安全生产规章制度，进行安全生产自评并持续调整完善。

安全管理。从实际承运人落实安全生产责任、驾驶员安全培训、驾驶员健康安全管理、驾驶员服务评价、车辆维护等方面提出了具体要求。

（5）网络信息安全。按照《网络安全法》及相关国家标准要求，规定了信息系统安全登记保护能力、网络安全人员配备及责任、网络安全技术防护措施、信息数据管理、应急预案等要求。

（6）服务评价指标。从服务品质、安全运营、驾驶员权益保护等方面提出了 6 项指标，综合反映网络货运经营者服务能力。

（来源：阔天科技有限公司）

（四）国家标准《低温仓储作业规范》正式发布

2024 年 7 月 24 日，国家标准《低温仓储作业规范》（简称《规范》）（GB/T 31078-2024）正式发布，于 2024 年 11 月 1 日正式实施。该标准由全国物流标准化技术委员会归口，主管部门为国家标准化管理委员会，万纬物流（万科物流发展有限公司）作为主要起草单位之一参与了本次标准修订。

《规范》规定了低温仓储作业的基本要求、作业要求、作业场所、作业设备、作业人员、环境控制、作业安全、信息系统及信息管理、评价与改进，是协调低温仓储服务供需双方关系的重要标尺。

《规范》（GB/T 31078-2014）于 2014 年首次发布，2022 年 12 月经国家标准化管理委员会批准，被列入国家标准制修订计划。经过初稿拟定、意见征集、意见讨论、专家评审、审批等环节，最终获批发布。

万纬物流全程参与跟进标准修订过程，负责收集整理并梳理低温仓储作业运营实操端企业的现行流程及作业要求，参与作业规范、作业场所、作业人员、环境控制、作业安全等章节的起草工作。同时，依据万纬自身特点及多种冷链业态优势，在起草阶段，通过线上和线下会议提出与食品安全相关的内容，如人员持证上岗，配置防虫防鼠设施等要求，为提升行业管理水平、规范行业标准贡献了万纬方案。

标准的实施，将指导企业提升仓储作业水平，建立规范的低温仓储作业体系，保障低温物品安全，助力行业增效降本，推动冷链物流实现高质量发展。

（来源：河北网络广播电视台）

（五）《快递服务》系列国家标准解读

日前，《〈快递服务〉系列国家标准解读》正式发布。具体内容如下：

标准基本概况

2023 年 12 月，国家标准委正式发布 GB/T 27917.1-2023《快递服务 第 1 部分：基本术语》、GB/T 27917.2-2023《快递服务 第 2 部分：组织要求》、GB/T 27917.3-2023《快递服务 第 3 部分：服务环节》三项国家标准，并于 2024 年 4 月 1 日正式实施。该三项标准是快递业领域基础性、通用性的服务标准。

标准修订背景

快递业是现代流通体系的重要组成部分，是畅通经济大动脉、保障民生微循环的基础性战略性先导性产业，在稳增长、促改革、调结构、惠民生、防风险等方面发挥着重要作用。为深化快递业提质增效、转型升级，适应快递服务发展新特点、新业态、新技术需要，推动解决发展中的难点热点问题，亟需修订《快递服务》系列标准。

一是国家提出新要求。党的二十大报告强调，高质量发展是全国建设社会主义现代化国家的首要任务。推进新时代快递业高质量发展，建设与中国式现代化相适应的快递服务体系，必须充分发挥标准化在推进国家治理体系和治理能力现代化中的基础性、引领性作用。

二是服务发生新变化。近年来，我国快递业持续发展，快递业务量连续 9 年位居世界第一，特别是生鲜冷链、农村寄递、仓配一体等新兴业态不断涌现，自动化、信息化、数智化、绿色化全面加速，对标准化工作提出新要求。

三是人民有了新期盼。快递业在持续发展的同时，相比经济社会发展和人民群众更加美好用邮需求，还存在不相适应的短板弱项，如农村服务质量不够稳定、用户个人信息安全保护不够有力等，亟需须标准化提供重要支撑。

标准主要内容

《快递服务》系列国标继续保持基本术语、组织要求、服务环节三部分的整体结构，同时结合快递发展新形势和新需求，对各部分标准进行调整。主要修订内容包括：

1. 《快递服务 第 1 部分：基本术语》

系统梳理已发布的快递业领域国家标准、行业标准中的术语，调研分析快递业新技术、新业态和新模式发展出现的快递新术语，该标准在 2011 年版标准基础上，对原有术语标准进行了大幅修改完善，增加了快递服务主体、农村快递、冷链快递、快递末端网点、标准时效快递等 48 个术语，修改了快递营业场所、快件处理场所、快递包装箱等 27 个术语，删除了快递服务组织、专差快递等 26 个术语，修订后的标准共有 102 个术语，基于快递从业人员、服务类别、设施设备、服务用品、服务环节、服务质量等关键要素重构了快递业术语体系，为快递业创新发展、提升效率、消除歧义提供了基础支撑，更加符合行业发展需要。

2. 《快递服务 第 2 部分：组织要求》

目前，各快递企业基本形成了较为健全组织管理体系，为更好推动提供规范化、专业化、多元化的快递服务，该标准主要从总体要求、服务主体、服务产品、服务场所及设施、包装用品与设备从业人员管理、信息系统、数据安全、服务合同、服务安全、服务质量等 10 个方面对快递服务主体提出了相关要求。具体来说，一是增加产品分类。从寄递区域、城乡区域、温控条件三个维度，对快递服务产品进行分类。二是细化国内快递服务时限。在维持现行标准同城快递 24 小时，省内异地及省际快递 72 小时的基础上，进一步将同城快递服务时限细分为同一城市城区快递和其他同城快递服务时限。三是增加绿色包装要求。从优先选用可循环包装、可回收复用包装、通过绿色产品认证包装，以及禁止使用一次性不可降解的塑料包装物等方面，提出快递绿色包装要求。四是提出从业人员权益保护要求。通过加强从业人员的教育和培训、缴纳社会保险、执行劳动定员定额标准等，保障快递从业人员合法权益。五是增加数据安全要求。对快递个人信息采集、数据存储等内容进行原则性规定。

3. 《快递服务 第 3 部分：服务环节》

针对当前新技术新形态在快递服务领域持续涌现，原有的快递服务环节出现了较大变化，为更好优化规范快递服务作业，该标准主要从以下方面进行了修订：一是对用户下单和投递方式进行了细分。将用户下单分为通过快递服务主体下单和电子商务平台下单两种方式，将投递分为上门投递、箱递、站递以及其他四种类型，更好适应寄递用户个性化需求。二是对计费重量进行了规范。快递服务主体应确定正确的计费重量，计费重量以千克为单位，保留小数点后至少 1 位，对快件重量的计费更加科学合理。三是增加智能化了服务要求。包括智能安检系统和智能信包箱、智能快件箱、快递无人车、无人机等智能收投服务终端相关要求，推动新技术在行业的应用。四是标准还增加了农村快递新要求，综合利用农村客运班线等交通运输资源；收件人地址为行政村及行政村以下自然村的，将快件投递至行政村，或村内约定地址，有助于提升农村快递服务能力和水平。

标准实施意义

《快递服务》系列国家标准的发布实施，将有力培育生鲜冷链、农村电商、仓配一体等新兴业态，加速快递业自动化、信息化、数智化、绿色化转型，促进快递业安全化、绿色化、智能化、便捷化发展，对推动流通方式转型、促进消费升级、降低流通成本、促进电子商务、服务生产生活、扩大就业渠道、优化快递服务质量、提升快递服务水平、夯实快递业发展基础，以及对推动快递业高质量发展具有重要作用。

（来源：中国标准化）

（六）我国首部快递包装强制性国家标准正式实施

2024 年 6 月 1 日，我国首部关于快递包装的强制性国家标准《快递包装重金属与特定物质限量》（GB 43352-2023）正式实施。该标准为快递绿色包装的生产和检测提供技术支持。接下来国家政府执法部门将加大对快递包装的检查执法力度，不符合标准的产品，不得生产、销售和使用。

适用范围：纸类、塑料类、纺织纤维类快递包装和邮件包装，不适用于直接接触食品的快递包装。

具体要求：标准规定的纸类、塑料类和纺织纤维类快递包装中重金属和特定物质限量要求如下表所示。对于多种材料组成的复合材料快递包装，生产企业应声明复合材料快递包装中每种材料的种类，且每种材料应分别符合下表当中的相关要求。

接下来，快递公司应当及时提高绿色发展意识，完善采购管理制度，采购符合国家标准的快递包装。努力推进快递包装标准化、循环化、减量化和无害化。同时，需要加大绿色资金投入，管控有毒有害包装，限制快递过度包装，推广应用循环包装。

（来源：CIRS 希科检测）

（七）《绿色产品评价 物流周转箱》国家标准获批发布

2024 年 3 月 15 日，国家市场监督管理总局（国家标准化管理委员会）发布 2024 年第 1 号公告，批准发布《原木检验》等 406 项国家标准。其中批准发布了由全国物流标准化技术委员会提出并归口的《绿色产品评价 物流周转箱》（GB/T 43802—2024）这一国家标准，该标准于 2024 年 7 月 1 日正式实施。旨在规范物流周转箱的绿色产品评价工作，推动物流行业的可持续发展。

该标准于 2022 年 7 月 19 日经国家标准化管理委员会批准列入 2022 年第二批推荐性国家标准计划（国标委发〔2022〕22 号）的项目。标准规定了物流周转箱绿色产品评价的评价要求、评价方法与结果，适用于物流中使用的塑料周转箱的绿色产品评价。

（来源：中国物流与采购联合会）

三、物流技术

（一）物流行业年度盘点：市场规模持续攀升，技术创新加速行业变革

国家邮政局发布数据显示，2024 年 12 月中国快递发展指数为 469.8，同比提升 17.2%。快递业持续向好发展，市场规模较快增长，服务质效有所提升，国际市场拓展有力，超预期完成 2024 年发展目标。

业内人士指出，12 月的快递发展指数，较去年明显提升的背后，是物流行业市场规模持续攀升最为真实的写照。2024 年，物流行业在市场蛋糕不断扩大的基础上，呈现出诸多新特点、新趋势。技术创新的不断出现，正加速着行业的持续变革。

物流行业规模持续攀升

物流行业与经济发展密切相关，伴随着经济的发展，我国物流业也保持着良好的增长势头，国家邮政局局长赵冲久 1 月 8 日在 2025 年全国邮政工作会议上介绍，2024 年我国快递业务量达到 1745 亿件、快递业务收入 1.4 万亿元，同比分别增长 21%、13%。这一数据有力地反映出我国物流行业在满足国内庞大市场需求、支撑经济稳定发展等方面所发挥的关键作用。

2024 年物流行业市场规模的持续扩大，得益于多方面的积极因素。其中，大规模设备更新和消费品以旧换新政策发挥了重要作用，有效激发了消费活力。这一政策不仅推动了相关产业的发展，也为物流行业带来了更多的业务机会，促进了市场的繁荣。同时，多部门的支持政策进一步完善了市场环境，为物流行业的稳定发展提供了有力保障。

另一方面，2024 年 3 月施行的《快递市场管理办法》，明确要求快递行业从单纯的价格竞争转向更加注重价值竞争，这一转变促使企业更加关注服务质量和运营效率，从而推动了快递业的高质量发展。此外，2024 年 8 月国家邮政局召开的规范市场秩序、提升服务质量专题会议，进一步聚焦规范市场秩序，提升快递服务质量，着力打造良性竞争生态。这些举措不仅有助于解决行业内的恶性竞争问题，还进一步推动了物流行业的发展转型升级，为行业的高质量发展奠定了坚实基础。

具体到上市公司层面，行业内多家公司都实现了营业收入的稳步前进，其中顺丰控股前三季度营收约 2068.61 亿元，同比增长 9.44%，韵达股份前三季度营收 355.09 亿元，同比增长 20.93%，此外东航物流、长久物流、安能物流等公司，在前三季度也均实现了营收的稳步增长。

企业技术创新加速行业变革

如果说物流行业大方向受益于经济发展，那么如果想在这一行业中获得更多的超额增速，技术创新则是必不可少。

智能化和数字化应用在物流行业中正逐步深化，极大地提升了运输效率和可靠性。人工智能大模型等在快递行业加快推广，北斗导航系统全面应用，无人设备设施加速布局，据证券日报，目前行业累计应用无人车近千辆、无人机超 300 架，实现无人机配送快件近 300 万件。

具体来看，菜鸟在全国多地的无人车运营已在实际业务中获得了成功，使用无人车后，派件员的工作效率得到明显改善，同时降低了人力成本和配送供给压力。此外，新加坡邮政和 DHL 等公司引入

生成式 AI 以优化需求预测和供应链效率。

此外，数字化也是行业的发展重要方向之一，其中日日顺供应链通过 5G、AI、大数据等先进技术，打造了全国首个 5G 大件智慧物流园区—即墨仓，实现了 24 小时不间断的无人化"黑灯"作业。在物流园区管理方面，日日顺供应链通过 5G+ 北斗高精定位芯片，实现了动态的亚米级车辆轨迹跟踪，提升了园区车辆管理效率 30%。

长久物流自主研发的整车运输管理系统 (TMS) SAAS 平台，则是成功登陆北京国际大数据交易所。据了解，该平台涵盖了订单处理、运力管控、计划调度分配、在途监控、车辆运抵交付等业务环节，是由长久物流自主研发，与上下游供应链系统对接协同，实现的汽车物流供应链数字化的管理系统。该系统从单一环节，单一模式上升到全流程解决方案，打造全方位、多功能高质量的汽车物流数字供应链服务体系，提供以客户为中心及基于数据的个性化产品及服务。

当下，新质生产力"以全要素生产率大幅提升为核心标志，特点是创新，关键在质优，本质是先进生产力"，而上述企业的智能化与数字化转型不仅提升了自身的运营效率和竞争力，还为整个物流行业的发展提供了宝贵的经验和参考。

展望 2025 年，物流行业将迈向高质量发展新阶段。技术创新成为核心驱动力，智慧物流加速普及，提升效率与透明度。绿色转型迫在眉睫，新能源应用与低碳运营成为关键趋势。跨境物流需求旺盛，国际化布局加速。政策支持持续发力，推动行业降本增效与基础设施升级。机遇与挑战并存，物流企业需通过技术升级、模式创新与资源整合，提升竞争力，积极拥抱变革。

（来源：证券之星）

（二）2024—2025 年中国物流技术与装备行业发展趋势剖析

1. 2024 年中国物流技术装备行业发展环境分析

（1）宏观经济增速放缓，物流装备需求增长乏力。中国经济增长放缓，进入新常态。2024 年，尽管保持增长，但速度下降影响了物流技术装备业。实体经济增长放缓，传统制造业产能过剩，减少了对物流技术装备的需求。消费市场增长平缓，零售行业扩张减慢，对物流配送中心的需求减少，抑制了市场发展。供大于求导致激烈竞争，企业降价争夺市场份额，影响行业声誉和健康发展。

（2）政策推动行业变革，绿色智能成发展方向。国家正推动物流技术装备业发展，重点是绿色低碳转型。政府提供新能源物流车辆补贴和路权优先等支持，鼓励企业使用电动叉车和新能源货车。环保标准的提高促使企业更新仓储和包装设备，使用可降解材料和环保设施，创造市场需求。智能化方面，政策鼓励物流企业采用物联网、人工智能和大数据技术，提升效率和服务质量。《智能制造发展规划》等文件引导企业研发和应用 AGV、物流机器人和智能仓储管理系统等智能化装备。政府还支持建设智能化示范项目，推动行业智能化水平提升。

（3）技术创新成为关键驱动力，多领域技术融合发展。科技进步促进了物流技术的创新。物联网技术通过实时数据提升了物流透明度和效率，例如智能库存管理。人工智能技术，如智能分拣和机器学习，提高了分拣效率和决策精准性。大数据技术帮助分析数据，优化服务，并用于故障预测。5G 和北斗导航技术的应用，如无人仓和精准导航，推动了物流技术装备业的发展。

2. 2024 年中国物流技术装备行业发展现状分析

（1）市场规模增速放缓，行业竞争激烈。2024 年，中国物流技术装备市场增速放缓至约 4%，远低于以往的两位数增长。市场不振导致激烈竞争，企业采取低价策略，压缩利润空间。小型企业面临生存挑战，而大型企业虽有优势，但市场份额增长困难。产能过剩问题导致设备闲置，资源浪费，运营成本增加，企业间价格战加剧，恶化了行业发展环境。

（2）产品结构优化升级，智能化、绿色化产品比重增加。物流技术装备企业正迅速优化产品结构，以适应市场需求和政策导向。智能化产品，如 AGV、自动分拣系统和物流机器人，因其自动化、精准定位和高效作业能力，正逐渐占据更大的市场份额，提高物流效率并减少人力成本，受到物流企业的青睐。例如，电商物流中自动分拣系统极大提升了快递包裹处理速度，满足了高峰期需求。同时，绿色物流装备如新能源车辆和电动叉车等也越来越受欢迎，它们减少污染排放和能源消耗，支持可持续发展。此外，环保包装材料和设备的研发与应用，如可降解塑料和循环托盘，也在推动物流行业的绿色发展。

（3）国内企业加速开拓国际市场，"走出去"步伐加快。面对国内激烈的市场竞争和产能过剩，中国的物流技术装备企业开始积极拓展国际市场，实施"走出去"战略。他们通过参加国际展会、与海外经销商合作、设立海外办事处等方式，寻求海外市场机会。中国产品在性价比上具有优势，尤其在东南亚和非洲等地区，由于当地物流行业快速发展，中国企业的产品具有竞争力。同时，发达国家对智能化、绿色化物流技术的需求也在增长，中国产品开始受到关注。然而，国内企业在国际化过程中也面临挑战，包括适应不同市场需求、标准法规和文化差异，以及与技术实力强大的欧美企业竞争，这要求它们不断提升核心竞争力。

3. 2024 年中国物流技术装备行业细分市场分析

（1）仓储设备市场：自动化立体仓库持续增长，智能仓储系统应用广泛。2024 年，自动化立体仓库市场增长迅速，企业因土地资源紧张和物流效率需求增加而广泛采用。这些仓库通过高层货架、自动化设备和管理系统实现高效存储和快速出入库，提升空间和作业效率。市场规模预计增长 6%-7%。智能仓储系统，结合物联网、大数据和人工智能技术，实现智能管理，提高库存控制和分拣配送效率，支持供应优化。

（2）运输设备市场：新能源物流车增长迅速，智能运输系统逐步推广。新能源物流车在环保政策和技术进步的推动下，市场份额持续增长，2024 年新增超过 30 万辆，占新增物流车辆的 40%。这些车辆零排放、低能耗、低噪音，有助于降低运营成本和环境影响。政府补贴和路权优先政策也推动了市场发展。智能运输系统通过北斗导航、物联网和大数据技术，提供实时定位、路径规划等功能，提高运输效率和安全性，降低成本。物流企业通过优化路线，减少时间和燃油消耗，智能运输系统提升了物流智能化水平，支持行业高效发展。

（3）分拣设备市场：电商市场需求趋于饱和，新兴领域成为新增长点。2024 年，电商分拣设备市场趋向饱和，新项目减少。电商物流分拣设备已基本自动化和智能化，竞争加剧，增长减缓。但在新能源和智能制造等新兴领域，分拣设备需求快速增长。新能源领域，电动汽车产业的快速发展导致电池企业对分拣设备需求大增，推动技术进步。智能制造领域，对自动化和智能化分拣设备的需求提升，以保证生产效率和质量。新兴领域的需求增长为分拣设备企业带来新机遇，促使它们增加技术研发和产品创新的投入。

（4）物流机器人市场：应用场景拓展，技术创新加速。2024 年，物流机器人市场增长迅速，应用领域扩大。电商仓储中，这些机器人高效地替代了人力进行货物搬运和分拣。在制造业，特别是汽车制造中，物流机器人及时配送零部件，提升了生产效率。技术创新包括视觉识别和导航技术的进步，以及多机器人协作技术的成熟，这些都提高了物流机器人的准确性和效率。据数据显示，2024 年物流机器人市场规模达到 186 亿元，增长率为 11%。

（5）叉车与无人叉车市场：传统叉车稳步发展，无人叉车增长迅猛。传统叉车在物流、工厂和建筑领域继续稳定增长，技术不断更新，性能和安全性得到提升。无人叉车作为新兴增长点，市场增长迅速，得益于人工智能和自动化技术的进步，尤其在危险环境下表现出色。无人叉车可实现 24 小时连续作业，提高效率，2024 年市场份额显著增加，销量增长超 20%，越来越多企业因无人叉车在降低成本、提升效率和安全方面的优势而增加采购。

（6）托盘与物流箱市场：标准化进程加快，绿色环保受关注。2024 年，托盘和物流箱市场标准化加速，物流行业一体化趋势推动了对标准化托盘和物流箱的需求。行业协会和企业在全国范围内推动标准统一，提高了物流器具的通用性和互换性，降低了成本，提升了效率。例如，冷链物流中标准化的托盘和物流箱使货物流转更顺畅，减少了损耗和装卸时间。环保理念也推动了市场对可循环利用的塑料托盘和环保型物流箱的需求增长，塑料托盘因其耐用和环保特性逐渐取代传统木质托盘。同时，使用新型环保材料的物流箱减少了环境污染，符合可持续发展的要求。

（7）仓储货架市场：多元化产品满足不同需求，高端货架市场增长显著。2024 年仓储货架市场呈现多元化，满足不同企业需求。横梁式货架因结构简单、承载力强，在普通仓储中广泛使用，是市场主流。驶入式货架适用于空间利用率要求高的仓库，如食品饮料、冷链行业，实现高密度存储。高端货架市场增长显著，自动化立体货架和穿梭式货架等受企业欢迎。自动化立体货架结合自动化技术和仓储管理系统，提高空间利用率和作业效率，广泛应用于电商、快递、医药等行业。穿梭式货架通过穿梭车实现快速存取，适用于大型物流中心和制造业仓库。随着企业对物流效率和仓储管理水平要求提高，高端货架市场预计将持续增长。

4. 2025 年中国物流技术装备行业发展预测

（1）经济环境改善，市场需求有望回暖。预计到 2025 年，全球经济复苏和国内政策宽松将改善物流技术装备行业的经济环境，市场需求有望回暖。国家可能增加对基础设施的投资，促进制造业升级，从而推动物流行业增长和对物流技术装备的需求。物流园区建设和企业智能化改造等项目将为装备企业带来新订单。消费市场的复苏也将提升物流配送需求，促使物流企业更新技术装备，以满足对高品质、个性化服务日益增长的需求。

（2）产能过剩和内卷问题依然存在，技术创新和深化服务是关键对策。尽管市场需求可能回暖，但 2025 年国内物流技术装备企业仍将面临产能过剩和行业竞争加剧的问题。企业要实现可持续发展，必须强化技术创新和服务深化。技术创新是提升企业核心竞争力的关键，企业应增加研发投资，探索新技术如人工智能和数字孪生在物流装备中的应用，开发智能化、高效、个性化产品。这有助于提高产品附加值，降低成本，获得市场竞争优势。同时，企业应从单一产品供应商转变为提供综合物流解决方案的服务商，提供包括规划、选型、安装调试、售后维护等全方位服务。通过这些措施，企业能增强客户忠诚度，提升满意度，建立良好品牌形象，从而赢得更多市场机会。

（3）中国物流技术装备在国际市场竞争力增强，海外发展前景广阔。随着国内企业在技术创新和产品质量上的提升，中国物流技术装备的国际竞争力将增强，预计 2025 年海外市场发展将更广阔。发展中国家经济和基础设施建设的快速发展，将推动对物流技术装备的需求增长，中国企业凭借性价比高和适应性强的产品优势，有望获得更多市场份额。在发达国家市场，中国企业的智能化、绿色化产品也将逐渐获得认可，技术创新将助力与国际企业的竞争，并拓展市场。此外，"一带一路"倡议为中国企业提供了"走出去"的机遇，促进与沿线国家的合作，实现互利共赢。

5. 结论

2024 年，中国物流技术装备业在经济增速放缓、市场需求疲软的情况下，面临产能过剩和行业竞争加剧的挑战。尽管如此，得益于政策支持和技术创新，行业实现了产品结构优化和国际市场扩张。预计 2025 年，随着经济环境改善，市场需求将有所回升，但产能过剩和竞争问题仍需通过技术创新和服务深化来解决。中国物流技术装备的国际竞争力预计将进一步增强，海外市场前景看好。企业应把握机遇，积极应对挑战，加强技术创新和市场拓展，提高核心竞争力，以实现可持续发展。

（来源：仓大师智能科技）

（三）汇聚全球智慧，点亮物流未来：2024 年全球物流技术大会重磅开启

不拒众流，方为江海；群贤毕至，可赢未来

"科技 YU 见未来"——2024 全球物流技术大会于 2024 年 3 月 27—29 日在海口盛势启幕，大会由中国物流与采购联合会主办，汇聚业界顶尖专家、学者、企业家，聚焦前沿物流技术的发展与应用，全方位、多层次、立体化诠释前沿物流技术装备，带来现代物流智慧与技术的交融碰撞。

当前，我国物流业正处于恢复性增长和结构性调整的关键时期，如何通过发展新质生产力，真正实现技术突围，产业变革，2024 全球物流技术大会行业专家、企业家、参会代表们将给我们带来新思路、新观点。

以趋势洞见破局之道，以资源创造聚合效应

全球物流技术大会开展至今，已经走过八载春秋。一路走来，承载着物流技术装备业态各方对于蓝海市场的期待。大会立足中国，链接全球，致力于为全球物流技术装备企业搭建共创、共享、共融平台，目前已成为全球前沿物流技术的汇聚地和风向标。

每一届全球物流技术大会都在不断定义新的可能，为全球铺开物流技术装备生态发展与变革的壮丽画卷。本届全球物流技术大会由"物流黑科技秀场"主论坛以及 11 场专业论坛组成。主论坛"物流黑科技秀场"将全方面演绎高效解决方案，提供多元化解题思路，呈现物流技术及装备的升级应用，为不同物流场景提升价值创造能力。11 个专业论坛将涵盖智能仓储技术、物流包装与单元化技术、运筹学物流应用、物流机器人前沿技术、数字供应链新生态、无人驾驶技术、物流技术与人才发展、吉司 GISE 货运技术、数字化工厂物流技术、特色物流技术以及资本与创新驱动力等热点话题，全面推进物流提质、增效、降本，提升产业链供应链韧性和安全水平，系统推进现代物流体系建设。

塑造行业标杆，激发创新动能

本次大会以科技为导向，以前沿物流技术为核心，运用多媒体、特装展以及虚拟模拟等多种形式，呈现前沿科技与实用物流技术的完美结合。同时将设立物流技术、装备展示专区、小微科技推广专区等展示区域，为与会者提供交流与学习的平台，为企业家和科研人员提供探讨物流领域未来发展的契机。

为期三天的全球物流技术大会是与世界连接的纽带，是与精英合作的舞台。大会将重点探讨如何通过新技术、新模式、新思路提升物流行业的效率和能力，如何运用先进物流技术推动现代物流体系建设。通过分享最新的研究成果、技术与经验，与会者们将共同探讨行业未来的发展趋势和创新方向，大会将促进企业间的合作与联系，推动产业链上下游的协同发展。

作为全球物流技术领域的盛会，2024 全球物流技术大会将成为汇聚智慧、交流经验、拓展合作机

会的盛会，将为中国乃至全球的物流技术装备行业发展注入新的活力和动力，为构建更加高效、智能和可持续的物流体系提供有力支持。

以时间为底，以未知为题，以奇迹当注脚，以敢为当步伐。

道阻且长，行则将至。2024年全球物流技术大会将助力物流业掀起新一波科技狂潮！

（来源：京客网快报）

（四）2024年亚洲国际物流技术与运输系统展览会在上海隆重举办

2024年11月5日，备受瞩目的CeMAT ASIA 2024亚洲国际物流技术与运输系统展览会在上海新国际博览中心（SNIEC）隆重拉开帷幕。本届展会以"高端制造，物流先行——智造引领未来"为主题，展示创新成果，吸引了超过900家海内外知名展商，展出规模超过8万平方米，全面而深入地展示了物流技术及装备领域的最新研发成果与未来发展趋势。

开幕首日，现场人声鼎沸，气氛热烈非凡。来自全球各地的物流行业精英、学者及企业代表纷至沓来，共同见证这一物流行业的年度盛事。展商们精心设计的展台、丰富多样的展品以及专业的讲解演示，无一不吸引着观众的目光，现场交流氛围极为浓厚。

在为期四天的展览期间（11月5日—8日），CeMAT ASIA将为行业内外人士带来一系列精彩的物流科技展示与交流活动。

CeMAT ASIA 2024的展商阵容涵盖了物流系统集成与解决方案、物流机器人与AGV、输送分拣设备、核心零部件、机器视觉及工控产品、叉车及配件、包装设备及托盘周转箱、工业级无人驾驶等多个板块，为观众呈现了一个完整的智慧物流生态链。

物流系统集成与解决方案是本次展会的重头戏之一，主要在W1和W2展馆展出。大福、德马泰克、Swisslog、TGW、胜斐迩、北自科技、北起院、昆船、新松、沈飞、京东物流、菜鸟、凯乐士、兰剑智能、华章、音飞、精星、万事达、科捷、台朔、MIAS、长臂猿、卡迪斯、伊东、英腾、中科微至、Automha、Modula、隆链、伍强、六维、史必诺、慧仓、星猿哲科技、磅旗、玫德、哥伦布、福玻斯、宇锋、东联、江锐、中扬、仲秋国际、曼巴、华恒、金石、华德、上虹、纬诚科技、科华、贝导、普天物流、新聚力、蓝天、甲佳、方仓等国内外知名企业纷纷亮相，展示了他们在物流系统集成与解决方案领域的深厚积累与创新成果。

展会现场，覆盖全行业、全场景的典型解决方案及成功案例成为吸睛焦点。硬件产品方面，"柔性化、灵活性"设计持续引领创新潮流，而"轻量化、绿色化"则成为今年新品研发的显著趋势，体现了行业对可持续发展理念的积极响应。在软件系统层面，数字化、平台化的特征愈发显著，为物流行业的智能化转型提供了坚实支撑。

大福通过每天六场的循环讲解，深入剖析了其全球布局、日新馆等经典案例，并重点探讨了食品业物流数智化的发展路径与实践成果。

德马泰克针对中国市场推出了自动化料箱解决方案——Flying Dragon飞龙系统，该系统能够灵活适配不同流量需求，覆盖全物流场景，展现出柔性、智能、高效等特点。

Swisslog则推出了全新"SuperCarrier箱式穿梭车系统"，该系统能够处理多种类型的纸箱、料盘和周转箱，无缝集成于高效物流流程中，既可作为货到人拣选解决方案的存取引擎，也能发挥智能缓存系统的功能。同时，其UniStore Pro托盘堆垛机模块化设计也进行了全新升级，适用于多种应用场景。

TGW 展示了 Stingray 多层穿梭车系统、Miniload 箱式堆垛机系统等明星产品，彰显了其在物流系统集成领域的强大实力。

北自科技全面展示了其智能制造整体解决方案能力，特别是冷链行业智能物流解决方案、穿梭式智能仓储解决方案等，以及 IntelliTwin 智能物流数字孪生系统、智能四向穿梭车仓储系统等创新技术。

昆船智能重点展示军工、医药、汽车、家电、酒业、石化、新能源等行业解决方案，以及数字孪生系统。

兰剑智能在展会上举办了新品发布会，推出了轻量降耗、绿色节能的分布式全伺服堆垛机，以及高柔性部署的"蜘蛛料箱拣选机器人"和无需货架的"袋鼠"无货架堆叠料箱机器人等新品。

新松则重点展示了其户外无人驾驶机器人、平衡重型移动机器人等创新产品，以及智能仓储物流数字孪生系统，展现了其在物流机器人领域的领先地位。

凯乐士除了经典的托盘及料箱穿梭车外，还推出了适合窄巷道作业的侧叉式移动机器人，进一步丰富了其产品线。

华章智能展示了其变尺寸箱式穿梭机器人系统、四向箱式穿梭机器人系统等口碑系列产品，以及创新的解决方案。

音飞 & 罗伯泰克则重点展示了重型四向车、料箱四向车等明星产品，以及新型料箱堆垛机"瞪羚系列"和 V-POS 堆机立体视觉检测系统，展现了其在物流装备领域的深厚积累。

精星与卡迪斯联合展示了 Colour Pick 多人波次高效拣选方案，以及与 EAB 合作的穿梭车新品，体现了其在拣选系统和穿梭车技术方面的创新实力。

伍强智能通过 360° 超立体投影等创新展陈方式，全方位展示了其智能物流系统，并推出了轻量化设计的红蟹穿梭车产品系列和蜂鸟中台可视化数据大屏。

菜鸟集团则携自主研发的物流无人车、料箱智能存拣等一系列物流科技产品亮相，展现了其在物流科技创新方面的实力。

京东物流重磅发布了全新自研的"智狼"货到人系统，该系统融合了多项核心组件和辅助设施，构成了一个高效、智能的物流解决方案，助力客户仓储作业增效降本。

隆链全球首发了大黄蜂托盘四向车 4.0 巡航版与 5.0- 致灵版两款新品，并与换层提升机联动演示了无人仓的高效运作场景。

六维智能重点展示了其托盘输送四向机器人、重型托盘四向穿梭机器人等最新技术成果，展现了其在物流机器人领域的创新能力。

科捷智能携 NC& 大件分拣解决方案 、轮胎行业解决方案、汽车零部件行业解决方案、锂电材料行业解决方案、新能源行业解决方案等九大行业创新解决方案，以及垛型检测系统、自动集包系统、龙门机器人、直线窄带分拣机系统等创新产品亮相。

哥伦布发布了托盘四向车新品和接驳式货叉托盘搬运机器人，进一步丰富了其产品线。

磅旗科技重点展示无人工厂全场景全流程 AI 数字化解决方案，以及叉轨式月台自动装卸货、电芯辅料自动拆包系统、箔材自动拆包系统、自动 OHT 产品、上存下拣特色场景解决方案、AI 视觉质检解决方案、空中输送解决方案、ADS 混合调度方案八大关键场景创新解决方案。

中扬立库展示了由有轨穿梭机器人和料箱堆垛机立库组成的最新行业解决方案，体现了其在立体仓库领域的专业实力。

上虹货架则全方位展示了其四向车货架、CTU 料箱货架等多款产品，以及为各行各业提供的全方位仓储解决方案。

仲秋国际带来了自主研发的一款用于高频物料拣选的专用系统 MultiPick，该系统是一个即插即用的"黑匣子"，可实现多订单多用户并行作业高效拣选，方便对接上位系统 ERP、MES，相比传统软件系统，具有高性价比、高准确率、多种物流库房场景广泛适用等特点。

中科微至则携带其智能仓储明星产品托盘四向穿梭车和 RCS 调度系统亮相，共同构成了自动化仓储系统中高效、智能的物流搬运和调度体系。

（来源：《物流技术与应用》）

四、物流信息化

（一）2024 年物流信息化行业市场发展现状及未来发展前景趋势分析

据权威机构数据，全球物流信息化市场规模已超过 1000 亿美元，并预计在未来几年内保持高速增长。在中国市场，随着物流运输总额的持续增长，物流信息化市场规模也不断扩大，显示出强劲的增长势头。

物流信息化是指物流企业运用现代信息技术对物流过程中产生的信息进行采集、分类、传递、汇总、识别、跟踪、查询等一系列处理活动，以实现对货物流动过程的控制，从而降低成本、提高效益的管理活动。随着全球化和电子商务的快速发展，物流信息化市场需求日益增强。

物流信息化的市场需求主要源于企业对提高物流效率、降低成本的迫切需求，以及消费者对物流服务的更高要求。同时，技术的不断进步，如大数据、云计算、物联网、人工智能等，也为物流信息化提供了强大的技术支持和驱动力。

物流信息化市场需求旺盛，市场规模不断扩大，是现代物流行业不可或缺的一部分。随着技术的不断发展和市场的不断变化，物流信息化行业将继续保持快速发展的态势。

据中研普华产业院研究报告《2024—2029 年物流信息化行业竞争格局及"十四五"企业投资战略研究报告》分析：

物流信息化行业作为现代经济社会的重要组成部分，随着全球化和电子商务的快速发展，其市场规模持续增长，展现出巨大的市场潜力和广阔的发展前景。据相关数据显示，2023 年中国物流需求规模再创新高，社会物流总额达到 352.4 万亿元，同比增长 5.2%。物流信息化行业市场规模亦不断扩大，预计到 2027 年，中国物流信息化行业市场规模有望超过 1480 亿元，年均增长率保持在较高水平。

市场竞争格局方面，物流信息化行业竞争激烈，主要上市公司包括顺丰控股、京东物流、厦门象屿、圆通速递等。这些企业在技术实力、营业规模和市场占有率上具备显著优势。特别是顺丰控股和京东物流，依托自身强大的物流网络和用户数据，提供高效的物流信息化解决方案，占据市场领先地位。同时，行业内的中小企业也在通过技术创新和模式创新，不断提升自身竞争力，共同推动行业进步。

国家政策对物流信息化行业的发展起到了重要的推动作用。从"十二五"到"十四五"，国家物流政策导向与宏观环境紧密相关，不断推动物流行业的现代化、信息化发展。特别是近年来，随着智慧物流、绿色物流等概念的兴起，国家政策的重点逐渐转向降本增效、提升国际竞争力、推动数字化转型等方面。

2022 年发布的《"十四五"现代物流发展规划》明确指出，到 2025 年要基本建成供需适配、内外联通、安全高效、智慧绿色的现代物流体系。各级政府也积极响应，出台了一系列支持政策，包括金融扶持、税收优惠、基础设施建设等，为物流信息化行业的发展提供了有力保障。

未来物流信息化行业市场发展趋势分析

数字化转型深入：随着大数据、云计算、物联网等技术的不断发展，物流信息化行业将加大对信息技术的投入，推动数字化转型向更高层次发展。数字化转型不仅能够打破资源信息孤岛，实现万物互联，还能帮助企业实现降本增效，提升竞争力。

智能化水平提升：人工智能、物联网等技术的综合应用将进一步提升物流运输的效率，减少人工成本和运输时间。未来，智能物流装备市场供给将多元化发展，自动驾驶、智能分拣、无人配送等新业态、新模式将蓬勃发展。

绿色物流发展：随着环保意识的提高和政策的推动，绿色物流将成为物流信息化的重要发展方向。物流企业将积极采用绿色包装、节能减排等技术手段，推动物流行业的可持续发展。

供应链协同优化：物流信息化将推动供应链的协同优化，实现供应链的透明化和可视化，提高供应链的响应速度和协同效率。这将有助于物流企业更好地满足市场需求，提升服务质量。

国际化发展：随着全球化的推进，国际物流合作日益加深。中国物流企业将积极参与国际合作，拓展国际市场，实现跨国经营。共建"一带一路"倡议的深入实施，也为物流信息化行业的国际化发展提供了有力支持。

物流信息化行业在市场规模、市场竞争格局、政策支持和未来发展趋势等方面均展现出积极向好的态势。面对激烈的市场竞争和技术变革，物流企业需不断创新服务模式，提升服务质量，加强技术研发和创新能力，以应对未来的挑战和机遇。同时，政府和社会各界也应加大对物流信息化行业的支持力度，推动行业持续健康发展。

（来源：互联网）

（二）透过数据看 2024 年物流运行成绩单 "新" "智" 成为高质量发展重要亮点

2024 年全国社会物流总额，即经济运行中的物流实物量价值总额为 360.6 万亿元，同比增长 5.8%，比 2023 年加快 0.6 个百分点，全年物流运行总体延续稳中有进的发展态势。

从结构看，各领域物流总额占比基本稳定。其中，工业品物流总额超过 318 万亿元，占比 88%。

中国物流信息中心主任刘宇航称："围绕着新质生产力这个板块下的智能制造和高技术制造产品、光电子器件、智能机器人等等这些板块产品的产量，均在两位数以上的增长，也成为工业品物流高质量发展的重要亮点。"

从长期变化看，绿色化、数字化类型物流需求发展态势明显。2024 年全国新增新能源物流车超过 30 万辆，占新增物流车辆总数的 40%。此外，电商和快递行业的可降解包装材料使用率达到 60%，同比提高 15 个百分点。

从国际循环看，进口物流运行稳定。2024 年进口物流总额 18.4 万亿元，同比增长 3.9%。其中，能源类进口物流量增速整体偏弱，2024 年跟中游生产直接相关的中间品进口物流整体好于大宗商品、消费品，是进口物流改善的重要动力。

调结构、疏堵点，全社会物流成本有效下降。

从物流费用来看，衡量物流运行效率的重要指标——社会物流总费用与 GDP（国内生产总值）的比率，降至近年内的最低点，有效降低全社会物流成本行动取得初步成效。

2024 年，社会物流总费用与 GDP（国内生产总值）的比率为 14.1%，比上年下降 0.3 个百分点。从结构看，各主要环节的物流费用比率均有所下降，其中，运输费用与 GDP（国内生产总值）的比率为 7.6%，比上年下降 0.2 个百分点。

中国物流与采购联合会副会长何辉称："物流的运输结构在改善、在优化，运输成本比较低一点的水运、铁路运输的占比正在提升。第二个就是物流的组织化程度有所提升，所以降成本方面成效也比较显著。"

截至 2024 年末，全国沿海港口和长江干线主要港口铁路进港率已超 90%。2024 年全年水运货运周转量占比提高 1.5 个百分点，公路货运周转量占比下降 0.6 个百分点，显示中长距离货物运输由公路向水路转移，运输结构性调整态势持续，水运效能有所提升。

（来源：央视网）

（三）物流业 2024 年愿景：全面数字化赋能新质生产力

物流业的 2023 年，是丰收的一年。

从国内看，"双 11"快递单量打破纪录，2023 年 11 月 11 日当天共揽收快递包裹 6.39 亿件；在连续 3 年突破 1000 亿件基础上，2023 年我国快递年业务量首次突破 1200 亿件。

从全球看，中国依然是世界上运输最繁忙的国家、最多的客货运输量、最大的港口货物吞吐量、最长的城市轨道交通里程。

物流业实现量的快速增长、质的有效提升，得益于创新驱动发展战略逐渐落地的时代大潮下，全面数字化变革尤其是人工智能、大数据、物联网等技术的广泛应用，迸发出的强大创造力。

这让人们对物流行业的 2024 年充满期待。"这场深刻变革不仅体现在提高运营效率、降低物流成本上，也体现在提升服务质量、优化用户体验等方面。可以说，数字化有力地提升了物流要素质量和资源配置效率，加速形成更高质量、更有效率和更可持续发展的模式，增强行业发展新动能，正在加快形成行业新质生产力。"全国政协常委、国家邮政局原局长马军胜说。

物流业创新力强劲迸发

2023 年以来，快递物流领域的数字化变革加速演进。《全球快递发展报告（2023 年）》显示，"三智一码"（邮政业智能安检系统、智能视频监控系统、智能语音申投诉系统、通用寄递地址编码）取得重大突破，数字化智能化助力邮政快递业履约更加精准高效。

"数字化成为快递物流行业核心竞争力、重要资源和实现高质量发展重要途径的特征愈加明显。"马军胜认为，人工智能技术的应用让快递物流企业有效减少了人力资源消耗，提升了工作效率。同时，数字化应用实现了场景联动协同，将以往依靠经验判断和人工操作的管理方式转化为依靠算法和数据的现代化管理，从而有效地促进了快递物流企业不同环节之间高效协作。

近年来，快递物流企业广泛打造大数据应用平台"数字灯塔"。以菜鸟供应链控制塔为例，其通过全景可视、异常告警、智能诊断、辅助决策、业务协同等核心能力，帮助企业供应链在计划、采购、生产、仓储、物流等环节实现数据化运营，持续高效优化供应链业务。

再如，顺丰推出数字孪生平台，在虚拟世界中建立与真实世界高度相似的孪生体，将线下业务全面高质量映射到数字空间，通过智能算法以极低的成本、极高的效率对新策略和新算法进行验证并优化。据悉，顺丰已将该技术部署于 60 多个中转场，为实际运作过程缩短 10% 以上的分拣时长，提升 8% 以上的产能。

面向未来，马军胜认为，快递物流领域经营主体下一步要推动现代信息技术和智能装备下沉到一线，不断夯实未来发展的底层能力。利用快递物流线条长、环节多的优势，持续深化和拓展应用场景，不断提升数字化应用质量。同时，与上下游产业深度融合联动发展，实现跨界合作与创新，用数据化为产业链供应链提供技术和业务支撑，进而为行业发展注入源源不断的新质生产力。

数字供应链为经营主体增信赋能

党的二十大报告提出要"建设高效顺畅的流通体系，降低物流成本""着力提升产业链供应链韧性和安全水平"。

2023年全国"两会"期间，全国政协委员，京东集团技术委员会主席曹鹏曾围绕"加快数智化社会供应链建设"提交提案。他认为，近年来，我国供应链基础设施建设持续推进，社会物流成本明显降低，数智化社会供应链与实体经济在各领域加快融合，在推动产业转型升级、畅通双循环和助力实体经济高质量发展方面发挥出重要作用。

业界的探索也在佐证着曹鹏的判断。例如，作为全国性数字物流基础设施平台，中国物流集团旗下的中储智运，通过智能配对数学算法模型和物流全程数字化管控，将货源精准推送给返程线路、返程时间、车型等最为契合的司机，实现货源与车源的高效匹配与线上交易，有效解决了车货信息不匹配、运输过程不透明等现实问题。

作为拥有海量一手真实物流数据的供应链平台，中储智运正在构建智慧供应链服务体系。通过自研智慧多式联运、智慧仓储、智慧园区、智慧贸易等数字化执行系统，中储智运推动智慧物流服务向采购、财务、仓储、贸易等上下游延伸，实现物流链与产业链供应链深度融合。同时，通过搭建数字供应链平台，构建出全链条信息透明化的"物流主导型供应链"信用体系。

也有业内专家指出，当前我国供应链发展不平衡、不充分问题依然存在，智能物流及仓储设施发展滞后，数智化供应链能力不高，供应链数据流通不畅，国际供应链竞争力不强等问题依然突出。

为进一步提升我国供应链水平，推动产业链供应链优化升级，曹鹏从提升供应链基础设施水平、鼓励供应链技术创新、培育具有全球竞争力的技术服务企业、推动供应链自主可控、建设高效协同的社会化供应链体系多个角度提出建议。他建议，应培育壮大具有数智化能力的供应链技术服务企业，发挥这类新型实体企业在提升供应链资源配置效率、促进上下游企业数字化转型、带动生态圈内中小企业发展中的作用，牵引上下游企业精准补链、强链、固链，提升产业链供应链数智化能力，助力构建现代流通体系。

"鼓励多主体协同，从供给侧、需求侧、要素资源、生态体系和发展环境等方面共同发力，实现供应链协同高效可持续发展。"曹鹏说。

（来源：《人民政协报》）

第八篇　物流金融与保险

一、物流供应链金融

（一）2024 年上海供应链金融的主要发展趋势

合作共赢，推进供应链金融生态圈建设：上海金融监管局将会同市政府相关部门，给金融机构发送包括民营总部、贸易总部等在内的一批上海总部企业清单，推动金融机构广泛对接重点企业、行业协会、商会。在保护中小微企业合法权益的基础上，妥善处理供应链金融开展中各方的利益与责任，激发其他主体参与供应链金融的意愿和动力，打造共建共享共赢的供应链金融生态圈。

科技赋能，推进供应链金融创新发展：上海金融监管局要求金融机构转变理念，加大科技金融投入，大力推进区块链、物联网、大数据以及人工智能等新技术在供应链金融领域的创新应用。鼓励金融机构提升供应链金融数字化建设水平，提升在线供应链金融服务能力，提升供应链金融智慧风控能力。引导金融机构在风险可控的情况下，开展供应链金融的线上贷前、贷中、贷后"三查"工作，建立全流程线上资金监控模式。

破解难题，加大动产融资服务力度：针对目前供应链金融业务中应收账款融资居多的局面，鼓励金融机构通过科技赋能、线上线下服务相结合等手段，在风险可控前提下加大仓单和动产质押融资力度，加大对产业链上下游中小微企业的金融支持。

2024 年上海供应链金融的具体政策措施包括：

聚焦重点产业集群：通过提供全方位综合性的供应链金融服务，对上下游小微企业合理融资需求应融尽融，至 2025 年末实现上海龙头企业、"链主"企业及重要产业链供应链金融服务全覆盖。

推动科技赋能：要求金融机构加大科技金融投入，推进区块链、物联网、大数据以及人工智能等新技术在供应链金融领域的创新应用。

加强生态圈建设：推动金融机构广泛对接重点企业、行业协会、商会，妥善处理供应链金融开展中各方的利益与责任，激发其他主体参与供应链金融的意愿和动力

（来源：百度 AI）

（二）发力供应链金融　民生银行上海分行赋能地方实体经济高质量发展

党的二十届三中全会审议通过的《中共中央关于进一步全面深化改革、推进中国式现代化的决定》再次强调"积极发展科技金融、绿色金融、普惠金融、养老金融、数字金融"五篇大文章，进一步明确了提高金融服务质量是新时代金融服务实体经济的重要着力点，为金融工作指明了行动方

向。民生银行上海分行始终坚持金融工作的政治性和人民性，以供应链金融为抓手，积极践行做好"五篇大文章"工作要求，全力支持上海实体经济高质量发展，服务产业升级。

上海正建设供应链金融示范区，发展供应链金融对于促进实体经济的高质量发展具有重要意义。在传统的融资模式中，许多中小微企业由于缺乏足够的资产和完善的信用记录而难以获得必要的资金支持。针对这种情况，民生银行上海分行积极探索将传统的单户作业模式转向围绕优质核心企业的链式开发模式，聚焦市场需求"脱核化"、金融产品"数字化"、客户服务"智能化"，持续升级产品体系。针对核心企业的上游采购场景，推出依托核心企业授信的"信融e""赊销e""证融e""票融e""承贴直通车"线上化特色产品，以及核心企业数据增信的"订单e"、"供货快贷"等线上化创新产品，精准对接核心企业与供应商之间交易场景项下的结算及融资需求。针对核心企业下游销售场景，推出"车销通""采购e""应收e""订货快贷"等多种融资产品。民生银行上海分行从供应链产业链整体出发，运用金融科技手段，整合物流、资金流、信息流等信息，在真实交易背景下，构建供应链中占主导地位的核心企业与上下游企业一体化的金融供给体系和风险评估体系，提供系统性的金融解决方案，将金融服务送至百业万企。

链式服务，破解产业链上游中小微企业融资难题

发展供应链金融是改善民营中小微企业融资难、融资贵问题的有效手段，也是推进供给侧结构性改革、增强金融服务实体经济质效的重要手段。民生银行上海分行在总行的指导下持续创新供应链产品，形成涵盖"供、产、销"，覆盖核心企业强增信、脱核供应链、小微泛供应链的全面产品谱系，为众多链上中小微企业提供融资支持。本着立足实体经济，服务产业链升级的原则，民生银行上海分行利用金融赋能，提升服务实体经济能效，实现充分运用"链式"信贷思维，创新供应链金融服务。2021年以来，民生银行上海分行已累计为上海辖内超1400余家中小微产业链上下游客户提供了超824亿元供应链支持，助力众多企业健康发展。

2024年以来，通过"订单e"业务，民生银行上海分行为国家电网集团的上游优质供应商在订单阶段提供了融资服务，以便捷的融资体验获得客户好评。"订单e"为合同签署后有较长备货周期且有较高安全库存的上游供应商缓解了现金流压力。截至目前，民生银行上海分行已为国家电网链上供应商累计投放资金超亿元。

通过"信融e"业务，民生银行上海分行为中铁集团链上供应商提供了快速、简便的线上化融资服务，以科技赋能，落实"大中小微一体化"的开发策略。同时，民生银行上海分行为该供应链客户开通了企业微信专属服务渠道，为客户提供一对一专属服务。截至三季度末，本年度已为该核心企业累计投放近2.65亿元，涉及链上中小微客户150余户。

摆脱对核心企业的过度依赖，加速推进脱核供应链模式。

脱核供应链在供应链领域是一个值得深入研究的课题。所谓的脱核，意味着摆脱对单一核心企业信用的过度依赖，转而依靠产业链上的信息流、物流、资金流等多维度的信息和风险控制手段来实现融资。

脱核供应链要求对交易场景全面还原和验真，将成为供应链金融业务下一步发展方向。民生银行上海分行在脱核供应链领域积极探索，引入互联网银行的风控理念，将金融服务深入"毛细血管"，优化了客户从严准入的底层逻辑，通过创新"数字化、场景化、生态化"供应链金融服务，在风险可控的前提下，通过"订单e""采购e""小微泛供应链"等脱核产品对客户分层定价、分层控额，即以"准入、价格、额度"综合平衡的思路，实现风险预测精准度的有效提升，分散、缓释风险，为中小微企业融资减负。

全方位提升服务质效，打造上海分行"医药供应链"品牌特色

围绕医药流通及医疗器械耗材流通领域的供应链业务一直是民生银行上海分行的特色业务,通过"应收e""订货快贷"等产品满足不同层级客户的业务需求。

某医药集团作为全国最大的药品、保健品分销商之一,集团拥有完善的药品、药械销售网络,完整的交易数据,自身信息化程度高。在业务合作中,民生银行上海分行敏锐地捕捉到该集团业务往来中单笔发票金额小、药品种类繁多的工作痛点,传统线下融资模式大量耗费银企双方人力;数以万计的发票和货物明细,使该集团希望简化融资流程,提升操作便利性的意愿强烈。

民生银行上海分行经过多轮需求调研与沟通,为集团量身定制"应收e"产品,实现与集团的信息互通,共享物流、资金流、信息流等数据,保证数据真实性;交易全流程数据可视,建立数据校验逻辑,发票快速自动验真,优化了核心企业系统应收账款管理,满足客户应收账款管理及融资需求。

民生银行作为国内系统重要性银行,坚持以客户为中心,致力于供应链金融全场景服务,精准对接客户需求,推出差异化、定制化行业解决方案;致力于科技赋能,借助数字化力量延伸供应链金融服务链条,通过"八大客户需求,两大服务策略",为客户提供适配的产品服务体系;致力于大中小微企业个人一体化经营,着力提升产品与客户需求的契合度与适配性,构建功能完备、覆盖客户全生命周期的综合金融服务生态圈,全面满足客户融资需求。

好风凭借力,扬帆正当时。民生银行上海分行坚守金融服务实体经济的初心,紧跟国家政策导向,扎根地方经济发展,着力运用金融科技手段,将供应链金融嵌入企业经营场景,满足实体经济新业态、新模式、新增长的需求,与企业携手同行,共享发展机遇、共创美好未来。

(来源:陆家嘴金融网)

(三)2024年供应链金融赋能黄河流域产业高质量发展大会召开

10月25日,2024年供应链金融赋能黄河流域产业高质量发展大会在山东省日照市召开。大会由日照市发改委、南京银行、日照银行联合举办,主题是"数字生态智链未来"。

来自黄河流域及相关省市等地的政策性银行、国有银行、股份制银行、外资银行、城商行、省联社、农商行、期货公司,行业领军企业、行业协会、高校、研究院、产业互联网平台、金融科技公司、合作企业等170余家机构代表参会,共商供应链金融发展新路径,共建产业链合作新生态,共绘黄河流域产业高质量发展新图景。

会上,启动了日照银行"黄海之链"供应链金融服务平台直连上海票据交易所供应链票据平台,启用了"智能仓储(金融)创新实验室"仪式。近年来,在各级各部门的指导支持下,日照银行积极推动供应链票据创新应用,自2021年3月落地山东省首笔供应链票据贴现融资业务以来,持续加大供应链票据推广运用,不断丰富应用场景。2024年8月27日,日照银行"黄海之链"供应链金融服务平台获批接入上海票据交易所供应链票据平台,并于9月28日通过上海票交所系统验收,上线以来运行良好。

"智能仓储(金融)创新实验室"是在中仓储与配送协会金融仓储分会支持下,浪潮智慧供应链、山东大学、中仓登与日照银行四家机构,共同打造的智能仓储金融创新载体。实验室将整合四家机构的资源优势,围绕仓储金融产品创新、智能仓储技术应用、风险评估与管理以及行业标准制定等方面展开深入研究,为推动智能仓储与金融领域的协同发展提供有力的技术支持和理论保障。这也是继产业数字金融技术应用实验室(日照基地)、日照数字金融与黄河流域发展联合实验室之后,日照银行携手合作伙伴在日照设立的第三个实验室。

黄河流域生态保护和高质量发展是重大国家战略。作为黄河流域最便捷、最经济的出海口，在服务黄河流域发展方面，日照具有优良的传统、独特的优势和天然的使命，与沿黄城市有着紧密的人文交流、频繁的商贸往来。近年来，围绕打造黄河流域陆海联动转换枢纽，深入推动港产城融合发展，港口货物吞吐量逼近6亿吨大关，位居全国第六位、全球第七位，打造了集港口、航空、高速、高铁、重载铁路、管道管廊等于一体的交通物流体系，成功获批国家物流枢纽承载城市，通道能级提升明显，区位优势日益突出。

高质量发展离不开金融业的助力。供应链金融作为现代金融的重要组成部分，在推动产融结合、保障产业链供应链稳定、促进产业链现代化方面，发挥着重要作用。日照市委、市政府高度重视供应链金融发展，近年来，依托"一港双通道"的比较优势，通过抢抓云计算、人工智能等新技术产业发展风口，在数字供应链金融方面进行了积极探索，通过搭建数字化服务平台、拓展数字化应用场景、构建数字化风险管理体系、营造数字化金融生态，在促进产业链良性发展、供应链稳定循环方面取得了喜人成果。2024年1—9月，日照银行共服务816户供应链金融核心企业、6133户上下游企业，授信额度882亿元，获批直连上海票交所供应链票据平台，供应链票据再贴现额居全省首位。

（来源：《大众日报》）

（四）上海将建供应链金融示范区 聚焦重点产业集群 对上下游小微企业合理融资需求应融尽融

上海金融监管局联合人民银行上海市分行、上海市发展改革委、上海市财政局、上海市金融委办公室、上海市国资委、上海市工商联等部门印发《上海银行业保险业建设供应链金融示范区行动方案》（简称《行动方案》），推动建设上海供应链金融示范区。

截至2024年一季度末，上海供应链金融业务合作的核心企业或平台共计2244家，同比增加269家，供应链各类业务表内外余额4710.65亿元，同比增长14.72%。当年累计依托核心企业或平台直接为1.13万户上下游小微企业提供贷款支持。

在《行动方案》中，上海金融监管局要求聚焦上海重点产业集群，通过提供全方位综合性的供应链金融服务，对上下游小微企业合理融资需求应融尽融，至2025年末，实现上海龙头企业、"链主"企业及重要产业链供应链金融服务全覆盖，实现产业、科技以及金融的融合发展，全面提升金融服务产业全链条的能力，建立具有代表性、示范性的供应链金融创新示范区。

该《行动方案》针对当前供应链金融发展的痛点堵点，要求重点做好四方面工作：

一是合作共赢，推进供应链金融生态圈建设。上海金融监管局将会同市政府相关部门，给金融机构发送包括民营总部、贸易总部等在内的一批上海总部企业清单，推动金融机构广泛对接重点企业、行业协会、商会。在保护中小微企业合法权益的基础上，妥善处理供应链金融开展中各方的利益与责任，激发其他主体参与供应链金融的意愿和动力，打造共建共享共赢的供应链金融生态圈。

二是科技赋能，推进供应链金融创新发展。上海金融监管局要求金融机构转变理念，加大科技金融投入，大力推进区块链、物联网、大数据以及人工智能等新技术在供应链金融领域的创新应用。鼓励金融机构提升供应链金融数字化建设水平，提升在线供应链金融服务能力，提升供应链金融智慧风控能力。引导金融机构在风险可控的情况下，开展供应链金融的线上贷前、贷中、贷后"三查"工作，建立全流程线上资金监控模式。进一步扩大远程开户试点，引导金融机构合规稳慎开展异地供应链金融业务。

三是破解难题，加大动产融资服务力度。针对目前供应链金融业务中应收账款融资居多的局面，鼓励金融机构通过科技赋能、线上线下服务相结合等手段，在风险可控前提下加大仓单和动产质押融资力度，加大对产业链上下游中小微企业的金融支持。在合规基础上，鼓励金融机构加大与核心企业及其他参与方的合作，引导平台企业更好地参与产业金融发展，做好对产业细分、垂直场景的研究与服务。通过信息流、资金流、物流和商流的"四流合一"，突破供应链金融开展中的交易、票据、货物等真实可控难题，提升供应链金融服务的深度。

四是风险为本，牢牢坚守合规底线。上海金融监管局要求金融机构完善供应链金融全过程的风控，做好核心企业经营及其产业链的风险分析与预警，加强对核心企业经营状况、核心企业与上下游链条企业交易情况的监控。对于平台类供应链金融，要严格做好自主风险防控。加强对物流、信息流、资金流和第三方数据等信息的跟踪管理，不得开展没有真实交易背景的虚假供应链金融，不得与通过"伪创新"以逃避监管为目的平台和企业开展供应链金融合作，防止供应链金融异化为部分市场主体违规融资的工具。

（来源：《解放日报》）

二、物流融资租赁

（一）2024 年融资租赁行业发展现状、竞争格局以及未来发展趋势与前景

融资租赁行业是以出租人根据承租人的请求，购买其选定的设备并租给其使用，承租人分期支付租金的金融服务形式。该行业涉及多方参与者，包括出租人、承租人和设备供应商等，形成了一个完整的产业链。近年来，尽管企业数量有所波动，但融资租赁行业的资产规模持续增长，显示出行业的韧性和潜力。在产业链方面，上游设备供应商提供租赁物，中游融资租赁公司提供融资租赁融资服务，下游承租人使用租赁物并支付租金。政府政策支持和市场需求增长推动了该行业的发展。未来，随着经济的复苏和市场的进一步开放，融资租赁行业有望迎来更广阔的发展空间。

1. 融资租赁行业发展现状分析

（1）行业规模与增长。融资租赁行业在经历了快速增长期后，目前进入了一个相对稳定的发展阶段。尽管近年来行业增速有所放缓，但整体规模仍在持续扩大。根据中研普华产业研究院发布的《2024—2029 年中国融资租赁行业深度分析与发展研究报告》分析，截至 2023 年末，我国金融租赁公司的总资产规模达到了 4.18 万亿元，同比增长 10.49%，显示出行业稳健的发展态势。

（2）业务结构与特点。融资租赁业务结构正逐渐优化，直接租赁业务占比有所提升。2023 年，直接租赁业务投放达到 2814.87 亿元，同比增长 63.39%，占租赁业务投放总额的 16.42%，同比上升了 4.31 个百分点。这表明金融租赁公司正在逐步回归租赁本源，更好地服务实体经济。

（3）风险与挑战。虽然融资租赁行业整体发展稳健，但仍面临一些风险和挑战。例如，信用风险、市场风险和流动性风险等需要行业内的公司持续关注和管理。此外，随着监管政策的不断变化，融资租赁公司需要不断调整业务策略以适应市场环境。

2. 融资租赁行业竞争格局分析

（1）市场参与者。融资租赁行业的参与者主要包括金融租赁公司、内资租赁公司和外资租赁公司。其中，金融租赁公司以银行系为主，具有强大的资金实力和丰富的客户资源，占据市场主导地位。内资租赁公司和外资租赁公司则各自具有不同的特点和优势，共同构成了多元化的市场竞争格局。

（2）业务布局与投放领域。融资租赁公司的业务布局广泛，涵盖了交通运输、智能制造、绿色低碳、医疗健康、旅游文化以及小微普惠等多个领域。特别是随着算力需求的增加，算力租赁成为融资租赁行业的新兴市场，各大租赁公司纷纷进军该领域，以寻求新的增长点。

（3）竞争格局与趋势。头部效应明显：在融资租赁行业中，头部企业的规模和影响力逐渐扩大。例如，国银金租和交银金租等资产规模超过 4000 亿元的银行系金融租赁公司，在行业中占据重要地位。

差异化发展：随着市场的不断变化和竞争的加剧，融资租赁公司开始寻求差异化发展路径。一些公司专注于特定行业或领域，提供专业化的融资租赁服务；而另一些公司则通过创新业务模式和服务

方式，以吸引更多客户。

政策支持与监管：政府对融资租赁行业的支持政策以及监管措施的实施也对竞争格局产生影响。政策的扶持有助于行业健康发展，而严格的监管则有助于规范市场秩序，保护消费者权益。

3. 融资租赁行业发展趋势及前景分析

（1）融资租赁行业发展趋势分析：

专业化与差异化发展。随着市场竞争加剧，融资租赁公司开始寻求专业化与差异化的发展路径。越来越多的公司开始专注于某一特定行业或领域，如航空、船舶、医疗设备等，通过提供专业化的融资租赁服务来满足客户的特定需求。这种专业化发展不仅有助于提高公司的服务质量和效率，还能够降低风险并提升客户满意度。同时，差异化发展也是融资租赁行业的一个重要趋势。为了在竞争中脱颖而出，许多公司开始创新业务模式和服务方式，如提供定制化的融资方案、灵活的租金支付方式等。这些差异化服务有助于吸引更多客户并提升市场竞争力。

数字化转型与科技创新。随着科技的不断进步和普及，数字化转型已成为融资租赁行业的一个重要趋势。越来越多的融资租赁公司开始利用大数据、云计算、人工智能等先进技术来提升业务效率和风险管理能力。例如，通过大数据分析技术来评估客户的信用风险和偿债能力；通过云计算技术来实现业务数据的快速处理和存储；通过人工智能技术来优化客户服务体验等。这些科技创新为融资租赁行业的发展注入了新的活力。

绿色融资租赁的兴起。随着全球气候变化和环境问题日益严峻，绿色可持续发展已成为社会关注的焦点。融资租赁行业也开始积极响应这一趋势，大力发展绿色融资租赁业务。许多融资租赁公司开始涉足清洁能源、节能环保等领域，通过提供绿色融资租赁服务来推动可持续发展。这不仅有助于提升公司的社会形象和市场竞争力，还能够为环保事业做出贡献。

（2）融资租赁行业发展前景分析：

市场规模持续增长。随着中国经济的持续增长和金融市场的不断深化，融资租赁行业的市场规模有望持续增长。一方面，随着企业对融资租赁服务的需求不断增加，市场潜力巨大；另一方面，政府对融资租赁行业的支持政策也将进一步推动行业的发展。预计未来几年内，融资租赁行业的市场规模将继续扩大。

政策支持与监管加强。近年来，政府对融资租赁行业的支持政策不断增加，为行业的发展提供了有力的保障。同时，监管措施的加强也有助于规范市场秩序和保护消费者权益。预计未来几年内，政府将继续出台相关政策来支持融资租赁行业的发展，并加强监管力度以确保市场的健康稳定发展。

国际化发展趋势明显。随着中国经济的全球化和对外开放的不断深入，融资租赁行业的国际化发展趋势也日益明显。越来越多的融资租赁公司开始拓展海外市场，与国际金融机构展开合作，提供更加全球化的服务。这将有助于提升中国融资租赁行业的国际竞争力并推动行业的持续发展。

绿色融资租赁前景广阔。随着全球气候变化和环境问题的日益严峻以及可持续发展理念的深入人心，绿色融资租赁的前景非常广阔。预计未来几年内，绿色融资租赁将成为融资租赁行业的一个重要发展方向。这不仅有助于推动可持续发展和环保事业的进步，还能够为融资租赁公司带来新的业务增长点和市场竞争力。

（来源：中研网）

（二）物流金融模式的创新与应用：企业新盈利途径

现今，全国范围内的日均包裹量高达 4.4 亿件，平均每秒就有 5144 件快递在各地穿梭。这些包裹在仓库中经过扫描、分拣后，便踏上了它们的旅程，前往千家万户。然而，这背后所蕴含的"故事"远比我们所见的要复杂得多。在这些看似普通的物流活动中，包裹们仿佛化身为金融财富的"使者"，通过物流金融这一创新业务模式，将每一笔流动都转化为企业的利润和财富。

物流金融，这一结合了物流与金融服务的独特模式，通过整合金融产品和物流服务，为物流产业提供了全方位的资金融通、结算和保险支持。它不仅拓宽了物流企业的融资渠道，更为企业带来了新的增长点和利润来源。更为关键的是，物流金融能有效地盘活企业暂时闲置的原材料和产成品资金，优化资源配置，进而提升资本的使用效率。

1. 物流企业布局

众多领先的物流企业正积极布局物流金融市场，它们推出了多样化的产品与服务，旨在满足各类客户的需求，同时推动自身网络的拓展与物流服务质量的提升。

综合型物流企业：这类企业专注于为客户提供从原材料采购到产品销售的全方位物流服务。它们的核心竞争力在于对供应链上下游交易数据的深度挖掘，从而为客户提供应收账款融资、预付款融资等多元化的金融服务。顺丰、京东物流和菜鸟网络等都是这一领域的佼佼者。

快递快运物流企业：快递快运物流企业，凭借其庞大的物流网络和广泛的网点分布，为客户和合作伙伴提供了金融服务的便利。例如，安能物流就为其内部成员单位及供应商推出了"安信通"电子信用凭证。

地产型物流企业：这类企业通常拥有物流园区、仓库等实体资产，能够利用这些资产提供仓单质押、库存融资等金融服务。例如，普洛斯专注于物流、冷链等产融科技服务，提供全面的数字供应链金融服务。

2. 物流金融的主要参与者与运作模式

物流金融涉及多方参与者，构成了一个错综复杂的生态系统。银行和金融机构是融资服务的主要提供者，涵盖预付款融资、存货融资及应收账款融资等多方面。物流公司在保障货物安全送达的同时，与银行合作运用货物追踪技术来降低风险。供应链企业则是物流金融服务的最终受益者，他们能够借助这些服务提升供应链效率。技术提供商为这一领域提供供应链管理软件和数据分析工具等支持。银行、物流公司、供应链企业、技术提供商、第三方监管机构均参与并支持物流金融运作。

作为供应链金融的关键环节，旨在为供应链内的企业提供资金支持，从而优化整个供应链的资金流。这一领域涉及多种运作模式，包括物流结算、授信、地产、动产质押、仓单及融资租赁模式，助力资金流动。简单直接的物流结算模式通过代收货款等方式，为客户提供融资服务。

例如，京东物流的"京保贝"服务便属于快速便捷的物流授信模式，它为平台商家提供了便捷的信用贷款。提升效率的物流地产模式则允许投资商通过开发物流设施获得稳定回报。物流金融的运作模式各具特色，但都强调在风险可控前提下的高效融资。

3. 物流金融风险与应对策略

物流金融虽然为中小物流企业带来了资金流动性和业务拓展的机遇，但同时也面临着诸多风险挑战。市场、信用、流动性及操作风险普遍存在，需警惕并管理。市场波动可能增加物流企业的运营风险，而信用风险则是需要特别关注的问题，当物流企业借助金融机构的信用额度进行业务运作时，市场需求的不稳定等因素都可能对企业的信用状况造成影响。

为了降低这些风险的影响，物流企业需要制定相应的策略。建设风险管理体系，强化信息化管理，与银行深度合作以应对风险是关键。物流企业应着手建立完备的风险管理体系，旨在及时捕捉和评估潜在风险。

例如，顺丰通过构建信用数据库、风险预警机制以及贷后管理体系来对信用风险进行严格把控。此外，引入先进的物流信息技术以提升业务透明度和处理效率也是降低操作风险的手段之一。

4. 中小企业的物流金融机遇

物流金融为中小企业带来了诸多发展机遇，它不仅提高了资金的使用效率，还增强了企业在市场上的竞争力。例如，动产质押融资已成为一种受欢迎的方式。物流金融改善中小企业的融资条件，扩大市场竞争力，为这些企业提供了新的融资途径。

对于中小企业而言，要充分利用物流金融，需关注两大方面：多元化融资途径的探索和加强信用与风险管理。探索多元融资途径，如动产质押、仓单质押等，以及加强信用与风险管理以实现稳步发展是关键。通过与金融机构合作提供质押融资服务，企业能够灵活利用其流动资产，进而获得融资，满足临时性的资金需求。

物流金融不仅是一位巧妙的金融魔术师，将复杂的金融操作转化为高效服务，更是一位风险转换的艺术家，将潜在风险和不确定性转化为宝贵的商业机遇。展望未来，随着物流金融行业的持续发展，我们有理由期待其将提供更多元化的产品与服务，为整个物流产业链注入更多活力。

（三）物流企业融资方式有哪些，如何加强融资能力

我国有很多家物流企业，物流运输在交易市场中发挥了极其重要的作用，如果物流企业倒闭了，后果可想而知。为了让物流企业能够更好的生存下去，物流企业需要有更多的资金来运作，而融资就是一种不错的筹集资金方式，那么，物流企业融资方式有哪些，如何加强融资能力？

1. 物流企业融资方式有哪些

一是银行贷款。银行是企业最主要的融资渠道。按资金性质，分为流动资金贷款、固定资产贷款和专项贷款三类。专项贷款通常有特定的用途，其贷款利率一般比较优惠，贷款分为信用贷款、担保贷款和票据贴现。

二是股票筹资。股票具有永久性，无到期日，不需归还，没有还本付息的压力等特点，因而筹资风险较小。股票市场可促进企业转换经营机制，真正成为自主经营、自负盈亏、自我发展、自我约束的法人实体和市场竞争主体。同时，股票市场为资产重组提供了广阔的舞台，优化企业组织结构，提高企业的整合能力。

三是债券融资。企业债券，也称公司债券，是企业依照法定程序发行、约定在一定期限内还本付息的有价证券，表示发债企业和投资人之间是一种债权债务关系。债券持有人不参与企业的经营管理，但有权按期收回约定的本息。在企业破产清算时，债权人优先于股东享有对企业剩余财产的索取权。企业债券与股票一样，同属有价证券，可以自由转让。

四是融资租赁。融资租赁，是通过融资与融物的结合，兼具金融与贸易的双重职能，对提高企业的筹资融资效益，推动与促进企业的技术进步，有着十分明显的作用。融资租赁有直接购买租赁、售出后回租以及杠杆租赁。此外，还有租赁与补偿贸易相结合、租赁与加工装配相结合、租赁与包销相

结合等多种租赁形式。融资租赁业务为企业技术改造开辟了一条新的融资渠道，博凯投资采取融资融物相结合的新形式，提高了生产设备和技术的引进速度，还可以节约资金使用，提高资金利用率。

五是海外融资。企业可供利用的海外融资方式包括国际商业银行贷款、国际金融机构贷款和企业在海外各主要资本市场上的债券、股票融资业务。

2. 如何加强物流企业融资能力

我国物流行业规模庞大，占 GDP 比重高，物流金融存在一些亟须解决的问题，如监管法律关系的界定、行业规范的完善、准入机制的建立等。利用相关政策调控和金融工具，加强对物流金融的扶持和引导，推进行业持续健康发展。

一是创新政府基金支持物流金融发展。通过设立物流产业基金、入股社会金融机构等方式，加大对重点物流金融服务企业的支持力度，为其发展提供必要的资金保障；同时，积极引导金融机构提高对符合条件企业的授信额度，降低物流金融风险，助力打造区域物流金融服务中心。

二是加大税收政策支持。业内人士建议，为促进现代物流业做大做强，政府宜为物流产业的发展提供更多、更符合实际需要的政策支持，如颁布税收优惠政策、降低相关税率等，力争从政策上为物流产业发展提供强大支持。

三是引导物流企业提升自身信用等级，力促金融创新。企业要加强自身建设，尤其是设法提升自身信用等级，并及时与银行进行交流，使银行准确掌握自己的融资需求。从银行角度来看，也要从物流市场的实际情况出发，针对物流企业研发具有风投性质、支持新生物流企业发展的融资产品等，以便增加自身收益。鉴于物流企业普遍具有强烈的保险需求，保险公司也应积极研发针对性强的险种，大力推动物流保险业务全覆盖，以此提高自身实力，实现多赢。

每种融资方式都各有各的特点，您要根据企业的实际情况来选择适合自己的融资方式。如果没有及时融资，企业很快就会衰败下去，最终导致破产。如果对融资不放心，可以尝试短期融资，短期融资也可以拿得到资金。

（来源：律图）

（四）融资租赁促进交通物流产业金融工具多样化

交通物流产业是畅通国民经济循环的重要环节之一，也是支撑国民经济发展的基础性、战略性、先导性产业。我国交通物流设备融资租赁行业兴起于 20 世纪 80 年代，经历了初步发展阶段，发展调整阶段以及发快速发展阶段。

21 世纪以来，我国交通物流设备融资租赁行业发展步入正轨，政府相继出台包括《融资租赁企业监督管理办法》《关于加大对新消费领域金融支持的指导意见》在内的一系列法律法规以促进和规范该行业的发展，同时，各路资本开始进入交通物流设备融资租赁行业，为行业发展带来了新的活力。

近年来，新能源汽车产业链生态格局正在加速变化与重构，新业态、新模式、新技术不断涌现。新能源汽车的壮大契合了绿色低碳发展的方向，带动了一系列与新能源相关产业链的延伸拓展，同时也促进了物流运输等领域的变革，带来了绿色出行的新体验。随着新能源汽车被接受程度逐步提升以及新能源汽车所占的市场份额日益增加，交通物流融资租赁有望成为绿色出行领域的重要增长点。

现阶段，虽然我国交通物流设备融资租赁行业步入正轨，但仍处于起步阶段，对比欧美成熟的交通物流设备融资租赁市场的高渗透率，我国的交通物流设备融资租赁市场仍然有较大的发展空间。

同时，伴随着绿色出行逐步成为当代主旋律，各地出台一系列政策鼓励汽车租赁公司采用新能源汽车开展汽车租赁业务，一方面促进了中国新能源汽车市场发展，另一方面也为交通物流设备融资租赁行业带来新机遇，融资租赁公司有望在其中发挥重要作用，促进交通物流产业金融工具多样化。

（来源：思瀚产业研究院）

（五）租赁融资发展概况

租赁融资物流业务

目前，国际产业经济的发展已经从企业与企业的竞争，转向了供应链与供应链之间的竞争。然而长期以来，中国企业在供应链发展上并不顺利，国内中小企业的资金压力相当紧张。一方面，中小企业因缺乏有效的抵押物和担保措施，很难获得银行贷款。另一方面，中小企业的资金压力还来自供应链内部的权利义务失衡。在特定商品供应链里，核心企业通常占绝对优势，它对上下游配套的中小企业在交货、价格、账期等方面要求苛刻，使得配套的中小企业资金链十分紧张。世界最大的快递物流公司 UPS 发布的年度《亚洲商业监察》报告显示，中国 23% 以上的中小企业正在遭遇现金流的困扰。另一方面，2005 年全国中小企业有近 11 万亿元的存货应收账款。如果这些闲置的资源可以进行信贷担保，相当部分的中小企业可解决"贷款难"的问题。据国内第一家推出"供应链金融"服务的平安银行（原深圳发展银行）人士介绍，一方面，利用供应链整体信用对中小企业信用的支撑，通过对物流和资金流的全程监控，有效地降低了对中小企业放贷的风险；另一方面，平安银行推出了"自偿性贸易融资"风险评审制度，将当前银行业传统的注重财务报表分析的主体评级方法，改革为重点考察贸易背景和物流、资金流控制模式的债项评级办法，从而衍生出一套新的信贷分析及风险控制技术；同时与第三方物流公司建立了全面合作关系，搭建物流金融平台，通过异业紧密合作实现核心能力互补，为中小企业提供便捷的融资服务。供应链金融不但得到中小企业追捧，也让银行受益匪浅。据平安银行的企业关系管理部副总经理夏逸楠说，"供应链金融"自 2003 年正式推出以来，该业务年复合增长率超过 50%，累计投入资金总额数千亿元，不良率仅仅 0.4%。据了解，在平安银行之后，渣打银行等外资银行也在国内推出了供应链金融，取得了不俗的成绩。

中储、中远物流的人士也表示，物流管理已从物的处理提升到物的附加值方案管理在供应链管理模式发展下，国内企业逐渐转而强调跨企业界限的整合，而顾客关系的维护与管理变得越来越重要。借助金融物流供应链，它们为客户获得低成本的融资提供了服务也大幅度提升了自身在客户心中的地位。

"国内正在搞金融物流供应链，这是金融服务的一个创新。"香港大学物流管理研究中心主任史新平对内地的供应链金融评价很高，"金融物流供应链融资，这甚至在国际化程度很高的香港都没有做到，香港至今还没有某一个产业、某一种经营模式的信贷服务。而在内地，平安银行做到了金融物流供应链融资。从这个角度来讲，国内已经有一个很好的出发点"据了解，平安银行除了与三大物流巨头有战略合作之外，已经与大连、天津、深圳、青岛、湛江等国内大型港口及超过 200 家以上的第三方物流公司签约合作，与中华商务网及多家担保公司建立了战略联盟合作关系。而国内其他银行与物流企业的合作，也已逐步向建立物流金融平台发展。

融资租赁概念与发展

不同的国家对融资租赁提出了不同的定义，甚至在我国不同的部门，融资租赁的定义也有所不同。例如，银监会将融资租赁定义为出租人根据承租人对租赁物和供货人的选择或认可，将其从供货人处取得的租赁物按合同约定出租给承租人占有、使用，向承租人收取租金的交易活动；　商务部将其定义为出租人根据承租人对出卖人、租赁物的选择，向出卖人购买租赁财产，提供给承租人使用，并向承租人收取租金的业务。从融资租赁业务的操作过程出来，可将融资租赁定义为：出租人根据承租人对租赁物件的特定要求和对供货人的选择，出资向供货人购买租赁物件，并租给承租人使用，承租人则分期向出租人支付租金，在租赁期内租赁物件的所有权属于出租人所有，承租人拥有租赁物件的使用权。

租期届满，租金支付完毕并且承租人根据融资租赁合同的规定履行完全部义务后，对租赁物的归属没有约定的或者约定不明的，可以协议补充；不能达成补充协议的，按照合同有关条款或者交易习惯确定，仍然不能确定的，租赁物件所有权归出租人所有。融资租赁是集融资与融物、贸易与技术更新于一体的新型金融产业。由于其融资与融物相结合的特点，出现问题时租赁公司可以回收、处理租赁物，因而在办理融资时对企业资信和担保的要求不高，所以非常适合中小企业融资。

融资租赁产生于第二次世界大战（简称二战）后的美国。二战后美国国内出现了资本和技术密集型为特点的耗资巨大的新兴工业部门，一方面造成固定资产投资规模急剧扩大，设备更新速度空前加快；另一方面，企业还要面临因采用新技术使设备淘汰加快的风险。在战后经济不景气、企业通过传统的融资方式获得中长期贷款的来源十分有限的情况下，传统的融资方式已经无法满足旺盛的投资需求。1952 年，加利福尼亚州一个食品工厂的老板费尔德用每月 125 美元租用带小型升降机的卡车，和经纪人达成协议后获得成功。他根据这一经验产生了建立租赁公司的设想并最终成立了美国第一家融资租赁公司—　美国租赁公司，开启了融资租赁的新纪元。这一做法打破了"先一次性投资，购买设备后再进行生产"的传统观念。融资租赁诞生以后，取得了迅速发展。到了 20 世纪 60 年代，本及西欧的大部分工业国家都成立了融资租赁公司。20 世纪 70 年代，融资租赁在经济发达国家得到急速发展到了 20 世纪 80 年代，经济发达国家的融资租赁已进入成熟期，不少发展中国家也开展了租赁业务。融资租赁成为许多国家发展最快的一种融资方式，中国东方国际租赁公司及中国租赁有限公司的成立标志着中国赁业的我国融资租赁业的产生于发展，引进了不少先进设备和技术，开辟了利用外资的新架对我国经济发展起了一定的作用。2012 年 6 月 18 日，商务部《关于鼓励和引导民间资本进入商贸流通领域的实施意见》明确指出支持民间资本发展融资租赁业务。加快融资租赁立法步伐，建立、健全行业标准体系，完善金融、财政、税务、外汇、海关等政策，加行业监管，支持符合条件的民营企业规范发展融资租赁业务。鼓励民营融资租赁企业为小微企业、"三农"企业提供交通运输工具、生产设备、工程机械、农用机械等融资租赁务，通过设备融资租赁方式参与铁路、电信、电力、石油天然气、水利工程等基础产业作设。支持民营融资租赁企业加强与各类金融机构合作，拓宽融资渠道。我国物流基础设施的建设以及物流企业的设备更新换代完全可以借助于融资租赁这一融资模式。

融资租赁分类

在我国，因为监管者的不同，融资租赁大致被分为金融租赁、企业融资租赁和外资资租赁。金融租赁公司由银监会监管，大都是为银行系投资建立；企业融资租赁由商务部监管，为实体企业出资设立。具体的租赁方式可分为以下几类。

直接融资租赁。直接融资租赁租赁公司根据承租企业的选择，向设备制造商购买设备，并将其出租给承租企业使用，租赁期满，设备归承租企业所有。适用于固定资产、大型设备购置以及企业技术改造和设备升级。

售后回租。承租企业将其拥有的设备出售给租赁公司，再以融资租赁方式从租赁公司租入该设备租赁公司在法律上享有设备的所有权，但实质上设备的风险和报酬由承租企业承担。适用于流动资金不足的企业、具有新投资项目而自有资金不足的企业以及持有快速升值资产的企业。

厂商租赁。厂商租赁是设备制造厂商与租赁公司结成战略合作伙伴，以融资租赁方式为购买其产品的客户进行融资，并进行后续设备资产管理的一种业务模式。适用于设备制造厂商。

杠杆租赁。由租赁公司牵头作为主干公司，为一个超大型的租赁项目融资的租赁方式。租赁公司通过成立一家项目公司，通过投入租赁物购置款项的部分金额，即以此作为财务杠杆，为租赁项目取得全部资金。适用于飞机、轮船、通信设备和大型成套设备的融资租赁。

联合租赁。租赁公司与国内其他具有租赁资格的机构共同作为联合出租人，以融资租赁的形式将设备出租给承租企业。合作伙伴一般为租赁公司、财务公司或其他具有租赁资格的机构。

委托租赁。租赁公司接受委托人的资金或租赁标的物，根据委托人的书面委托，向委托人指定的承租人办理融资租赁业务的一种租赁方式。租赁期内租赁物的所有权归委托人。此模式可实现与投资机构、优势企业进行租赁投资合作。

转租赁。是以同一物件为标的物的融资租赁业务。在转租赁业务中，租赁公司从其他出租人处租入租赁物件再转租给承租人，租赁物的所有权归第一出租方。此模式有利于发挥专业优势、避免关联交易。

融资租赁的功能与作用

融资租赁的功能主要体现在以下四个方面：

第一，融资功能融资功能是融资租赁最基础也是最重要的功能，从其本质上看，融资租赁是以融通资金为目的的，它是为解决企业资金不足的问题而产生的。需要添置设备的企业只需付少量资金就能使用到所需设备进行生产，相当于为企业提供了一笔中长期贷款。

第二，促销功能融资租赁可以用"以租代销"的形式，为生产企业提供金融服务。一方面，可避免生产企业存货太多，导致流通环节的不畅通，有利于社会总资金的加速周转和国家整体效益的提高；另一方面，可扩大产品销路，加强产品在国内外市场上的竞争能力。

第三，投资功能租赁业务也是一种投资行为。租赁公司对租赁项目具有选择权，可以挑选一些风险较小、收益较高以及国家产业倾斜的项目给予资金支持。同时，一些拥有闲散资金、闲散设备的企业也可以通过融资租赁使其资产增值。而融资租赁作为一种投资手段，使资金既有专用性，又改善了企业的资产质量，使中小企业实现技术、设备的更新改造。

第四，资产管理功能融资租赁将资金运动与实物运动联系起来。因为租赁物的所有权在租赁公司，所以租赁公司有责任对租赁资产进行管理、监督，控制资产流向。随着融资租赁业务的不断发展还可利用设备生产者为设备的承租方提供维修、保养和产品升级换代等特别服务，使其乡常能使用上先进的设备，降低使用成本和设备淘汰的风险，尤其是对于售价高、技术性强无形损耗快或利用率不高的设备有较大好处。

融资租赁对出租人而言，是一种安全高效的投资方式，并且具有安全性好、收益率高的特征。另外，出租人若为设备生产商，租赁可助其扩大产品销售。对承租人而言，有助于加快企业技术改造和企业引进先进设备，并目融资租赁使承租企业得到税收优惠的好处，减轻企业财务负担，增强了企业发展后动。目前，中国融资租赁依然还是较为简单的商业模式，以融资性租赁尤其是融资性售后回租为主，在银行系租赁公司中，融资性售后回租的比例达到 80% 以上。

融资租赁业在西方发达国家已是仅次于银行信贷的金融工具，全球近 1/3 的投资以融资方式完成。在欧美工业发达国家，设备的租赁已占全部设备销售量的 20%，其中工程，飞机、船舶、各种车辆等，60% 以上都是通过租赁方式销售。相比之下，我国金融和的渗透率比较低，在发达国家，金融租赁渗透率为 15%—30%，而据中国银行业协会金融赁专业委员会估算，中国租赁渗透率为 4%—S%。可见，中国租赁市场仍有相当大的发展空间。

租赁融资市场

据最新数据显示，2023 年国内租赁融资事件已超 10 万起，其中商租占比超 80%。

金融租赁公司是非银行金融机构。金融租赁公司是非金融机构企业。虽然融资租赁公司总想往金融方面靠，但国务院《关于加强影子银行监管有关问题的通知》要求"融资租赁等非金融机构要严格界定业务范围。融资租赁公司要依托适宜的租赁物开展业务，不得转借银行贷款和相应资产。"严防租赁公司从事影子银行业务。

（来源：网络货运）

三、物流保险

（一）2024年上海市物流保险政策

上海市物流保险政策旨在推动物流行业的健康发展，降低物流企业的运营风险。政策目标是提升物流保险的覆盖面和保障水平，确保物流企业在面对各种风险时能够得到有效保障。

具体措施和实施细节：

产品供给丰富化：推动航运保险产品注册数量增加，提升航运保险示范条款的使用率，并在重要战略新兴领域制定航运保险专属产品。

承保能力增强：聚合境内航运再保险承保能力，建立多样化的风险分散机制，提升航运保险的保障力和承载力。

全球服务水平提升：推广航运保险标准化单据，提升线上化服务率，增强中国制造在"走出去"过程中的海事处理、事故救援等服务能力。

与其他政策的协同作用：

上海市物流保险政策与《"十四五"现代物流发展规划》相协调，致力于建设供需适配、内外联通、安全高效、智慧绿色的现代物流体系。

政策还与《优化提升本市物流仓储设施及服务行动方案（2025—2027年）》相衔接，共同推动物流仓储设施及服务的高质量发展。

（来源：百度AI）

（二）海运保险行业发展态势：2024-2032年全球市场规模增长达172亿美元

海运保险又称货物保险，是一种在货物通过海路运输发生意外时向客户提供赔偿的保险，承保船只、货物、码头以及在运输开始和结束之间交换、获得或持有财产的任何车辆或有效载荷的不幸或损害。

2024年全球海运保险市场规模达334亿美元，预计到2032年将达到506亿美元。

全球海运保险市场市场细分为运输/货物、船体、近海/能源、海上责任险。

2024年运输/货运占据市场主要份额，运输/货物类型的海运保险为运输途中的货物损失或损坏提供保险。

保险范围细分损失、火灾/爆炸、自然灾害、其他。

预测期内，损失细分市场占据主要市场份额。损失海运保险为产品和货物在海运、空运或陆运途中的损失或损坏提供保障。这种保险通常为在两地之间运输的产品提供保护，并针对各种危险提供保险，包括盗窃、意外事故或自然灾害造成的损坏以及未交付造成的损失。

2024 年欧洲海运保险市场规模达 150 亿美元，这是因为该地区拥有主要港口和航运枢纽，贸易和航运活动频繁。许多国家的顶级海运保险公司总部也设在欧洲，从而巩固了欧洲大陆的市场主导地位。

亚太地区预计将成为增长最快的地区，这是由于中国、印度和日本等国的经济增长和发展，推动了地区贸易和航运活动的增长。此外，该地区人口众多，中产阶级崛起，为休闲游艇业的发展提供了机遇，从而推动了对海运保险的需求。

（来源：贝哲斯咨询）

（三）航运保险有望迎来快速发展

海关总署发布的最新消息显示，2024 年，我国货物贸易进出口总值 43.85 万亿元，规模创历史新高，我国外贸总量、增量、质量均实现增长。伴随我国贸易大国地位日益巩固、贸易强国建设扎实推进，航运保险高质量发展步伐也明显加快。

上海市政府发布的 2025 年政府工作报告提出，提高航运保险全球服务水平。业内专家表示，这是落实党的二十届三中全会提出的"提高航运保险承保能力和全球服务水平"重要举措。作为亚太地区航运保险中心之一，在政策面的推动下，上海航运保险将迎来发展新机遇。

航运保险是世界上最古老的险种之一，与国际贸易和航运业的发展紧密相连。因此，航运保险经营天然要求高度国际化。

一方面，航运保险面临的风险和挑战具有国际性。单一标的价值大，信息不对称问题突出，且常受极端天气、国际冲突等重大风险威胁。为了提升承保能力、降低风险，往往需要借助国际再保险市场分散风险，在增加经营稳健性的同时，确保在面临巨额赔付时，保险公司有足够的资金进行赔付。另一方面，航运保险的保险标的活动范围广泛，涉及多个国家和地区。由于路途遥远且风险复杂多样，出险理赔的地点广泛且不确定。这就要求承保人在全球范围内拥有完善的信息收集、核保检验及定损理赔等服务网络。同时，在处理保险纠纷、进行保险理算时，普遍需要遵循国际商业规则和惯例，以确保公平、公正和高效。因此，航运保险高度依赖国际化的基础设施。

"可以说，航运保险的高质量发展，不仅需要保险业自身苦练内功，持续提升定价能力、风险管理能力、创新能力和全球服务能力，也需要高度关注航运保险发展生态环境的完善与优化。"北京大学经济学院副院长锁凌燕表示，目前，我国在全球航运保险领域的影响力相对有限，既与航运保险发展历史不长、保险公司欠缺经验有关，也与航运保险的特性密不可分。

当前，航运业正经历着绿色化、数字化、智能化转型。这一转型既是大势所趋，也是我国做强航运保险的重要战略机遇期。

业内人士认为，在这一机遇期，保险行业需要切实提高航运保险承保能力和全球服务水平，积极应对航运业新一轮变革，围绕产品体系、制造体系、供应体系转型发展中产生的新需求，创造新的服务与产品。

随着全球贸易复苏、全球航运业加快变革以及来自政策层面的支持，我国航运保险市场迎来了全新的发展机遇。

为了深化推进上海国际航运中心与上海国际金融中心联动发展，2024 年 10 月，金融监管总局上海监管局和上海市委金融委员会办公室发布《关于推动上海航运保险业高质量发展的指导意见》，提出加快打造具有强大保险承保能力、全球服务能力、产品研发能力和人才供给能力的航运保险中心，进一步提升保险维护国家航运安全能力，服务上海更好打造国内大循环的中心节点和国内国际双循环的战略链接。

"着眼于传统市场的比较优势，我国打造新兴的国际航运保险中心，需要着重关注以下三个方面。"锁凌燕认为，一是主动融入。进一步优化营商环境，主动对接国际高标准经贸规则、规制、管理、标准，通过积极扩大制度型开放吸引优质国际航运保险资源要素集聚，充分利用全球创新资源、形成开放创新生态。二是增量突破。落实党的二十届三中全会部署，积极推进海事仲裁制度规则创新，参与国际规则制定，不仅要借助市场"体量"提高国际话语"音量"，还要在航运保险规则制定中发挥关键性作用，特别是要在航运业"增量"领域，如智能化船舶、多式联运、跨境电商等面临的新型风险管理中，探索率先建立行业标准和规范，持续提高话语的"质量"、赢得世界声誉，进而促进航运保险资源进一步集聚。三是数智赋能。主动把握航运贸易数字化新趋势，统筹推进航运贸易数智化公共基础设施建设，通过数字化、智能化技术的泛在应用，为航运保险产品开发与定价、风险评估与减量、损失确定与理算等活动提供自动化和智能化的决策支持，提高航运产业链的运行效率，以领先的数智基础设施赋能航运保险中心建设。

（来源：《金融时报》）

（四）"低空经济"保险市场潜力大 航空保险行业现状及市场前景分析

作为战略性新兴产业，低空经济被写入 2024 年的政府工作报告，而且已成为中国发展新质生产力的新赛道，产业规模迅速增长。

2023 年，中国低空经济规模达 5059.5 亿元，增速为 33.8%。乐观预计到 2026 年，低空经济规模有望突破万亿元。万亿蓝海市场下，新应用场景、新技术不断涌现意味着更多新风险的衍生，低空经济保险市场潜力巨大。

随着低空经济活动越来越频繁，其对保险保障的需求也更加旺盛。从用户需求来看，除了防范损坏、丢失风险外，用户更希望能满足高频大额的日常维护。

在国际上，航空保险业务已经高度发达，并通过分保方式将大型飞机的巨额风险分散给全球多国的保险公司承担。这样的机制确保了航空保险业的稳定性和可持续性。

航空保险是指为飞行事故造成的经济损失提供赔偿的保险业务。它涵盖了与航空飞机旅行及航空运输相关的多种风险，是财产保险的一种。具体来说，航空保险包括了对飞机机体、乘客及其行李、飞机以外的第三者以及空运货物等因自然灾害或意外事故所遭受的损失进行赔偿的各类保险。

随着航空安全事件的频繁发生，消费者对于航空安全问题的关注度不断提高，从而推动了他们对航空保险需求的增加。消费者期望通过购买相应的保险产品来减轻因航班延误、行李丢失或飞行事故等带来的经济损失和精神压力。

在《无人驾驶航空器飞行管理暂行条例》实施背景下，保险业也开始积极布局低空经济领域，中国人保等险企正研究相关保险产品。

近日，人保财险相继在广东和浙江签发民用无人驾驶航空器保险（"低空保"）保单，为低空飞行器插上保险翅膀。人保财险表示，将以此次创新为契机，持续为低空飞行器的研发、制造、销售到使用全链条提供全方位、个性化、定制化保险服务，精准满足低空经济发展过程中新衍生出的风险需求，为低空经济高质量发展保驾护航。

然而，当前低空经济保险市场尚处初级阶段，存在险种单一、覆盖面不足等问题。无人机保险以机身险和三者险为主，缺乏针对新兴风险如网络安全的险种，且日常维护等高频、大额需求的保险产品定价偏高。

研精毕智市场调研网发布的《2024—2029年航空保险行业并购重组机会及投融资战略研究咨询报告》显示：中国政府对航空保险行业实施严格的监管，确保保险公司的合规经营和客户的权益保障。

同时，政府还出台了一系列支持航空业发展的政策，为航空保险市场的发展提供了有力保障。这些政策不仅规范了市场行为还鼓励保险公司加大科技投入推动数字化转型提升业务处理效率和服务质量。

随着数字化技术的快速发展，航空保险公司正加大科技投入，推动业务线上化、智能化。通过运用大数据、人工智能等技术手段，保险公司能够更高效地处理保险业务、提高风险管理水平、优化理赔流程等。为满足客户多样化的需求，保险公司不断推出创新产品。例如，针对特定风险或高价值货物的个性化定制保险产品等。这些创新产品有助于提升保险公司的市场竞争力。

国际航协的报告预计，2024年将有49.6亿人次使用航空出行，这一规模将创历史新高。全球航空货运量、运力、腹舱运力等关键指标均实现增长，正调整并回归到2019年前的水平。随着全球经济的复苏和国际贸易的增加，航空运输需求持续增长，从而带动了航空保险市场的扩大。根据预测，全球航空保险市场规模在未来几年内将继续保持稳定增长。

（来源：研精毕智）

第九篇 物流综合

一、2024年中国物流行业十大事件

回首2024年，物流行业风云变幻，诸多事件如璀璨星辰照亮了行业前行的道路，又似汹涌浪潮推动着行业格局的重塑。从政策引领到市场变革，从企业竞合到技术创新，每一个事件都在物流发展的长河中留下了深刻的印记。

这些事件不仅关乎物流企业的兴衰成败，更与我们的日常生活息息相关，从快递的送达时效，到商品的价格波动，背后都有物流行业的影子。

现在，就让我们一同回顾2024年物流行业的十大重要事件，探寻行业发展的脉络与趋势。

1. 政策引领，成本攻坚

2024年11月底，一份重磅文件——《有效降低全社会物流成本行动方案》（简称《方案》）正式印发，如同一颗投入物流行业湖面的巨石，激起千层浪。这一方案的出台，承载着深远的意义与宏大的目标，为物流行业的未来发展指明了关键方向。

《方案》明确指出，到2027年，社会物流总费用与国内生产总值的比率力争降至13.5%左右。这一目标的设定，有着清晰的对标和现实的考量。回顾2023年，社会物流总成本占比为14.4%，尽管相较于2003年的21.4%已有显著降低，显示出我国物流行业在降本增效方面取得的阶段性成果，但与发达国家8%的水平相比，差距依然明显，这也凸显了我国物流行业进一步降低成本的紧迫性和巨大潜力。

在货物运输结构优化方面，《方案》同样提出了具体且具有挑战性的目标：铁路货运量、铁路货运周转量占比力争分别提高至11%、23%左右。当前铁路运输在货运中的占比提升面临着不小的阻碍。2023年，在国内总货运量中，公路运输凭借其灵活性和广泛的覆盖网络，占比高达74%，水运运输占比17%，而铁路仅占9%。从历史数据来看，2019年铁路货运占比在8%左右，经过4年的发展才艰难上升1%，足见提升铁路货运占比难度之大。

不过，政策的决心和力度也是前所未有的。从《方案》内容可以看出，政策大力推进铁路货运改革，积极推动公铁水联运，力求通过多种运输方式的协同发展来打破现有困局。公铁水空等多种运输方式的无缝衔接，就像是搭建一座高效运转的物流桥梁，能够充分发挥各种运输方式的优势。铁路运输适合大宗货物的长距离运输，具有运量大、成本低的特点；公路运输灵活便捷，能够实现"门到门"的配送服务；水运则在大批量货物的长途运输上成本优势明显。通过它们的协同配合，可以大大提高运输效率，减少货物在运输过程中的中转时间和损耗，从而降低运输成本。

在政策的号召下，不少企业已经积极行动起来，成为降本增效的先行者。

京东物流基于算法模型的"公转铁"解决方案便是典型代表，该方案凭借其创新性和有效性，成功入选"有效降低全社会物流成本典型案例报告"。这一方案通过精准的算法，对货物运输路

径、运输时间等进行优化，合理安排公路和铁路运输的比例，实现了物流成本的有效降低和运输效率的提升。

它的成功实践，为其他企业提供了宝贵的经验借鉴，也让我们看到了公铁水联运在降低物流成本方面的巨大潜力和可行性。

2. 快递变革，服务升级

2024 年 3 月 1 日，快递行业迎来了一次意义深远的变革，一项全新的规定正式落地实施。新规明确要求，快递需按需送货上门，未经用户同意，快递员不得私自将快递放置在快递驿站或者快递柜。这一规定看似简单，却直击快递行业长期存在的痛点，将快递服务的 "最后一公里" 问题再次推到了舆论的风口浪尖。

新规实施后，快递行业迅速感受到了其带来的强烈冲击。首个罚单的开出，如同一记警钟，在行业内久久回荡，引起了广泛的关注和警觉。此后，多家快递企业因违反新规陆续收到罚单，这无疑给整个行业敲响了一记沉重的警钟。在新规实施的首月，相关部门共受理客诉 2.5 万余件，约 8% 的企业因违规被开罚单。这些数据直观地反映出，新规的实施对快递行业的传统运营模式产生了巨大的冲击，也凸显了行业在服务规范上存在的诸多问题。

从消费者的角度来看，新规的实施无疑是一项重大利好。曾经，快递未经同意就被随意放置在驿站或快递柜，给消费者带来了诸多不便。对于一些工作繁忙的上班族来说，下班后还得专门去驿站取快递，无疑增加了时间和精力的成本；而对于老年人、残疾人等特殊群体，亲自去驿站取件更是困难重重。新规的出台，让消费者重新拥有了对快递投递方式的选择权，保障了他们应有的服务权益，让快递服务更加贴近消费者的需求。

然而，新规的实施也让快递行业面临着前所未有的挑战。长期以来，国内快递行业深陷低价竞争的泥沼，快递员的收入微薄，却承受着沉重的工作压力。单票收入低、罚款类目多、时效考核严格，这些问题一直是快递员心中的痛。在这种情况下，新规要求每件快递都送货上门，无疑进一步加重了快递员的工作负担。以深圳某城中村为例，一位快递员负责的区域内有数千户居民，日均快递量高达 1500—2000 件，若每件都要送货上门，即使不吃不喝，也难以完成任务。而且，在送货上门过程中，快递员还可能面临收件人不在家、小区门禁限制等诸多问题，导致配送效率低下，投诉率上升。

随着快递行业发展进入后半程，传统的低价竞争模式已经难以为继，行业迫切需要向高质量、多层次、高服务方向转型。在这样的背景下，2024 年 8 月，国家邮政局提出了"反内卷"的要求，旨在引导行业摆脱低价竞争的恶性循环，提升服务质量。义乌等快递产量大区率先响应，出台了快递价格最低限价政策，对快递价格进行规范和调控。这一举措使得整个行业的服务质量得到了一定程度的整治和提升，快递企业开始更加注重服务品质和用户体验，通过优化配送流程、提高配送效率、加强员工培训等方式，努力提升服务水平。

尽管行业在"反内卷"方面做出了努力，但快递一线企业的快递单票价格却仍屡破新低。在整体经济大环境下行压力的影响下，低价抢市场的手段依然层出不穷。一些企业为了争夺市场份额，不惜以牺牲服务质量为代价，继续压低价格，导致行业竞争依然激烈，"内卷"现象并未得到根本缓解。

3. 巨头握手，物流破壁

在 2024 年 10 月，电商物流领域发生了一件具有里程碑意义的大事，京东物流与淘天集团达成全面合作，京东物流正式全面接入淘宝天猫平台。这一合作消息传出，犹如一颗重磅炸弹，在电商和物流行业掀起了巨大的波澜，引发了广泛的关注和热议。

从合作内容来看，双方的融合是全方位、深层次的。在物流服务层面，京东物流的一体化供应链解决方案、京东快递、京东快运等诸多业务全面为淘宝天猫商家开放，涵盖了仓储、快递、快运等供应链全流程服务。这意味着淘宝天猫的商家在物流选择上拥有了更多的自主性和灵活性，能够根据自身商品的特性、销售目标以及客户群体的需求，挑选最适合的物流服务方案。对于一些对时效性要求极高的电子产品商家来说，京东快递的"特快"服务可以实现快速送达，满足消费者对新产品的急切需求；而对于一些大型家具商家，京东快运的大件运输能力以及"送装拆收"一体化服务，则能为消费者提供一站式的便捷体验，大大提升了客户满意度。

在物流数据方面，双方实现了深度对接。消费者如今可以在淘宝和天猫 App 内轻松查询京东物流的轨迹信息，这看似简单的一个功能，背后却蕴含着巨大的意义。以往，消费者在不同平台购物，需要在不同的物流查询渠道中切换，操作繁琐且体验不佳。如今，统一的查询入口让消费者对商品的运输状态一目了然，极大地提升了购物的便捷性和透明度，增强了消费者对购物过程的掌控感。

从商家的角度来看，京东物流的接入为他们带来了实实在在的利好。京东物流在仓储网络布局上具有明显优势，其在全国运营着超 1600 个仓库和 2000 多个云仓。商家借助京东物流的仓网，可以采用多区域分仓模式，将商品提前存储在离消费者更近的地方。当消费者下单后，京东物流能够迅速从就近仓库发货，通过其四通八达的交通网络和强大的运力资源，减少商品搬运次数、缩短在途时间，大大提升了配送时效。以服装商家为例，在销售旺季来临前，商家可以将新款服装提前分仓到各个主要城市的仓库。当消费者下单后，商品能够在短时间内送达，不仅提高了客户满意度，还能促进消费者的二次购买。同时，京东物流凭借其先进的供应链管理系统和高效的运营能力，帮助商家实现了库存的精细化管理，降低了库存积压风险，减少了资金占用成本，提高了资金周转效率。

从消费者的角度而言，此次合作带来的是更优质、更个性化的服务体验。京东物流一直以来以坚持送货上门、按需揽派、上门退换货等特色服务在行业内树立了良好的口碑，成为了服务品质的代名词。接入淘宝天猫平台后，数亿消费者有了更多选择，可以享受到京东物流的高品质服务。对于忙碌的上班族来说，京东物流的按需揽派服务可以让他们根据自己的时间安排收寄快递，无需再为快递配送时间与工作时间冲突而烦恼；对于注重生活品质的消费者，在购买高端商品时，京东物流的安全可靠的运输和优质的售后服务，让他们购物更加放心。

从行业竞争格局来看，京东物流与淘天集团的合作，打破了以往电商物流领域相对固定的竞争格局，原本泾渭分明的物流阵营开始交融互通，市场格局变得更加复杂多变。京东物流凭借其在服务品质和供应链管理方面的优势，为淘宝天猫平台注入了新的活力，也对其他物流企业形成了一定的竞争压力，促使整个行业加快服务升级和创新的步伐。在高端快递市场，京东物流与顺丰等企业的竞争将更加激烈。京东物流凭借其在仓储和配送环节的协同优势，以及接入淘天平台后带来的业务量增长，有望在高端市场占据更大的份额。而其他快递企业为了在竞争中脱颖而出，也不得不加大在服务质量提升、技术创新等方面的投入，推出更多差异化的服务产品，如优化配送时效、提升服务质量、拓展增值服务等，从而推动整个物流行业向更加高效、优质、可持续的方向发展。

4. 顺丰赴港，跨境启航

2024 年 11 月底，物流行业迎来一件大事，顺丰在香港联交所正式挂牌上市，成功实现二次上市，这一举措让顺丰成为快递物流行业首家"A+H"上市企业，在资本市场和行业发展历程中都留下了浓墨重彩的一笔。

顺丰此次赴港上市，有着深远的战略考量，而发力跨境物流是其中的核心要点。从公开信息来看，顺丰拟将全球发售募集资金的 45.0% 用于加强国际及跨境物流能力，这一资金分配比例充分彰显了顺丰布局跨境物流的决心和力度。近年来，随着国内快递市场逐渐趋于饱和，竞争愈发激烈，增长空间逐渐收窄，顺丰急需寻找新的业绩增长点。而跨境物流市场，在全球经济一体化和跨境电商蓬勃发展的大背景下，展现出了巨大的发展潜力和广阔的市场空间。据相关数据显示，全球跨境电商年订单总量接近百亿单，预计到 2027 年市场规模将超过 8 万亿美元。如此庞大的市场规模，无疑对顺丰有着巨大的吸引力。

为了在跨境物流领域取得突破，顺丰近年来积极布局，不断完善自身的国际物流网络。目前，顺丰的业务已经覆盖了 202 个国家和地区，运营着 99 架飞机和超 18.6 万辆车辆，构建起了一张庞大的海陆空立体运输网络。依托鄂州枢纽，顺丰在 2024 年上半年累计开通了 13 条国际货运航线，这些航线如同一条条纽带，将中国与世界紧密相连，进一步拓展了顺丰的国际业务版图，提升了其在国际物流市场的竞争力。例如，顺丰开通的中国至欧洲的货运航线，大大缩短了中欧之间的物流时效，为跨境电商企业提供了更高效、更快捷的物流解决方案，满足了客户对跨境物流时效性的高要求。

在深耕跨境物流的同时，顺丰也没有忽视国内市场新兴产业的发展机遇，将目光聚焦在了直播电商等新兴领域。随着互联网技术的飞速发展，直播电商作为一种新兴的电商模式，近年来呈现出爆发式增长。顺丰凭借其在快递行业积累的丰富经验和强大的物流配送能力，迅速切入直播电商市场。近期，顺丰同城成功拿下了抖音、拼多多、山姆等大笔订单，这充分体现了顺丰在新兴产业市场的竞争力和市场认可度。在直播电商领域，顺丰通过优化配送流程、提高配送时效、提供定制化的物流服务等方式，为直播电商企业提供了全方位的物流支持。比如，针对直播电商订单量大、发货时间集中的特点，顺丰专门成立了直播电商专项服务团队，为客户提供 24 小时不间断的物流服务，确保商品能够及时、准确地送达消费者手中。

展望 2025 年，随着顺丰在跨境物流和新兴产业市场的持续发力，其业绩变化备受期待。在跨境物流方面，顺丰有望凭借其不断完善的国际物流网络和优质的服务，进一步扩大市场份额，提升品牌影响力，成为国际物流市场的重要参与者。在新兴产业市场，顺丰将继续深化与直播电商企业的合作，不断创新物流服务模式，为客户提供更优质、更高效的物流解决方案，助力直播电商行业的发展，同时也为自身的业绩增长注入新的动力。

5. 菜鸟入局，冷链争鸣

2024 年 5 月，菜鸟做出了一个震撼行业的举动，推出了"生鲜平价寄"服务，标志着菜鸟正式进军千亿冷链生鲜市场，开启了冷链物流领域的全新竞争格局。

菜鸟的"生鲜平价寄"服务，以其独特的优势迅速在市场中崭露头角。该服务主打性价比，承诺在 48 小时内必达，价格却能比航空件便宜一半。这一价格优势，让菜鸟在竞争激烈的冷链物流市场中找到了自己的差异化定位。在河南洛阳樱桃产区，一位果农原本使用航空快递寄 5 斤樱桃到杭州、上海等地，快递费约为 50 元，而菜鸟速递的"生鲜平价寄"服务费用仅为 24 元，价格几乎减半。对于果农和消费者来说，这无疑是一个极具吸引力的选择。

菜鸟能够实现如此高的性价比，背后是其精心的运营策略和强大的资源整合能力。菜鸟通过优化物流网络，减少了不必要的中间环节，提高了配送效率；同时，利用自身的规模优势，与供应商进行谈判，降低了采购成本。在运输环节，菜鸟采用了陆运结合冷媒保鲜的方式，虽然时效上比航空运输稍慢，但通过合理的路线规划和严格的温度控制，确保了生鲜产品的新鲜度和品质。在杨梅运输过程中，菜鸟通过在产地设置专属标识，确保杨梅能够优先中转、优先派送，同时提供无忧售后，保证了杨梅在 48 小时内的新鲜送达。

菜鸟的入局，给原本就竞争激烈的冷链物流市场带来了新的活力和挑战。近年来，随着人们生活水平的提高和消费观念的转变，对生鲜产品的需求日益增长，冷链物流市场也迎来了快速发展的黄金时期。在"十四五"冷链物流发展规划、国家骨干冷链物流基地建设等一系列政策的支持下，加上顺丰、鲜生活冷链、京东冷链等企业多年来对市场的培育，国内冷链生态网络已基本成型。根据市场数据预测，2024年冷链需求总量约3.65亿吨，同比增长4.3%；总收入预计约5361亿元，同比增长3.7%。这表明中国的冷链建设规模化效应已初步显现，降本增效的步伐也在不断加快。

在这样的市场背景下，菜鸟的加入让冷链物流市场的竞争更加白热化。原本在冷链市场占据领先地位的企业，如顺丰、京东冷链等，不得不重新审视市场格局，调整自己的竞争策略。顺丰一直以其高效的航空运输和优质的服务在高端冷链市场占据一席之地，面对菜鸟的竞争，顺丰加大了在技术创新和服务优化方面的投入，推出了更多个性化的冷链服务产品。京东冷链则依托其强大的电商平台和仓储网络，进一步优化供应链管理，提高配送效率，以保持自己的竞争优势。

除了与老牌冷链企业的竞争，菜鸟的入局也吸引了更多企业关注冷链物流市场，促使更多新玩家进入市场。2023年8月，中通正式发布了中通冷链，面向B端和C端提供综合冷链服务，进一步丰富了冷链物流市场的竞争主体。2024年，冷链物流的前辈之一鲜生活冷链更是拿到了9亿元B轮融资，成为中国冷链物流行业单轮最大融资，估值也已经突破100亿元。这一系列事件表明，冷链物流市场正成为企业竞相角逐的新战场。

展望2025年，随着市场需求的不断增长和技术的不断进步，冷链物流市场的竞争将更加激烈。菜鸟、顺丰、京东冷链、中通冷链等企业将在服务质量、价格、技术创新等方面展开全方位的竞争，推动冷链物流行业向更加高效、智能、绿色的方向发展。未来，冷链物流市场或许会出现更多新的商业模式和技术应用，为消费者提供更加优质、便捷的冷链服务，真正迎来属于冷链物流的百家争鸣时代。

6. 碳市扩围，绿色先行

2024年，全国碳排放权交易市场首次扩围的准备工作紧锣密鼓地进行，对物流行业的低碳发展了深远的影响。

中国钢铁、水泥、电解铝三个行业率先入围此次扩围。从2024年9月，中国生态环境部编制形成《全国碳排放权交易市场覆盖水泥、钢铁、电解铝行业工作方案（征求意见稿）》，到12月就钢铁行业碳排放的核算核查指南公开征求意见，这一系列动作表明全国碳市场扩围已是箭在弦上。自2021年全国碳排放权交易市场正式上线交易以来，由于仅包含发电行业，导致参与主体同质化，市场活跃度较低，市场机制未能充分发挥作用。而此次扩围，将使更多不同类型的企业参与进来，丰富市场主体，有望激活市场活力，推动碳从无价到有价，再到涨价的价值转变。

碳市场扩围对物流行业的低碳发展有着重要的推动作用。在当前的大环境下，能源、交通、建筑、工业、农业等重点领域都在积极推动绿色低碳产品的应用，物流行业作为连接各个产业的纽带，其碳排放情况也受到了前所未有的关注。据统计，我国物流业碳排放占全国碳排放总量的9%左右，这一数据凸显了物流行业在实现"双碳"目标中的重要责任和巨大潜力。随着碳市场的扩围，物流企业将面临更大的减排压力，这将促使它们积极寻求绿色发展的路径，以降低碳排放，适应市场的变化。

在运输环节，物流企业积极探索使用新能源货运车。京东物流在全国多个城市投入使用新能源配送车辆，这些车辆采用电力驱动，相比传统燃油车，能够显著减少尾气排放，降低碳排放。在仓储环节，一些企业开始建设零碳园区。普洛斯在上海的一个物流园区，通过采用太阳能光伏发电、智能能源管理系统等技术，实现了园区能源的自给自足和碳排放的大幅降低。该园区安装了大量的太阳能板，将太阳能转化为电能，供园区内的设备和设施使用，同时利用智能能源管理系统，对能源的使用进行实时监控和优化，提高能源利用效率。

然而，物流企业在绿色发展的道路上并非一帆风顺，仍然面临着诸多挑战。一方面，绿色物流技术的研发和应用成本较高。新能源货运车的购置成本普遍高于传统燃油车，且充电设施的建设和维护也需要大量的资金投入。一些小型物流企业由于资金有限，难以承担这些成本，导致绿色物流技术的推广受到限制。另一方面，物流行业的碳足迹核算和管理体系尚不完善。目前，对于物流企业碳排放的核算方法和标准尚未统一，这使得企业在计算碳排放和制定减排策略时面临困难。不同地区、不同企业之间的碳排放数据缺乏可比性，也不利于行业整体的减排管理和监督。

7. 货拉拉 IPO，资本逐鹿

在公路货运领域，2024 年货拉拉的上市之路备受瞩目。10 月，货拉拉再次向港交所递交招股书，这已经是其第四次冲击 IPO，前三次分别在 2023 年 3 月、9 月以及 2024 年 4 月，但均未能成功上市。这一系列的尝试，充分展现了货拉拉对上市的迫切渴望和坚定决心。

货拉拉在公路货运市场的地位举足轻重。作为全球最大的闭环货运物流交易平台，货拉拉在市场份额方面成绩斐然。根据其招股书数据，2023 年货拉拉在全球闭环货运交易总值统计中，市场份额高达 53.9%，在国内的市场份额更是达到了 66.6%。如此高的市场占有率，让货拉拉在行业中占据了领先地位，成为众多竞争对手追赶的目标。2024 年上半年，货拉拉的业务表现同样出色，促成的订单超过了 3.38 亿笔，上半年营收 7.09 亿美元，同比增长 18.2%，利润 1.78 亿美元，同比增长 25.1%。这些数据不仅反映出货拉拉强大的业务能力和市场影响力，也表明其在市场竞争中具有较强的盈利能力和增长潜力。

然而，货拉拉的上市之路并非一帆风顺，面临着诸多挑战。公路货运行业在 2024 年整体行情不佳，受整体经济下行的影响，制造业等行业的运单量下滑，导致一线卡车司机和干线车队的生存状态不容乐观。司机们普遍反映订单减少，收入下降，经营压力增大。在这种大环境下，货拉拉也难以独善其身，订单量的增长面临一定的压力。

尽管行业整体面临困境，但货运平台却迎来了意想不到的发展机遇。随着固有订单下降，个体司机占主流的公路货运市场对平台类企业的依赖程度日益加深。在市场竞争激烈、订单资源有限的情况下，个体司机更需要借助平台的信息整合和订单匹配能力，获取更多的业务机会。这一趋势在货拉拉和满帮等企业的业绩表现上得到了充分体现。满帮在 2022 年首度扭亏为盈，2024 年前三季度净利润达到 12.4 亿元，同比大涨 50.2%，创历史新高。货拉拉也在 2023 年实现了扭亏为盈，这表明在行业变革的浪潮中，货运平台凭借其独特的商业模式和资源整合能力，能够适应市场变化，实现业绩的增长。

对于货拉拉来说，成功上市不仅是对其过去发展成果的认可，更是为未来的发展提供强大的资金支持和更广阔的发展空间。上市后，货拉拉可以通过资本市场募集资金，用于拓展业务、提升技术水平、优化服务质量等方面，进一步巩固其在行业中的领先地位。上市也有助于提升货拉拉的品牌知名度和市场影响力，吸引更多的用户和合作伙伴，为其多元化发展战略奠定坚实的基础。

尽管货拉拉在市场份额和业绩表现上具有优势，但要成功上市，还需要克服诸多障碍。市场竞争的压力依然存在，满帮、快狗等竞争对手也在不断发展壮大，争夺市场份额。货拉拉需要不断创新和优化自身的业务模式，提升服务质量，以保持竞争优势。监管政策的变化也可能对货拉拉的上市进程产生影响。近年来，随着互联网货运行业的快速发展，监管部门对行业的规范和监管力度不断加强，货拉拉需要密切关注监管政策的变化，确保自身业务的合规运营。

8. 菜鸟控股，跨境风云

2024 年 10 月，国家市场监管总局公示的一则无条件批准经营者集中案件，在跨境物流领域掀起了轩然大波。菜鸟以增资的形式收购递四方 5.9459% 的股权，交易完成后持有递四方 50.9459% 的权益，实现对递四方的控股。这一消息犹如一颗重磅炸弹，迅速吸引了行业内外的目光，成为跨境物流发展历程中的一个重要里程碑。

递四方，作为跨境物流领域的资深玩家，有着深厚的行业积淀。成立于2004年的递四方，总部位于深圳，长期致力于为全球跨境电商提供全方位的供应链综合服务。其以全球包裹递送网络（GPN）及全球订单履约网络（GFN）为坚实基础，构建起了一套涵盖全球快递、海外仓、首公里在内的多元化产品体系。在全球范围内，递四方已成功铺设了50余个海外仓，总面积达100万平米，业务广泛覆盖美国、加拿大、澳大利亚、日本、英国、德国、西班牙、捷克等20个国家。这些海外仓就像一个个坚固的桥头堡，不仅为跨境电商的货物存储和中转提供了便利，还极大地缩短了配送时间，提高了客户满意度。

对于菜鸟而言，控股递四方有着深远的战略意义，这是其在跨境物流领域精心布局的重要一步。近年来，随着全球经济一体化的深入发展和跨境电商的蓬勃兴起，跨境物流市场展现出巨大的发展潜力和广阔的市场空间。菜鸟敏锐地捕捉到了这一发展趋势，积极投身于跨境物流领域的建设与拓展。

从菜鸟的发展战略来看，控股递四方是其完善全球物流网络布局的关键举措。在国内，菜鸟通过不断优化物流基础设施，提升物流效率，已经建立起了强大的物流网络。而在国际市场，虽然菜鸟已经取得了一定的成绩，如日均跨境包裹量已超过500万单，但要在全球范围内构建起一张高效、稳定的物流网络，仍需要进一步加强自身的实力和资源整合能力。递四方在海外仓布局和国际货运代理服务方面的优势，正好与菜鸟形成了互补。通过控股递四方，菜鸟可以快速整合其海外仓资源，进一步完善自己的全球物流网络，实现从揽收、集运、合单、干线运输、海外分拨到末端自提的一体化全链路跨境物流服务。

在海外仓方面，递四方的50余个海外仓将为菜鸟提供更广泛的仓储空间和更便捷的仓储服务。菜鸟可以利用这些海外仓，实现货物的本地化存储和配送，有效缩短配送时间，提高客户满意度。在欧洲市场，递四方的海外仓可以帮助菜鸟更快地将货物送达消费者手中，提升菜鸟在欧洲市场的竞争力。递四方在全球订单履约网络方面的经验和技术，也将为菜鸟提供宝贵的借鉴，有助于菜鸟进一步优化自己的供应链管理，提高物流效率。

菜鸟在跨境物流领域的布局并非孤立的行动，而是与行业内其他企业的发展动态相互交织、相互影响。在菜鸟控股递四方的同时，我们也看到顺丰、京东物流、中通、圆通、极兔等企业同样在加码跨境物流。顺丰通过在香港二次上市，筹集资金用于加强国际及跨境物流能力；京东物流增大力度开发海外仓，提升海外物流服务能力；极兔国际则不断拓展国际业务，加强与全球电商平台的合作。

这些企业的积极行动，反映出跨境物流市场的巨大吸引力和发展潜力。随着全球跨境电商年订单总量接近百亿单，预计到2027年市场规模将超过8万亿美元，跨境物流市场正成为物流企业竞相角逐的新战场。在这个充满机遇与挑战的市场中，菜鸟控股递四方无疑将引发一系列连锁反应，推动跨境物流行业的竞争格局进一步重塑。未来，各企业将在跨境物流领域展开更加激烈的竞争，不断提升自身的服务质量和创新能力，以满足不断增长的跨境电商物流需求。

9. 融辉起网，快运新篇

2024年10月，零担快运市场迎来了一位强有力的新玩家——融辉物流，其正式在全国范围内启动快运网络，这一消息如同一颗重磅炸弹，瞬间在行业内掀起了轩然大波。融辉物流聚焦于300千克到3吨的大零担货运市场，这一精准的市场定位，使其在竞争激烈的快运市场中迅速崭露头角。

从宣布创业到正式起网，融辉物流仅用了短短一个月时间，便展现出了惊人的扩张速度，实现了江浙沪地区98%的高覆盖率，在全国范围内的覆盖率也接近90%。如此迅猛的起网速度，在快运行业的发展历程中实属罕见，充分彰显了融辉物流强大的资源整合能力和高效的运营管理能力。

融辉物流的入局，彻底打破了快运市场原有的竞争格局，尤其是在货物公斤段的竞争上，引发了一系列连锁反应。一直以来，快运网络的优势公斤段通常在 300 千克以内。但近年来，随着市场竞争的日益激烈和行业发展的不断变化，头部的快运企业为了提升盈利能力，纷纷开始优化货源结构，将业务重心逐渐向低公斤段转移，把平均公斤段向下压缩。百世快运就曾官宣重磅调整"电商小件"政策，通过降低电商客户成本、下调派费等方式，重点争夺 70 千克以下的电商件市场份额。安能物流也对其 3300 产品进行了全新升级，并在全国范围内推出"0 加收"服务，针对重量在 300 千克以内的货物，全额免除特殊加收费，以此吸引更多低公斤段的货源。

在头部快运企业纷纷布局低公斤段市场的背景下，融辉物流却反其道而行之，直接瞄准大票零担市场。这一差异化的竞争策略，使得融辉物流在市场中找到了自己的独特定位，迅速吸引了大量原本被其他快运网络忽视的大零担货源。对于那些原本从事大零担业务的网点和专线来说，融辉物流的出现为他们提供了一个新的、更专业的合作平台，让他们能够更好地发挥自身优势，实现业务的持续发展。

融辉物流的起网，无疑给第二梯队的快运企业带来了巨大的冲击。这些企业原本在市场中就面临着来自头部企业的激烈竞争，融辉物流的加入，使得市场竞争更加白热化。为了应对融辉物流的竞争，第二梯队的快运企业不得不重新审视自己的市场策略，加大在大公斤段业务上的投入和布局。一些企业开始优化自身的服务流程，提高运输效率，降低运输成本，以提升在大零担市场的竞争力；还有一些企业则加强了与供应商和客户的合作，通过整合资源，拓展业务渠道，来巩固自己在市场中的地位。

展望 2025 年，快运市场在不同公斤段的竞争将更加激烈。融辉物流能否凭借其先发优势，在大零担市场中持续保持领先地位，不断扩大市场份额，实现其打造中国最大的大零担物流网络平台的目标，备受行业关注。头部快运企业又将如何进一步巩固和拓展自己在低公斤段市场的优势，同时应对融辉物流等新势力在大公斤段的挑战，也成为了行业的焦点。而第二梯队的快运企业，在融辉物流和头部企业的双重挤压下，能否突出重围，找到适合自己的发展道路，实现业务的突破和增长，同样充满了悬念。

10. 落地，智启未来

2024 年，无疑是 AI 在物流行业发展历程中具有里程碑意义的一年，这一年，AI 技术在物流领域的应用从概念设想逐步走向了实际落地，为物流行业的发展注入了强大的动力，开启了物流智能化的新篇章。

众多物流企业纷纷加大在 AI 领域的投入和研发，一系列物流大模型如雨后春笋般涌现，在各个物流环节中发挥着重要作用。顺丰推出的"丰知"物流决策大模型，犹如一位智慧的军师，专注于物流决策领域。它基于多模态大模型能力构建了多层级多通道需求预测模型，能够对市场需求进行更精准的预测。在某一实际案例中，其服务器资源需求大幅降低，运行时间效率提升了 120 倍，预测准确率更是提升了 5%，这一显著的成果在传统模型中是难以实现的，充分彰显了"丰知"大模型在供应链需求预测领域的重大技术突破。它不仅能预测需求，还能在物流运输路线优化方面发挥关键作用，通过对交通路况、运输距离、货物重量等多方面数据的分析，为物流运输规划出最优路径，有效降低了运输成本，提高了运输效率。

"京东物流超脑"则像是一个全方位的智能管家，致力于实现对供应链全局的优化。它整合了物流过程中的各个环节的数据，从仓储管理到运输配送，从库存控制到订单处理，都能进行精准的分析和决策。在仓储管理方面，它可以根据货物的出入库频率、存储条件等因素，智能规划仓库的存储空间，提高仓库的利用率；在订单处理环节，它能够快速准确地处理大量订单，根据订单的紧急程度、配送地址等信息，合理安排配送资源，确保订单能够及时准确地送达客户手中。

菜鸟的"天机 π"同样表现出色，它以其强大的辅助决策能力，在销量预测、补货计划和库存健康等领域大显身手。通过菜鸟算法与基于大模型的生成式 AI 的紧密结合，"天机 π"能够对市场动态进行实时监测和分析，提前预测商品的销量变化，为商家提供科学合理的补货建议，有效避免了库存积压或缺货现象的发生，极大地提升了供应链的运营效率。

除了这些物流企业自主研发的大模型，其他细分赛道的企业也在积极探索 AI 技术的应用。中远海运的"Hi‐Dolphin"作为国内首个航运大模型，为航运物流带来了智能化的变革。它可以根据航线信息、船舶状态、天气情况等多种因素，优化船舶的航行路线，提高航行安全性和效率；货拉拉的货运无忧大模型覆盖了货运、邀约、客服、数据分析、HR 办公等多个业务领域，能够为司机提供精准的订单推荐，提高货运匹配效率，同时优化客服服务，提升客户满意度。

然而，当前物流大模型的发展仍处于初级阶段，在应用落地过程中面临着诸多挑战。数据质量和隐私保护问题是首要难题，物流行业涉及大量的客户信息、订单数据和运输轨迹等敏感数据，如何确保这些数据的准确性、完整性和安全性，是物流企业在应用大模型时必须要解决的关键问题。新技术与原系统的融合也是一个巨大的挑战，物流企业通常拥有复杂的业务系统和运营流程，将大模型技术无缝嵌入现有系统中，实现数据的共享和业务的协同，需要克服技术、管理等多方面的障碍。大模型技术的投入成本相对较高，企业需要在技术投入与实际产出之间找到合理的平衡点，通过详尽的成本效益分析，评估大模型技术带来的经济效益与市场前景，确保技术投入能够为企业带来实际的价值提升。

回首 2024 年，物流行业在政策引导、市场变革、技术创新等多方面因素的交织作用下，经历了深刻的变革与发展。《有效降低全社会物流成本行动方案》的印发，为行业降本增效指明了方向，众多企业积极响应，探索公铁水联运等新模式，开启了物流成本优化的新征程；快递送货上门新规与反内卷行动，促使行业在服务质量与市场竞争秩序上进行深刻反思与调整，推动快递行业向高质量发展迈进；淘天与京东的合作，打破了电商物流的壁垒，开启了合作共赢的新局面，为行业竞争注入了新的活力；顺丰香港二次上市，彰显了其布局跨境物流的决心，跨境物流领域也因菜鸟控股递四方等事件，变得愈发火热，成为众多企业角逐的新战场；菜鸟生鲜平价寄的推出，引发了冷链物流市场的激烈竞争，众多企业纷纷入局，推动冷链物流行业不断创新发展；国家碳市场的扩围，让低碳物流成为行业发展的必然趋势，企业积极探索绿色发展路径，为实现"双碳"目标贡献力量；货拉拉四闯IPO，虽历经波折，但也反映出公路货运平台在市场中的重要地位和发展潜力；融辉起网，聚焦大零担市场，打破了快运行业原有的竞争格局，引发了行业在不同公斤段的激烈争夺；AI 技术在物流行业的广泛应用，让物流大模型之战初现端倪，为行业的智能化发展带来了无限可能 。

这些事件犹如一颗颗璀璨的明珠，共同勾勒出 2024 年物流行业波澜壮阔的发展画卷。它们不仅是行业发展的重要里程碑，更是推动行业不断前进的强大动力。展望 2025 年，物流行业有望在政策的持续支持和市场的不断需求下，继续保持稳健的发展态势。在降本增效方面，随着多式联运的深入发展和物流技术的不断创新，社会物流成本有望进一步降低；快递行业将在服务质量提升和价格合理回归上取得更大突破，为消费者带来更好的体验；跨境物流将成为行业增长的重要引擎，企业在国际市场的竞争将更加激烈，也将推动跨境物流服务不断升级；冷链物流市场将继续保持高速增长，市场竞争将更加多元化，服务质量和技术水平将成为企业竞争的关键；绿色物流将成为行业发展的主流方向，企业将加大在新能源应用、节能减排等方面的投入；AI 技术将在物流行业得到更广泛、更深入的应用，推动物流行业实现智能化、自动化的转型升级 。让我们拭目以待，共同见证物流行业在 2025 年的精彩蝶变。

（来源：飞象网）

二、2024年物流与供应链领域十件大事

1. 党的二十届三中全会决定提出，降低全社会物流成本。中共中央办公厅、国务院办公厅印发《有效降低全社会物流成本行动方案》，各部门、各地方相继出台配套文件。

2. 中央首次召开社会工作会议，要求突出抓好新经济组织、新社会组织、新就业群体党建工作。货车司机、快递小哥、外卖配送员等物流领域新就业群体党建和权益保障得到加强。

3. 国际标准化组织创新物流技术委员会（ISO/TC344）成立大会在青岛召开，秘书处设在中国物流与采购联合会。中国牵头首个冷链物流国际标准《冷链物流无接触配送要求》（ISO 31511:2024）发布。

4. 财政部、商务部开展现代商贸流通体系试点城市建设工作，共有20个城市纳入首批试点名单。商务部、中国物流与采购联合会等8部门公布第三批全国供应链创新与应用示范城市和示范企业名单。

5. 我国首家数据科技央企——中国数联物流信息有限公司在上海成立。"人工智能＋现代物流"加快启动，多家物流企业推出物流大模型，物流无人配送车、自动驾驶卡车和无人机物流配送商业化应用提速。

6. 中吉乌铁路项目启动，中欧跨里海直达快运正式开通，跨里海中欧班列实现常态化开行，跨境电商海外仓建设加速，物流企业加快在新兴市场国家投资布局。

7. 我国A级物流企业首次突破万家，代表国内最高水平的5A级物流企业超过500家，一批具有全球竞争力的现代物流企业涌现，加快向现代供应链企业转型升级。

8. 中共中央国务院印发《关于加快经济社会发展全面绿色转型的意见》，提出推进交通运输绿色转型。新能源物流车成为市场增长热点，可持续航空燃料试点启动，物流行业碳管理平台正式发布。

9. 由中国物流与采购联合会推荐的《复杂装备数字孪生运维管控共性关键技术及标准体系》项目荣获2023年度国家科技进步二等奖，实现物流领域科技成果创新的新突破。

10. 铁路持续深化货运改革创新，全国40个铁路物流中心挂牌成立，国际联运、高铁快运、多联快车、铁海快线等铁路物流品牌树立，铁路网络货运物流平台上线运行。

（来源：中国物流与采购联合会）

三、2024年中国物流行业十大工程项目

1. 全国首条海岛无人机公共物流航线开通投运

2024年初，万山发展集团与亿航智能、飞行天下公司达成战略合作，合作开展万山群岛低空经济无人机项目。项目分三期建设，预计总投资1.3亿元，计划打造无人机物流、医疗物资运输、海岛载人观光、陆岛载人交通等应用场景。2024年7月30日，随着一架亿航VT24L无人驾驶物流航空器平稳升空，将当日"新鲜出炉"的党报党刊成功送达桂山岛，实现了邮政快递从空中直达海岛的历史性突破，标志着全国首条海岛公共物流无人机配送航线首飞成功。

2. 中国邮政航空枢纽项目落地河南郑州

2024年8月26日，河南省省长王凯与中国邮政集团董事长刘爱力在郑州航空港共同启动中国邮政航空枢纽项目。据了解，该项目占地107万多平方米，总投资超100亿元，规划布局航空转运中心、邮航综合保障基地等设施和空侧配套等工程，计划打造成为全国规模最大的综合邮政枢纽。

3. 中国首个五星5G工厂建设完成

2024年9月2日，中国国内首个五星5G工厂——中兴通讯南京智能滨江5G工厂（以下简称"滨江工厂"）建设完成，成为5G技术与电子设备制造业深度融合与全面应用的新标杆。据介绍，滨江工厂内5G网络覆盖率达到100%。在物流管理方面，滨江工厂依托5G技术实现了物料的精准配送和库存的实时管理。同时，滨江工厂还利用5G技术构建了全域物流监测系统，实现了对运输装备、货物和人员的实时监控和预警，进一步提升了物流管理的安全性和可靠性。

4. 百胜中国最大自建供应链中心投入运营

2024年9月24日，百胜中国宣布，位于上海嘉定区的百胜中国供应链管理中心正式竣工并投入运营。该中心为百胜中国最大的自建供应链中心。据了解，百胜中国供应链管理中心占地6.1万平方米，融入自动化物流、ASRS设备以及屋面分布式光伏等，集常温仓储、低温冷链、办公及配套设施于一体，标志着百胜中国在供应链管理领域迈出了重要一步。

5. 全国首个"零碳港口"在潍坊港区建成

2024年10月15日，山东港口渤海湾港集团潍坊港荣获中国船级社质量认证有限公司颁发的《碳中和评价证书》，标志着全国首个"零碳港口"在潍坊港建成。2024年3月，山东港口潍坊港发布"零碳港口"创建方案。同年10月，潍坊港完成对温室气体排放总量（9010.62吨二氧化碳当量）的中和。CCSC依据《PAS2060：2014碳中和证实规范》，对2024年6月10日至9月10日潍坊港生产经营产生的温室气体排放量的量化和抵消过程进行评价，评价结果符合要求。在"零碳港口"建设过程中，潍坊港持续推进能源结构清洁化。4台6.7兆瓦风机于2024年9月30日成功并网，年可用发电量超7000万千瓦时，减少二氧化碳排放5.7万吨；建设风光氢多能互补体系，建成3.3峰值兆瓦光伏发电站，年发电量361.32万千瓦时，加氢站日常可储备300千克压缩氢气；配套建设46座充电桩以满足港内集疏运电动车辆、机械的充电需求，推进港口机械电能替代。

6. 圆通嘉兴全球航空物流枢纽迎来首个功能多式联运分区整体交付

2024 年 11 月 13 日，数辆物流干线货车首度驶入园区，东方天地港多式联运中心迎来正式交付。这是东方天地港项目自 2023 年全面开工以来首个整体交付的功能区域，也标志着东方天地港距离全面投产更近一步。由圆通主导建设的东方天地港是《长江三角洲区域一体化发展规划纲要》中"嘉兴航空联运中心"的重要载体。本次顺利交付的多式联运中心，是东方天地港内核心功能区，建筑面积近 23 万平方米，主要分为出港集运库、进港集运库及多功能配合库三个库区，通过引入自动化分拣设备，有效提升快件物流操作质量及产能，进出港最大处理量较原嘉兴集运中心提升超 3 倍。

7. 极智嘉（合肥）全球总部投产

2024 年 11 月 20 日，合肥极智嘉机器人有限公司开业典礼暨极智嘉（合肥）全球总部及配套产业园一期投产仪式在合肥庐江举行，标志着极智嘉合肥制造基地正式投产。极智嘉（合肥）全球总部及配套产业园项目计划总投资约 61 亿元，总用地面积约 190 亩，具有销售运营中心、研发中心、生产基地、供应链及服务、全球智能仓服务总部、产业并购投资等功能。极智嘉创始人兼首席执行官郑勇表示，极智嘉选择落户庐江，不仅是因为区位优势和产业集群优势，更因为合肥市及庐江县提供了优越的营商环境和发展平台。在这里，极智嘉能够充分利用合肥的科教资源和人才优势，加速产品研发和技术创新，同时也能够依托庐江县的产业基础和市场潜力，实现产业的快速扩张和升级。

8. 全球首座港内底盘式重卡换电站正式启用

2024 年 11 月 26 日，盐田国际集装箱码头有限公司与宁德时代骐骥新能源科技有限公司宣布，全球首座港内底盘式重卡换电站成功建成启用。在全球首座港内底盘式重卡换电站内，不仅可实现不同车型、不同品牌纯电重卡的一站通换，更将纯电重卡补能时间从 1 小时缩短至 5 分钟，大幅提升了港口运营效率。此外，时代骐骥通过创新性的底置电池设计，将单车带电量提升至 342kWh，不仅有效降低了车辆重心，让驾驶更安全平稳，更让"换电一次，续航一整天"成为现实。

9. 全国最大单体铁路物流中心二期盖上工程开建

2024 年 11 月 27 日，深圳国际综合物流枢纽中心项目二期盖上工程正式启动建设。此次开工建设的项目二期智慧化物流综合体将建设 85 万平方米的铁路上盖多功能仓储设施，涵盖高标仓、集运分拨、城市配送、跨境电商、冷库、智慧仓等多种业态，计划打造成为全球首例"传统铁路货站上盖的智慧物流园"。该项目建成后将成为全国最大单体铁路物流中心和亚洲单体规模最大的"公铁海"多式联运中心，实现"铁路＋城市物流"功能融合。

10. 长江流域最大汽车滚装码头投运

2024 年 12 月 12 日，长江流域最大的汽车滚装码头——海通太仓汽车码头正式投入生产运营。该码头年吞吐量达 130 万辆，未来将为包括上汽在内的国内汽车制造厂商提供远洋整车物流服务，助力中国汽车出海。据了解，海通太仓汽车码头占地 96 万平方米，拥有岸线 708 米，可同时停靠 2 艘 7 万吨级和 1 艘 3000 吨级滚装船，一次性停放 3.2 万辆汽车。

（来源：《物流时代周刊》）

四、2024年中国物流业十大社会责任企业及主要事迹

1. 申通发起"单单捐"公益计划

2024年3月11日，申通快递宣布发起"单单捐"公益计划，将携手"壹基金"启动首个项目"安全家园"，在防灾减灾领域共建安全家园。该计划自发布日起，凡消费者在"申通快递"微信小程序下单，每单快递运费中，申通将一分钱投入"单单捐"公益计划。首期"单单捐"资金将用于突发灾害后的应急物流、安全物资捐赠、救灾志愿者队伍建设、防灾减灾公益培训、灾后重建支持等公益项目，全面帮助推进防灾减灾工作。

2. 中国国际物流节戏曲义演，创物流公益新突破

2024年6月26日，第十九届中国国际物流节核心活动——"昆京秦粤汇申城"戏曲义演在上海天蟾逸夫舞台隆重举办。本次义演由中国国际物流节组委会、《物流时代周刊》主办，CARGO嘉宏国际物流集团承办，创造性地将公益助学、文化传承及名家义演相结合，为物流教育事业筹集善款。本次义演成功筹集了606万元善款，并全部捐赠予上海海事大学教育发展基金会所设立的"世界高水平海事大学"建设基金，以支持海事教育的发展，培育更多物流领域的杰出人才。大爱无声声自远！本次义演兼具弘扬传统文化及助学公益的双重价值，展现中国港航物流企业家的慈善爱心和社会责任担当。中国国际物流节、《物流时代周刊》在促成本次善举的同时，也借此契机延伸物流公益服务范围，为"物流代有人才出"书写新篇章。

3. 中远海运物流供应链发布首份ESG报告

2024年6月27日，中远海运物流供应链发布首份ESG报告——《2023年度环境、社会及公司治理（ESG）报告》。中远海运物流供应链作为中远海运集团控股的混合所有制企业和物流板块的核心企业，以ESG的生动实践作为公司高质量、可持续发展的重要抓手之一，积极履行央企社会责任，彰显国资担当，聚焦主责主业并主动融入集团"航运＋港口＋物流"一体化战略，服务国家"一带一路"倡议，加快培育发展新质生产力，不断提升行业领先能力和品牌影响力，与合作伙伴、业内同仁一起携手共同打造"数智、绿色、开放、共享、安全"的行业发展生态圈。

4. "招商局C ME FLY海外青少年物流研学营"成功举办

2024年10月20日至26日，由招商局慈善基金会主办，中国外运股份有限公司和平澜公益基金会承办的"招商局C ME FLY海外青少年物流研学营"成功举行。活动期间，学生们参观了位于泰国和老挝的中国外运设施，并学习现代物流体系的工作原理。在联合国亚太总部（曼谷），学生们还参与关于联合国可持续发展目标和气候保护的主题活动，并围绕绿色低碳物流和生活展开讨论与交流。此次公益活动承载着三国之间经济互利、人文互鉴、民心相通的愿景，推动三国青少年健康成长，致力于可持续发展的有益实践。

5. 中国中车携手中国物流捐赠总价值700万元的新能源公交车

2024年10月22日，中国中车携手中国物流向孝昌县捐赠了12台总价值700万元的新能源公交车。活动现场，中国中车党委常委、副总裁林存增表示，中国中车集团和中国物流集团将以此次捐赠

仪式为契机，进一步深化双方战略合作，不断拓展合作领域，共同为孝昌绿色发展贡献央企力量，助力孝昌在新时代实现更高质量的发展。

6. 壹米滴答助学筑梦，全球助力就业创业

2024 年，壹米滴答在广西、贵州、湖北、青海、广东捐建 5 个"珍珠班"，爱心助学，资助 215 名珍珠生完成三年高中学业，目前已在全国 16 个省份捐建"珍珠班"，资助 700 多名品学兼优但家境相对困难的孩子完成学业。壹米滴答在加速全球化布局的同时，充分尊重国籍、种族和宗教信仰，在印度尼西亚、马来西亚等国帮助超过 20 万人创业及就业。

7. 福佑卡车用责任和创新打造公路货运新标杆

2024 年以来，福佑卡车在技术减碳方面依托人工智能技术，提升车辆运输效率，降低空驶率，并推出新能源干线物流解决方案……截至目前，福佑卡车的智慧物流减碳实践已推广至全国 337 个主要城市，覆盖超过 5.7 万条重点线路，影响超过 160 万货车司机。在保障司机权益方面，福佑卡车先后发起"叁餐计划"货车司机在途饮食关怀项目、"U 公益"关爱货车司机子女助学行动，围绕货车司机在途饮食、子女教育等问题，开展多种形式的关怀慰问。其中，"叁餐计划"实施以来，已惠及 162 地货车司机。

8. 中华全国供销合作总社有序推进"815 工程"

2024 年，中华全国供销合作总社全系统加快完善回收利用网络体系，在促进资源节约和高效利用方面发挥了积极的作用。目前，全系统拥有再生资源回收站点 3.5 万个、分拣中心超过 470 个，废旧家电规范拆解量约占全社会的三成。下一步，供销合作社将加快推进"815 工程"，即培育壮大 80 家左右的骨干企业，建设 1 万个标准化、规范化回收站点，打造 500 个绿色分拣中心。目前，规划正在有力有序实施中。

9. 阿里巴巴 2024 年募集助残善款逾 1300 万元

2024 年以来，阿里巴巴已支持 1 万多名残疾人伙伴获得收入，同时阿里巴巴公益平台募集助残善款 1300 余万元，支持就业、听障、视障和心智障碍等 12 个助残项目。阿里巴巴旗下高德地图轮椅导航项目已在全国 58 个城市上线，截至 2024 年 11 月，为用户提供了超 1.5 亿次无障碍路线规划；旗下饿了么为听障骑手上线无障碍沟通系统，助力超 5000 位听障骑手在饿了么平台获得收入。阿里巴巴公益基金会表示，未来将继续深入推进"万人残疾人商家创就业助力计划""云客服"等创就业助残行动，带动更多残疾人互联网创就业。

10. 美团冬季将为骑手发放 19 亿元现金补助

2024 年冬季，美团计划投入 19 亿元冬季配送专项补贴，保障在低温天气下配送的骑手，补贴包括长线活动奖励和单单奖等形式。这是美团连续第三年向骑手投入冬季专项补贴，2022—2024 年的冬季补贴投入总额达到 52 亿元。

（来源：《物流时代周刊》）

五、2024年中国物流业十大服务品牌

1. 中国外运打造国车出海新引擎

2024年以来，一列列满载一汽红旗KD（Knocked Down）汽车成套散件的班列从我国新疆乌鲁木齐出发，驶向哈萨克斯坦库斯塔奈。截至2024年5月，中国外运已累计拆解1090台套KD件。这是中国外运和红旗品牌首个央企联合出海项目，也是中国外运加快发展新质生产力的创新之举。面对国车品牌出海运输距离远、物流成本高、通关手续复杂等问题，中国外运依托全网资源运营优势，以"绿色化、智能化"双驱动，为客户提供一客一策的全链路、一站式解决方案。在项目中，中国外运通过数字化运营，为客户提供 WMS、TMS、控制塔、系统建设等多模块增值服务，全方位赋能供应链效率和价值提升。

2. "铁路运费贷"在全国铁路实施

2024年6月20日起，中国国家铁路集团有限公司和中国建设银行在全国铁路推广实施"铁路运费贷"物流金融产品，助力降低社会物流成本，支持实体经济高质量发展。各地客户可通过铁路货运95306平台物流金融版块办理，授权平台向银行在线提交历史运输数据后，可申请增信额度和优惠利率，用于向铁路物流企业定向支付物流费，为客户增加融资渠道、降低融资成本。

3. 万纬物流"万店配"发布

2024年7月19日，万纬物流统仓共配产品——"万店配"正式面世。基于万纬全国性的仓网布局，万店配可实现全品类全温区SKU统一入仓，同区域多客户多SKU共同配送，并通过仓网覆盖、运网覆盖、准时准点、运营保障、食品安全、科技加成、客户服务七个方面有效解决行业内长期存在的痛点和难点，帮助客户降本增效以及支撑客户业绩增长。截至2024年12月，"万店配"已累计开设526条线路，覆盖全国254个地级市。

4. 拼多多宣布：偏远地区物流中转费全部由平台承担

2024年9月9日，拼多多"百亿减免"计划推出重磅福利，即日起产生的全部偏远地区中转订单，商家只需将订单发送至中转仓，中转仓二次发货至新疆、西藏、甘肃、宁夏、内蒙古等偏远地区的物流中转费，全部由平台承担。这在行业尚属首次，该政策的实施进一步降低了商家的物流成本，推动了更多的优质好物直连偏远地区。

5. 运满满发布全新品牌战略

2024年9月23日，运满满举办2024品牌战略发布会，不仅揭幕了全新的品牌形象，还全面焕新"拼车"业务。此次品牌形象升级后，运满满将以更加鲜明、现代且富有安全感的品牌形象，提升公众认知度和记忆度，为品牌战略升级发展奠定坚实基础。同时，运满满希望通过产品服务的升级，不断扩大规模效应，以实现司货价值的最大化。此外，"拼车"业务的全面焕新，是在AI定价能力和顺路拼单能力上实现了进一步突破。

6. 韵达快运新产品"韵直达"上线

2024年10月22日，为满足快运市场对于时效要求较高的大票零担需求，韵达快运正式推出"韵

直达"全新产品。该服务主要针对单件或批量总重在 500 千克到 4 吨之间的大票货物，旨在通过拉直线路、优化资源配置和提升服务质量来提供时效更快的产品，300 千米内可实现次晨达。

7. "跨里海国际运输走廊"通道建设再结硕果

2024 年 10 月 29 日上午，中远海运在青岛上合示范区首发山东中欧班列跨里海、黑海经希腊比雷埃夫斯港到塞尔维亚的国际海铁联运专列（简称跨两海新通道），开辟了跨两海经比港到东欧的国际物流新路径。这条跨两海新通道，由中远海运物流供应链协同中远海运集运共同打造，运输路线全程近 1 万千米，途经 7 个国家，历时约 40 天，经过 2 次海运、4 次铁路运输，全程一箱到底。

8. 重塑采购供应链，山东港口发布港易佳平台

2024 年 11 月 20 日，山东港口港易佳采购供应链服务平台正式发布。港易佳是一个智慧平台、价值平台、生态平台，能够使链上伙伴关系更紧密、链条更稳健，加快数字化进程，促进链上伙伴互为供需关系，带来更多商机，大幅提升采购供应链的整体竞争力。

9. 东航物流打造特种货物保障服务品牌

2024 年以来，东航物流在特种货物运输领域展现出卓越的能力与专业精神，成功保障包括香港佳士得艺术品、艺术家陈世英的精美珠宝作品，以及源自西班牙普拉多国家博物馆的珍贵展品等一系列高价值货物的航空运输任务，其中包括普拉多藏《蒙娜丽莎》、劳德·莫奈的《睡莲》、文森特·梵高的《停泊的船只》等名作。未来，东航物流将持续深化在特种货物运输领域的探索与创新，不断提高服务品质，对标东航"四精"服务标准，为全球客户提供更便捷、高效的物流解决方案。

10. 创新模式，盖世集团打造物流与市场无缝对接新服务

2024 年，山东盖世国际物流集团凭借其入驻企业构建起的全国性物流网络，创新并优化了"城市干转配综合物流服务平台"的运营模式，实现了物流与市场的无缝对接和一体化发展。这一模式促进了商贸与物流的良性互动和优势互补，推动了双方的和谐共生。作为国家级物流枢纽的投资运营主体及示范物流园区，盖世集团充分发挥其品牌与行业优势，在产城融合、干支联动、市场协同以及民生服务等多个方面取得了显著成就，为济南市经济的高质量发展提供了强大动力。

（来源：《物流时代周刊》）

六、2024年中国物流业十大绿色低碳典型

1. 上海港完成大型集装箱船绿色甲醇燃料"船—船"同步加注作业

2024年4月10日，上港集团"海港致远"号加注船在洋山港搭靠"ASTRID MAERSK"集装箱轮进行绿色甲醇船对船同步加注。该项业务的顺利开展，标志着上海港自2022年成为全球少数具备"船到船加注保税LNG"服务能力的港口后，再次成为国内首个具备船对船同步加注绿色甲醇能力的港口。

2. 顺新晖成首个获碳中和认证的智慧园区

2024年7月3日，顺新晖湖北物流中心在湖北孝感开业，该园区秉承绿色智慧的供应链设计理念，全面引入ESG管理体系，致力于打造为全景式自动化智慧零碳园区的示范样板。园区内，顺新晖自主设计的全场景自动化仓库项目，通过智能控制系统和系列自动化设备加持，高效解决复杂存储问题，帮助园区整体人效提升20%，并真正实现24小时不间断"黑灯作业"，仅此一项，预计全年可减少二氧化碳排放超30吨。该园区第一阶段已顺利通过SGS碳中和认证和绿色建筑LEED认证。

3. 羚牛氢能成功构建北京至长三角地区氢能高速走廊

2024年8月10日，随着引擎启动，羚牛氢能18吨氢能物流车在北京大兴国际氢能示范区驶出，正式开启了跨越京、津、冀、鲁、苏、浙六大省的长达1300千米的长途运输任务。经过33个小时的连续高强度运行，该车以单次续航里程超600千米的出色表现，顺利抵达长三角（嘉兴）氢能产业园，全程零故障，充分验证了羚牛氢能在大范围、长距离、跨区域高效运输领域的重大突破与跨越。

4. 中国中车助力国内首个分布式光伏接入牵引供电系统成功并网

2024年8月20日，中国中车集团旗下中车四方所联合北京交通大学等单位共同实施的"轨道交通'网—源—储—车'协同供能技术应用研究"项目顺利通过并网验收。该项目是国内首个光伏储能新能源接入高速铁路牵引供电系统工程。中车四方所为该项目提供自主研制的铁路能量调度系统。

5. 浙江首个绿电码头建成投运

2024年8月25日，浙江省首个低碳码头示范工程——宁波舟山港梅山风光储一体化项目顺利投运，标志着浙江建成首个"绿电码头"，实现清洁能源在港口码头的高效利用和优化配置，降低港口运营过程中的温室气体排放，推动港口绿色、低碳、可持续发展。该项目的风电与光伏年发电量约5917万千瓦时，应用储能充放电策略及能源管理，每年可减少二氧化碳排放量约2.26万吨。

6. 安得智联赋能"可持续灯塔工厂"

2024年10月8日，美的洗衣机合肥工厂被世界经济论坛（WEF）评为"可持续灯塔工厂"。作为美的绿色工业板块的核心成员，安得智联在合肥工厂绿色升级中承接了该工厂的物流供应链变革。如通过集约化物流策略，利用HUB集拼+VMI+循环取货+JIT/JIS多模式组合，减少原材料端发运车次高达50%。在此过程中，以循环包装为重要的切入点，通过打造"运包一体"产品解决方案，将非标准的运输场景进行标准化、单元化，实现降本增效及节能减碳。

7. 嘉里物流阿塞拜疆240兆瓦风电项目成功启运

2024年10月17日，由嘉里物流承运的阿塞拜疆1区与基兹3区240兆瓦风电项目主要设备顺

利在中国境内多地同步启运。该项目在阿塞拜疆 Absheron 和 Khizi 两个区域建设安装 37 套远景 6.5 兆瓦山地风力发电机，总装机容量达到 240 兆瓦。风力发电机组相关设备全部自中国启运，启运地点分散在酒泉、扬州、江阴、义乌多地，在新疆霍尔果斯、都拉塔、阿拉山口三大口岸集结出境，途径哈萨克斯坦全境，再通过里海转运至阿塞拜疆项目现场，全程陆运距离将达到 1 万平米，是目前世界上陆运距离最长的风力发电机组。

8. 中国邮政深化快递包装绿色转型

2024 年，中国邮政巩固深化快递包装治理成效，稳妥推动绿色低碳发展。截至 2024 年 11 月底，规范包装操作比例为 98.8%，采购使用符合标准的包装材料应用比例为 97.6%；邮政企业同城使用可循环包装邮件量占比超过 10%，邮政企业电商快件不再二次包装率为 98.1%；加强无害化管控，强化源头治理，积极推进塑料污染治理，积极研发推广一次性塑料包装物替代方案，发布《邮政用缓冲包装纸袋技术要求》，该要求属于快递行业首次制定，为落实塑料污染治理提供创新思路。

9. 绿动未来·递四方全链路绿色物流计划见成效

2024 年，递四方围绕"绿色"这一核心展开向"绿"求"质"的探索之路，启动了"绿动未来·递四方全链路绿色物流计划"，致力于通过技术创新和流程优化，解决物流行业高能耗与低碳放、包装浪费、信息化程度不足、环保意识薄弱等主要问题。目前该计划已通过绿色交通、绿色订单、绿色仓储、绿色回收和绿色办公等措施取得了初步成效，并借助数字化赋能实现了跨境物流与供应链管理的全程可视化，提升了运营效率和客户体验。例如，通过选取碳排放较低的交通工具，如新能源电车，逐步替代传统油车，以减少能源消耗和资源浪费。此外，递四方持续使用可循环快递包装袋，并在揽收环节对编织袋进行回收，实现了资源的高效循环利用。

10. 菜鸟以数智技术驱动绿色发展

2024 财年，菜鸟自身运营和价值链实现减排 45.8 万吨。其中，菜鸟在运营控制范围内清洁电力使用比例达 54.1%；在运输环节，菜鸟速递自营车队在城市配送中的新能源车次比例达 99%；在包装环节，菜鸟通过原箱发货、装箱算法、包装减量、电子装箱单、电子面单等绿色包装方案就带来 15.6 万吨碳减排；在回收环节，菜鸟驿站年度回收和使用旧纸箱寄件减碳超 2.1 万吨，并扩大了绿色回收品类。据悉，菜鸟通过让每个包裹、商品具备数字化 ID，使包材选择、利旧使用和循环回收成为现实，并通过自研的碳资产管理系统和物流的绿色运营，带动供应链上下游及各行业合作伙伴协同减碳。

（料源：《物流时代周刊》

七、2024年中国物流业十大数智创新应用

1. 数字人"刘强东"直播带货首秀

2024年4月16日下午6点18分，以京东创始人、董事局主席刘强东为形象的"采销东哥"同时亮相京东家电家居、京东超市采销直播间。这是"刘强东"在京东App的直播首秀，主要是为进一步预热京东的内容生态和短视频创作。"采销东哥"AI数字人诞生背后，离不开京东云言犀多年的技术深耕与积累。据了解，言犀语音大模型在训练时，被"喂"入5万小时海量鲜活的语音数据，这让言犀数字人可以智能匹配不同直播风格。实验表明，绝大部分用户在120秒内难以察觉这是数字人。

2. 中远海运物流供应链"一站2.0"上线

2024年5月18日，中远海运物流供应链"一站2.0"正式上线，从三个方面加速平台升级，赋予物流供应链服务新的能力与价值。一是新的平台产品，截至2024年4月，平台完成了近4000个物流产品的集成和串联，建设起物流供应链生态体系平台化雏形；二是新的服务理念，"一站2.0"初创原子化服务理念，将六大类业务产品分解定制出最小服务单元，涵盖入库、装箱、装卸、查验、仓储、出库等88项最基本的业务操作，全面、敏捷、灵活地满足各类用户需求；三是新的智能应用，如利用RFM、AISAS等先进的模型分析、模拟用户行为，为平台用户提供透明可控的交易保障等，通过智能化技术的引入与研发，丰富物流供应链解决方案的服务特色。

3. 同方威视助力香港机场打造智能安检系统

2024年7月2日，香港机场管理局引入的由同方威视自主研发生产的全新智能安检系统，正式分阶段投入服务。该系统所采用的X光机能呈现三维影像，以不同角度分析行李内结构，因此可将手提电脑及流动电话等电子设备，以及液体、凝胶及喷雾类物品存放在手提行李，无需按照现行规定，在接受安检时将有关物品取出，从而简化整个流程。一旦发现行李内藏有违禁品，行李会被自动运送至检查通道，再由保安人员进行检查，大幅减少开包检查次数。基于此，香港国际机场成为全球首个全面采用智能保安检查系统的机场。

4. 中国重汽推出"重卡智能物流园项目"

2024年9月14日，中国邮政速递物流股份有限公司与中国重型汽车集团有限公司携手推出了重卡智能物流园项目。该项目旨在通过智能化、数字化的物流解决方案，将邮政快递物流服务深入嵌入中国重汽供应链，实现"快递入厂"的精准对接，提升物流效率和供应链韧性。通过引入智能化设备和数字化管理系统，双方达成了物流的自动化和信息实时共享，显著提高物流响应速度和资源配置效率。合作中还融入了绿色物流理念，推动生产流程优化和资源节约。

5. 南航物流推出首张国内电子邮单

2024年9月23日，南航物流在南航长春始发航线正式试行电子邮单，成为业内第一家实行国内电子邮单的航空公司。为进一步提升货运效率与客户体验，南航物流对订舱和制单业务重新进行梳理，通过信息化手段实现国内邮单的数字流程，减少了纸质单据的提交、保管、数据核对等中间操作环节，向绿色物流目标迈进一步。

6. 极兔国内首个自建智慧供应链产业园正式启用

2024 年 10 月 11 日，极兔速递江苏宝应智慧供应链产业园正式启用运营，这是极兔在国内首个自主拿地、自主建设的转运枢纽项目。该项目总投资 15 亿元，总建筑面积达 15 万平方米，单日快递处理量峰值可达 600 万件。该产业园配置了先进的智慧物流分拣设备，通过精准的智能识别与全流程自动化分拣系统，大幅度降低分拣错误率，同时缩短快件中转时长，进一步提升当地的物流效率与客户体验。

7. 天泽云仓无盲点管控系统确保高效精准运营

山东天泽供应链管理股份有限公司单个云仓通过 WMS、DATA、OMS、优易及经管系统实现了无盲点管控。由其自主设计的经营数据表、链路跟踪表、小时人工成本效能表、库存监控表等工具，对客户每一票订单进行实时跟踪，在买家付款 - 客户推单 - 仓库创建 - 操作发运 - 快递揽收 - 路途监控 - 售后处理等每一个环节、每一个节点全部控制监管，最大限度保证了云仓操作质量和人工效能的达标。天泽云仓已实现错漏发十万分之一的低发错率、库存准率 99.99% 的高准确率和发货及时率 100% 的高效率。

8. 国铁集团试行多式联运"一单制"运输

2024 年 11 月 22 日，3000 吨铝棒"乘坐"X9622 次班列从新疆维吾尔自治区准东站抵达天津港，随后搭乘"煜江祥瑞"号班轮前往广东东莞港。该批货物由国铁集团所属中国铁路乌鲁木齐局集团有限公司和上海中谷物流股份有限公司联合承运，双方在铁路 95306 平台联合签发了全国首张集装箱多式联运"一单制"运单，标志着我国多式联运"一单制"工作取得历史性突破。

9. 山东港口青岛港自动化码头第十一次刷新世界纪录

2024 年 12 月 2 日，山东港口青岛港自动化码头再传捷报。在"馨城"轮作业中，自动化码头桥吊平均单机作业效率达到了 60.6 自然箱 / 小时，第十一次刷新自动化码头装卸效率世界纪录。2024 年以来，该码头持续加大技术攻关力度，提升服务质效，较 2023 年同期，码头作业效率提升 6%，吞吐量提升 15%，码头集装箱吞吐量提前 43 天超越 2023 年全年总量。

10. Syrius 炬星科技推出 FlexPorter·大力士 DO+FlexLifter 的创新机器人组合方案

2024 年，Syrius 炬星科技推出了 FlexPorter·大力士 DO+FlexLifter 的创新机器人组合方案。其中，FlexPorter·大力士 DO 可以实现"一机多用"，满足仓库、生产线等多个场景中多种作业环节，从而帮助客户大幅降低实现自动化和智能化所需付出的成本，并助力企业稳定运营和安全生产。FlexLifter，负载 1 吨，举升 3 米，兼容多类托盘，填补了轻量举升市场的空白；标配多传感器，托盘识别精准至 99.99%，可对接多层货架。

（来源：《物流时代周刊》）

八、2024年中国仓储配送行业十件大事

1.《有效降低全社会物流成本行动方案》发布，对仓储配送行业发展提出新要求

2024年2月，中央财经委员会第四次会议强调，降低全社会物流成本是提高经济运行效率的重要举措，物流降成本的出发点和落脚点是服务实体经济和人民群众，基本前提是保持制造业比重基本稳定，主要途径是调结构、促改革，有效降低运输成本、仓储成本、管理成本。

11月，中共中央办公厅、国务院办公厅印发《有效降低全社会物流成本行动方案》（简称《行动方案》），提出五个方面20项重点任务，包含推进铁路重点领域改革，推动公路货运市场治理和改革，推进物流数据开放互联，加快现代供应链体系建设，完善现代商贸流通体系，实施大宗商品精细物流工程，实施"新三样"物流高效便捷工程，推动国际供应链提质增效，加快健全多式联运体系等。

面对当前仓储配送行业仍存在发展不平衡不充分的问题，《行动方案》对仓储配送发展提出了新要求、给出了新思路。

2. 现代商贸流通体系试点城市建设，推动新一轮仓储配送升级发展

2024年4月，财政部办公厅、商务部办公厅印发《关于支持建设现代商贸流通体系试点城市的通知》，提出以现代商贸流通体系试点城市建设为抓手，重点围绕五方面，提高数字化、标准化、绿色化水平。

在推动城乡商贸流通融合发展方面，支持建设改造区域冷链物流基地、商贸流通领域物流标准化、智慧化改造，智能仓配、自动分拣、无人配送等，发展第三方物流。

在建设生活必需品流通保供体系方面，支持布局区域应急保供中心仓，提升末端配送、应急投放能力。

在完善农村商贸流通体系方面，支持健全县乡村三级物流配送体系，发展共同配送。

在加快培育现代流通骨干企业方面，支持发展统仓统配，大力发展现代供应链；在完善城乡再生资源回收体系方面，支持新建、改扩建废旧家电专业型分拣中心以及包含废旧家电家具等业务的综合性再生资源分拣中心。

3. 国家主管部门持续支持海外仓建设与发展，物流出海成为"必选项"

2024年6月，商务部等9部门印发《关于拓展跨境电商出口推进海外仓建设的意见》；11月，商务部印发《关于促进外贸稳定增长若干政策措施的通知》，提出促进跨境电商发展，持续推进海外智慧物流平台建设，推动跨境电商海外仓高质量发展，增强跨境电商物流保障能力。

与此同时，海关总署取消跨境电商出口海外仓企业备案，明确开展跨境电商出口海外仓业务的企业，无需向海关办理出口海外仓业务模式备案，以减少企业在开展出口海外仓业务时的行政负担和时间成本、提高企业和跨境供应链的运营效率。

2024年，中国企业出海呈现多维度变化，从产品出海到品牌出海、从业务出海到组织出海，正在从单纯的走出去迈向更深层次的全球化。家居、餐饮、新能源以及其他制造领域等品牌企业寻找国际发展新机遇，在服务中国产业"国际化"和突破业务发展瓶颈等多因素共同驱动下，物流企业出海

已成为"必选项"。

4."中国绿色仓储与配送行动计划"发布 10 周年，绿色仓储配送大有可为

2024 年 6 月，在第十九届中国仓储配送大会暨第十一届中国（国际）绿色仓配大会上，中国仓协副会长王继祥全面总结了"中国绿色仓储与配送行动计划"十年取得的成绩。

一是完成《绿色仓库要求与评价》《绿色仓储与配送要求及评估》等标准制定。

二是推动绿色仓库纳入国家《绿色产业指导目录》、绿色仓库评价体系纳入国际 GRESB 第三方绿色建筑评价体系。

三是推动贵州、济南、石家庄、郑州、长沙等省市出台绿色仓库奖励政策，共有 105 家企业获得总计 4580 余万元奖励。

四是助力 140 多个物流仓储项目获得银行和基金公司提供的绿色金融服务，为企业节省融资成本 4000 余万元。

五是绿色仓库标识纳入中国移动、国家电网、蒙牛、联想、宜家、百事食品、无限极等品牌企业的绿色采购名录，成为仓储使用方租赁仓库时的重要考量。

六是绿色仓库和仓配绿色化运营内容纳入中国物流集团、京东产发、顺丰控股、蒙牛、华润医商等 30 多家企业 ESG 报告，成为承担社会和环境责任的重要依据。

2024 年全国温室气体自愿减排交易市场（CCER）重启，将进一步推动绿色仓储配送的模式创新、技术革新，未来绿色仓储配送将大有可为。

5. 国家出台首个即时配送文件，从国家、政府和企业层面引导规范即时配送发展

2024 年 1 月，国务院办公厅发布《关于促进即时配送行业高质量发展的指导意见》，从不同层面引导、规范即时配送发展。

在国家层面，充分发挥供需衔接与促进、吸纳就业的作用以及技术和服务创新、绿色发展的带动能力；在政府层面，营造良好发展环境，便利经营主体市场准入和登记注册、完善即时配送便利化配套设施和条件、健全即时配送标准体系、纳入城市生活物资应急保供体系；在企业层面，强化食品和非餐物品安全管理、加强配送安全管理、建立服务质量监督机制、健全劳动权益保障机制。

6. 多城市布局低空经济，无人机配送成为行业新增长点

2024 年，北京、天津、河南、湖北、江西、海南等近 20 个省市布局低空经济，相继发布低空经济高质量实施方案或行动计划，将低空经济作为促进消费、经济增长的新增长点，同时为无人机配送带来机遇。

12 月，国家发展改革委专门成立低空经济司，统筹低空经济的发展，解决低空经济发展过程中面临的实际问题，如空域管理、安全监管、技术标准等，规范行业发展秩序，保障低空经济的健康、有序发展。

上海、深圳、湖北、成都、福州等多地已设置无人机运营线路，丰翼、美团、京东等企业已围绕餐饮、医药、应急等多场景需求开展外卖、急救药品、医药物资、贵重物品、文件等无人机配送常态化运营。

7. 大规模设备更新和消费品以旧换新，为逆向物流发展创造机遇

2024 年 3 月，国务院《关于印发〈推动大规模设备更新和消费品以旧换新行动方案〉的通知》，加快发展换新 + 回收物流体系和新模式；7 月，国家发展改革委、财政部印发《关于加力支持大规模设备更新和消费品以旧换新的若干措施》。

10 月，中国资源循环集团有限公司成立，承担打造全国性、功能性资源回收再利用平台的重要任务，打造覆盖多个重点再生资源回收品类，集仓储、加工、配送、以旧换新、标准制定输出等功能为一体的综合解决方案提供商。

"以旧换新政策驱动＋再生资源集团成立"释放了巨大的逆向物流需求，顺丰、京东、菜鸟、中通等物流企业已围绕家用旧物、废弃物、电池等探索发展逆向物流业务。

8. 中国仓协首次举办自助仓储国际论坛，增强业内企业凝聚力、推动业态有序发展

2024 年 10 月，中国仓储与配送协会会同亚洲迷你仓商会在北京举办 2024 亚洲（中国）自助仓储发展论坛。

论坛吸引了来自中国、新加坡、马来西亚与中国香港等国家和地区的行业代表，围绕行业现状、发展机遇和规范化建设展开深入交流。

自助仓储作为仓储行业的细分业态之一，在发达国家已非常成熟，于 2008 年首次进入中国，主要满足私人、家庭或小微企业物品自存自取需求。

本次论坛为中国大陆的自助仓储企业搭建了合作与交流平台，增强了业内企业的凝聚力和向心力，为自助仓储业态的健康有序发展注入了强劲动力。

9. 金融仓储 10 年成果进入创新推广应用阶段，助推具体品类融资和数字化发展

在 12 月举办的"第十届中国金融仓储创新发展大会暨酱酒行业资产数字化大会"上，中国仓协全面总结金融仓储管理规制与仓储融资服务体系建设的阶段性成果，联手酱酒领域产业链服务的平台企业、金融仓储企业、酒厂、金融机构等，共同明确酱酒存货融资和资产数字化生态图谱建设，形成行业融资闭环结构，解决酱酒行业中小企业融资难题。

未来，金融仓储将以大宗品类为重点，以"创新发展大会＋具体品类生态图谱"建设形式，推动金融端与产业端的高效对接，有效解决该品类实体企业融资难题。

10. 全国性仓储信息平台的资源规模突破 10 亿平方米，促进市场信息共享与交易透明度

截至 2024 年底，全国性仓储信息平台"物联云仓"（物联云仓（成都）科技有限公司投建，提供仓库经纪平台、大数据与咨询、数智化运营服务）的仓储资源规模突破 10 亿平方米，覆盖超 300 个城市、合作物流园区超 4 万个。

平台对促进仓储设施信息共享、提升仓库供需交易的透明度、助力政府制定规划和引导行业发展发挥重要作用。

（来源：仓储与配送协会）

九、2024 年中国航空运输业十件大事

2024 年是新中国成立 75 周年，是民航持续恢复、推进高质量发展的一年。在党中央、国务院的坚强领导下，全行业按照民航局的统一部署，坚持稳中求进、以进促稳、先立后破，统筹扩大内需和供给侧结构性改革，统筹高质量发展和高水平安全，统筹当前与长远，航空运输业安全态势总体平稳，运输生产呈现良好增长态势，运行效率持续提升，重大运输保障任务圆满完成，航空和文旅深度融合发展，国产大飞机规模化和系列化稳步推进，低空经济蓬勃发展，行业战略支撑作用进一步凸显，为国家经济社会发展作出了重要贡献。日前，中国航空运输协会组织专家组，经过深入研讨，精心评选出 2024 年中国航空运输业十件大事，供行业内外学习交流，推动全行业坚定信心、攻坚克难、团结奋进，奋力谱写交通强国建设民航新篇章，为全面推进强国建设和民族复兴伟业贡献力量。

1. 习近平总书记给厦门航空有限公司全体员工回信

在厦门航空有限公司成立 40 周年之际，中共中央总书记、国家主席、中央军委主席习近平给厦航全体员工回信，向他们表示热烈祝贺并提出殷切希望。习近平总书记的重要回信精神既是对厦航的关怀和期待，也是对民航全行业的鼓舞和厚望。

习近平总书记在回信中说，我在厦门工作时，曾参与厦航的初创，40 年来一直关注着公司的成长。如今看到白手起家的厦航实现了跨越式发展，我很欣慰。

习近平总书记强调，新时代新征程上，希望你们弘扬优良传统，坚持改革创新，增强核心竞争力，筑牢安全底线，在服务经济社会发展、促进两岸交流合作上积极发挥作用，为推动民航业高质量发展、建设交通强国贡献更多力量。

厦门航空有限公司成立于 1984 年 7 月，是我国首家按现代企业制度运营的航空公司。在厦门工作时，习近平曾亲自为处于初创阶段的厦航协调解决多个难题，并对厦航的改革发展一直给予关怀指导。习近平总书记指导厦航发展的"十六字方针"（依靠改革、舍得投入、服务规范、以人为本）深刻揭示了厦航跨越式发展背后的密码，是全民航的行动指南。目前，厦航运营的国内外航线达到 400 余条，年旅客运输量近 4000 万人次，曾获得飞行安全五星奖、中国质量奖等荣誉。

为贯彻落实习近平总书记在厦航成立 40 周年之际的重要回信精神，推动共享厦航跨越式发展经验，8 月 23 日，中国航协与民航报社共同发出倡议：学习借鉴厦航创新应用服务管理工具、坚持服务规范化标准化制度化、精细化管控服务成本、持续深化品牌服务战略、推进航空服务可持续发展等经验，以客户为导向，打造体系化、国际化民航服务品牌，不断满足人民美好出行需要。

2. 民航旅客运输量首次突破 7 亿人次

2024 年以来，我国民航客运生产保持平稳较快增长。2024 年 1—11 月，全行业共完成旅客运输量 6.7 亿人次，较 2019 年同期增长 10.9%，超过 2019 年全年客运规模。其中，国内航线完成 6.1 亿人次，较 2019 年同期增长 13.9%。截至 2024 年 12 月 15 日，我国航空公司完成的旅客运输量超过 7 亿人次，达到 70048 万人次，日均旅客运输量超过 200 万人次，同比增长 18.1%、较 2019 年增长 10.7%，创我国民航发展历史新高。

分季度看，一季度正值春运旺季，春节假期天数延长、往年春节受疫情压抑的需求集中释放，都对春节假期的旅客出行和消费形成支撑。春运期间（1月26日—3月5日），民航运输旅客8345万人次，日均超过208.6万人次，较2023年春运增长51.1%，较2019年增长14.5%，旅客运输量创历史新高；保障航班68.3万班，日均保障超过1.7万班，较2023年春运增长27.4%，较2019年增长2.7%。一季度完成旅客运输量1.77亿人次，同比增长37.7%，比2019年同期增长10.2%。二季度是传统淡季，完成旅客运输总量为1.73亿人次，同比增长11.9%，较2019年同期增长7.7%。其中，国内旅客运输量1.58亿人次，同比增长6.0%，较2019年同期增长10.6%。三季度的7-8月处于暑运周期，今年暑期旅客运输量创历史新高，全民航累计运输旅客1.4亿人次，日均运输旅客228.9万人次，较2019年增长17.7%，较2023年增长12.3%。第三季度民航旅客运输量突破2亿人次，创历史同期新高，同比增长12.3%，较2019年同期增长15.2%。其中，国内旅客运输量1.84亿人次，同比增长8.3%，较2019年同期增长18.1%。四季度国庆假期结束后，航空客运进入淡季，但随着国内经济逐步恢复向好，旅客运输量仍高于上年和2019年同期。从旅客结构看，航空旅客结构发生显著变化。航空人口持续增加，亲子游显著增长，"随心飞""次卡""老年卡"等产品带动"一老一小"市场活跃，公商务旅客占比有所下降。"干支通、全网联"成效凸显，中转服务平台、通程航班管理平台服务中转旅客数量大幅增加，越来越多的旅客享受到一次值机、行李直挂等便捷服务。

全年旅客运输量预计达到7.3亿人次，单日最高旅客运输量达到245万人次，均创我国民航发展历史新高。

3. 民航货邮运输量创历史新高

2024年以来，我国航空货运量保持快速增长趋势，国际航空货运增长势头明显，货运量规模达到历史最好水平。1—11月，全行业共完成货邮运输量813.7万吨，我国民航货邮运输量首次突破800万吨，较2019年同期增长19.3%。其中，国内航线完成486.2万吨，较2019年同期增长5.2%；国际航线完成327.5万吨，较2019年同期大幅增长49.0%。今年以来各月国内货运规模均高于2019年同期水平，国内航空货运市场保持良好增长，国际航空货运市场量价齐升。特别是随着新年和西方圣诞的临近，航空货运市场进入传统旺季，民航货邮运输量自9月以来连续三个月达到80万吨以上。1—11月，民航日均货运航班约600架次，比2019年同期增长超过50%。从区域来看，东南亚、中西亚、南亚、欧洲、美洲等区域的货运航班量与2019年同期相比涨幅都超过100%。

市场主体竞争力稳步提升。国内航空公司、机场、货运代理以及电商平台等市场主体积极参与国际航空市场竞争。以航司为例，2024年1—11月，中方公司国际航线市场份额超过四成，比2019年显著增加，国际竞争力进一步提升。

4.《新时代新征程谱写交通强国建设民航新篇章行动纲要》《关于推进国际航空枢纽建设的指导意见》先后发布

2024年1月，民航局印发《新时代新征程谱写交通强国建设民航新篇章行动纲要》（简称《纲要》）。《纲要》以习近平新时代中国特色社会主义思想为指导，旨在深入贯彻党的二十大精神，全面落实《交通强国建设纲要》《国家综合立体交通网规划纲要》部署，进一步坚定战略自信、凝聚发展共识、提振行业发展信心，是新时代新征程指引民航业高质量发展的纲领性文件和行动指导。

《纲要》包括形势背景、总体要求、战略任务、保障措施四部分，确定了"一个战略目标、两大任务、三个注重、三个转变、五个一流、五个评价指标、六个发展导向、六大体系、六大工程"。其中，将建设保障有力、人民满意、竞争力强的一流航空运输强国作为"一个战略目标"；将推动高质量发展和服务新发展格局作为"两大任务"；注重充分体现创新、协调、绿色、开放、共享新发展理念，注重高效统筹发展与安全，注重更好兼顾质的有效提升和量的合理增长"三个注重"；着力推动民航发展实现由追求速度规模向更加注重质量效益转变，由依靠传统要素驱动向更加注重创新驱动转变，由相对独立发展向更加注重与综合交通和产业融合发展转变的"三个转变"；打造一流安全、一流设施、一流技术、一流管理、一流服务"五个一流"，加快以安全、便捷、高效、绿色、经济"五个评价指标"构建现代化民航体系；以市场化、法治化、国际化、大众化、智慧化、绿色化为"六个发展导向"；着力打造更高水平的安全保障体系、经济可靠的基础设施体系、优质高效的航空服务体系、可持续的绿色发展体系、自主可控的创新支撑体系、系统完备的民航治理体系"六大体系"；聚焦安全关键能力提升工程、基础设施扩容增效工程、航空服务优化提升工程、绿色低碳转型工程、科技创新驱动引领工程、治理能力提升完善工程"六大工程"。2024 年 7 月，民航局联合国家发展和改革委员会发布《关于推进国际航空枢纽建设的指导意见》（简称《指导意见》），明确了国际航空枢纽建设的总体要求、发展目标、重点任务和保障措施，为打造定位清晰、各具特色、竞争力强的航空枢纽功能体系提供指导。

《指导意见》对国际航空枢纽建设进行了整体谋划，从功能定位、规划建设、协同运行、运输服务等方面加快推进"3+7+N"国际航空枢纽功能体系建设，对国际航空枢纽的功能定位进行了细化和深化。"3"是指北京、上海、广州等国际航空枢纽；"7"是指成都、深圳、重庆、昆明、西安、乌鲁木齐、哈尔滨等 7 个国际航空枢纽；"N"是指若干区域航空枢纽。实施定位清晰、错位发展的差异化策略将有利于充分发挥各自区位优势，实现资源合理配置，避免国际航空枢纽发展同质竞争、资源内耗。

《指导意见》以 2025 年、2035 年、2050 年为节点，为我国国际航空枢纽建设规划了三个阶段的发展目标：到 2025 年，国际航空枢纽功能体系基本成型。运输生产规模和国内国际服务覆盖全面恢复，连通度和中转效率加快提升，国际竞争力加快恢复。到 2035 年，国际航空枢纽功能体系全面建成。其中，具有全方位门户复合型功能的国际航空枢纽运输生产规模、国际覆盖度、连通度和中转效率加速迈向国际一流水平。到 2050 年，建成一批世界一流航空企业和一流航空枢纽，国际航空枢纽功能体系进一步完善，支撑我国建成保障有力、人民满意、竞争力强的一流航空运输强国。

《指导意见》为我国国际航空枢纽建设进一步指明方向，推动国际航空枢纽功能体系进一步完善，有利于更好发挥民航战略产业作用，服务以国内大循环为主体、国内国际双循环相互促进的新发展格局，为建设保障有力、人民满意、竞争一流的交通强国提供有力支撑。

5. 国产大飞机规模化、系列化发展取得新的重要进展

航空产业是科技含量高、产业带动性强的战略性新兴产业，大飞机则是"航空工业皇冠上的明珠"。中国大飞机翱翔蓝天，承载着国家意志、民族梦想、人民期盼。大飞机产业链条长、辐射面宽、联带效应强，是关系国家安全和国民经济发展的战略性产业，也是加快发展新质生产力的重要阵地。万里长空，国产大飞机 C919 正乘风起飞，奋力绘就高质量发展新航程。

2 月 27 日，中国商飞 C909 和 C919 飞机在越南广宁省云屯国际机场举行东南亚演示飞行启动仪式，用两周时间在越南、老挝、柬埔寨、马来西亚、印度尼西亚五国开展演示飞行，主要验证国产商用飞机对东南亚五国机场和航线的适应性、机场地面服务设备的适配性、特殊飞行程序的适用性和航线业载的经济性，展现飞机良好性能，为后续东南亚市场开拓奠定基础。

8 月 28 日，中国国际航空公司和中国南方航空公司在中国商飞总装制造中心浦东基地同时接收首架 C919 飞机，标志着 C919 飞机迈入多用户多机队运营阶段。12 月 19 日，C919 已累计承运旅客突破 100 万人次。三大航运营的 C919 飞机已累计开通 15 条航线，通航 10 座城市。

11 月 12 日，中国商飞举行产品发布会，宣布 ARJ21 飞机增加商业名称 C909，统一飞机产品名称为"商飞＋型号"的形式。至此，中国商飞三款商用飞机产品名称分别为"商飞 C909""商飞 C919"和"商飞 C929"。

11 月 12 日，在第十五届中国国际航空航天博览会上，中国国际航空股份有限公司与中国商用飞机有限责任公司签署 C929 客机首家用户框架协议，意向成为 C929 宽体客机的全球首家用户。C929 宽体客机座级 280 座，航程 12000 千米，正在开展初步设计工作。

6. 免签政策发力，助力国际航线加速恢复

2024 年 2 月 9 日，中国与新加坡正式互免签证，赴新加坡的中国游客数量大幅增长，中国与新加坡互免签证政策宣布后 1 小时，飞猪平台上新加坡机票搜索量环比增长超 15 倍，酒店搜索量环比增长超 6 倍。3 月，中泰两国进入永久"免签时代"，我国出入境旅游市场随之开启了新篇章。3 月 14 日—11 月 30 日，我国对瑞士、爱尔兰、匈牙利、奥地利、比利时、卢森堡 6 个国家持普通护照人员试行免签政策，新政实施首日，经上海浦东国际机场口岸入境的六国旅客有 147 人，超四成旅客为免签入境，该口岸当日入境的六国旅客总数比前一日增长 45%。

截至 2024 年 12 月，中国已同 25 个国家实现全面免签，对 29 个国家实行单方面免签政策，与 157 个国家和地区缔结了涵盖不同护照种类的互免签证协定。12 月 17 日起，中国将过境免签外国人在境内的停留时间从原有的 144 小时延长至 240 小时。同时，政策适用口岸总数也从 39 个增加至 60 个。

各项利好政策的实施和开放信号的持续释放，让出入境旅游成为今年的潮流和趋势。免签政策使得入境游更加便利，入境人数的增长，也带来了国际航线快速恢复，1-11 月国际航线旅客运输量同比增长 136.4%，恢复至 2019 年同期的 87.3%。国际客运航班有序恢复运营和签证服务持续恢复并不断优化为出境游发展创造了更好的条件。

7. 航空和文旅融合发展迈入新阶段，深度融合成效凸显

2024 年以来，在《关于进一步激发文化和旅游消费潜力的意见》《国家综合立体交通网规划纲要》等政策驱动下，航空旅游市场加快复苏并持续增长。各机场、航司等联合地方政府等积极挖掘资源优势，打造各具特色的航旅融合产品。如哈尔滨打造的"尔滨效应"，天水机场的"天水麻辣烫"以及阿勒泰机场推出的《我的阿勒泰》音乐剧等，特别是云南、内蒙古、新疆、武汉、石家庄等"干支通、全网联"试点，与旅游、互联网等企业不断深化合作，为中转旅客提供更为便捷、高效的服务；如东航、春秋航等多家航司实时分析客流数据，在推出悟空航班、赏月航班的同时，还联合博物馆、演唱会、热门景点等打造一体化文旅产品；携程、去哪儿、同程旅行等聚焦银发游、冰雪游、亲子游等新兴需求，依托云计算、大数据、人工智能等技术为航空旅客提供更加人性化、智能化出行方案。

2024 年前三季度，我国旅游市场达 42.3 亿人次，较去年同期增长 15.3%，其中航空旅客运输量中有 30%—40% 为旅游客流，特别是在节假日期间，旅游需求旺盛推动民航春运、暑运屡次刷新纪录，同时随着"干支通、全网联"的全面推广，中转旅客便利化服务持续提升，航空与旅游日益深入融合发展。

据携程数据显示国庆期间县域旅游市场增长明显，县域市场酒店热度增长超过 50%，景区门票订单同比增长超过 140%。国庆期间，不少非枢纽机场的航班预订量同比增长迅速，价格也有所上浮，不少核心城市前往支线机场的全价经济舱也"一票难求"。

8. 低空经济作为"新增长引擎"首次写入国务院政府工作报告，低空经济迎来发展元年

2024 年以来，低空经济持续火热。3 月，低空经济作为"新增长引擎"首次写入《国务院政府工作报告》，同时被明确为战略性新兴产业之一。7 月，党的二十届三中全会再次提出"发展通用航空和低空经济"。工信部、科技部、财政部和民航局也在 3 月底联合发布了《通用航空装备创新应用实施方案（2024—2030 年）》，其中明确提出到 2030 年，低空经济将达万亿级市场规模，并制定了五大重点任务和 20 项具体工作部署。12 月，国家发改委网站正式公布"低空经济发展司"，明确该司是负责拟订并组织实施低空经济发展战略、中长期发展规划，提出有关政策建议，协调有关重大问题等的职能司局。

3 月 18 日，民航局召开通用航空工作领导小组会议，专题研究贯彻落实党中央、国务院关于打造低空经济战略性新兴产业的重大决策部署要求，推进低空经济高质量发展相关工作。宋志勇局长在会上强调，民航局作为国家民用航空事务的主管部门，在推动低空经济发展中负有义不容辞的责任。面对低空经济发展的新形势、新要求，各相关单位和部门要进一步提高思想认识、强化责任担当，加强研究，探索把握低空经济的发展规律，不断完善低空经济相关目标体系、政策法规体系、保障支撑体系、考核评价体系，形成合力，更好服务低空经济高质量发展。

为贯彻落实党中央、国务院关于打造低空经济战略性新兴产业的决策部署，中国航空运输协会聚焦落实"服务国家、服务社会、服务群众、服务行业"职能定位，于 2024 年开展了低空经济发展专题调研。交通运输部原副部长，中国航协党委书记、理事长王昌顺和党委其他成员带队分赴深圳、成都、南京、无锡、合肥、广州、乌鲁木齐等 16 个城市深入调研，全面了解分析我国低空经济发展现状潜力，研究借鉴发达国家低空经济发展经验和先进空中交通布局规划，多次组织业内外专家讨论，形成了《关于促进低空经济高质量发展调研报告》，努力为我国低空经济高质量发展提供智力支撑，调研报告获得有关部门充分肯定。

据不完全统计，已有 29 个省份将"低空经济"写入 2024 年《政府工作报告》，已有约 20 个省级行政区出台了促进低空经济发展相关的行动方案或若干措施等政策性文件，北京、上海、广州、深圳、常州等多个城市宣布打造低空经济生态圈。以上海为例，《上海市低空经济产业高质量发展行动方案（2024—2027 年）》提出，到 2027 年，建立低空新型航空器研发设计、总装制造、适航检测、商业应用的完整产业体系，打造上海低空经济产业创新高地、商业应用高地和运营服务高地，核心产业规模达到 500 亿元以上，在全球低空经济创新发展中走在前列。联合长三角城市建设全国首批低空省际通航城市，建成全国低空经济产业综合示范引领区，加快打造具有国际影响力的"天空之城"。

9. 全面数字化的电子客票行程单全面推广使用

国家税务总局、财政部、民航局联合发布公告，自 2024 年 12 月 1 日起，在我国民航旅客运输服务领域推广使用全面数字化的电子发票即航空运输电子客票行程单。电子行程单全面推广使用后，旅客通过电子行程单自动化、智能化开具及交付服务，满足不同类型需求，无需再获取纸质行程单。单位财务人员可以通过电子行程单开展无纸化报销、入账、归档、存储等业务，实现相关业务"网上办"；单位可通过登录电子发票服务平台，查询电子行程单对应的增值税税额并按规定勾选抵扣，免去按照总价进行换算的计算程序，减轻工作量。

为方便旅客和单位，民航旅客运输服务领域推行使用中设置了 2024 年 12 月 1 日—2025 年 9 月 30 日的过渡期。过渡期内，纸质行程单、电子行程单、其他发票并行使用。需要注意的是，纸质行程单、电子行程单、其他发票三者之间不可重复开具。

10. 可持续航空燃料（SAF）应用试点全面启动

2024 年 9 月 18 日，国家发展改革委、民航局在北京举行可持续航空燃料应用试点启动仪式，旨在以实际行动落实党中央、国务院决策部署，统筹推进我国可持续航空燃料（SAF）发展，更好促进民航业绿色低碳发展。根据试点工作安排，2024 年 9 月，中国民航局启动了可持续航空燃料（SAF）应用试点计划，标志着中国航空业绿色转型迈出关键一步。9 月 19 日起，国航、东航、南航从北京大兴、成都双流、郑州新郑、宁波栎社机场起飞的 12 个航班正式加注可持续航空燃料。

（来源：中国航协）

十、2024年中国快递十大事件

时光匆匆，又是一年。2024年全国快递业务量再次刷新纪录，运行底盘稳固，发展质效不断提升，高质量发展扎实推进。

站在岁末回望这一年，哪些大事件令你印象深刻？近日，《快递》杂志编辑部发起的票选"2024年中国快递领域十大事件"得到了网友积极响应，综合网友的投票，并征求邮政管理部门代表和行业专家学者的意见，最终推选出2024年中国快递领域十大事件。

1. "快递下乡" 10周年

2014年，"快递下乡"工程启动实施。10年来，我国农村寄递物流体系从无到有，从初步建立到日渐完善。国家邮政局通过接续实施"快递下乡""快递进村"等工程，不断加强农村寄递物流体系建设，为畅通城乡经济循环、降低农村物流成本、巩固拓展脱贫攻坚成果、全面推进乡村振兴贡献了行业力量。10年来，"快递进村"的发展环境持续优化，基础设施体系不断完善，发展路径逐渐清晰，助农成果日益丰硕，实现了经济效益和社会效益的"双赢"。2024年，行业会同有关部门推出100个农村电商快递协同发展示范区和300个快递服务现代农业示范项目。

2. 国家邮政快递枢纽启动建设

2024年7月，国家邮政局联合工业和信息化部、自然资源部、交通运输部、商务部、海关总署、国家税务总局、国家铁路局、中国民用航空局印发了《关于国家邮政快递枢纽布局建设的指导意见》。国家邮政快递枢纽是畅通经济循环、连通全国统一大市场、引领现代物流发展的战略性先导性基础设施，对服务保障现代化经济体系建设具有重要意义。按照规划，在全国布局80个左右国家邮政快递枢纽，包括15个左右全球性国际邮政快递枢纽、20个左右区域性国际邮政快递枢纽、45个左右全国性邮政快递枢纽。每个枢纽可因地制宜布局建设1—3个国家邮政快递枢纽功能区，枢纽功能区由相应城市承载。

3. 《快递市场管理办法》修订施行

2024年3月1日，新修订的《快递市场管理办法》实施。修订后共9章57条，主要内容包括：明确促进快递发展的保障措施、建立绿色低碳发展的制度导向、优化快递市场秩序的规制方式、加强消费者使用快递服务的权益保护、体现快递安全发展的制度要求、完善快递行业治理的制度手段等。其中，"按需投递"一时成为社会热议的焦点。《快递市场管理办法》第28条的规定，不是要求必须上门投递，而是针对实践中经常出现的未经用户同意擅自将快件投递到快递驿站、智能快件箱的情况，要求快递企业增强履约意识，按照约定方式进行投递，在投箱入站前征得用户同意。对于未经用户同意擅自将快件投递到快递驿站、智能快件箱的，《快递市场管理办法》第54条规定了对快递企业的处罚措施，包括警告、通报批评、可以并处罚款等。

4. 快递反"内卷"行动

2024年8月22日，国家邮政局在上海召开规范市场秩序、提升服务质量专题会议。会议要求深入学习贯彻党的二十届三中全会和中央政治局会议精神，聚焦规范市场秩序，提升快递服务质量，着力打造良性竞争生态，进一步推动行业发展转型升级和高质量发展。会议要求，深刻把握快递业改革发展面临的主要任务，对标对表党的二十届三中全会作出的战略部署和改革举措，快递企业要强化大局意识、风险意识、责任意识，努力构建快递市场良性竞争生态。一是坚决防止"内卷式"恶性竞争。二是着力提升快递服务质量竞争力。三是持续提高创新发展能力。2024年9—12月，全国开展快递服务质量突出问题专项整治行动，重点聚焦加强快递末端服务规范管理、规范快递服务作业流程、提升快递服务客服质量、强化合规经营意识、维护服务网络稳定五个方面。

5. 快递年业务量首次突破 1700 亿件

2024年，邮政行业寄递业务量和行业业务收入分别完成1930亿件和1.7万亿元，同比分别增长19%和11%。其中，快递业务量和业务收入分别完成1745亿件和1.4万亿元，同比分别增长21%和13%，均创历史新高。年业务量首次突破1700亿件，意味着年人均快递123件。日均处理量4.8亿件，最高日处理量达到7.29亿件。根据国家邮政局预测，2025年行业仍将继续保持稳步上升态势，预计邮政行业寄递业务量完成2080亿件，业务收入完成1.8万亿元，增速分别为7%、6%左右；快递业务量、业务收入分别完成1900亿件、1.5万亿元，增速在8%左右。

6. 无人车加速融入快递网络

2024年，在供给侧，九识智能、新石器、毫末智行、白犀牛、行深智能等无人车公司推出多款无人配送车产品，部分已投入常态化运营。在需求侧，无人配送车应用于城市分拨中心—末端网点、城市网点—快递员派送端、农村网点—派送端等接驳场景，以及办公楼、校园、居民社区等订单集中场所的收派场景，提高配送效率并降低成本。快递无人车的应用在全国遍地开花。2024年7月，安徽省寄递物流无人化应用场景试点工作启动，5个试点城市分别为合肥、六安、芜湖、安庆、黄山。121条无人车路线正式启动，每天将有600多辆次无人车投入试点运行。在江苏，已投入应用的无人快递车达560辆，无人车配送线路超过200条。邮政、顺丰、"三通一达"、极兔、京东物流等快递企业加速推广使用无人车。顺丰目前在全国投入使用的无人车8辆，覆盖32个区部。中通全网无人车上路实际运行里程突破百万千米。

7. 京东淘系互相接入

淘宝支持微信支付，京东支持支付宝支付，京东物流全面接入淘天平台，菜鸟全面接入京东非自营平台等等，自2024年9月以来，以阿里巴巴、腾讯和京东为代表的互联网巨头，陆续在支付和物流环节实现互联互通。自此，中国互联网长达10余年的"圈地筑墙"式的竞争模式结束，通过"拆墙破壁"的方式，逐渐走向开放融合的竞合发展模式。对于商家和消费者而言，商家的快递物流选择更加多样化，可以根据自身的需求和商品特点选择适合的物流服务，从而降低物流成本，提高运营效率。消费者的选择得以丰富，不再受限于单一的支付方式和物流选择，能够更加自由地在不同平台之间进行购物。

8. 行业首家 A+H 上市企业诞生

2024年11月27日，顺丰控股在香港联交所正式挂牌上市，成为邮政快递业首家"A+H"上市企业。其香港IPO的招股价为34.3元港币，若未行使超配权，顺丰募集资金净额达56.62亿港元，成为年内香港第二大规模IPO。港股发行上市后，顺丰拟将全球发售募集资金的45.0%用于增强国际及跨境物流能力；35.0%用于提升及优化顺丰在中国的物流网络及服务；10.0%将用于研发先进技术及数字化解决方案，升级供应链和物流服务及落实ESG相关措施；剩下10.0%用作营运资金及一般企业用途。

9. 偏远"包邮区"拓展

2024 年，快递企业不断增强新疆、内蒙古等偏远地区的寄递服务供给，推动快递业务量快速增长，有效缩小城乡居民消费服务体验差距。2024 年"双 11"快递旺季，新疆消费者体验到包邮的购物乐趣，这一变化迅速成为微博热搜话题。不仅在新疆，在内蒙古、西藏、甘宁青等部分偏远地区，以往因地理阻隔、交通不便导致的物流成本较高而未能享受到包邮待遇的中西部消费者，在 2024 年"双 11"都正式迈入"包邮年代"。

10. 快递员权益保障备受关注

2024 年，行业持续推进快递员群体合法权益保障，推动快递企业与从业人员签订劳动合同、缴纳社会保险金，稳定末端派费核算以及职业培训等政策要求。"第一批快递员退休"话题登上热搜，快递企业对基层员工权益保障的关注更加深入。退休的快递员领着养老金，实现"老有所养"和"病有所医"，过上了有保障的退休生活。以京东物流为例，近年来，京东物流的快递员、分拣员、司机、防损员等一线岗位中，已有 1200 多名达到法定退休年龄退休的一线员工领到了养老金。

（来源：《中国邮政快递报》）

十一、2024 年跨境电商物流十大事件

2024年，跨境电商物流服务领域又发生哪些大事？海外仓建设意见出台、"易达云"港交所上市、"东方国际"提交首次 IPO 申请等。"一带一路 TOP10 影响力社会智库""中国跨境电商 50 人论坛"副秘书长单位网经社旗下跨境电商台长期跟踪出口跨境电商，以下为我们通过第三方视角对 2024 年跨境电商物流服务商十大事件进行盘点。

1. 商务部等 9 部门海外仓建设意见出台

6 月 11 日，商务部等 9 部门发布《关于拓展跨境电商出口推进海外仓建设的意见》。该意见包括积极培育跨境电商经营主体、加大金融支持力度、加强相关基础设施和物流体系建设、优化监管与服务、积极开展标准规则建设与国际合作等五方面，拓展跨境电商出口，优化海外仓布局，加快培育外贸新动能。

此次出台的意见旨在通过一系列措施，加快培育外贸新动能，促进外贸结构优化和规模稳定。根据商务部等 9 部门发布《关于拓展跨境电商出口推进海外仓建设的意见》，包括指导地方依托跨境电商综合试验区、跨境电商产业园区、优势产业集群和外贸转型升级基地等，培育"跨境电商赋能产业带"模式发展标杆。鼓励有条件的地方聚焦本地产业，建设产业带展示选品中心，与跨境电商平台开展合作，设立产业带"线上专区"。

2. 极兔国际小包业务暂停运营

2 月 27 日，据某位卖家展示的一份极兔国际的用户通知显示，因为战略规划调整，小包业务产品将在 2 月 29 日全线路暂停运营。

据了解，订单类型包含普通订单、头程订单、派送订单、转寄订单。下线产品包括极兔环球专线－标准普货 JET-HQ-BZP；极兔环球专线－标准特货 JET-HQ-BZT；极兔环球专线－标准带电 JET-HQ-BZD；极兔环球专线－标快普货 JET-HQ-BKP；极兔环球专线－标快特货 JET-HQ-BKT；极兔东南亚专线－标准普货 JET-D-BZP。

3. 嘉里物流联网收购 BBA 多数股权

3 月 5 日，嘉里物流联网宣布收购法国国际货运公司 Business By Air SAS（"BBA"）多数股权，以巩固其在欧洲、中东及非洲地区的地位，并提升其环球国际货运能力。BBA 于 1978 年成立，总部设于法国鲁瓦西，在奥利、尼斯及勒阿弗尔设有四个办事处，并于瓜地洛普皮特尔角城设有办事处。

据悉，嘉里物流是一家以亚洲为基地的国际第三方物流服务供应商，为跨国企业及国际品牌提供端对端的供应链解决方案，满足客户由采购、生产以至环球销售的需要。嘉里物流总部设于中国香港，环球网络遍及六大洲，于大中华及东盟地区拥有庞大的配送网络和物流枢纽。核心业务包括综合物流、国际货代、快递及供应链解决方案。

4. 百世云仓宣布全面出海战略

5 月 21 日，百世云仓宣布全面出海战略，聚焦于东南亚市场的新机遇，积极推动品牌走向国际

市场。百世云仓将通过整合前端商流、末端物流以及资源端，在东南亚构建一个适应国际市场的云仓网络，重视在东南亚地区的本土化运营，不仅为中国企业"走出去"提供支持，也将为东南亚本土客户提供优质的云仓服务模式。

据悉，此次百世云仓的全面出海，还将加快百世集团搭建中国、东南亚和北美间 B2B2C 和跨境业务网络的步伐，为客户提供更加优质的全球供应链服务。

5."易达云"港交所上市

5 月 28 日，二次登陆港交所的跨境电商供应链解决方案服务商"易达云"终于敲钟上市。与乐歌股份、大健云仓以电商业务上市不同，易达云是跨境电商行业第一家以海外仓主体业务成功上市的企业。

据悉，易达云的 IPO 计划将主要用于加强全球物流网络的建设，改进智能系统并优化效率，以及加强客户关系以提升市场份额。公司表示，尽管业务在很大程度上依赖第三方服务供应商，但公司正积极采取措施以降低这一依赖带来的风险。

6. 乐歌股份募资 5.5 亿元加码海外仓

6 月 18 日，乐歌股份公告，为进一步提升公司竞争力，加速公司公共海外仓业务发展，公司下属全资孙公司 Ellabell Bryan Lecangs LLC 拟与 Clayco, Inc. 签订"美国佐治亚州 Ellabell 海外仓项目"建造合同，建造总价预计 7,800 万美元（折合人民币约 5.5 亿元）。

据悉，"美国佐治亚州 Ellabell 海外仓项目"为公司向特定对象发行股票的募投项目，本次建造所需资金由公司先行投入，待公司向特定对象发行股票募集资金到位后予以置换。

7. 极兔速递携手三只羊共拓物流市场

8 月 12 日，全球综合物流服务运营商极兔速递与三只羊集团在合肥正式签署全球战略合作协议。极兔速递方面表示，此次合作标志着双方将在全球电商物流领域展开深度合作，将开创全球业务合作新模式。

根据协议，极兔速递将与三只羊集团进一步巩固和发展其在中国区的业务基础，并开拓东南亚及全球业务合作新模式。双方将在此次合作中共同开发创新物流解决方案，针对直播电商等新兴业务模式，提升从供应链到终端配送的整体效率和服务质量。

8. 跨境物流供应商"东方国际"提交首次 IPO 申请

9 月 3 日，跨境物流供应商东方国际公司（Eastern International）向美国证券交易委员会（SEC）提交了首次公开募股（IPO）申请，计划在纳斯达克上市，股票代码为 ELOG。

该公司计划以每股 4—5 美元的价格区间发行 160 万股股票。计划募资额为 640 万—800 万美元。按照提议价格的中间值计算，东方国际上市时的市值将达到 5400 万美元。

9. 菜鸟控股递四方

9 月 9 日，浙江菜鸟供应链管理有限公司收购深圳市递四方信息科技有限公司（"目标公司"）股权案进入公示期，浙江菜鸟通过增资的方式收购目标公司 5.9459% 的股权。

本次交易前，浙江菜鸟、深圳尚承、QSI 分别持有目标公司 45.0000%、30.0667%、19.7494% 的股权，目标公司由深圳尚承、QSI 和浙江菜鸟共同控制；本次交易后，浙江菜鸟持有目标公司 50.9459% 的权益，目标公司由浙江菜鸟单独控制。

本次交易后，浙江菜鸟持有目标公司（"递四方"）50.945% 的权益，目标公司由浙江菜鸟单独控制。

10. 2024 年跨境物流领域融资总金额达 2.9 亿元

据网经社旗下电商大数据库"电数宝"监测数据显示，2024 年跨境电商物流服务商融资事件数共 3 起，融资总金额超 2.9 亿元。融资方包括：托海天威、泛鼎国际、鸭嘴兽等。

以下是国内专业投融资服务平台"网经社投融资中心"为您带来的 2024 年跨境电商物流服务商的投融资监测数据：

1 月 15 日，跨境集装箱物流平台"鸭嘴兽"宣布完成数千万美元 C+ 轮融资，由老股东拙朴投资追加投资。

4 月 16 日，全球跨境物流平台"泛鼎国际"宣布完成数千万美元 B 轮融资。本轮融资由顺为资本领投，光源资本担任独家财务顾问。融资完成后，泛鼎国际将进一步加强海外仓建设和海外分销网络拓展。

5 月 11 日，跨境物流供应链服务商"拓威天海"宣布完成数千万元 B 轮融资，本轮融资由广州白云金融控股集团有限公司及旗下广州白云投资基金管理有限公司投资。本轮资金将用于打造全球供应链数字化交付平台和升级海外大件售后服务体系。

广阔的跨境电商物流市场空间吸引了大量的企业不断加入，当前，跨境电商物流市场的主要玩家还包括：递四方、纵腾集团、佳成国际、飞特物流、万色速递、万邦速达、心怡科技、九方通逊、三态速递、至美通等。

（来源：网经社）

十二、2024年冷链行业十大特征

1. 中办、国办出台有效降低全社会物流成本行动方案，冷链物流发展提升到新高度

回顾我国（冷链）物流降本增效政策历程，"十一五"期间，冷链物流起步；"十二五"期间，物流行业快速发展，推进大型物流枢纽建设，强调企业应当注重物流降本增效；"十三五"时期，全面启动全链条冷链物流体系建设，首次提出通过鼓励和引导企业创新管理、改进工艺、节能节材等降低成本；"十四五"时期，聚焦到促进物流全链条降成本以及推进结构性降成本两个方面。其中，2024年11月27日，中共中央办公厅 国务院办公厅印发《有效降低全社会物流成本行动方案》，指出要以保持制造业比重基本稳定为基本前提，以调结构、促改革为主要途径，处理好调整结构与深化改革、建强网络与畅通末梢、打造枢纽与优化布局的关系，促进全社会物流资源配置效率最优化和效益最大化，提高物流组织化程度和效率，促进物流与产业融合创新，加强协同衔接和要素保障，解决物流发展不平衡不充分问题，统筹推动物流成本实质性下降，有效降低运输成本、仓储成本、管理成本，为增强产业核心竞争力、畅通国民经济循环提供有力支撑。降本增效对冷链行业和社会经济转型升级和高质量发展有重要意义。首先，高成本是冷链物流降本增效的重要驱动力。冷链物流相对常温物流成本高出30%到40%，加上货损，高达55%到60%。因此，降低成本可以提高冷链物流竞争力和普及程度。其次，全程低温控制高效精准运作能够有效保证易腐易变质产品品质，减少损耗和污染，提升产品竞争力，需求方愿意支付冷链费用。再次，通过优化资源配置和物流环节、采用先进技术和设施设备、优化人才等措施，可有效提升管理运营水平。

点评：2023年，我国社会物流总费用与GDP的比率为14.4%，与发达国家7%左右水平相比，还有很大差距。方案提出，到2027年，争取降低至13.5%左右，需要努力的空间很大。因此，通过引入物联网、大数据、人工智能、区块链、自动化、新能源等先进技术，不断创造新技术、新材料、新设备和新工艺，不断升级科学管理模式，冷链物流企业不仅实现智能化、高效化和绿色化，提高服务质量，降低运营成本，也可以合理布局冷链资源，加强行业协同发展，提高资源利用率，有效降低全社会物流成本。

2. 多项政策聚焦食品安全和流通监管，凸显冷链民生属性

一方面，2024年多项政策聚焦食品安全和流通监管；另一方面，7月油罐车混装食品油事件掀起了"惊天巨浪"，事关民众食品链路安全，后续影响深远。冷链作为保障链路的关键板块和环节，也更加重视流通安全。产业政策方面，市场监管总局等六部门2024年3月18日联合发布《关于加强预制菜食品安全监管促进产业高质量发展的通知》，聚焦预制菜范围、标准体系建设，强化食品安全监管，促进预制菜产业（生产加工、冷藏冷冻和冷链物流等）健康发展，保障民众食品安全。2024年9月12日《国务院办公厅关于践行大食物观构建多元化食物供给体系的意见》明确提出，坚守质量安全底线，提升食品全链条质量安全保障水平，切实保障"舌尖上的安全"；提升食物加工流通（含冷链物流）产业水平。标准制修订方面，7月16日，国家卫生健康委办公厅关于印发2024年度食品安全国家标准立项计划，其中包含预制菜。市场监管总局（国家标准委）9月3日批准发布了强制性国家标准GB 44917-2024《食用植物油散装运输卫生要求》，并于2025年2月1日正式实施。市场监管方面，国家层面，2024年3月25日市场监管总局修订通过行政规范性文件《食品经营许可审查通则》；地方层面，江苏、四川、贵州等省份修订《食品安全条例》，深圳、青岛等城市也纷纷发布关于食品生产、食品流通、餐饮服务、食品抽检安全监管工作要点等政策文件。

点评：冷链物流在鲜活农产品、生鲜食品、医药产品等领域的应用，能够有效延长保质期，减少损耗，并确保运输过程中的品质和安全性，可以提高人民生活质量、做好应急储备、促进农业发展以及保障公共健康。流通安全需要从政策制定与引导、强化标准体系、增强企业责任感和完善监管制度等着手，并利用现代技术手段来提升管理水平。

3. 我国主导首个国际冷链物流标准发布，意味着国际影响力将显著提升

由中国物流与采购联合会组织中国标准化研究院、中国水利电力物资集团有限公司等单位制定的《冷链物流无接触配送要求》标准提案于 2020 年向国际标准化组织冷链物流技术委员会（ISO/TC 315）正式提出，2021 年立项通过并成立 WG2 无接触配送工作组；2024 年 11 月，《冷链物流无接触配送要求》（ISO 31511:2024）国际标准正式发布，该标准是由中国提出的在冷链物流领域发布的首个国际标准。该项标准的顺利发布，将为全球冷链物流无接触配送服务提供技术指导，有助于保障配送物品在运送过程中的卫生安全，为全球冷链物流用户、配送物品及工作人员提供更加安全的环境。标准中规定了冷链物流服务供应商通过无接触配送方式，将货物从配送中心配送到收货人过程中应满足的要求，包括对服务供应商的要求、对冷链物流无接触配送过程中涉及的设施设备、操作流程，以及异常情况处理要求等。

点评：中国主导的国际冷链物流标准的发布，标志着中国在冷链物流领域的技术实力和国际影响力得到了显著提升，对于增强中国在全球冷链物流规则制定中的话语权具有重要意义。一是中国具备了技术领导力，包括现有实践认识和未来趋势的预见性。二是中国企业将更容易进入国际市场，并可能因此获得更多的商业机会。三是有助于简化跨境交易流程，减少差异障碍，提高国际贸易便利性。四是促进国际交流，推动冷链物流行业的创新与发展。

4. 大环境压力层层传导，倒逼冷链物流企业求新求变

冷链需求方为了降本增效，寻求自身市场生存盈利空间，一是通过不断创新产品，提高市场占有率，例如，混搭产品、大单品 / 爆品；二是通过减少物流环节和降低物流成本，例如，开设电商平台、直营店；三是商贸零售类企业不断开辟新模式，簇生冷链新模式，例如，无人零售、即时零售、闪电仓。相应地，冷链物流企业应运而生冷链新模式新业态，例如，一件代发、BC 一体、统仓共配、区域物流企业联动，按流量计费仓租等。设施设备类企业，为了满足物流企业降本增效和绿色低碳等要求，不断进行技术突破和创新，进而促进技术和设备的迭代升级。

点评：一方面，冷链物流企业通过提供高品质服务、满足个性化需求、倒逼自身实现智能化和数字化转型、推动绿色低碳发展、加强供应链协同和资源整合，进而实现行业和企业个体的可持续发展，为需求方提供更加便捷、高效、安全的冷链物流服务。另一方面，冷链物流成本透明化，需求方过于压榨冷链物流服务企业，没有利润空间，就没有服务品质，企业无法可持续发展，无法有效推动冷链上下游生态圈健康有序发展。

5. 新消费迭代新需求，孕育冷链发展新链路

一是新消费激发新需求。消费者，尤其是中产阶层和年轻一代消费者愿意为高品质、有机、无添加等健康食品支付更高的价格，对全程冷链提出更高要求。年轻人喜欢便捷化网上消费，银发经济注重健康和品质，中间群体更注重高效性和性价比消费渠道。二是冷链物流转型升级孕育新链路。据中物联冷链委不完全统计数据显示，到 2024 年 9 月，新签约、启动施工及在建的大规模冷库项目超

过了 70 项，大多集中于预制菜／食品产业园、冷链物流园区、食品加工配送中心、中央厨房、冷链供应链枢纽和多温区冷库群等业态，其中预制菜（食品）产业园项目最多，占比超 1/3。三是商流新需求导致冷链迭代升级。餐饮类深耕二、三线市场，抢占四五线城市要求冷链仓配下沉；生鲜电商、直播带货、新零售等激增了 C 端消费；餐饮冷／热配送、特殊人群专用冷链产品等簇生定制化配送；"最后一公里"即时配新趋势；上下游企业抱团出海新需求。四是 AI、人工智能、数字科技等新技术叠加绿色低碳可持续发展新要求将加速驱动冷链新需求。

点评：新需求将重构冷链物流模式和业态，新兴挑战者正在悄然出现，江湖格局也在被重构。一方面，2024 年，冷库出租价格下降约 15%，运价下降约 10%；有核心竞争力或转型意识弱的部分企业只能维持正常运营，处于零利润或微利状态，继续内卷，甚至悄然退场。另一方面，大多数企业通过换帅、换赛道、调整业务架构、融资收购等，主动求变融入新发展格局。

6. 产业融合发展不断深化，行业进入生态化发展时代

冷链物流作为基础性、战略性、先导性、生产性服务产业，已深入融合到我国现代农业、食品工业、医药医疗等产业的生产、加工、贮藏运输、销售直到消费前的全流通各环节；其上下游是多层次、网链状圈层联合体，是协调合作、协作分工及协同创新的生态化集成体系。新时期，企业在竞合中前行，一方面，冷链需求方拓展物流板块提高自身供应链韧性和稳定性，另一方面，冷链物流企业向前延伸生产端向后拓展服务端提高冷链一体化服务能力。例如，2024 年 7 月 22 日，华鼎冷链科技被锅圈实业全资收购，将进一步强化锅圈食汇的供应链能力、解决最后一公里配送难题、保证县乡门店货品供应、推动锅圈食汇业务扩张和国际化战略、提升品牌影响力，将为万店锅圈进一步扩张提供"硬支撑"。快行天下在专业提供多温仓配、定制端到端流通的基础上，自建生鲜加工中心，延伸提供来料加工、备货加工、定制加工 OEM、ODM 代工等业务。

点评：冷链生态圈协同发展步入黄金期，不仅是技术进步和市场需求驱动的结果，也是政策支持和企业创新共同努力的成果。各环节各主体间横向加强竞合、纵向加深融合，通过抱团发展，协同共赢，优化升级冷链供应链体系，有效实现降本增效。未来，随着数字化、金融化、生态化、国际化和绿色化等趋势的进一步深化，冷链供应链管理将迎来更加广阔的发展空间，助力提升我国的全球经济综合竞争力。

7. 国内由增量发展进入存量发展，冷链出海在行动

国内冷链市场竞争激烈，已进入存量发展阶段，市场上超过 80% 的冷链物流企业仍在争夺有限的存量市场，利润率下降。为了寻求第二增长曲线，一方面，企业需要更加注重服务质量、成本控制和技术升级，通过差异化竞争来获取市场份额。另一方面，积极寻求海外新增量市场。冷链上游端，餐饮企业以布局原料直采基地、连锁店等形式拓展海外市场；食品生产、零售企业通过经销商及贸易商、并购当地企业，设立研发生产基地等进行海外扩张。2024 年，中游冷链物流企业通过收购、合资共建、加盟、自建、协同上游供货商等形式寻求海外新增量。例如，瑞云积极布局中国往返东南亚六国专线和内地与港澳直通车，为生鲜进出口提供泰国仓配、中国香港仓配服务，致力于打造科技领先的全球冷链物流综合服务平台；鲜生活冷链与新加坡头部物流企业正式签署了股权合作协议，将冷链供应链服务延伸至新加坡。下游端，冷库、冷藏车、配套等设施设备类企业通过海外建厂、代理经销商等实现"产品出海"和"制造出海"，不断打响"中国制造"影响力。

点评：中国冷链企业上下游生态圈抱团出海是企业在国际市场竞争中寻求更大发展空间的重要战略。通过政策支持、产业链协同、技术与标准输出、市场多元化、本地化经营、创新驱动和品牌建设等，中国企业不仅可以有更多的国际市场机遇，可以增强我国供应链的韧性与安全，还可以为全球冷

链行业发展贡献中国智慧。

8. 政策与市场双驱动，冷链新能源发展迎来加速度

据中物联冷链委不完全统计，2024 年前三季度新能源冷藏车销量爆发增长，为 9257 辆，占冷藏车总销量的 22.4%，同比增长 230.96%。其中，纯电动冷藏车位居首位，销量 6582 辆，占 15.91%，同比上升 276.76%；燃料电池冷藏车销量为 1056 辆，同比增长 142.76%；甲醇混合动力冷藏车销量为 499 辆，同比增长近 23 倍，柴油混合动力冷藏车销量为 487 辆，同比增长 68.51%；天然气冷藏车销量为 408 辆，同比增长 229.03%。其暴增的主要原因有新能源车补贴，氢能源试点，路权优势，以及充电桩等基础设施不断完善等。一是补贴方面，2024 年 7 月 31 日《交通运输部 财政部关于实施老旧营运货车报废更新的通知》明确，对仅新购新能源城市冷链配送货车补贴标准为 3.5 万元／辆。二是首批国家碳达峰试点区域名单显示，15 个省共 35 个试点，其中超七成已出台试点实施方案，提出氢能领域目标和任务，将布局加氢基础设施，加强加氢站点建设等内容成为氢能在交通领域发展的前置条件。三是路权新规方面，2024 年 10 月 31 日，北京市交通委、市公安局交管局、市商务局、市生态环境局联合印发《关于本市五环路内新能源物流配送车辆优先通行的通告》，对保障五环路内昼运必要物资运输、符合相关要求的本市新能源货车，发放新能源货车昼运通行证（以下简称"通行证"），在全市未设置货车昼夜禁行标志的道路，在除早晚高峰（7—9 时、16—19 时）以外的时段给予通行便利。四是，基础设施方面，2024 年一号文件提出推进农村电网巩固提升工程。推动农村分布式新能源发展，加强重点村镇新能源汽车充换电设施规划建设。国家能源局发布《关于组织开展"充电基础设施建设应用示范县和示范乡镇"申报工作的通知》提出，力争到 2025 年底，示范县乡因地制宜建成布局合理、快慢结合、适度超前的充电网络体系，推动实现充电站"县县全覆盖"、充电桩"乡乡全覆盖"的基本要求。

点评：新能源冷藏车在冷链物流领域的逆势突围，不仅符合国家绿色发展的战略方向，也满足了市场对高效、环保运输方式的需求。随着技术进步、基础设施完善、政策支持市场需求，新能源冷藏车有望在未来几年内实现更快速的发展，成为冷链物流行业的重要增长点。然而，要实现这一目标，还需克服续航里程、初期投入和市场认知等方面的挑战。

9. ESG 正成为企业发展"新名片"，可持续发展任重而道远

在冷链物流领域，ESG 不仅是一种社会责任，而且已成为部分客户遴选合作供应商的必要条件。相较于全球 TOP10 企业中 90% 已进行 ESG 实践，例如，全球知名冷链巨头美冷（Americold）在仓库接收和配送食品时，会收集、记录和验证产品温度，其 2023 年 ESG 报告中披露，美冷在全球 199 个项目中使用了基于氨的制冷剂系统。Lineage2023 年 ESG 报告中指出，"大约有 90% 是使用氨制冷剂，其全球变暖潜能值（GWP）为 0。中国冷链行业的 ESG 体系实践，真正的实践也是局限于部分头部企业的部分环节。2024 年 4 月 22 日，万纬物流发布首份《环境、社会及管治报告》确立六大可持续发展方向：链接信任、绿色、共赢、责任、人才和社会，在节能减排、绿色运营、技术创新、社会责任等方面取得了显著成就。5 月 31 日，荣庆物流发布了首份 ESG 报告，公布关键绩效表，为实现"双碳"目标，制定 2030 年温室气体减排计划。10 月 21 日，开利发布《2024 年可持续发展与影响力报告》，承诺 2030 年，开利产品帮助客户减少超过 10 亿吨温室气体排放，实现碳中和运营，能源强度降低 10%；2050 年实现整个价值链的温室气体净零排放。此外，中物联冷链委 ESG 工作组正式成立，并发布《中国冷链物流企业推进 ESG 工作管理倡议书》，将为冷链物流行业的 ESG 发展注入新的动力。

点评：国内冷链企业 ESG 实践困难重重。第一，政府、社会、企业运行层面等都应以开放的发

展的视角去看待 ESG 实践。例如，氨成为诸多事故"背锅侠"，殊不知在国际和国内专家学者都认为"氨亦可安"。第二，行业日益内卷，上游需求方卷价格、卷原材料及人工成本，首先会波及冷链领域。愿意支付冷链物流费用是一压再压。第三，ESG 评价体系实践，自上而下重视度不够。多是大企业尤其是上市公司，对外信息披露时的内容，而中小企业还没有自觉自发去认真践行。第四，冷链 ESG 实践需要头部企业带动，上下游各类型企业深入参与其中，共同探索冷链 ESG 实践新未来。

10. 产教融合和科教汇融双驱动，推动人才培养创新发展

过去 20 年，冷链物流从出道到出圈，随着产地预冷，原材料保鲜，预制菜产业，食品加工，生鲜电商、社区团购、直播带货、即时零售等渠道的不断升级，生产性冷链服务市场需求急速增长，不断簇生冷链物流新场景新业态新模式新赛道。与此同时，冷链人才缺口极大，无法有效匹配行业急速发展新需求，亟需从产教融合和科教汇融两方面着手，加强冷链物流从产地端到销地端的科学研究、学科教育及产业适配三方协同发展，做好冷链采购与供应链管理、冷链运营、冷库管理、冷链运输、质量控制、物流信息管理及流程优化等全方位人才培养。此外，借鉴其他行业产学研方面优秀经验和模式强化人才培养和职业提升，例如，"校—协—园—企"联合共建现代人才培养中心、"岗—课—赛—证"融通培养高素质技能人才等形式。

点评：人才是推动冷链行业发展的第一动力，产教融合和科教汇融是培养高素质人才的重要途径。通过不断创新科研成果转化、产学研合作、校企合作、实践教学、定制课程、国内外联合培养等模式，可以有效解决人才短缺问题，尤其是具备冷链物流技术和管理能力的复合型人才，提升行业人力资源水平。

（来源：中物联冷链委）

十三、2024 年智慧物流行业十大事件

2024 年，智慧物流行业经历了诸多重大事件，这些事件不仅推动了行业的快速发展，也为未来的物流格局奠定了坚实基础。

1. 智慧物流平台崛起

2024 年，智慧物流平台成为行业内的一股强大力量。这些平台通过整合上下游资源，提供了从订单管理、仓储配送到数据分析的一站式服务，有效提升了物流效率和服务质量。此外，智慧物流平台还通过算法优化运输路线，降低了能耗和排放，为物流行业的绿色发展做出了贡献。

2. 物流科技和自动化驱动行业变革

物流科技和自动化的应用继续推动行业变革。生成式 AI、大数据和自动化技术被广泛应用于需求预测、运输调度和仓储管理中。新加坡邮政和 DHL 等公司引入生成式 AI 以优化需求预测和供应链效率，而新加坡港口则采用智能技术优化运营，进一步巩固其作为全球物流枢纽的地位。

3. 绿色物流成为行业发展趋势

随着环保意识的提升，2024 年物流行业向绿色转型迈出了坚实步伐。多家物流企业推出环保措施，如使用电动配送车、优化包装材料、推广绿色仓储等。FedEx 计划到 2030 年部署 50000 辆电动配送车，亚马逊也宣布大规模投资电动配送车，计划到 2030 年将其车队中的所有配送车辆都转为电动。这些举措不仅响应了环保政策，也满足了消费者对环保物流的需求。

4. 智慧物流助力跨境电商发展

跨境物流成为物流企业的重要布局方向。京东、顺丰等头部物流公司纷纷推出跨境物流服务，通过优化物流网络、提升服务质量等方式，满足跨境电商的物流需求。同时，智慧物流技术的应用也提升了跨境电商的物流效率和服务质量。

5. 航运联盟重组优化航线

航运联盟的重组成为行业关注的焦点。由马士基和地中海航运公司组成的 2M 联盟于 2025 年 2 月终止合作，马士基将与赫伯罗特组成新的联盟"双子星合作"，而原 THE 联盟的成员则组建新的"卓越联盟"。这些重组有助于优化航线、提高航运效率，为全球贸易提供更加高效的物流解决方案。

6. 铁路物流中心挂牌成立

铁路持续深化货运改革创新，全国 40 个铁路物流中心挂牌成立。这些物流中心通过国际联运、高铁快运、多联快车、铁海快线等铁路物流品牌，提升了物流效率和市场竞争力。同时，铁路网络货运物流平台的上线运行也为物流行业带来了更多便利。

7. 中国牵头制定冷链物流国际标准

国际标准化组织创新物流技术委员会 (ISO/TC344) 成立大会在青岛召开，秘书处设在中国物流与采购联合会。中国牵头制定了首个冷链物流国际标准《冷链物流无接触配送要求》(ISO 31511:2024)。这一标准的发布将增强中国在国际冷链物流领域的话语权和影响力，促进国际贸易的发展。

8. 物流企业加速布局"最后一公里"

随着电商市场的不断增长，"最后一公里"物流需求不断增加。高盛投资约 2 亿美元收购澳大利亚"最后一公里"物流物业，响应电商增长的需求。国内物流企业也通过优化配送网络、提升服务质量等方式，加强"最后一公里"物流的布局。

9. 物流行业并购与重组加速

2024 年物流行业并购与重组加速，突显了行业整合趋势。FedEx 将其货运部门分拆成立新的上市公司，丹麦物流公司 DSV 收购了德铁的物流部门 SCHENKER，UPS 收购了墨西哥物流公司 Estafeta Mexicana 等。这些并购与重组有助于拓展市场份额、增强技术能力、提升全球运营效率。

10. 国家政策推动物流行业发展

国家出台了一系列政策推动物流行业的发展。党的二十届三中全会提出降低全社会物流成本；中共中央办公厅 国务院办公厅印发《有效降低全社会物流成本行动方案》。此外，中央还首次召开社会工作会议，要求突出抓好新经济组织、新社会组织、新就业群体党建工作，加强物流领域新就业群体的党建和权益保障。

（来源：智慧城市网）

十四、2024 年上海航运中心工作亮点

全球港口与机场卓越表现

上海港成功跻身全球首个 5000 万级集装箱港口，进一步巩固了上海国际航运中心的世界排名，连续多年稳居前三甲。在 2024 年 12 月 22 日，其集装箱吞吐量成功突破 5000 万标准箱，全年累计达到 5150.6 万标准箱，连续 15 年稳居全球首位。此外，8 月 7 日罗泾集装箱港区一期的顺利开港，进一步夯实了上海港作为枢纽港的地位。

继浦东机场 T3 航站楼开工建设后，该机场又迎来了新的发展阶段。近日，浦东机场四期扩建航站区主体工程已正式启动，其中 T3 航站楼作为此次扩建的重中之重，其设计容量高达 5000 万人次。预计未来，浦东机场将形成三座航站楼、一座单体卫星厅以及四条跑道的宏伟格局，航站楼总面积也将超过 170 万平方米，进一步巩固上海作为国际航空枢纽的地位。

国产邮轮的首航与绿色甲醇的发展

2024 年 1 月 1 日，国产首艘大型邮轮"爱达·魔都号"于上海盛大启航，标志其正式开启商业运营之旅。历经长达八年的科研探索与五年精心设计建造，"爱达·魔都号"在完成一系列试航验证后，终于得以投身于市场，并以其卓越的服务与设施，吸引了超过 30 万名旅客前来体验。

2024 年 4 月 10 日，中国自主研发的世界最大绿色甲醇加注船"海港致远号"，成功为停靠在上海港的"阿斯特丽德马士基"轮进行了首次"船 - 船"同步加注作业。这一里程碑事件不仅彰显了上海在绿色能源领域的领先地位，更标志着该港成为全国首个同时提供液化天然气（LNG）和绿色甲醇加注服务的港口。

国际合作与数智化平台

2024 年 10 月 22 日，在 2024 北外滩国际航运论坛上，上海港与汉堡港携手宣布将共同打造一条绿色航运走廊。这一举措旨在汇聚多方力量，包括与技术装备商、能源供应商、货主方、码头以及航运公司的深度合作，以加速海运业的低碳转型。

集运 MaaS 平台已正式推出，同时，上海机场大脑也首次亮相，标志着航运领域在数智化转型升级方面取得了新的进展。国际集装箱运输服务平台（集运 MaaS）系统在这一天正式上线，标志着航运界迈向数智化转型的重要一步，该平台以港口服务为核心，打造了一个统一且高效的公共服务平台。

海事仲裁与航运金融服务创新

2024 年，上海在涉外海事临时仲裁领域迈出了历史性的一步。该市率先建立起了一套完善的临时仲裁制度规则体系，涵盖了人大地方性法规、政府部门规范性文件、人民法院司法政策文件等多个层面，为境内外经营主体提供了坚实的制度保障和明确的规则指引。

2024 年 4 月 29 日，集运指数（欧线）期货的首个合约 EC2404 成功完成交割，这标志着上海航运金融服务的水平又迈上了一个新的台阶。同年，该期货共进行了五次现金交割，全年累计成交量高达 2111.57 万手，累计成交额更是达到了 2.82 万亿元。

航运政策支持与国际合作

秘鲁钱凯港至上海港航线迎来首船进港，实现两港海运航次的首次双向贯通，具有里程碑意义。2024 年 11 月 14 日，秘鲁钱凯港隆重开港。仅仅一个月后，中远海运的"新上海"轮便从钱凯港启

航，经过 23 天的艰苦航行，成功抵达上海洋山港。

《上海市推进国际航运中心建设条例》，为全球领先的国际航运中心建设提供坚实的法治支撑。2024 年 12 月 31 日，经上海市第十六届人民代表大会常务委员会第十八次会议修订并获通过，自 2025 年 2 月 1 日起正式实施。

（来源：互联网）

十五、2024年上海交通十件大事

1. 市域机场线开行

虹桥和浦东两大机场可实现40分钟内通达。

市域机场线于2024年12月27日先行段开通运营。市域机场线是首批确定的全国11条市域示范线路之一，也是上海首条自建的市域线。

项目于2019年6月开工建设，全长68.6公里，沿线设车站9座，最高运行时速160公里。随着虹桥2号航站楼站—浦东1号2号航站楼站的开通运营，实现了两大机场间40分钟快速通达，显著提升了浦东、虹桥两大枢纽门户的服务能力，提高上海城市公共交通服务水平和运行效率，为长三角地区更高质量一体化发展揭开新的篇章。

2. 沪苏湖高铁正式开通运营

"轨道上的长三角"再添新动脉。

2024年12月26日，沪苏湖高铁开通运行，"轨道上的长三角"再添新动脉。沪苏湖高铁是长三角高铁联网补网、强链的重点项目，于2020年6月开工建设，由上海虹桥站引出，途经江苏省苏州市，至浙江省湖州市湖州站，线路全长约164千米，设计时速350千米／小时，设8座车站。

项目的建成运营进一步优化上海铁路枢纽布局，有效疏解沪宁、沪杭铁路通道运输压力，对于促进沿线经济社会发展和长三角一体化高质量发展等具有重要意义。

3. 上海南站提档升级

上海松江站开通运营。

上海南站于2024年7月1日启动提档升级改造工程。12月，上海南站提档升级改造工程通过静态验收，整体工程接近尾声。2025年全国铁路"1·5"调图后，上海南站迈入"高铁时代"。

2024年12月26日，上海松江站正式开通运营。它是沪苏湖高铁沿线体量最大、最具代表性的车站，也是仅次于上海虹桥、上海东站的上海第三大枢纽车站。

4. 北横通道东段试通车

40分钟穿越全市6个区。

2024年8月2日晚22时，北横通道东段主线试通车，这意味着北上海的东西向交通大动脉北横通道主线实现整体贯通，对完善城市交通路网、缓解道路交通压力、提升城市发展能级等都有重要意义。对于更多住在杨浦、虹口、静安区的市民来说，北横通道东段主线通车后，无论是日常通勤还是往来虹桥枢纽，乃至跨江到浦东，都多了一条快速出行的新路径。

5. 全球首个5000万级集装箱港口诞生

上海港年集装箱吞吐量再创世界纪录。

2024年12月22日上午，在上海港洋山四期自动化码头现场，经由桥吊远程操作，一只身披红衣的集装箱从AGV（全自动无人导引车）上被稳稳抓起，精准吊装搬运到远洋班轮的甲板上。至此，

2024 年上海港第 5000 万标准箱（TEU）装卸成功完成，创下全球港口集装箱运输史上最高纪录。2024 年 1-12 月，上海港集装箱吞吐量 5150.6 万标箱，较去年同期增长 4.8%，连续第 15 年位居全球首位。

6. 银都路越江隧道新建工程建成通车

促进黄浦江两岸一体化发展。

2024 年 12 月 27 日，银都路越江隧道新建工程建成通车。项目于 2019 年 12 月开工，西起徐汇区景东路银都路交叉口，东至闵行区浦锦路芦恒路交叉口，线路全长约 3.8 千米。工程采用"双层隧道"的总体方案，上、下层隧道均为双向 4 车道规模，按照城市主干道标准设计。项目建成通车，有利于完善市域骨干路网，分流 S20 公路外环越江交通流量，提高区域交通保障能力，促进黄浦江两岸一体化发展。

7. 超额完成市政府实事项目

2024 年，上海市为民办实事项目——农村公路提档升级改造项目已全部竣工。经市区协同、全力推进，全市农村公路提档升级改造项目竣工里程达 301 千米，涵盖 9 个行政区，247 条道路，超出既定目标。

更新投运 400 辆无障碍低地板新能源公交车，打造 60 条敬老爱老服务公交线路，提升和改善老年群体出行感受度。

围绕公园、医院、社区等老年乘客出行需求比较集中的区域，通过消除站台和道路高差、增加警示标识、完善候车环境和站台设施等方式，完成了 168 个公交站台适老化改造，进一步提升公交站台适老化服务水平。

创建停车资源优化项目 34 个，开工新建公共停车位 5877 个，新增错峰共享停车位 2608 个，建成示范性智慧公共停车场（库）项目 22 个，进一步有效缓解了特定区域、特定时段停车难题。

8. 上海市低空协同管理示范区在金山揭牌

让低空经济更快"飞"起来。

2024 年 3 月 29 日，在民航华东局、市交通委、市经信委、市公安局等各级职能部门的支持下，"上海市低空协同管理示范区"在金山揭牌，在华东无人机基地率先启动上海市低空协同管理示范工作。

此次，上海市交通委率先在金山区开展低空协同管理示范，全面贯彻落实国务院、中央军委发布的《民用无人驾驶航空管理条例》要求，探索在新机制、新机遇下，保障上海低空安全高效运行，更好服务各类运行主体，促进上海低空产业经济蓬勃发展，形成上海特色。

9. 上海、台州两地实现交通部二维码互通

2024 年，久事集团旗下上海公共交通卡股份有限公司在沪甬两地、沪嘉两地实现交通部二维码互联互通的基础上，进一步助力长三角区域交通一体化建设，与台州市区公交实现交通互联互通。这意味着上海和台州两地市民，无需下载对方城市的 App，也无需申领对方的乘车码，凭本地发行的乘车码即可实现公交一码通行，出行更加方便。

10. 上海首个绿色低碳

高速公路服务区建成使用。

2024 年，上海首个绿色低碳高速公路服务区——朱桥服务区建成使用。朱桥服务区光伏发电功

能项目建设容量 243 千瓦 / 时，采用光伏建筑一体化（BIPV）形式安装于朱桥服务区综合楼及司机之家建筑屋顶，通过光伏改造将闲置的屋顶资源充分盘活，成为绿色能源发电站。光伏组件安装面积约 1170 平方米，占屋顶面积的 85%。日均发电量约为 500 度，预计年均发电量 20 万度。

（来源：《建筑施工》）

十六、2024 年物流和仓储的七大趋势：人工智能如何改变仓储物流

随着 2024 年的到来，仓储和物流领域的企业将迎来新的发展前景。2024 年是一个分水岭，技术进步将满足仓储业务的实际需求。人工智能（AI）在这一演变过程中发挥着根本性的作用，它不仅是创新者，也是实现更高效、更智能的仓储流程管理的基本支柱。

我们正站在一个时代的风口浪尖上，人工智能（AI）将不仅仅是一个附加功能，而是优化仓库运营的关键角色。智能自动化和预测分析正在彻底改变我们管理库存、处理订单和保持仓库效率的方式。

2024 年象征着从传统的、通常是人工密集型的流程过渡到一个动态的、自适应的环境，在这个环境中，决策和行动由数据驱动，并由先进的人工智能算法实现。

在仓储物流流程中部署人工智能时，创新与务实并行不悖。人工智能正在改变仓库的日常运作，这些变化将带来更顺畅、更快速和更高效的流程。与此同时，它们还为仓库运营开辟了新的可能性，提高了为客户提供服务的整体质量。现在正是仓库和配送中心运营商准备迎接这些变化并利用其潜力最大限度地提高仓库绩效和竞争力的时候。

趋势一：

预测性仓库维护利用人工智能在故障发生前进行预测预测性维护一词主要出现在制造业环境中，它有助于防止意外停机和停产。通过分析生产设备发出的噪音，可以诊断机器是否需要维护以及何时需要维护，并安排维护时间，避免生产中断。

随着自动化和机器人化程度的不断提高，预测性维护对于仓库也变得越来越重要，尤其是对于需求满足中心。人工智能（AI）和机器学习解决方案正被用于分析历史数据和识别可能预示着自动化物料处理和运输设备近期故障的模式。此类分析不仅可能预示着潜在的故障，而且还能识别基于磨损增加的生产率降低或下降。这意味着，仓储设施中的预测性维护还可以防止技术性能下降。它是如何工作的？历史数据分析：预测性人工智能解决方案收集并分析大量有关装运和处理设备（包括叉车、传送带、分拣机器人和其他设备）性能和状况的数据。机器学习用于识别可预防设备故障的模式和线索。这些可能包括但不限于异常振动、温度变化、磨损增加以及其他指标。早期通知和维护建议：预测性维护解决方案可根据分析数据生成警报和建议，有效防止设备故障或严重损坏。有哪些实际好处？减少停机时间：预测性维护可在问题导致分拣或其他仓库流程停机之前发现并解决，从而提高物料处理和运输设备的整体可用性和性能。延长仓库设备的使用寿命。提高效率和安全性：高效可靠的设备有助于提高仓库的生产率，营造安全的工作环境。优化维护成本：人工智能可实现更准确的维护计划，优化设备维护所需的成本和资源。在仓库技术中使用人工智能进行预测性维护，是仓库运营自动化的重要一步。对于仓库管理者和操作员来说，这意味着可以更好地控制装运和搬运设备的状况，降低突发故障的风险，优化整体维护。

趋势二：

智能仓库空间优化采用人工智能（AI）驱动的仓库布局优化工具数字化和自动化有助于高效利用仓库空间。人工智能解决方案也可用于分析和动态调整仓库空间的使用。仓库空间管理工具旨在优化仓库布局、通道间距以及物料搬运和订单的轨迹。通过这种方式，可以最大限度地提高空间利用效率，缩短订单分拣时间。

它是如何工作的？空间分析和优化：人工智能工具分析当前的仓库空间利用率，并确定改进机会，包括调整仓库和库存布局、货架摆放和通道优化。动态仓库布局调整：根据收集到的数据，这些工具会调整仓库布局，以确保更高效的移动和库存可用性。空间规划自动化：使用先进的算法自动规划和调整仓库布局，以满足当前的需求和计划。有哪些好处？最大限度地提高空间利用率：智能空间规划可提高存储容量，简化可用仓库空间的整体利用率。缩短订单分拣流程：优化过道和仓库布局可加快订单分拣速度，减少材料处理时间。灵活性和适应性。提高生产率：优化仓库空间可提高员工工作效率，提高整体生产率。使用智能仓库空间优化工具有助于提高仓库的效率和生产力。这些工具可以更好地利用可用空间，降低运营成本，同时提高订单拣选的速度和准确性，这对于在动荡的物流行业中保持竞争力非常重要。

趋势三：

用于个性化订单处理的先进机器人技术使用能够执行复杂任务的机器人，如根据个人订单规格对货物或材料进行定制包装和分拣先进的机器人技术正在彻底改变仓储物流。先进的机器人技术旨在处理特定和复杂的任务，标志着传统的通用自动化系统的重大转变。

它是如何工作的？定制任务：机器人配备人工智能（AI）算法，能够灵活应对不同类型的任务，如根据每个订单的个性化要求对产品进行包装、贴标签和分类。先进的视觉系统：这些机器人通常还使用先进的视觉系统，能够识别和操作不同类型和大小的物品。人工智能和机器学习：通过与人工智能和机器学习相结合，机器人可以根据以往的经验不断学习并改进其性能，从而提高其准确性和生产率。

有哪些实际好处？提高效率：机器人能够更快、更准确地执行包装和分拣等相关任务，从而提高整个订单分拣和装运流程的效率。灵活处理不同类型的订单。减少错误，提高客户满意度：准确、快速的订单处理可减少错误，从而提高整体客户满意度。可持续性和空间优化：机器人仓储流程通常能优化仓库空间的使用，还能减少包装废弃物。仓储和配送中心的先进机器人技术对优化仓储流程大有裨益。对于企业来说，这主要意味着可以更高效、更准确地进行订单分拣，同时具有更大的灵活性，并能更好地适应需求变化和分拣货物的范围。

趋势四：

补货自动化系统根据预测分析和需求最旺盛的产品自动触发补货订单自动化 WMS 系统使用先进的预测分析工具，无需人工干预，即可为顺利运营提供必要的库存水平。它们能自动评估库存水平，并根据近期周转预测生成订单，从而最大限度地降低库存过多和缺乏需求产品的风险。

它是如何工作的？预测性库存需求分析：系统利用历史数据和机器学习算法预测预期需求趋势，并根据这些结果调整库存优化。根据分析预测结果，系统会自动触发补货订单，以保证最紧缺产品的供应。个性化调整：系统可根据仓库或业务的具体需求进行配置和调整，如库存最小值和最大值、交货时间和季节性波动。有哪些实际好处？优化库存：WMS 系统可确保仓库在任何时候都有适当的库存水平，从而最大限度地减少停机时间，保持业务平稳运行。降低存储成本：自动补货可降低与多余存储、浪费和处理相关的成本。提高客户满意度：保持产品的持续供应可提高客户满意度并改善服务。

减少人工干预：库存订购流程自动化减轻了工人的日常工作，使他们能够专注于附加值更高的活动。实施具有补货功能的自动化 WMS 系统是提高仓库管理和分拣效率与准确性的另一个方面。这些系统可使仓库和操作自动化并优化补货流程，从而降低运营成本、最大限度地减少错误、提高整体仓库生产率并改善客户满意度。

趋势五：

可持续的仓库实践以低能耗和减少碳足迹的方式运营仓库减少商业活动对环境的负面影响正在成为一个全球目标。通过使用太阳能、电动叉车和可持续包装等环保措施，可以实现对绿色物流和碳中和的重视。

优化库存布局以降低能耗也是可持续仓库运营的一部分。

如何实现？仓库太阳能：仓库屋顶上的太阳能电池板是可再生能源组合的一部分，使运营商能够减少对化石燃料的依赖和碳排放。电动叉车：用电动叉车取代传统的化石燃料叉车，排放更少，更节能，有助于改善工作环境。可持续包装：使用可回收或可生物降解的材料包装货物和订单，从而减少浪费并促进可持续流程。

有哪些实际好处？减少对环境的影响：通过减少排放和更好地利用企业资源，可持续实践有助于减少仓库运营对环境的整体影响。降低运营成本：从长远来看，绿色措施可以降低运营成本，例如通过减少能源、材料和废物。加强品牌和社会责任：通过实施可持续发展措施，企业可以加强其作为负责任和具有环保意识的企业的声誉，这对消费者和业务合作伙伴来说是一个越来越重要的指标。适应监管要求：随着对环境可持续发展和监管的日益重视，可持续发展实践有助于企业始终符合立法要求和标准。将可持续发展实践纳入仓储流程可带来环境效益以及长期的经济和社会效益。对于仓库运营商来说，这意味着他们有机会实现流程现代化，并在不对仓库生产率和预算产生负面影响的情况下，为积极的环境变化做出贡献。

趋势六：

超级自动化仓库在整个仓库部署集成人工智能（AI）系统仓库管理、库存和订单方面的超自动化意味着在仓库物流和调度的各个方面部署人工智能工具和系统。这样就能全面管理和优化从收货、库存控制到订单发送的仓库流程。

如何实现？在各种系统中集成人工智能：人工智能工具被集成到各种仓库系统中，从 WMS 控制系统、自动车辆到其他运输、处理和包装技术。通过这种集成，可以在不同平台和仓库流程的不同部分共享和分析数据。流程优化：人工智能有助于优化库存控制、订单调度和装运计划等流程并使之自动化，从而提高单个流程的效率，减少出错、停工或完全停工的可能性。顺畅决策：与传统技术和流程相比，使用人工智能工具进行集中数据分析可使各级决策更准确、更流畅，从而使运营更顺畅，生产率更高。

有哪些实际好处？提高生产率：人工智能工具减少了人工流程所花费的时间，提高了仓库运营的整体生产率。更好的库存管理：准确高效的库存管理可减少多余库存，提高库存周转率。改进计划和预测：人工智能能够更好地预测需求和优化周转计划，从而提高业务资源的利用率并降低运营成本。消除错误：流程自动化降低了人为错误的风险，提供更准确、更可靠的仓库性能。集成了人工智能工具的超自动化仓库正逐渐成为仓储物流不可或缺的一部分。这项技术为企业提供了更高效地管理仓库运营、提高生产率、改善准确性和降低运营成本的工具。对于管理者来说，这意味着一个从管理日常例行流程转向战略决策和创新的机会。

趋势七:

用于客户查询预测的高级数据分析利用先进的数据分析和机器学习,准确预测客户对不同时期商品的需求利用先进的分析工具和机器学习算法,更好地了解和预测未来的客户需求。这种方法尤其有助于仓库管理部门优化各类产品的库存水平,最大限度地降低库存过多或过少的风险,并更有效地管理仓库资源。

它是如何工作的?大数据分析:先进的数据分析工具可收集和处理来自各种来源的大量信息,包括销售数据、市场趋势、季节性和消费者行为。机器学习和预测分析:机器学习算法分析这些数据,找出预测未来需求的模式和趋势。随着时间的推移,这些工具会根据新的数据和结果来学习和改进其预测。动态供应调整:根据分析和需求预测,仓库管理人员可以动态调整库存水平,避免库存过多或短缺。

有哪些实际好处?优化库存:更准确的预测可提高库存管理效率,降低与库存过剩相关的成本,并将缺货风险降至最低。改进规划和效率:更好地了解需求,可以更有效地规划和使用资源,从而降低总体成本,提高客户满意度。更快地应对市场或消费者行为的变化:通过数据分析,可以更快地识别和应对消费者行为和市场趋势的变化。减少错误和风险:自动化分析流程可减少人为错误,使决策更加准确可靠。客户需求分析和预测中的高级数据分析和机器学习有助于优化仓库流程。对于仓库管理人员来说,这意味着能够更高效地管理库存,更好地应对不断变化的市场条件,并提高运营利润率。

(来源:大连市仓储与配送协会)

十七、2024年物流业五大趋势展望

目前，我国物流业已由高速增长转向高质量发展新阶段。物流业面临需求不足、预期减弱和灾害冲击等挑战的同时，也将迎来 AI 大模型、数字化、跨境市场等新机遇。2024 年，我国物流业发展的前景与方向如何？同济大学中国交通研究院分析出物流业发展五大趋势，希望能为行业提供参考。

公路货运存在很多适合大模型落地的业务场景，这给 AI（人工智能）在物流领域应用带来了新契机。

1. 物流细分新兴领域发展潜力巨大

物流业高质量发展是适应现代产业体系对多元化专业化现代物流服务需求的必由之路。在大数据、云计算、人工智能等技术加持下，以服务与解决方案为核心的"物流即服务"（LaaS）业务将带动物流业与制造业、商贸业深化融合，形成具有产业特色的物流产业盈利模式。冷链物流、即时物流、数字货运、跨境电商、低空物流等细分新兴领域将随着与产业的深度融合迎来快速发展。

2. ESG 体系成为物流新标配

在政策和市场的双向驱动下，物流行业绿色低碳转型进展迅速。近年来，中外运、顺丰、京东等物流企业从社会责任和企业可持续发展需求出发，主动引领行业绿色创新，取得了突出成效。未来，物流企业将从 ESG（环境、社会、治理）建设出发，进一步深化探索 ESG 的具体实践，开展绿色基础设施投资建设、绿色运营、绿色技术研发和产品创新等多重实践，主动参与完善 ESG 评估标准体系建设。政府、行业和社会将从 ESG 治理切入，持续建立完善 ESG 监管、评级、投融资等多重保障体系，为物流行业绿色低碳发展提供源源不断的动力。

3. 物流韧性提升迫在眉睫

在疫情、自然灾害、地区冲突等高频高损冲击成为"新常态"的背景下，提升物流供应链韧性逐渐成为国际共识。美国、日本等发达国家积极打造韧性交通体系，我国《"十四五"现代物流发展规划》提出要"提升现代物流安全应急能力""强化现代供应链安全韧性"。随着我国经济加快融入全球市场、"走出去"步伐进一步提速，物流业保供稳链的作用将更加突出。越来越多的企业认识到供应链韧性的重要性，为此正持续加强供应链安全风险监测、预警、防控、应对等能力建设，发展应急物流，为维护全球产业链供应链韧性与稳定贡献中国智慧和力量。

4. 数据成为新质生产力关键要素

当前，以 AI 大模型引领的新一轮技术变革为物流业发展带来了全新机遇。科技型企业纷纷进军物流大模型领域，通过与大数据、物联网等前沿技术及物流供应链理论的融合应用，实现更精准的需求预测、切实提升供应链的运作效率和可追溯性，推动新质生产力加速赋能物流增值。随着 AI 大模型技术的不断发展和《关于构建数据基础制度更好发挥数据要素作用的意见》《"数据要素×"三年行动计划（2024—2026 年）》等政策举措的相继出台，数据要素的作用和价值更加凸显，将有效赋能供应链数字化平台、智慧仓储、智慧园区、智能驾驶等新型运作方式蓬勃发展，提升物流要素质量和资源配置效率，加快物流业数智化转型和物流新质生产力形成。

5. 综合服务能力成为出海企业核心竞争力

共建"一带一路"倡议提出已进入第 11 个年头，我国物流企业深度嵌入国际物流产业体系，为基础物流工程建设、优化寄递服务品质、促进跨境贸易发展作出了积极贡献。站在新起点，"一带一路"产能合作发展动力持续保持强劲，助力全球价值链重构、提升产业链供应链稳定性的使命更加突出，物流"跨境出海"将迈向全链路业务整合和全球化多点布局发展新阶段。推动沿线优质物流资产投资、实现国际供应链服务延伸、搭建地面业务团队将成为物流"出海"发展重点。物流企业通过快速建立全球化物流服务能力，将有效畅通供应链、服务产业链、融入价值链。

（来源：同济大学中国交通研究院 ）

十八、2024 年物流科技领域的新名词

无人配送： 2024 年，无人配送技术在快递行业中取得了显著进展。行业应用了近千辆无人车和超过 300 架无人机，实现了近 300 万件快件的无人机配送。无人车和无人机在末端配送中发挥了重要作用，极大地缓解了配送痛点。

低空经济： 作为一种新型的综合性经济形态，低空经济以低空飞行活动为核心，带动了低空基础设施、飞行器制造、运营服务和飞行保障等发展。2020 年，湖南成为全国第一个全域低空空域管理改革试点省份，2024 年 12 月 31 日，湖南省低空经济发展集团有限公司在长沙正式揭牌成立。

具身智能： 这是一种基于物理实体进行感知和行动的智能系统，通过智能体与环境的交互来获取信息、理解问题、做出决策并执行行动。

生成式 AI： 生成式 AI 和大模型在 2024 年成为热门技术，加速了 AI 应用的落地，推动了物流系统的智能化。未来，物流系统可能具备自主思考和决策的能力，极大地提高效率。

数字化： 数字化是供应链物流的一大趋势，物流管理系统需要植入商业交易逻辑，以支持敏捷的订单响应。数字化应用架构的趋势是中台化，通过抽象共性业务功能形成独立的中台，提高系统灵活性和降低维护成本。

（来源：百度 AI）

编　辑　说　明

《上海物流年鉴2025》付样出版了，这已经是第14本行业年鉴。

本年鉴选摘稿件信息主要来源于：国家统计局、国家发展改革委、国家邮政局、交通运输部、商务委、中国（上海市）发展改革委、市经信委、市商务委、中物联、工信部、市统计局、市交通委、市城市交通运输管理处、市口岸服务办公室、上海市邮电管理局、上海海关、上海市港口行业协会、上海市物流协会（学会）、上海市快递协会、上海现代服务业联合会等公共网站以及上海物流专业研究单位等公布和提供的大量资料，对上海物流行业的发展现状、发展动向、面临机遇及物流相关政策进行了整理和编辑。本年鉴采用的选摘稿件均注明数据信息来源出处。

根据行业发展实际，内容篇幅编排是在《上海物流年鉴2024》基础上做了一些微调（本年鉴的信息和稿件收集的时间范畴主要为2024年全年）。

《上海物流年鉴2025》共分九篇：

第一篇为物流政策，分两个部分：2024年国务院暨各部委局物流政策文件选编、2024年上海市人民政府暨各部门物流政策文件选编。

第二篇为物流运行，分两个部分：2024年中国物流业运行情况分析、2024年上海市物流运行情况分析。

第三篇为物流统计，分四个部分：2024年中国物流业景气指数、2024年中国电商物流指数、2024年中国仓储物流指数、2024年中国公路物流运价指数。

第四篇为产业物流，分四个部分：交通运输业、水路运输业、铁路运输业、航空运输业。

第五篇为行业物流，有十三个部分：汽车物流，医药物流，冷链物流，口岸物流，生鲜物流，电商物流，危化品物流，邮政、快递物流，连锁超市、卖场物流，进口博览会，绿色物流，智慧物流，数字物流。

第六篇为长三角物流，分两个部分：长三角物流与供应链发展合作综述；长三角物流区域合作与发展信息。

第七篇为物流装备、标准、技术和信息化，分四个部分：物流设施与设备、物流标准、物流技术、物流信息化。

第八篇为物流金融与保险，分三个部分：物流供应链金融、物流融资租赁、物流保险。

第九篇为物流综合，有十八个部分：2024年中国物流行业十大事件、2024年物流与供应链领域十件大事、2024年中国物流行业十大工程项目、2024年中国物流业十大社会责任企业及主要事迹、2024年中国物流业十大服务品牌、2024年中国物流业十大绿色低碳典型、2024年中国物流业十大数智创新应用、2024年中国仓储配送行业十件大事、2024年中国航空运输业十件大事、2024年中国快递十大事件、2024年跨境电商物流十大事件、2024年冷链行业十大特征、2024年智慧物流行业十大事件、2024年上海航运中心工作亮点、2024年上海交通十件大事、2024年物流和仓储的七大趋势：人工智能如何改变仓储物流、2024年物流业五大趋势展望、2024年物流科技领域的新名词。

由于《上海物流年鉴》编辑人员的调整，物流行业信息统计收集还不够全面和完整等因素，加之编者水平有限，难免存在诸多错漏之处，竭诚欢迎读者和业内外人士予以批评指正。

面对物流业的快速发展，《上海物流年鉴》将不遗余力地创新打磨，以创造物流新价值为己任，致力于推动物流业高质量发展，使年鉴质量更上一层楼。

上海物流年鉴编辑部

2025年5月6日